Die Sicherheit Band 2

Reinhard Grimmer, Werner Irmler,
Willi Opitz, Wolfgang Schwanitz
(Herausgeber)

Die Sicherheit
Zur Abwehrarbeit des MfS. Band 2

edition ost
IM VERLAG DAS NEUE BERLIN

ISBN 3-360-01030-2

1. Auflage

Das Neue Berlin Verlagsgesellschaft mbH,
Rosa-Luxemburg-Str. 39, 10178 Berlin,
Umschlag: Peperoni Werbeagentur, Berlin
Druck und Bindung: Ebner Ulm

Die Bücher der edition ost und des Verlags Das Neue Berlin
erscheinen in der Eulenspiegel Verlagsgruppe.
www.eulenspiegel-verlag.de

Inhalt

Band 2

Sicherung der Volkswirtschaft der DDR (HA XVIII im MfS/Abt. XVIII der BV)

Von Siegfried Hähnel und Alfred Kleine

Seit Beginn des Wiederaufbaus der infolge des faschistischen Aggressionskrieges zu 45 Prozent zerstörten Produktionsstätten, des zerrütteten Verkehrswesens und der ausgezehrten Landwirtschaft stellte der zuverlässige Schutz der Volkswirtschaft ein gesellschaftliches Grundanliegen dar. Maßgebend für seine Gewährleistung waren zunächst Befehle der Sowjetischen Militäradministration (SMAD), später gesetzliche Bestimmungen der deutschen Selbstverwaltungsorgane.[1] Aufbau und Schutz einer Friedenswirtschaft bildeten später auch ein zentrales Anliegen für die staatlichen Organe der Deutschen Demokratischen Republik.

Das Auseinanderbrechen der Antihitlerkoalition in der zweiten Hälfte der 40er Jahre, die Nichteinhaltung wichtiger, vor allem Deutschland als Ganzes betreffender Vereinbarungen des Potsdamer Abkommens durch die Westalliierten führten zur Bildung des westdeutschen Separatstaates und damit zur Spaltung Deutschlands. Daraus resultierten unterschiedliche Entwicklungen in allen gesellschaftlichen Bereichen sowohl Westdeutschlands (später der BRD) wie Ostdeutschlands (dann der DDR). Sie führten schließlich zur Einbeziehung beider deutscher Staaten in die sich feindlich gegenüberstehenden militärischen Blöcke der Weltgeschichte.

Aus Gründen des besseren Verständnisses konzentrieren wir uns auf vier Abschnitte:

1. Der Schutz der sich im Wiederaufbau befindlichen Wirtschaft in der Sowjetischen Besatzungszone (SBZ) nach der Zerschlagung des Hitlerregimes bis zur Gründung der Deutschen Demokratischen Republik (DDR) und der Bildung des Ministeriums für Staatssicherheit (MfS) in den Jahren 1949/50.

2. Die Aufgaben des MfS seit seiner Bildung bis zur militärischen Sicherung der Staatsgrenze der DDR am 13. August 1961 beim Schutz der Volkswirtschaft der DDR, vor allem bei der Bekämpfung subversiver Angriffe westlicher Geheimdienste und Agenten-Organisationen.

3. Zu einigen Schwerpunktaufgaben des MfS bei der Sicherung der Volkswirtschaft der DDR nach 1961 bis zur Auflösung des MfS/AfNS 1989/90.

4. Die vorbeugende, schadenabwendende Tätigkeit und der Beitrag des MfS zur Unterstützung staatlicher und wirtschaftsleitender Organe zur Stabilisierung volkswirtschaftlicher Prozesse in der DDR.

Zur Zusammenarbeit mit den Sicherheitsorganen sozialistischer Staaten und zur Informationstätigkeit.

In der Sowjetischen Besatzungszone (SBZ) und in der DDR war der Schutz der Volkswirtschaft ein gesamtgesellschaftliches Anliegen. Für die Durchsetzung dieser Schutzfunktionen und der damit verbundenen Rechte und Pflichten sowie der dabei anzuwendenden Mittel und Methoden trugen in den einzelnen Zeitetappen mehrere staatliche und gesellschaftliche Organe und Einrichtungen die Verantwortung. Ihre Verantwortungsbereiche waren exakt abgegrenzt und gesetzlich geregelt.

Grundlagen für den Schutz der Volkswirtschaft in der SBZ waren Direktiven des Alliierten Kontrollrates, Befehle und Anordnungen der Sowjetischen Militäradministration in Deutschland (SMAD).

Danach handelten die seit Juli 1945 verantwortlichen Funktionsträger in den Provinzialverwaltungen, Städten, Landkreisen und Gemeinden sowie die antifaschistisch-demokratische Polizei. Mit Befehl Nr. 17 der SMAD wurden zur »Entwicklung der Wirtschaft und Wiederherstellung des Verkehrs- und Nachrichtenwesens« Zentralverwaltungen für diese Bereiche, darunter die Deutsche Wirtschaftskommission (DWK), geschaffen. Innerhalb der DWK nahmen die Ausschüsse zum Schutz der Volkswirtschaft Kontroll- und Sicherungsaufgaben wahr.

Die 1947 gesellschaftlich organisierten Volkskontrollausschüsse erfuhren im Jahre 1948 auf der Ebene der Selbstverwaltungsorgane durch die bei der DWK gebildete Zentrale Kontrollkommission (ZKK) – auf Länderrebene Landeskontrollkommissionen (LKK) – eine Verstärkung. Mit Gründung der DDR wurden die ZKK ein Organ des Ministerrates (als Zentrale Kommission für Staatliche Kontrolle [ZKSK]) und die LKK Organe der Landesregierungen. Sie wurden als Landeskontrollkommission für Staatliche Kontrolle tätig, ab 1952 hießen sie Bezirksinspektionen.

Diese demokratischen Selbstverwaltungsorgane und die antifaschistisch-demokratische Polizei trugen in der SBZ im engen Zusammenwirken mit der Besatzungsmacht die Hauptlast zum Schutz der wieder in Gang gekommenen Volkswirtschaft. Nach der Gründung der DDR und der Durchsetzung der führenden Rolle der SED waren die Beschlüsse des Politbüros und des Zentralkomitees der SED maßgebend für die Entwicklung und den Schutz der Volkswirtschaft.

Die jeweiligen Verfassungen der DDR, die Gesetze der Volkskammer, Verordnungen, Beschlüsse und anderen Rechtsvorschriften des Ministerrates – später auch des Staatsrates und Nationalen Verteidigungsrates – bildeten die Handlungsgrundlage bei der Erfüllung von Aufgaben, die die Stärkung und den Schutz der Volkswirtschaft betrafen.

Zu ihrer Umsetzung waren sowohl die zentralen Einrichtungen des Staatsapparates, wie die für die Volkswirtschaft zuständigen Fachministerien, Staatssekretariate sowie die anderen Organe des Ministerrates, insbesondere die Staatliche Plankommission, die Staatliche Zentralverwaltung für Statistik, das Staatliche Vertragsgericht und weitere Einrichtungen, als auch die analogen staatlichen Behörden auf Landesebene, ab 1952 auf Bezirks- und Kreisebene, verpflichtet. Wichtige Kontroll- und Überwachungsaufgaben nahmen die Zentralinspektion der Technischen Überwachung einschließlich der von den Gewerkschaften organisierten Arbeitsschutzinspektionen, die Technische Bergbauinspektion als Vorläufer der Obersten Bergbehörde, die Tierschutzinspektionen, die Staatliche Bauaufsicht, die Bahnaufsicht, die Staatliche Inspektion für Atomsicherheit und Strahlenschutz und weitere Behörden wahr.

Eine überaus bedeutende Rolle bei der Durchsetzung und Wahrung der Gesetzlichkeit in der Volkswirtschaft spielten das Oberste Gericht und die Oberste Staatsanwaltschaft der DDR sowie die nachgeordneten Justizorgane. Sie stützten sich in ihrer Tätigkeit hauptsächlich auf die staatlichen Untersuchungsorgane des MdI, des MfS und später auch der Zollverwaltung.

Im Jahre 1963 wurde die Arbeiter- und Bauern-Inspektion gebildet und mit wichtigen Kontrollfunktionen über Wirtschaftsabläufe betraut.

Hohe Verantwortung für den Schutz des sozialistischen Eigentums trugen die Generaldirektoren, Direktoren und Leiter volkseigener Kombinate und Betriebe, der Handelseinrichtungen und der Volkseigenen Güter und Vorsitzenden der Landwirtschaftlichen Produktionsgenossenschaften.

Umfassende Aufgaben bei der Sicherung der Volkswirtschaft der DDR erfüllten das Ministerium des Innern (MdI) und die Deutsche Volkspolizei – besonders seien die Dienstzweige Kriminalpolizei, Transportpolizei, Feuerwehr, Wasserschutzpolizei und Betriebsschutz erwähnt.

Zum Schutz des Handels, speziell zur Sicherung des Außenhandelsmonopols, wirkte zunächst das Amt für Zoll und Kontrolle des Warenverkehrs (AZKW), die spätere Zollverwaltung der DDR.

Nach der Bildung des MfS am 8. Februar 1950 wurde speziellen operativen Diensteinheiten im MfS (und ab 1952 in den Bezirksverwaltungen) die Verantwortung für die Abwehr der gegen die Volkswirtschaft gerichteten staatsfeindlichen Angriffe und die staatliche Sicherheit beeinträchtigender schwerwiegender krimineller Handlungen übertragen. Die Federführung lag bei der Hauptabteilung XVIII, der Hauptabteilung XIX (für das Verkehrswesen) und in der Zeit von 1955 bis 1962 – bis zu ihrer Eingliederung in die Hauptabteilung XVIII – der selbständigen Abteilung VI für die Flugzeugindustrie, Kernforschung und Verteidigungsindustrie.

Damit sollte ein einheitliches Vorgehen bei der Durchführung politisch-operativer Aufgaben der Linien XVIII und XIX bzw. die Zusammenarbeit mehrerer operativer Diensteinheiten bei der Abwehr von Angriffen gegen die Volkswirtschaft der DDR garantiert werden. An dieser Aufgabenstellung hat sich bis zur Auflösung des MfS/Amt für Nationale Sicherheit (AfNS) nichts Grundsätzliches geändert.

Das MfS/AfNS legte stets großen Wert auf ein enges und vertrauensvolles Zusammenwirken mit allen für den Schutz der Volkswirtschaft der DDR verantwortlichen Organen – bei strikter Wahrung ihrer Eigenverantwortlichkeit. Alle Behauptungen von der »Omnipotenz« des MfS in der Volkswirtschaft gehören in das Reich der Legenden. (Da die Autoren keinen Zugang zu Archivmaterial der Linie XVIII hatten, beschränken sie sich notgedrungen auf ausgewählte Aspekte der Abwehr subversiver bzw. schwerwiegender krimineller Angriffe auf die DDR-Volkswirtschaft.)

Der Schutz der sich im Wiederaufbau befindlichen Wirtschaft in der Sowjetischen Besatzungszone (SBZ) nach der Zerschlagung des Hitlerregimes bis zur Gründung der DDR und der Bildung des MfS (1949/50)

Mit der Herausbildung der antifaschistisch-demokratischen Ordnung in der SBZ und dem Entstehen von Selbstverwaltungsorganen wurde auf der Grundlage von Bestimmungen der Sowjetischen Militäradministration (SMAD) am 1. Juni 1945 mit dem Aufbau der antifaschistisch-demokratischen Polizei begonnen, die am 1. Juni 1949 die Bezeichnung »Deutsche Volkspolizei« erhielt. Deren Hauptaufgabe war es, die öffentliche Ordnung und Sicherheit zu garantieren. Einen ihrer wichtigsten Dienstzweige zur Bekämpfung aller

Erscheinungsformen der Kriminalität bildete die Kriminalpolizei, und in dieser die Abteilung K 5 – entsprechend der territorialen Ebene Dezernate bzw. Kommissariate K 5. Die K 5 wurde speziell zur Aufklärung und Bearbeitung von Kriegsverbrechen und Verbrechen gegen die Menschlichkeit – eingeschlossen die Fahndung nach den Tätern – sowie von Wirtschaftsstraftaten eingesetzt .

Die SMAD hatte bereits am 3. Dezember 1945 mit Befehl Nr. 160, der u.a. die Wirtschaftssabotage unter strenge Strafe stellte, den gesetzlichen Rahmen zur Bekämpfung der gegen die Wirtschaft der SBZ gerichteten besonders gefährlichen und verlustbringenden Straftaten gesetzt.

Mit dem Kontrollratsgesetz Nr. 11 vom 30.1.1946[2] über die Änderung des bis dahin geltenden Strafgesetzbuches des Deutschen Reiches vom 15. Mai 1871 wurden weitere rechtliche Grundlagen zur Bekämpfung der allgemeinen Kriminalität in unterschiedlichen wirtschaftlichen Bereichen geschaffen und zugleich die ersatzlose Streichung der von der faschistischen Justiz erlassenen Strafrechtsnormen verfügt. Weiterhin in Kraft blieben jedoch diejenigen gesetzlichen Bestimmungen, die vor allem das Leben, die Gesundheit und das Eigentum der Bürger schützten.

Der wirtschaftliche Wiederaufbau nach der Zerschlagung des Hitlerfaschismus konnte sich jedoch nicht allein darauf richten, die für eine Verbesserung der materiellen Lebenslage der Bevölkerung und für Wiedergutmachungsleistungen an die überfallenen Völker (Reparationen) unumgänglichen Voraussetzungen zu schaffen. Ihm kam zugleich eine weit darüber hinaus gehende politische Dimension zu. Diese ergab sich zwingend aus der entscheidenden Konsequenz, die sowohl die Siegermächte als auch die antifaschistischen Kräfte in Deutschland aus dem 2. Weltkrieg zu ziehen hatten. Diese Schlußfolgerung lautete: Nie wieder darf von deutschem Boden ein Krieg ausgehen! In der Mitteilung über die Konferenz der Chefs der drei Mächte Sowjetunion, Vereinigte Staaten von Amerika und Großbritannien in Jalta/Krim vom 11. Februar 1945 hieß es dazu: »Es ist unser unbeugsamer Wille, den deutschen Militarismus und Nationalsozialismus zu zerstören und dafür Sorge zu tragen, daß Deutschland nie wieder imstande ist, den Weltfrieden zu stören.«[3]

Diesem Ziel sollten nicht zuletzt auch wirtschaftsumgestaltende Maßnahmen dienen, mit denen aggressiven Kräften in Deutschland die ökonomische Basis entzogen werden würde. Das aber war gleichbedeutend mit gravierenden gesellschaftlichen Umwälzungen. In der damaligen SBZ – später in der DDR – wurden sie entschlossen realisiert. In den Westzonen – dann der BRD – unterblieben sie jedoch. Daraus ergab sich in der

Folge ein wesentlicher Faktor in der Systemauseinandersetzung zwischen Sozialismus und Kapitalismus, auf deutschem Boden zwischen DDR und Bundesrepublik.

Die demokratische Bodenreform und die antifaschistische Polizei

In Übereinstimmung mit dem Potsdamer Abkommen[4] wurde am 3. September 1945 vom Präsidium der Provinzialverwaltung Sachsen (Halle) die Verordnung über die Bodenreform in der Provinz Sachsen beschlossen. Diese Verordnung diente als Vorlage für die Bodenreformgesetzgebung in den übrigen Ländern und Provinzen der SBZ.

Maßgeblichen Einfluß auf die Umsetzung der Gesetzeswerke zur Bodenreform hatte der am 8. September 1945 beschlossene Aufruf des Zentralkomitees der KPD »Demokratische Bodenreform«, der sich an alle Werktätigen in Stadt und Land richtete.

Das entschädigungslos enteignete Land von 7.160 Großgrundbesitzern, die über 100 ha Land verfügten (insgesamt 2.517.357 Hektar), und von 4.537 aktiven Faschisten und Kriegsverbrechern (131.742 Hektar) ging an Landarbeiter, Umsiedler und Kleinpächter. Sie arbeiteten fortan als Neubauern. 90 Prozent der landwirtschaftlichen Betriebe gehörten nunmehr Klein- und Mittelbauern, die über 60 Prozent der landwirtschaftlichen Nutzfläche (LNF) verfügten.

Bis 1948 entstanden außerdem durch die im Zuge der Bodenreform enteigneten Ländereien etwa 500 volkseigene Güter (VEG), die etwa 3 Prozent der LNF bewirtschafteten und etwa 10 Prozent des damaligen Produktionswertes der Landwirtschaft erzeugten.

Damit war die Macht der ostelbischen Junker, die mehrheitlich Träger des preußisch-deutschen Militarismus waren, gebrochen und das traditionelle Rekrutierungsreservoir für die Konterrevolution (Freikorps, Kapp-Putschisten, Schwarze Reichswehr, SA und SS) eliminiert.[5]

Die Bodenreform stieß auf erbitterten Widerstand reaktionärer Kräfte. Deshalb ergriffen die antifaschistischen Polizeiorgane Sofortmaßnahmen zur Sicherung des enteigneten Großgrundbesitzes und landwirtschaftlichen Vermögens, der Maschinen, des Gerätes und des Viehs. Sie überwachten die Einhaltung der Gesetze bei der Realisierung der staatlichen Maßnahmen und sorgten dafür, daß Grund und Boden in die Hände der rechtmäßigen Erwerber gelangten, also derjenigen, die ihn bisher nur bearbeitet hatten. Dabei wirkte die antifaschistische Polizei eng mit den Bodenkommissionen zusammen, um deren Festlegungen durchzusetzen und jegliche Versuche, die Bodenreform zu sabotieren, zu unterbinden. In nicht wenigen Fällen versuchten Großgrundbesitzer ihre Enteignung zu verhindern oder hinauszuzögern.

Dies geschah beispielsweise durch gesetzwidrige Aufteilung ihres Besitzes unter Familienangehörigen oder durch Schenkung an ihnen hörige Personen, um unter die 100-Hektar-Grenze zu kommen. Reaktionäre Kräfte oder deren politische Interessenvertreter in den Verwaltungen veränderten zugunsten der Großgrundbesitzer Eintragungen in den Grundbüchern. Aufwendige Ermittlungen waren erforderlich, um zu verhindern, daß Vieh, landwirtschaftliche Maschinen oder Wertgegenstände verschoben, Saatgut unterschlagen oder vernichtet bzw. aus grenznahen Gebieten nach Westdeutschland verbracht wurden. Besonders in abgelegenen Ortschaften kam es sogar zu terroristischen Aktionen gegen Neubauern.

Um landwirtschaftliche Objekte und Erntegut, das dringend für die Versorgung der städtischen Bevölkerung benötigt wurde, vor Plünderungen, Zerstörungen und Diebstählen zu schützen, wurde mit polizeilichen und ehrenamtlichen gesellschaftlichen Kräften ein Objekt- und Flurschutz gebildet. Kulturhistorisch wertvolle Gebäude, Gemälde, Bibliotheken, Gegenstände des Kunsthandwerks und Archive wurden unter staatlichen Schutz gestellt.[6]

Die Rolle der antifaschistisch-demokratischen Polizei bei der Durchführung des Volksentscheides zur Enteignung des Monopolkapitals in der SBZ

»Wir sind entschlossen, … die gesamte deutsche Industrie, die für militärische Produktion benutzt werden könnte, zu beseitigen oder unter Kontrolle zu stellen, alle Kriegsverbrecher vor Gericht zu bringen und einer schnellen Bestrafung zuzuführen sowie eine in gleichem Umfang erfolgende Wiedergutmachung der von den Deutschen verursachten Zerstörungen zu bewirken«, hieß es im Potsdamer Abkommen.[7]

Gemäß diesen völkerrechtlichen Festlegungen wurde mit den Befehlen Nr. 124 vom 30. Oktober 1945 und Nr. 126 vom 31. Oktober 1945 der SMAD das Eigentum des deutschen Staates beschlagnahmt.

Mit Befehl Nr. 97 der SMAD vom 27. März 1946 wurden die beschlagnahmten Unternehmen der Großindustrie – mit Ausnahme von 231 in Sowjetische Aktiengesellschaften (SAG) umgewandelte Betriebe – in die Verwaltung der ostdeutschen Länder übergeben.

Im Potsdamer Abkommen hatten die Siegermächte festgelegt: »In praktisch kürzester Frist ist das deutsche Wirtschaftsleben zu dezentralisieren mit dem Ziel der Vernichtung der bestehenden übermäßigen Konzentration der Wirtschaftskraft, dargestellt insbesondere durch Kartelle, Syndikate, Trusts und andere Monopolvereinigungen.«[8]

Mit Befehl Nr. 154 der SMAD vom 21. Mai 1946 übergab die UdSSR sequestriertes Eigentum den deutschen Selbstverwaltungsorganen. Damit legte sie das Entscheidungsrecht, was mit den Betrieben von Kriegs- und Naziverbrechern geschehen soll, in die Hände des deutschen Volkes.

In Sachsen, dem industriell entwickeltsten Gebiet der SBZ mit einer traditionsreichen Arbeiterbewegung, einigten sich alle antifaschistisch-demokratischen Parteien (KPD, SPD, CDU, LDPD), die Gewerkschaften und die Landesverwaltungen auf den Vorschlag der entschädigungslosen Enteignung der Betriebe der Kriegsschuldigen und Naziaktivisten durch Volksentscheid.

Das Land Sachsen wurde auch deshalb ausgewählt, weil dort die größte Konzentration führender deutscher Rüstungskonzerne, die maßgeblich Schuld an den faschistischen Kriegs- und Terrorverbrechen hatten, innerhalb des Territoriums der SBZ bestand. Unter aktiver Beteiligung breiter Kreise der Bevölkerung vorbereitet, fand am 30. Juni 1946 der Volksentscheid statt. Die Wahlbeteiligung lag bei 93,71 Prozent.

77,62 Prozent der Abstimmungsberechtigten bejahten die Frage nach der Übergabe von Betrieben der Kriegs- und Naziverbrecher in das Eigentum des Volkes. 5,82 Prozent der Stimmen waren ungültig, 16,56 Prozent stimmten mit Nein.[9]

Unter dem Eindruck des sächsischen Volksentscheides und dessen eindeutig demokratischer Entscheidung wurde in den übrigen Ländern der SBZ gleichfalls die Enteignung der Naziaktivisten und Kriegsverbrecher gefordert. Dies geschah im Juli und August 1946 auf der Grundlage von Verordnungen der Landes- und Provinzialverwaltungen.

Von der Enteignung waren 8 Prozent der arbeitenden Betriebe in der SBZ betroffen.

Die Aktivitäten der neugebildeten antifaschistischen Polizeiorgane galten vor allem der Auffindung und Sicherung von Dokumenten über die tatsächliche Vermögenslage kapitalistischer Unternehmen. Das war Voraussetzung dafür, um festzustellen, ob die jeweiligen Kapitaleigner an Kriegsverbrechen und Verbrechen gegen die Menschlichkeit beteiligt waren bzw. in welchem Umfang sie sich im Verlaufe des 2. Weltkrieges bereichert hatten. Das betraf die Ausplünderung anderer Länder, die räuberische Aneignung jüdischen Eigentums, die Ausbeutung und Mißhandlung ausländischer Fremdarbeiter, Repressionen gegen Betriebsangehörige sowie die Kriegsproduktion.

In Einzelfällen kam es zu Bestechungsversuchen von Mitgliedern der Abstimmungsausschüsse. Allein in Chemnitz wurden neun solcher Fälle registriert. Die aufgebotenen Bestechungssummen beliefen sich auf bis zu 160.000 RM.

Häufig täuschten Konzerne die Beteiligung von Auslandskapital vor, um der Enteignung zu entgehen. Solche Versuche unternahmen der Salzdetfurth-Konzern, die Lorenz AG, Villeroy & Boch. Aufgedeckt wurde die Fälschung eines SMAD-Befehls durch die AEG und Telefunken.

Die antifaschistischen Polizeiorgane verhinderten darüber hinaus Diebstähle, die durch Auslagerung von Betriebsausrüstungen nach Westberlin und Westdeutschland erfolgen sollten.[10]

Einzelne Spitzenpolitiker von CDU und LDPD versuchten, die auf dem Potsdamer Abkommen basierenden Befehle und Anordnungen der SMAD sowie Maßnahmen der demokratischen deutschen Verwaltungsorgane zur Verwirklichung von Wirtschaftsreformen zu verhindern. Das reichte von Bestrebungen, Nazi- und Kriegsverbrecher nach Enteignung zu entschädigen, bis zur Beeinflussung und Einschüchterung der Landbevölkerung, um sie von der Gründung neubäuerlicher Existenzen auf Bodenreformland abzuhalten.

Der Kampf demokratischer Kräfte in den westlichen Besatzungszonen für die Durchführung einer Bodenreform und die Entmachtung der Monopole

Nicht nur die UdSSR sah in der Zerschlagung des Großgrundbesitzes eine zur Entnazifizierung, Entmilitarisierung und Demokratisierung unerläßliche Maßnahme. Auch von amerikanischer Seite gab es zunächst amtliche Erklärungen in dieser Richtung.

Nach Ankündigung einer Bodenreform in der SBZ sprach sich der Mitbegründer der CDU und spätere 1. Präsident des Deutschen Bauernverbandes, Andreas Hermes, für eine sofortige Aufteilung der Großbetriebe aus. Dies allerdings mit der Einschränkung, daß die entschädigungslose Enteignung nur für Naziverbrecher gelten, in allen anderen Fällen lediglich die »Schrumpfung des allgemeinen Volksvermögens« Berücksichtigung finden sollte.

Die westlichen Alliierten sahen keinen Anlaß, gegen die Bodenreform in der SBZ vorzugehen. Sie hielten sie durch das Potsdamer Abkommen, wenn auch nicht ausdrücklich beschlossen, zumindest gedeckt.[11]

Im März/April 1947 tagte in Moskau die Konferenz des Rates der Außenminister,[12] auf der die Bodenreform für *alle* Besatzungszonen beschlossen wurde. Die Westmächte wie auch die westdeutsche Seite hintertrieben jedoch diese Vereinbarungen. Der damalige Widerstand wird heute mit der zeitlichen Nähe zum Krieg und damit begründet, daß die Westzonen keine ostelbischen Gutsbesitzer gehabt hätten. In Wahrheit beruhte der Widerstand gegen die Bodenreform auf dem Unwillen, eine Änderung in der Eigentumsform herbeizuführen und damit sozialem Anspruch gerecht zu werden.

Zutreffend schrieb Martin Irion 1997 im Berliner »Tagesspiegel«: »Der Hauptvorwurf gegen die Bodenreform war nicht die Enteignung aller über 100 Hektar großen Güter und Höfe an sich, sondern der damit beabsichtigte Einstieg in die sozialistische Produktionsweise. Auch dieser Vorwurf ist nach heutiger Quellenkenntnis nicht aufrecht zu erhalten. Die Bodenreform paßt zwar in das Muster der sowjetischen Politik, aber das Ziel Sozialisierung ist nicht zwingend belegbar. Sicher ist nur, nach dem Krieg herrschte Massenelend, es herrschte Hunger, und die Frage lautete nicht, wie wird die Produktion optimiert, sondern wie wird die Ernährung sichergestellt. Der Vorwurf aus dem Westen – an der Bodenreform werden die verhungern –, hat sich nicht bewahrheitet. Auch die Vergesellschaftung der Produktion führte nicht in die Krise, ganz im Gegenteil, die Landwirtschaft der DDR war der erfolgreichste Wirtschaftsbereich des schließlich gescheiterten Systems.«[13]

Das gleiche Schicksal wie die Bodenreform erfuhren in Westdeutschland/BRD die Bestrebungen, entsprechend dem Potsdamer Abkommen die am Hitlerkrieg und an Verbrechen gegen die Menschlichkeit beteiligten Konzerne und Großunternehmen zu enteignen.

Im Herbst des Jahres 1946 setzten auch in den westlichen Besatzungszonen Massenaktionen der Gewerkschaften, der KPD und anderer fortschrittlicher demokratischer Kräfte ein, die eine Entmachtung der Monopole an Rhein und Ruhr forderten. Am 1. Dezember 1946 wurde in Hessen der Entwurf einer Landesverfassung zur Abstimmung gestellt. In ihm waren Artikel über die Bodenreform, über gleichen Lohn für gleiche Arbeit und das Mitbestimmungsrecht der Arbeiter enthalten. Der Artikel 41 lautete: »Mit Inkrafttreten dieser Verfassung werden

1. in Gemeineigentum überführt: der Bergbau (Kohle, Kali, Erze), die Betriebe der Eisen- und Stahlerzeugung, die Betriebe der Energiewirtschaft und das an Schienen- oder Oberleitungen gebundene Verkehrswesen;

2. Vom Staate beaufsichtigt die Großbanken und Versicherungsunternehmen …«

Für diese Verfassung sprachen sich in einer Volksabstimmung 76,6 Prozent und für den getrennt zur Abstimmung stehenden Artikel 41 genau 71,9 Prozent der Wähler aus.

Bereits am 6. Dezember 1946 wurde Artikel 41 von der amerikanischen Militäradministration durch Ausnahmeregelungen praktisch annulliert.

Als die Proteststreiks, Demonstrationen und Massenkundgebungen gegen die Notlage insbesondere der Arbeiterschaft zunahmen und Forderungen nach einer demokratischen Bodenreform, nach Enteignung der Grubenbesitzer,

Verstaatlichung der Grundstoffindustrie und gegen die Hungerpolitik erhoben wurden, griffen die Besatzungsmächte ein.

Der Direktor der amerikanischen Militärregierung in Hessen, Oberst James R. Newman, erklärte am 16. Mai 1947 im Frankfurter Rundfunk: »Streiks oder andere Umtriebe gegen die Politik der Militärregierung, die in irgendeiner Weise die Forderungen oder Pläne der Besatzungsmacht gefährden könnten, werden in Hessen nicht geduldet werden; dabei spielt es keine Rolle, ob ihr Zweck ein politischer oder ein anderer sein möge. Jede Person oder Gruppe von Personen, die so handelt, wird bestraft werden, vergessen Sie nicht, daß nach den Gesetzen der Besatzungsarmee und der Militärregierung die Schuldigen sogar mit der Todesstrafe belegt werden können ... Mit Agitatoren wird ungeachtet der Person sofort abgerechnet werden.«[14]

Die wirtschaftliche Ausgangslage in der SBZ und die von Ostdeutschland für ganz Deutschland geleisteten Reparationen an die UdSSR

Die Ausgangslage der aus dem einheitlichen Wirtschaftsorganismus des untergegangenen faschistischen Deutschland herausgelösten und verbliebenen wirtschaftlichen Grundlagen der SBZ – später der DDR – war äußerst ungünstig und besonders störanfällig. Dies war vordergründig auf die im Osten Deutschlands zu verzeichnenden verheerenden Kriegsschäden wie ebenso auf aus der historischen Zentralisierung der deutschen Wirtschaft resultierenden Disproportionen in der Verteilung von Industriestandorten, Rohstoffressourcen und Schlüsselindustrien zurückzuführen. Hier wies Ostdeutschland ernsthafte Nachteile auf.[15]

Hinzu kamen die Belastungen durch Reparationsleistungen, die letztlich nahezu allein die DDR für ganz Deutschland an die UdSSR zu erbringen hatte. Die Gesamtleistungen beliefen sich auf 500 bis 700 Milliarden Mark nach heutigen Preisen (auf der Basis der Preise von 1944 wurde ein Betrag von etwa 54 Milliarden Reichsmark errechnet). Sie trafen wichtige Zweige der Volkswirtschaft – den Maschinenbau, die chemische Industrie, die optische Industrie und das Verkehrswesen (es wurden 11.800 km Schiene demontiert und in die UdSSR verbracht).[16]

In der Erklärung von Jalta im Jahre 1945 war von den drei Signatarmächten die Reparationssumme zunächst auf 20 Milliarden Dollar festgesetzt worden, wovon die UdSSR 50 Prozent erhalten sollte. Diese sollten durch Demontage von Industrieanlagen, Entnahmen aus der laufenden Produktion und Übernahme von deutschem Auslandsvermögen erbracht werden. Aufgrund präzisierter Forderungen, die über die Festlegungen des Potsdamer Abkommens hinausgingen, kam es zu einer Mehrbelastung der

SBZ um mindestens 40 Prozent. Vereinbarungsgemäß hatte die UdSSR auch Forderungen des von Kriegsschäden schwer betroffenen Polen aus oben erwähnten Reparationen zu erfüllen. Der Historiker Günter Benser schrieb dazu in seinen im Jahre 2000 erschienenen Erinnerungen (»DDR – gedenkt ihrer mit Nachsicht«): »Damit kein falscher Eindruck entsteht – deutsche Wiedergutmachungsleistungen an die UdSSR waren mehr als berechtigt und konnten ohnedies nur einen Bruchteil des von Deutschland angerichteten Schadens beheben. Daß die Sowjetunion bald ausschließlich auf die eigene Besatzungszone zurückgriff, ist wesentlich der Verweigerungshaltung der Westmächte geschuldet. Es belastete nicht nur die Vorgeschichte, sondern die Gesamtgeschichte der DDR auf kaum noch vorstellbare Weise, daß sie die Deutschland abverlangten Reparationsleistungen in hohem Maße für den Westen mitzutragen hatte.

Der Schweizer Historiker Jörg Fisch gelangte bei seinen Untersuchungen zu dem Schluß: »Damit läßt sich ohne Einschränkung sagen, daß die SBZ/DDR 1945-1953 die mit großem Abstand höchsten Reparationsleistungen erbracht hat, die im 20. Jahrhundert bekannt geworden sind.«

Steht das Anrecht der UdSSR auf Wiedergutmachung außer Diskussion, so wurde bei dessen Befriedigung ein höchst fragwürdiger Weg beschritten. Wie damalige Hochtechnologie abmontiert und durch die Straßen geschleift, unsachgemäß verladen und abtransportiert worden ist, spottete oft jeder Beschreibung. Und es bliebe zu fragen, welcher Schaden größer war: der ökonomische (für die Sowjetunion und die in Deutschland entstehende antifaschistisch-demokratische Ordnung) oder der politische (für die KPdSU und die SED).«

Die UdSSR sollte wegen ihrer höchsten Verluste an Menschen und materiellen Werten über die Reparationsleistungen der SBZ hinaus aus den Westzonen ein Viertel der zur Demontage vorgesehenen Betriebsausrüstungen erhalten, davon 15 Prozent im Austausch von Gegenwerten, 10 Prozent ohne Bezahlungen und Gegenleistungen.

Georg Donat stellte in »Neues Deutschland« vom 15. Februar 1990[17] fest: »In den Westzonen begann die Demontage im Spätsommer 1945, aber erst im Frühjahr 1946 wurden die ersten Reparationstransporte für die Sowjetunion verladen und schon am 3. Mai 1946 völlig eingestellt.« Das war ein Bruch der Vereinbarung der Siegermächte.

In der Zeit vom 1. bis 3. Juli 1945 räumten, gemäß der Vereinbarung der Alliierten, amerikanische und britische Besatzungstruppen die von ihnen – bedingt durch den Kriegsverlauf – vorübergehend besetzten Gebietsteile der SBZ.[18] Damit verbunden war ein dreister Raubzug. Etwa 2.000 Waggons mit Beutegut passierten den Grenzbahnhof Bebra. Der Diebstahl konnte nicht mit dem Hinweis legitimiert werden, daß es sich um vormaliges Eigentum des einstigen Kriegsgegners gehandelt habe. Das hätte man auch in den eigenen Zonen requirieren können und müssen – wenn man denn solches beabsichtigte. Nein, man nahm es der Sowjetunion und den in ihrer Besatzungszone lebenden Menschen einfach weg.

Weggeschleppt wurden alle Kupfervorräte, große Bestände an Gold, Silber und Platin, Quecksilber im Werte von 18 Millionen Reichsmark, ebenso massenhaft Benzin, Kohle, Holz und Lebensmittel. Besonders großes Interesse zeigten die im Auftrage ihrer Monopolgruppen handelnden US-Besatzungstruppen an Ergebnissen von Wissenschaft und Forschung. So verschwanden per Lastkraftwagen Unterlagen der Zeiss-Werke Jena, Rezepturen der Chemiegiganten Buna und Leuna sowie der Film-und Farbenindustrie Wolfen.

Aber nicht nur materielle und geistige Güter wurden beiseite geschafft. Zugleich wurde eine Vielzahl von Akademikern, wissenschaftlich-technischer Experten bis hin zu Facharbeitern aus wissenschaftlichen Instituten und Wirtschaftsbereichen veranlaßt, die Seiten zu wechseln. Unter den quasi gekidnappten Fachleuten war der zwölfköpfige Arbeitsstab des Kernphysikers und Nobelpreisträgers Werner Heisenberg vom Physikalischen Institut der Universität Leipzig.[19]

Laut Protokoll[20] der sowjetischen Delegation von den Verhandlungen in Potsdam vom 17. Juli bis 2. August 1945, 11. Sitzung am 31. Juli 1945, erklärte Stalin dazu: »Vom Hauptthema abschweifend, möchte ich etwas über die Entnahmen sagen, die von den Engländern aus der russischen Besatzungszone vor deren Einnahme durch die sowjetischen Truppen vorgenommen wurden. Es handelt sich um den Abtransport von Waren und Ausrüstungen. Überdies gibt es eine Niederschrift des sowjetischen Militärkommandos, darüber, daß die amerikanischen Behörden vom gleichen Territorium 11.000 Waggons weggeschafft haben. Was mit diesem Eigentum wird, weiß ich nicht. Wird dieses Eigentum den Russen zurückgegeben oder auf irgendeine Art und Weise erstattet? Jedenfalls haben die Amerikaner und Engländer Ausrüstung nicht nur aus ihrer Zone abtransportiert, sondern auch aus der russischen Zone, und wir haben aus Ihren Zonen keinen einzigen Waggon weggeschafft und keinerlei Ausrüstung aus Ihren Betrieben entnommen. Die Amerikaner hatten versprochen, nichts wegzuschaffen, haben es aber doch getan …«

Darauf entgegnete US-Präsident Truman ausweichend: »Ich möchte folgende Bemerkungen zu den Entnahmen aus Ihrer Zone machen. Wir haben davon vor drei Tagen erfahren, als uns eine Liste dieser Ausrüstungen übergeben wurde. Ich habe General Eisenhower geschrieben, er solle die Sache untersuchen und Bericht erstatten. Wenn eine solche Entnahme erfolgt ist, so versichere ich Ihnen, daß dies nicht auf Befehl der USA-Regierung erfolgt ist. Ich kann ihnen versichern, daß wir Möglichkeiten zur Entschädigung finden werden.«

Die Reaktion der restaurativen Kräfte in Westdeutschland und Ostdeutschland auf die gesellschaftlichen Veränderungen in der SBZ

Die revolutionären Umgestaltungen der Eigentumsverhältnisse und der mit ihnen einhergehende Wandel von Sozialstrukturen und politischen Machtverhältnissen im Osten Deutschlands riefen die Gegner des antikapitalistischen Weges auf den Plan. Die enteigneten Monopolkapitalisten, Großgrundbesitzer, Kriegsverbrecher und Naziaktivisten setzten dieser Entwicklung im Verein mit den im Westen in ihren Positionen verbliebenen oder wieder eingesetzten reaktionären Kräften, dabei unterstützt von den Westalliierten, erbitterten Widerstand entgegen.

Einen Hauptschwerpunkt ihrer Angriffe bildete dabei die Wirtschaft der SBZ. Diese Stör- und Unterminierungsaktionen weiteten sich in der Folgezeit zu einem Wirtschaftskrieg aus. Mit ihm war die DDR bis zu ihrem Ende konfrontiert. In all den Jahren strebten die Gegner gesellschaftlicher Veränderungen sowohl innerhalb der SBZ als auch in den Westzonen danach, aus den wirtschaftlichen Schwierigkeiten politisches Kapital zu schlagen. Die Vielzahl von ihnen initiierter und durchgeführter Diversions- und Sabotagehandlungen reichte von Sprengstoffanschlägen, Bränden und Maschinenbeschädigungen in Industriebetrieben, über Viehvergiftungen in der Landwirtschaft bis zur vorsätzlichen Beschädigung von Ladegut bzw. zu Fehlleitungen von Transporten im Verkehrswesen.

Zu den davon besonders betroffenen Bereichen zählte die sächsische Textilindustrie. Als zum Beispiel aufgrund umfassender Veredlungsaufträge aus der UdSSR in diesen Betrieben zum Drei-Schicht-System und zur Vollbeschäftigung übergegangen werden konnte und sich eine bessere Versorgung der Bevölkerung abzeichnete, führte Brandstiftung in mehreren Baumwollspinnereien zu verheerenden Großbränden.

Im Prozeß wegen Wirtschaftsverbrechen im Industriegebiet Glauchau-Meerane im Herbst 1948 wurden kriminelle Aktivitäten einer illegalen Unternehmerorganisation nachgewiesen, die als »Wirtschaftsausschuß« fungierte und Verbindungen bis in Regierungsstellen hinein geknüpft hatte. Sie griff widerrechtlich und mit der Absicht, volkswirtschaftlichen Schaden zu bewirken, in den Entwicklungsprozeß der Textilindustrie ein, die sich zu 80 Prozent in privater Hand befand. Zu diesem Zwecke organisierte sie, daß große Mengen Rohstoffe und Textilien unterschlagen und nach den Westzonen bzw. nach Westberlin verschoben wurden. Der Wert ungesetzlich getätigter Barverkäufe belief sich auf 8,6 Millionen RM.

Die Zielstellung der Täter war vorwiegend politischer Natur. Es ging ihnen darum, eine planmäßige Entwicklung der Volkswirtschaft in Ostdeutschland zu verhindern und die Versorgung der Bevölkerung mit dringend benötigten Bedarfsgütern zu sabotieren.

An der Aufklärung dieser Straftaten waren die K 5 und die Zentrale Kontrollkommission (ZKK) maßgeblich beteiligt. Die ZKK war der Deutschen Wirtschaftskommission (DWK) unterstellt und mit den Rechten eines Untersuchungsorgans ausgestattet.[21]

Die separate Währungsreform der Westmächte führte zur wirtschaftlichen Spaltung Deutschlands und zum Bruch der wirtschaftspolitischen Grundsätze des Potsdamer Abkommens

Zwischenzeitlich waren in den Westzonen Deutschlands eine Reihe wirtschaftspolitischer Maßnahmen realisiert worden, die Deutschland mit dem Ziel spalteten, auf dem Territorium der drei westlichen Besatzungszonen einen eigenständigen Staat mit eigener Regierung zu installieren.

Am 1. September 1946 kamen die Wirtschaftsminister der amerikanischen und britischen Zone überein, einen bizonalen Wirtschaftsrat zu schaffen. Drei Monate später, am 2. Dezember 1946, schlossen die Außenminister der USA und Großbritanniens ein Abkommen über die Bildung der Bizone, aus der später – entsprechend den Londoner Empfehlungen – durch Fusion mit der französischen Zone die Trizone entstand.[22]

Wenige Monate später, am 5. Juni 1947, beschlossen die USA mit Wirkung vom 3. April 1948 das *European Recovery Programm* (ERP). Da es auf den Überlegungen des Außenministers Marshall fußte, erhielt das Wiederaufbauprogramm seinen Namen. Mit dem Marshall-Plan flossen etwa 14 Milliarden Dollar kreditierte Warenlieferungen nach Westeuropa, davon 3,7 Milliarden in die Westzonen/BRD.

Die Hilfe der Amerikaner für den Wiederaufbau des von Hitlerdeutschland zerstörten Europas war nicht uneigennützig – sie sicherte im Sinne der Truman-Doktrin den USA eine Vormachtstellung auf dem Kontinent.[23]

Darüber hinaus sollte damit die Herausbildung sozialistischer Gesellschaftsstrukturen eingedämmt bzw. verhindert werden. Gerade deshalb schien die an politische Bedingungen gebundene Hilfe für die UdSSR und ihre europäischen Verbündeten unannehmbar.

Den in dieser Zeit wohl folgenschwersten Schlag gegen die Wirtschaft der SBZ stellte allerdings die am 21. Juni 1948 auf Beschluß der USA, Großbritanniens und Frankreich durchgeführte separate Währungsreform in Westdeutschland dar, die auch auf Westberlin ausgedehnt wurde. Damit entstand eine Währungs-und Zollgrenze zwischen der SBZ und der Trizone.[24]

Maßnahmen zur Eindämmung negativer Folgen für die Volkswirtschaft der SBZ, wie sie infolge der separaten Währungsreform entstanden waren

Mit der Zerschlagung der Währungseinheit entstanden neue Formen der Kriminalität, etwa die Währungsspekulation. Auch der Schwarzhandel nahm rapide zu. Das hatte schwerwiegende Folgen für die Volkswirtschaft Ostdeutschlands. Zwar wurden handelspolitische Maßnahmen zur Einschränkung solcher Auswirkungen ergriffen und die Kontrollmechanismen verstärkt. Es war jedoch unmöglich, sie in Gänze abwehren zu können. Für die Wirtschaft der SBZ entstand enormer und nicht wieder gutzumachender Schaden, auch wenn dieser sich exakt nicht beziffern läßt.

Der Schaden wurde noch dadurch potenziert, daß über 100.000 Arbeitskräfte, darunter Gelegenheitsarbeiter, sogenannte Grenzgänger, von den Währungsunterschieden profitierten. Sie verkauften ihre Arbeitskraft an Unternehmen im Westen, tauschten ihre Erlöse illegal gegen Ostmark und lebten davon preiswert im Osten. Es gab keinerlei gesetzliche Handhabe, um dieser Situation Herr zu werden. In Westberlin entstanden staatlich geduldete und geförderte Wechselstuben, die mittels Geldspekulation enorme Gewinne erzielten.

Zwar hatten führende Wirtschaftsvertreter und mit dem Naziregime eng verbundene Personen die SBZ längst verlassen. Bedingt durch ihre internen Kenntnisse der Wirtschaftsstrukturen und ihren Einfluß auf konzernhöriges Personal besaßen sie dennoch genügend direkte und indirekte Einwirkungsmöglichkeiten, die sie zum Nachteil der ostdeutschen Wirtschaft nutzten.

Selbstverständlich boten nach dem verheerenden Krieg Mangelerscheinungen, Egoismus, Habgier und Bereicherungssucht einen nahezu idealen Nährboden für Kriminalität. Davon blieb auch die Wirtschaft nicht verschont. Schwarzhandel, Betrug, Diebstahl bis hin zu massiven Wirtschaftsverbrechen waren Gegenstand der Kriminalitätsbekämpfung.

Neben den bereits erwähnten Ordnungsorganen hatte auch die im Jahre 1948 auf Befehl der SMAD neugebildete Grenzpolizei erheblichen Anteil an der Bekämpfung der Kriminalität. Ihr gelang es in zahlreichen Fällen, Spione, Saboteure, Großschieber und Spekulanten festzunehmen.

Der Übergang zur Planwirtschaft in der SBZ und die Schaffung von weiteren gesetzlichen Bestimmungen zur Bekämpfung von Straftaten gegen die Volkswirtschaft

Mit dem Übergang zur Planwirtschaft in den Jahren 1948/49 sollten in der Folgezeit etwa 80 Prozent der Produktion des Vorkriegsstandes (1936) erreicht und ein deutlicher Anstieg der Arbeitsproduktivität gewährleistet werden. Dazu bedurfte es auch des Schutzes der Volkswirtschaft durch Mobilisierung aller gesellschaftlichen Kräfte.

Diesem Erfordernis entsprach der Beschluß der DWK vom 5. Mai 1948, der sowohl den Schutz als auch die Kontrolle der gesamten Volkswirtschaft den Ausschüssen zum Schutz der Volkswirtschaft bei der DWK und den Landesregierungen (später *Hauptverwaltung zum Schutz der Volkswirtschaft* bei der Deutschen Verwaltung des Inneren) im Zusammenwirken mit den polizeilichen und anderen Kontrollorganen übertrug.

Zu ihren Aufgaben gehörten die Aufdeckung und Bekämpfung der gegen das Volkseigentum gerichteten Angriffe, die Fahndung nach entwendetem Volkseigentum und dessen Sicherstellung sowie die Abwehr von Sabotage und Korruption.

Mit der am 15. Juni 1948 gebildeten Zentralen Kontrollkommission (ZKK) bei der DWK und den Landeskontrollkommissionen (LKK) sollte die Kontrolle der Durchführung des Wirtschaftsplanes, die Einhaltung der Plandisziplin und die Beseitigung bürokratischer Hindernisse weitestgehend garantiert sowie die Bekämpfung von Wirtschaftssabotage und Korruption im Zusammenwirken mit den Organen der Deutschen Volkspolizei – insbesondere der K 5 – gewährleistet werden. Dabei konnten sich die neugebildeten staatlichen Kontrollorgane auf die Erfahrungen der bereits im Jahre 1947 gebildeten Volkskontrollausschüsse stützen, die auf breiter gesellschaftlicher Grundlage ausschließlich mit ehrenamtlichen Mitarbeitern tätig wurden.

Die am 23. September 1948 erlassene Wirtschaftsstrafverordnung bildete eine weitere rechtliche Grundlage im Kampf gegen Wirtschaftsverbrechen und Sabotage. In ihr waren die wichtigsten Straftaten gegen die wirtschaftlich-organisatorische Funktion des Staates in Straftatbeständen erfaßt. (Daneben galten der Befehl Nr. 160 der SMAD vom 3. Dezember 1945 [Bekämpfung von Wirtschaftssabotage] und das Kontrollratsgesetz Nr. 11 vom 30. November 1946 sowie die Bestimmungen des geänderten StGB vom 15. Mai 1871).

Als Straftatbestände qualifiziert wurden Vergehen und Verbrechen, die gegen den ordnungsgemäßen Wirtschaftsablauf oder die wirtschaftliche Tätigkeit des Staates gerichtet waren, zum Beispiel Preisverstöße, Beschädigung oder Wertminderung von Erzeugnissen oder Produktionsmitteln, Falschmeldungen, vorsätzliche oder fahrlässige Vernichtung, Beschädigung oder Wertminderung von Rohstoffen, Erzeugnissen oder Gegenständen etc.[25]

Ihre Bestimmungen galten dem Schutz und der Förderung des Volkseigentums. Sie bildete lange Zeit die wichtigste gesetzliche Grundlage für die strafverfolgende und verbrechensverhütende Tätigkeit der mit dem Schutz der Volkswirtschaft beauftragten Polizei- und anderen Staatsorgane.

Bei der Ausarbeitung der Wirtschaftsstrafverordnung waren die Erfahrungen berücksichtigt worden, die die antifaschistisch-demokratische Polizei bei der Bekämpfung von Wirtschaftskriminalität gesammelt hatte.

Die Londoner Empfehlungen der Westalliierten – der Weg in die Spaltung

Die UdSSR und die politisch verantwortlichen Kräfte der SBZ – und nach ihrer Gründung die der DDR – setzten auf den Erhalt der wirtschaftlichen Einheit mit dem Ziel, auf ein militärisch neutrales, friedliebendes, demokratisches Deutschland hinzuwirken. Hingegen hatten sich die Westmächte entschlossen, die Trizone in das machtpolitische Kalkül ihres antikommunistischen Feldzuges einzubeziehen. Das schloß auch militärische Varianten, insbesondere gegen die UdSSR, ein.[26]

Diesem Ziel diente die von Februar bis Juni 1948 in mehreren Zeitintervallen in London von den Westmächten unter Einschluß der Benelux-Staaten durchgeführte Separatkonferenz zu politischen und wirtschaftlichen Fragen der Entwicklung Deutschlands, die ausschließlich in die Kompetenz der vier Großmächte fielen. Diese Konferenzserie endete mit den bereits erwähnten Londoner Empfehlungen. Sie orientierten auf die Schaffung einer internationalen Ruhrkontrolle unter Ausschluß der UdSSR, den Anschluß der französischen Besatzungszone an die Bizone, die Bildung einer westdeutschen verfassungsgebenden Versammlung (Parlamentarischer Rat), den Erlaß eines Besatzungsstatuts und die Einbeziehung Westdeutschlands in den Marshall-Plan.

Nachdem bereits im Verlaufe der Londoner Konferenz die Regierung der UdSSR am 6. März 1948 in gleichlautenden Noten[27] an die Regierungen der drei Westmächte bezüglich der Separatabmachungen diese für den Bruch des Potsdamer Abkommens und damit für die Spaltung Deutschlands und Europas verantwortlich gemacht hatte, entwickelten sich in der Folgezeit politisch-historische Rahmenbedingungen, die für die Ausprägung der Sicherheitspolitik der UdSSR und ihrer Verbündeten von entscheidender Bedeutung waren. Das betraf insbesondere den am 4. April 1949 unter Führung der USA gebildeten Nordatlantikpakt (NATO), das am 28. April 1949 beschlossene Abkommen über die Errichtung einer internationalen Ruhrbehörde (Ruhrstatut) unter Ausschluß der UdSSR mit dem Ziel, die ehemalige Waffenschmiede des Hitlerreiches in die rüstungspolitischen Interessen der Unterzeichner- und NATO-Staaten einzubinden (Entscheidungen über Aufteilung der Kohle-, Koks- und Stahlproduktion).

Es wurden die Weichen gestellt für die Bildung eines westdeutschen Separatstaates und die Restauration des Monopolkapitalismus in Westdeutschland mit jenen Kräften, die das Hitlerregime getragen hatten. Die dann gebildete BRD erhob den Antikommunismus zur Staatsdoktrin, strebte mit der Remilitarisierung die Westintegration an und meinte für alle Deutschen sprechen zu dürfen und zu müssen. Die Oder-Neiße-Grenze wurde erst 1990 als endgültig anerkannt.

Im Kampf gegen die DDR waren alle Mittel recht

Obgleich die Schaffung und Entwicklung eines volkseigenen Sektors in der ostdeutschen Wirtschaft zur Stabilisierung der Staatsmacht beitrugen, waren nicht alle ökonomischen Quellen für eine Restauration des Kapitalismus beseitigt. Der privatkapitalistische Anteil in Industrie, Landwirtschaft und Großhandel war noch erheblich. Im Innern gab es noch einflußreiche politische Kräfte, die , unter Ausnutzung der von ihnen besetzten Regierungsämter – speziell in Wirtschafts- und Finanzressorts – die ihnen von ihren Parteien (CDU und LDPD) übertragenen Aufgaben und Rechte zu mißbrauchen versuchten. In krimineller Absicht handelnd hintergingen sie den Staat und erschütterten auf diese Weise das Vertrauensverhältnis zur werktätigen Bevölkerung.

Gleichzeitig versuchten westdeutsche Staatsorgane, Monopolgesellschaften und andere Unternehmen, die Volkswirtschaft der DDR zu desorganisieren. Die Justizorgane der BRD beschlagnahmten willkürlich Waren, die im Interzonenhandel geliefert wurden und beriefen sich dabei auf »Rechtsansprüche« früherer Eigentümer volkseigener Betriebe.

Die erfolgreiche Tätigkeit der antifaschistisch-demokratischen Polizeiorgane der SBZ gegen die Nachkriegskriminalität konzentrierte sich auf die anwachsenden Angriffe, die sich gegen die Wiederherstellung der Volkswirtschaft richteten.

Aufgeklärt wurden Straftaten in der Maxhütte Unterwellenborn, wo umfangreiche Schiebergeschäfte mit großen Mengen Thomasmehl getätigt worden waren, sowie in zahlreichen anderen Betrieben, in denen es zur Zerstörung von Elektromotoren und Transportbändern kam, Transportunterlagen entwendet und verschoben sowie Transportbefehle gefälscht wurden.

In der Zeit von 1. Juni bis 1. September 1948 wurden in der SBZ registriert: 28 Sabotagefälle in Betrieben, 18 Brandstiftungen in Betrieben, neun Scheunenbrände, neun Waldbrände, drei Explosionen in Betrieben, eine bewußt herbeigeführte Überschwemmung, zwei Anschläge auf öffentliche Einrichtungen und ein Versuch von Massenvergiftung durch Arsen (Beimischung in Mehl).

Auch westliche Geheimdienste und Agentenorganisationen verstärkten ihre Wühltätigkeit gegen die DDR. So konnten Ende des Jahres 1949 mehrere Sabotagegruppen in Brandenburg, Sachsen-Anhalt und Mecklenburg, die zum Teil bewaffnet waren und sich aus ehemaligen Offizieren der faschistischen Wehrmacht bzw. Ex-Angehörigen nazistischer Organisationen zusammensetzten, verhaftet werden.

Im Sprengstoffwerk Gnaschwitz verursachten Saboteure in der Zeit von September 1949 bis Januar 1950 drei Explosionen. Dabei kamen acht Arbeiter ums Leben. Der angerichtete Sachschaden betrug 690.000 Mark (die offizielle Bezeichnung lautete zwischen 1948 und 1964 »D-Mark der Deutschen Notenbank« [DM der DNB], von 1964 bis 1967 »Mark der Deutschen Notenbank« [MDN] und schließlich bis zur Währungsunion 1990 schlicht »Mark der DDR« [M]. Der Einfachheit halber wird nachfolgend stets von »Mark« gesprochen. Sofern nicht anders ausgewiesen, handelte es sich also dabei um die DDR-Währung).

Außerdem war ein mehrmonatiger Produktionsausfall in Gnaschwitz die Folge.

In Lübz wurden Gleisanlagen der Deutschen Reichsbahn gesprengt, es entstand Personen- und Sachschaden.

In Mecklenburg entlarvte die LKK zehn leitende Angestellte landwirtschaftlicher Genossenschaften, die Werte von mehr als 30 Millionen Mark nach Westdeutschland verschoben hatten.

Leitende Direktoren des Saatzuchtbetriebes Klein Wanzleben ermöglichten es den früheren Besitzern, die nach Westdeutschland geflüchtet waren, sich in den Besitz von Aktien im Werte von 22 Millionen Mark zu bringen.

Sicherheits- und Kontrollorgane der DDR beschlagnahmten bis zum 31. März 1950 nicht weniger als 5.500 Tonnen Buntmetall und Schwefelsäure in beachtlichen Größenordnung, die nach Westdeutschland bzw. Westberlin verschoben werden sollten.[28]

Am 7. Dezember 1949 beschloß die Provisorische Volkskammer die Bildung von Oberster Staatsanwaltschaft und Oberstem Gericht der DDR. Damit wurden weitere wichtige juristische Voraussetzungen geschaffen, um die DDR auf der Basis geltender Rechtsvorschriften zuverlässig zu schützen.

Auch nach Inkrafttreten der Verfassung der DDR, die die grundlegende Rechtsquelle darstellte, galten weiterhin die rechtlichen Bestimmungen des Alliierten Kontrollrates, die normativen Regelungen der SMAD, die Rechtsbestimmungen, die die antifaschistisch-demokratischen Staatsorgane erlassen hatten, Teile des Bürgerlichen Gesetzesbuches (BGB) und des Strafgesetzbuches (StGB).

Die ersten drei wichtigen Verfahren des Obersten Gerichts der DDR richteten sich gegen die »Deutsche-Continental-Gas-Gesellschaft« (DCGG) Dessau (Urteil vom 29. April 1950, 1. Strafsenat, 1Zst [I] 1/50), gegen »Mißwirtschaft in den Organen des Thüringer Bank- und Finanzwesens« (Urteil vom 8. Dezember 1950, 1. Strafsenat, 1Zst [I] 2/50) sowie gegen die »Deutsche Solvay- Werke« (DSW) (Urteil vom 20. Dezember 1950, 1. Strafsenat, 1 Zst [I] 4/50).

In allen drei Prozessen wurden Verbrechen verhandelt, bei deren Durchführung die Täter unabhängig voneinander ein Ziel verfolgten: Verhinderung der Entwicklung des Volkseigentums und Erhalt der kapitalistischen Besitzansprüche.

Zum Dessau-Prozeß (DCGG-Prozeß):

Gemäß den Bestimmungen des Potsdamer Abkommens zur Vernichtung von Monopolvereinigungen verfügte der Oberster Chef der SMAD am 30. Oktober 1945 die Enteignung der DCGG Dessau und die Sequestration ihres Vermögens. Die DCGG hatte sich im Verlaufe von Jahrzehnten zu einem Monopolunternehmen von überragender Bedeutung entwickelt. Das Konzernverzeichnis enthielt mit Stand vom 1. April 1940 einundzwanzig Eigenbetriebe und achtunddreißig Konzerngesellschaften. Das nominale Aktienkapital betrug zuletzt 86 Millionen Reichsmark (RM) Der gesamte Kapitaleinfluß an eigenen und fremden Gesellschaften belief sich auf über 682 Millionen RM. Im faschistischen Aggressionskrieg hat der Konzern eine bedeutende Rolle in der Energiewirtschaft gespielt, die wichtig für die Rüstungsindustrie war. (Der Konzern verfügte zudem über eigene Rüstungsbetriebe.)

Angeklagt waren in diesem Prozeß ehemalige leitende Konzernangehörige, die als treuhänderische Verwalter durch die Provinzialregierung eingesetzt worden waren, der zuständige Minister der Provinzialregierung sowie der Leiter der Wirtschaftsabteilung des Oberbürgermeisters der Stadt Dessau. Alle Angeklagten hatten in ihren Funktionen ausschließlich das Interesse der damaligen Provinzialverwaltung und der Provinz Sachsen zu wahren. Im Gegensatz zu den ihnen übertragenen Pflichten hatten sie jedoch alle Maßnahmen zur Verwirklichung des Befehls des Obersten Chefs der SMAD und der Anordnung des Präsidenten der Provinz Sachsen vom 14.

Januar 1946, mit der die DCGG in die unmittelbare Aufsicht und ausschließliche Verfügungsgewalt des Landes Sachsen-Anhalt übernommen wurde, hintertrieben.

Die Angeklagten hatten durch Einsprüche, Einwände und juristische Winkelzüge die Enteignung zu verhindern bzw. hinauszuzögern versucht. Durch Bildung neuer Kapitalgesellschaften, mit denen Vermögenswerte der Enteignung entzogen werden sollten und in denen konzernhörige Personen verantwortliche Positionen einnahmen, war beabsichtigt, die Vermögensmassen zusammenzuhalten. Durch die Einrichtung von Konten und den Aufbau von Firmen in den Westzonen schufen sie die Voraussetzungen, so viele reale Werte wie möglich nach dort zu verschieben, den Konzernherren eine Grundlage zum Wiederaufbau des früheren Konzerns zu ermöglichen. Damit entzogen sie diese Werte der Wirtschaft der SBZ/DDR.

Zum Prozeß Thüringer Finanz- und Bankwesen:

Angeklagt waren der ehemalige Finanzminister des Landes Thüringen, leitende Mitarbeiter dieses Ministeriums sowie leitende Mitarbeiter der Landesbank und der Landeskreditbank Thüringen. Seit 1946 bis zu ihrer Flucht oder Inhaftierung mißbrauchten sie ihre leitenden Funktionen, um das Finanz- und Bankwesen im Land Thüringen zu desorganisieren, auf konspirativen Weg Verbindungen zu Konzernen und Großbanken in den Westzonen zu unterhalten und deren Interessen im Land Thüringen zu wahren, die Entwicklung des Volkseigentums zu behindern, mit Mitteln der Verschleierung und Täuschung kapitalistisches Eigentum zu erhalten, ihnen obliegenden Kontroll- und Aufsichtspflichten gegenüber nachgeordneten Einrichtungen nicht wahrzunehmen und einen gesetzwidrigen Wertpapierhandel durchzuführen.

In seinem Urteil stellte das Oberste Gericht fest: Durch die verbrecherische Manipulation der Angeklagten ist dem Lande Thüringen ein viele Millionen betragender Schaden entstanden. Dieser Schaden setzt sich im wesentlichen zusammen aus den Steuerbeträgen, die gesetzwidrig erlassen wurden und durch Niederschlagung zeitweilig der Finanzwirtschaft entgangen sind; den Vermögensschäden des Volkseigentums und des Landes Thüringen aus den Manipulationen mit der Staatsbad AG und der Thürag (deren Aktionäre der Wintershall-Konzern war, beide Betriebe standen unter Sequester), mit denen versucht wurde, die Aktionäre zu entschädigen und die Überführung in Volkseigentum zu verhindern; dem Verschweigen aufgefundener Wertpapierdepots und dem ungesetzlichen Handel mit Wertpapieren, der durch Befehl der SMAD seit dem 23. Juli 1945 verboten war. Zur Verschleierung wurden im großen Umfang Belege und Depotbücher gefälscht.

Zum Solvay-Prozeß:

Wie bereits zum DCGG-Prozeß dargestellt, handelte es sich bei der Deutschen Solvay-Werke AG (DSW) um ein Monopol, das gemäß Potsdamer Abkommen binnen kürzester Frist zerschlagen werden sollte.

Die IG-Farben war mit 25 Prozent an der DSW beteiligt. Die DSW wurde von dem englischen und amerikanischen Kontrolloffizier für das IG-Farben-Vermögen als deren Tochtergesellschaft ausgewiesen.

Es bestand zwischen den Siegermächten Übereinstimmung (was im Gesetz Nr. 9 des Alliierten Kontrollrates vom 30. November 1945 Ausdruck fand), daß das gesamte Vermögen der IG-Farben – und zwar aller in Deutschland gelegenen Industrieanlagen jeglicher Art, die am 8. Mai 1945 oder nach diesem Zeitpunkt im Eigentum oder unter Kontrolle der IG-Farbenindustrie standen – zu beschlagnahmen war. Deshalb unternahmen die IG-Farben und die DSW nach dem 8. Mai 1945 alles, um die zwischen ihnen bestehenden Verflechtungen zu verschleiern und die DSW als sogenanntes Auslandsvermögen vor der Sequestration zu bewahren. Sie gaben vor, daß die DSW in belgischem Eigentum stehe, da sich ihr Stammhaus in Brüssel befinde. Die DSW unterhielt während des faschistischen Raubkrieges gleichfalls Niederlassungen in Polen und in besetzten Gebieten der UdSSR.

Wie auch aus anderen Gebieten der ehemaligen SBZ, die zeitweilig von amerikanischen Truppen besetzt waren, dokumentiert ist, wurde bei der Behandlung der DSW nach dem gleichen Muster verfahren. Der damalige Vorstandsvorsitzende der DSW, Clemm, stellte im Einvernehmen mit den Besatzungsbehörden eine Liste der 30 wichtigsten leitenden Mitarbeiter zusammen und ging mit diesen unter Mitnahme wichtiger Dokumente des Unternehmens in die Westzonen. Ihm vertraute Personen beauftragte er, die Interessen des Unternehmens in der SBZ weiter wahrzunehmen.

Angeklagt vor dem Obersten Gericht waren leitende Mitarbeiter der DSW, die Sekretärin eines der Angeklagten sowie zwei leitende Mitarbeiter der Landesregierung, darunter der Kontrollinspektor.

Die Angeklagten verschleierten die Tatsache, daß die DSW durch ein Geheimabkommen bereits seit 1924 an die IG-Farben gebunden war. Entgegen besseren Wissens behaupteten sie (und gaben entsprechende Erklärungen ab), daß die DSW zu 99,3 Prozent ausländischer (belgischer) Besitz sei. Damit erreichten sie, daß die Sequestration aufgrund falscher tatsächlicher und rechtlicher Voraussetzungen aufgehoben und das DSW-Vermögen als Auslandsvermögen behandelt wurde. Sie betrieben Wirtschaftsspionage durch Erkundung der von den Behörden der SBZ geplanten Maßnahmen zur Aufdeckung der Beteiligung der IG-Farben an der DSW und durch Übermittlung der Informationen an den in den Westzonen ansässigen Clemm zwecks Erarbeitung einer Abwehrstrategie gegen diese Maßnahmen.

Sie nahmen Finanzmanipulationen vor, fälschten das Buchwerk, notierten überhöhte Abschreibungen, zahlten ungesetzliche Dividenden und erschlichen Subventionen in Höhe von mehreren Millionen Mark. Sie betrieben zudem ungesetzliche Geschäfte, bei denen Erzeugnisse der DSW ohne Genehmigung nach Westberlin bzw. in die Westzonen verbracht wurden.[29]

Die in den Prozessen gegen leitende Mitarbeiter der DCGG und der DSW aufgedeckten Mittel und Methoden, die bei der Begehung von Straftaten angewandt wurden, sollten bis zuletzt bei der gegen die DDR gerichteten wirtschaftlichen Störtätigkeit in unterschiedlicher Ausprägung eine Rolle spielen.

Die Eigentümer ließen leitende Angestellte als Vertrauenspersonen zurück und schafften Abhängigkeitsverhältnisse durch Korruption. Dabei wirkten sie sowohl mit Auftraggebern in der BRD bzw. Westberlin als auch mit Erfüllungsgehilfen in der DDR zusammen. Objektiv trat eine wirtschaftliche Schädigung der DDR ein – unabhängig davon, ob die Straftaten gegen die Volkswirtschaft aus staatsfeindlichen oder kriminellen Motiven begangen wurden.

Und schließlich war all diesen Vorfällen gemein: Die Anwendung geheimdienstlicher Mittel (Decknamen, Deckadressen, Einsatz von Kurieren) erschwerte die Aufklärung der subjektiven Motive und Ziele.

Die Aufgaben des MfS seit seiner Bildung bis zur militärischen Sicherung der Staatsgrenze der DDR am 13. August 1961 beim Schutz der Volkswirtschaft der DDR, vor allem bei der Bekämpfung subversiver Angriffe westlicher Geheimdienste und Agentenorganisationen

Mit der Bildung eines selbständigen Ministeriums für Staatssicherheit am 8. Februar 1950 wurde bereits in der Gesetzesbegründung durch den Minister des Innern der DDR vor der Volkskammer deutlich, welche Aufmerksamkeit der Gesetzgeber der Sicherung der Volkswirtschaft beimaß.[30]
Innerhalb des MfS begann der Aufbau einer –, gemessen am Gegenstand ihres Arbeitsgebietes – wichtigen Abwehrlinie: der Linie III – im MfS zunächst Abteilung, später Hauptabteilung III – sowie entsprechender Strukturen auf der Ebene der Länderverwaltungen und der Kreisdienststellen. Nach der Auflösung der Länder wurden in den 1952 neugebildeten Bezirksverwaltungen (BV) Abteilungen III und in den Kreisdienststellen (KD) Referate oder Arbeitsgruppen der Linie III gebildet. Ab 1964 erhielten die Hauptabteilung (HA) III

bzw. die Diensteinheiten in den BV und KD dann die Bezeichnung HA XVIII bzw. Linie XVIII.

Einige Besonderheiten hinsichtlich ihrer Bezeichnung wiesen die Struktureinheiten der Linie XVIII in den Kreisdienststellen auf. In der Frühphase der 50er Jahre existierten in den Kreisdienststellen (KD) *Arbeitsgruppen Industrie und Landwirtschaft*, später gab es *Objektsachbearbeiter*, die für die Sicherung wichtiger volkswirtschaftlicher Einrichtungen zuständig waren, und in den 80er Jahren die *Referate Sicherung der Volkswirtschaft*. Des Umfangs und der Besonderheiten wegen wurde für das Verkehrswesen (Land, Luft, Wasser) ein selbständiger Dienstzweig, die Linie XIII (ab 1964 Linie XIX) gebildet. Im Jahre 1968 wurde der HA XIX außerdem die Sicherung des Post- und Nachrichtenwesens übertragen.

Parallel dazu entstand für die in den Bezirken Karl-Marx-Stadt und Gera angesiedelte *Sowjetische Aktiengesellschaft Wismut* (SAG Wismut), ab 1951 *Sowjetisch-Deutsche Aktiengesellschaft Wismut* (SDAG Wismut), die *Verwaltung Wismut*, später *Objektverwaltung Wismut im MfS*. Sie besaß den Status einer BV, ihr Verantwortungsbereich beschränkte sich aber ausschließlich auf den Schutz und die Sicherung dieser Aktiengesellschaft. Im Jahre 1982 erfolgte mit dem Rückgang des Uranerzabbaus deren Auflösung. Weitere Aufgaben wurden von der selbständigen *Abteilung Wismut* in der BV Karl-Marx-Stadt mit jeweils einem Referat Wismut in der KD Gera und der KD Aue wahrgenommen.

Von 1955 bis 1962 bestand des weiteren eine selbständige *Abteilung VI*, die für die Sicherung von Flugzeugindustrie, Kernforschung und Verteidigungsindustrie verantwortlich war. Diese Diensteinheit (DE) wurde 1962 nach Auflösung der Flugzeugindustrie in die HA III eingegliedert. Sowohl Aufgaben als auch Struktur der Linie XVIII unterlagen Veränderungen, die der Entwicklung der Volkswirtschaft und der Gesellschaft entsprachen.

Die Sicherungs- und Abwehrarbeit der HA III/XVIII erstreckte sich auf alle zentralen Einrichtungen des Staatsapparates, die für die Planung, Leitung und Organisation der Volkswirtschaft zuständig waren – speziell der Industrie, der Landwirtschaft, des Bank- und Finanzwesens, des Außen- und des Binnenhandels und der Versorgung, der Wissenschaft und Forschung, der Statistik und für andere volkswirtschaftliche Kontrollaufgaben.

Analog geregelt war die Zuständigkeit der Linie III/XVIII – zunächst auf Länderebene, ab 1952 auf Bezirks- und Kreisebene, zumindest was die wirtschaftsleitenden Organe bei den Bezirks-, Kreis-, Stadt- und Stadtbezirksräten betraf. Der Schwerpunkt ihrer Tätigkeit lag jedoch im produzierenden Bereich, in den Objekten der Volkswirtschaft (Kombinate, Betriebe, land- und forstwirtschaftlichen Einrichtungen) sowie in Instituten, die mit Forschung und Entwicklung befaßt waren.[31] Die politisch-operative Aufgabenstellung erfolgte mit fortschreitender Entwicklung streng nach dem Schwerpunktprinzip.[32]

Die Hauptaufgaben der Linie III/XVIII bei der Abwehr von Angriffen gegen die Volkswirtschaft

Im Mittelpunkt der politisch-operativen Arbeit der Linie III/XVIII standen in der gesamten Zeit ihres Wirkens Aufklärung und Abwehr von Verbrechen, die sich gegen die ökonomischen Grundlagen der DDR richteten (Spionage, Sabotage, Diversion sowie gezielte Abwerbung von Spezialisten), die Aufklärung und Bekämpfung schwerer Wirtschaftsverbrechen der allgemeinen Kriminalität; Aufklärung und vorbeugende Verhinderung (im Zusammenwirken mit den Organen des MdI) von Bränden, Störungen und Havarien, durch die Menschenleben gefährdet oder bedeutende wirtschaftliche Schäden und Auswirkungen zu erwarten waren; die Aufklärung und Abwehr von Angriffen, die sich gegen die der Landesverteidigung dienenden Produktion richteten; die Gewährleistung des Schutzes von Staatsgeheimnissen, besonders die Bereiche Wissenschaft, Forschung und Technik betreffend; die Durchführung von Sicherheitsüberprüfungen zum Schutz der Auslands- und Reisekader insbesondere für das nichtsozialistische Ausland; die Verhinderung von Straftaten des ungesetzlichen Verlassens der DDR sowie die Durchsetzung von Maßnahmen zur Zurückdrängung von Übersiedlungsersuchen im Verantwortungsbereich; die vorbeugende, schadensabwendende Tätigkeit sowie die Aufdeckung und Beseitigung von straftatenbegünstigenden Faktoren und die Durchsetzung gesetzlicher Normen und Vorschriften im Verantwortungsbereich; die Unterstützung staatlicher und wirtschaftsleitender Organe bei der Stabilisierung wichtiger volkswirtschaftlicher Prozesse und Vorhaben durch sicherheitspolitische Maßnahmen.

Die Aufgaben zum Schutz der Volkswirtschaft 1950 bis 1961

Im Zeitraum 1950 bis 1961 standen folgende Aufgaben im Mittelpunkt der politisch-operativen Arbeit der Linie III/XVIII: Abwehr von Spionageangriffen aller westlichen Geheimdienste und anderer Agentenorganisationen zur Erkundung von wirtschaftlichen Engpässen und Versorgungsschwierigkeiten sowie zum Stand von Forschung und Entwicklung; Abwehr der häufig damit verbundenen Aktivitäten zur Störung bestimmter Maßnahmen auf wirtschaftlichem Gebiet, Sicherung der Grundlagen des wirtschaftlichen Aufbaus in Industrie und Landwirtschaft gegen Diversionsakte, Sabotagehandlungen und andere schwere Verbrechen, wie Sprengstoffanschläge, Brandstiftungen und Viehvergiftungen, Verhinderung der zielgerichteten Abwerbung von Spezialisten aus Wissenschaft und Technik sowie im Zusammenwirken mit der Deutschen Volkspolizei das Bemühen um Eindämmung des Verlassens der DDR durch Werktätige aus Industrie und Landwirtschaft.

Besonders in der Anfangszeit bildete das Hauptkriterium für die Werbung von IM (damals *Geheimer Informator* [GI] und *Geheimer Mitarbeiter* [GM] bezeichnet), ob sie geeignet waren, an der Aufklärung schwerer Straftaten bzw. an der Ermittlung von Personen mitzuarbeiten, bei denen ein begründeter Verdacht bestand, an derartigen kriminellen Handlungen mitgewirkt zu haben. Die vorbeugende Arbeit, durch die Straftaten verhindert und begünstigende Bedingungen und Umstände beseitigt bzw. zurückgedrängt werden sollten, war zu dieser Zeit noch ungenügend entwickelt. Eine entsprechende Abwehrstrategie zur vorbeugenden Sicherung der Volkswirtschaft entwickelte sich erst nach und nach.

Die USA und ihre Verbündeten unternahmen in den 50er Jahren große Anstrengungen, um den Aufbau des Sozialismus im sowjetischen Macht- und Einflußbereich zu verhindern. Dem dienten auch die Remilitarisierung der Bundesrepublik, die zur Integration der BRD in die NATO führte. Der Kalte Krieg wurde aber nicht nur auf den Gebieten Politik, Propaganda und Militär, sondern auch auf dem Felde der Wirtschaft geführt.

Bereits 1947/48 hatten die USA damit begonnen, durch Bruch der Handelsverbindungen mit den sozialistischen Ländern die weltweite internationale Arbeitsteilung zu stören. Ihre Embargostrategie verschärften sie mit dem 1951 erlassenen *Battle Act.* Dieser zielte darauf ab, den Export strategischer Waren in sozialistische Länder entweder zu verbieten oder zumindest auf dem Wege von Genehmigungspflicht rigoros zu beschränken. (Später wurde daraus eine Cocom-Liste, die »strategische« Waren indizierte und deren Export in sozialistische Länder verbot.)

In dieselbe Richtung wirkte der *Johnson Act*, ein Gesetz, mit dem ein Kreditgewährungsverbot gegenüber sozialistischen Staaten festgelegt wurde.[33]

Während die BRD – vor allem mit Hilfe der Dollar-Milliarden des Marshall-Planes – im Jahre 1950 den Vorkriegsstand in der Produktion erreichte, belasteten die DDR-Wirtschaft solche Embargo-Maßnahmen zusätzlich. Sie konnte sich nur auf die Hilfe ihrer Verbündeten stützen. Die Regierung der UdSSR beschloß am 15. Mai 1950 – in Übereinstimmung mit der Regierung der Volksrepublik Polen –, die Restsumme der zu leistenden Reparationen im Gesamtwert von 10 Milliarden Dollar auf 3.171 Millionen Dollar zu reduzieren und die Rückzahlungsfrist von 10 auf 15 Jahre zu verlängern.[34]

Im September 1950 wurde die DDR in den 1948 gegründeten Rat für gegenseitige Wirtschaftshilfe (RGW) aufgenommen.[35] Mit der Integration der DDR in die östliche Wirtschaftsorganisation wurde sie einerseits vor den Attacken des Westens geschützt, anderseits wurde ihr ein neuer Markt eröffnet.

Der mit westlichen Geheimdiensten und Agentenorganisationen staatlich organisierte Wirtschaftskrieg gegen die DDR

Das Bundesministerium für gesamtdeutsche Fragen in Bonn entwickelte sich rasch zu einer der Leitzentralen, die den subversiven Kampf gegen die DDR organisierten . Von dieser Institution wurde kurz nach dem III. Parteitag der SED (20.-24. Juli 1950) ein Plan zur Störung des 1. Fünfjahrplanes (1951-1955) entworfen. In diese Planung waren sowohl der USA- wie auch der britische Geheimdienst einbezogen. Als vordringliche Aufgabe sahen die Initiatoren die Aufstockung ihrer illegalen Agenturen in wichtigen VEB, in Ministerien sowie in Parteien und Gewerkschaften der DDR an. Aber auch Sabotage der Produktion und des Güterverkehrs, Brandstiftungen, Desorganisation der Planung sowie gezielte Abwerbung von qualifizierten Fachkräften, Ingenieuren und Wissenschaftlern waren ins Auge gefaßt. An der Beratung nahmen teil: der Minister für Gesamtdeutsche Fragen, Jakob Kaiser, sein persönlicher Referent, F. Sager, führende Ministerialbeamte, der Verbindungsoffizier des USA-Hochkommissars zum Kaiserministerium, Persh, als Vertreter des Geheimdienstes der US-Armee, Allan Holsten, der Experte für Fragen des Spionagedienstes der deutschen Abteilung im Federal Bureau of Investigation (FBI), Oberstleutnant John Parking, sowie vom Spionagedienst der britischen Besatzungsbehörde Major Royce.[36]

Schon das zu Beginn des 1. Fünfjahrplaes per 7. Februar 1950 von der BRD verfügte Stahl-Embargo hatte die DDR-Volkswirtschaft hart getroffen. Damit reduzierte sich der innerdeutsche Handel auf 75 Prozent des Gesamtvolumens.

Am 27. September 1950 war in der BRD das »Gesetz über die Zusammenarbeit des Bundes und der Länder in Angelegenheiten des Verfassungsschutzes« erlassen worden. Mit ihm wurde der erste offizielle Geheimdienst der BRD installiert. § 5 dieses Gesetzes verpflichtete das Bundesamt und die Landesämter für Verfassungsschutz zur Zusammenarbeit mit den alliierten Sicherheitsbehörden. Das Bundesamt für Verfassungsschutz (BfV) und die Landesämter für Verfassungsschutz (LfV) hatten u. a. die Aufgabe, Spionage gegen bestimmte Bereiche des gesellschaftlichen Lebens der DDR, darunter auch gegen die Volkswirtschaft, zu betreiben.

Das Landesamt für Verfassungsschutz Berlin spionierte gegen politische Bereiche, Institutionen und staatliche Organe in der Hauptstadt der DDR und unterhielt zu diesem Zwecke ein Netz von Agenten.

Im Wirtschaftskrieg gegen die DDR bedienten sich Geheimdienste und Agentenorganisationen aber nicht nur der Spionage und Störtätigkeit. Als eine ihrer Hauptmethoden im subversiven Kampf in dieser Zeit setzten sie auf Hetze gegen die DDR. Ihre Mittel und Methoden reichten dabei von plumpen Verfälschungen der Realität in der DDR über stupiden Antikommunismus bis zu unverhüllter Aufforderung zum Widerstand oder zur Beteiligung an der »Arbeite-langsam-Bewegung«.

Gegenstand propagandistischer Attacken waren die demokratischen Reformen, besonders die Entwicklung in der Landwirtschaft, die Volksbildungs-, Erziehungs- und Familienpolitik. Den Urhebern dieser ideologischen Kriegführung standen für ihre Unternehmungen nahezu unerschöpfliche finanzielle und materielle Ressourcen zur Verfügung. Tonnenweise wurden Flugblätter und Hetzschriften mittels Raketen und Ballons oder über Mittelsmänner in der DDR verbreitet.[37] (Allein vom 8. März bis 6. Mai 1957 wurden per Heißluftballons 5,5 Millionen Flugblätter verbreitet.)[38]

Nicht ohne Eigennutz hatte die Abteilung für Sonderoperationen *Central Intelligence Group* (CIG, Zentrale Nachrichtengruppe) Beziehungen zu den Ostbüros von SPD und CDU in Westberlin aufgenommen, deren Aktivitäten unterstützt und großzügige Beihilfen bereitgestellt. Von diesen Agenturen erwartete und bekam der USA-Geheimdienst als Gegenleistung Informationen über die SBZ und später die DDR. Das gelang über Agentennetze beider Ostbüros, die außer Militärspionage gegen die Sowjetarmee auch Informationen politischen und wirtschaftlichen Charakters an ihre Auftraggeber lieferten.

Westdeutscher Hörfunk und unter westalliierter Regie betriebene Sender wie RIAS unterstützten sie dabei mit Sendungen wie »Aus der Zone – für die Zone«, »Werktag der Zone«, »Jugend spricht zur Jugend«.

Westberlin – Frontstadt im Kalten Krieg

Westberlin spielte im Kalten Krieg eine herausragende Rolle. Es wurde zum Tummelplatz all jener Kräfte, die sich gegen die DDR verschworen hatten. Über 80 Zentralen von Geheimdiensten sowie Organe des subversiven Kampfes, einschließlich der psychologischen Kriegsführung und politisch-ideologischer Diversion, waren dort angesiedelt und aktiv.

Die Mitarbeiter des MfS, damals nicht sehr viele, befanden sich im ständigen Einsatz, um Vorkommnisse mit schädigender Wirkung auf die Volkswirtschaft zu klären. Die meist von Geheimdiensten und Agentenorganisationen inspirierten und organisierten, mit konspirativen Mitteln vorgetragenen Angriffe erforderten adäquate Gegenwehr. Deshalb war der Einsatz inoffizieller Mitarbeiter unumgänglich. Die Haupttätigkeit der Linie III/XVIII wurde auf die Abwehr der Angriffe konzentriert, die von der unter USA-Kommando stehenden »Organisation Gehlen«, dem Ostbüro der SPD, der sogenannten Kampfgruppe gegen Unmenschlichkeit (KgU), dem »Untersuchungsausschuß freiheitlicher Juristen« (UfJ) auch gegen die Volkswirtschaft der DDR vorgetragen wurden.

Der Ausbau Westberlins zum bedeutendsten antikommunistischen Spionage- und Agentenzentrum der Welt war von den westlichen Besatzungsmächten seit 1948 systematisch betrieben worden. Bei den dort eingesetzten Mitarbeitern handelte es sich zum überwiegenden Teil um gut ausgebildete und erfahrene Kräfte.

In Westberlin existierten eine Vielzahl von Treffobjekten, in denen Bürger der DDR und anderer sozialistischer Staaten angeworben wurden. Je nach Erfordernis erhielten sie dort eine entsprechende Ausbildung und wurden mit technischen bzw. nachrichtendienstlichen Mitteln ausgerüstet.

Wegen der Zunahme verbrecherischer Aktivitäten von Westberliner Gebiet aus wandte sich der Vorsitzende des Sowjetischen Kontrollrates in Deutschland[39], Armeegeneral Tschuikow, im Oktober und Dezember 1952 an die Hohen Kommissare der Westmächte und forderte die sofortige Auflösung aller Agentenzentralen.

Der »Forschungsbeirat für Fragen der Wiedervereinigung Deutschlands« bereitet die Einverleibung der DDR vor

Entsprechend der von ihrem ersten Kanzler, Konrad Adenauer, verkündeten politischen Zielsetzung der BRD (»Befreiung von 18 Millionen Deutschen« als Nahziel und »die Befreiung der Völker Osteuropas« als Endziel)[40], hatte Bonn frühzeitig Pläne für einen *Anschluß* der DDR erarbeiten lassen. Am 24. März 1952 wurde beim Bundesminister für gesamtdeutsche Fragen ein »Forschungsbeirat für Fragen der Wiedervereinigung Deutschlands« gegründet. Seine Aufgabe bestand darin, »ein detailliertes Sofortprogramm für Überleitungsmaßnahmen im Falle der Machtübernahme in der sowjetischen Zone« auszuarbeiten.[41] Der zuständige Minister Jacob Kaiser erklärte: »Es liegt durchaus im Bereich der Möglichkeit, daß dieser ›Tag X‹ rascher kommt, als die Skeptiker zu hoffen wagen. Es ist unsere Aufgabe, für alle Probleme bestmöglichst vorbereitet zu sein.«[42]

Im Jahre 1967 hatte der Nationalrat der Nationalen Front der DDR ein Graubuch zur »Expansionspolitik und Neonazismus in Westdeutschland« herausgegeben, in dem die Existenz des »Forschungsbeirates für Fragen der Wiedervereinigung Deutschlands«, seine Aufgabenstellung und Ziele sowie die personelle Zusammensetzung offengelegt wurden. Es konnte bewiesen werden, daß Plenum und Forschungsbeirat von Experten der faschistischen Eroberungspolitik durchsetzt waren.[43]

Der Botschafter a. D. Ralph Hartmann dokumentierte in seinem 1996 erschienenen Buch »Die Liquidatoren – Der Reichskommissar und das wiedergewonnene Vaterland« Zusammenhänge zwischen der seinerzeitigen Anschlußplanung des Forschungsbeirates und dem auf bundesdeutschen Druck am 17. Juni 1990 von der Volkskammer der DDR verabschiedeten »Gesetz zur Privatisierung und Reorganisation des volkseigenen Vermögens« (Treuhandgesetz) zur Liquidierung des Volkseigentums in der DDR. Es wurde später mit Art. 25 im Einigungsvertrag vom 31. August 1990 in BRD-Recht transformiert.

Dieses Material widerlegt eindeutig jene Legende, der zufolge die Bundesregierung angeblich über keine konzeptionellen Vorstellungen für die Vereinigung beider deutscher Staaten verfügt habe.[44]

Heute läßt sich trefflich darüber streiten, ob die im Juni 1953 in einem Vortrag des Staatssekretärs im Bundesministerium für gesamtdeutsche Fragen, Thedieck, enthaltene Ähnlichkeit der Forderung nach Umwandlung der Wirtschaftsordnung der DDR in eine soziale Marktwirtschaft (Reprivatisierung der Industrie, Neuordnung des Geld- und Kreditwesens sowie des Marktapparates) und des am 6. Juli 1961 veröffentlichten 3. Tätigkeitsberichtes des »Forschungsbeirats für Fragen der Wiedervereinigung Deutschlands« reiner Zufall war oder nicht.

Die damals verlangte Behörde, die die volkseigenen Betriebe treuhänderisch verwalten und zunächst durch »Nutzungsverträge«, danach mittels Verkauf an kapitalistische Großaktionäre privatisieren sollte, wies jedoch fatale Ähnlichkeit mit der 1990 konstituierten auf. Analog sollte in der Landwirtschaft, bei den Banken und dem Sozialversicherungswesen verfahren werden.

Dieser »Plan« fand am 7. Juli 1961 die Billigung der Bundesregierung.[45]

Karl Heinz Roth, Mitbegründer der Stiftung für Sozialgeschichte des 20. Jahrhunderts, legte 1998 unter dem Titel »Wirtschaftspolitik als Anschlußplanung: Der Forschungsbeirat für Fragen der Wiedervereinigung Deutschlands und die Forschungsstelle für gesamtdeutsche wirtschaftliche und soziale

Fragen (1952-1993)« eine umfassende Dokumentation zu dieser Problematik vor. Trotz der 30jährigen Sperrfrist, die die bundesdeutsche Seite über die Akten zur Geschichte der beiden deutschen Staaten verhängt hat, förderte er aus den bis 1983/84 freigegebenen Akten Wesentliches zur Tätigkeit des Forschungsbeirates zu Tage. Roth schrieb dazu: »Er *(der Forschungsbeirat – d. Verf.)* verfügte von Anfang an über eine doppelte institutionelle Anbindung. Etatmäßig wurde er im weitverzweigten Archipel des Bundesministeriums für gesamtdeutsche Fragen angesiedelt und ›geführt‹. Politisch war er jedoch unmittelbar dem Bundeskabinett unterstellt.

Ihm sollte er – vermittelt durch einen schon im Januar 1952 gegründeten Interministeriellen Ausschuß für Fragen der Wiedervereinigung Deutschlands – kontinuierlich zuarbeiten. Dieses sollte auf doppelte Weise geschehen: Erstens durch die Vorlage von Empfehlungen zu wirtschafts- und sozialpolitischen Sofortmaßnahmen für den Tag X, an dem sich der Alleinvertretungsanspruch der Bundesrepublik als staatlicher Nachfolger des Deutschen Reichs tatsächlich auf das Gebiet der DDR ausdehnen würde, und zweitens durch die laufende Bilanzierung von Wirtschafts- und Arbeitskräftepotential sowie Sozialbudget der DDR, um parallel zu den Akutplanungen auch die langfristige sozialökonomische Einverleibung der DDR in die ›marktwirtschaftliche Ordnung‹ der Bundesrepublik vorzubereiten.

Für diese Aufgaben wurden dem Forschungsbeirat alle im Bundesministerium für gesamtdeutsche Fragen zusammenlaufenden Wirtschafts- und Sozialdaten der DDR zur Verfügung gestellt. Zusätzlich beschafften sich die westberliner Stellen des Forschungsbeirats direkt von dort ansässigen Frontverbänden des Kalten Krieges Informationen über die wirtschafts- und sozialpolitische Entwicklung ihres Untersuchungsgebiets.

Somit waren im Forschungsbeirat von Anfang an drei Hauptfunktionen vereinigt: Er fungierte als Auswertungszentrum für gegen die DDR gerichtete bundesdeutsche Wirtschaftsspionage, untersuchte die Wirtschafts- und Sozialentwicklung der DDR mit Hilfe wirtschaftswissenschaftlicher Analyse- und Bilanzierungsverfahren und unterfütterte die Anschlußplanungen der Bundesregierung sowie der einschlägigen Ressorts mit seinen Grundsätzen und Handlungsempfehlungen. Der Forschungsbeirat war Datenauswertungszentrale, Wissenschaftsinstitution und Schaltstelle einer gegen die DDR gerichteten Politikberatung in einem.«

Roth macht in der Dokumentation auch deutlich, daß die vom Forschungsbeirat angedachte Anschlußplanung »Mitteldeutschlands« nur die erste Etappe im Kampf um die Restauration des Deutschen Reiches darstellte. Nach deren Vollzug sollte die Rückgewinnung »Ostdeutschlands«, also der Gebiete östlich der Oder-Neiße-Grenze, auf der Tagesordnung stehen. So überrascht es nicht, was Roth zur personellen Zusammensetzung des Forschungsbeirats feststellte: »Als Vorsitzender amtierte bis zum Sommer 1958 Friedrich Ernst, einstmals multifungibler Krisenmanager des ›Dritten Reichs‹ und zu Beginn der 50er Jahre als Graue Eminenz der Adenauerschen Wirtschaftspolitik und als Aufsichtsratsvorsitzender des AEG-Konzerns geschätzt wie gefürchtet. Ernst stand einem Forscherkreis von fünf bzw. seit 1954 zehn Agrar- und Wirtschaftswissenschaftlern vor, von denen sich einige schon während der NS-Diktatur als Wirtschaftsberater und Technokraten der Besatzungsverwaltungen hervorgetan hatten. Über diesen Forscherkreis war der Forschungsbeirat mit führenden westberliner und westdeutschen Wirtschaftsinstituten vernetzt.«[46]

Zur Abwehr der gegen die Volkswirtschaft und das Verkehrswesen der DDR gerichteten Angriffe und mit dem Ziel einer weiteren Verbesserung der Abwehrarbeit ging das MfS zur direkten Objektsicherung über. In Schwerpunktbetrieben wurden Arbeitsgruppen aufgebaut oder Objektsachbearbeiter zu Sicherungsaufgaben eingesetzt.

Mit der Absicherung der Objekte der Volkswirtschaft konzentrierte sich die Arbeit der Linie III/XVIII auf die Aufklärung feindlicher Tätigkeit, die Suche nach Nazi-und Kriegsverbrechern, die Aufklärung von Konzernverbindungen und die Absicherung neuralgischer Bereiche in diversions- und sabotagegefährdeten Objekten. Verstärkt wurde auch die offizielle Zusammenarbeit mit Verantwortlichen der Betriebe und der Betriebsparteiorganisationen der SED. Unterstützt wurde diese Arbeit von inoffiziellen Mitarbeitern, die objektbezogen tätig wurden.

Die 2. Parteikonferenz der SED 1952 und die sich aus ihr ergebenden Aufgaben zur Sicherung der Volkswirtschaft

Die 2. Parteikonferenz der SED fand vom 9. bis 12. Juli 1952 in Berlin statt. Sie beschloß den planmäßigen Aufbau der Grundlagen des Sozialismus in der DDR. Auf ökonomischen Gebiet wurden als zentrale Aufgabe formuliert: Schaffung einer materiell-technischen Basis in der Industrie, Vermehrung des sozialistischen Eigentums, beschleunigte Rekonstruktion der Großbetriebe im Hüttenwesen, Bergbau, Schwermaschinenbau, in der Energiewirtschaft, Chemieindustrie und in anderen Industriezweigen auf der Basis fortgeschrittener Technologie, Überwindung der Disproportionen in der Volkswirtschaft, planmäßige Steigerung der Arbeitsproduktivität.

Auf dem Gebiet der Landwirtschaft: Unterstützung der Bewegung für die Bildung von Landwirtschaftlichen Produktionsgenossenschaften (LPG),

Unzulässigkeit des Zwangs bei der Organisation der Großproduktion, Zusammenarbeit mit individuell wirtschaftenden Klein- und Mittelbauern im Rahmen der Vereinigung der gegenseitigen Bauernhilfe (VdgB), korrekte Einhaltung der Verpflichtungen gegenüber dem Staat durch Großbauern.[47]

Die Verwaltungsreform in der DDR und die damit verbundenen Strukturveränderungen im MfS

Mit dem Gesetz über die weitere Demokratisierung des Aufbaus und der Arbeitsweise der staatlichen Organe in den Ländern der DDR vom 23. Juli 1952 wurde die Struktur und Arbeitsweise staatlicher Organe auf der Ebene der Kreise und Länder umgestaltet.[48] Aus den bisherigen fünf Ländern wurden 14 Bezirke gebildet und die Zahl der Kreise von 132 auf 217 erhöht. Das Stadtgebiet von Groß-Berlin blieb als selbständige Einheit bestehen. Diese Verwaltungsreform führte auch zu einer Erweiterung des Apparates des MfS durch die Bildung von Bezirksverwaltungen und die Erhöhung der Anzahl der Kreisdienststellen.

Neue gesetzliche Regelungen zum Schutz der Volkswirtschaft

Von erheblicher Bedeutung für die Tätigkeit des MfS als Abwehr- und Untersuchungsorgan war das im Mai 1952 erlassene Gesetz über die Staatsanwaltschaft.

Dieses Gesetz verpflichtete die Staatsanwaltschaft, neben ihrer Aufgabe als Ermittlungsbehörde und Anklagevertretung vor Gericht die Aufsicht über die Einhaltung der sozialistischen Gesetzlichkeit auf allen Gebieten des gesellschaftlichen Lebens in der DDR wahrzunehmen. Dies war für die Wahrung der Gesetzlichkeit im Bereich der Volkswirtschaft von besonderer Bedeutung.

Im Oktober beschloß die Volkskammer das Gerichtsverfassungsgesetz und eine neue Strafprozeßordnung (StPO).

Für die Arbeit der Linie III/XVIII bildete das am 2. Oktober 1952 verabschiedete Gesetz zum Schutz des Volkseigentums und des gesellschaftlichen Eigentums eine weitere Rechtsgrundlage ihres Wirkens. Die bis dahin geltenden Strafrechtsnormen garantierten aufgrund der veränderten gesellschaftlichen Verhältnisse nicht den Schutz gesellschaftlichen Eigentums. Mit Inkrafttreten des Strafrechtsergänzungsgesetzes (StEG) im Jahre 1957 wurde das Gesetz zum Schutz des Volkseigentums aufgehoben.

Bereits in den Jahren 1950/51 waren gesetzliche Bestimmungen, die dem Schutz der Volkswirtschaft dienten, erlassen worden, die vor allem für das Zusammenwirken mit der DVP und der späteren Zollverwaltung bedeutsam waren. Zu diesen gesetzlichen Bestimmungen gehörten das

Gesetz zum Schutz des innerdeutschen Handels vom 21. April 1950[49], die Verordnung zum Schutz des innerdeutschen Warenverkehrs vom 26. Juli 1951[50] und das Gesetz zur Regelung des innerdeutschen Zahlungsverkehrs vom15. Dezember 1950[51]. Sie richteten sich gegen den Mißbrauch des innerdeutschen Handels und des Warenverkehrs, d. h. gegen eine illegale Verbringung von Waren, die der Sicherung einer stabilen Versorgung der Bevölkerung dienten, und untersagten den illegalen Geldtransfer von Deutscher Mark der Deutschen Notenbank (DM der DNB) nach außerhalb des Gebiets der DDR.

Zur Durchsetzung dieser Gesetze und Verordnungen wurde bei dem damaligen Ministerium für Innerdeutschen Handel, Außenhandel und Materialversorgung das *Amt für Zoll und Kontrolle des Warenverkehrs*, die spätere Zollverwaltung der DDR, geschaffen.

Zu einigen ausgewählten Abwehraufgaben zur Sicherung der Volkswirtschaft der DDR und der dabei von der Linie III/XVIII und anderen operativen Diensteinheiten des MfS erzielten Ergebnisse

Die sowjetische Spionageabwehr hatte Ende der 40er Jahre festgestellt, mit welcher Intensität insbesondere der USA-Geheimdienst vorging, um durch Anwerbung von Agenten in die Wirtschaftsbehörden der SBZ einzudringen. Parallel dazu setzte die von den USA ausgehaltene »Organisation Gehlen« ihre feindseligen Aktivitäten in den 50er Jahren fort.

Die vom MfS erlangten und überlieferten Originaldokumente aus den Jahren 1952/53 belegen das eindeutig. So erging per 23. September 1952 an die Gehlen-Quelle X 8970 der Auftrag, umfassende Informationen über die Produktion von hochwertigen Polyvinylchlorid in den SAG-Betrieben Schkopau, Wolfen und Bitterfeld zu liefern.[52] Von speziellem Interesse waren die Handelspartner in Westeuropa, Südamerika und Fernost, die dieses Produkt kauften. In die Spionageaktivitäten einbezogen war die Lieferung von Chemikalien und Pharmazeutika aus der DDR in die volksdemokratischen Länder, nach Südamerika und Fernost. Dazu sollten außer den Agenten in den genannten SAG-Betrieben Spionagequellen in den Handelszentralen Gummi und Asbest sowie Chemie genutzt werden.

Aus weiteren von der »Organisation Gehlen« stammenden Dokumenten geht hervor, in welchen Betrieben der Chemie-, Werkzeugmaschinen-, metallurgischen und optischen Industrie sowie Einrichtungen der Deutschen Reichsbahn Sachsens, Sachsen-Anhalts und Thüringens Agenten zur Lieferung von Informationen wirtschaftlichen Charakters geworben werden sollten. Die »Organisation Gehlen« hatte auch Urantransporte aus der CSR, die über die Grenzbahnhöfe der DDR in die UdSSR geleitet wurden, im Visier.

Der DDR-Bürger Willy Sch. war bei der SAG Wismut beschäftigt. Anfang der 50er Jahre stellte er sich den Sicherheitsorganen der DDR. Er war von der »Organisation Gehlen« in einem Westberliner Trefflokal zur Spionagetätigkeit erpreßt worden. Nach einer nachrichtendienstlichen Schulung erhielt er einen Decknamen sowie einen mit Bleiplatten ausgelegten Spezialkoffer zum Transport der von ihm beschafften Rohstoffproben aus dem Uran-Erzbergbau der DDR.[53]

Bereits vor Gehlen hatte der USA-Geheimdienst in wichtigen Einrichtungen der SAG Wismut, der Verwaltung des sowjetischen Vermögens in Deutschland (USIG, d. i. *Uprawlenije Sowjetskogo Imuschtschestwa w Germanii*), und in Zulieferbetrieben der DDR-Volkswirtschaft eigene Agenten geschaffen bzw. zu werben versucht.

So hatte der USA-Geheimdienst erkundet, daß die Firma TEWA in Neustadt Nickelsiebe produzierte. Diese Siebe wurden als poröse Sperren im Gasdiffusionsprozeß bei der Herstellung von Uran 235 verwendet. Da diese Produktion von entscheidender Bedeutung für diesen Prozeß war, hatte der USA-Geheimdienst Mitarbeiter von TEWA abgeworben und in Westdeutschland angesiedelt.

Die DDR-Zulieferbetriebe für die SAG Wismut, die das Unternehmen oder Betriebe und Einrichtungen in der UdSSR mit Druckluftbohrmaschinen, speziellen Grubenlampen und gekühlten Testkammern belieferten, waren meist sowjetische Aktiengesellschaften, die der USIG unterstanden. Ein Bitterfelder Betrieb, der Kalzium für die Herstellung von Uran 235 produzierte, benötigte zur Produktion reinen Kalziums Vakuumpumpen und einen bestimmten Spezialstahl aus Westdeutschland. Diese Gerätschaften und Stahlsorten wurden über das alliierte Beschaffungssystem bei westdeutschen Firmen bestellt. Da die meisten dieser Produkte auf der Exportkontrolliste standen, stoppte das amerikanische Oberkommando für Europa die Lieferungen, wann immer es davon erfuhr.[54]

Agentenzentralen wie die »KgU«, die sowohl von US-Kassen und Senatsgeldern am Leben gehalten wurden, waren aktiv in den Wirtschaftskrieg gegen die DDR einbezogen. Seit 1951 fälschte die »KgU« Banknoten, Lebensmittelkarten und Dienstanweisungen von DDR-Behörden, um im wirtschaftlichen und staatlichen Leben Desorganisation zu bewirken. Dazu wurden von ihren Agenten gelieferte Originale von Kopfbogen mit Stempeln von Firmen und Ministerien und Unterschriften leitender Funktionäre massenhaft in ihren Fälscherwerkstätten nachgeahmt und im Gebiet der DDR in Umlauf gebracht.

Mit diesen gefälschten Unterlagen teilten angebliche Einrichtungen des Deutschen Innen- und Außenhandels ihren ausländischen Geschäftspartnern mit, daß vereinbarte Lieferungen nicht erfolgen könnten.

Gekaufte Elemente verbrachten die gefälschten Postsendungen in den demokratischen Sektor von Berlin und warfen sie in Briefkästen der Deutschen Post.

Im Frühjahr 1953 versandte angeblich die Deutsche Notenbank an mehrere ihrer Zweigstellen telegrafische Anweisungen, unverzüglich größere Geldbeträge an eine Reihe von Betrieben auszuzahlen.

Absender der Telegramme war die »KgU«, die damit Unsicherheiten im Zahlungsverkehr auslösen wollte. Über drei Jahre (1952 bis 1955) brachte die »KgU« gefälschte Lebensmittel- und Kohlenkarten der DDR in Umlauf, um die Versorgung der Bevölkerung zu stören und Unzufriedenheit gegenüber staatlichen Stellen auszulösen.

Hatte das Oberste Gericht der DDR bereits 1952 zu den kriminellen Aktivitäten der »KgU« umfängliche Feststellungen getroffen, sah sich selbst Ende 1957 die 10. Große Strafkammer des Landgerichts von Westberlin veranlaßt, die Fälscherpraktiken zu bestätigen. Auslöser für den Prozeß war ein gewisser Heinz Stephan. Er war 1930 Mitglied der Nazipartei geworden, zum SS-Obersturmbannführer avanciert und 1948 als »politischer Flüchtling« in Westberlin anerkannt worden. Als gewiefter Fälscher hatte er im Auftrag des »KgU-Chefs« Tillich den Bogen überspannt und Westberliner Politiker und Beamte des öffentlichen Dienstes bezichtigt, »kommunistische Unterwanderer« zu sein. Die Denunzierten hatten ihn angezeigt und Stephan vor Gericht gebracht.[55]

Gegnerische Angriffe richteten sich gegen die Landwirtschaflichen Produktionsgenossenschaften (LPG) im Kreis Seelow (1952), die Landwirtschaft im Kreis Wittstock (1953), die Maschinen-Traktoren-Station (MTS) Brüsewitz (1953), die Volkseigenen Betriebe (VEB) Zementwerk Göschwitz (1953) und Meßgerätewerk Zwönitz (1953). Für die in den VEB aufgeklärten Straftaten wurden als Auftraggeber mit den Monopolgruppen Siemens und Krupp verbundene Kräfte ermittelt, deren Betriebe in der DDR enteignet worden waren.[56]

Vor dem Obersten Gericht der DDR fanden mehrere Prozesse gegen Personen statt, die sich der Spionage und Sabotage gegen die Volkswirtschaft der DDR schuldig gemacht hatten. Am 29. Februar 1952 erging das Urteil gegen 15 Mitglieder der Bande »Bluthunde«, welche Terror- und Sabotageverbrechen gegen die DDR verübt hatten. Hinter dieser Gruppe standen die berüchtigte »Kampfgruppe gegen Unmenschlichkeit« (KgU) und der »Bund Deutscher Jugend«.

Einer der Verurteilten war der in der DDR wegen Unterschlagung vorbestrafte Heinz W., der im Januar 1951 – während seiner beruflichen Tätigkeit bei der SAG Wismut – den für den USA-Geheimdienst tätigen Ewalt W. kennengelernt hatte. Gegen Geld lieferte Heinz W. mehrere Monate Informationen über die Wismut, die Einrichtung neuer Schächte mit Lagebeschreibung und erwartete Uranerzvorkommen, die Anzahl und Verteilung neueingestellter Arbeitskräfte sowie personelle Angaben über Steiger und Hauer. Im April 1951 war er mit Ewalt W. übereingekommen, für 800 DM (West) die Schraubverbindungen zweier Feldbahngleise zu lösen. Bei diesem Anschlag entgleiste ein mit Grubenloks beladener Zug und stürzte den Bahndamm hinab. Dabei wurden fünf Arbeiter verletzt. Auch ein zweiter mit Erz beladener Zug wurde zum Entgleisen gebracht. Danach flüchtete Heinz W. nach Westberlin, meldete sich in der Kuno-Fischer-Straße (Sitz der »KgU«) und schilderte im Detail die von ihm im Auftrag des USA-Geheimdienstes begangenen Verbrechen. Nachdem er dort nochmals seine Kenntnisse über seine Tätigkeit bei der SAG Wismut preisgegeben hatte, erfolgte seine Anerkennung als »politischer Flüchtling«. Im Mai 1951 schloß er sich den »Bluthunden« an, mit denen er weitere Straftaten gegen die DDR plante und durchführte.[57]

Am 25. Mai 1952 verurteilte das Oberste Gericht der DDR die für die »KgU« tätige Terror- und Spionagegruppe *Burianek und andere.*

Die für die Gruppe tätige Direktionssekretärin des VEB Secura Werke Berlin, Lydia Sch., war von »Schubert«, einem hauptamtlichen Mitarbeiter der »KgU«, zur Spionagetätigkeit angeworben worden. Er hatte sie wissen lassen, daß der USA-Geheimdienst Informationen über die Belegschaftsstärke, Produktionsauflage, finanzielle Situation (Gewinne, Verluste, Gewinnabführung, staatliche Subventionen), Exportaufträge und deren Erfüllung, Übernahmeorte der Exportgüter, Zahlungsart bei Exporten, Materialversorgung (darunter Westimporte) und Materialengpässe sowie Hinweise über Werksangehörige interessiert sei. Lydia Sch. übergab Unterlagen über die Struktur und Produktionsauflagen sowie Stellungnahmen des Finanzministeriums und der Investionsbank, Protokolle von Betriebsleiterbesprechungen, Rundschreiben und Protokolle über wichtige Produktionsberatungen ihres Betriebes und benannte zur Belegschaft gehörende Mitglieder demokratischer Parteien.[58]

Auch der »Untersuchungsausschuß freiheitlicher Juristen« (UfJ) war bei der Wirtschaftsspionage gegen die DDR äußerst aktiv. Das Oberste Gericht der DDR verhandelte im Juli 1952 gegen sieben Agenten des »UfJ«.

Zu ihnen gehörte, der in Westberlin lebende Betriebsleiter des VEB Glühlampenwerkes Berlin, Karl N., der Konstrukteur der Abteilung Walzwerkbau im VEB Schwermaschinenbau »Heinrich Rau« Wildau, Fritz K., der Ingenieur-Konstrukteur im Ministerium für Maschinenbau der DDR, Gerhard Sch., der Dipl.-Ingenieur und Abteilungsleiter im VEB Bau-Union Stralsund, Fritz Sch., der Betriebsleiter in der Genossenschaftsmolkerei Stralsund, Paul Sch., der Lohnbuchhalter beim Deutschen Innen- und Außenhandel Metall Berlin, Rudolf F. und der Elektromechaniker Gerhard P.

Alle Personen hatten unabhängig voneinander – entweder durch direkte Kontaktaufnahme oder über Bekannte bzw. Arbeitskollegen vermittelt – Verbindung zum »UfJ« bekommen. Drei hatten sich wegen einer Rechtsauskunft an diese Einrichtung gewandt. Sie alle wurden für eine Spionagetätigkeit gegen die DDR gewonnen und erhielten bis auf den in Westberlin wohnenden Karl N. einen Decknamen. Einigen von ihnen wurden aus Gründen der besseren Tarnung ihrer Agententätigkeit auch Deckadressen übergeben.

Die von ihnen auftragsgemäß gelieferten Informationen betrafen Angaben über ihre Arbeitsstellen bzw. Verantwortungsbereiche. Im einzelnen lieferten sie Angaben über Im- und Exportgeschäfte, vor allem im innerdeutschen Handel, über Verfahrenstechniken zur Herstellung bestimmter Güter, Struktur-, Produktions- und Finanzpläne, Betriebskollektivverträge, Berichte über Planerfüllung und Materialverbrauchsnormen, eingetretene Produktions- und Materialschwierigkeiten, Investitionsvorhaben, Neukonstruktionen und konkrete Hinweise über Lieferungen Westberliner und westdeutscher Firmen in die DDR. Darüber hinaus interessierten Berichte zur Lage und Stimmung in den Betrieben und Einrichtungen. In einem Fall wurden Angaben zu Reisekadern des Deutschen Innen- und Außenhandels verlangt. Fritz Sch. sorgte außerdem dafür, daß ein Spezialist aus seinem Arbeitsbereich zur Anwerbung durch den »UfJ« zugeführt wurde.[59]

Der vom USA-Geheimdienst finanzierte und gesteuerte »UfJ« gelangte nicht nur unter dem Vorwand, »juristische Auskünfte« erteilen zu wollen und Hinweise über die Rechtspraxis der DDR zu sammeln, zu Informationen über unterschiedliche gesellschaftliche Bereiche der DDR. Er bediente sich auch selbst solcher westlichen Spionageorganisationen, die nicht vordergründig im Blickfeld der Abwehrorgane der DDR standen. Das betraf beispielsweise den niederländischen Geheimdienst, dessen Resident in Westberlin Informationen seiner geheimen Agenturen über die Außenhandelsbeziehungen der DDR zur Vereinigten Arabischen Republik (Region Ägypten) und zur Volksrepublik China, über den Einsatz von Spezialisten der DDR bei der Errichtung von Kraftwerks- und Energieübertragungsanlagen in diesen Ländern und über die Produktion der Chemieindustrie an den »UfJ« verkaufte.

Zu den Ereignissen vom 17. Juni 1953

Mit der durch die 2. Parteikonferenz der SED 1952 eingeleiteten Entwicklungsetappe nahm der Widerstand kapitalistischer Kräfte innerhalb der DDR zu. Der Anteil des Volkseigentums an der Erzeugung der gesellschaftlichen Gesamtproduktion lag damals bei etwa 57 Prozent. Der von Landwirtschaftlichen Produktionsgenossenschaften (LPG) bearbeitete Boden betrug elf bis zwölf Prozent der landwirtschaftlichen Nutzfläche in der DDR.

Die Steuerrückstände in der Privatindustrie nahmen erheblich zu. Nicht wenige Besitzer verließen ihre Betriebe. Großbauern setzten der Bildung von LPG Widerstand entgegen, verließen ihre Höfe, zum Teil mitten in der Erntezeit ihre Felder. Es verendete nicht mehr betreutes Vieh. Genossenschaftsbauern und LPG-Mitglieder wurden von reaktionären Elementen mißhandelt, Vieh vergiftet, Felder verwüstet, Getreidespeicher und Scheunen in Brand gesetzt, Maschinen und Einrichtungen von Maschinen-Traktoren-Stationen (MTS) zerstört. Dadurch wurden absichtlich beträchtliche Verluste an landwirtschaftlichen Produkten herbeigeführt, die dringend für die Versorgung der Bevölkerung benötigt wurden. Auch das Absinken der Konsumgüterproduktion führte zu ernsten Versorgungsschwierigkeiten.

Die Zahl der DDR-Bürger, die das Land verließ, nahm bedenkliche Ausmaße an.

Die 2. Parteikonferenz der SED beschloß den Aufbau der Grundlagen des Sozialismus. Das zog den forcierten Aufbau der Schwerindustrie (ohne gesicherte Rohstoffbezüge) und die Bildung von Landwirtschaftlichen Produktionsgenossenschaften nach sich. Diese Schritte fielen zusammen mit zusätzlichen Verteidigungsausgaben, die außerplanmäßig aufgebracht werden mußten. Vor diesem Hintergrund wurden die Steuerabgaben von Handwerkern, Gewerbetreibenden und Freischaffenden erhöht. Die Anhebung der Preise für verschiedene Lebensmittel und Abstriche bei sozialen Leistungen, vor allem aber die Erhöhung der Arbeitsnormen waren kontraproduktiv. Die Lebenslage verschlechterte sich spürbar. Das sah auch die Führung der KPdSU so. Am 3. und 4. Juni 1953 gab es in Moskau eine Beratung mit Mitgliedern der Parteiführung der SED. Danach erfolgte eine Kurskorrektur, die Maßnahmen wurden – bis auf die Normerhöhung – zurückgenommen. Am 9. und 11. Juni 1953 wurden entsprechende Entscheidungen gefaßt und veröffentlicht. Die Normerhöhungen, die zurecht besonderen Unmut hervorgerufen hatten, wurden erst am 16. Juni per Ministerratsbeschluß korrigiert.

Dennoch kam es zu Arbeitsniederlegungen und zu öffentlichen Protesten. Namentlich in Berlin kam es dabei zu Zusammenstößen von Demonstranten und Ordnungskräften. Die Konfrontation eskalierte, als am 17. Juni Provokateure aus dem Westteil der Stadt sich unter die Demonstranten mischten und erkennbar die unübersichtliche Lage anheizten. Aus der ursprünglichen Unmutsbekundung, die durchaus einen verständlichen Grund hatte, wurde zunehmend eine von außerhalb gesteuerte politische Aktion. Dabei tat sich besonders der Rundfunk im amerikanischen Sektor Berlins, der RIAS, hervor. Einrichtungen des Handels, Büros von Organisationen und staatlichen Dienststellen wurden zerstört oder in Brand gesetzt, Bürger, die sich solchen Ausschreitungen in den Weg zu stellen versuchten, drangsaliert und mißhandelt, einzelne Haftanstalten gestürmt.

In einem Prozeß, der im Jahre 1955 vor dem Obersten Gericht der DDR gegen fünf für den RIAS tätige Agenten stattfand, wurde im Urteil ein Dokument von RIAS-Direktors G. A. Ewing zitiert. »An Verteiler: ? *(unleserlich)*. Es wird gebeten, dafür Sorge zu tragen, daß im Falle möglicher Absperrmaßnahmen seitens der VOPO *(gemeint war die Deutsche Volkspolizei – d. Verf.)* an den Zonenübergangsstellen eigene VM *(Vertrauensmänner – d. Verf.)* anwesend sind, um Berichte entgegen zu nehmen bzw. Anweisungen zu übermitteln. Als Hauptübermittlungsstelle wurde festgelegt: Glienicker Brücke. Nähere Anweisung erfolgt bei Bedarf. Die VM sind besonders darauf hinzuweisen, daß schnellste Übermittlung über den Stand der Arbeiterschaft und der Wirksamkeit der RIAS-Sendungen, von großer Bedeutung ist. VM aus den Betrieben der Zone sind über obige Auffangstelle zu unterrichten.«[60]

Mit den Unruhen in Berlin und in der DDR waren im Westen große Hoffnungen verbunden. Dies verdeutlichte nicht nur die Anwesenheit führender Politiker, Wirtschaftskapitäne und Militärs sowie Vertreter des »Forschungsbeirats für Fragen der Wiedervereinigung Deutschlands« in Westberlin in jenen Tagen. Es zeigte sich auch im auflebenden Börsenhandel mit Aktien ehemaliger Konzernbetriebe in der DDR und in verstärkten Aktivitäten westlicher Geheimdienste.

Inzwischen hat die im Jahr 2000 erfolgte Veröffentlichung eines früheren Geheimdokuments aus der UdSSR zur sowjetischen Deutschlandpolitik neue Hinweise zu diesen Vorgängen erbracht. In einer Fußnote (Nummer 18) dieses Dokumentes versteckt merkte der Kommentator an »Die zurückhaltende und mäßigende Haltung der westlichen Schutzmächte im Juni 1953 ist allgemein bekannt, weniger hingegen, daß in den NATO-Gremien in diesem

Zusammenhang auch das militärische Eskalationspotential der ›deutschen Frage‹ unmittelbar thematisiert wurde.«[61]

Was »militärisches Eskalationspotential« bedeutet, ist hinlänglich bekannt: Man hatte also auch 1953 in der NATO darauf spekuliert, von einer inneren Schwäche eines »Feindstaates« profitieren zu können. Und falls das nicht genügte, hätte man – wie in vielen anderen Fällen praktiziert – gern nachgeholfen.

Die Sowjetunion begriff, daß damit nicht nur die DDR, sondern auch sie selbst ein Problem hatte: Sie konnte und wollte die DDR nicht preisgeben. Dafür hatte sie einen millionenfachen Blutzoll bei der Niederschlagung des Hitlerfaschismus gezahlt. Ihr Militärkommandant rief in Berlin den Ausnahmezustand aus und setzte Militär zur Herstellung von Ruhe und Ordnung ein. In etlichen Kreisstädten verhängte die Besatzungsmacht ebenfalls den Ausnahmezustand. In der Mehrzahl der Kreise, auch das gehört zur historischen Wahrheit, kam es zu keinerlei Vorkommnissen und Zwischenfällen.

Auch die SED-Führung betrieb Ursachenforschung und kam zu der Auffassung, daß es sich um einen faschistischen Putsch gehandelt habe. Dem MfS wurde angelastet – wie bereits anderenorts ausgeführt –, die Gefahr nicht rechtzeitig erkannt zu haben. Offenkundig gebe es in Betrieben und Einrichtungen der DDR nicht genügend geheime Mitarbeiter. Die unmittelbare Folge war die Ablösung des Ministers und die Umwandlung des MfS in ein Staatssekretariat, das dem Ministerium des Innern (MdI) unterstellt wurde.[62]

Selbstkritisch muß festgestellt werden, daß der Apparat des MfS in der Tat noch erhebliche Schwächen hinsichtlich der Abwehr- und Aufklärungstätigkeit aufwies. Das galt aber wohl für die meisten der noch im Aufbau befindlichen Institutionen. Und überdies ignorierte eine derartige Schuldzuweisung, daß es mehrheitlich politische Gründe für die Staatskrise gab. Die politische Verantwortung in der DDR trug aber bekanntlich nicht das MfS.

Ungeachtet eigener wirtschaftlicher Probleme und Schwierigkeiten verzichtete die UdSSR (in Übereinstimmung mit der Regierung der VR Polen) mit Wirkung vom 1. Januar 1954 auf die von der DDR noch zu zahlenden Reparationen in Höhe von 2.537 Millionen Dollar und übergab die Sowjetischen Aktiengesellschaften (SAG) an die DDR, darunter die Leuna-Werke, die Chemischen Werke Buna, drei Magdeburger Schwermaschinenbaubetriebe, die Filmfabrik Agfa Wolfen und die Elektro-Apparate-Werke in Berlin-Treptow im Gesamtwert von 13,5 Milliarden Deutsche Mark der Deutschen Notenbank (DM der DNB). Darüber hinaus gewährte die Sowjetunion einen Kredit in Höhe von 485 Millionen Rubel und stockte das bestehende

Handelsabkommen um 100 Millionen Rubel auf. Die Anstrengungen der Werktätigen der DDR und diese Hilfsmaßnahmen führten in der Folgezeit zu einer relativen Stabilisierung der DDR-Volkswirtschaft.

Daß der 17. Juni 1953 eben nicht der »Volksaufstand« war, den die Bonner Progaganda in ihre Rituale aufnahm, sondern maßgeblich auch von außen beeinflußt wurde, bestätigte Egon Bahr, der damals beim RIAS tätig war. »Am Nachmittag des 16. Juni 1953 erschien eine Abordnung der Streikenden mit dem Wunsch, der RIAS solle zum Aufstand in der Zone aufrufen«, berichtete er in seinen Erinnerungen. Er habe ihnen gegenüber seine Bedenken artikuliert, worauf diese Männer - sofern sie wirklich jene waren, für die sie sich ausgaben - enttäuscht waren. »Wir hatten sie etwas beruhigt, indem wir mit ihnen zusammen ihre Forderungen formulierten, fünf oder sechs Punkte aufschrieben und ihnen zusagten, wir würden diese Forderungen des Streikkomitees senden.«

Egon Bahr resümierte: »Gerade weil es keine Organisation *(auf seiten der Streikenden – d. Verf.)* gegeben hatte, war unbestreitbar: Der RIAS war, ohne es zu wollen, zum Katalysator des Aufstandes geworden. Ohne den RIAS hätte es den Aufstand so nicht gegeben.«[63] Dem ist absolut zuzustimmen.

Zur Abwehrarbeit des Staatssekretariats für Staatssicherheit in der Landwirtschaft und zu seinem Zusammenwirken mit der Deutschen Volkspolizei

Das eingeschlagene Tempo bei der Umgestaltung der Landwirtschaft wirkte sich negativ auf die Versorgung der Bevölkerung und die Stimmung unter den Bauern aus. Hilfreiche Maßnahmen konnten ihre Wirkung unter solchen Bedingungen nur schlecht entfalten. Da war das »Gesetz zum Schutze der Arbeitskraft der in der Landwirtschaft Beschäftigten - Landarbeiterschutzgesetz«, das die Provisorische Volkskammer am 17. Dezember 1949 verabschiedet hatte. Es regelte Arbeitszeit, Tariflohn, Urlaub und setzte der Ausbeutung der Landarbeiter durch Großbauern enge Grenzen.

Weiterhin hatte die Provisorische Volkskammer am 8. September 1950 das »Gesetz über die weitere Verbesserung der Lage der ehemaligen Umsiedler« und das »Gesetz über die Entschuldung und Kredithilfe für Klein- und Mittelbauern« erlassen.

Der Ministerrat der DDR hatte am 17. Januar 1951 eine Tarifsenkung bei Leistungen der Maschinen-Ausleih-Stationen (MAS) für werktätige Bauern um durchschnittlich 30 Prozent beschlossen. (In der Zeit von 1950 bis 1952 hatte sich der Traktorenbestand [umgerechnet auf 30 PS] auf 22.185 fast verdoppelt.) Am 25. April 1952 verfügte der Ministerrat Vergünstigungen für die LPG. Die Genossenschaftsbauern erhielten Steuerermäßigungen von 25 Prozent. Die MAS wurden verpflichtet, für die LPG zu niedrigsten Tarifen zu arbeiten.

Trotzdem war es ein Faktum, daß sich ausgeprägte, über Generationen gewachsene Traditionen nicht binnen kurzem verändern ließen. Es handelte sich um tiefgreifende gesellschaftliche und soziale und damit auch um mentale Veränderungen.

In einer solchen Umbruchsituation fanden »kritische Stimmen« offene Ohren. Aus der Bundesrepublik erfolgte eine massive Verstärkung dieser Stimmen. Sie hatten den Charakter von Hetze und Zersetzung. Darüber hinaus setzten westliche Geheimdienste, insbesondere der USA-Geheimdienst und seine westdeutschen und Westberliner Hilfsorganisationen, all ihre Talente auf dem Gebiet der psychologischen Kriegführung in dieser Richtung ein, wohl wissend, daß Versorgungsschwierigkeiten zu schwerwiegenden Reaktionen bei der Bevölkerung führen konnten. So berichtete die CIA fortgesetzt über die durch ihre Spionageaktivitäten erlangten Kenntnisse zur wirtschaftlichen Lage in der DDR an zuständige staatliche Einrichtungen der USA. Diese Informationen betrafen die Versorgungssituation insbesondere mit Lebensmitteln, die Lage in der Landwirtschaft – speziell zu den mit Neugründungen von LPG verbundenen Problemen –, den Mangel an Treibstoff für Traktoren sowie Maßnahmen der DDR-Seite zur Eindämmung der Abwanderung von Bürgern der DDR, darunter aus der Landwirtschaft. Oft lieferten solche Informationen den Anlaß für eine Verschärfung des Wirtschaftskrieges gegen die DDR, d. h. für umfassende Embargomaßnahmen.

Auch der »UfJ« arbeitete der CIA fleißig zu. So lieferten im Jahre 1952 »UfJ«-Agenten, die in DDR-Unternehmen tätig waren, Informationen über mehr als vierhundert Handels- und Liefervereinbarungen zwischen DDR-Behörden und westdeutschen Firmen, die angeblich gegen das US-amerikanische Handelsverbot verstießen. Dies führte in der BRD zur Festnahme von etwa 800 Händlern, die an diesen Abschlüssen beteiligt waren, und zur Unterbindung von Waren- und Rohstofflieferungen aus der Bundesrepublik in die DDR im Wert von 800 Millionen Mark.[64] Mit dem Übergang der Landwirtschaft zur Großraumbewirtschaftung wurde deren Sicherung zu einem Schwerpunkt der Abwehrarbeit der Linie III/XVIII, vor allem in den Bezirksverwaltungen und Kreisdienststellen. Dazu wurde am 30. Dezember 1953 die Dienstanweisung Nr. 47/53 »Über die erhöhte Arbeit der Organe für Staatssicherheit in der Landwirtschaft« erlassen. Danach sollten durch offensive Arbeit vor Ort in MAS und LPG vorbeugende Maßnahmen eingeleitet werden, um von der Landwirtschaft Schaden durch kriminelle Machenschaften oder Feindtätigkeit abzuwenden.

Die Dienstanweisung Nr. 45/54 für die Arbeit der Organe für Staatssicherheit in der Landwirtschaft vom 2. September 1954 forderte von den Leitern der Bezirksverwaltungen und Kreisdienststellen, energischer gegen Erscheinungen der Zersetzungstätigkeit in den ländlichen Gebieten vorzugehen. Dazu rechnete die Verbreitung von Gerüchten, die Verteilung von Flugblättern, deren Inhalt sich gegen die Bildung von LPG richtete, die Mißachtung von Tierseuchenbestimmungen etc. Als Voraussetzung dafür wurde eine weitere Qualifizierung der inoffiziellen Arbeit und der Auswertungs- und Informationstätigkeit gefordert.

Gemeinsam mit der Deutschen Volkspolizei und den örtlichen Organen der Staatsmacht gelang es, Schäden in der Landwirtschaft abzuwenden bzw. zumindest zurückzudrängen. So konnte u. a. verhindert werden, daß Kleinbauern durch die Ausleihe von Landmaschinen bei Großbauern in materielle Abhängigkeit gerieten oder durch gezielte Einflußnahme vom Eintritt in die LPG abgehalten wurden.

Viel gravierender jedoch war, daß Großbauern ihrer Ablieferungspflicht nicht nachkamen, daß sie die Erfasser und Aufkäufer mit Hunden von den Höfen trieben oder mit Sand gemischtes minderwertiges Saatgut drillten, um so die Erträge zu mindern.

Auch die vorsätzliche bzw. grob fahrlässige Vernachlässigung von Seuchenschutzbestimmungen führte zur Vernichtung von Tierbeständen in ganzen Dörfern. Oftmals konnten bei Brandschutzkontrollen in großem Umfange versteckte Getreidevorräte oder andere für die Versorgung notwendige Nahrungsmittel gefunden und den Erfassungsbetrieben zugeführt werden.[65]

Der Koreakrieg und seine wirtschaftsrelevanten Auswirkungen auf den Kalten Krieg in Europa

Der 1950 in Korea ausgebrochene heiße Krieg steigerte das Mißtrauen zwischen den Großmächten. Das erhöhte auch Besorgnis und Furcht in ihren jeweiligen Einflußgebieten. Forciert wurde die Angst durch die Remilitarisierung der Bundesrepublik. »Während der Koreakrieg zu einem Stellungskrieg wurde, blieb in Washington und im NATO-Hauptquartier die Sorge vor dem Ausbruch eines Ost-West-Konfliktes in Europa virulent«, erinnerten sich 1997 die Geheimdienstler Bailey, Kondraschow und Murphy. »In einer NSC-Direktive[66] vom 23. Oktober 1951 wurde empfohlen, in sowjetisch kontrollierten Gebieten Widerstandszellen zu bilden und deren Verfügbarkeit im Kriegsfall sicherzustellen. Für die deutsche OPC-Station[67] bedeutete dies, ›ruhende‹ Kräfte in Ostdeutschland zu gewinnen – das sind mit Funkgeräten auszurüstende Geheimagenten, die in ›normalen‹ Zeiten inaktiv bleiben, um im Kriegsfall aktiv zu werden. Da dafür mit Vorliebe Kandidaten ausgewählt wurden, die sowohl eine ›erwiesene Motivation‹ besaßen, zugleich aber mit den Verhältnissen in der DDR gut vertraut waren, fiel der Blick automatisch auf die Freiheitlichen Juristen.«

Trotz Warnung eines leitenden Mitarbeiters der CIA, die »gegnerischen Dienste« – gemeint waren die sowjetische und DDR-Spionageabwehr – könnten dadurch problemlos die Freiheitlichen Juristen als paramilitärische Truppe verfolgen, beschloß das CIA-Hauptquartier deren Instrumentalisierung. Weiter hieß es bei Bailey, Kondraschow und Murphy: »Im Zuge der Säuberung nach dem Aufstand vom 17. Juni 1953 wurde eine Reihe von Agenten aus dem Netzwerk des Untersuchungsausschusses verhaftet, die als Angehörige der Organisation Gehlen bezeichnet wurden. Die Verbindung zur Organisation Gehlen wurde zum Teil vermutlich deshalb hergestellt, weil sich der Chefagent, ein ehemaliger hochrangiger deutscher Marineoffizier, dem die Leitung des paramilitärischen Projektes anvertraut worden war, als Mitarbeiter der Organisation Gehlen entpuppte.«

»Das Netzwerk war in Dreierzellen organisiert worden, die theoretisch keinerlei Verbindung zueinander hatten. Wie der Untersuchungsbericht von der Berliner Organisationsbasis (BOB) nach dem Scheitern der Operation feststellte, hatten sich in Wirklichkeit aber fast alle Mitglieder der CIA untereinander gekannt. Schon bevor es zur Realisierung des Projektes kam, hatten die CIA aufgrund ihrer Erfahrungen im Korea-Krieg die Absicht, wie es heißt in alter OSS-Tradition[68], das ganze Arsenal der im Krieg angewandten Methoden einzusetzen, um die DDR in ihren Fundamenten zu erschüttern und im Umfeld der dort stationierten sowjetischen Truppen ein solches Chaos anzurichten, daß ein Angriff nach koreanischen Muster unmöglich war.«[69]

Für diese Unterstellung, die UdSSR und deren Verbündete in Europa beabsichtigten irgendwelche militärischen Abenteuer, blieben die Geheimdienststrategen der USA die Beweise allerdings schuldig.

In dieser zugespitzten Lage wurde von der SED- und Staatsführung beschlossen, in der DDR mit dem Aufbau der Kasernierten Volkspolizei aus den Beständen der ehemaligen Bereitschaftspolizei zu beginnen. Deren Aufbau und Ausrüstung belastete die Volkswirtschaft nicht unerheblich.

Der mit dem Ausbruch des Koreakrieges 1950 und der damit einhergehenden Verschärfung des Ost-West-Konfliktes verbundene Rüstungswettlauf in den kapitalistischen Hauptländern führte zu einer steigenden Nachfrage nach Maschinen und Ausrüstungen. Er bot der westdeutschen Industrie und dem

Außenhandel äußerst günstige Bedingungen zur Steigerung der Produktion und des Absatzes und führte begleitend zur Aufhebung der von den westlichen Besatzungsmächten verhängten wirtschaftlichen Beschränkungen. Damit wurde der sogenannte »Koreaboom« ausgelöst. Die Industrieproduktion der BRD stieg von Juni bis November 1950 um 25 Prozent, der Export erhöhte sich 1950 gegenüber 1948 um das Doppelte. Am 3. April 1950 unterzeichneten die Hohen Kommissare der Westmächte ein Abkommen über die Aufhebung von Beschränkungen für die BRD-Industrie, das die Freigabe von Werkzeugmaschinen aller Art, von synthetischen Gummi und Benzin, die Erhöhung der Stahlproduktion und Erleichterungen für den Schiffsbau vorsah. Gleichzeitig verlangte am 3. Dezember 1950 die (West-) Alliierte Hohe Kommission von der Bundesregierung die konsequente Einhaltung der Embargobestimmungen im Handel mit der DDR und den sozialistischen Ländern. Diese Bestimmungen verboten die Lieferung von angeblich strategischem Material (Stahl, Kraftfahrzeuge) in den sozialistischen Wirtschaftsbereich.

Mit dem am 27. Juli 1953 in Kraft getretenen Waffenstillstandsabkommen in Korea zeichneten sich Möglichkeiten einer internationalen Entspannung ab. Am 4. August 1953 schlug Moskau den Regierungen der Westalliierten vor, eine Außenministerkonferenz zu Fragen der Rüstungsbeschränkung und des Abschlusses eines Friedensvertrages mit Deutschland abzuhalten. (Diese Konferenz fand vom 28. Januar bis 18. Februar 1954 in Berlin statt. Sie endete infolge der gegensätzlichen Positionen in der Deutschlandfrage ergebnislos.)

Kaum war das Waffenstillstandsabkommen in Korea unterzeichnet, erließ General Gehlen den »Generellen Auftrag für Alle«, der sich an seine in der DDR tätigen Agenturen richtete. (Bei einigen dieser Agenten wurde nach Festnahme durch das MfS der Befehl für den »Ernstfall« auf Bromsilberfolie sichergestellt, das war ein Negativ in Miniformat, welches sich zu winzigen Knöllchen zusammenrollen ließ.) Der Inhalt war eindeutig auf militärische Auseinandersetzungen zugeschnitten, enthielt in diesem Zusammenhang aber auch die DDR-Volkswirtschaft betreffende Aufträge. So hieß es in Punkt 11: »Feststellung aller kriegswirtschaftlichen Maßnahmen der DDR … Dabei interessieren einmal der jeweilige Leistungsstand der Wehrwirtschaftsindustrie (Rüstungsbetriebe, energieerzeugende Betriebe, Betriebe der chemischen Grundstoffindustrie und Hydrier-Werke), der Auswirkungen alliierter Luftangriffe auf Betriebe sowie Versuche, ihre Produktion in Gang zu halten. Weiter interessieren rüstungstechnische Neuerungen, besonders die Vorbereitung und Herstellung neuartiger Waffen und neuartige Kriegsgeräte.«

In Punkt 13 wurde gefordert: »Erfassung und Aufteilung des Menschenpotentials der DDR für die verschiedenen Sparten der Wirtschaft einerseits und auf Wehrmacht und Wehrmachtshilfsdienste andererseits.«

Im Punkt 14 wurde gefragt: »Wie ist die Ernährung der Bevölkerung?«[70]

Allein die Sprache verriet Geist und Absicht der Urheber.

Zur Aufklärung von Vorkommnissen in der Kohle- und kohleverarbeitenden Industrie

Die Linie III/XVIII hatte damals gemeinsam mit den Organen des Ministeriums des Innern und zuständigen staatlichen Kontrollorganen intensiv an der Aufklärung von Vorkommnissen in der Energiewirtschaft und kohleverarbeitenden Industrie gearbeitet. Im Mittelpunkt standen die Aufklärung der Ursachen einer schweren Kohlenstaubexplosion in der Brikettfabrik Buna am 13. Januar 1954, der Explosionen in den Kraftwerken der Brikettfabriken »Friedenswacht« am 15. März 1954, »John Schehr« am 27. April 1954 sowie im Kraftwerk Nachterstädt am 3. Mai 1954.

Das Staatssekretariat für Staatssicherheit (SfS) verfügte noch nicht über Struktureinheiten, die sich mit der kriminalistischen Aufklärung und Untersuchung von Katastrophen, Havarien und Bränden befaßten. Mit der Dienstanweisung Nr. 55/54 vom 18. November 1954 des Stellvertreters des Staatssekretärs wurde in der Hauptabteilung III/XVIII eine Operativgruppe gebildet, die die feindliche Tätigkeit in der Kohleindustrie bearbeitete. Sie sollte vor allem die operative Arbeit der Bezirksverwaltungen koordinieren, in deren Verantwortungsbereich Braun- bzw. Steinkohle gefördert wurde. Das betraf die BV Cottbus, Leipzig, Halle und Karl-Marx-Stadt.

Die in dieser Zeit merklich gestiegene Anzahl von Bränden, Havarien und Störungen besonders in der Braunkohle und schwerer Unfälle mit tragischen Ausgang für Beschäftigte in der Kohleindustrie machten es erforderlich, wirkungsvoll vorzubeugen und die inoffizielle Arbeit weiter zu qualifizieren. Daraus ergab sich ein enges Zusammenwirken mit verschiedenen Dienstzweigen der Deutschen Volkspolizei, der Technischen Bergbauinspektion, den Arbeitsschutzinspektionen und Sicherheitsinspektionen aller Bergbaubetriebe. Konkret wurde mit Experten aus wissenschaftlichen und technischen Instituten, darunter aus dem am 28. April 1952 gebildeten Kriminaltechnischen Institut (KTI) der Deutschen Volkspolizei, bei der Begutachtung von Prozeßabläufen, havarierten Geräten oder stofflichen Untersuchungen eng kooperiert.

Im Ergebnis des Zusammenwirkens der Sicherheitsorgane, staatlichen Kontrollbehörden und wissenschaftlichen Einrichtungen konnten speziell im Steinkohlebergbau schwere Vorkommnisse aufgeklärt und Personen ermittelt werden, die im dringenden Tatverdacht standen, für diese Vorkommnisse verantwortlich zu sein. Sie wurden den Justizbehörden übergeben.

So verurteilte im Zusammenhang mit der Aufklärung des schweren Grubenunglücks im Steinkohlenrevier im Zwickau-Oelsnitzer Raum im Juli 1952 das Oberste Gericht der DDR sieben verantwortliche Betriebsangehörige des Martin-Hoop-Werkes. Bei den Verurteilten handelte es sich um den Technischen Oberleiter und Hauptingenieur des Martin-Hoop-Werkes, den Betriebsleiter des Martin-Hoop-Schachtes IV, den Grubeninspektor, drei Steiger und einen Brandspürer. Sie hatten in unterschiedlichem Umfang unter Mißachtung gesetzlicher Bestimmungen infolge Nachlässigkeit, Gleichgültigkeit und Duldung von Mißständen in der Wetterführung Schuld an einer der größten Bergwerkskatastrophen der DDR.

Dem Grubenbrand am 19. April 1952 waren 48 Bergleute zum Opfer gefallen, 27 Bergmänner waren verletzt worden, einige von ihnen schwer. Infolge des Grubenbrandes mußte die gesamte Abteilung 9 des Schachtes stillgelegt werden. Der Sachschaden betrug 5 Millionen Deutsche Mark der Deutschen Notenbank (DM der DNB).

Der Martin-Hoop-Schacht IV war Ende 1946 neu aufgeschlossen worden, der Abbau begann am 1. Juli 1948.

Bei drei Kontrollen der Arbeitsschutzinspektion Zwickau und zwei Kontrollen der Technischen Bergbauinspektion war auf schwere Mängel in der Wetterführung hingewiesen und waren konkrete Auflagen zur Veränderung der Situation erteilt worden. Die Werkleitung meldete jedesmal, daß die Mängel beseitigt seien. Sie empfand die Kontrollen als »lästige Schnüffelei«. Die Untersuchungen hatten ergeben, daß der Abbau der Kohle teilweise entgegen allen bergmännischen Regeln und Erfahrungen erfolgte, Investitionsmittel zur Verbesserung der Wetterführung anderweitig eingesetzt, Kontrollen vor Ort durch die Sicherheitsinspektion des Werkes vernachlässigt, verantwortliche Steiger sporadisch, oft nur vom Schreibtisch aus, angeleitet, technische Hilfsmittel und Gerätschaften nicht eingesetzt oder ihr Einsatz bewußt verzögert wurden. Selbst das Verhalten der Verantwortlichen am Katastrophentag war von Kopflosigkeit bis zur vorsätzlichen Untätigkeit des Brandspürers geprägt.[71]

Ein gravierender Fall von Sabotageverbrechen hatte sich Anfang der 50er Jahre im Zwickau-Oelsnitzer Steinkohlenrevier zugetragen. Er wurde nach umfassender Aufklärung im September 1953 vor dem Obersten Gericht der DDR verhandelt.

Angeklagt waren der Professor für Bergbaukunde an der Bergakademie Freiberg, Prof. Dr. Otto F., die Dipl.-Bergingenieure und Technischen Leiter des Martin-Hoop-Werkes, Wilhelm K., und des Werkes Deutschland, Hans H., der Dipl.-Bergingenieur und Leiter der Abteilung Planung der VVB Steinkohle Zwickau, Georg B., der Bergtechniker und Obersteiger des Karl-Marx-Werkes Zwickau, Bruno F., der Dipl-Berg- und Planungsingenieur Herbert K. und der Dipl-Bergingenieur Conrad K., beide vom Projektierungs- und Konstruktionsbüro Berlin, Außenstelle Zwickau.

Außer Bruno F. waren alle Angeklagten im früheren deutschen schlesischen Steinkohlebergbau tätig gewesen und hatten vorwiegend dort ihre bergmännische Ausbildung erhalten.

Sofern sie in der Vergangenheit Mitglieder der Nazi-Partei oder ihrer Gliederungen oder gar im Dienste der Gestapo oder der faschistischen Abwehr standen, hatten sie das größtenteils bis zur Aufdeckung ihrer Straftaten verschwiegen. So war Prof. F. nachweislich Gestapo-Spitzel, Hans H. Mitarbeiter der Gestapo und Leiter eines Lagers für sowjetische Kriegsgefangene, von denen er nachweislich einen mißhandelte und Weisungen zur Verschärfung des Lagerregimes insgesamt erteilte. Er gehörte seit 1938 der Nazipartei an und wurde 1939 stellvertretender Abwehrbeauftragter für die Gewerkschaft »Morgenstern« in Zwickau.

Bruno F., seit 1934 Mitglied der Nazipartei, wurde 1945 für kurze Zeit wegen Mißhandlung eines sowjetischen Kriegsgefangenen inhaftiert und zunächst als Reviersteiger abgelöst.

Herbert K., Anwärter der Nazipartei, arbeitete 1943 als Betriebsführer der Grube »Neue Helene« bei Beuthen, er war Technischer Sonderführer im Range eines Hauptmanns und im Jahre 1944, als Betriebsleiter der Erzgrube Bolelaus-Ulysses, Abwehrbeauftragter der Gestapo. Conrad K. war 1935 der Nazipartei beigetreten und seit diesem Zeitpunkt Scharführer der SA.

Nach Feststellung des Gerichts lehnten alle die gesellschaftliche Entwicklung in der DDR ab und widersetzten sich ihr aktiv. Sie lieferten detaillierte Informationen an Kohlekonzerne in der Bundesrepublik über die Steinkohleförderung im Zwickau-Oelsnitzer Revier und über wissenschaftliche Arbeiten an der Bergakademie Freiberg. Damit lieferten sie Munition für Sabotagehandlungen. Ihre Nachrichten wurden an westliche Geheimdienste weitergereicht. Professor F. lieferte auch Informationen über die Produktion und geplante Aufbereitungsprojekte polnischer Steinkohlewerke sowie über Verhandlungen mit der polnischen Plankommission.

Da die Angeklagten in leitenden Stellungen arbeiteten, waren sie auch in der Lage, den Aufschluß trächtiger Kohlevorkommen zu behindern. Die für das Nordfeld bereitgestellte Lokförderanlage blieb drei Jahre ungenutzt stehen und verrottete. Sie waren maßgeblich daran beteiligt, daß der sogenannte Blindortversatz eingeführt wurde. Das bedeutete nicht nur eine Verschlechterung der Wetterverhältnisse und damit der Arbeitsbedingungen. Gleichzeitig führte diese Abbaumethode zu einem erheblichen Anstieg von Grubenbränden, die beträchtliche Sachschäden anrichteten und in Einzelfällen Menschenleben kosteten.

Nach der Katastrophe auf Schacht »Martin Hoop IV« im April 1952 und der bei der Untersuchung aufgedeckten Ursachen wurde der Blindortversatz eingestellt.

Bruno F. vernachlässigte seine Kontrollpflicht und duldete, daß an Verwerfungen Kohle stehen blieb, was die Entstehung von Grubenbränden begünstigte und zu Materialschäden und Produktionsausfällen größeren Ausmaßes führte. Ein Brand im August 1952, der am Verwerfen der oberen Strecke 863 durch stehengebliebene Kohle entstanden war, verursachte einen Schaden von 500.000 Mark.

Darüber hinaus wurden der Einsatz von Fördertechnik und anderer Hilfsmittel verzögert oder an dafür nicht vorgesehenen Orten bereitgestellt, so daß sich umfangreiche Umsetzarbeiten erforderlich machten. Um die Förderleistung für Steinkohle zu vermindern, wurden Gesteinsarbeiten zur Aufschließung neuer Kohleabbaue für längere Zeit eingestellt, eine ausreichende Materialversorgung verhindert, Maschinenräume mit falschen Ausmaßen aufgefahren und ein wichtiger Hauptwetterquerschlag nicht angelegt, dessen Fehlen ursächlich für das Ausmaß des Grubenunglücks vom 19. April 1952 war.

Wassergutgewichte wurden entgegen den Festlegungen der Revisionskommission falsch festgelegt, wodurch ein jährlicher Abbauverlust von 6.000 Tonnen Steinkohle eintrat und umfangreiche Nachprüfungsarbeiten in Gang gesetzt werden mußten.[72]

Der in einem getrennten Verfahren abgeurteilte Markscheider und Steiger Ludwig K., welcher zuletzt als Grubeninspektor im Karl-Marx-Werk tätig war, hatte bereits im Jahre 1946 über Hans H. Verbindung zur Gruppierung um Prof. F. bekommen. Auch er hatte eine Nazikarriere hinter sich: Im Jahre 1937 war er der NSDAP beigetreten und 1938 vom »Stahlhelm« in die SA übernommen worden. Als Mitglied der SA gehörte er der Standarte 181, einer berüchtigten Schläger- und Mordkolonne der Nazis, an und beteiligte sich aktiv am Boykott jüdischer Mitbürger.

Ludwig K. hatte bereits 1946 den Blindortversatz im Karl-Marx-Werk eingeführt, wohl wissend, daß diese Abbaumethode die Gefahr von Grubenbränden und damit die Vernichtung von Volkseigentum erhöht und zur Hemmung der Steinkohleproduktion führt. Trotz einer Schlagwetterexplosion im Herbst 1946, bei der zwei Bergleute getötet wurden, ordnete er verstärkt den Blindortversatz an. Infolge großer Teufe ohnehin schon erwärmter Wetter wurden diese zusätzlich aufgeheizt. In den stehengebliebenen Hohlräumen wurden dadurch Wetterkurzschlüsse hervorgerufen, die bedeutende Wetterverluste herbeiführten und die Arbeitsbedingungen vor Ort erheblich erschwerten.

Gemeinsam mit Bruno F. vermochte er über mehrere Monate hinweg die elektrische Lokförderung zu hintertreiben. Die Arbeiten zur Schaffung einer förderfähigen Verbindung zwischen den Karl-Marx-Werken I und II verzögerte er um neun Monate.

Durch Abzug von Vortriebskolonnen und Unterlassungen von Versuchsbohrungen wurden der Kohleabbau um sechs Wochen verzögert und damit täglich 120 t Kohle der Volkswirtschaft entzogen. Die achtmonatige Verzögerung des Abbaus der Strecke 863a führte zu einem weiteren Verlust von 9.000 t Kohle. Bedingt durch einen Brand war die Strecke später überhaupt nicht mehr abbaufähig. Bevorzugt abgebaut wurden stattdessen weniger mächtige Flöze mit einem hohen Prozentsatz Abraum.

Da er das Verschlämmen eines eingestürzten Abbaus nicht kontrollierte und einen kurzen Querschlag zur Wetterstrecke hatte treiben lassen, konnte bei einem Grubenbrand im August 1952 das Feuer auf andere Abteilungen übergreifen. Deshalb mußten die III. und IV. Abteilung des Karl-Marx-Werkes aufgegeben werden. Damit fiel ein Drittel der Fördermenge aus und es trat ein Materialschaden in Höhe von 700.000 Mark ein. Da Ludwig K. befürchtete, dafür zur Verantwortung gezogen zu werden, beabsichtigte er sich nach Westberlin abzusetzen, um dort als »politischer Flüchtling« anerkannt zu werden. Er nahm Pläne, Grubenrisse, Berichte über Brände und andere Vorkommnisse mit nach Hause, um sie nach seiner Flucht daran interessierten westlichen Geheimdiensten zu übergeben.[73]

Die Volkswirtschaft im Visier von Gehlen

Die Abwehrorgane konnten in diesem Zeitraum der »Organisation Gehlen« erhebliche Schläge versetzen. Unter den enttarnten Spionen befanden sich nicht wenige, die aufgrund ihrer zum Teil exponierten beruflichen Stellung in der Lage waren, umfangreiche geheimzuhaltende Informationen und Unterlagen über die Volkswirtschaft der DDR auszuliefern.

Zu den mit Gehlens Spionagegruppe »Haase« vom Obersten Gericht der DDR verurteilten Straftätern gehörten Rolf Oe., Dispatcher des VEB Schiffselektrik Rostock, Baustelle Wismar, und Walter Sch., Oberreferent im Ministerium für Aufbau, Hauptverwaltung Bauindustrie.

Oe. war im Herbst 1952 durch Vermittlung seines Bruder Otto Oe. angeworben worden. Er lieferte fortan an die hauptamtlichen Mitarbeiter der »Organisation Gehlen« *Paulberg* und *Möser* teils chiffrierte, teils mit Geheimtinte abgefaßte Berichte über interne betriebliche Vorgänge der Mathias-Thesen-Werft Wismar. In der Folgezeit berichtete er über die Baustelle der Werft und über die Stimmung der Belegschaft. Dabei setzte er seine Mutter und seine Schwester als Kuriere ein. Auf Weisung von Pullach legte er für den Kriegsfall Tote Briefkästen an.

Walter Sch. wurde über eine Arbeitskollegin mit Otto Oe. in Verbindung gebracht und Anfang 1953 ebenfalls von »Paulberg« und »Möser« angeworben. Als »Scharnberg« lieferte er bei insgesamt zwölf Treffs in Westberlin ihm zugängliche Informationen und Unterlagen aus der Hauptverwaltung Bauindustrie des Ministeriums für Aufbau der DDR. Besonderes Interesse fanden Angaben über Planerfüllung und Produktionsschwierigkeiten. Während der Ereignisse um den 17. Juni 1953 übersandte Sch. Stimmungsberichte aus Leipzig, Halle und Wernigerode. Dazu benutzte er Geheimtinte und Deckadressen.[74]

Auch im Jahre 1954 konnten mehrere Agenten der »Organisation Gehlen« enttarnt, festgenommen und nach Abschluß der Ermittlungsverfahren vom Obersten Gericht der DDR verurteilt werden.

Darunter waren der Hauptreferent im Staatssekretariat für Kraftverkehr und Straßenwesen, Karli B., die Sekretärin des Betriebsleiters im VEB Projektierung des Kraftverkehr-und Straßenwesen, Käthe D., der Disponent der Reichsbahndirektion (RBD) Berlin, Ewald M., der Vertriebskaufmann im VEB Elektroapparate-Werke Berlin-Treptow, Vitalis D., und Gottfried Sch., Abteilungsleiter in der Finanzbuchhaltung des VEB Werkzeugfabrik Altenburg.

Karli B. war zur Jahreswende 1952/53 von seiner Freundin (und späteren) Mitangeklagten Käthe D. der »Organisation Gehlen« zugeführt und schriftlich zur Zusammenarbeit geworben worden. Nachdem er im März 1953 einen Decknamen und eine Decknummer erhalten hatte, sollte er Karten und Pläne über Straßenneubauten und Brückenprojektierungen (mit Hinweisen auf Tragfähigkeit) im Original beschaffen. Da ihm dies zu gefährlich erschien, erhielt er von seinen Auftraggebern aus Pullach eine Kamera zum Ablichten der Originale. In der Folgezeit fotografierte er solche Unterlagen, ferner Volkswirtschaftspläne, Protokolle interner Besprechungen sowie Telefonverzeichnisse seines Arbeitsbereiches. Er lieferte monatlich etwa 100 Fotos. Außerdem fanden in zehntägigen Abständen, zum Zwecke der mündlichen Berichterstattung, Treffs in Westberlin statt. Karli B. erhielt den Auftrag, Verbindungen in die Volksrepublik Polen herzustellen. Es kam jedoch nur zur Auslieferung des Protokolls der gemeinsamen Verhandlungen mit der polnischen Seite, sein Ressort betreffend. Darüber hinaus spionierte er bei seinen Dienstfahrten Militärobjekte aus.

Für den »Ernstfall« (Kriegsfall) erhielt B. den »Generellen Auftrag für Alle«, Chiffrierunterlagen (Blocks mit 5er Zahlengruppen) von Informationen, mit deren Anwendung er in Schulungen vertraut gemacht wurde. Außerdem legte er auftragsgemäß Tote Briefkästen im Raum Berlin an. Dafür erhielt er monatlich 500 DM. Bis zu seiner Festnahme waren bereits 8.000 DM geflossen.

Käthe D. war von ihrem ehemaligen Vorgesetzten, der die DDR illegal verlassen hatte, zu einem Besuch nach Westberlin eingeladen worden. Dort traf sie im Oktober 1952 den hauptamtlichen Mitarbeiter der »Organisation Gehlen« mit Namen »Dahlmann«. Er warb sie zur Spionagetätigkeit mit schriftlicher Verpflichtung an und vereinbarte mit ihr einen Decknamen. Sie lieferte für etwa 2.500 DM Informationen über Projekte von Brücken, Straßen und Autobahnen, die von ihrer Arbeitsstelle erarbeitet wurden. Neben Karli B. »tippte« sie weitere für Spionage geeignete Personen.

Die Berichterstattung erfolgte ein- bis zweimal monatlich in Westberlin. Sie erhielt dort präpariertes Papier und Geheimtinte und legte auftragsgemäß für den »Ernstfall« fünf Tote Briefkästen an und wurde in der Chiffrierung von Spionageberichten geschult.

Ewald M. wurde ebenfalls von einer bereits für die »Organisation Gehlen« tätigen Arbeitskollegin zugeführt und von »Wiesner« angeworben. Er verpflichtete sich schriftlich zur Zusammenarbeit und lieferte in der Folgezeit Informationen aus seinem Arbeitsbereich. Das betraf die Be- und Entladung von Gütertransporten der Deutschen Reichsbahn, den grenzüberschreitenden Güterverkehr nach der VR Polen, Anforderungen des sowjetischen Militärbeauftragten für Truppentransporte der Sowjetarmee. Er übergab Fahrpläne, den Gesamtbericht sämtlicher Reichsbahndirektionen und Telefonverzeichnisse. Die Dokumente lieferte er zunächst im Original, später als Filmmaterial. M. legte mehrere Tote Briefkästen an, von denen er drei aufgrund der Fülle des zu übergebenden Spionagematerials selbst nutzte.

M. kopierte wöchentlich seit April 1952 zwei bis drei Buchfahrpläne für den internen Dienstgebrauch und garantierte damit seinen Auftraggebern eine Übersicht über Sonder- und Bedarfszüge. Im Jahre 1953 traf er sich achtzigmal mit seinem Agentenführer in Westberlin und übergab dabei im Oktober 468 und im November 720 Fotokopien. M. charakterisierte leitende Angestellte der Generaldirektion der Deutschen Reichsbahn, 15 Mitarbeiter der RBD Berlin sowie das Personal eines Dispatcherlehrgangs. Ferner lieferte M. Informationen über den Güterverkehr zwischen der DDR und anderen volksdemokratischen Ländern. M. unternahm im Auftrag der »Organisation Gehlen« ernsthafte Versuche, seinen in der VR Polen lebenden Halbbruder für eine Spionagetätigkeit zu gewinnen. Bevor es dazu jedoch kam, wurde er verhaftet. Seine Ehefrau hingegen hatte M. zur Mitwirkung gezwungen. Insgesamt strich Ewald M. 15.000 DM aus Pullach ein.

Vitalis D. wurde im Herbst 1952 von seiner früheren Freundin der »Organisation Gehlen« zugeführt und zur Spionagetätigkeit angeworben. An seine Agentenführer »Winter« und »Lange« lieferte er Informationen über Exporte der Elektro-Apparate-Werke (EAW) Berlin-Treptow, besonders als Zulieferer für automatische Zementfabriken, über Arbeiten des zentralen Konstruktionsbüros und andere die Produktion des Werkes betreffende Einzelheiten.

D. nutzte 15 Dienstreisen, die er im Auftrag seines Betriebes unternahm, um nähere Informationen über die aufgesuchten Betriebe und ihre Produktion sowie die personelle Zusammensetzung der Betriebsleitungen zu erlangen und übermittelte sie seinen Auftraggebern. Neben Informationen über die personelle Zusammensetzung des Direktoriums und weitere leitende Mitarbeiter seines Werkes charakterisierte er diese den Agentenführern und übermittelte weitere spezielle Auskünfte zu ihnen. Einen Mitarbeiter versuchte er zwecks Anwerbung nach Westberlin zu locken. Insgesamt führte D. 80 Treffs mit seinen Auftraggebern in Westberlin durch.

Gottfried Sch. war 1950 durch einen früheren Kriegskameraden aufgefordert worden, an seiner Stelle Spionageinformationen über die Volkswirtschaft in Altenburg zu sammeln. Diesem Ansinnen stimmte er zu.

Neben umfangreicher Militärspionage, die er betrieb, berichtete Sch. über Produktion und Materialbedarf des VEB Werkzeugfabrik Altenburg sowie über an seinen Betrieb erfolgte Stahllieferungen aus der UdSSR. Für seine Spionage erhielt er mehrere tausend DM.[75]

Dienstliche Bestimmungen zur Arbeitsweise der Linie III/XVIII

Am 12. Januar 1955 trat die Dienstanweisung Nr. 3/55 über die »Bearbeitung von Konzernen, Wirtschaftsvereinigungen, Forschungsinstituten und Fachverbänden der westdeutschen Wirtschaft« in Kraft, die im unmittelbaren Zusammenhang mit der Richtlinie »Für die wirtschaftliche und technisch – wissenschaftliche Aufklärung und für die Bearbeitung von Konzernen« vom 18. April 1955 des Stellvertreters des Staatssekretärs für Staatssicherheit stand.

Der Erlaß dieser dienstlichen Bestimmungen folgte aktuellen Erkenntnissen der Organe für Staatssicherheit. Das betraf die vom »Forschungsbeirat für Fragen der Wiedervereinigung Deutschlands« betriebene Anschlußplanung, die auf die Liquidierung der DDR gerichtet war,[76] das Zusammenwirken westlicher Geheimdienste mit Monopolen, Wirtschaftsvereinigungen und Forschungseinrichtungen im beiderseitigen Interesse sowie die Errichtung von Scheinfirmen zu nachrichtendienstlichen Zwecken[77] und die seit dem Korea-Krieg wachsende Rüstungsindustrie der Bundesrepublik.[78]

Auf Linie III/XVIII wurden spezielle Referate für wirtschaftliche und wissenschaftlich-technische Aufklärung geschaffen. Das Ziel ihrer aktiven Aufklärungstätigkeit bestand darin, mit Hilfe inoffizieller Mitarbeiter Aufschluß sowohl über Struktur, Aufgabenstellung und Verflechtung der wirtschaftlich-wissenschaftlichen BRD-Institutionen als auch über die Ziele, Mittel und Methoden ihrer gegen die Volkswirtschaft der DDR gerichteten Tätigkeit zu erlangen. Zugleich sollten Kenntnisse über Rüstungsvorhaben und die Entwicklung von Waffentechnik gewonnen werden, um Gegenmaßnahmen für die Landesverteidigung der DDR und ihrer Verbündeten im Warschauer Pakt ableiten zu können. Aber natürlich sollten die bei diesen Aufklärungsmaßnahmen gewonnenen Erkenntnisse auf ihre Verwendbarkeit in der Volkswirtschaft der DDR geprüft werden, um Embargomaßnahmen zu kontern.

Im Jahre 1956 wurden diese Struktureinheiten aufgelöst. Ihre Aufgaben übernahm in modifizierter Form die HVA.

Bei der Sicherung der Volkswirtschaft vor gegnerischen Angriffen fanden diese dienstlichen Bestimmungen jedoch keine Anwendung. Wirtschaftsverbände und wissenschaftlich-technische Einrichtungen waren zu keiner Zeit Gegenstand operativer Abwehrarbeit.

Die Abwehrarbeit galt vielmehr der Erarbeitung strafprozessual verwertbarer Beweise. Damit sollte gegen Personen oder Gruppen, die gegen die Volkswirtschaft handelten, vorgegangen werden. Dabei standen im Vordergrund Verbrechen gegen die staatliche Sicherheit (gemäß Kap. 2 des StGB/DDR).

In zahlreichen Fällen konnten auch Mitte der 50er Jahre Straftaten, durch die der Volkswirtschaft der DDR Schäden in Millionenhöhe zugefügt wurden, mittels gezielter Abwehrarbeit der Linie III/XVIII aufgeklärt werden.

So hatten der Kaufmännische Direktor der Elektro-Apparate-Werke (EAW) Berlin-Treptow, der Elektro-Ingenieur Karl N., und der Werkleiter der EAW, Dipl.-Ingenieur Ludwig A., vorsätzlich – weil sie die gesellschaftliche Entwicklung in der DDR ablehnten – durch Desorganisation der Materialdisposition und des Absatzes sowie Falschberichterstattung – insbesondere über die Massenbedarfsartikelproduktion – den EAW und anderen Zweigen der Volkswirtschaft beträchtliche Verluste zugefügt.

Karl N. hatte 1940 im Auftrag der AEG Berlin an Geschäftsreisen in die UdSSR teilgenommen und dort für die Luftwaffe spioniert. Als »Sonderführer Z« war N. später an der Planung und Ausplünderung sowjetischer Industrieanlagen beteiligt. Zuletzt gehörte N. dem Jägerstab des Reichsluftfahrtministeriums an. Karl N. arbeitete als Dolmetscher in den EAW (zunächst eine sowjetische Aktiengesellschaft). 1952 wurde er als Kaufmännischer Direktor eingesetzt. In dieser Funktion war er für die Materialdisposition verantwortlich. Er sollte die bestehenden Materialdispositionskarteien zentralisieren. Damit sollte ein volkswirtschaftlicher Nutzen von 800.000 Mark erwirtschaftet werden. Er sorgte dafür, daß das Projekt scheiterte.

Werkleiter A. setzte im Betrieb die Produktion von Massenbedarfsgütern in gang, allerdings waren dafür die technischen Voraussetzungen nicht geregelt. Dadurch wurden Rohstoffe und Halbfabrikate beschafft und beträchtliche Umlaufmittel gebunden. Das war eine der wesentlichen Ursachen für die spätere Illiquidität des Betriebes. Diese führte zu erheblichen Störungen des Volkswirtschaftsplanes und zu einem unmittelbaren Schaden von 6 Millionen Mark (ohne Nachfolgeschäden). Fehlkonstruktionen und nicht ausgereifte Entwicklungen führten zu Reklamationen, so daß die bereits verplanten 65.000 Handstaubsauger, 10.000 Elektronenblitzgeräte, 100.000 Fotobelichtungsmesser, 10.000 Schlittenstaubsauger, 5.000 Bohrmaschinen und 10.000 Lichtmaschinen für Kraftfahrzeuge für die Versorgung der Bevölkerung nicht zur Verfügung standen. Zu den Folgeschäden gehörte auch, daß andere Produktionszweige infolge der Hortung von Material ihrerseits Einschränkungen der Produktion hinnehmen mußten.

Nach Eintritt der Illiquidität der EAW beantragte N. gemeinsam mit A. einen Kredit in Höhe von 14 Millionen Mark. Als jedoch erkennbar war, daß die Krise kaum noch zu beherrschen war, versuchte N. sich möglichen Konsequenzen durch Flucht zu entziehen. Um als »politischer Flüchtling« anerkannt zu werden, hatte er Statistiken, die Beschreibung neuentwickelter Funknavigations- sowie Fernsprech- und Feuerschutzanlagen, die für ein 1951 an die UdSSR geliefertes Großraum-Passagierschiff bestimmt waren, sowie Entwicklungsberichte über elektrische Meßgeräte des Chefkonstrukteurs der EAW beiseitegeschafft, um sie der gegnerischen Seite auszuliefern. Vor der Verwirklichung seines Vorhabens wurde er jedoch festgenommen.[79]

Erheblichen volkswirtschaftlichen Schaden richteten im Bereich der Lebensmittelversorgung Rolf L. und Herbert O. an. Der eine war Stellvertreter, der andere Hauptbuchhalter im Volkseigenen Versorgungs- und Lagerkontor Fleisch, Fette, Molkereierzeugnisse (VE VLK FFM).

Sie hatten trotz entsprechender Qualifikation und ihrer Pflicht, Mitarbeiter sachgemäß anzuleiten und anzuweisen, eine korrekte Kontenführung hintertrieben. Diese kriminellen Handlungen gegenüber der Bank, vor allem durch manipulierte Angaben, führten zu unrechtmäßiger Inanspruchnahme von Krediten durch das VE VLK FFM.

1953 kam L. über den Stellvertreter des Hauptbuchhalters der Deutschen Handelszentrale (DHZ) Lebensmittel, der die DDR illegal verlassen hatte, mit dem USA-Geheimdienst CIC in Verbindung. Bei 20 bis 25 Treffs 1953 lieferte er Informationen über die Warenbestände des VE VLK FFM und des Staatssekretariats für die Verwaltung von Staatsreserven sowie über neue Kühlhäuser. Er benannte einen zur Anwerbung geeigneten Mitarbeiter aus der Kühlkette.

L. arbeitete unter dem Decknamen »Müller«. Er bereitete seine illegalen Abgang vor, wurde dann jedoch vom CIC fallen gelassen.[80]

Der RIAS als Nachrichtenbeschaffer für die USA-Geheimdienste

Während der Zeit der Blockkonfrontation wurde von westlicher Seite immer wieder versucht, den Rundfunk im amerikanischen Sektor (RIAS) als »normale« Medienanstalt, als eine »freie Stimme der freien Welt« zu präsentieren. Er war stramm antikommunistisch und sollte zur Destabilisierung der gesellschaftlichen Verhältnisse der DDR beitragen. Der Sender arbeitete seit 1945 in der Kufsteiner Straße 69 und war damals im Auftrag des Kriegsinformationsamtes beim Hauptquartier der US-Streitkräfte in Deutschland gegründet worden. Später wurde er dem Hohen Kommissar (HICOG) der USA in Deutschland (mit Sitz in der Clay-Allee in Berlin) und dem amerikanischen Außenministerium unterstellt. Als Chef (Direktor) fungierte der US-Bürger G. A. Ewing. Die Einstellung von Personal bedurfte in jedem Falle der Zustimmung durch den HICOG. Das Unternehmen wurde damals mit jährlich 2,7 Millionen Dollar finanziert.

Mit der nachrichtendienstlichen Tätigkeit war vorwiegend die RIAS-Hauptabteilung Politik befaßt. Sie wurde von einem Direktor Müllerburg geführt und von RIAS-Chef Ewing direkt angeleitet. Ihr unterstand die Abteilung »Information aus der SBZ«. Diesen Teilbereich leitete Dr. Kirchstädter, dem drei »Interviewer« – Frau Thum alias Stein, die Herren Fröhnel alias Ernst (ein ehemaliger faschistischer Abwehroffizier) und Parsenow alias Zerbe – unterstanden. Für »Außenaufgaben« war Franz Siegel tätig, der Kontaktanbahnungen bei DDR-Bürgern vornahm, die die Westsektoren aufsuchten.

In den Sendungen wurde dazu aufgerufen, sich mit Wünschen, Anregungen und persönlichen Sorgen postalisch an den RIAS zu wenden. Karten für Veranstaltungen in Westberlin hingegen waren nur persönlich in der Hauptabteilung Politik abzuholen. Dabei erfolgten zum Teil Kontaktaufnahme und

Anwerbung zur Agententätigkeit. Man schreckte auch vor der Anwerbung 16jähriger Jugendlicher nicht zurück. Mitunter setzte man auch Prostituierte auf Zielpersonen an, die man anwerben wollte.

Vom 24. Juni bis 27. Juni 1955 fand vor dem Obersten Gericht der DDR ein Verfahren gegen fünf RIAS-Agenten statt. Diese waren zur Erkundung der Situation in ökonomischen Bereichen der DDR angeworben worden. In diesem Prozeß kam eine Reihe von Dokumenten zur Sprache, die den Mechanismus des geheimdienstlichen Wirkens dieser Sendeanstalt verdeutlichten.

Auf Seite 9 und 10 des Urteils des Obersten Gerichts wurde folgendes Dokument zitiert:

RIAS Berlin

Eine freie Stimme der Freien Welt

Hauptabteilung Politik

Verteiler: Interviewer

Eine Übersicht der in letzter Zeit eingegangenen Berichte läßt erkennen, daß der Gewinnung neuer Mitarbeiter aus dem Ostsektor und der SBZ wieder mehr Aufmerksamkeit geschenkt werden muß. Die Interviewer werden daher gebeten, dieser Frage sorgfältige Beachtung zu widmen und vor allem bestrebt zu sein, Berichte aus den großen Werken (Buna, Leuna, Stahlwerk Riesa usw.) zu gewinnen.

Berlin den 14.2.55

gez. G. A. Ewing, Direktor

Die beim RIAS einlaufenden Informationen über die Volkswirtschaft der DDR wurden u. a. an die Abteilung Wirtschaftsspionage des USA-Geheimdienstes in Berlin-Zehlendorf, Sundgauer Straße, weitergeleitet.

Personen in besonders einflußreichen Stellungen der DDR-Volkswirtschaft bzw. solche, die über wichtige volkswirtschaftliche Vorgänge berichten konnten, waren sofort entsprechenden Dienststellen des USA-Geheimdienstes zuzuführen. Dabei wurde eine enge Zusammenarbeit mit anderen Agentenzentralen in Westberlin angestrebt.

Im Gefahrenfalle wurden die für den RIAS tätigen Agenturen durch Warnmeldungen des Senders – sogenannte technische Durchsagen – informiert. Zunächst wurde die Kenn-Nummer des Agenten genannt und danach drei Warnstufen gesendet. A bedeutete »sofort absetzen«, B »absetzen in nächster Zeit« und C »Treff in Westberlin wahrnehmen«.

Neben der Sammlung von Spionageinformationen ergingen auch Aufträge zur Störung und Sabotage der Volkswirtschaft der DDR. So hieß es beispielsweise in der Richtlinie für Interviewer vom 4. Januar 1954, unterzeichnet von Ewing: »5. Die Schwierigkeiten des Regimes durch aktive Einzelhandlungen aller Art erhöhen. Solche Handlungen müssen jedoch als Zufall erscheinen. Über die Koordinierung folgen zu gegebener Zeit Einzelheiten.« (Seite 13 des Urteils des Obersten Gerichts)

So hatte der im Prozeß vor dem Obersten Gericht der DDR geladene Zeuge R., Arbeiter im Fernmeldeamt, den Auftrag von Frau Stein alias Thum erhalten, öffentliche Verteilerkästen und Wähleranlagen zu zerstören. Dem Zeugen K. wurden gefälschte Lebensmittelkarten zur Verteilung zwecks Störung der Versorgung der Bevölkerung der DDR übergeben.

Gemäß einer Instruktion des RIAS-Chefs vom 4. Januar 1955 waren über den Sender die Werktätigen der DDR zur »Arbeite-langsam-Bewegung« und zu Krankmeldungen aufgefordert worden. Wissenschaftler wurden animiert, Fachliteratur über den RIAS zu beziehen. Man hoffte, sie dadurch zur Spionage erpressen zu können. Mitunter wurde ihnen suggeriert, sie würden demnächst verhaftet werden, um sie zum illegalen Verlassen der DDR zu nötigen.

Informationen über Materialengpässe oder -schwierigkeiten sollten vom RIAS direkt an das Bundesministerium für gesamtdeutsche Fragen weitergeleitet werden. Von dort sollte Einfluß auf den Interzonenhandel dergestalt genommen werden, daß mittels Widerruf von Lieferverpflichtungen o. ä. die schwierige ökonomische Lage auf der anderen Seite zusätzlich belastet wurde.

Im Juni 1955 saßen auf der Anklagebank der Dekorateur Joachim W., der Lektor im VEB Verlag Globus, Richard B., der Drogist und Invalide, Günther K., der Sachbearbeiter im Staatlichen Kreiskontor für landwirtschaftlichen Bedarf in Stralsund, Willi G., und der gelernte Rundfunkmechaniker und Arbeiter im Stahl-u. Walzwerk Brandenburg, Manfred V.

Joachim W. wurde im Frühjahr 1954 vom RIAS angeworben und trug den Decknamen »Dortmund«. Er lieferte fortgesetzt Informationen über alle ihm zur Kenntnis gelangten internen Vorgänge der Deutschen Werbeagentur. Die Dewag arbeitete vornehmlich für die Regierung und den zentralen Staatsapparat. So berichtete W. über Aufträge zur Vorbereitung von Messen in Stockholm, Saloniki, Sofia, Utrecht, Paris, Mailand, Kairo, Peking, Shanghai und Moskau und benannte die an der Ausgestaltung der Messen beteiligten Mitarbeiter. Weitere Informationen übermittelte er zur Struktur des Werbeunternehmens und der personellen Zusammensetzung sowie über interne Vorgänge in der Betriebsparteiorganisation der SED und den Massenorganisationen. Seine Berichterstattung erfolgte teils mündlich, teils schriftlich bei insgesamt 35 Treffs in Westberlin.

Parallel zu seiner Agententätigkeit für den RIAS vermittelte ihn der für »Außenaufgaben« verantwortliche Mitarbeiter Franz Siegel an das Bundesamt für Verfassungsschutz, für das er unter dem Decknamen »Binz« ebenfalls Spitzelberichte über die Dewag lieferte. Nach seiner 1955 erfolgten Entlassung bei der Dewag wurde er der Geheimdienstfiliale des CIC in Berlin-Zehlendorf, Klopstockstraße 14, zur weiteren Verwendung übergeben. Er wurde geführt von »Mister Tänzer«, mit dem er etwa 10 Treffs in Westberlin hatte. Das CIC hatte ihm zur Durchführung von Militärspionage verpflichtet. Er führte seinen Auftraggebern einen Eisenbahner zur Anwerbung zu.

Richard B. war 1953 während des Besuchs einer Sportveranstaltung in Westberlin von dem Mitarbeiter des USA-Geheimdienstes »Bartels« angesprochen und zur Kontaktaufnahme mit dem RIAS aufgefordert worden. Im Mai 1954 meldete er sich beim RIAS und wurde von Frau Stein alias Thum zur Zusammenarbeit verpflichtet. B. erklärte sich bereit, unter Ausnutzung seiner Stellung als Lektor des Globus Verlages wirtschaftliche und politische Informationen über die Industrie, Landwirtschaft und Versorgungslage aus den Bezirken Erfurt, Suhl, Schwerin und Rostock zu liefern.

Bei etwa 50 Treffs in Westberlin, die vierzehntägig erfolgten, zuletzt im Zwei-Tage-Rhythmus, übergab B. sendefertige schriftliche Berichte zur Planerfüllung in volkseigenen Betrieben (VEB), über die Versorgungslage der Bevölkerung, die Braunkohleversorgung sowie über die Lage in Landwirtschaftlichen Produktionsgenossenschaften. Weitere Informationen betrafen die personelle Struktur des Staatlichen Rundfunk- und Filmkomitees, der DEFA und des VEB Globus Verlages und, soweit möglich, Angaben über die Wirtschaftlichkeit dieser Unternehmen. In einem Fall war er beauftragt, über ein Gerichtsverfahren gegen einen enttarnten Agenten zu berichten. Wichtige Meldungen übermittelte er per Telefon an seine Auftraggeber in Westberlin.

W. sollte ferner Kontakt herstellen zu zwei Stenografinnen, die an Sitzungen des Ministerrats, der Volkskammer und an Tagungen des Zentralkomitee der SED teilnahmen. Weiterhin sollte er eine im ZK der SED tätige Angestellte kontaktieren. Durch seine Festnahme wurde das verhindert.

Günther K. war seit 1949 Agent des RIAS. Als Kriegsinvalide hatte er zeitlich unbeschränkte Möglichkeiten, Spionageinformationen militärischen und wirtschaftlichen Charakters zu liefern. Er arbeitete mit Frau Stein alias Thum zusammen und übermittelte etwa 100 Berichte bei rund 60 Treffs in Westberlin bzw. auf postalischem Weg. Thema war vorwiegend die Situation in der Landwirtschaft und die Versorgung der Bevölkerung. Im einzelnen betraf dies die Sollerfüllung, den Viehbestand, das Auftreten von Tierseuchen, den Zustand einzelner Landwirtschaftlicher Produktionsgenossenschaften, den Einsatz von Erntehelfern, die Versorgung der Bevölkerung mit Grundnahrungsmitteln und Brennstoffen. Einzelne Informationen betrafen die Arbeit eines Rates des Kreises, des Gesundheitswesens und Mängel in der ärztlichen Betreuung durch Fehlen von medizinischen Fachkräften.

Willi G., im September 1951 angeworben, bemühte sich um eine hauptamtliche Anstellung beim RIAS. Mit diesem Ansinnen wurde er hingehalten und statt dessen aufgefordert, zunächst Informationen über die DDR zu liefern. Er erhielt den Decknamen »Xerxes« und eine Deckadresse. G. wurde beauflagt, den Landfunk-Mitarbeiter des RIAS »Hoppe« mündlich und schriftlich Detailinformationen über die Landwirtschaft im Stralsunder Raum zu liefern.

G. schlug seinen Auftraggebern vor, seine Meldungen im Programm von RIAS 2, der an der Ostseeküste besser zu empfangen war, zu wiederholen. Zur Abfassung seiner Spitzelberichte bezog er eine Arbeitskollegin seiner Ehefrau ein. Frau Stein alias Thum beauftragte ihn, fortan die Berichte nicht mehr mit Schreibmaschine, sondern mit Geheimschriftmitteln auf der Rückseite von Tarntexten an die Deckadressen zu übermitteln.

Im Juni 1954 nahm er Verbindung zum Ostbüro der SPD in der Berliner Langobardenallee 14 auf. Im Auftrag des Agentenführers »Reichert« lieferte er fortan unter dem Decknamen »Gerhard Schulz« Spionageinformationen militärischen und wirtschaftlichen Inhalts.

Manfred V., von Franz Siegel, einem Mitarbeiter für Außenaufgaben des RIAS, im Juli 1954 auf der Straße bei einem Besuch in Berlin angesprochen, hatte zunächst nicht reagiert. Daraufhin erhielt er im August 1954 einen Brief mit dem Vorschlag zu einem Westberlinbesuch. Da er dieser Aufforderung nicht nachkam, gab es einen Drohbrief. Dieser verfehlte seine Wirkung nicht. Siegel verlangte von V. bei dieser Begegnung Informationen aus dem Stahl- und Walzwerk Brandenburg, zumindest aber eine Bestätigung der Richtigkeit der beim RIAS über das Werk vorliegenden Fakten zu Struktur. Leitungspersonal und Betriebsausfällen an den Siemens-Martin-Öfen des Werkes. In der Folgezeit beschaffte V. Detailinformationen über den Werkleiterwechsel, die Namen leitender Angestellter, die Erfüllung des Produktionssolls an den Siemens-Martin-Öfen und den Walzstraßen, geplante Erweiterungsbauten, Investitionsmittel, Vermessungsarbeiten für eine Drahtziehstraße und über die Arbeit mit der Betriebszeitung. Zu einem späteren Zeitpunkt wurde er von Frau Stein alias Thum zur weiteren Zusammenarbeit übernommen. Auch er erhielt einen Decknamen (»Oliver«) sowie eine Deckadresse zur Übermittlung von Spionageinformationen.

Als V. klar wurde, in eine geheimdienstliche Tätigkeit verstrickt worden zu sein, wollte er im Januar 1955 die Verbindung abbrechen. Frau Stein erpreßte ihn jedoch zur weiteren Zusammenarbeit, indem sie ihn in einem Brief wissen ließ, »das Muttchen Steinbach keinen Spaß verstehe«. Daraufhin fuhr V. ab März 1955 wieder zu Treffs nach Westberlin und berichtete u. a. über die Einführung technisch begründeter Arbeitsnormen und den in bestimmten Bereichen sich vollziehenden Personalwechsel.[81]

Die Zuspitzung gesellschaftlicher Widersprüche in einigen sozialistischen Staaten im Jahre 1956 und die militärischen Optionen des Westens

Als Folge der Ereignisse in der Ungarischen Volksrepublik (UVR) und der Volksrepublik Polen (VRP) verschärfte sich auch der Wirtschaftskrieg. Die Hoffnungen auf eine Krise in der DDR (und damit deren Ende) nahmen wieder einmal zu. In der DDR-Volkswirtschaft waren – trotz der enormen Anstrengungen der Werktätigen – die Standortnachteile und die Folgen der Embargopolitik deutlich spürbar. Der Auf- und Ausbau einer eigenen Stahlindustrie und der vorrangigen Energiegewinnung auf Braunkohlebasis, die Reaktivierung des Maschinenbaus und die durch Kriegseinwirkung arg in Mitleidenschaft gezogene Chemieindustrie erforderten enorme Anstrengungen und schränkten die Möglichkeiten für eine rasche Verbesserung des Lebensstandards der Bevölkerung ein. Hinzu kam der wachsende Verlust an hochqualifizierten Arbeitskräften, die sich in der BRD bessere Lebensverhältnisse versprachen.

Wie ernsthaft ein mögliches Ende der DDR – woran man aktiv mitwirken wollte – angenommen wurde, verdeutlichte ein Geheimdokument mit der Bezeichnung »DECO II«. Es stammte vom 2. März 1955 und vermutlich aus dem Panzerschrank des Bundeswehr-Generals Speidel. Es wurde 1959 publik. Darin hieß es: »Die Operation DECO II sieht ein schlagartiges Zusammenwirken von Land-, Luft- und Seeverbänden, Propagandaeinheiten und den vor Anlaufen der militärischen Operationen nach Ostberlin und strategisch wichtigen Punkten der SBZ zu infiltrierenden militärischen Einheiten vor ... Die nach Ostberlin eingeschleusten Verbände der 3. LSKG in Zivil besetzen zum Zeitpunkt ›E‹ schlagartig sämtliche sowjetzonalen staatlichen und militärischen Dienst- und Kommandostellen, Telegrafen- und Fernsprechämter, Reichsbahn- und Stadtbahnhöfe, Rundfunksender, Großverlage, Staatsreservelager, Industrie- und Hafenanlagen, Ausfallstraßen und Grenz-Kontrollpunkte ...«

Von offizieller Seite wurde diese Planung nie dementiert.[82]

Wirtschaftsspione des CIC vor dem Obersten Gericht

Mitte der 50er Jahre gelang es den Abwehrdiensteinheiten des MfS, mehrere unabhängig voneinander operierende langjährige Agenten des CIC,

Dienststelle Berlin-Zehlendorf, Clay-Allee 172, zu enttarnen. Die Dienststelle des CIC wurde damals von Oberst »Frank« geleitet.

Unter den enttarnten Agenten waren Max H., zuletzt im Konstruktions- und Ingenieurbüro Berlin (KIB) tätig, der Elektriker im VEB Funkwerk Erfurt Werner R. und die Sekretärin Eva H. Sie hatte bei der Landesregierung Brandenburg und beim Landesauschuß der Nationalen Front gearbeitet, später als 1. Sekretär der Vereinigung der gegenseitigen Bauernhilfe (VdgB) in Angermünde und zuletzt als Sachbearbeiterin beim Kulturbund Potsdam.

Im Januar 1956 standen sie vor dem Obersten Gericht der DDR.

Max H. war vor 1945 Mitglied der SA und der SS gewesen. Im März 1951 folgte er einer Einladung seiner Schwester nach Westberlin und nahm dort mit dem Residenten des USA-Geheimdienstes »Winkler« Kontakt auf. H. stimmte sofort einer Zusammenarbeit mit dem CIC zu. In den Jahren 1951 bis 1955 lieferte er Informationen über die Entwicklung der elektronischen Industrie, die Planung und den Bau von Großsendern, den Großgerätebau, die chemische Industrie (darunter über Anlagen zur Herstellung von Pharmazeutika und Kunstfasern).

In seinem Betrieb entwendete er Zeichnungen, Konstruktionserläuterungen sowie Protokolle über Werkleiterbesprechungen. In Westberlin wurden sie fotokopiert und von H. wieder in das Büro zurückgebracht. Besonderes Interesse zeigte das CIC an Informationen über wirtschaftliche Verbindungen der DDR in die UdSSR, die VR China und die VR Polen.

Im Jahre 1951 wurde H. beauftragt, Kontakt zu Spezialisten und Wissenschaftlern aufzunehmen, die aus der Sowjetunion kamen, um sie abzuwerben. In drei Fällen gelang dies. Ein Versuch scheiterte am Widerstand und konsequenten Verhalten der Tochter.

Zu den Spitzeldiensten des CIC gehörte der Auftrag an H., über eine möglichst große Anzahl von aus der UdSSR zurückgekehrten Spezialisten Hinweise zur Person wie Charaktereigenschaften, persönliche Schwächen, politische Einstellung, fachliche Qualifikation und über deren politische Vergangenheit zu erkunden und darüber zu berichten.

Werner R. wurde im Juni 1951 über eine Arbeitskollegin aus Erfurt mit einer Westberliner Bürgerin bekanntgemacht. Als er sie während der III. Weltfestspiele der Jugend und Studenten in Berlin in den Westsektoren besuchte, brachte diese ihn mit einem »Ballestrero« zusammen, für den er Hetzmaterialien in die DDR einschleusen sollte. Dies lehnte R. ab. Zu einem späteren Zeitpunkt brachte ihn »Ballestrero« mit dem CIC-Residenten »Winkler« in Verbindung. »Winkler« warb ihn für die Zusammenarbeit mit dem CIC und vereinbarte mit ihm den Decknamen »Schimke«. In den Jahren von 1951 bis 1955 lieferte R. Spionageinformationen aus dem VEB Funkwerk Erfurt. So berichtete er seinen Auftraggebern über die Produktionsziffern des Empfangs- und Senderöhrenbaus, über Rohstoff- und Materialengpässe. Er beschaffte Zeichnungen und Muster neukonstruierter Röhren, darunter Gnom- und Miniaturröhren, eines Hexoden-Meßtisches, Protokolle von Arbeitsbesprechungen bei der Hauptverwaltung Rundfunk und Fernmeldetechnik (RFT). Er informierte über Exporte in die UdSSR, die VR China und die VR Polen und denunzierte westdeutsche Firmen, die trotz Embargos an die DDR lieferten. Außerdem charakterisierte er Spezialisten seines Werkes und warb weitere drei Spione für das CIC aus dem VEB Funkwerk an, darunter einen Abteilungsleiter, der später die DDR illegal verließ.

Eva H. wurde Mitte des Jahres 1950 beim Versuch, sich beim Westberliner Roten Kreuz Auskunft über den Verbleib ihrer früheren Lehrerin einzuholen, an den RIAS verwiesen. Dort kam sie mit »Dr. Euler« in Kontakt, der sie aufforderte, aus der DDR zu berichten. Dazu wurde sie an Frau Stein alias Thum weiter vermittelt. H. erhielt den Decknamen »Queck« und lieferte fortan Informationen aus dem Sekretariat der Nationalen Front Brandenburgs, die Versorgungslage in Potsdam und später über die VdgB Angermünde.

Zur Jahreswende 1952/1953 wurde sie durch Frau Stein alias Thum an »Martin«, einen Mitarbeiter des USA-Geheimdienstes, vermittelt. Martin beauftragte sie, Informationen militärischen Charakters zu sammeln und sich um eine Anstellung im Staatssekretariat für Staatssicherheit zu bemühen, wovon sie von sich aus jedoch Abstand nahm.

Nach dem 17. Juni 1953 brach zunächst die Verbindung zum Geheimdienst ab. Als sie erneut Kontakt zu »Martin« bekam, wurde sie beauftragt, Möglichkeiten zum Aufbau von Agentenschleusen an der Staatsgrenze der DDR zu eruieren. Außerdem erhielt sie Kurieraufträge. Später zeigten »Martin« und Frau Stein alias Thum Interesse an Spezialisten aus dem militärischen Bereich, dem Karl-Marx-Werk in Potsdam sowie an Mitarbeitern des Potsdamer Meteorologischen Instituts. Außerdem sollte Eva H. Kontakt zu einer Lehrerin aufnehmen, um diese abzuwerben.

In einem Strafverfahren vor dem Obersten Gericht der DDR gegen zwei Agentenführer des CIC im Jahre 1957 wurden die Angriffe des CIC gegen die Volkswirtschaft erneut anschaulich. »Die Dienststelle Walters befaßte sich vorwiegend mit aktiver Kriegsvorbereitung und der Organisierung von Sabotage- und Diversionsakten«, hieß es im Urteil. »Walter stammt von deutschen Eltern ab, sein Vater, Freiherr von Walter, war Major und Rittergutsbesitzer. Er selbst trat mit 18 Jahren in die amerikanische Armee ein, war Freiwilliger im Korea-Krieg und erwarb besondere Erfahrungen bei der Durchführung von Sprengstoffanschlägen.« Der in diesem Verfahren Angeklagte W., einer der CIC-Agentenführer der Dienststelle des Walter, war im Herbst 1953 durch Vermittlung über die Detektei Blank alias Falk mit dem CIC in Verbindung gekommen. W. war von Walter beauftragt worden, vorzugsweise ehemalige NSDAP-Mitglieder für den Geheimdienst zu rekrutieren, da diese »bewährte Kämpfer gegen den Bolschewismus« seien. Der von W. im Jahre 1956 geworbene Westberliner Bürger Hans F. wurde später ebenfalls Agentenführer des CIC und unterhielt ein Netz von 30 Agenten, die vorwiegend zur Wirtschaftsspionage gegen die optische Industrie in Jena eingesetzt waren.

Der von W. geworbene DDR-Bürger Walter H., vormals Mitglied der NSDAP, war zu einer wöchentlichen Berichterstattung aufgefordert worden und überbrachte Informationen über Materiallieferungen an das Ölwerk Pirna-Herrenleithe, über Sprengstofflieferungen an das Sprengstoffwerk in Goes, Baustoff- und Benzinlieferungen an das Institut für Werkstoffprüfung der Luftfahrtindustrie in Pirna-Sonnenstein, Kohlelieferungen an die Deutsche Handelszentrale Pirna, Warenlieferungen an das Zentrallager der Handelsorganisation (HO) und Konsum sowie an Einheiten der Nationalen Volksarmee in Prossen.

Ein gewisser T., der von »Dr. Ross« für den USA-Geheimdienst geworben wurde, lieferte Informationen über innerbetriebliche Vorgänge des Laboratoriums für Hochfrequenztechnik und Ultraschall. Aus seiner Arbeitsstelle, dem Wissenschaftlich-Technischen Büro für Gerätebau (WTBfG), übermittelte T. 18 streng geheime Forschungsaufträge.[83]

Weitere ausgewählte Ergebnisse bei der Bekämpfung von Straftaten, die gegen die Volkswirtschaft der DDR gerichtet waren

Die von der Linie III/XVIII und anderen operativen Diensteinheiten gewonnenen Erkenntnisse machten deutlich, daß auch Vertreter von BRD-Konzernen bzw. Personen, die sich dafür ausgaben, mit Unterstützung von konzernangehörigen Mitarbeitern, in der volkseigenen Industrie gegen die DDR-Volkswirtschaft tätig wurden. Im Jahre 1958 mußten Ermittlungsverfahren gegen zwei leitende Angestellte der Vereinigung Volkseigener Betriebe (VVB) Feuerfeste Industrie und Glas wegen dringenden Verdachts der Schädlingstätigkeit eingeleitet werden. Sie hatten 166 Millionen Mark Investgelder des Industriezweiges fehlgeleitet und dafür gesorgt, daß bestimmte Zulieferungen nicht aus der VR Ungarn und der CSR bezogen wurden. Nutznießer war Didier, und die DDR geriet in dauerhafte Abhängigkeit.[84]

Dr.-Ing. B., Direktor des Forschungsinstitutes für Technologie der Metallurgie Leipzig, unterhielt 1960 Verbindungen zu Konzernen der BRD und dem Verein Deutscher Hüttenleute. Er verriet Details über das von der DDR entwickelte Niederschachtofenverfahren, das im Kampf gegen das Embargo von großer Bedeutung war. Darüber hinaus sabotierte er die Arbeit an für die DDR wichtigen Forschungsvorhaben.[85]

Im Jahre 1958 hatte eine Gruppe Personen einen Anschlag auf einen Schacht des Marx-Engels-Kaliwerkes in Unterbreitenbach vorbereitet. Das Werk gehörte vor 1945 zum Wintershall-Konzern. Stollen führten unter der Staatsgrenze hindurch und war deshalb besonders gesichert.

Sie waren aber auch aus anderen Gründen abgedicht worden – um den Einbruch von Lauge in die Schachtanlage zu verhindern. Diese Mauern sollten gesprengt werden. Die Täter hatten bereits Spezialbohrmaschinen, Sprengstoff, elektrische Einrichtungen und anderes Material in einer in der Nähe von Hattorf (BRD) gelegenen, abgebauten Strecke deponiert. Der Anschlag konnte jedoch verhindert und die Täter festgenommen werden.[86]

Abwehrerfolge gegen Wirtschaftsspionage westlicher Geheimdienste

Dem MfS gelang es 1959, mehrere Agenten der CIA und des BND zu enttarnen. Darunter waren Erich K., Landmaschinenschlosser im VEB Bodengeräte Leipzig, Walter H., Hafenumschlagarbeiter bei den Vereinigten Seehäfen Rostock, und Franz B., Diplomphysiker am Institut für Physik an der Hochschule für Elektrotechnik in Ilmenau.

Erich K. war im Mai 1955 brieflich von einem ehemaligen Arbeitskollegen, der die DDR illegal verlassen hatte, nach Westberlin eingeladen worden. Dieser offenbarte sich. Er sei in der DDR für den USA-Geheimdienst tätig gewesen und wollte K. als Nachfolger gewinnen. R. unterschrieb im Januar 1956 eine Verpflichtung, erhielt den Decknamen »König« und fortan ein monatliches Fixum von 110 DM-West. Die monatlichen Treffs (insgesamt 36) fanden in Westberlin statt. K. lernte dabei acht Agentenführer kennen.

Er lieferte Informationen über ein Reparaturwerk für militärische Ausrüstung der Sowjetarmee in Lindenthal bei Leipzig.

K. sollte seinen im VE Kombinat »Otto Grotewohl« Böhlen tätigen Vater anwerben, der Angaben über Treibstofftransporte liefern sollte. Da diesem die Voraussetzungen für eine ständige Überwachung fehlten, konzentrierte sich K. auf Informationen zur Produktion und Struktur des Betriebes, Angaben zur Erzeugnispalette, den Export von Treibstoffen und Schwefel sowie erkennbare Benzintransporte.

Er benannte dem USA-Geheimdienst einen Angestellten der Deutschen Reichsbahn, der ihm für eine Anwerbung geeignet erschien.

Aus dem Umfeld des Kombinates Espenhain berichtete K. über Lage und Ausdehnung der Braunkohlefelder, die Abbaumethoden, Einzelheiten über die Arbeitsplanung und -technik, den Wagenumlauf, über Havarien und Produktionsstörungen sowie über Normierung, Entlohnung, Sonderschichten und die Stimmung der Belegschaft.

Parallel zur Wirtschaftsspionage erkundete er acht Objekte und drei Übungsplätze der NVA und der Sowjetarmee im Raum Leipzig und fertigte dazu ca. 150 Skizzen an.

Auftraggemäß legte er in Leipzig und an der Autobahn Berlin-Nürnberg insgesamt elf Tote Briefkästen mit Sicherungszeichen an. Er setzte auch seine Ehefrau als Kurier ein. Im Jahre 1958 wurde K. im Funken, Chiffrieren und Dechiffrieren sowie in der Handhabung eines Schnellgebers in Westberlin ausgebildet. Danach absolvierte er fünf Übungssendungen an die Funkzentrale in der BRD. Als er am 23. März 1959 ein in einem Leipziger TBK hinterlegtes und für ihn bestimmtes Funkgerät einschließlich Zusatzgeräte, Unterlagen für den Funkverkehr und Funktabellen sowie eine Funkanweisung für den Kriegsfall abholte, wurde er festgenommen.

Walther H. wurde beim Besuch einer ihm bekannten Familie in Berlin-Charlottenburg unter einer Legende an deren Nachbar »Heyer« vermittelt, der, wie sich später herausstellte, Mitarbeiter des BND war und H. zur Wirtschaftsspionage gegen die DDR anwarb. Damals noch in der Materialausgabe der Rostocker Warnow-Werft beschäftigt, verpflichtete er sich, Einzelheiten über die Produktpalette, Bau- und Reparaturprogramme, Engpässe in der Materialwirtschaft, die personelle Veränderung leitender Kader sowie über die Stimmung der Bevölkerung zu berichten.

Bei einem Folgetreff in Westberlin erhielt er den Decknamen »Kindermann« und wurde in Geheimschriftverfahren unterrichtet. Er sollte künftig aus ihm übergebenen Tabletten Geheimtinte herstellen und die damit verfaßten Berichte an eine Westberliner Deckadresse übersenden. Er erhielt insgesamt ca. 3.500 DM-West für seine Spionagetätigkeit.

Ende 1956 wurde er an den Mitarbeiter »Gross« übergeben. Dann schon als Hafenumschlagsarbeiter beschäftigt, informierte er über die ein- und auslaufenden Frachtschiffe – Name, Herkunftsland, Bestimmungshafen, Art der

Ladung und Tonnage –, und vermittelte seinen Auftraggebern ein lückenloses Bild vom Im- bzw. Export. So erkundete er in etwa 400 Fällen die Verschiffung von Kali und Chemikalien nach der UdSSR, Großbritannien, Norwegen, Schweden und Finnland sowie die Löschung von Frachten mit Holz, Papier, Baumwolle, Kautschuk, Erz, Dünger, Personenkraftwagen, Stahl (Stabeisen u. nahtlose Rohre) und Lebensmitteln, die für die DDR bestimmt waren. H. berichtete ferner über bauliche Veränderungen im Hafengelände, Verladungen auf die Schiene, Kohlebunkerbestände und Baggerarbeiten.

Zugleich betrieb H. umfangreiche Militärspionage gegen die Seestreitkräfte der DDR, wozu er eine Spezialausrüstung erhalten hatte. Seine mit Geheimtinte abgefaßten Spionageberichte versandte er zuletzt an zwei Deckadressen in Hannover und ergänzte die Berichte mündlich bei den in Abständen von sechs Wochen stattfindenden Treffs in Westberlin. Zum Empfang von Anweisungen über Kurzwelle erhielt er, in einer Konservendose versteckt, einen Konverter (Frequenzumwandler für Rundfunkgeräte). Dazu sollte er sich einen bestimmten Rundfunkempfänger beschaffen. Um sich nicht bei unvorhergesehenen polizeilichen Maßnahmen in Westberlin (Kontrollen, Festnahmen usw.) enttarnen zu müssen, erhielt er die Decknummer *Fo 1177*.[87]

Westliche Geheimdienste beobachteten aufmerksam auch das Zusammenwirken der DDR-Volkswirtschaft mit Hochschulen und anderen wissenschaftlichen Einrichtungen. So war Anfang 1957 Franz B. von zwei ehemaligen Studienkollegen, die die DDR illegal verlassen hatten, zu einem Besuch in die Westsektoren Berlins eingeladen worden. Bei dieser Begegnung machten ihn diese mit dem Mitarbeiter des USA-Geheimdienstes »Linden« bekannt, der ihn für eine Zusammenarbeit gewann. B. erhielt den Decknamen »Hutmacher«. Im März 1957 traf er sich am Rande einer Physikertagung in Berlin mehrfach mit »Linden« in einer Villa in Berlin-Dahlem, Dohlensteig, und berichtete ausführlich über diese Fachtagung. Dabei bekundete »Linden« Interesse an Informationen über die Tätigkeit der Direktion des Instituts für Physik der Hochschule für Elektrotechnik Ilmenau.

B. erhielt eine Westberliner Deckadresse, an die er die von ihm mit Geheimtinte verfaßten Spionageberichte per Post übersandte. Um B. als Quelle nicht zu gefährden, wurde er angewiesen, fortan Berichte über TBK oder per Funk zu übermitteln. Dazu wurde B. mit entsprechenden technischen Geräten, Funk- und Chiffrierunterlagen sowie präpariertem Papier ausgerüstet und erhielt eine entsprechende Funkausbildung.

Auftragsgemäß legte B. mehrere TBK im Raum Ilmenau an, über die er Chiffriermaterial und 2.000 DM-West erhielt. Bis November 1958 berichtete er mündlich und per Funk über die Gesamtaufgabenstellung und Struktur der Hochschule für Elektrotechnik Ilmenau und speziell über Forschungsarbeiten und die wissenschaftliche Tätigkeit der Institute für Physik, Hochfrequenztechnik und angewandte Physik sowie über ihm bekannte Wissenschaftler und Mitarbeiter. Das betraf Aufbau der Institute, Verwendungsmöglichkeiten und technische Details der an der Hochschule entwickelten elektronisch gesteuerten Rechenmaschinen, über Arbeiten auf den Gebieten Spannungsmultiplikatoren und Gasentladungsphysik, den Entwicklungsstand und das Leistungsvermögen des Rechners EAR I und die Weiterentwicklungsperspektiven für Analogierechner. Ferner machte er Angaben zum Stand der Serienproduktion von Rechnern und zu den dabei aufgetretenen Schwierigkeiten. B. bezog auch seine Ehefrau in die Übermittlung von Spionagenachrichten über TBK, Funk und Post ein.

In den Jahren 1958 bis 1960 wurden durch operative Maßnahmen der HA III/XVIII und andere Dienststellen weitere Spionageaktivitäten der USA-, der britischen und französischen Geheimdienste gegen die Volkswirtschaft der DDR aufgedeckt und unterbunden.

Der USA-Geheimdienst hatte den Spezialisten des VEB Energieprojektierung Berlin, Herbert P., angeworben und ihn mit der Erkundung und Lieferung von Fakten über die Energiewirtschaft der DDR beauftragt.

Der Spionagetätigkeit für den englischen Geheimdienst wurden der Abteilungsleiter im VEB INEX Berlin, Sch., die Sachbearbeiterin der Deutschen Notenbank, B., der Leiter der Devisenabteilung der Deutschen Notenbank, Sch., und der Referent der Deutschen Investitionsbank, P., überführt. Sie hatten aus ihren jeweiligen Verantwortungsbereichen geheimzuhaltende Tatsachen an den englischen Geheimdienst übermittelt.[88]

Enttarnt wurden die Agenten des französischen Geheimdienstes Hans-Rudi B., Hauptreferent im Staatlichen Chemiekontor der DDR, der Informationen über die chemische Industrie der DDR lieferte, und seine Ehefrau Maria B., Sekretärin in der Abteilung Grundstoffindustrie des ZK der SED, die ihren Auftraggebern geheimzuhaltende Tatsachen aus ihrem Arbeitsbereich übermittelte. Zur Aufrechterhaltung ihrer Verbindung zum Geheimdienst fungierte ihre Mutter Martha K. als Kurier.[89]

Gemeinsame Anstrengungen der Organe für Staatssicherheit und der Deutschen Volkspolizei bei der Sicherung der Umgestaltung der Landwirtschaft

Mit dem Übergang zur genossenschaftlichen Großproduktion in der Landwirtschaft der DDR in den Jahren 1959/60 bestand die Aufgabe der Sicherheitsorgane der DDR darin, ein hohes Maß staatlicher und öffentlicher Sicherheit und Ordnung auf dem Lande zu gewährleisten.

Das erforderte ein enges Zusammenwirken der Organe der Staatssicherheit, insbesondere der Bezirksverwaltungen und Kreisdienststellen, in deren Verantwortungsbereich ein hoher Anteil an landwirtschaftlicher Produktion angesiedelt war, mit den zuständigen Bezirksbehörden und Kreisämtern der Deutschen Volkspolizei, speziell mit den in den Dörfern arbeitenden Abschnittsbevollmächtigten der DVP, den örtlichen Behörden, Volksvertretungen und Genossenschaftsbauern.

Zu den Methoden gegnerischer Kräfte gehörten terroristische Angriffe auf LPG-Vorsitzende und Sekretäre der SED-Parteiorganisationen und andere Aktivisten beim Umgestaltungsprozeß in der Landwirtschaft, es gab Drohungen und Verleumdungen sowie Hetze und Zersetzungstätigkeit, um das Vertrauen der Landbevölkerung in die Politik der DDR-Führung zu erschüttern.

Zur Schädigung und Dezimierung des Viehbestandes erfolgten Giftanschläge und vorsätzlich herbeigeführte Tierseuchen. Die Tiersterblichkeit stieg vom 1. Halbjahr 1959 im Vergleich zum 2. Halbjahr 1959 auf 148 Prozent. Im Jahre 1960 verendeten 4,6 Prozent des Gesamtbestandes an Rindern, 15,1 Prozent des Schweinebestandes - darunter ein Drittel aller Ferkel - und 5,5 Prozent an Schafen. Dabei muß festgestellt werden, daß ein Teil der Fälle auf mangelhafte Ordnung und Pflege in der Tierhaltung zurückgingen.

Im November 1959 wurde gegen den Schäfermeister der LPG Hamme/Höpen ein Ermittlungsverfahren eingeleitet. Er hatte eine 400 Karakulschafe umfassende Herde, die eigens zur Aufzucht importiert worden war, bis auf wenige Tiere verenden lassen. Der Schaden für die LPG betrug 100.000 Mark.

In einem anderen Falle hatte ein Brigadier für Tierzucht den TBC-freien Rinderbestand mit TBC-behafteten Tieren vermischt und dadurch den gesamten Rinderbestand verseucht.

Im Jahre 1960/61 konnten Sabotagehandlungen, die sich vor allem auf die Zerstörung von Traktoren, Maschinen und andere Landtechnik konzentrierten, aufgedeckt werden.

Derartige Vorkommnisse gab es beispielsweise in der LPG Schönfließ, wo durch die Zerstörung ihrer elektrischen Anlagen mehrere Traktoren außer Betrieb gesetzt worden war, und in der LPG Deschendorf, wo ein Mähdrescher erheblich beschädigt wurde.

In den LPG Schmachtenhagen, Wensickendorf und Nassenheide wurden vorsätzlich Drillmaschinen zerstört und ihre Reifen zerschnitten sowie im VEG Pinnow das Förderband einer Kartoffelkombine zertrennt.

Außerdem stellten die Sicherheitsorgane eine Zunahme der vorsätzlichen Brandstiftungen fest. Allein im Bezirk Potsdam brannte es im Jahre 1959 in jeder siebten LPG, in jeder sechsten MTS und in jedem zweiten Volksgut. Allein im ersten Halbjahr 1960 richteten 140 Brandstiftungen einen Gesamtschaden von 6 Millionen Mark an.

Im Bezirk Halle legte ein Täter in der Nacht vom 20. zum 21. Februar 1960 in einem vollgenossenschaftlichen Dorf an mehreren landwirtschaftlichen Objekten Feuer. Vor Gericht erklärte der Brandstifter: »Ich wollte die LPG schädigen, ganz egal welche«. Er räumte ein, durch in seinen Besitz gelangte Hetzschriften zu seinen kriminellen Handlungen angeregt worden zu sein.

Ein weiterer Täter setzte im Mai 1960 die Scheune der LPG Neuendorf im Kreis Seelow in Brand. Wie im Ermittlungsverfahren gegen den Brandstifter festgestellt wurde, handelte er im Auftrag eines Großbauern, der die DDR illegal verlassen hatte und dafür den Brandstifter mit einer hohen Geldsumme belohnte.[90]

Im Jahre 1959 war dem Großbauern K. nachgewiesen worden, daß er Abstammungsnachweise der Herdbuchbullenzucht seines Betriebes gefälscht und dieses minderwertige Zuchtmaterial, das in LPG und VEG zu einer anfälligen Nachzucht mit erheblichen Verlusten führte, verkauft hatte.[91]

In Bautzen konnte ein Täter mit besonderer krimineller Energie ermittelt und 1962 gerichtlich zu Verantwortung gezogen werden. St. legte 28 Brände in landwirtschaftlichen Einrichtungen und Wohngebäuden. Dadurch gefährdete er das Leben der Betroffenen, darunter vieler älterer Bürger, Frauen und Kinder und verursachte einen hohen Sachschaden. Um das verbrecherische Wirken einer Gruppe von Tätern vorzutäuschen, legte er mitunter in einer Nacht mehrere Brände. Außerdem beging er 65 schwere Diebstähle, durch die allein ein Versicherungsschaden von 100.000 Mark entstanden war.[92]

Die sozialistische Umgestaltung der Landwirtschaft der DDR erwies sich als eine komplizierte Aufgabe. Die Bevölkerung sollte mit Nahrungsmitteln und die Volkswirtschaft mit Rohstoffen aus eigener Produktion versorgt werden. Die Großraumbewirtschaftung – unterstützt durch einen entsprechenden Maschinenpark der auf dem Lande geschaffenen Maschinen-Ausleih-Stationen (MAS), später Maschinen-Traktoren-Stationen (MTS) – war für die Erreichung dieses Zieles von grundlegender Bedeutung.

Zwar bestanden 1959/60 bereits in 65 Prozent der DDR-Gemeinden Landwirtschaftliche Produktionsgenossenschaften (LPG). Das Tempo der Umgestaltung der Landwirtschaft hatte sich in den Jahren 1956/57 jedoch verlangsamt. Das war einerseits auf festverwurzelte Traditionen der Bauern (Kleineigentümer an Produktionsmitteln, individuelles Wirtschaften, Vorbehalte gegen Technisierung und Mechanisierung des landwirtschaftlichen Produktionsprozesses) und andererseits auf, wie sie meinten, Unsicherheiten hinsichtlich ihrer Perspektiven zurückzuführen.

In nicht wenigen Fällen wurden ihre Ziele auch durch Anlaufschwierigkeiten in LPG vor Ort genährt.

Hinzu kam der Einfluß reaktionärer Kräfte im Dorf und die vom Westen geschürte Propaganda gegen die sozialistische Umgestaltung auf dem Lande. Hier spielten auch Verbindungen von Großbauern und anderen in der Landwirtschaft tätig gewesenen Personen, welche die DDR illegal verlassen hatten, eine wesentliche Rolle.

Nicht unbedeutend war in dieser Zeit auch der noch vorhandene Einfluß von Führungskräften im westdeutschen und Westberliner Bauernverband, die gegen die DDR und insbesondere gegen deren landwirtschaftliche Entwicklung eingestellt waren und diese zu stören versuchten.

Obgleich Westberlin kein Gebiet mit bemerkenswerter landwirtschaftlicher Nutzfläche war, verfügte der dortige *Bauernverband e. V.* über gute Verbindungen zum Bundesministerium für gesamtdeutsche Fragen, zu Senatsstellen, mehreren westlichen Geheimdiensten, zum RIAS und einer Reihe von Landsmannschaften – gewissermaßen als Ausgleich für nicht vorhandene landwirtschaftliche Nutzfläche. Der Verband agierte schon in den 50er Jahren und war der Aufmerksamkeit des MfS nicht entgangen. Bis zu den Maßnahmen des 13. August 1961 bekämpfte dieser vorgebliche Bauernverband offen die Landwirtschaftspolitik der DDR, die er in Wort und Schrift diskreditierte. Zugleich versuchte er, durch gezielte – häufig nicht erfolglose – Einflußnahme Fachkräfte aus der Landwirtschaft zum Verlassen der DDR zu bewegen. Nach dem 13. August 1961 stellte der Bauernverband seine gegen die DDR gerichtete Tätigkeit um, sorgte zu diesem Zweck für den Erhalt seiner personellen Verbindungen in die DDR und schuf ideologisch wie organisatorisch Voraussetzungen für eine weitere umfangreiche Nachrichtensammlung und -übermittlung. Unter Verwendung von Deckadressen und anderen konspirativen Möglichkeiten, z. B. den Einsatz von Rentnern als Kuriere, unterhielt der Bauernverband Verbindungen zu personellen Stützpunkten in den Bezirken Potsdam, Dresden und Karl-Marx-Stadt.

Der *Bauernverband e. V.* wurde 1973 aufgelöst, nachdem die Finanzierung eingestellt worden war.

Es wird die Frage erlaubt sein, wer ihn bis dahin finanzierte?

Die Tätigkeit der Linie III/XVIII – im Zusammenwirken mit der Deutschen Volkspolizei – war darauf gerichtet, kriminelles Wirken gegnerischer Kräfte aufzuklären und damit die Bauern für die Umgestaltung der Landwirtschaft zu gewinnen. Das erforderte die Anspannung der zur Verfügung stehenden operativen Kräfte, Sachkenntnis und einen qualifizierten Einsatz der inoffiziellen Mitarbeiter.

Mitunter zeigte sich, daß Großbauern, die bereits Mitglieder von LPG waren, mittels ihrer wirtschaftlichen Kraft eine dominierende Stellung in den LPG bzw. im gesamten Dorf einnahmen und spekulative Gewinne aus ihrer Tätigkeit in den LPG zu erzielen versuchten. Ernsthafte Schwierigkeiten entstanden durch illegales Verlassen der DDR und die Abwerbung von Arbeitskräften. Dadurch mußten Höfe zusätzlich bewirtschaftet werden. Die Situation in der Landwirtschaft wurde noch durch unqualifizierte Leitungstätigkeit, bürokratisches Administrieren, Abweichungen vom Prinzip der Freiwilligkeit hinsichtlich des Beitritts in die Genossenschaften, durch fehlende oder veraltete und verschlissene Technik, durch Futter- und Düngemittelknappheit und viele andere Unzulänglichkeiten erheblich verschärft. Dazu kamen Diebstahl, Unterschlagung, Abrechnungsbetrug und andere Straftaten.

Bei der Bekämpfung derartiger Straftaten wurde eng mit den staatlichen und wirtschaftlichen Kontrollinstanzen, beispielsweise mit der Arbeiter-und-Bauern-Inspektion (ABI), zusammengearbeitet.

Die Mitarbeiter des MfS unterstützten in dieser Zeit durch viele freiwillige Ernteeinsätze, durch Mitwirken bei den Bestellarbeiten, beim Bau von Landwirtschaftsgebäuden, durch Übernahme von Patenschaften zur materiellen Hilfe, durch Bereitstellung von Transportmitteln, Notstromaggregaten die LPG bei der Überwindung von Anfangsschwierigkeiten. In zigtausenden Stunden trugen sie dazu bei, die Ernte verlustlos einzubringen.

Ein Urteil aus dem Jahre 1995 bestätigte: »Die meisten westlichen Aussagen sind durch die Praxis widerlegt. Die LPG und ihre Nachfolgebetriebe, denen nicht nur die Politik, sondern auch der Berufsstand West, mindestens der organisierte, den Kampf erklärten, erwiesen sich als lebensfähig, sie sind zählebig, weil wirtschaftlich erfolgreich.«[93]

Verstärkung der vorbeugenden Arbeit und der Übergang zur Objektsicherung[94] in der Volkswirtschaft der DDR durch die Linie III/XVIII

Die vorbeugende politisch-operative Arbeit der Linie III/XVIII erhielt zunehmende Bedeutung. Ihr Ziel war es, insbesondere unter Mitwirkung von Inoffiziellen Mitarbeitern und im Zusammenwirken mit Volkspolizei und staatlichen Kontrollorganen durch Aufdeckung verbrechensbegünstigender Bedingungen die Basis für Straftaten einzuschränken.

In wichtigen volkwirtschaftlichen Unternehmen wurden *Objektdienststellen*, in ausgewählten Schwerpunktbetrieben *Operativ-Gruppen* geschaffen. Deren Aufgabe bestand vorrangig darin, eine höhere Qualität der IM-Arbeit zu erreichen und die Verbindung der Objektsachbearbeiter des MfS zu den Betriebsleitungen, den Leitungen der SED-Organisationen, den Gewerkschaften und anderen Massenorganisationen in den Objekten auf das erforderliche Niveau zu heben. An die Betriebsleiter und Parteisekretäre der SED sollten in verstärktem Maße solche Informationen aus den Ergebnissen der operativen Arbeit übermittelt werden, mit denen ihre Tätigkeit unterstützt werden konnte. Dementsprechend war verstärkt an der Aufdeckung feindlicher Personenkonzentrationen zu arbeiten, waren Stützpunkte und Verbindungen der Konzerne in den Betrieben aufzuspüren und die Pläne und Absichten feindlich eingestellter oder krimineller Personen in bezug auf Brandstiftungen, Explosionen, Betriebsstörungen und dergleichen rechtzeitig aufzuklären und zu verhindern. Außerdem wurde durch wirksame Öffentlichkeitsarbeit angestrebt, eine engere Verbindung zu Belegschaften und Leitungen der volkswirtschaftlichen Schwerpunktbetriebe herzustellen.

Damals wurden in allen bedeutenden volkswirtschaftlichen Objekten, selbst in Bahnhöfen, Dienstzimmer des MfS für öffentliche Sprechstunden eingerichtet. Hinweise aus der Bevölkerung wurden ernsthaft geprüft und waren oft Ausgangspunkt operativer Maßnahmen.

Ein wirksamer Schlag gegen Währungspekulation und ökonomische Störmaßnahmen erfolgte am 15. Oktober 1957. Banknoten der DDR, die seit 1948 im Umlauf waren, wurden unangekündigt umgetauscht. Damals befanden sich etwa 600 Millionen Mark außerhalb des Währungsgebietes der DDR. Diese Geldbestände wurden durch die Umtauschaktion über Nacht wertlos, den Spekulanten war für eine bestimmte Zeit der Boden entzogen. An der organisatorisch reibungslosen Aktion hatte das MfS maßgeblichen Anteil.

Die durch Schiebergeschäfte und Währungsmanipulation in die Hände von insbesonders Westberliner Spekulanten gelangten Millionenbeträge stellten bis dahin eine ernstzunehmende Gefahr für die Wirtschaft der DDR dar. Unter den Bedingungen der offenen Grenzen konnten mit ihnen Erschütterungen im Währungssystem der DDR hervorgerufen und die Versorgung der Bevölkerung empfindlich gestört werden.

Die Abwerbung und die Abwanderung von Bürgern der DDR als Bestandteil des Wirtschaftskrieges

Abgesehen davon, daß die offene Grenze aus nachrichtendienstlicher Sicht zweifellos Vorteile für beide Seiten hatte, stellte Westberlin infolge seiner

Insellage ein einmaliges Operationsfeld für zahlreiche westdeutsche und ausländische Geheimdienste, Agentenorganisationen sowie für andere Einrichtungen dar, die gegen die DDR arbeiteten. Hinzu kam die Anwesenheit westalliierter Truppenkontingente mit entsprechenden Spezialausrüstungen für die feindliche Tätigkeit gegen die DDR und andere sozialistische Staaten. Hier sei nur an das umfangreiche Potential von Einheiten und Mitteln der elektronischen Kampfführung und an solche Einrichtungen wie die Abhörstation auf dem Teufelsberg erinnert, deren Aktionsradius weit über das Territorium der DDR hinaus reichte.

Bestandteil des Wirtschaftskrieges war der Medienkrieg. Zunächst per Rundfunk, später besonders mittels Fernsehen, wurde der »Westen« nicht nur als Ort vermeintlich uneingeschränkter Freiheit, sondern vor allem als Konsumparadies dargestellt. Das Werbefernsehen, so urteilen Experten, stellte eine größere subersive Sprengkraft für die DDR dar als alle politischen Sonntagsreden in Bonn.

Die Mehrzahl derer, die aus der DDR abwanderten, darunter auch gezielt abgeworbene Bürger, versprachen sich durch den Wechsel in die Bundesrepublik bessere Lebensverhältnisse oder eine aus ihrer Sicht günstigere Entwicklungsperspektive. Sie waren also überwiegend »Wirtschaftsflüchtlinge« und nicht – wie unverändert gern behauptet – »politische Flüchtlinge«. Zweifellos gab es diese auch. Aber sie stellten eine marginale Minderheit dar.

Als allgemeine Definition für den Begriff »Flüchtling« gilt üblicherweise, daß es sich dabei um Personen handelt, die sich infolge politischer (Zwangs-)-Maßnahmen, wegen Krieg oder existenzgefährdender Notlagen veranlaßt sehen, ihre Heimat zu verlassen. Nach der Genfer Flüchtlingskonvention von 1951 ist ein politischer Flüchtling eine Person, die sich »aus wohlbegründeter Furcht vor Verfolgung aus Gründen der Rasse, der Religion, der Nationalität, der Zugehörigkeit zu einer bestimmtem gesellschaftlichen Gruppe oder der politischen Meinung außerhalb des Landes ihrer Nationalität befindet«.[95]

Das traf für die absolute Mehrheit der einstigen DDR-Bürger keinesfalls zu. Sie waren darum keine »Flüchtlinge«.

Die Ökonomie der DDR hat sich von diesen Verlusten durch Abwanderung nie erholt. Der Osteuropaforscher der Freien Universität Berlin, Prof. Leptin, meint, daß in der Zeit von 1950 bis 1961 jährlich zwischen 144.000 (1959) und 330.000 (1953) Personen aus der DDR in die BRD übersiedelten. »Unter den Flüchtlingen war der Anteil der Jugendlichen bis 25 Jahre sehr hoch, meistens um 50 Prozent … Das hatte zur Folge, daß unter den Zurückbleibenden der Anteil der älteren Jahrgänge rasch anstieg. Im Jahre 1970 waren in der Bundesrepublik 61,2 Prozent der Bevölkerung im arbeitsfähigen Alter, in der DDR 58 Prozent … Wenn man berücksichtigt, daß jeder arbeitsfähige Flüchtling beim innerdeutschen Wirtschaftsvergleich einen Arbeitskräfteunterschied von 2 Personen ausmacht (im Osten -1, im Westen + 1), dann wird die wachstumspolitische Bedeutung der Fluchtbewegung besonders deutlich.«[96]

Siegfried Wenzel, ehemaliger Stellvertreter des Vorsitzenden der Staatlichen Plankommission der DDR, ergänzte 1998 diese Feststellung. »Für die BRD ist dieser Zufluß von ›Humankapital‹ in Größenordnungen von fast 2 Millionen ein einmaliger Aktivposten, der überhaupt nicht hoch genug eingeschätzt werden kann. Man muß berücksichtigen, daß es sich bei den Übersiedlern aus der DDR in die BRD zu einem großen Teil um gut ausgebildete Facharbeiter, sowie um akademisch Ausgebildete wie Ärzte, Rechtsanwälte, Ingenieure gehandelt hat, deren Ausbildung oftmals vom Staat, d. h. der gesamten Gesellschaft in der DDR, finanziert worden war. Es gab viele, die ihre Einstellungsverträge von westlichen Firmen bereits während des Studiums erhielten, als sie noch Wohnung, Stipendium und zum Teil großzügige soziale Sicherung in der DDR in Anspruch nahmen. Das trifft vor allem auf die Zeit vor 1961 zu.

Die Wirkung der Eingliederung dieses personellen Zuwachses für die Wirtschaftskraft der BRD war natürlich eine ganz andere, als die der etwa 0,5 Millionen ausländischer Gastarbeiter, die bis 1961 aus Spanien, Portugal, der Türkei und Italien in die BRD gekommen waren. Die bis zu 1,5 Millionen Übersiedler aus der DDR sprachen die gleiche Sprache, waren oft in einem mehr oder minder adäquaten Bildungssystem zu hochqualifizierten Fachkräften ausgebildet und entstammten dem gleichen Kulturkreis.« Wenzel ist der Auffassung, daß die Marshallplan-Hilfe und die »Kader« aus der DDR in der Bundesrepublik maßgeblich für den Produktivitäts- und Effektivitätsunterschied zwischen der BRD und der DDR verantwortlich waren.[97]

Der Kreis derer, die die Geschäfte mit der Abwerbung unmittelbar oder mittelbar betrieben, reichte von westlichen Geheimdiensten über die Ostbüros der Parteien bis hin zu speziellen Einrichtungen wie dem »Verband der Sowjetzonenflüchtlinge« oder dem »Arbeitskreis ostdeutscher Wissenschaftler«.

Flankiert wurden diese Bestrebungen durch das »Bundesvertriebenengesetz« (1953) und das »Gesetz über Hilfsmaßnahmen für Personen, die wegen politischer Verbrechen außerhalb der BRD inhaftiert wurden« (1955).

Aufgrund von Verordnungen erhielten Personen, die die DDR verlassen hatten, in der BRD bevorzugt Wohnraum, Arbeit und materielle Vergünstigungen. *(Ausführlicher dazu im Beitrag »Gegen das Verlassen der DDR, gegen Menschenhandel und Bandenkriminalität«)*

Das Oberste Gericht der DDR befaßte sich im August 1961 in zwei Prozessen mit Abwerbungen sowie Versuchen, Bürger der DDR zum Verlassen ihres Landes zu verleiten. Die Angeklagten waren in dieser Hinsicht für den BND und das Ostbüro der SPD tätig gewesen. Es handelte sich u. a. um Hans A., Architekt beim Entwurfsbüro Dessau, und Günter B., zuletzt Architekt und Bauleiter beim VEB Industrieprojektierung Dessau.

Hans A. organisierte 1952 für eine Gruppe von Studenten der Ingenieur-Schule Dessau die Teilnahme am 2. Deutschen Studententag in Westberlin. Sein dortiger Betreuer, der Mitarbeiter der »Organisation Gehlen« *Hoffmann*, warb ihn nach mehreren Treffen unter dem Decknamen »Hennig« an. Er empfahl A., nach außen eine fortschrittliche Haltung zur gesellschaftlichen Entwicklung in der DDR einzunehmen und der SED beizutreten, um so besser Zugang zu Informationen zu erlangen. A. erhielt von seinen Auftraggebern zehn Deckadressen und die Auflage, seine Spionageberichte mit Geheimtinte zu schreiben und verschlüsselt zu übersenden.

Während der Dauer seiner Agententätigkeit lieferte er umfassende Informationen aus Betrieben und militärischen Objekten im Raum Dessau. Zur Unterstützung von Abwerbungsmaßnahmen bespitzelte er Wissenschaftler, die in der UdSSR tätig waren, sowie Ingenieure, Ärzte, hochqualifizierte Fachkräfte und leitende Funktionäre aus der Wirtschaft. Über diesen Personenkreis lieferte er ausführliche Charakteristiken und, soweit möglich, kompromittierendes Material.

Von »Hoffmann« wußte er, daß seine Informationen dazu dienen sollten, Spezialisten abzuwerben. So sammelte er von über 100 Fachkräftem Hinweise über negative politische Äußerungen, ungenehmigte Reisen in westliche Staaten, verwandtschaftliche Beziehungen in die BRD und nach Westberlin, dort getätigte Einkäufe, eventuell noch bestehende Konzernverbindungen, fachliche Leistungen und Kenntnisse, wirtschaftliche Sorgen, Krankheiten und religiöse Einstellungen, um dieses Wissen an seine Auftraggeber weiterzuleiten.

Tatsächlich verließ eine ganze Anzahl der von A. bespitzelten Personen die DDR illegal.

Günter B. war ebenfalls Teilnehmer am Studententag in Berlin. Er erhielt Ende 1956 über einen Mitarbeiter des Studentenhilfswerkes Berlin Verbindung zum Gehlen-Residenten »Hoffmann«. Der verpflichtete ihn unter dem Decknamen »Horst Heinze« für Pullach. Er legte B. ebenfalls nahe, der SED beizutreten. Nach seiner Anwerbung lieferte B. chiffrierte Spionageberichte an Deckadressen. Gleichzeitig war er beauftragt, Charakteristiken über ihm vom Studium an der Ingenieurschule Köthen bekannte Wissenschaftler zu liefern, wobei auch kompromittierendes Material gefragt war. Auf der Grundlage seiner Informationen wurden ein Technischer Direktor und mehrere Bauingenieure abgeworben. Im Jahre 1960 wurde B. aufgefordert, sich aktiv an Abwerbeaktionen zu beteiligen. »Hoffmann« motivierte ihn mit dem Hinweis: »Je höher die Verantwortung – desto größer die Kopfprämie.«[98]

Vor dem Obersten Gericht der DDR standen auch die Hausfrau Helene V. aus Jüterbog und der Rentner Manfred W. aus Berlin.

Helene V. arbeitete seit 1959 mit dem BND zusammen und forschte gemeinsam mit drei Verwandten und einer Freundin Militärobjekte aus. Der Agentenführer »Hildebrandt« hatte sie aber auch veranlaßt, den Geheimdienst bei der Abwerbung von DDR-Bürgern zu unterstützen. Auftraggemäß veranlaßte sie, daß zwei Personen aus ihrem Verwandtenkreis die DDR illegal verließen.

Sie wurde auf einen Arzt angesetzt, auf einen Betriebsleiter, vier Angestellte der Deutschen Post bzw. der staatlichen Verwaltung sowie auf einen selbständigen Handwerker. Sie sollte persönliche Schwächen der Zielpersonen erkunden und diese damit zum Verlassen der DDR bewegen. Bis zu ihrer Festnahme hatte sie bereits zu vier dieser Personen nähere Beziehungen hergestellt.

Manfred W. war 1952 über ein Preisausschreiben der Propagandapostille »Freie Junge Welt« für eine Zusammenarbeit mit dem Ostbüro der SPD in Westberlin geködert worden. Es gelang ihm, insgesamt sieben Bürger zum illegalen Verlassen der DDR zu bewegen. Darüber hinaus beförderte er etwa 20 bis 30.000 Briefe, die an in der DDR lebende Wissenschaftler, Ärzte, Techniker und andere Personenkreise adressiert waren. Sie enthielten Druckschriften, deren Inhalt gegen die gesellschaftlichen Verhältnisse in der DDR gerichtet war und die Empfänger zum illegalen Verlassen der DDR bewegen sollte.[99]

Die Maßnahmen zur Sicherung der Staatsgrenze am 13. August 1961

In der zweiten Hälfte der 50er Jahre zeichnete sich eine Verschärfung der internationalen Situation ab, die zu einer Zuspitzung des Kalten Krieges führte. Sowohl in der BRD als auch in der DDR wurden eigene Streitkräfte aufgestellt, die später in die Militär- und Kommandostrukturen der jeweiligen Paktsysteme – zunächst die Bundeswehr in die NATO, später die Nationale Volksarmee in den Warschauer Pakt – integriert wurden.

Der Aufbau der nationalen Streitkräfte in der DDR war ein dringendes Sicherheitserfordernis, bedeutete jedoch eine hohe zusätzliche Belastung der Volkswirtschaft.

Ende 1958 forderte die UdSSR in ultimativer Form die Umwandlung Westberlins in eine »Freie Stadt« und erklärte, anderenfalls einen separaten Friedensvertrag mit der DDR abschließen zu wollen. An dieser Forderung hielten die UdSSR und die DDR bis 1961 fest. Die Westalliierten und die BRD ließen das Schreckgespenst einer »Berlin-Blockade« wieder aufleben.

Die SPD hatte inzwischen ihre Opposition gegen die Mitgliedschaft der BRD in der NATO und damit ihre Position in einem wichtigen außen- und deutschlandpolitischen Bereich offiziell zurückgenommen. Gleichzeitig verstärkte die Bundesregierung ihre Bestrebungen, an der atomaren Aufrüstung teilzuhaben. Der zuständige Bundesverteidigungsminister F. J. Strauß hatte bereits atomare Ziele im Raum Dresden anvisiert. Damit wurden erneut Bedrohungsängste auf beiden Seiten geschürt. Sie belasteten das politische Klima beträchtlich.

Als 1960 die BRD einseitig das gültige Handelsabkommen mit der DDR aufkündigte und rigorose Maßnahmen zur Drosselung des Handels durchsetzte, traf das die Wirtschaft der DDR massiv. Diese Eskalation des Kalten Krieges hatte in der DDR wirtschaftliche und politische Krisenerscheinungen zur Folge.

War Mitte der 50er Jahre eine leichte wirtschaftliche Konsolidierung eingetreten, hatten voluntaristische Maßnahmen – etwa die Absicht, im Verlauf des Siebenjahrplanes mit der BRD-Wirtschaft gleichzuziehen – die Grenzen des Machbaren überschritten. Die Volkswirtschaft erlitt einen Rückschlag, der sich auf die Versorgung der Bevölkerung auswirkte. Die Zahl der Bürger, die die DDR verließen, stieg dramatisch an.[100]

Die Regierungen der Staaten des Warschauer Vertrages erklärten auf der Tagung ihres Politisch Beratenden Ausschusses (3. bis 5. August 1961), die Außengrenzen der DDR nach Westen (und damit des Bündnissystems) müßten gesichert werden. Daraufhin beschloß die Volkskammer der DDR auf ihrer 19. Sitzung am 11. August 1961, den Ministerrat der DDR zu beauftragen, Maßnahmen zur militärischen Sicherung der Staatsgrenze einzuleiten.

Der Beschluß des Ministerrates der Deutschen Demokratischen Republik erging am 12. August 1961 und trat am 13. August 1961 in Kraft.[101]

Die militärische Sicherung der Staatsgrenze der DDR bedeutete für die westlichen Geheimdienste und deren Agentenorganisationen einen einschneidenden Rückschlag. Den subversiven Aktivitäten im Wirtschaftskrieg gegen die DDR standen nun buchstäblich massive Hindernisse im Wege. Sie kamen nicht umhin, ihre gesamte Logistik zu überdenken. Sie mußten auf viele ihrer bis dahin angewandten Mittel und Methoden verzichten sowie ihr gesamtes Verbindungssystem zu aktiv tätigen Agenten grundlegend umorganisieren.

Natürlich bedeuteten die Sicherungsmaßnahmen auch für das MfS eine völlig veränderte Situation. Vieles wurde nunmehr einfacher bei der Bekämpfung staatsfeindlicher und krimineller Aktivitäten.

Die Westalliierten nahmen die Sicherungsmaßnahmen alles in allem gelassen, zumal ihnen von sowjetischer Seite vorher offenkundig versichert worden war, daß sich die militärische Sicherung der Staatsgrenze nicht gegen sie richte. Ihre Interessen würden davon unberührt bleiben, die politischen Verhältnisse in Europa waren klar geordnet. »Die Welt« kommentierte verwundert, aber zutreffend: »Es mag schockierend sein, es auszusprechen, aber in dem Kommuniqué, mit dem Washington auf die Abriegelung Ost-Berlins reagiert hat, ist ein Ton der Erleichterung unüberhörbar.«[102]

Und die Pariser Zeitung »Liberation« schrieb: »Die von der DDR auf Verlangen der sozialistischen Länder getroffenen Maßnahmen sind Vorsichts- und Verteidigungsnaßnahmen, die in keiner Weise die Interessen der Westmächte und der Bundesrepublik benachteiligen … Ist es nicht ganz normal, daß sich die DDR vor jeder Provokation (man weiß, das die Bonner und Westberliner Politiker Meister auf diesem Gebiet sind) schützt? Jede Maßnahme, die verhindern kann, daß das Pulverfaß in Brand gesteckt werden kann, ist nicht einzig und allein deshalb schlecht, weil sie vom Osten kommt.«[103]

Düpiert waren einzig die westlichen Geheimdienste, die nicht in der Lage gewesen waren, ihre Regierung vorab darüber zu informieren. Sie hatten die Aktion verschlafen; es sollte im übrigen nicht das letzte Mal gewesen sein, daß westliche Nachrichtendienste versagten.

Die Regierungen der DDR und der anderen Staaten des Warschauer Paktes waren sich im klaren darüber, daß die militärische Sicherung der Staatsgrenze nicht ohne empfindliche Nachteile für die Menschen sein würde. Persönliche Begegnungen zwischen Verwandten und Bekannten in beiden deutschen Staaten waren für unbestimmte Zeit unterbrochen – auch wenn sie spätestens ab 1963 durch Teilregelungen und Vereinbarungen beider Seiten zumindest eine Milderung erfuhren. Einschneidende Einschränkungen betrafen auch den sonstigen Reiseverkehr. Für Berlin, besonders für Westberlin, waren damit erhebliche politische, wirtschaftliche und verkehrstechnische Probleme verbunden.

Mit der militärischen Sicherung der Staatsgrenze trat eine ökonomische Stabilisierung der DDR ein, ihrem weiteren Ausbluten wurde Einhalt geboten und ihre fortgesetzte Ausplünderung zunächst gestoppt.

Zu einigen Schwerpunktaufgaben des MfS bei der Sicherung der Volkswirtschaft der DDR nach den Maßnahmen vom 13. August 1961 bis zur Auflösung des MfS/AfNS 1989/90

Die militärische Sicherung der Staatsgrenze eröffnete Möglichkeiten, die Wirtschaftspolitik der DDR effizienter durchzusetzen. Zudem war damit die unmittelbare Einwirkung des Gegners auf die Volkswirtschaft erheblich eingeschränkt worden.

Die Maßnahmen zur Störfreimachung der DDR-Volkswirtschaft

Um sich aus ökonomischer Abhängigkeit zu befreien, mußte sich die DDR »störfrei« machen. Die DDR mußte verhindern, sie wirtschaftlich zu nötigen oder zu strangulieren. Auslöser für entsprechende Maßnahmen der DDR-Regierung war die am 30. September 1960 von der Bundesregierung beschlossene Aufkündigung der Vereinbarungen über den innerdeutschen Handel. Diese waren erst am 16. August 1960 zwischen Beauftragten der DDR und der BRD geschlossen worden.

Gleichzeitig versuchte die Bundesregierung unter Adenauer, ein allgemeines Handelsembargo gegen die DDR und den Boykott der Leipziger Messe bei den NATO-Staaten durchzusetzen. Letzteres scheiterte jedoch.

Die Aufkündigung der Handelsvereinbarungen traf die DDR empfindlich. Sie gefährdete im erheblichen Maße die Realisierung der eigenen Wirtschaftspläne. Die Volkswirtschaft der DDR war noch immer eng mit der Wirtschaft der Bundesrepublik verflochten, die Abhängigkeit von Material- und Ausrüstungsimporten folglich beträchtlich. Störungen oder das Ausbleiben dieser Importe hatte weitreichende Folgen.

Der im Juni 1961 geschaffene Volkswirtschaftsrat (VWR)[104] der DDR erhielt deshalb auch die Aufgabe, Maßnahmen zur Störfreimachung zu entwickeln. Der VWR ermittelte alle Erzeugnispositionen, die aus dem nichtssozialistischen Wirtschaftsgebiet (NSW) importiert werden mußten und in DDR-Erzeugnisse verarbeitet wurden. Zu jeder Importposition aus dem NSW waren Festlegungen zu treffen, durch welche Eigenleistungen oder mittels Importen aus sozialistischen Ländern sie ersetzt werden konnten.

Dabei ging es nicht um eine Drosselung des Handels zwischen beiden deutschen Staaten, sondern um die Beseitigung bestehender einseitiger

Abhängigkeiten, die häufig zur Erpressung der DDR benutzt wurden. Der Handel sollte auf eine gleichberechtigte Basis gestellt werden. Außerdem sollten Bezugsmöglichkeiten - über die BRD hinaus - in anderen kapitalistischen Industriestaaten erschlossen werden.

Die Linie III/XVIII unterstützte aus sicherheitspolitischer Sicht diese Maßnahmen und wirkte dabei eng mit den staatlichen Leitern der zentralen wirtschaftsleitenden Organe, der Vereinigungen Volkseigener Betriebe (VVB) und der Volkseigenen Betriebe und Einrichtungen zusammen. Es mußten Hinweise über Reaktionen westlicher Geheimdienste, Regierungsstellen, Wirtschaftsinstitutionen, Konzerne und andere Einrichtungen erarbeitet werden, die auf eine Beeinträchtigung der Maßnahmen zur Störfreimachung oder eine weitere Verschärfung der Situation in den Wirtschaftsbeziehungen DDR-BRD zielten.

Angesichts des Wirtschaftskrieges gewann die wirtschaftliche Zusammenarbeit mit der UdSSR und den anderen sozialistischen Staaten noch mehr an Gewicht. Sie war für die DDR von existentieller Bedeutung. 1961 wurden spezielle Programme der wirtschaftlichen Hilfeleistung und der Entwicklung wissenschaftlich-technischer Zusammenarbeit abgeschlossen. Sie dienten dazu, die Folgen der wirtschaftlichen Auseinandersetzungen kurzfristig zu mildern, ökonomische Störmaßnahmen durch kapitalistische Staaten zu paralysieren und den Kurs der ökonomischen Unabhängigkeit zu unterstützen.

Neben der beschleunigt betriebenen Rekonstruktion und Erweiterung volkswirtschaftlich bedeutender Objekte war der Beginn des Baues einer internationalen Pipeline für die Lieferung sowjetischen Erdöls dabei von herausragender Bedeutung. In diesem Kontext nahm die Kooperation der Sicherheitsorgane der UdSSR und der DDR zu.

Der Gegner verstärkte nach dem 13. August 1961 seine politisch-ideologische Wühl- und Zersetzungstätigkeit. Im Zentrum stand der Kurs der SED- und Staatsführung zur ökonomischen Stabilisierung.

In Ostberlin arbeitete zu jener Zeit neben der aus KPD und SPD hervorgegangenen SED auch weiterhin die SPD. Diese war legal. Die Wohngebietsorganisationen gehörten zum Landesverband, der Vorstand saß im Westteil der Stadt. Aufgrund der Grenzsicherung riß die Verbindung. Folgerichtig lösten sich die SPD-Organisationen im Osten am 23. August 1961 auf.

Doch die über Jahre gewachsenen Verbindungen und Beziehungen von Funktionären und Mitgliedern untereinander sowohl im Wohngebiet wie im Arbeitsbereich blieben bestehen und wirkten im Sinne der »Parteiaufträge« weiter. Besonders in den personellen Konzentrationspunkten - etwa in Betrieben wie der BEWAG - befolgten die bisherigen SPD-Mitglieder weiter die

Orientierungen ihres Landesvorstandes im Sinne der »Arbeite langsam!«-Bewegung. Das verursachte in industriellen und dienstleistungsorientierten Bereichen spürbare materielle Schäden.

Dem MfS war bekannt, daß seit 1958 ein Arbeitskreis für Gewerkschaftsfragen innerhalb der SPD-Organisationen in der Hauptstadt der DDR existierte. Er zählte fünfzig Personen. Zwischen 15 und 20 Funktionäre dieser Gruppierung aus Berliner Großbetrieben (VEB Kabelwerk Oberspree, VEB Funkwerk Köpenick, BVG, BEWAG) trafen in Abständen in den SPD-Kreisbüros Lichtenberg und Köpenick zusammen. Von diesem Gremium gingen Impulse für die politisch-ideologische Zersetzungstätigkeit aus. Meist standen diese Personen an der Spitze von Personenkonzentrationen in den Großbetrieben, die gegen die Politik der SED und der Regierung der DDR auftraten. Es gehörte zur langjährigen Praxis, daß diese Kräfte Informationen über die Situation in den jeweiligen Betrieben sammelten, Funktionäre der Parteien und Massenorganisationen und andere Betriebsangehörige bespitzelten und ihre Erkenntnisse an den Westberliner Landesvorstand der SPD bzw. das SPD-Ostbüro weiterleiteten. So konnte ermittelt werden, daß der Leiter dieses Arbeitskreises regelmäßig Kontakt zu einem Verbindungsmann des SPD-Ostbüros, der seinen Sitz im Westberliner Landesverband der SPD hatte, unterhielt. In Einzelfällen wurden im Auftrag westlicher Dienststellen regelrechte Ermittlungen beispielsweise zu solchen ehemaligen Betriebsangehörigen geführt, die die DDR ungesetzlich verlassen hatten. Sie dienten einerseits der Prüfung ihrer möglichen Eignung für einen nachrichtendienstlichen Einsatz, andererseits aber auch dazu, einer befürchteten Infiltration durch die Sicherheitsorgane der DDR entgegenzuwirken.

In diesem Zusammenhang ist auf das enge Zusammenwirken des SPD-Ostbüros mit westlichen Geheimdiensten – auch die Beschaffung ökonomischer Daten betreffend – hinzuweisen. Klaus Eichner und Andreas Dobbert schrieben dazu in ihrem Buch »Headquarters Germany«: »Das CIC überprüfte auf Wunsch des Ostbüros Sozialdemokraten, die im Verdacht standen, Verbindungen in den Osten zu unterhalten. Die Informationen des CIC – auch aus dem Document Center – lieferten oft die Vorlage für Parteiausschlußverfahren gegen mißliebige SPD-Mitglieder. (DDR-Bürger, die Kontakt zum Ostbüro und Möglichkeiten zur Spionage hatten, wurden vom Ostbüro direkt an die alliierten Geheimdienste weitervermittelt.«)[105]

Der Minister für Staatssicherheit erklärte im November 1961 auf dem 14. Plenum des ZK der SED: »Die Feinde hoffen, uns auf diese Weise bei der Durchführung unserer großen volkswirtschaftlichen Aufgaben, wie der Störfreimachung unserer Wirtschaft, der Festigung der landwirtschaftlichen Produktionsgenossenschaften, der Durchführung des Produktionsaufgebotes, und nicht zuletzt bei der Erhöhung unserer Verteidigungsbereitschaft hemmen und stören zu können … Die Politik der Partei und Regierung besteht nicht darin, durch die Organe der Staatsmacht viele Festnahmen durchzuführen, sondern vielmehr darin, durch geduldige Überzeugungs- und Aufklärungsarbeit zu verhindern, daß Bürger der Deutschen Demokratischen Republik von den Feinden mißbraucht werden und deshalb festgenommen werden müssen.«[106]

Fortsetzung der Spionagetätigkeit der westlichen Geheimdienste gegen die Volkswirtschaft der DDR unter neuen Lagebedingungen

Die Verbindungssysteme westlicher Geheimdienste waren unterbrochen oder zumindest gestört. Sie mußten nach neuen Wegen suchen. In der Folge wurde aber auch die Abwehrtätigkeit wesentlich komplizierter. Auch das MfS mußte seine politisch-operative Arbeit qualifizieren, um die gegen die Volkswirtschaft tätigen Kräfte zu enttarnen und deren Handlungen möglichst vorbeugend zu verhindern.

Die verwundbarste Stelle im Zusammenspiel von gegnerischen Auftraggebern und ihren Erfüllungsgehilfen stellte das Verbindungssystem dar. Die Übermittlung von Informationen über Funk oder über Tote Briefkästen blieb im *Sicherungsbereich Volkswirtschaft* auf besonders zu schützende Quellen, die für wichtige gegen die Volkswirtschaft gerichtete Spionagevorhaben eingesetzt waren, beschränkt.

Die westlichen Geheimdienste begannen deshalb, im Ausland lebende Personen zu veranlassen, auf postalischem Weg abgerissene Kontakte zu »Verwandten« in der DDR wieder herzustellen. Unter diesem Aspekt gewann die Postkontrolle speziell für die Linie XVIII wachsende Bedeutung.[107]

Die Leipziger Messe, die zweimal jedes Jahr stattfand, wurde mehr noch als zuvor zu einem Betätigungsfeld für die westlichen Geheimdienste.

Da gab es einen Phillip D., Handelsrat der DDR in der Sozialistischen Föderativen Republik Jugoslawien (SFRJ). Über eine in Köln lebende Schwester und einen Bruder in Ahrweiler hielt er seit 1960 losen Kontakt zum BND. Während der Leipziger Herbstmesse 1962 wurde er von Vertretern der Firmen Bayer und Dynamit-Nobel – gegen entsprechendes Salär – für den BND geworben. D. lieferte bis zu seiner Festnahme Mitte der 70er Jahre streng geheime Informationen über die Volkswirtschaft der DDR und die außenpolitischen Beziehungen innerhalb der sozialistischen Staatengemeinschaft. Während seiner Spionagetätigkeit wurde D. von den Mitarbeitern beider Firmen »betreut«.[108]

Der Gegner betrieb ferner Spionagetätigkeit unter dem Deckmantel wissenschaftlicher Forschungsarbeit.

Ein Agent der CIA, der als angeblicher Doktorand in die Hauptstadt der DDR einreiste und Außenhandelsunternehmen ausspionierte, vermittelte anderen CIA-Agenten offizielle Interviews mit Wirtschaftsfachleuten der DDR. Seine Auftraggeber hatten ihm erklärt, es komme erst in zweiter Linie auf das sofortige Erlangen von Informationen an. Es gehe vielmehr darum, Personen in die Hand zu bekommen, die leichtfertig vertrauliche Angaben und Zahlen ausplaudern und deshalb auch in Zukunft nachrichtendienstlich genutzt werden können.

Zur Eingliederung der selbständigen Abteilung VI des MfS in die Hauptabteilung III/XVIII

Seit 1955 existierte, wie bereits an anderer Stelle erwähnt, eine selbständige *Abteilung VI* zur Sicherung der Flugzeugindustrie, Kernforschung und Verteidigungsindustrie.

Diese Industrie- und Forschungsbereiche der DDR waren neu entstanden. Sie bedurften wegen ihrer volkswirtschaftlichen Bedeutung des besonderen Schutzes vor gegnerischen Angriffen.

1954 kehrten die ersten deutschen Spezialisten aus der UdSSR zurück, die nach 1945 durch die sowjetischen Behörden dort zur Arbeit verpflichtet worden waren. Unter diesen Fachleuten war der Flugzeugkonstrukteur Prof. Baade. Er wurde mit dem Aufbau einer Flugzeugindustrie im Bezirk Dresden beauftragt. 1956 begann der Bau des sowjetischen Passagierflugzeuges »Iljuschin 14« (IL 14) in Lizenz. Parallel dazu wurde das erste Düsenpassagierflugzeug Deutschlands vom Typ B-152 entwickelt und nach vier Jahren Bauzeit am 4. Dezember 1958 erfolgreich erprobt. Die Entwicklung erfolgte unter erheblichem Zeit- und Konkurrenzdruck. Die entscheidende Frage lautete: Würde – da der westliche Markt für die DDR verschlossen war – der Verkauf des Flugzeuges an die UdSSR den Einsatz immenser Investitionen rechtfertigen? Die von der UdSSR signalisierten Optionen ließen das erhoffen.

Während eines Probefluges am 4. Februar 1959 stürzte die B-152 bei Ottendorf-Okrilla im Bezirk Dresden ab. Dabei kam die vierköpfige Mannschaft ums Leben.

Die mit der Aufklärung der Absturzursachen befaßte Staatliche Untersuchungskommission gab am 12. März 1959 ihren Bericht und nannte als wesentliche Ursachen für den Absturz den zu schnellen Sinkflug aus 6.000 m Höhe, der zu Schäden an den Treibstofftanks geführt habe. Ferner hätte nach dem rasanten Sinkflug der Schub der Turbinen erst später als von den Piloten erwartet eingesetzt. Dies wurde auf zu wenig Flugerfahrung der Piloten mit den neuartigen Düsentriebwerken zurückgeführt.

Das MfS war eingeschaltet worden, um im Zusammenwirken mit Experten zu klären, woher ein ein Kilo schwerer Magnet stammte, der im Trümmerfeld der Absturzstelle gefunden wurde und nicht der Ausrüstung der abgestürzten Maschine zuzuordnen war. Dieser Umstand konnte nicht zweifelsfrei geklärt werden. Nach Feststellung der Staatlichen Untersuchungskommission soll der Magnet aber auch keinen erkennbaren Einfluß auf den Hergang der Flugzeugkatastrophe gehabt haben. In einer Dokumentation des MDR wurde jedoch eingeräumt, daß es beim Bau der B-152 Sabotage gab. Angeführt wurde die Zerstörung von Geräten und der Diebstahl von Teilen. Das konnte, wie es hieß, daß Projekt zwar nicht ernsthaft gefährden, verzögern allemal.[109] Unerwähnt hingegen blieb, daß es dem MfS gelang, in jener Zeit den Technischen Direktor des VEB Entwicklungsbau Pirna – Hersteller für Triebwerke – als BND-Spion zu entlarven. G. hatte geheime Dokumente über den Flugzeugbau in der UdSSR und den Aufbau einer Flugzeugindustrie in der DDR an seine Auftraggeber in Pullach geliefert und in deren Auftrag umfangreiche Sabotage im Fachbereich Triebwerksbau durchgeführt.

G. war vor 1945 in der deutschen Flugzeugindustrie tätig und zeitweise in der Sowjetunion eingesetzt. Nach Niederschlagung des Faschismus wurde er von der sowjetischen Besatzungsmacht interniert und in der UdSSR als Spezialist im Flugzeugbau eingesetzt. Er kopierte ihm zugängliche Unterlagen der sowjetischen Luftfahrtindustrie, darunter Konstruktionsunterlagen für das sowjetische Militärflugzeug vom Typ »Iljuschin 28« (IL 28) auf ca. 30 Kleinbildfilmen. Die versteckte er in Tisch- und Stuhlbeinen sowie in Teilen seiner Schlafzimmermöbel, mit denen er in den 50er Jahren in die DDR zurückkehrte.

Als Technischer Direktor und Chefkonstrukteur im VEB Entwicklungsbau Pirna dokumentierte er mit einer Spezialkamera alle ihm zugänglichen Unterlagen. In Erfüllung seiner beruflichen Pflichten reiste er auch in die Bundesrepublik, wo er persönlichen Kontakt zum BND hatte. Er wurde in der Folgezeit unter dem Decknamen »Ferdinand« geführt. Bei etwa 30 Treffen mit der hauptamtlichen Mitarbeiterin Bock alias Bayer lieferte G. von ihm gefertigte Fotodokumentationen.

Durch G. war der BND über den Entwicklungsstand des ersten deutschen Passagierflugzeuges mit Strahltriebwerken unterrichtet. G. erhielt Weisung, alles zu unternehmen, um die Entwicklung der DDR-Flugzeugindustrie zu drosseln und dafür Sorge zu tragen, daß die B-152 keinesfalls im Frühjahr 1959 zur Messe nach Leipzig fliege.

Gegen alle Einwände von Fachleuten ließ G. Versuche an Strahltriebwerken durchführen, die zu schweren Havarien führten. Selbst Warnungen seiner Familienangehörigen ignorierte er. Seinen Auftraggebern in Pullach hingegen teilte er mit, daß es trotz seiner Bemühungen nicht gelingen würde die Fertigstellung des Flugzeuges bis zur Frühjahrsmesse zu verhindern. Für ihn bestünde die Gefahr, bei Fortsetzung der Sabotage enttarnt zu werden.

Anfang der 60er Jahre fuhr er mit seinem PKW nach Westberlin und hatte umfangreiches Spionagematerial - Forschungsunterlagen auf Kleinbildfilmen - bei sich. Ein Teil davon befand sich in einem eigens dafür im Benzintank des PKW angebrachten Container bzw. in einem als Spielzeugstoffbären getarnten Container. Auf dieser Fahrt zu einem Treff mit seinen Auftraggebern erfolgte die Festnahme von G. und die Beschlagnahme des Beweismaterials.

Das Politbüros des ZK der SED beschloß am 28. Januar 1961, den Flugzeugbau in der DDR einzustellen. Die UdSSR war an den Maschinen nicht interessiert, da selbst ausreichend produziert würden. Damit ging der wichtigste potentielle Markt der DDR für diese Maschinen verloren.

Mit Befehl Nr. 109/62 vom 19. Februar 1962 wurde daraufhin die selbständige Abteilung VI mit anderer Aufgabenstellung in die Hauptabteilung III/XVIII eingegliedert.

Der VI. Parteitag der SED beschließt 1963 den »umfassenden Aufbau des Sozialismus« und wirtschaftliche Reformen und fordert ein Abkommen der Vernunft und des Guten Willens zwischen beiden deutschen Staaten

Der vom VI. Parteitag des SED (15.-21. Januar 1963) beschlossene »umfassende Aufbau des Sozialismus« in der DDR leitete in der Wirtschaftspolitik einen signifikanten Reformkurs ein. Kern der Reformen bildete das »Neue Ökonomische System der Planung und Leitung«, kurz NÖS, auch NÖSPL genannt.

Mit dem NÖS sollten eine wissenschaftlich begründete Planung und Bilanzierung auf der einen und ein damit in Übereinstimmung stehendes komplexes System ökonomischer Hebel und Stimuli auf der anderen Seite zum Tragen kommen. Dazu gehörten Maßnahmen, wie zum Beispiel die Organisierung der Leitung nach dem Produktionsprinzip, die Industriepreisreform, die Neubewertung der Grundmittel, die Festschreibung von Abschreibungsnormen und vor allem die Entwicklung des Gewinns zu einer die Leistung widerspiegelnden Kennziffer. Damit sollte wissenschaftlich-technischer Höchststand in allen Produktionsbereichen und eine wesentliche Steigerung der Arbeitsproduktivität erreicht werden.

Der Rückstand betrug zu Beginn der 60er Jahre etwa 20 bis 30 Prozent gegenüber der Bundesrepublik. Die DDR war Ende der 50er Jahre zum drittgrößten Industriestaat im RGW aufgestiegen und einer der wichtigsten Wirtschaftspartner der UdSSR. Die enormen Leistungen der Werktätigen der DDR beim Wiederaufbau und Neubau von Werken der Hütten- und Stahlindustrie, der chemischen Industrie, des Werkzeugmaschinenbaus, der optischen Industrie, der Textilindustrie sowie von Betrieben der Energieerzeugung (darunter des größten Braunkohlenkombinats der Welt, des VEB Kombinat »Schwarze Pumpe«) zeugten vom wirtschaftlichen Aufstieg. Auf dem VI. Parteitag wurde in dem dort beschlossenen Parteiprogramm bekräftigt, daß die SED am Ziel der Wiederherstellung der nationalen Einheit Deutschlands festhalte. Der Parteitag schlug vor, ein Abkommen der Vernunft und des guten Willens zwischen beiden deutschen Staaten abzuschließen. Es enthielt folgende Punkte:

»1. Respektierung der Existenz des anderen deutschen Staates und seiner politischen und gesellschaftlichen Ordnung. Feierlicher Verzicht auf Gewaltanwendung in jeder Form.

2. Respektierung der Grenzen des anderen deutschen Staates. Feierlicher Verzicht auf alle Versuche und Bestrebungen, die Grenzen anzutasten und zu verändern …

3. Feierlicher Verzicht auf die Erprobung, den Besitz, die Herstellung und den Erwerb von Kernwaffen sowie auf die Verfügungsgewalt über sie …

4. Rüstungsstopp in beiden deutschen Staaten, verbunden mit der Verpflichtung, die Ausgaben für militärische Zwecke nicht zu erhöhen …

5. Gegenseitige Anerkennung der Reisepässe und der Staatsbürgerschaft der Bürger beider deutscher Staaten als Voraussetzung für eine Normalisierung des Reiseverkehrs. Unterlassung jeder Diskriminierung und nicht gleichberechtigten Behandlung der Bürger beider deutscher Staaten im In- und Ausland.

6. Herstellung normaler sportlicher und kultureller Beziehungen zwischen den beiden deutschen Staaten …

7. Abschluß eines Handelsvertrages zwischen den Regierungen beider deutschen Staaten mit dem Ziel, den Handel zwischen ihnen zu erweitern und zu entwickeln.«[110]

Zu Schlußfolgerungen für die Arbeit des MfS aus den Beschlüssen des VI. Parteitages der SED

Der Beschluß des VI. Parteitages über den umfassenden Aufbau des Sozialismus in der DDR hatte Konsequenzen auch für das MfS.

Die Erfahrungen in der Abwehrtätigkeit auf dem Gebiet der Volkswirtschaft schlugen sich in der »Richtlinie für die Organisierung der politisch-operativen Arbeit des MfS auf dem Gebiet der Industrie und des Bauwesens« vom 23. April 1964 für die Linie XVIII (bisher Linie III) nieder.

Die Sicherungsarbeit sollte danach für einen ganzen Industriezweig durchgängig organisiert und nur noch in denjenigen volkswirtschaftlichen Objekten nach dem Territorialprinzip erfolgen, die nicht zu den führenden Industriezweigen gehörten.

Das entsprach voll und ganz einer neuen einschneidenden Leitungsstruktur der SED, die auf allen Ebenen vom ZK bis zu den Kreisleitungen neue Leitungsorgane etablierte: in Gestalt von *Büros für Industrie und Bauwesen* (das NÖS wurde zunächst per 1. Januar 1964 nur in der Industrie und im Bauwesen angewandt), von *Ideologische Kommissionen* und für die Landwirtschaft. Entscheidend für die Organisierung der Abwehrtätigkeit des MfS war jedoch die Umprofilierung der Vereinigungen Volkseigener Betriebe (VVB) von Verwaltungs- zu volkswirtschaftlichen Führungsorganen.

Das hatte auch strukturelle Veränderungen in der Hauptabteilung XVIII und der Linie XVIII in den Bezirken und Kreisen zur Folge. Unter anderem drückte sich das durch Einsatz von VVB-Sachbearbeitern aus.

Die Sicherung von Industriezweigen durch die Linie XVIII sprengte die bisherigen territorialen Arbeitsstrukturen. Fortan erfolgte eine stärkere Konzentration der operativen Kräfte, Mittel und Methoden auf volkswirtschaftliche Schwerpunktbereiche bei der Bekämpfung von Spionage und Sabotage, wirtschaftlicher Störtätigkeit, des verstärkt in Erscheinung tretenden staatsfeindlichen Menschenhandels, von Erscheinungen der politisch-ideologischen Diversion sowie schwerwiegender Fälle des Geheimnisverrates und der allgemeinen Kriminalität. Die Konzentration sollte einer bisher zu beobachtenden Zersplitterung der Kräfte (vor allem in der vorbeugenden schadensabwendenden Tätigkeit) überwinden. Zugleich sollte damit auch eine Qualifizierung der Informations- und Analysetätigkeit zu den Angriffsrichtungen westlicher Geheimdienste gegen die Volkswirtschaft der DDR erreicht werden.

Höhere Qualität der gesellschaftlichen Kontrolle – die Bildung der Arbeiter- und Bauern-Inspektion (ABI)

In Übereinstimmung mit der Richtlinie zum NÖS, die eine hohe Qualität der gesellschaftlichen Kontrolle forderte, enstand am 13. Mai 1963 die Arbeiter- und Bauern-Inspektion (ABI). Dem ging ein Beschluß des ZK der SED vom 19. Februar 1963 und des Ministerrates vom 28. Februar 1963 voraus.

Die bis zu diesem Zeitpunkt existierenden staatlichen Kontrollorgane boten, so die Ansicht der SED, nicht die erforderlichen Voraussetzungen für eine tiefergehende Kontrolle an der Basis, wie sie vor Jahren von den Volkskontrollausschüssen garantiert wurde. So wurden die Volkskontrollausschüsse nach zehnjähriger Pause wiederbelebt. Ihre Mitglieder arbeiteten fast ausnahmslos auf ehrenamtlicher Basis. Die in den Volkskontrollausschüssen und Kommissionen tätigen Bürger aus allen Tätigkeitsbereichen sollten umfassender als bisher den persönlichen Kontakt zwischen Kontrolleuren und den Bürgern gewährleisten. Die ABI konzentrierte ihr Wirken besonders in den 60er Jahren auf die durch das NÖS festgelegten strukturbestimmenden Bereiche der Volkswirtschaft.

Sie leistete fortan eine wichtige Arbeit zur Durchsetzung von Gesetzen, Beschlüssen und Direktiven sowie bei der Vervollkommnung der Planung und Leitung volkswirtschaftlicher Prozesse. Damit trug die ABI wesentlich zur Festigung der Staatsdisziplin und der sozialistischen Gesetzlichkeit bei. Dabei kam vor allem ihrer präventiven Wirkung, Schäden zu verhindern und fehlerhafte Entwicklungen rechtzeitig korrigieren zu helfen, außerordentliche Bedeutung zu.[111] Die ABI war ein selbständiges Organ mit allen ihr dafür eingeräumten Rechten und Pflichten. Das MfS und besonders seine Linie XVIII waren stets gut beraten, mit der ABI auf allen Leitungsebenen, bei Wahrung der Eigenverantwortung beider Organe, kameradschaftlich eng zusammenzuwirken.

Es wurden Hinweise und Informationen über Mängel und sicherheitsrelevante Vorkommnisse in volkswirtschaftlichen Schwerpunktbereichen ausgetauscht, die für die Tätigkeit beider Organe von Bedeutung waren. Es erfolgte eine Kooperation bei Planung und Durchführung von Kontrollen vorbeugenden Charakters, etwa in havariegefährdeten Objekten und überwachungspflichtigen Anlagen und eine gegenseitige Informationsübergabe zu Hinweisen auf Gesetzesverstöße, die aufgrund der Spezifik der Aufgaben vom jeweiligen Partner – ABI oder MfS – weiter verfolgt werden mußten. Gemeinsam wurden vorbeugende schadenabwendende Maßnahmen eingeleitet. Dabei wurden staatliche und wirtschaftsleitende Organe sowie die Sicherheitsbeauftragten einbezogen.

Die Rolle der gegnerischen Kontaktpolitik und Kontakttätigkeit bei der Gewinnung personeller Stützpunkte in der Volkswirtschaft der DDR. Der Schutz der Reise- und Auslandskader der DDR

Der vom Gegner in den 60er Jahren intensivierte Aufbau personeller Stützpunkte in der Volkswirtschaft der DDR wurde vom MfS als *Kontaktpoli-*

tik/Kontakttätigkeit (KP/KT) bezeichnet. Diese Kontaktpolitik war Bestandteil der Bonner Politik gegenüber der DDR und anderen sozialistischen Staaten. Adenauer war mit seiner harten Linie gescheitert. Sein Nachfolger Erhard (1963-66), mehr noch Kiesinger als Chef einer Großen Koalition (1966-69), versuchten die Konfrontation aufzubrechen, weil sie bei der Beurteilung eigener Möglichkeiten ein wenig realistischer urteilten als ihr Vorgänger.

Das Ziel der Politik bestand nunmehr darin, auf vielfältige Weise, insbesondere durch politisch-ideologische Einflußnahme und Zersetzungstätigkeit, eine »innere Opposition« in der DDR zu entwickeln und diese Kräfte zu Handlungen gegen die Politik der SED- und Staatsführung zu inspirieren.

Zu diesem Zweck nahmen die Bestrebungen erheblich zu, die auf der Grundlage von Verträgen, Abkommen und Vereinbarungen existierenden umfangreichen und vielgestaltigen Verbindungen auszunutzen und zu mißbrauchen. Dieser Mißbrauch erfolgte mittels gesteuerter und gezielter Kontaktangebote an ausgewählte Personen und Einrichtungen der DDR, mittels Einschleusung von nichtlizensierten Druckerzeugnissen unter Umgehung gesetzlicher Bestimmungen der DDR, durch Einreisen in die DDR zum Zwecke der Abschöpfung von Informationen sowie zur inoffiziellen Kontaktierung interessierender Personen. Es erfolgte ein gezielter Versand von Hetzschriften an bestimmte Einzelpersonen oder Institutionen, es gab eine systematische Beeinflussung von Reise- und Verhandlungskadern zur Gewinnung für feindliche Pläne und Absichten. Die Gegenseite bemühte sich um Aufklärung und Nutzung von Rückverbindungen ehemaliger DDR-Bürger, um Informationen abzuschöpfen oder Bürger der DDR in ihrer Absicht zu bestärken, ihr Land zu verlassen.

Bezüglich der Volkswirtschaft unterhielten die als Stützpunkt gewonnenen Personen Verbindung zu Organisationen und Inspiratoren wirtschaftlicher Störtätigkeit und waren aufgrund ihrer ablehnenden oder feindlichen Einstellung bereit, in deren Auftrag zu handeln.

Die dafür ansprechbaren Wirtschaftskader wurden einer systematischen und differenzierten politisch-ideologischen Einflußnahme ausgesetzt. Beginnend mit kleinen »Aufmerksamkeiten« und »Gefälligkeiten« wurde versucht, sie in immer stärkerem Maße materiell zu korrumpieren. Dies geschah mit dem Ziel, die Kontaktpartner systematisch in eine bestimmte Abhängigkeit zu bringen und eine gewisse »Vertrauensbasis« herzustellen. So sollte der Eindruck entstehen, es handele sich um ein völlig normales, vom gegenseitigen Verständnis und von vertrauensvollem Miteinander getragenes Verhältnis.

Im Zentrum dieser angeblich ideologiefreien Offensive stand die Konvergenztheorie: Die Industriestaaten des Ostens und des Westens würden sich ähnlicher und näherten sich immer weiter an. Und: Die DDR brauche den »Großen Bruder« und »Vormund« nicht. Sie sei allein stark und souverän.

Mit Versprechungen, ihnen im Falle der Wiedervereinigung oder bei unumgänglicher »Republikflucht« leitende Funktionen in Konzernen übertragen zu wollen, wurden namentlich Reisekader umworben. Zu diesen Kontaktaufnahmen, zur Anbahnung vertrauensvoller Beziehungen wurden vor allem Personen genutzt, die ungesetzlich die DDR verlassen hatten, vordem in deren Volkswirtschaft tätig waren oder aufgrund ihrer früheren beruflichen Tätigkeit in Beziehung zu den ins Visier genommenen Personen standen.

Wirtschaftliche *Störtätigkeit* wurde vom MfS stets als Bestandteil der subversiven Tätigkeit des Gegners im Rahmen der Systemauseinandersetzung gewertet. Sie war auf die Veränderung der inneren Machtverhältnisse in den sozialistischen Ländern gerichtet.

Inspiriert und organisiert wurde sie von westlichen Geheimdiensten und antisozialistischen Kräften außerhalb der DDR, darunter Vertretern kapitalistischer Konzerne, Banken und Wirtschaftsunternehmen, die die kapitalistischen Produktionsverhältnisse in der DDR wieder einführen wollten. Realisiert wurde die Störtätigkeit über personelle Stützpunkte.

Die von außerhalb der DDR initiierten und organisierten Aktivitäten der wirtschaftlichen Störtätigkeit zeigten sich in verschiedenen Erscheinungen. Da war die direkte Einmischung und politische Erpressung sozialistischer Länder unter Mißbrauch bestehender wirtschaftlicher und wissenschaftlich-technischer Beziehungen. Es gab den offenen Bruch von Verträgen und Abkommen.

Die gegen die sozialistischen Staaten gerichteten Embargobestimmungen wurden ausgeweitet und perfektioniert (Stahlembargo 1950, Battle Act und Johnson Act, US-Gesetze zum Verbot der Ausfuhr strategischer Waren und Verweigerung von Krediten an sozialistische Staaten 1951, Kündigung des Berlin-Abkommens über den innerdeutschen Handel 1960, Cocom-Embargoliste). Internationale Gepflogenheiten und Handelsbräuche, insbesondere das Prinzip der Meistbegünstigung und des gegenseitigen Vorteils, wurden ausgesetzt, Dienstreisekader der DDR durch Einführung eines Travelboard (Reisepaß für Einreisen in NATO-Staaten) und die Errichtung eines Allied Travel Office (ATO) diskriminiert. Mit der Übergabe des Travelboard wurden sie unter Mißachtung ihrer DDR-Staatsbürgerschaft als Bundesbürger ausgewiesen. Diese Dienststelle in Westberlin erfaßte die Daten der Reisenden, ihre Reisegründe, ihre Reiseziele u. v. a. m. Der Westen ergriff juristische Maßnahmen zur Ausschaltung der Konkurrenz und zur wirtschaftlichen Diskreditierung der DDR auf Märkten des nichtsozialistischen Wirtschaftsgebietes. Patente, Warenzeichen, Firmennamen wurden nicht anerkannt oder auf dem Rechtswege aberkannt (Deutsche Lufthansa der DDR wurde so zu Interflug, BMW Eisenach zu EMW, Carl Zeiss Jena behauptete sich gegenüber Zeiss Oberkochen) …

Für die wirtschaftliche Störtätigkeit gab es keine Regularien. Sie ergab sich aus einem Geflecht institutioneller und nachrichtendienstlicher Aktivitäten, die auf einem gemeinsamen antikommunistischen Grundkonsens beruhten und die Destabilisierung der gesellschaftlichen Verhältnisse in der DDR und in anderen sozialistischen Staaten zum Ziel hatten.

Die Ergebnisse der Aufklärungsmaßnahmen und die durch Ermittlungsverfahren gewonnenen Erkenntnisse machten eine zunehmende Verflechtung von Konzerninteressen mit Plänen der Geheimdienste bei der Organisierung subversiver Angriffe gegen die Volkswirtschaft der DDR deutlich. Dabei ging es allgemein um eine offensive Durchsetzung von Monopolinteressen. In Realisierung dieser Zielsetzung wurde ein vorsichtiges, längerfristiges Herangehen erkennbar. Beweise dafür lieferten Aussagen und Unterlagen, die festgenommene Agenten gegnerischer Dienste Anfang 1964 lieferten. Sie waren allesamt über längere Zeiträume unerkannt tätig gewesen. Häufig hatten sie ihre wahre Rolle durch gute Arbeitsleistungen und Vortäuschen politischer und gesellschaftlicher Aktivitäten abdecken können.

Dem MfS gelang es damals, in nahezu jeder VVB des Industriebereiches Elektrotechnik/Elektronik, in wichtigen Forschungseinrichtungen und Schlüsselbetrieben Wirtschaftsspione zu entlarven. Sie bekleideten dort leitende oder mittlere Funktionen. So verhielt sich das auch beim Leiter der Zentralen Entwicklungsstelle für Infrarot-Wärmestrahlung, der sich sein zusätzliches Einkommen bei der CIA und dem Siemens-Konzern verdiente. Er hatte im Interesse seiner Auftraggeber Forschungs- und Entwicklungsarbeiten fehlorientiert und durch die Bindung wissenschaftlicher Kapazitäten sowie Verzögerungen bei der Überführung der erarbeiteten Teilergebnisse in die Produktion Schäden mit Langzeitwirkung für die Volkswirtschaft der DDR verursacht.

Im Jahre 1967 gelang es, den Handelsvertreter Hermann H. aus Westberlin und den BRD-Kaufmann Herbert L. wegen Verdachts der Spionage festzunehmen. Nach Abschluß der Ermittlungsverfahren wurden sie vor dem Obersten Gericht der DDR angeklagt und am 19. Oktober 1967 verurteilt. Im Urteil hieß es: »Der Angeklagte H. war in Westberlin als selbständiger Handelsvertreter tätig und vermittelte Geschäfte mit Außenhandelsunternehmen der DDR. Er war Anfang 1960 von der CIA zur Spionage gegen die DDR angeworben worden und erhielt dafür monatliche Zuwendungen zwischen 200 und 1.500 DM. Er hatte einen umfassenden Spionageauftrag, der weit über seinen unmittelbaren Auftrag – Ausspähung der Außenwirtschaft der DDR und besonders des Industriezweiges Bauelemente/Vakuumtechnik und der dort tätigen Wirtschaftskader – hinausging«.[112]

H. lieferte unter dem Decknamen »Otto« auch Informationen militärischen Charakters und zur inneren Lage in der DDR. Im Jahre 1962 bezog er den Technischen Direktor des VEB Heimelektrik in seine Spionagetätigkeit ein. Von diesem erhielt er 1965 eine Aufstellung der kapitalistischen Staaten, die Transistoren in die DDR lieferten. Auf dieser Aufstellung waren USA-Embargowaren besonders gekennzeichnet. Seit 1960 war es ihm gelungen, über 15 Außenhandelsunternehmen (AHU) den USA-Geheimdienst interessierende Informationen zur liefern. Das betraf Einzelheiten über die Planung des Außenhandels der DDR (Teilnahme an Messen, Importe von Bauelementen, Rohstoffbedarf, handelspolitische Einschätzungen, Dienstreisen verantwortlicher Außenhändler der DDR nach Rumänien, der Türkei, Kuba und China, Vertragsabschlüsse, Liefer- und Zahlungsbedingungen, Schwierigkeiten bei Warenlieferungen und Reklamationen sowie Reexportgeschäfte). Er informierte über die wirtschaftliche Zusammenarbeit im RGW auf dem Bauelementensektor, lieferte eine Aufstellung über alle in der DDR produzierten Transistoren in den Jahren 1962/63, das komplette Absatzprogramm der VVB Bauelemente, die Patentsituation, die technische Konzeption und die Forderungen der VVB an die Forschung. Er überbrachte Analysen zum Vergleich der DDR-Produkte mit dem Weltniveau, Prospekte und technische Unterlagen zu in der DDR hergestellten Hochfrequenzröhren, das RFT-Fertigungsprogramm, zur Lasertechnik sowie zu allen von der Heimelektrik erzeugten Produkten, bevor sie durch den Außenhandel der Öffentlichkeit vorgestellt wurden. »Otto« lieferte Informationen über in der DDR hergestellte Sende- und Richtfunkanlagen mit Hinweisen auf Käufer.

Im Jahre 1965 wurde H. mit nachrichtendienstlichen Hilfsmitteln ausgerüstet.

Seit 1960 charakterisierte er etwa 100 Reisekader der DDR. Darunter befand sich eine Person, die über ein Westkonto verfügte. Diesen Reisekader versuchte der USA-Geheimdienst während einer Dienstreise in Paris anzuwerben.

Neben Einzelheiten über die Tätigkeit von Handelsvertretern der DDR im kapitalistischen Ausland informierte H. auch über deren geschäftliche und persönliche Beziehungen zu 30 westlichen Gesprächspartnern. Im Jahre 1962 verriet er seinen Auftraggebern eine Westberliner Firma, die Embargogüter an die DDR verkaufte.

Auf der Basis der von ihm gelieferten Informationen wurden Waren, die für die DDR bestimmt waren, noch im Westen aufgekauft, wodurch es zu

»Lieferschwierigkeiten« kam, was sich nachteilig auf die DDR auswirkte. Man verzögerte die Erteilung von Genehmigungen und hielt sich an Formalitäten fest.

Es gehörte ferner zu seinem Auftrag, Möglichkeiten zu erkunden, gefährdete Agenten oder qualifizierte Fachkräfte auszuschleusen.

H. bekam insgesamt 50.000 DM von der CIA.[113]

»Der Angeklagte L. war Inhaber einiger Firmen, darunter der Firma Oelmeß und des Unternehmens Elektrodat, und unterhielt Geschäftsbeziehungen zur Mineralölindustrie und zum Schiffsbau der DDR. Er wurde vom kaufmännischen Leiter der Firma Oelmeß, einem langjährigen Mitarbeiter des faschistischen Sicherheitsdienstes und späteren Agenten des BND, im Herbst 1956 für die Zusammenarbeit mit dem BND angeworben. Arbeitsteilig mit anderen Mitarbeitern der Firma organisierte L. im Auftrag des BND eine intensive Spionage- und Störtätigkeit gegen den Aufbau neuer Betriebe in der DDR«.[114]

L. beschaffte die erforderlichen Informationen, seine Mitarbeiter M. und R. organisierten konkrete Störmaßnahmen im kaufmännischen Bereich.

Der Chefkonstrukteur U. der Firma wurde für den Einbau von Störquellen, die Verwendung ungeeigneter Teile und falsche Konstruktionen für die in die DDR zu liefernden Produkte herangezogen. Im Urteil hieß es weiter:

1. Hinsichtlich der Beschaffung von Wirtschaftsdaten lieferte L. Informationen über die Mineralölindustrie und den Schiffsbau der DDR. Dazu war er beauftragt, zum frühestmöglichen Zeitpunkt Vorhaben der DDR-Seite festzustellen, zu deren Realisierung Speziallieferungen durch die Firma Oelmeß erfolgen könnten. (Zusammenhänge mit anderen Wirtschaftsbereichen, Vertretern der zeitweiligen Geschäftspartner, deren Interessen und besonderen Wünsche sowie Angaben zur Person).

Im Zusammenhang mit der Lieferungen von Zahnradpumpen für den DDR-Schiffsbau erlangte er konkrete Informationen über Motorleistung, Schiffstyp und -größe, Typ der Hauptmaschine, Stückzahlen, etwaige Auslieferungstermine und andere das Werftprogramm betreffende Angaben. Im Zusammenhang mit Lieferungen für den Ölhafen Rostock erkundete L. den Stand des Bauablaufs, das Leistungsvermögen der Umschlaganlagen, die Planungen für den Aufbau des Ölhafens, um Schiffe direkt betanken und entladen zu können, die Spezifikation der Öle, Einzelheiten zum Tanklager Wismar, die technischen Daten der Anlage und die Qualität des Öls, das aus der Pipeline der UdSSR nach Schwedt geliefert wurde.

Gleichzeitig übermittelte er seinen Auftraggebern Angaben über die mit den Projekten befaßten Personen und Informationen zur RGW- Meßgerätetechnik, den Pumpenbau der DDR, die Ammoniakleitung Leuna-Bitterfeld, Rohrleitungsschemata, das Fassungsvermögen sowjetischer Rolltanks u. a.

Um sich ein Netz von »Vertrauensleuten«, längerfristig betrachtet von personellen Stützpunkten in bestimmten DDR-Wirtschaftsbereichen zu schaffen, erfaßte L. Mitarbeiter von DDR-Außenhandelsunternehmen und anderen Wirtschaftsorganen mit Hinweisen auf erkennbare Korruptionsanfälligkeit und eventuell für spätere Provisionszahlungen vorgesehene Personen bei abzuschließenden Lieferverträgen.

2. L. beteiligte sich aktiv an der Abwerbung von Fachkräften aus der DDR. Vornehmlich nutzte er dazu die Leipziger Messe. Dabei gelang es ihm, teilweise mit Zahlung von Westmark verbunden, einen kaufmännischen Direktor, einen Mitarbeiter des Deutschen Innen- und Außenhandels Chemieanlagen und den Leiter der Materialversorgung der Mathias-Thesen-Werft abzuwerben und zum illegalen Verlassen der DDR zu bewegen.

3. Gelang es L. durch raffinierte Tarnung und unter Ausnutzung des Vertrauens von DDR-Außenhandelsorganen und Betrieben mittels Täuschung und Irreführung erheblichen Schaden zu Lasten der Volkswirtschaft der DDR herbeizuführen. Im einzelnen geschah das durch ständige Verzögerung der Vorbereitung und des Abschlußes von Verträgen zwischen der Firma Oelmeß und Außenhandelsunternehmen der DDR hinsichtlich Liefer- und Reparaturaufträgen, durch vorsätzliches Überschreiten von vertraglich vereinbarten Lieferterminen, zum Teil bis zu 10 Monaten, wodurch die Fertigstellung und Lieferung von für den Export vorgesehenen DDR-Frachtschiffen erheblich verzögert und damit Exportbeziehungen gestört wurden, durch zeitlich verspätete und unvollständige Übergabe technischer Dokumentationen, obwohl sie, wie vorliegende Erkenntnisse bestätigen, abgreifbar bei der Firma Oelmeß vorlagen (Einbauzeichnungen, Anweisungen, Betriebs- und Wartungsvorschriften, Ersatzteillisten, Eichbescheinigungen, Klassifikationsurkunden usw.), was hohe Vertragsstrafen der DDR-Betriebe zur Folge hatte. Die Vornahme nicht vereinbarter Teillieferungen oder Verhinderung von Teillieferungen führten zu Störungen im technologischen Ablauf und bei der Realisierung von Gesamtaufträgen. Die Lieferung nicht vereinbarter Teile machte aufwendige technische und bauliche Veränderungen notwendig, die Lieferung technisch mangelhafter, nicht verwendbarer bzw. mit Störquellen versehene Erzeugnisse führten zum Ausfall vor dem Probelauf oder zu vorzeitigem Verschleiß.

Diese Mittel und Methoden wurden von L. und seinen Auftraggebern angewandt bei Lieferungen an die Peenewerft Wolgast, Neptun-Werft Rostock,

Mathias-Thesen-Werft Wismar und die Ernst-Thälmann-Werft Brandenburg, an den Ölhafen Rostock, den VEB Gaselan Fürstenwalde und an das Heizkraftwerk Berlin-Mitte. Dieses kriminelle Vorgehen bewirkte, daß keiner der von diesen Betrieben abgeschlossenen Verträge auftragsgemäß und termingerecht erfüllt werden konnte.[115]

Im Prozeß gegen Hermann H. und Herbert L. vor dem Obersten Gericht bescheinigten Gutachter: »Da die offene Ausplünderung der DDR durch die Maßnahmen ihrer Regierung vom 13. August 1961 nicht mehr möglich ist, rücken unter den Methoden zur Herstellung und Vertiefung einer Abhängigkeit der DDR von den westdeutschen Monopolen konspirative Aktionen und der bewußte Mißbrauch des Handels zwischen der DDR und Westdeutschland sowie Westberlin immer mehr in den Vordergrund. Dabei wird versucht, auf Tempo und perspektivische Entwicklung der strukturbestimmenden Zweige der Volkswirtschaft Einfluß zu nehmen, Forschung und Entwicklung sowie Produktion negativ zu beeinflussen und den Auf- und Ausbau der Betriebe der DDR so zu steuern, daß Störungen und Schäden hervorgerufen und im Interesse westdeutscher Konzerne liegende Entwicklungen erreicht werden …

Ausdrücklich hat der Zeuge T. bestätigt, daß seine Tätigkeit dem Ziel diente, die Energiewirtschaft der DDR von westdeutschen Konzernen abhängig zu machen, um schließlich zu einem beliebigen Zeitpunkt die Ernergieerzeugung der DDR völlig zusammenbrechen lassen zu können. Unterstrichen werden die Schlußfolgerungen auch dadurch, daß der Beschuldigte H., der Zeuge C. und andere bereits früher verurteilte Agenten den Auftrag hatten, vor allem Schwierigkeiten der Wirtschaftsorgane der DDR beim Bezug von dringend benötigten Rohstoffen und Materialien zu erkunden und derartige Engpässe festzustellen, weil sich hier eben besonders günstige Ansatzpunkte für die Anwendung ökonomischen Drucks und erpresserischer Methoden ergeben.«[116]

Das Gutachten beschrieb weitere Fälle wirtschaftlicher Störtätigkeit gegen die DDR. Es verwies auf den ehemaligen Leiter der Forschungs- und Entwicklungsstelle eines Werkes für Baulemente der Nachrichtentechnik in Teltow, Herbert He., der vom BND zur Durchführung von Spionage- und Sabotagetätigkeit angeworben wurde. Dazu hieß es: »Seine Instruktionen bezog er von Hellmuth C. Riepka, der schon Gestapo-Abwehrbeauftragter im Stemag-Konzern gewesen war. R. ist heute neben seiner Tätigkeit als BND-Filialleiter auch Vorstandsmitglied der Steatit-Magnesia AG (Stemag) in Lauf bei Nürnberg, zweiter Vorsitzender des Fachverbandes Schwachstromtechnische Bauelemente im Zentralverband der westdeutschen elektrotechnischen Industrie in Frankfurt a. M. und Leitungsmitglied des New Yorker *Institute of Radio Engineers* (I. R. E.).

Er veranlaßte Herbert He. jahrelang, Geheimnisse preiszugeben, Forschungsergebnisse und Entwicklungstrends zu verraten, internationale Kooperationsbeziehungen und deren Effekt zu melden sowie über Export- und Importkontakte zu berichten. Als Elektronikfachmann war Riepka bei seiner spezifizierten Spionageauftragserteilung darauf bedacht, daß sowohl der BND als auch der Stemag-Konzern von den Ergebnissen profitierten.

Schließlich verlangte der BND von Herbert He. die Sabotage im großen Rahmen gegen die Elektronik-Industrie der DDR. Er sollte durch von ihm organisierte Qualitätsmängel die Exportchancen der DDR verringern und ihre Industrie auf den internationalen Märkten in Mißkredit bringen. Durch seine falsch gesteuerte Forschungs- und Entwicklungspolitik versuchte Herbert He. außerdem bei wichtigen Bauelementen eine Importabhängigkeit von imperialistischen Ländern im allgemeinen und von den westdeutschen Elektromonopolen im besonderen zu garantieren.«[117]

Über einen weiteren Agenten des BND wurde im Gutachten ausgeführt: »Der damalige Mitarbeiter des Zentralen Geologischen Institutes der DDR, R., hatte ständig über Verlauf und Ergebnisse des Erkundens geologischer Vorkommen zu melden. Er wurde von der BND-Zentrale angesetzt, um Bedingungen und Umfang der Lagerstätten wie Produktion von Uranerzen, Kali, Erdgas und Erdöl auszukundschaften.«[118]

In Kenntnis der subversiven Pläne, Absichten und Handlungen gegnerischer Kräfte gegen die DDR gewann der Schutz von Auslands- und Reisekadern der DDR außerordentliche Bedeutung. Auf der 4. Plenartagung des ZK der SED im Dezember 1963 wurde über den verstärkten Einsatz von Kräften des Außenhandels und der Industrie im nichtsozialistischen Ausland informiert. Darauf hatte sich das MfS in der politisch-operativen Arbeit – und hier ganz speziell die Linie XVIII und XIX – einzustellen.

Der Beschluß des Ministerrates der DDR Nr.39/16a/65 über Reisen von Bürgern der DDR in das nichtsozialistische Ausland vom 8. April 1965 und die darauf basierenden Weisungen staatlicher Organe bildeten die Grundlage für die Dienstanweisung Nr. 7/65 vom 1. August 1965 des Ministers für Staatssicherheit mit der Bezeichnung »Politisch-operative Arbeit auf dem Gebiet des Reiseverkehrs zur Aufnahme bzw. Unterhaltung von Wirtschaftsbeziehungen zwischen der DDR und dem nichtsozialistichen Ausland«.

Laut Ministerratsbeschluß waren die staatlichen Leiter der Betriebe und Einrichtungen für die Auswahl und Bestätigung der Reisekader verantwortlich. Gleichzeitig waren sie verpflichtet, den von ihnen ausgewählten Kaderstamm den zuständigen Diensteinheiten des MfS zur Sicherheitsüberprüfung zu benennen. Nach Abschluß der Sicherheitsüberprüfung erfolgte durch das MfS eine entsprechende Einschätzung hinsichtlich der sicherheitspolitischen Eignung an die staatlichen Leiter, die über deren Einsatz zu entscheiden hatten. Sicherlich ließ kaum jemand die Einschätzung des MfS unbeachtet. In fast allen Fällen wurden aus sicherheitspolitischer Sicht keine Einwände gegen einen Einsatz der dafür vorgesehenen Personen erhoben.

Die Reise- und Auslandskader waren eine der Hauptzielgruppen des Gegners zur Gewinnung von Stützpunkten in der Volkswirtschaft der DDR.

Bei der Koordinierung der Aktivitäten gegen die Reise- und Auslandskader spielten die westlichen Geheimdienste eine dominierende Rolle. Sie durchsetzten besonders die Institutionen in Politik, Wirtschaft und anderen gesellschaftlichen Bereichen westlicher Staaten, die Kontakte und Beziehungen zur DDR hatten. In diesen Kreisen etablierten sie vorrangig Mitarbeiter und Agenten, die ihre Ziele getarnt realisierten und ihren wahren Charakter zu verbergen versuchten. Der Gewinnungsprozeß von geeignet erscheinenden Reise- und Auslandskadern durch westliche Geheimdienste vollzog sich meist etappenweise, so daß eine nachrichtendienstliche Absicht häufig nicht sofort erkennbar war. In gleicher weise gingen auch Konzerne und Vertreter kleiner und mittlerer Firmen bei der Gewinnung von personellen Stützpunkten schrittweise vor.

Die Grenzen zwischen Aktivitäten mit dem Ziel, ökonomische, finanzielle, Markt- oder andere Vorteile zu erreichen und Aktivitäten der wirtschaftlichen Störtätigkeit waren fließend. Sie zu erkennen und angemessen darauf zu reagieren (und zu verhindern, daß sie überschritten wurden) erforderte umfassende Aufklärungsmaßnahmen und exakte Beweise.

Zielgerichtet setzte der Gegner auf das Mittel der Abschöpfung von Reise- und Auslandskadern durch »offen« und »freimütig« geführte Gespräche mit ihnen.

Diese Art der Informationsgewinnung war insbesondere für westliche Geheimdienste risikoärmer und weniger aufwendig als die Werbung von Spionen, um sich Zugang zu wertvollen Informationen zu verschaffen.

Zum Zwecke der Abschöpfung wurden meist politisch profilierte und auf ökonomischem und wissenschaftlichem Gebiet spezialisierte Geheimdienstmitarbeiter oder Agenten eingesetzt, die es verstanden, zum jeweiligen Kontaktpartner aus der DDR eine vertrauensvolle Beziehung herzustellen und eine offene Gesprächsatmosphäre zu schaffen, um über diesen Weg zu interessierenden Informationen zu gelangen. Den Rahmen dafür boten die Arbeitskontakte bei Verhandlungen, Betriebsbesichtigungen, Messeaufenhalten, Beratungen internationaler Gremien und wissenschaftliche Veranstaltungen, wie Kongresse, Symposien usw. Um eine größere Bereitschaft für eine Informationspreisgabe in »aufgelockerter Atmosphäre« zu schaffen, wurden die Reise- und Auslandskader zu ausgewählten Veranstaltungen, Parties, Ausflügen, Essen und privaten Übernachtungen eingeladen.

Dabei wurden auch die Reaktionen der betreffenden Personen für gegnerische Aktivitäten und ihr Verhalten hinsichtlich einer möglichen Bereitschaft bei der Übergabe wertvoller Geschenke, Geld, Schmuck und der Erstattung von Auslagen für Übernachtungen und Dienstleistungen eingehend getestet.

Bei der Informationsgewinnung durch den Gegner unter Ausnutzung der Kenntnisse der Reise- und Auslandskader ging es nicht nur um geheime oder vertrauliche Verschlußsachen, sondern um ein breites Spektrum von detaillierten Angaben über die Entwicklung wichtiger volkswirtschaftlicher Bereiche und Schwerpunktaufgaben.

So war beispielweise auf der Grundlage des im Jahre 1964 zwischen der DDR und der UdSSR abgeschlossenen »Vertrages über Freundschaft, Zusammenarbeit und gegenseitigen Beistand« beschlossen worden, daß die DDR von 1966 bis 1970 komplette Ausrüstungen für die chemische Industrie an die UdSSR lieferte. Die wissenschaftlich-technische Zusammenarbeit – darunter die Atomforschung im Vereinigten Kernforschungszentrum Dubna sowie die Raumforschung – sollte erweitert und vertieft werden. In diesem Zusammenhang kam es vor allem auf die vorbeugende Arbeit und die Organisierung eines zuverlässigen Geheimnisschutzes an.

Um die als Staatsgeheimnisse eingestuften wissenschaftlichen Ergebnisse vor dem Zugriff gegnerischer Geheimdienste und Konzerne zu sichern, wurden zu den damit befaßten Wissenschaftlern und Forschern, Technikern und Ingenieuren Sicherheitsüberprüfungen durchgeführt. Im Ergebnis dieser vorbeugenden Maßnahmen, bei denen den betreffenden Personen auch in aller Offenheit Hinweise auf bereits erkanntes bzw. mögliches nachrichtendienstliches Interesse an ihrer Tätigkeit signalisiert wurde, bildeten sich personell stabile, nur geringer Fluktuation ausgesetzte Kollektive heraus.

Derartige sicherheitsrelevante Bereiche waren die gemeinsame Kosmosforschung mit der UdSSR, Teilgebiete der Elektronik sowie Erzeugnisse, die auf der Basis gemeinsamer Forschungs- und Fertigungsvorhaben zwischen der UdSSR und der DDR entstanden.

Der inzwischen verstorbene Oberst a. D. Horst Roigk, langjähriger Abteilunsleiter der HA XVIII, schrieb dazu: »In der DDR gab es etwa 40.000 Reisekader. Über diese besonders zu schützenden Personen gab es natürlich auch Unterlagen. Daß heute nahezu jede Akte zum Repressionsinstrument erhoben und als Beweis flächendeckender Bespitzelung betrachtet wird, glaubt nur der, der den Inhalt dieser Akten nicht kennt oder ihre realen Aussagen nicht wahrhaben will. Wer in der DDR Reisekader war, dem wurde offiziell und inoffiziell seine positive Haltung zum Staat bescheinigt. Setzt man die relativ geringe Zahl der Reisekader dagegen, die von Dienstreisen in das westliche Ausland nicht zurückkehrten, sich westlichen Geheimdiensten verdingten oder andere kriminelle Handlungen begingen, kann durchaus gesagt werden, daß zumindest die für diesen Personenkreis getroffenen Einschätzungen real waren und für lange Zeit Bestand hatten …

Die zuständigen Diensteinheiten der Linie XVIII des MfS, die für die Sicherung der Volkswirtschaft verantwortlich waren, haben eine Vielzahl von Aktivitäten auf diese Weise feststellen können. Reisekader, die nach ihren in der BRD erfüllten Aufträgen zurückkamen, sowie aus diesem Personenkreis angeworbene IM berichteten über ihre Überwachung und Kontrolle durch die westliche Seite bei ihren Aufenthalten in kapitalistischen Ländern, über schikanöse Grenzkontrollen, über festgestellte Observationshandlungen, die konspirative Durchsuchung ihrer Hotelzimmer, über anonyme und offene Drohungen und Erpressungsversuche, lukrative Bestechungsangebote bis hin zu vielfältigen unmittelbaren Werbeversuchen durch westliche Geheimdienste …

Diese Akten zeigen anschaulich, was dem MfS durch viele Erkenntnisse aus den entsprechenden Zentren und Einrichtungen wie BND, Verfassungsschutz, Bundesgrenzschutz, Polizei hinreichend bekannt war, wie durch enges, arbeitsteiliges Zusammenwirken, durch ein engmaschiges System der Kontrolle und des Informationsaustausches gegen diesen Personenkreis vorgegangen wurde. Die Sicherung der Reisekader war für die DDR deshalb eine legitime Aufgabe. Sie entsprach dem Verfassungsauftrag zum Schutz der Bürger der DDR.«[119]

Prof. Dr. Wolfgang Biermann, von 1976 bis 1989 Generaldirektor im VE Kombinat Carl Zeiss Jena, bemerkte in einem Gespräch, daß er am 22. September 1993 mit Wissenschaftlern der Freien Universität Berlin führte: »Wir hatten ja in Zeiss besondere Bedingungen, unsere Leute konnten überall hinfahren, von Amerika bis sonstwohin. Und die Leute haben mich auch nicht enttäuscht, es ist jeder wiedergekommen, das möchte ich hier klipp und klar sagen, ich habe dadurch niemanden verloren. Das war auch eine andere Basis für die Arbeit, die Leute waren auf Messen, Kongressen in München, Hannover, in den USA, auf den Elektronikkongressen in Japan. Sie sind alle zurückgekommen.«[120]

Die Sicherheitsüberprüfungen ergaben sich eben nicht nur aus dem Erfordernis des zunehmenden Außenhandels und des Einsatzes eines ständig wachsenden Personenkreises in diesem Prozeß. Sie stellten zugleich eine Reaktion auf die vom MfS erkannten und signalisierten Gefährdungen von Dienstreisekadern der DDR dar.

Wie stark DDR-Wissenschaftler im Visier westlicher Geheimdienste standen, soll an drei Beispielen von Reisekadern aus dem Wissenschaftsbereich aufgezeigt werden. Die angeführten Werbungsversuche trugen sich zu unterschiedlichen Zeitpunkten in den 70er und 80er Jahren zu.

Im Rahmen des IREX-Abkommens (Büro für internationalen Wissenschaftleraustausch), das den Austausch zwischen Wissenschaftlern aus den USA und der DDR vermittelte, weilte ein DDR-Spezialist für Informationsverarbeitung und Programmiersprache in den USA.

Während seines dortigen Aufenthaltes wurde er auf offener Straße von Mitarbeitern des BND mit seinem Namen angesprochen und zu einem Gespräch in ein Restaurant eingeladen. Die Geheimdienstmitarbeiter bedrängten ihn so aufdringlich, daß er keine Chance sah, sich zu entfernen, obgleich er mehrfach bekundet hatte, kein Interesse an einem solchen Gespräch zu haben. Er wurde zu seinem wissenschaftlichen Profil, seinen Aufgaben vor Ort sowie dem Umfang seiner Berichterstattung nach Rückkehr in die DDR befragt. Als er dazu die Aussage verweigerte, wurde er beschimpft.

Da er ankündigte, er werde der DDR-Botschaft von diesem unangenehmen Gespäch berichten, versuchte man ihn zu erpressen. Er müsse mit sofortiger Ausweisung und mit einer Einreisesperre rechnen, wenn er sich illoyal zeige. Das Gespräch war nicht zufällig zustande gekommen. Der Wissenschaftler war während seines Aufenthaltes in den USA fortgesetzt observiert worden. Er unterrichtete die DDR-Botschaft.

Der Direktor des Zentralinstitutes für Elektronenphysik, Prof. A., war in den 80er Jahren nach London gereist, um als DDR-Vertreter an der Sitzung der Europäischen Physikalischen Gesellschaft teilzunehmen.

Als er am zweiten Tag seines Aufenthaltes auf dem Weg zur Tagung war, wurde er von zwei männlichen Personen in einwandfreiem Deutsch mit seinem Namen auf offener Straße angesprochen. Beide Personen gaben vor, ihn angeblich aus Hamburg zu kennen, wo er sich 1981 anläßlich einer Reise mit mehreren Personen in einer Pizzeria aufgehalten habe. Daran konnte sich der Professor nicht erinnern. Eine der Personen stellte sich mit dem Namen

»Müller« vor. Späteren Feststellungen des MfS zufolge handelte es sich bei beiden um Mitarbeiter des BND.

Sie gaben Prof. A. zu verstehen, daß sie sich mit ihm über sein Institut unterhalten wollten. Dieser wies das Ansinnen zurück. Die beiden ließen sich jedoch nicht abschütteln und bedrängten ihn weiter. Auch sie drohten mit einer Einreisesperre in NATO-Länder.

Prof. A. empfand diese Aktion als Überfall und begab sich in die DDR-Botschaft, die am Wege lag.

Ein DDR-Wissenschaftler, der in ein Forschungsvorhaben mit der UdSSR integriert war und über sein Fachgebiet in der BRD einen Vortrag gehalten hatte, wurde bei der Rückkehr ins Hotel auf der Straße von einer männlichen Person angesprochen. Der Mann gab vor, den Vortrag gehört zu haben; er wolle sich darüber mit ihm austauschen. Als der DDR-Wissenschaftler vorschlug, dies im Foyer des von ihm und der DDR-Delegation bewohnten Hotels zu erledigen, stieß das auf Ablehnung. Der Fremde, den der DDR-Wissenschaftler für einen Geheimdienstmann hielt, schlug stattdessen vor, mit einem Taxi in ein anderes Hotel zu fahren. Dort wies sich der fremde »Freund« als Geheimdienstmitarbeiter aus und bot dem DDR-Wissenschaftler an, er solle die Zentrale seines Dienstes anrufen, um sich dort die Identität bestätigen zu lassen. Das geschah auch.

Der Geheimdienst zeigte Interesse an Informationen über das Fachgebiet des Wissenschaftlers und das Forschungsprojekt mit der UdSSR sowie an Namen und Aufgaben damit befaßter Mitarbeiter. Zum Zwecke seiner persönlichen Sicherheit und zur Aufrechterhaltung der Verbindung sollte ein Decknamen vereinbart und eine Deckadresse übergeben werden.

Das lehnte der Wissenschaftler ab und verließ das Hotel. Der Wissenschaftler unterrichtete umgehend seinen Delegationsleiter über diesen Vorfall. Trotzdem wurde er am darauffolgenden Tag erneut von dem Mitarbeiter des Geheimdienstes belästigt, was er sich mit Nachdruck verbat.

Zur Rolle und den Hauptaufgaben der Sicherheitsbeauftragten bei der Durchsetzung der sozialistischen Gesetzlichkeit

Die Durchsetzung der sozialistischen Gesetzlichkeit, von Ordnung und Sicherheit und der vorbeugenden Arbeit in der Volkswirtschaft, besonders in den Bereichen Wissenschaft, Forschung und Technik erforderte die Mobilisierung aller Potenzen nicht nur des MfS, sondern gleichzeitig ein enges Zusammenwirken mit den für die öffentliche Ordnung und Sicherheit zuständigen Organen (Ministerium des Innern, Deutsche Volkspolizei, Zollverwaltung der DDR) und staatlichen Organen und gesellschaftlichen Einrichtungen (ABI,

Einrichtungen zur Überwachung technischer Anlagen, Bauten und Verkehrseinrichtungen).

Zu einer dieser Maßnahmen gehörte die Schaffung eines Systems von *Sicherheitsbeauftragten* (SB) – schließlich ging es um ein gesamtgesellschaftliches Anliegen.

Am 14. Juli 1966 erließ der Vorsitzende des Ministerrates der DDR die Verfügung 136/66[121], nach der bei der Abteilung Inspektion der Arbeitsgruppe Staats- und Wirtschaftsführung beim Büro des Ministerrates ein System von Sicherheitsbeauftragten (SB) aufzubauen war.

Die SB erfüllten ihre Aufgaben durch Unterstützung der Leiter der Staats- und Wirtschaftsorgane bei der Wahrnehmung ihrer Verantwortung für die Gewährleistung der Sicherheit und Ordnung in ihren Führungsbereichen und durch eigene inspektionsmäßige Tätigkeit im Auftrag der staatlichen Leiter, in ihren Verantwortungsbereichen insgesamt. Sie waren den Leitern der Staats- und Wirtschaftsorgane direkt unterstellt. In den zentralen wirtschaftsleitenden Organen bis auf die Ebene der VVB bzw. Kombinate wurden sie offiziell als *Inspektion* bezeichnet.

Das System der SB in der Volkswirtschaft war zentral organisiert und umfaßte alle Bereiche des gesellschaftlichen Reproduktionsprozesses – vom Fachministerium über die VVB bis hin zu volkseigenen Kombinaten und Betrieben.

Der Aufbau des Systems der SB war ein längerfristiger Prozeß. Nicht zuletzt war dies eine Frage ihrer weiteren Qualifizierung, insbesondere auf den Gebieten des sozialistischen Rechts und der Leitungswissenschaften sowie zu den sich aus der wissenschaftlich-technischen und ökonomischen Entwicklung ihres Verantwortungsbereiches ergebenden Problemen. Die SB hatten folgende wesentliche Aufgaben zu erfüllen:

- Gegnerischen Störaktivitäten vorzubeugen bzw. an deren Aufdeckung mitzuwirken und durch analytische Tätigkeit die Beseitigung von Ursachen und begünstigenden Bedingungen zu veranlassen;
- zur Herstellung/Einhaltung von Ordnung und Sicherheit im Verantwortungsbereich auf der Grundlage der gesetzlichen Regelungen beizutragen (dazu gehörten Umgang mit Staats- und Dienstgeheimnissen, Arbeit mit Geheimnisträgern, Einhaltung der Schutzrechtspolitik, Auswertung von Bränden, Havarien und Störungen sowie die Kontrolle der zur Veränderung derartiger Vorkommnisse eingeleiteten vorbeugenden Maßnahmen und ihrer Durchsetzung);
- an der Vorbereitung, Durchführung und Kontrolle von Leiterentscheidungen bezüglich von Ordnung und Sicherheit mitzuwirken;

– die Leiter der Staats- und Wirtschaftsorgane bei der Wahrnehmung ihre Verantwortung für die Gewährleistung von Ordnung und Sicherheit in den Führungsbereichen der Volkswirtschaft zu unterstützen;

– Inspektionen im Auftrag der staatlichen Leiter durchzuführen.

Die Arbeit der SB konzentrierte sich in der zweiten Hälfte der 60er Jahre auf folgende Probleme:

– Aktiv auf die Sicherung strukturbestimmender Komplexe, Vorhaben und Erzeugnislinien, insbesondere hinsichtlich der Geheimhaltung von Ergebnissen aus Forschung und Entwicklung, der Überleitung von Spitzenerzeugnissen in die Produktion bis zum Absatz, die Durchführung besonderer Maßnahmen zum Schutz entscheidender Investitionsvorhaben und Aufgaben der Außenwirtschaft Einfluß zu nehmen;

– Maßnahmen zur Durchsetzung des Geheimnisschutzes und der Qualifizierung der Schutzrechtspolitik zu überwachen und zu verhindern, daß die Produktions-, Presse- und Öffentlichkeitsarbeit zu einer unbefugten Offenbarung bzw. Verletzung von Geheimnissen führt;

– Einfluß auf die Sicherung und konsequente Durchführung der ökonomischen und wissenschaftlich-technischen Zusammenarbeit mit der UdSSR und den anderen sozialistischen Staaten zu nehmen und an der Aufdeckung und Beseitigung aller Hemmnisse, besonders der Auswirkungen der politisch-ideologischen Zersetzungstätigkeit gegnerischer Kräfte auf diesem Gebiet mitzuwirken;

– Den Schutz der außenwirtschaftlichen Beziehungen der DDR durch konkrete Maßnahmen gegen Störversuche im Bereich der Vertretertätigkeit, der Reisekader, des einreisenden Personenkreises aus dem NSW, der Vertragsgestaltung, der Messetätigkeit usw. zu unterstützen;

– an der Aufklärung der Ursachen und begünstigenden Bedingungen von Bränden, Explosionen, Havarien u.a. Störungen in ihrem Verantwortungsbereich mitzuwirken, alle entsprechenden Erkenntnisse auszuwerten auf die Festlegung vorbeugender Maßnahmen einzuwirken und deren Durchführung zur Verhinderung derartiger Vorkommnisse zu überwachen.

Darüber hinaus waren die SB verpflichtet, Einfluß auf die qualitative Weiterentwicklung der staatlichen und gesellschaftlichen Kontrolle zu nehmen. Deshalb waren sie beauftragt, im engen Zusammenwirken mit den Parteiorganisationen der SED, den gesellschaftlichen Organisationen und den Volksvertretungen sowie auf die Tätigkeit der Inspektionen für technische Sicherheit, der Arbeitsschutzinspektionen und der Organe für Technische Überwachung und andere Institutionen zur Erhöhung von Sicherheit und Ordnung koordinierenden Einfluß zu nehmen.

Durch diese komplexe Arbeitsweise sollten sie unter Einbeziehung aller gesellschaftlichen Kräfte eine hohe Effizienz bei der vorbeugenden Tätigkeit in entscheidenden volkswirtschaftlichen Schwerpunktbereichen erreichen.

Das System der Sicherheitsbeauftragten als Bestandteil der politisch-operativen Abwehrtätigkeit des MfS zur Sicherung der Volkswirtschaft

Am 20. Juli 1966 erließ der Stellvertreter des Ministers für Staatssicherheit die 3. Durchführungsbestimmung zur Richtlinie über die industriezweigmäßige Sicherung auf dem Gebiet der Industrie und des Bauwesens vom 23. April 1964. Darin wurden die Aufgaben zur weiteren Erhöhung der staatlichen und ökonomischen Sicherheit in Objekten der Industrie und des Bauwesens, zur Stellung und zu den Aufgaben der Sicherheitsbeauftragten (SB) sowie zum funktionellen Zusammenwirken des MfS mit den SB fixiert. Dem jeweiligen staatlichen Leiter war die Zusammenarbeit zwischen den Leitern der Inspektion bzw. den Sicherheitsbeauftragten mit dem MfS bekannt. Das änderte nichts an der uneingeschränkten Weisungsbefugnis der staatlichen Leiter, die das MfS auch stets respektierte.

Das System der SB sah ehrenamtliche und hauptamtliche Sicherheitsbeauftragte vor. Die ehrenamtlichen SB wirkten neben ihrer beruflichen Tätigkeit in relativ kleinen, begrenzten und überschaubaren Verantwortungsbereichen, die hauptamtlichen SB – vorwiegend Offiziere im besonderen Einsatz (OibE) des MfS – fungierten in wichtigen Bereichen der Volkswirtschaft.

Die ehrenamtlichen SB wurden durch die staatlichen Leiter der Betriebe und Einrichtungen berufen bzw. abberufen und von einem Führungsoffizier der Linie XVIII in sicherheitsrelevanten Fragen angeleitet und unterstützt. Hauptamtliche SB unterlagen als Betriebsangehörige den Bestimmungen des Arbeitsgesetzbuches (AGB) der DDR und – soweit sie als OibE tätig waren – den militärischen Bestimmungen des MfS.

Die für die volkswirtschaftlichen Objekte oder wirtschaftsleitenden Einrichtungen zuständigen Verbindungsoffiziere der Linie XVIII hatten die Realisierung der politisch-operativen Aufgaben des MfS mit der Tätigkeit der SB als Stabsorgane der jeweiligen staatlichen Leiter dieser Objekte und Einrichtungen zu koordinieren. Dabei war die Interessenübereinstimmung aller beteiligten Organe Grundlage für ein effektives Wirken der SB.

Bei Wahrung der Geheimhaltung übermittelten die Verbindungsoffiziere den SB die für die Durchführung ihrer Aufgaben erforderlichen Kenntnisse und Erfahrungen. Die SB hatten jedoch keine Kenntnis über Inoffizielle Mitarbeiter des MfS und führten auch keine IM, sie besaßen auch keine Kenntnis über Operative Vorgänge.

Die SB leisteten eine außerordentlich umfangreiche und kompetente Arbeit bei der Erarbeitung von Analysen zur politisch-operativen Lageeinschätzung in den jeweiligen Objekten. Ihre konkrete Kenntnis über wirtschaftliche Abläufe und dabei auftretende Probleme versetzte die für die Objekte zuständigen operativen Mitarbeiter der Linie XVIII in die Lage, sich gezielter auf Schwerpunkte der Abwehrtätigkeit zu konzentrieren. Häufig wurden die SB auch als Gutachter zur Einschätzung von ökonomischen Sachverhalten oder zur Beurteilung von Vorkommnissen und deren Auswirkungen herangezogen. Unterstützende Tätigkeit leisteten sie auch bei der Beschaffung von Unterlagen oder Hinweisen aus ihrem Tätigkeitsbereich, die für die Lösung politisch-operativer Aufgaben von Bedeutung waren.

Das enge Zusammenwirken zwischen SB und MfS versetzte die staatlichen Leiter in die Lage, ihre Aufgaben zur Gewährleistung von Ordnung und Sicherheit umfassender zu erfüllen. Das wiederum ermöglichte dem MfS, verbrechenbegünstigende Faktoren zu beseitigen und Angriffsrichtungen, Mittel und Methoden der ökonomischen Störtätigkeit des Gegners schneller und detaillierter zu erkennen sowie rechtzeitig Maßnahmen zur ihrer Abwehr einzuleiten.

Veröffentlichungen über die Tätigkeit des MfS versuchen bewußt den Eindruck zu erwecken, als ob es Sicherheitsbeauftragte nur in der DDR gegeben habe. Der Friedensforscher und Geheimdienstexperte Erich Schmidt-Eenbohm und der Fernsehjournalist Jo Angerer sehen das anders. Sie verwiesen in ihrem Buch »Die schmutzigen Geschäfte der Wirtschaftsspionage«[122] unter Berufung auf die von Hansjoachim Tiedge 1988 an der Berliner Humboldt Universität vorgelegten Promotionsschrift auf das Zusammenspiel vom Verfassungsschutz und Industrie. »Hierbei spielen die Geheimnisschutzbeauftragten – GSB – (im Behördenbereich) und die Sicherheitsbeauftragten – SB – (im Wirtschaftsbereich) eine entscheidende Rolle. Diese durch entsprechende Sicherheitsrichtlinien der Bundesregierung ins Leben gerufenen Funktionsträger dürfen nicht mit Werkschutzleitern o. ä. verwechselt werden. Vielmehr stellt der Werkschutz eine Einrichtung zum Schutz aller Sicherheitsbelange der Behörde oder des Unternehmens dar, während der Geheimnisschutzbeauftragte oder Sicherheitsbeauftragte Gesprächspartner des Verfassungsschutzes zur Durchführung von Sicherheitsüberprüfungen ist. Grundsätzlich muß einer Sicherheitsüberprüfung unterzogen werden, wer entweder zum Zugang zu oder zum Umgang mit Verschlußsachen bestimmter Stufen ermächtigt werden soll … Das gleiche gilt bei einer vorgesehenen Beschäftigung in sicherheitsempfindlichen Bereichen, ohne daß es auf einen Umgang mit oder Zugang zu Verschlußsachen ankommt …

Dies hat zur Folge, daß überwiegend in der Rüstungsindustrie tätige Konzerne wie Messerschmitt-Bölkow-Blom (MBB) oder Münchner-Turbinen-Union (MTU) fast ausschließlich aus sicherheitsempfindlichen Bereichen bestehen, während ein Multikonzern wie Brown, Bovery & CIE (BBC) nur in dem Bereich der Fertigung von rüstungstechnischen Steuerelementen geschützt ist …

Bekanntlich gilt es als die Krönung nachrichtendienstlicher Arbeit, einen Spion in einem gegnerischen Geheimdienst zu gewinnen. Der Königsweg zu den Geheimnissen eines Unternehmens führt über den Sicherheitsbeauftragten. In Karl Gebauer, dem Sicherheitsbeauftragten der IBM-Sondersysteme Wilhelmshaven, fand das Ministerium für Staatssicherheit von 1975 bis 1983 eine solche Topquelle, die ihm 35.000 Seiten geheimer Dokumente lieferte … Karl Gebauer hatte, wie aus seinen Memoiren hervorgeht (»Doppelagent«, Berlin 1999), aus politischen Motiven Kontakt zum MfS aufgenommen. Bei der Analyse der geheimen Marineunterlagen, insbesondere des Projektes TENNE zur Seekriegsführung aus dem verbunkerten Marinehauptquartier in Glücksburg, war er zu der Überzeugung gekommen, daß es hier um Erstschlagsoptionen der NATO und nicht um die vielbeschworene Landesverteidigung ginge.

Als Sicherheitsbeauftragter hatte Karl Gebauer Kontakt zu vielen Mitarbeitern westdeutscher Geheimdienste: zur MAD-Gruppe 22 in Wilhelmshaven, zum niedersächsischen Verfassungsschutz und selbst zum BND. Alle Hinweise auf seine Einbindung in die westdeutsche Geheimdienstszene waren jedoch aus den Prozeßakten und den zugelieferten Akten der Gauck-Behörde entfernt worden, und das Berliner Kammergericht wollte solche Abschweifungen vom Verhandlungsgegenstand nicht dulden. Karl Gebauer wurde zu Beginn der 90er Jahre zu zwölf Jahren verurteilt und nach sechs Jahren Haft aus gesundheitlichen Gründen entlassen.«

Die Richtlinie Nr. 1/69 zur politisch-operativen Sicherung der Volkswirtschaft der DDR

Mit der am 25. August 1969 durch den Minister für Staatssicherheit erlassenen Richtlinie Nr. 1/69 zur politisch-operativen Sicherung der Volkswirtschaft der DDR wurden sowohl alle bisherigen Erfahrungen der Linie XVIII und des MfS insgesamt bei der Sicherung der Volkswirtschaft verallgemeinert, als auch die sich aus den Beschlüssen des VII. Parteitages der SED 1967 auf dem speziellen Gebiet ergebenden Aufgaben zur Gewährleistung der staatlichen Sicherheit fixiert.

Ein wesentliches Anliegen bestand darin, die Verflechtung zwischen Wirtschaftsbereichen, Industriezweigen und Betrieben und der 1966 beschlossene Bildung von Kombinaten[123] sowie dem Zusammenschluß von Betrieben zu kooperierenden Wirtschaftseinheiten in der operativen Arbeit Rechnung zu tragen. Damit verbunden war die Neubildung von Operativ-Gruppen in den VEB, die zu den strukturbestimmenden Industriezweigen gehörten. Das waren Vereinigungen Volkseigener Betriebe (VVB) in der chemischen und petrolchemischen Industrie, in der elektronischen Datenverarbeitung, im wissenschaftlichen Gerätebau, in der digitalen Nachrichtentechnik, Automatisierungstechnik, Energiewirtschaft, in der Erdgasverarbeitungsindustrie, im Werkzeug- und Verarbeitungsmaschinenbau, in der Bauindustrie, Landwirtschafts- und Nahrungsgüterindustrie.

Zu den seit 1957 bestehenden Objektdienststellen (OD) in den Chemiewerken Buna und Leuna kamen weitere hinzu: die OD Carl Zeiss Jena, für die chemische und petrolchemische Industrie die OD Böhlen und Schwedt sowie für das Braunkohlenveredlungskombinat die OD »Schwarze Pumpe«.

Entsprechend der Richtlinie Nr. 1/69 sollte damit den vielfältigen Kooperationsbeziehungen in der Wirtschaft der DDR konkreter Rechnung getragen werden und im Mittelpunkt der operativen Sicherung immer die volkswirtschaftlichen und operativen Schwerpunkte – ausgehend von den Angriffsrichtungen des Gegners – stehen.

Mit dem Übergang von der *Objekt-* (auf einzelne Kombinate oder Betriebe begrenzte) zur *linienmäßigen Sicherung* eines ganzen Industriezweiges sollten die im Territorium bezirks- oder kreisbezogenen operativen Aufgaben verbunden werden. Das betraf vor allem aus sicherheitspolitischer Sicht den Schutz der Objekte, den Geheimnisschutz, Sicherheitsüberprüfungen zu Reise- und Auslandskadern sowie zu verantwortlichen Personen, die an havariegefährdeten und überwachungspflichtigen Großanlagen eingesetzt waren. Es betraf auch das Zusammenwirken mit den örtlichen Sicherheits- und Kontrollorganen.

Die in der Richtlinie geforderte Konzentration auf Schwerpunkte machte erneut deutlich, daß damit zwar dem Umfang und dem Ausmaß bedeutender volkswirtschaftlicher Prozesse Rechnung getragen wurde, aber eine »flächendeckende Überwachung« weder objektiv möglich noch gewollt war.

Auf der Grundlage der Führungsentscheidungen des Ministers hatte der Leiter der HA XVIII »die Grundlinie der operativen Arbeit für den Planungszeitraum für alle Diensteinheiten der Linie XVIII festzulegen, deren

Einhaltung zu kontrollieren und bei der Realisierung Anleitung und Unterstützung zu geben«.[124] Zur Umsetzung dieser Aufgaben ernannte der Leiter der HA XVIII *Auftragsleiter* aus seinem Verantwortungsbereich.

Diese Auftragsleiter legten auf der Grundlage von Analysen über ökonomische, technische und personelle Schwerpunkte der Industriezweige Maßnahmen fest, die sich aus gegnerischen Aktivitäten oder anderen relevanten Erscheinungen ergaben. Diese Maßnahmen wurden in *Sicherheitskonzeptionen* dokumentiert.

Diese Plandokumente legten die politisch-operativen Aufgaben fest. Sie formulierten zugleich Anforderungen an die Leitungstätigkeit für längerfristig bestehende bzw. künftig entstehende Sicherheitserfordernisse für Objekte oder Bereiche der Volkswirtschaft bzw. für territorial zu lösende Aufgaben. Sie enthielten Angaben, mit welchen Mitteln und Methoden der Abwehr unter welchen Bedingungen und mit welchem personellen Kräfteaufwand diese Sicherheitskonzeptionen zu realisieren waren. Außerdem wurden darin Festlegungen über das Zusammenwirken mit anderen Sicherheitsorganen, staatlichen und gesellschaftlichen Kontrollorganen, mit den staatlichen Leitern der Betriebe und Einrichtungen sowie mit Verantwortlichen des Territoriums getroffen.

Diese Arbeitsweise sollte vor allem die operativen Mitarbeiter verschiedener Diensteinheiten der Linie XVIII der über die Bezirks- und Kreisebenen hinausreichenden Wirtschaftsstrukturen zusammenführen.

In Kontinuität zur Richtlinie »Für die Organisation der operativen Arbeit des Ministeriums für Staatssicherheit auf dem Gebiet der Industrie und des Bauwesens« vom 23. April 1964 wurde eine weitere Verflechtung der Tätigkeit zwischen der inneren Abwehr in volkswirtschaftlichen Schwerpunktobjekten – in der Richtlinie Nr. 1/69 als *Arbeitsrichtung innere Sicherheit* benannt – und der *äußeren Abwehr* (der Erkundung von Plänen westlicher Geheimdienste und Agentenorganisationen) sowie der *Arbeit an Operativen Vorgängen* angestrebt.

Das Ziel bestand darin, rechtzeitig Hinweise über geplante gegnerische Störtätigkeit zu erarbeiten bzw. über die Werbung oder Einschleusung gegnerischer Agenten oder die Gewinnung personeller Stützpunkte in Erfahrung zu bringen, die in wirtschaftsleitenden oder wissenschaftlichen Institutionen, in Betrieben der Industrie und des Bauwesens, Einrichtungen des Binnen – und Außenhandels oder in landwirtschaftlichen Betrieben gegen die DDR tätig werden sollten.

Das sollte vorwiegend mit Inoffiziellen Mitarbeitern (DDR-Bürgern) realisiert werden, die ins Blickfeld des Gegners gebracht wurden. Es handelte sich dabei vorwiegend um Reisekader, die sich aus dienstlichen oder aus privaten Gründen häufig in der BRD, in Westberlin oder in anderen nichtsozialistischen Staaten aufhielten.

Sie sollten hauptamtliche Mitarbeiter oder beauftragte Agenten westlicher Geheimdienste enttarnen, deren Dienststellen oder Trefforte erkunden sowie die von ihnen angewandten geheimdienstlichen Mittel und Methoden (Geheimschriftverfahren, Foto- und Aufzeichnungstechnik, Chiffrierverfahren, Funktechnik und andere zur Nachrichtenübermittlung geeignete Hilfsmittel) aufklären. Vor allem aber sollten sie die Pläne und Absichten des Gegners in bezug auf die DDR erkunden.

Die von Inoffiziellen Mitarbeitern erarbeiteten Hinweise und Informationen waren von den Führungsoffizieren zu analysieren, anhand von vorhandenen Speichern zu überprüfen und durch weitere operative Maßnahmen zu verdichten. War die Angriffsrichtung der westlichen Geheimdienste oder Agentenorganisationen auf ein bestimmtes volkswirtschaftliches Objekt erkennbar, wurden in Zusammenarbeit mit dem für das Objekt zuständigen Mitarbeiter der inneren Abwehr entsprechende Maßnahmen zur Verhinderung der feindlichen Pläne und Absichten festgelegt.

Bei Hinweisen auf bereits für den Gegner tätig gewordene Personen wurden diese entweder unter operative Personenkontrolle (OPK) gestellt bzw. in Operativ Vorgängen (OV) bis zur endgültigen Klärung des Verdachts einer strafbaren Handlung bearbeitet.

Um eine konzentrierte Vorgangsarbeit zu ermöglichen, wurden erfahrene operative Mitarbeiter dafür von anderen Sicherungsaufgaben freigestellt. Handelte es sich bei den erarbeiteten Hinweisen um Spionagetätigkeit, so sah die Richtlinie eine enge Zusammenarbeit mit der für Spionageabwehr zuständigen HA II bzw. Linie II in den Bezirken vor.

Die äußere Abwehr der HA XVIII bzw. Linie XVIII hatte darüber hinaus gemäß Richtlinie Nr. 1/69 den Auftrag, wissenschaftlich-technische Erkenntnisse, Dokumente und Materialien, die von allgemeiner wirtschaftlicher Bedeutung für die DDR waren, im nichtsozialistischen Ausland – vorwiegend BRD und Westberlin – zu erkunden und zu beschaffen.

Die Akademiereform in der DDR 1969

Der Sicherungsbereich der Linie XVIII umfaßte auch wesentliche Teile des Wissenschaftssektors der DDR. Dazu gehörten der Bereich der Akademie der Wissenschaften mit einer breiten Palette von Instituten unterschiedlicher Wissenschaftszweige – verantwortlich hier vorwiegend die HA XVIII – sowie eine Reihe wissenschaftlicher Institute in Berlin und auf Bezirksebene, die für eine

Vielzahl von Industriezweigen, die Landwirtschafts- und Nahrungsgüterproduktion sowie die Forstwirtschaft tätig waren. Verantwortlich waren dafür die Abteilungen XVIII der zuständigen BV bzw. die KD. Diese Einrichtungen besaßen allesamt große Bedeutung für den wissenschaftlich-technischen Fortschritt der DDR-Volkswirtschaft und andere gesellschaftlicher Bereiche.

Die Akademiereform im Jahre 1969 zielte darauf, Inhalte wie Struktur der akademischen Ausbildung in der DDR den aktuellen Erfordernissen anzupassen und eine höhere Qualität in Forschung, Lehre und Ausbildung zu erreichen.

Im Februar 1967 veröffentlichte die Regierung der DDR eine Erklärung, die Fakten über den Mißbrauch des Reiseverkehrs im allgemeinen und der wissenschaftlichen und kulturellen Beziehungen im besonderen durch Aktivitäten der Bundesregierung enthielt. So hatte die Bundesregierung detaillierte Vorschriften und Anweisungen erlassen, die auf die Verhinderung der gleichberechtigten Teilnahme der DDR an internationalen wissenschaftlichen Kongressen und gegen die Aufnahme von wissenschaftlichen Gesellschaften der DDR in internationale Gremien gerichtet waren.

Andererseits bemühte sich die BRD um verstärkte Kontakte auf wissenschaftlicher und künstlerischer Ebene, wenn sie sich dadurch Einfluß zur Durchsetzung ihrer politischen Ziele erhoffte.[125]

Dafür nutzte man wissenschaftliche Einrichtungen und Gesellschaften der Bundesrepublik, die sich stets als »gesamtdeutsch« etikettierten. Seit 1965 hatten diese ihre Kontakte in die DDR verstärkt. Sie verschickten häufiger als früher Einladungen zu Kongressen an ihre Mitglieder in der DDR. Zugleich warb man um neue Mitglieder in der DDR. DDR-Wissenschaftlern wurden Funktionen in diesen Gesellschaften angetragen. Der Bundesminister für gesamtdeutsche Fragen unternahm erkennbar Anstrengungen, diese angeblich unpolitischen Vereinigungen in seine Politik mit einzubinden.

Tausende Wissenschaftler aus der DDR waren in jener Zeit Mitglieder in solchen Verbänden (etwa 4.000 Ärzte und medizinische Wissenschaftler aus der DDR gehörten 1968 bundesdeutschen Organisationen an).

Zur vollen Durchsetzung der Souveränität der DDR und zur Gewährleistung ihrer Sicherheit faßten das ZK der SED am 5. April 1967 und der Ministerrat der DDR am 18. Mai 1967 den Beschluß »Über die Gestaltung der Arbeit im Bereich Wissenschaft und Kultur der DDR nach Westdeutschland sowie Westberlin«. Diese Dokumente regelten die Mitgliedschaft, die damit verbundene Reisetätigkeit sowie Rechte bezüglich von Veröffentlichungen in westdeutschen Gesellschaften und Gremien.

Der VIII. SED-Parteitag und die XXV. RGW-Tagung

Der VIII. Parteitag vom 15. bis 19. Juni 1971 bedeutete eine Zäsur in der DDR-Geschichte. Mit dem Wechsel an der SED-Spitze (auf den Ersten Sekretär Walter Ulbricht folgte der Erste Sekretär Erich Honecker) vollzog sich auch ein Paradigmenwechsel in der Politik. Die dort formulierte »Hauptaufgabe« orientierte stärker als bislang auf die Befriedigung von Bedürfnissen. Konkret lautete der bis zum Ende der DDR gültige Grundatz: »Erhöhung des materiellen und kulturellen Lebensniveaus des Volkes auf der Grundlage eines hohen Entwicklungstempos der sozialistischen Produktion, die Erhöhung der Effektivität, des wissenschaftlich-technischen Fortschritts und das Wachsen der Arbeitsproduktivität«.[126]

Unter anderem plante man ein Wachstum des Realeinkommens der Bevölkerung bis 1975 um 21 bis 23 Prozent, die Aufstockung der Löhne bestimmter Beschäftigungsgruppen sowie generell der Mindestlöhne, die Verbesserung der Renten, umfangreiche Vorhaben im Wohnungsbau – einschließlich Modernisierung, Um- und Ausbau vorhandener Wohnungen, die Verbesserung der Dienstleistungen sowie Aufgaben zur Weiterentwicklung des sozialistischen Bildungssystems, des Gesundheitswesens und die bessere Befriedigung der geistig-kulturellen Bedürfnisse.

Werner Lamberz, Mitglied des Politbüros, machte darauf aufmerksam, daß sich Störfaktoren im Funktionieren der sozialistischen Planwirtschaft und der Sicherung der Stabilität stets auch als ideologische Störfaktoren erwiesen hätten. Daraus habe die SED es als ihre internationalistische Pflicht gegenüber der sozialistischen Staatengemeinschaft abzuleiten, durch Kontinuität und Stabilität das Wachstum unserer Gesellschaft an der Scheidelinie zwischen Sozialismus und Imperialismus zu gewährleisten.[127] Dem konnte das MfS aufgrund seiner Erkenntnisse nur zustimmen. Die Wirtschaftspolitik der SED hatte in den letzten Jahren zu spürbaren Disproportionen in der Volkswirtschaft geführt, was Engpässe und Versorgungsprobleme hervorrief.

Die XXV. Tagung des RGW im Juli 1971 in Bukarest beschloß ein »Komplexprogramm für die weitere Vertiefung und Vervollkommnung der Zusammenarbeit und Entwicklung der Sozialistischen Ökonomischen Integration der Mitgliedsländer des RGW«.

Dieses Komplexprogramm formulierte Hauptrichtungen und -methoden der Zusammenarbeit der RGW-Länder auf wirtschaftlichem und wissenschaftlich-technischem Gebiet für den Zeitraum von 15 bis 20 Jahren.

In jener Zeit konnten eine Reihe Informationen von hohem operativen Wert erarbeitet werden, darunter Hinweise über Aktivitäten, Pläne und Konzeptionen des USA-Geheimdienstes und des BND, die sich gegen bestimmte

Bereiche der Volkswirtschaft richteten. Weitere Hinweise betrafen Aktivitäten Bonner Einrichtungen und von Industriekonzernen gegen Wirtschaftsinstitutionen der UdSSR und anderer sozialistischer Staaten sowie gegen deren zweiseitiges bzw. multilaterales Zusammenwirken. Das betraf Erkenntnisse zu Absichten, den Handel mit der DDR zur politischen Einflußnahme und Erpressung wirtschaftlicher Einrichtungen der DDR auszunutzen.

In Auswertung dieser Erkenntnisse und der Vorgangsarbeit wurden notwendige Maßnahmen für betroffene Bereiche der Volkswirtschaft eingeleitet und der SED- und Staatsführung Informationen zur Chemieindustrie, Energiewirtschaft und anderen Wirtschaftsbereichen übergeben.

Aufschluß über die Intentionen der Gegenseite lieferten auch mehrere zwischen 1971 und 1980 von Gerichten der DDR verhandelte Fälle. Im Dezember 1971 wurde vom Obersten Gericht der Diplomökonom Franz S., zuletzt in der Staatlichen Plankommission der DDR tätig, verurteilt.[128]

S. wurde 1952 vom ehemaligen Oberreferenten im Staatlichen Komitee für Materialversorgung F., der die DDR illegal verlassen hatte, nach Westberlin eingeladen und dem Mitarbeiter der CIA »Walter« zugeführt. Bereits bei ihrer zweiten Begegnung verpflichtete sich S. schriftlich zur Zusammenarbeit mit der CIA. Er erhielt den Decknamen »Stein«. S. wurde zur Lieferung von Informationen politischen, ökonomischen und militärischen Charakters aufgefordert. Die CIA war an einer beruflichen Kariere von S. interessiert und nahm mittelbar darauf Einfluß. 1953 wurde S. Oberreferent im Staatlichen Komitee für Materialversorgung (SKM), zwei Jahre später amtierender Leiter der Fachabteilung Chemie dieser Einrichtung. 1955 kam er zur Hauptabteilung Koordinierung der Materialbilanzen und arbeitete sich in Planungsmethoden und Grundsatzfragen ein. Nach einer Umstrukturierung wurde er als Leiter der Abteilung Grundsatzfragen, Abrechnung und Statistik im Staatlichen Chemiekontor (SCK) eingesetzt. Danach arbeitete er in der Staatlichen Plankommission, zuletzt als Gruppenleiter im Organisations- und Rechenzentrum dieser Institution.

Bis zum 13. August 1961 hatte er etwa 200 reguläre und etwa 120 außerplanmäßige Treffs mit Mitarbeitern der CIA.

Er übergab entwendete Dokumente von seiner Arbeitsstelle zum Fotokopieren. Später lieferte er etwa 1.400 Filme mit ca. 50.000 Aufnahmen und gab dazu mündliche Erläuterungen.

S. erhielt von seinen Auftraggebern politische Unterweisungen und nachrichtendienstliche Ausbildung für die Anwendung von Geheimschriftmitteln (1953/54), den Empfang von Blindfunkmeldungen über Radio und für die Dechiffrierung der Sendungen (1958). Probeweise wurde S. unter der Rufnummer 163 an den Blindfunkdienst angeschlossen und für den »Ernstfall« als aktiver Funker ausgebildet

Nach dem 13. August 1961 wurde der Kontakt über Blindfunkdienst gehalten – insgesamt wurden 401 Sendungen mit Aufträgen und Anweisungen empfangen und 230 numerierte und chiffrierte Geheimschriftbriefe mit Spionageinformationen übermittelt. Außerdem legte S. auftragsgemäß in der Zeit von 1962 bis 1967 sieben Tote Briefkästen an, über die er Spezialpapier für Geheimberichte, Chiffrierunterlagen, Anweisungen und rund 15.000 DM erhielt.

Im Jahre 1956 wurde ihm mitgeteilt, er habe den Status eines Mitarbeiters der CIA erhalten, für seine spätere Verwendung in der BRD sei gesorgt.

S. erhielt zunächst monatlich 150, später 400 DM, gelegentlich gab es auch Sonderprämien für wichtige Informationen. Hinzu kamen »Treuegelder« für 5, 10 und 15 Jahre Mitarbeit und Weihnachtsgratifikationen. Die »Honorare« wurden auf ein Konto in Westberlin eingezahlt, insgesamt 170.000 DM, wovon ihm 22.000 DM zum Verbrauch ausgezahlt wurden.

S. lieferte der CIA neben politischen und militärischen Informationen vorwiegend Angaben über die Volkswirtschaft der DDR und bestimmte Personen. In der Zeit von 1952 bis etwa 13. August 1961 bespitzelte er Funktionäre und Mitarbeiter staatlicher Organe und der Wirtschaft. Er lieferte etwa 2.000 Charakteristiken. Davon »tippte« er 400 aus seiner Sicht für eine Anwerbung geeignete Personen und lieferte zum Teil Fotos von ihnen. Im Jahre 1956 übermittelte S. der CIA Angaben über Annemarie H., Mitarbeiterin der Intercontroll G.m.b.H., die er später seinen Auftraggebern zur Anwerbung zuführte.

Seine Tätigkeit im Staatlichen Komitee für Materialversorgung (SKM) und im Staatlichen Chemiekontor (SCK) verschaffte ihm einen Überblick über wichtige Einrichtungen, die für die Gesamtentwicklung der DDR-Volkswirtschaft von Bedeutung waren. Während er im SKM über Informationen verfügte, die sich auf volkswirtschaftlich bedeutsame Produkte in der Chemieindustrie bezogen, weiteten sie sich im SCK auf alle dort bilanzierten Erzeugnisse, einschließlich der VVB und Großbetriebe der Chemie aus. Durch den hohen Verflechtungsgrad erhielt S. weitreichende Einblicke in Probleme der Zulieferindustrie (Kohle, Energiewesen, Maschinenbau, Elektrotechnik/Elektronik, Nichterzbergbau, Importwirtschaft) sowie der abnehmenden Zweige (Leichtindustrie, Elektrotechnik/Elektronik, Nahrungsgüterwirtschaft, Maschinenbau, Verkehrswesen, Exportwirtschaft). Damit besaß S. fundamentale Kenntnisse über Hauptkettenglieder und Engpässe in der Volkswirtschaft, über die Struktur und sonstige Querschnittsfragen bis hin zu Kaderproblemen. Ihm standen viele Dokumente höchster und hoher Geheimhaltungsstufen zur Verfügung. Darüber hinaus nutzte er geschickt Abschöpfungsmöglichkeiten durch Befragung von Mitarbeitern und übernahm freiwillig die Anfertigung von Analysen, Übersichten und die Koordinierung mit anderen Arbeitsgruppen zwecks zusätzlicher Informationsgewinnung.

Im Urteil des Obersten Gerichts der DDR hieß es zu den Konsequenzen dieser Spionage, daß S. von seinen Kontaktpartnern bei der CIA klargemacht worden war, daß sie über »enge Verbindung mit Regierungsstellen, Konzernen und anderen Wirtschaftsunternehmen« verfügten und auf diese Weise in der Lage seien, »auf entsprechende vom Angeklagten erlangte Informationen hin, empfindliche Störungen zu veranlassen«. In Kenntnis dessen forderte S. von seinen Auftraggebern, daß wichtige Rohstoffe und Zwischenprodukte auf die Embargoliste gesetzt wurden. So benannte er Erzeugnisse, die aus dem sozialistischen Staatenverbund nicht kurzfristig lieferbar waren und denunzierte Zwischenhändler, die spezifische Erzeugnisse an die DDR lieferten.

Von einem ihm berichtspflichtigen Mitarbeiter erfuhr S. im Jahre 1958, daß über griechische Zwischenhändler in der Türkei 6.700 Tonnen Borerz gekauft und mit dem griechischen Schiff »Marta« in die DDR unterwegs waren. Aus dieser Ladung Bor-Erz sollte Borax produziert werden. Borax wurde zur Herstellung von Spezialgläsern für optische Geräte, Emaille-Erzeugnisse, Sanitärkeramik, Verbundlager, Kachelplatten und bestimmte Pharmaka benötigt.

Die Ladung der »Marta« sollte anderthalb Jahre Boraxproduktion in der DDR sichern.

S. übermittelte der CIA bei einem Sondertreff diese Fakten und Zusammenhänge.

Ende März 1959 wurde der griechische Frachter in neutralen Gewässern in der Nähe von Gibraltar von US-Kriegsschiffen aufgebracht und gezwungen, einen griechischen Hafen anzulaufen. Dort wurde die Ladung unter Verweis auf Embargobestimmungen beschlagnahmt. Mitte des Jahres 1961 (!) wurde von den griechischen Behörden die Ladung freigegeben mit der Auflage, sie an ein NATO-Mitgliedsland zu verkaufen.

Für die DDR entstand daraus ein erheblicher Schaden. Allein für die Aufwendungen durch Beschlagnahme der Ladung mußten 1.684.154 Valutamark gezahlt werden. Infolge des Ausbleibens der Lieferung entstand für den Herstellerbetrieb durch Produktionsausfall ein Gewinnverlust von 2.357.700 Mark.

Die Folgeschäden für Betriebe der ersten Verarbeitungsstufe führten zu einem Verlust an Warenproduktion von 15 Millionen Mark, in den nachgelagerten Stufen waren die Ausfälle ebenfalls beträchtlich. Umstellungen waren weitere Begleiterscheinungen. Durch die Kenntnis der absoluten Abhängigkeit der DDR wurden die Preise für Borax und Bormineralien zum Schaden der DDR-Volkswirtschaft manipuliert und hochgetrieben.

Die von S. in der Staatlichen Plankommission persönlich betriebene Sabotagetätigkeit zielte auf Desorganisation und Behinderung von Forschungsaufträgen und der Einführung ihrer Ergebnisse in der Praxis. Er unterließ sie, wenn dadurch seine Spionageaufträge gefährdet wurden.

Er trug maßgeblich Verantwortung für erhebliche Produktionsausfälle im VEB Armaturenwerke Altenburg und VEB dkk Scharfenstein, bei der Produktion von Pharmazeutika und Einrichtungen des Gesundheitswesens sowie von Thermo- und Duroplasten durch fehlende Bereitstellung von Aktivkohle. S. verursachte beträchtliche Störungen in der Gummiindustrie, in der Chemiefaserindustrie, in der Filmindustrie und bei der Herstellung von Kabeln, Rundfunk- und Fernsehgeräten, in Betrieben der Elektrotechnik, des allgemeinen Maschinenbaus, der Glas- und Keramischen -Industrie – besonders geschädigt wurde das Kombinat Carl Zeiss Jena durch Engpässe in der Bereitstellung von Borax und Nickeloxid.

Der Fall S. war einer der schwersten Verratsfälle in der Geschichte der DDR. Das S. erst Anfang der 70er Jahre durch Postkontrollmaßnahmen enttarnt werden konnte, gehört zu den Niederlagen der MfS-Spionageabwehr.

Ende 1979 weilte Dr. Stefan F. zu einem Arbeitsaufenthalt am Niels-Bohr-Institut in Kopenhagen. Er war ein international anerkannter Kernphysiker der DDR. Als wissenschaftlicher Mitarbeiter des Zentralinstitutes für Kernforschung in Rossendorf bei Dresden hatte er ein neues Modell schnellrotierender Atomkerne entwickelt und stand darüber in einem wissenschaftlichen Meinungsaustausch mit den dänischen Nobelpreisträgern Prof. A. Bohr und Mortisson . Am 3. Dezember 1979 wurde F. auf offener Straße von zwei ihm unbekannten Personen mit seinem Namen angesprochen. Die beiden Männer wiesen sich als Mitarbeiter des BND aus und luden Dr. F. zu einem Gespräch ein. Der lehnte ab. Bei einem weiteren Aufenthalt in Kopenhagen ließ sich Dr. F. aber doch überreden und zur Zusammenarbeit anwerben. Er erhielt einen Decknamen sowie zwei Deckadressen, die er zur Übermittlung von geplanten bzw. bevorstehenden Auslandsreisen in nichtsozialistische Länder benutzen sollte. Danach wurden dann die jeweiligen Treffs mit seinen Auftraggebern vereinbart.

Dr. F. lieferte in der Folgezeit Informationen über seine wissenschaftliche Tätigkeit am Zentralinstitut für Kernforschung, über seine Kontakte zum Vereinigten Kernforschungszentrum Dubna bei Moskau sowie über den Stand der angewandten Kernforschung im RGW-Bereich.

Der damit verbundene Schaden war erheblich. Er beeinträchtigte nicht nur die internationale Forschungskooperation speziell auf dem Gebiet der Kern- und Festkörperphysik des Zentralinstitutes für Kernforschung der DDR mit den Wissenschaftlern der UdSSR; er führte auch zu ernsthaften Störungen internationaler Wissenschaftsbeziehungen der DDR mit dem nichtsozialistischen Ausland, dessen Wissenschaftler nach der Enttarnung von Dr. F. stark verunsichert waren hinsichtlich der über sie an den BND weitergegebenen Informationen und über die möglicherweise für sie damit verbundenen Schwierigkeiten und persönlichen Konsequenzen.

Außerdem konnten die von Dr. F. gelieferten Informationen über DDR-Wissenschaftler jederzeit zur gezielten Diffamierung und Erpressung derselben durch den BND genutzt werden. Das hatte Konsequenzen für Sicherheitsmaßnahmen zum Schutz dieser Personen, zumal dann, wenn sie als Reisekader eingesetzt oder dafür vorgesehen waren.

Bei den Treffs mit seinen Agentenführern aus Pullach wurde er darüber hinaus mit einem »Katalog« von Fragen konfrontiert, die sich auf die allgemeine Lage in der DDR bezogen. Er wurde auch zu Problemen der Landesverteidigung der DDR befragt.

Im Jahre 1980 wurde der langjährige Mitarbeiter F. der Forschungsabteilung des VE-Kombinats Carl Zeiss Jena vor Gericht gestellt und verurteilt, weil er Forschungsergebnisse über optische Präzisionsinstrumente – hauptsächlich aus der speziellen Produktion – an seine amerikanischen Auftraggeber aus Langley geliefert hatte. F. war von seinem mit ihm weitläufig verwandten CIA-Führungsoffizier in Hannover zugesichert worden, er werde in die BRD ausgeschleust, wenn er die von der CIA benötigten Forschungsergebnisse ausgespäht und die entsprechenden Unterlagen an seine Auftraggeber übergeben habe.[129]

Derartige Spionagefälle veranlaßten das MfS, Schlußfolgerungen für die Qualifizierung seiner Abwehrarbeit als auch für die vorbeugende und schadensabwendende Arbeit mit den Organen des Zusammenwirkens zu ziehen. Das betraf:

1. Die Umsetzung genereller Schlußfolgerungen für die Tätigkeit der objektverantwortlichen Abwehroffiziere der HA XVIII/Linie XVIII, der

Sicherheitsbeauftragten und der Inoffiziellen Mitarbeiter für Sicherheit (IMS). Dazu wurden häufig auch konkrete Feststellungen, die im Ermittlungsverfahren gegen den Beschuldigten getroffen wurden, ausgewertet. Das betraf besonders die Vorgehensweise westlicher Geheimdienste bei der Auswahl ihnen für eine Spionagetätigkeit geeignet erscheinender Personen, die konkreten Vorgehensweisen zu ihrer Aufklärung, Gewinnung und Werbung, ihrer Pläne und Absichten sowie angewandten Mittel und Methoden zur Erlangung und Übermittlung von Spionageinformationen sowie hinsichtlich der Nutzung von Möglichkeiten zur Realisierung der vom Geheimdienst erteilten Aufträge;

2. die Einleitung von operativen Personenkontrollen zu Personen, die dem Geheimdienst charakterisiert und benannt worden waren;

3. die Verbesserung des Geheimnisschutzes und die exakte Umsetzung der dazu erlassenen gesetzlichen Bestimmungen sowie die Kontrolle ihrer Durchsetzung, bis hin zu Maßnahmen zur Schließung von Lücken;

4. die Kontrolle der im Ergebnis von Sicherheitsüberprüfungen zu in besonders zu schützenden staatlichen und wirtschaftlichen Bereichen tätigen Personen, die Aufdeckung von Versäumnissen sowie die Einhaltung der Vorschriften über Wiederholungsüberprüfungen;

5. die Auswertung derartiger Vorkommnisse in unmittelbar betroffenen Arbeitsbereichen mit dem Ziel der strikten Durchsetzung von Ordnung und Sicherheit und der Erhöhung der Wachsamkeit.

Im Jahre 1971 wurde ebenfalls ein Ermittlungsverfahren gegen den Betriebsleiter des VEB Gelatine und Leimwerke Calbe wegen Wirtschaftsschädigung gemäß § 166 des StGB/DDR abgeschlossen. Unter Mißbrauch seiner Vertrauensstellung verursachte der Täter durch die nicht gerechtfertigte Abnahme einer qualitätsgeminderten Knochenextraktionsanlage aus Westberlin und damit verbundener Ersatzteilimporte für die Westberliner Firma K. H. rechtswidrige Zahlungen in Höhe von 650.000 Valutamark zum Nachteil des Devisenfonds der DDR. Durch bewußt falsche Darstellungen der Vor- und Nachteile in seinem Gutachten zu den Anlagen der Westberliner Firma entstand im VEB Gelantinewerk Calbe und im VEB Leimfabrik Tangermünde ein volkswirtschaftlicher Mehraufwand von insgesamt fünf Millionen Mark.

Der Täter wurde 1970 bei einer Dienstreise zu der Westberliner Firma mit etwa 15.000 Mark der DDR »geschmiert«, weil er sich für die Lieferung der Knochenextrationsanlage der Firma an seinen Betrieb bei den Außenhandelsorganen der DDR eingesetzt hatte. Später informierte er die Firma in Westberlin über den Stand des Importgeschehens anderer Betriebe, bezogen auf Abfallverwertungsanlagen im Fleischkombinat Eberswalde und im VEB Leimfabrik Tangermünde. Dafür richtete ihm die Firma bei einer Westberliner Bank ein Konto in Höhe von 25.000 DM ein und ermöglichte ihm über den GENEX-Geschenkdienst der DDR den Kauf eines PKW »Wartburg«.

Derartige Vorkommnisse waren keine Einzelfälle. Eine erhebliche Anzahl solcher strafbarer Handlungen konnte von der HA XVIII oder den Diensteinheiten der Linie XVIII in den Bezirken aufgedeckt und von den Gerichten der DDR geahndet werden. Die Trefferquote war vermutlich erheblich höher als heute, da es inzwischen als nahezu normal gilt, daß ohne Schmiergelder, Bestechung, Korrumpierung und dergleichen mehr nichts läuft. Nur hin und wieder wird über »Schwarzgelder« etwas publik, wenn Politiker zu üppig bedient wurden oder sie die Übersicht verlieren, wann sie von wem unter welchen Umständen wieviel Geld erhalten haben …

Auf die Wirtschaftsbeziehungen zur DDR nahm die Bundesregierung auch mit ihrer Steuergesetzgebung Einfluß.

Obgleich im § 160 der Abgabenordnung[130] vorgeschrieben ist, daß finanzielle Aufwendungen regelmäßig nur dann steuerlich Berücksichtigung finden, wenn Gläubiger oder Zahlungsempfänger benannt werden, konnte eine Benennung derselben unter bestimmten Bedingungen unterlassen werden. Eine solche Bedingung war und ist die sogenannte »legitime Anonymität«. Sie wurde als gegeben gewertet, wenn ein BRD-Geschäftspartner »zur Erlangung oder Unterstützung von Exportaufträgen Schmiergelder (›Provision‹) an Geschäftspartner oder Behörden in einem Land zahlen muß, in dem solche Zahlungen Usus sind und sich die Verpflichtung zur Nichtangabe der Zahlungsempfänger auferlegen lassen mußte. Es kann sogar sein, daß anderenfalls volkswirtschaftliche Nachteile eintreten, indem der Inlandswirtschaft zu Buche schlagende Aufträge und demzufolge Arbeitsplätze in größerer Höhe verloren gehen«, hieß es 1991 dazu in einem Rechtskommentar.[131]

Entsprechend einschlägigen Bestimmungen des Bundesfinanzministeriums, Verfügungen von Oberfinanzdirektionen, Urteilen des Bundesfinanzhofes und Finanzgerichten der Länder waren dies Fälle, bei denen »die Zahlung im Rahmen eines übliches Handelsgeschäftes erfolgte, der Geldbetrag ins Ausland abgeflossen ist und der Empfänger nicht der deutschen Steuerpflicht unterliegt«.[132]

Das ist eine gesetzlich legitimierte Korruption – wenn auch zum Teil »wirtschafts- und sozialpolitisch« verbrämt.

Offensichtlich mit Hinweis auf das Einkommenssteuergesetz (EStG) § 4 Abs.5 Nr. 1[133] verwies der gleiche Kommentar darauf, daß »eine betrieblich veranlaßte Geld- oder Sachzuwendung an Angestellte ausländischer Geschäftspartner, z. B. Funktionäre staatlicher Wirtschaftsverbände in Ostblockstaaten dann kein Geschenk, sondern zumindest wirtschaftlich gesehen, eine abzugsfähige Provision ist, wenn die Zuwendung gemacht wird, weil oder damit der Empfänger eine bestimmte Gegenleistung erbringt«.[134]

Was unter »bestimmten Gegenleistungen« zu verstehen war, wurde den Abwehr- und Untersuchungsorganen des MfS nicht nur im Zusammenhang mit dem geschilderten Ermittlungsverfahren gegen den Betriebsleiter des VEB Gelantine- und Leimwerke Calbe deutlich. Und so wurde in vielen Fällen mit DDR-Partnern zu verfahren versucht.

Erst nach dem Ende des sozialistischen Wirtschaftssystems wurde die Bestechung im internationalen Geschäftsverkehr zunächst als unmoralisch geächtet, später zur Straftat erklärt. Am 15. Februar 1999 trat nach langjährigen Verhandlungen eine Konvention der Organisation für wirtschaftliche Zusammenarbeit und Entwicklung (OECD) über die Bekämpfung der Bestechung ausländischer Amtsträger im internationalen Geschäftsverkehr in 34 Ländern der Welt in Kraft.[135]

Bis dahin heiligte der politische Zweck die Mittel.

Die Dienstanweisung Nr. 1/82 vom 30. März 1982 »Zur politisch-operativen Sicherung der Volkswirtschaft der DDR«

Im MfS waren von Mitte der 70er bis Anfang der 80er Jahre mehrere Richtlinien zur Arbeit mit IM, zur Bearbeitung von Operativen Vorgängen und zur Durchführung von Operativen Personenkontrollen in Kraft getreten. Darauf basierend erließ der Minister für Staatssicherheit am 30. März 1982 die Dienstanweisung Nr.1/1982 »Zur politisch-operativen Sicherung der Volkswirtschaft der DDR«. Sie orientierte die Abwehrarbeit der Linie XVIII auf drei Schwerpunkte:

1. Vorbeugung, rechtzeitige Aufdeckung und konsequente Bekämpfung und Verhinderung aller subversiven Angriffe gegen die Volkswirtschaft der DDR;
2. Vorbeugung und Verhinderung von Störungen und Schäden im Reproduktionsprozeß;
3. Unterstützung der staatlichen und wirtschaftleitenden Organe zur Gewährleistung einer hohen inneren Stabilität in allen volkswirtschaftlichen Bereichen, Zweigen, Wirtschaftseinheiten und -prozessen.

Mit dieser Festlegung erfuhr die Aufgabenstellung zur Sicherung der Volkswirtschaft eine beträchtliche Erweiterung. Das wirft die Frage auf, ob das MfS nicht doch Einfluß auf Entscheidungen zur Wirtschaftspolitik zu nehmen beabsichtigte.

Diese Frage muß eindeutig verneint werden.

Die genannten Schwerpunktaufgaben waren und wurden stets als einheitliche Zielstellung gesehen und auch so in der täglichen politisch-operativen Arbeit umgesetzt. Wie die gesamte vorbeugende und schadensabwendende Tätigkeit sollten die unterstützenden Maßnahmen zur Stabilisierung volkswirtschaftlicher Prozesse der Abwehr feindlicher Angriffe auf das gesamte Geschehen dienen.

In dieser Dienstanweisung war explizit gefordert worden, daß kein Mißbrauch der Autorität des MfS durch Eingriffe in die Verantwortung und Kompetenzen von staatlichen und wirtschaftsleitenden Organen, Kombinaten, Betrieben, Einrichtungen sowie gesellschaftlichen Organisationen erfolgen darf.[136]

Im Mittelpunkt stand weiterhin die Aufklärung gegnerischer Pläne, Absichten und Maßnahmen sowie der zu ihrer Realisierung angewandten Mittel und Methoden. Dabei ging es um die Aufdeckung und Bekämpfung der Spionage und anderer nachrichtendienstlicher Aktivitäten bis hin zur unbefugten Offenbarung bzw. Erlangung wirtschaftlicher Geheimnisse sowie des Geheimnisverrates.

Mit der gleichen Konsequenz wurde wegen der hohen Gesellschaftsgefährlichkeit die Bekämpfung von Sabotage- und Diversionsverbrechen sowie schwerwiegender Straftaten der Wirtschaftskriminalität gefordert.

Als ein besonderes Kriterium der Abwehrarbeit der Linie XVIII wurde die Abwendung von Störmaßnahmen im Bereich der materiellen Produktion, gegen Vorhaben in Wissenschaft und Technik und gegen die Außenhandelsbeziehungen sowie die Sozialistische Ökonomische Integration festgeschrieben.

Ein weiterer Schwerpunkt betraf die Bekämpfung des staatsfeindlichen Menschenhandels sowie die Verhinderung des ungesetzlichen Verlassens der DDR . Die dadurch eingetretenen Verluste an gut ausgebildeten Arbeitskräften und investierten Ausbildungskosten, wie bereits mehrfach beschrieben, waren volkswirtschaftlich von erheblichem Ausmaß.

Die Zurückdrängung von Übersiedlungsersuchen gemeinsam mit den wirtschaftsleitenden und gesellschaftlichen Kräften in den Betrieben und Einrichtungen sowie den zuständigen Organen für Inneres war eine weitere Aufgabe, die die Richtlinie vorgab.[137]

Breiten Raum nahm die vorbeugende und schadensabwendende Tätigkeit in der Dienstanweisung ein. Sie war zu konzentrieren auf die Verhinderung der gegnerischen Störtätigkeit, der Schaffung personeller Stützpunkte in den Objekten der Volkswirtschaft, von Verletzungen des Geheimnisschutzes, von Bränden, Explosionen und Havarien sowie anderen Störungen bzw. Gefährdungen der Betriebs-, Anlagen- und Produktionssicherheit, von ökonomischen Schäden; auf die Aufdeckung subjektiver Mängel und Schwächen in der Leitungstätigkeit sowie der Nichteinhaltung bzw. der unzureichenden Durchsetzung der Beschlüsse der SED- und Staatsführung, von Planmanipulationen und Falschmeldungen, auf die Gewährleistung des äußeren Objektschutzes, von Sicherheit und Ordnung in den Objekten, des Schutzes der Bewaffnung und Ausrüstung der Kampfgruppen und der Formationen der Zivilverteidigung. Es wurde angewiesen, gemeinsam mit den zuständigen Dienstzweigen der Deutschen Volkspolizei und den staatlichen Kontroll- und technischen Überwachungsorganen Brände, Störungen und Havarien, Gefährdungen der Anlagen- und Betriebssicherheit gründlich aufzuklären und alle subjektiven und objektiven Mängel in der Leitungstätigkeit sowie unzureichender Durchsetzung der Gesetzlichkeit rückhaltlos offenzulegen.

Um volkswirtschaftliche Verluste zu vermeiden, waren alle Ursachen und begünstigenden Bedingungen zu dokumentieren und im vertrauensvollen Zusammenwirken mit den zuständigen staatlichen und wirtschaftsleitenden Organen, Kombinaten, Betrieben und Einrichtungen, insbesondere mit der Deutschen Volkspolizei und den Sicherheitsaktiven der Kombinate und Betriebe sowie den gesellschaftlichen Organisationen und Kräften, auszuräumen. Die dazu befugten Organe hatten entsprechende Auflagen zu erteilen.

Im Interesse eines hohen Leistungszuwachses waren die der Erhöhung der Effizienz und Leistungssteigerung der Volkswirtschaft der DDR dienenden Maßnahmen – unter Nutzung der operativen Möglichkeiten des MfS – zu unterstützen. Insoweit galt es die mit spezifischen Mitteln des MfS (IM-, Vorgangsarbeit usw.) gewonnenen Erkenntnisse stets auch auf ihre volkswirtschaftliche Verwertbarkeit zu prüfen.

Dazu war es erforderlich, die vorhandenen operativen Kräfte und Mittel zu konzentrieren auf die Erarbeitung und Bereitstellung aussagefähiger Informationen zu den Zielstellungen, den Strategien und konkreten Vorgehensweisen von Konzernen, Firmen, Einrichtungen und Personen aus dem nichtsozialistischen Ausland, gegen die DDR und die Beschaffung von Unterlagen (z. B. Preisvergleiche, Kredit-, Liefer- und Leistungsbedingungen) mit dem Ziel, Übervorteilungen der DDR bei der Realisierung der Wirtschafts- und Handelsbeziehungen mit nichtsozialistischen Staaten auszuschließen, Diskriminierungen zu verhindern und Embargomaßnahmen zu unterlaufen.

Es wurde orientiert auf die Verwertung politisch-operativer Erkenntnisse zur Einflußnahme auf die Nutzung rechtlicher, vertraglicher und politisch-operativer Möglichkeiten zur Erlangung von Wiedergutmachungsleistungen, auf die Nutzung politisch-operativer Möglichkeiten für die Erschließung zusätzlicher Exportmöglichkeiten, die Verhinderung ungerechtfertigter Importe aus nichtsozialistischen Staaten und die Zurückdrängung der Abhängigkeit von Lieferungen aus nichtsozialistischen Staaten, auf die Prüfung und volle Ausschöpfung der Möglichkeiten für die Erlangung, Lieferung und Bereitstellung insbesondere dem Embargo unterliegender wissenschaftlich-technischer Informationen in Abstimmung mit der Hauptverwaltung Aufklärung (HVA).

Die Dienstanweisung regelte des weiteren Aufgabenstellungen hinsichtlich der Qualifizierung der IM-Arbeit und der Arbeit mit OV und OPK, der Zuständigkeit und Abgrenzung der auf der Linie XVIII vorhandenen Verantwortungsbereiche sowie die informationellen Beziehungen und Pflichten hinsichtlich der Analyse der aktuellen politisch-operativen Lage.

Zur Dienstanweisung Nr. 1/82 wurden sechs Durchführungsbestimmungen erlassen.

In der 1. DB wurden die Aufgaben der kombinats- und kombinatsbetriebsverantwortlichen Leiter und operativen Mitarbeiter bei der Sicherung zentralgeleiteter Kombinate festgelegt.

Die 2. DB beinhaltete Grundsätze der Arbeit mit Sicherheitsbeauftragten (SB), wozu bereits ausführlich in vorhergegangenen Abschnitten Darlegungen erfolgten.

Mit der 3. DB wurde die politisch-operative Sicherung der speziellen Produktion (Verteidigungsindustrie) geregelt.

Festlegungen zur Qualifizierung der vorbeugenden Verhinderung, Aufklärung und Bekämpfung von Bränden, Havarien und anderen Störungen in der Volkswirtschaft der DDR waren in der 4. DB enthalten.

Die 5. DB enthielt die Grundsätze zur politisch-operativen Absicherung und zum Schutz der auf der Grundlage von Regierungsabkommen (Arbeitskräfteeinsatz, Berufsausbildung und kulturell-wissenschaftliche Zusammenarbeit) und Ressortabkommen über die zeitweilige Beschäftigung sowie auf der Grundlage von Außenhandelsverträgen und zwischenstaatlichen Vereinbarungen in der Volkswirtschaft eingesetzten ausländischen Werktätigen.

Die Aufgaben wurden im Zusammenwirken mit den Sicherheitsorganen der jeweiligen Länder über Verbindungsoffiziere gelöst, die für Sicherheitsfragen ihrer Staatsbürger die alleinige Verantwortung trugen und bei der Erfüllung ihrer Aufgaben von der Linie XVIII Unterstützung erhielten.

Die 6. DB formulierte Grundsätze für die Erlangung, Bereitstellung, Auswertung und Nutzung wissenschaftlich-technischer Erkenntnisse aus dem nichtsozialistischen Wirtschaftsgebiet. Um ihre Auswertung und volkswirtschaftliche Nutzung zu garantieren, waren strenge Maßstäbe an die damit verbundenen Sicherheitserfordernisse anzulegen. Das wichtigste Erfordernis war dabei der Quellenschutz, d. h. der Schutz der Personen, die vergegenständlichte wissenschaftlich-technische Erkenntnisse in Form wissenschaftlich-technischer Dokumentationen, technischen Knowhows, Erzeugnismustern etc. der DDR-Volkswirtschaft zur Verfügung stellten .

Die HA XVIII/Linie XVIII hatte in enger Zusammenarbeit mit der HVA, Sektor Wissenschaft und Technik (SWT), die Durchsetzung der festgelegten Geheimhaltungsstufen entsprechend der Bestimmungen des Geheimnisschutzes mit den jeweils Verantwortlichen in den Betrieben, Kombinaten und wissenschaftlichen Institutionen über die zuständigen Objektsachbearbeiter der Linie XVIII durchzusetzen und deren Einhaltung zu kontrollieren. Dabei wurde sie auch durch Sicherheitsbeauftragte und Inoffizielle Mitarbeiter unterstützt.

Diensteinheiten der Linie XVIII nahmen überdies Sicherheitsüberprüfungen vor bei Personen, die mit wissenschaftlich-technischen Erkenntnissen aus dem NSW arbeiteten.

In diesem Zusammenhang wird nochmals auf die Embargo-Politik des Westens hingewiesen, die letztlich zu diesen Maßnahmen geführt hat. Sie findet in westlichen Veröffentlichungen allenfalls am Rande Erwähnung – ansonsten hüllt man sich dazu in Schweigen. Für die DDR jedoch war diese Politik die Ursache für Anstrengungen, die auf die wirtschaftliche Störung und Destabilisierung gerichtete Maßnahmen zu unterlaufen. Die von den USA nach 1945 eingeführte Exportkontrolliste und die im November 1950 installierte »Koordinierungsstelle für multilaterale Exportkontrolle« (COCOM) gehörten zu den düstersten Kapitel im Kalten Krieg.

Dagegen wehrte sich die DDR auch mit nachrichtendienstlichen Mitteln, die dem MfS zur Verfügung standen. Ein fairer Austausch von Waren und Ideen fand trotz Entspannunspolitik, trotz der Konferenz über Sicherheit und Zusammenarbeit in Europa (KSZE) und dazu getroffenen Festlegungen in Wirklichkeit aber nicht statt. Die Betreiber des Wirtschaftsembargos rechtfertigten sich mit der vermeintlichen Notwendigkeit, die Verteidigungsfähigkeit der westlichen Staaten garantieren zu müssen. Würde man sein Wissen und seine Technik mit dem Warschauer Pakt teilen, wäre man verwundbar. Die Lächerlichkeit dieser Behauptung wurde allein daran sichtbar, daß sogar Haushaltstechnik auf den Embargolisten stand.

Die Handelsbeschränkungen trafen aber nicht nur den Osten, sondern auch den Westen selbst. Geschäftsleute wurden daran gehindert, ihrer Tätigkeit nachzugehen. Und wenn sie Wege fanden, sich von diesen willkürlichen Fesseln zu befreien, schickte man ihnen selbst postum den Staatsanwalt ins Haus. Im sogenannten 2. Tätigkeitsbericht der Gauck-Behörde 1995 hieß es dazu: »Besonders hohe Anforderungen stellte die Erschließung und Grobsichtung von Unterlagen zu den wirtschaftlichen Beziehungen der DDR-Außenwirtschaft zu Firmen in der Bundesrepublik und anderen westlichen Staaten sowie über die Beschaffung von technischen Gütern dar, die auf der COCOM-Liste stehen und nicht an die DDR hätten geliefert werden dürfen. *Daraus ergeben sich eine Vielfalt von strafrechtsrelevanten Sachverhalten, die erkannt werden müssen.*«[138]

Der vom Westen betriebene Wirtschaftskrieg fand neben dem Embargo als seiner härtesten Form auch unvermindert auf Nebenschauplätzen seine Fortsetzung. Oberst a. D. Horst Roigk erinnerte sich der enttarnten Wirtschaftsspione: »Aus unterschiedlichen Gründen wurde durch die DDR-Führung eine offene und öffentliche Konfrontation mit den maßgeblich daran beteiligten Konzernen der BRD vermieden. An die Stelle der namentlich bekannten Wirtschaftsunternehmen trat als globale Bezeichnung ›Staatsmonopolistisches System der BRD‹.

Überführte Straftäter, die im Auftrag und Interesse der Wirtschaftsunternehmen handelten, wurden gewissermaßen nur als Einzeltäter verfolgt, so als ob sie nur auf eigene Faust und auf eigenes Risiko die Straftat begangen hatten. Die eigentlichen Drahtzieher und Nutznießer blieben nicht selten ungenannt.

In der Regel revanchierten sich die betreffenden Wirtschaftsunternehmen für die ihnen durch die DDR gewährte Schonung mit sogenannten Wiedergutmachungsleistungen in Gestalt von unentgeltlichen Warenlieferungen und Leistungen – als bevorzugte Form –, aber auch durch direkte Zahlungen. Den Wirtschaftsunternehmen ging es in erster Linie um ihren guten Ruf, nicht um die inhaftierten Straftäter. Und den guten Ruf haben sie sich was kosten lassen! Allein im Zeitraum von 1986 bis 1989 rund 6,5 Millionen Valutamark, die durch entsprechende Aufklärungs- und Untersuchungshandlungen von der HA XVIII (ohne Linie XVIII der Bezirke) und der HA IX (Untersuchung) gegen Einzelpersonen und Firmen erarbeitet worden waren – sie hatten die Rechtsverletzungen ermittelt.« Würden die Aktivitäten der gesamten Linie XVIII – also auch der Abteilungen XVIII der Bezirksverwaltungen – hinzugerechnet, so würde sich die Wiedergutmachungssumme um ein Vielfaches erhöhen. »Natürlich« konnten diese Wirtschaftsunternehmen in ihren Heimatstaaten diese Zahlungen von der Steuer absetzen.

Mit der Dienstanweisung Nr. 1/82 wurde ein weiterer Schritt zur Konzentration der Abwehrarbeit der Linie XVIII auf Schwerpunktbereiche und Schwerpunkte getan. Als wesentlich aufwendiger – und auch personell für die Linie XVIII schwer zu verkraften – erwies sich der Strukturwandel im Außenhandelsbereich. Im Jahre 1980 hatte sich die Zahl der dem Ministerium für Außenhandel (MAH) unterstellten Außenhandelsbetriebe (AHB) von 30 auf 60 verdoppelt, weil nun auch in Fachministerien und zentralgeleiteten Kombinaten eigene Außenhandelsbetriebe oder Absatzorganisationen geschaffen wurden.

Um die Dimensionen dieser Aufgabenstellung deutlich zu machen, sei hier beispielsweise auf das volkseigene Kombinat Carl Zeiss Jena verwiesen. Dessen AHB mit ca. 1.000 Mitarbeitern unterhielt in rund 40 Ländern eigene Technisch-Kommerzielle Büros (TKB) sowie acht gemischte Gesellschaften, in denen das Kombinat der Hauptaktionär war. Solche Gesellschaften bestanden in Großbritannien, Frankreich, Italien, Österreich und Brasilien. Dafür war lediglich eine Objekt-Dienststelle (OD) des MfS – die OD Zeiss Jena – zuständig. Die aber war für die Sicherung des gesamten Kombinates verantwortlich.

Da die gegnerischen Angriffe gegen die Volkswirtschaft der DDR vorwiegend über die Außenwirtschaftsbeziehungen realisiert wurden, stellte das an die Abwehr hohe Anforderungen.

Bei den vorbeugenden Maßnahmen kam es vor allem auf ein enges Zusammenwirken mit den wirtschaftsleitenden Kadern, den Inspektionen der Kombinate und im Bereich der Außenhandelsorgane an.

Besonderes Augenmerk galt den Vorhaben von militär-strategischer Bedeutung in der Forschung, Entwicklung und Produktion, die der Sicherheit der Warschauer Pakt-Staaten dienten. Das betraf sowohl die Auswahl und Überprüfung von Wissenschaftlern, Technikern und Arbeitern als auch die Sicherheit und Ordnung in den Forschungs-, Entwicklungs- und Produktionsstätten. Beispielsweise wurden Sperrbereiche eingerichtet, zu denen nur befugte Personen Zugang hatten.

Die vorbeugende, schadensabwendende Tätigkeit der Linie XVIII

Die Gewährleistung des Geheimnisschutzes

Von hohem staatlichen Interesse für die DDR war der Geheimnisschutz. Diesem Erfordernis dienten der Beschluß des Ministerrates und Festlegungen zur Arbeit mit den Geheimnisträgern vom 18. April 1973 und die Anordnung zum Schutz von Staatsgeheimnissen vom 20. August 1974. Der Geheimnisschutz umfaßte die Gesamtheit der Maßnahmen zur Gewährleistung des Schutzes der Staatsgeheimnisse sowie der anderen im Interesse der Staatsorgane, Betriebe und Bürger geheimzuhaltenden Informationen.

Bürger waren demzufolge dann Geheimnisträger, wenn sie zur Geheimhaltung von Staatsgeheimnissen verpflichtet und damit zum Umgang mit ihnen berechtigt waren und von Staatsgeheimnissen Kenntnis hatten.

Der Geheimnisschutz wurde stets gesetzlich geregelt, Staatsgeheimnisse waren strafrechtlich geschützt.

Für die Durchsetzung des Geheimnisschutzes trugen im MfS die *Zentrale Arbeitsgruppe Geheimnisschutz* (ZAGG), in den Bezirksverwaltungen die *Arbeitsgruppe Geheimnisschutz* (AGG) die Verantwortung. *(Siehe auch den Beitrag zu den Hauptaufgaben und Methoden der Abwehr in Band 1)*

Die HA XVIII/Linie XVIII hatten die Tätigkeit dieser Diensteinheiten im Rahmen ihrer volkswirtschaftlichen Verantwortungsbereiche – eingeschlossen die Einrichtungen der Akademie der Wissenschaften – zu unterstützen. Das betraf insbesondere die Auswahl und Überprüfung von Personen, die als Leiter und Mitarbeiter von Verschlußsachen-Stellen (VS-Stellen) eingesetzt oder als Geheimnisträger bestätigt werden sollten.

Von der zuverlässigen Gewährleistung des Geheimnisschutzes hing in nicht geringem Umfang Erfolg oder Mißerfolg von Spionageaktivitäten westlicher Geheimdienste ab. Horst Roigk, ehemals Abteilungsleiter für die Sicherung zentraler Staatsorgane in der HA XVIII, sah das so: »Der für westliche Geheimdienste stark eingeschränkte Zugriff auf wirtschaftliche Informationen mittels lebender Quellen wurde durch die weitere Perfektionierung der Funküberwachung des Territoriums der DDR mehr als ausgeglichen. Die funkelektronische Berichterstattung der Kombinate, des territorialen Staats- und Parteiapparates gegenüber dem Apparat des Zentralkomitees der SED sowie zentraler Einrichtungen des Staatsapparates über den Stand der Planerfüllung, Materialengpässe, Störungen usw. lieferten den Geheimdiensten tagesaktuelle wirtschaftliche Informationen frei Haus. Dieses Informationsaufkommen wäre mit den klassischen Mitteln der Spionage nie erreichbar gewesen.«[139]

Gegen die fernmelde-, funktechnische und funkelektronische Aufklärung konnten auch wir uns nur bedingt schützen. Kein Staat der Welt ist imstande, totale Abschirmmaßnahmen bei der Funk- und Telekommunikationstechnik durchzusetzen. Auch in der DDR konnte man nur für besonders sensible Großrechner Faradaysche Käfige errichten, um den Abgriff von Informationen durch Abstrahlung zu unterbinden.

Bei der Absicherung besonders gefährdeter Großrechenanlagen z. B. in der Staatlichen Plankommission und im VEB Maschinelles Rechnen, der für die Staatliche Zentralverwaltung für Statistik arbeitete, leistete auch die Linie XVIII ihren Beitrag.

Erich Schmidt-Eenbohm und Jo Angerer schilderten in »Die schmutzigen Geschäfte der Wirtschaftsspionage«, wie Auswerter des BND Ende der 70er Jahre feststellten, daß die DDR auf dem Weltmarkt intensive Käufe bei Kupfer und Kupferkabel tätigte. Danach sei die Ausbeute der Abteilung II (Funkelektronische Aufklärung) des BND und des USA-Geheimdienstes (Aufklärungsanlage Gablingen bei Augsburg) beim Abhören der Richtfunknetze der DDR in den sensiblen politischen und militärischen Bereichen spürbar zurückgegangen.

Der Grund: Die DDR hatte ihre interne Kommunikation partiell von Richtfunk auf Kabelverbindungen umgerüstet. Lieferant der Kupferkabel war der AEG-Konzern. Da er durch überhöhte Lieferpreise die DDR-Seite dabei noch zu übervorteilen versuchte, wurde er durch operative Maßnahmen der HA XVIII zur Zahlung einer Wiedergutmachungsleistung an den DDR-Außenhandel veranlaßt.[140]

Die Quelle »Mensch« blieb insgesamt betrachtet nach wie vor das wichtigste Mittel, wenn es darum ging, geheimzuhaltende Informationen von strategische Bedeutung zu erlangen.

Wie in jedem Staat üblich, unterlag auch die militärische Forschung, Entwicklung und Produktion (in der DDR als »spezielle Produktion« bezeichnet) strengsten Anforderungen an die Geheimhaltung. Eine der entsprechenden Rechtsgrundlagen war der Beschluß des Ministerrates vom 23. November 1982, der mit der Verordnung über Lieferungen und Leistungen an die bewaffneten Organe – Lieferverordnung (LVO) – vom 15. Oktober 1981 korrespondierte.

Die HA XVIII trug die Hauptverantwortung für die Sicherung der speziellen Produktion. Dazu gehörten das gesamte Militärbauwesen, sofern es nicht dem Ministerium für Nationale Verteidigung unterstellt war, das Kombinat Spezialbauwesen Potsdam, das für die Gruppe der Sowjetischen Streitkräfte in Deutschland arbeitete, die diesbezüglichen Forschungs- und Produktionskapazitäten in verschiedenen Kombinaten, Betrieben und wissenschaftlichen Institutionen, die Aufgaben zur Gewährleistung der Landesverteidigung – auch im Rahmen des Warschauer Paktes – zu erfüllen hatten.

Dabei arbeitete sie eng mit den Diensteinheiten auf Linie XVIII in den Bezirksverwaltungen, Kreisdienststellen, Objektdienststellen und Operativgruppen zusammen.

Besonders die sich aus der Hochrüstung der USA und der NATO in den 80er Jahren ergebenden Abwehrmaßnahmen der Warschauer Paktstaaten hatten auch weiterer Sicherungsaufgaben des MfS in der DDR-Volkswirtschaft zur Folge. Das MfS sah sich veranlaßt, dieser Lageeinschätzung Rechnung zu tragen. Dazu erließ der Minister für Staatssicherheit den Befehl Nr. 11/84 »Zur politisch-operativen Sicherung von Forschungs-, Entwicklungs- und Produktionsvorhaben für moderne strategische Waffensysteme« vom 30. Mai 1984.

Die darin befohlene Aktion »Präzision«[141] beinhaltete operative Sicherungs- und Abwehrmaßnahmen der Linie XVIII zu dem in der DDR herzustellenden Militärgerät für die Armeen der Warschauer Vertragsstaaten.

Die Mitarbeiter der Diensteinheiten der Linie XVIII und der Arbeitsgruppe Geheimnisschutz hatten danach mit den staatlichen Leitern und ihren Beauftragten im Rahmen der Aktion »Präzision« entsprechende Bestätigungen sowohl des damit befaßten Personenkreises als auch der Einstufung der gegenständlichen Staatsgeheimnisse (Dokumente, Forschungsergebnisse, Erzeugnisse) vorzunehmen und ihre Einhaltung und Durchsetzung zu kontrollieren. Damit verbunden waren die zu den erwähnten Personenkreis erforderlichen Sicherheitsüberprüfungen gemäß der Richtlinie Nr. 1/82 des Ministers für Staatssicherheit zur Durchführung von Sicherheitsüberprüfungen vom 17. November 1982, denen Staatsgeheimnisse oder andere geheimzuhaltende Informationen oder Gegenstände anvertraut werden sollten.

In der Abwehrarbeit der zuständigen Diensteinheiten der Linie XVIII hinsichtlich der militärischen Forschung, Entwicklung und Produktion hatten die Abwehr von Spionageaktivitäten der westlichen Geheimdienste, der Sabotage und jeglicher gegnerischer wirtschaftlicher Störtätigkeit sowie die Abwerbung von Fachkräften Priorität. Darauf waren auch schwerpunktmäßig die operativen Maßnahmen, wie die Operative Personenkontrolle und die Arbeit an Operativen Vorgängen orientiert. Nur in Einzelfällen mußten nach Sicherheitsüberprüfungen Personen wegen disziplinarischer Verstöße aus dem Kreis der Geheimnisträger herausgelöst werden. Geheimnisverrat oder gar Agententätigkeit bildeten die Ausnahme.

Auch über die Geheimnisträger existiert ein umfangreicher Aktenbestand, der dem darin erfaßten Personenkreis eine positive Haltung zur DDR und Zuverlässigkeit bei der Erfüllung ihrer verantwortlichen beruflichen Aufgaben bestätigte.

Im Blickfeld der operativen Abwehrmaßnahmen standen daher vor allem Personen, die sich Zugriff auf Staatsgeheimnisse verschaffen wollten, ohne selbst Geheimnisträger zu sein. Sie interessierten sich nicht nur für Ergebnisse der technischen und technologischen Forschung und Entwicklung, sondern häufig auch für den Stand der Umsetzung von Forschungsergebnissen in der Produktion, die dabei aufgetretenen Probleme und Engpässe, für Kooperations- und Handelspartner des jeweiligen Kombinats im Ausland, aber auch für subjektive Schwächen und Eigenarten von Kadern in wichtigen Funktionen.

Dies wird belegt durch Erkenntnisse aus einem Gerichtsverfahren gegen einen Spion der CIA, der im Kombinat Carl Zeiss Jena tätig war. Bei »A«. handelt es sich um eine Person, die selbst keinen unmittelbaren Zugriff zu Informationen hatte. Er war weder Geheimnisträger noch Reisekader, so daß er aus abwehrmäßiger Sicht nicht unmittelbar in das Blickfeld des MfS geriet. »A«. nutzte aber begünstigende Bedingungen auf dem Gebiet von Sicherheit, Ordnung und Geheimnisschutz aus, um mittels Abschöpfung die geheimdienstlichen Aufträge zu erfüllen. »A« war bei einer Privatreise nach Budapest von der CIA geworben worden, nachdem dessen Westverwandte dem Geheimdienst signalisiert hatten, daß er die DDR illegal verlassen wolle.[142]

Die weitere Entwicklung der elektronischen Rechentechnik und automatisierten Informationsverarbeitung erforderte auch entsprechende Aufgaben für die politisch-operative Arbeit der Linie XVIII festzulegen. Vorbehaltlich noch zu erarbeitender innerdienstlicher Bestimmungen, konzentrierte sich die Linie XVIII auf die Abwehr von Spionagetätigkeit durch Verhinderung des Mißbrauchs von EDV-Technik für geheimdienstliche Aktivitäten; auf den Schutz der EDV-Anlagen und damit verbundener Datenverarbeitungs- und Datenübertragungstechnik vor Abstrahlung, insbesondere in solchen Bereichen, wo Staatsgeheimnisse Gegenstand automatischer Informationsverarbeitung waren; auf die Verhinderung von gezielten Fremdeinwirkungen die zur Veränderung oder Vernichtung von Datenbeständen oder anderweitiger mißbräuchlicher Nutzung führen konnten; auf die Durchführung von Sicherheitsüberprüfungen zu Leitungskadern und verantwortlichen Mitarbeitern die mit Daten in Berührung kamen, die den Geheimnisschutzbestimmungen unterlagen; auf die Unterstützung der staatlichen Leiter bei der Erarbeitung von Bestimmungen über Ordnung und Sicherheit und den Geheimnisschutz. Dabei waren auch neue gesetzliche Bestimmungen zu beachten. Das betraf den mit dem 5. Strafrechtsänderungsgesetz vom 14. Dezember 1988143 eingeführten § 136a StGB »Verletzung der Rechte an persönlichen Daten«, der den strafrechtlichen Schutz von Daten aus der automatischen Informationsverarbeitung garantierte, und die Anordnung zur Gewährleistung der Datensicherheit des Ministers für Wissenschaft und Technik vom 23. Februar 1989144.

Aufgaben zur Verhinderung von Bränden, Störungen und Havarien in der Volkswirtschaft der DDR sowie Erarbeitung von Hinweisen auf Umweltbelastungen durch volkswirtschaftliche Einrichtungen

Seit Bildung der antifaschistisch-demokratischen Polizei war die Aufklärung und die Ermittlung der Entstehungsursachen sowie vorbeugende Verhinderung von Bränden, Störungen und Havarien stets eine der wichtigsten Aufgaben.

Nach Bildung des MfS wurde der Linie XVIII im Zusammenhang mit derartigen Vorkommnissen die Aufgabe übertragen, bei Verdachtshinweisen auf einen staatsfeindlichen Hintergrund ebenfalls tätig zu werden. Mitte der 50er Jahre entstanden in der HA XVIII und den Abteilungen XVIII der Bezirksverwaltungen spezielle Struktureinheiten, später *Arbeitsgruppen Brände und Störungen* (AG BuS). Ihre Aufgabe bestand sowohl in der Mitwirkung an der Aufklärung als auch in der Organisierung einer wirksamen Vorbeugungsarbeit.

Die AG BuS der HA XVIII erfüllte bis auf die Mitwirkung an schwerwiegenden Vorkommnissen vor allem eine anleitende und koordinierende Funktion.

Mitarbeiter der HA XVIII unterhielten auch den Kontakt zu den zentralen Behörden wie der Zentralinspektion der Technischen Überwachung, dem Staatlichen Amt für Atomsicherheit und Strahlenschutz, der Obersten Bergbehörde und anderer Einrichtungen. Dort konnten jederzeit die sicherheitspolitischen Erfordernisse, die das MfS geltend machte, vorgetragen und beraten werden. Analog bestanden offizielle Kontakte von Mitarbeitern der Linie XVIII der BV und KD zu den jeweils untergeordneten Einrichtungen dieser Kontrollorgane.

Anfang der 80er Jahre wurde die AG BuS der HA XVIII aufgelöst und deren Aufgaben den Abteilungen der HA XVIII zugeordnet.

Die Hauptlast bei der Bewältigung von Maßnahmen im Zusammenhang mit derartigen Vorkommnissen lag bei den AG BuS in den Bezirksverwaltungen und bei den zuständigen Objektsachbearbeitern der Abteilungen XVIII, der Kreisdienststellen und Objektdienststellen.

Sie kooperierten mit den örtlichen Behörden der Deutschen Volkspolizei, Experten des Kriminaltechnischen Institutes des MdI und anderen staatlichen und gesellschaftlichen Kontrollorganen. Die beteiligten Organe entschieden nach den vorliegenden Ausgangsinformationen sowie dem Umfang und den Auswirkungen des Vorkommnisses, wer den Einsatz vor Ort führte und wer die Verantwortung für welche konkreten Maßnahmen übernahm. Meist wurde auch der Inhalt der Informationen über den Stand der Ermittlungen und die sich daraus ergebenden Maßnahmen abgestimmt.

Die Vernehmung von Tatverdächtigen und Zeugen oblag den Untersuchungsorganen des MdI bzw. den Spezialkommissionen der Linie IX (Untersuchung) des MfS.

Gemeinsam mit den zuständigen Leitungskräften in Betrieben und Einrichtungen wurden die erforderlichen Festlegungen getroffen, um erkannte Ursachen und begünstigende Bedingungen unverzüglich zu beseitigen bzw. einzugrenzen. In nicht wenigen Fällen erteilte auch der Staatsanwalt verbindliche Auflagen, für deren Umsetzung er terminliche Festlegungen traf.

Auch bei Bränden, Störungen und Havarien mußte die Linie XVIII sich auf Schwerpunkte und Schwerpunktbereiche in Industrie, Bauwesen und in der Landwirtschaft konzentrieren. Besondere Bedeutung wurde dabei den Anlagen zur Erzeugung von Kernenergie beigemessen, um den besonders hohen Sicherheitsstandards sowohl hinsichtlich der Anlagensicherheit als auch der Anforderungen an das Bedienungspersonal zu entsprechen.

Um den Einsatz unzuverlässiger Personen an neuralgischen Stellen dieser Anlagen zu verhindern, wurden Sicherheitsüberprüfung zu den Personen durchgeführt, die dort zum Einsatz kommen sollten.

Sicherheitsüberprüfungen erfolgten auch zum Bedienungspersonal und zu verantwortlichen Technikern von Großanlagen, etwa in der chemischen Industrie, der Energiewirtschaft und in Bereichen der elektronischen Datenverarbeitung. Die vorbeugenden und schadensabwendenden Maßnahmen sowie die kontinuierliche Durchführung von Antihavarietraining, die Durchsetzung von Brandschutzmaßnahmen und die Vorschläge sowie die aktive Mitwirkung durch eine große Zahl Werktätiger zeigten sichtbare Ergebnisse bei der Zurückdrängung entsprechender Vorkommnisse. So war im Zeitraum 1972 bis 1974 ein kontinuierlicher Rückgang der Großschadensfälle in den Bereichen der Chemieindustrie und Energiewirtschaft zu verzeichnen.

Von 1971 bis 1974 ging die Gesamtsumme der durch Brände, Havarien und Störungen verursachten Schäden um etwa die Hälfte zurück, obwohl der Sachschaden noch immer 57,4 Millionen Mark (ohne Produktionsausfälle und Folgeschäden) betrug.

Vielfach waren die Ursachen Verschleißerscheinungen, verzögerte Reparaturen aufgrund fehlender Bau- und Reparaturkapazitäten, ungenügende oder nicht vorhandene Investitionsmittel für notwendige Rekonstruktions- und Modernisierungsmaßnahmen, besonders in traditionellen Industriebereichen. Auch die weitere Nutzung dringend benötigter Produktionskapazitäten durch zeitlich befristete Ausnahmegenehmigungen war stets risikobehaftet.

Besonders kompliziert erwies sich die Aufklärung des Schadensgeschehens in Großanlagen industriemäßigen Charakters in der Land- und Nahrungsgüterwirtschaft. Um den dort zeitweilig ansteigenden Schadensfällen zu begegnen, bedurfte es einer umfassenden Aufklärung aller Begleitumstände, der Persönlichkeitseigenschaften, der Motive und Zielstellungen der Tatverdächtigen, um zwischen allgemeiner Kriminalität und möglicher Feindtätigkeit zu unterscheiden.

Das »Gesetz über den Brandschutz in der DDR – Brandschutzgesetz« vom 19. Dezember 1974 definierte den Brandschutz als Anliegen zur Gewährleistung von Ordnung, Disziplin und Sicherheit und der Landesverteidigung.

Für die Volkswirtschaft hilfreich und für Entscheidungsträger nützlich, weil kontrollierbar, waren regelmäßige Zustandskontrollen in Schwerpunktbetrieben, Handelseinrichtungen und Lagern, vor allem in Objekten mit überwachungspflichtigen Anlagen bzw. solchen, in denen Güter bestimmter Gefährdungsklassen verarbeitet und gelagert wurden.

Die vorbeugenden Kontrollen erfolgten in der Regel gemeinsam durch Mitarbeiter der Linie XVIII, den Spezialkommissionen der Linie IX (Untersuchung) und den Spezialisten der Dienstzweige Kriminalpolizei und Feuerwehr der Deutschen Volkspolizei sowie staatlichen Kontrolleinrichtungen und der ABI. Das geschah nach Plan über einen Jahreszeitraum und mit gutachterlichen Stellungnahmen und Fotodokumentationen sowie entsprechenden Schlußfolgerungen bzw. Auflagen zur Veränderung. Über gesetzes- bzw. ordnungswidrige Zustände wurden die Verantwortlichen auf den jeweiligen Leitungsebenen der SED und des Staatsapparates informiert.

In Berlin gehörte der zuständige Stellvertreter Operativ des Leiters der BV der Mitte der 70er Jahre gebildeten Bezirkskatastrophenkommission an, die vom Oberbürgermeister geleitet wurde. Mitglieder der Bezirkskatastrophenkommission waren wirtschaftsleitende Funktionäre des Staatsapparates, leitende Vertreter des Verkehrs- und Gesundheitswesens, der Sicherheits- und Schutzorgane, der ABI sowie staatlicher Aufsichts- und Kontrollorgane. Die Bezirkskatastrophenkommission hatte sowohl konkrete vorbeugende Maßnahmen zu ergreifen, um menschliches oder technisches Versagen, das zu Katastrophen führen konnte, weitgehend auszuschließen bzw. mögliche Auswirkungen zu minimieren. Sie traf auch Festlegungen für unbeeinflußbare, etwa durch Witterungsunbilden auftretende Katastrophenfälle. Dafür wurden entsprechende Plandokumente über zum Einsatz kommende Kräfte und Mittel, zu möglichen Hilfs- und Evakuierungsmaßnahmen und bereitzustellenden Reserven erarbeitet.

Vor allem in den 70er und 80er Jahren waren die Bemühungen der SED und der Staatsorgane der DDR nicht zu übersehen, entsprechend den vorhandenen technischen und materiellen Möglichkeiten, Umweltbelastungen, die durch die Volkswirtschaft verursacht wurden, sukzessive abzubauen.

Dennoch gab es auf diesem Gebiet erhebliche Defizite. Die Informationspolitik war jedoch darauf ausgerichtet, die Öffentlichkeit mit diesen Problemen und dazu vorliegenden Erkenntnissen möglichst nicht zu »belasten«. Dadurch hatten westliche Medien immer wieder Angriffsflächen, um die DDR zu diskriminieren und von eigenen Umweltsünden abzulenken.

Die meisten Umweltbelastungen und ökologischen Schäden waren von der Linie XVIII lange vorher den zuständigen SED- und Staatsorganen auf den jeweiligen Ebenen mit entsprechenden Empfehlungen signalisiert worden. Soweit das MfS in Untersuchungen damit verbundener Vorkommnisse einbezogen war, wurde bei erkannten Mängeln bezüglich des Umweltschutzes auf schadensabwendende Maßnahmen gedrängt. So beispielsweise durch Diensteinheiten der Linie XVIII und IX der BV Berlin Mitte der 60er Jahre in den Chemischen Werken Berlin-Grünau. Über die staatsanwaltschaftliche Aufsicht wurde der Einbau technischer Vorrichtungen durchgesetzt, um künftig den Abfluß von chemisch belasteten Flüssigkeiten in anliegende Gewässer zu verhindern.

Operative Beachtung fand auch die Umsetzung eines langfristigen und umfänglichen Umweltschutzprogrammes im VEB Elektrokohle (EKL) in Berlin-Lichtenberg in den 80er Jahren. Beim Einbau von Filteranlagen waren Fehler gemacht worden, die korrigiert werden mußten.

Bei der Realisierung von vorbeugenden und schadensabwendenden Maßnahmen spielten die Inoffiziellen Mitarbeiter für Sicherheit (IMS) eine entscheidende Rolle.

Der wiederholt schon zitierte Horst Roigk erinnerte sich der Zusammenarbeit auf diesem Feld zwischen MfS und Betrieben: »Zwischen der Mehrzahl der Wirtschaftsfunktionäre und verantwortungsbewußten Werktätigen und dem zuständigen Abwehrorgan für die Volkswirtschaft existierte kein Dissens. Das Gegenteil war der Fall. Es gab eine weitgehende Interessenübereinstimmung. Das MfS war häufig gesuchter Ansprechpartner, auch in der Erwartung, daß über den ›geheimen Kanal‹ ungeschminkt Mängel und Mißstände an die übergeordneten SED- und Staatsinstanzen mit dem Ziel herangetragen würden, Betriebe, Kombinate, Wirtschaftszweige bzw. den Staat insgesamt vor Schaden zu bewahren.

Sicherlich hoffte man dadurch auch, nicht selbst in die Kritik zu geraten oder Diffamierungen ausgesetzt zu sein. Das traf dann zu, wenn es um Entscheidungen ging, die angeblich nicht konform waren mit Beschlüssen der SED- und Staatsführung oder so ausgelegt werden konnten. In Einzelfällen führten ›Alleingänge‹ zu personellen Konsequenzen.«[145]

Werner Eberlein, von 1985 bis 1989 1. Sekretär der Bezirksleitung Magdeburg der SED, schilderte in seinen Memoiren[146] folgendes Beispiel: »Der Leiter der Bezirksverwaltung des MfS zeigte mir eines Tages eine Fotografie des maroden Daches der Superphosphathalle im Chemiebetrieb Fahlberg-List. Ja, auch mit solchen Problemen befaßte sich die Staatssicherheit, und zwar sehr oft und auch erfolgreich. Es wurde viel Schaden vermieden.

Ich meldete mich beim Werkleiter dieses Betriebes an. Als ich ihm vorschlug, die Halle gemeinsam zu besuchen, schlug er die Hände über dem Kopf zusammen. Dann setzte er seine ganze Energie darein, mir diesen Besuch auszureden. Wir gingen. In der Halle erklärte er mir, daß weder er noch der Generaldirektor des Kombinates in Wittenberg über die für die Dachsanierung nötigen Investitionsmittel verfügte.

Mit Hilfe des für Investitionen zuständigen Staatssekretärs in der Staatlichen Plankommission konnte ein Teil der fünfhundert Millionen Mark, die jährlich für das Kernkraftwerk Stendal bewilligt, aber nach dem Stand der Dinge nicht verbraucht wurden, zu Fahlberg-List ›umgebucht‹ werden. So weit – so gut. Aber es blieb die Frage, warum der Werkleiter nicht zu mir gekommen war, um gemeinsam einen Ausweg zu suchen? Fehlte es an Vertrauen zu mir, oder fürchtete er, daß der Besuch bei mir eine unangenehme Bumerang-Reaktion Günter Mittags auslösen könnte? Da waren noch mehr Fragen: Warum hat das MfS und nicht der Parteisekretär darauf aufmerksam gemacht? Oder hatte man sich etwa mit diesem Zustand abgefunden und würde ihn im Ernstfall nach oben schönreden? Viele Fragen an viele Menschen.«

Trotz objektiver und teilweise auch umfassender Informationen durch Diensteinheiten des MfS blieb zu viel auf der Strecke. Die Informationen führten nicht zu notwendigen, vor allem dauerhaften Veränderungen. Erich Mielke erklärte 1992 auf die Frage des »Spiegel«, ob es etwas gebe, was er heute ganz anders machen würde: »Eines würde ich machen: Ich würde den anderen nicht die Möglichkeit geben, uns alle Verantwortung zu überlassen.

Staatssicherheit, Staatssicherheit! Was glauben Sie, mit welchen Nebensächlichkeiten wir uns befassen mußten? Wenn etwas in der Versorgung nicht funktionierte, wenn es zum Beispiel in einem Krankenhaus durchs Dach regnete, Jahr für Jahr, dann hat man uns bemüht. Und wir haben versucht abzuhelfen. Obwohl wir gar nicht zuständig waren. Wir konnten doch nicht zusehen, wenn die anderen sich um nichts kümmerten. Wir waren die *Mädchen für alles*, so wie wir jetzt für alles die Prügelknaben sind.«[147]

Zur Wahrheit gehört aber auch, daß das MfS mitunter die tatsächlichen Möglichkeiten wirtschaftsleitender Kader bei der Lösung angesprochener Probleme überschätzte.

Zusammenarbeit mit den Sicherheitsorganen der Partnerländer

Bedingt durch die historische Entwicklung der DDR hatten sich zwischen der UdSSR und der DDR enge freundschaftliche Beziehungen entwickelt. Daher spielte die Zusammenarbeit auch zwischen den Sicherheitsorganen beider Länder eine wesentliche Rolle. Die Aufgaben zur Sicherung der Volkswirtschaft – speziell auch von Vorhaben des RGW und von Maßnahmen der Sozialistischen Ökonomischen Integration – waren Bestandteil dieser Zusammenarbeit.

Die UdSSR war nicht nur der größte Wirtschaftspartner der DDR, sondern für ihre Volkswirtschaft von existentieller Bedeutung. Deshalb wurde der Planung der Sicherheitsmaßnahmen, der Analysen ihrer Ergebnisse und der darüber erfolgten Berichterstattung der gebührende Platz eingeräumt.

In einem Plan der Zusammenarbeit vom 7. Januar 1985 waren zwischen dem MfS (HA XVIII) und dem KfS (VI. Hauptverwaltung) vom Minister für Staatssicherheit und vom Vorsitzenden des KfS folgende Aufgaben festgelegt worden:

»1. Die Aktivierung der gemeinsamen Abwehrarbeit zur Aufdeckung und Verhinderung subversiver Aktivitäten des Gegners gegen Organisationen und Einrichtungen des Rates für gegenseitige Wirtschaftshilfe.

2. Die Durchführung abgestimmter Maßnahmen, die für die Einhaltung des Geheimnisschutzes in der zwei- und mehrseitigen ökonomischen und wissenschaftlich-technischen Zusammenarbeit, bei Abkommen, Vereinbarungen, Verträgen, Programmen und Projekten im Rahmen des RGW gerichtet sind, unter besonderer Berücksichtigung der in ihnen enthaltenen Angaben vertraulichen Charakters, an der Geheimdienste ein Aufklärungsinteresse haben.

3. Die Koordination von Maßnahmen zur Aufdeckung und Verhinderung von Spionage-, Sabotage- und Diversionsakten gegnerischer Geheim-

dienste gegen funktionierende und im Bau befindliche Atomkraftwerke auf dem Gebiet unserer Länder, unter Berücksichtigung der besonderen Produktionsweise und Verwundbarkeit von Anlagen der Atomenergie durch Diversion.

4. Die gemeinsame Durchführung von Arbeiten zur Vervollkommnung der Normdokumente, die das System zum Schutz von Staatsgeheimnissen bei der Koordinierung und gemeinsamen Realisierung von wissenschaftlichen Forschungen und technischen Arbeiten auf dem Gebiet besonderer Produktionen durch Einrichtungen der DDR und UdSSR regeln, sowie Übergabe, Aufbewahrung und Umgang mit Geheimdokumenten und Fertigungsmustern betreffen.

5. Die Realisierung operativer Unterstützungsmaßnahmen bei der Sicherung größerer Kontingente an Bauarbeitern und Montagekräften der DDR und UdSSR, die gemeinsam wichtige volkswirtschaftliche Objekte auf dem Gebiet beider Länder errichten.«[148]

Die Sicherungsmaßnahmen zu RGW-Vorhaben waren Bestandteil der politisch-operativen Aufgabenstellung der für die einzelnen Bereiche der DDR-Volkswirtschaft zuständigen Abteilungen der HA XVIII sowie der Linie XVIII der Bezirksverwaltungen, Kreis- und Objektdienststellen.

Da der RGW und seine wichtigsten Einrichtungen (die ständigen Kommissionen, deren Sektionen und Arbeitsgruppen, das Exekutivkomitee, das die Arbeit des RGW zwischen den Ratstagungen leitete, die Internationale Bank für wirtschaftliche Zusammenarbeit, die Internationale Investitionsbank und das Vereinigte Kernforschungsinstitut Dubna) allesamt ihren Sitz in Moskau hatten, kam Personal aus der DDR dort zum Einsatz.

Die Verantwortung für die Auswahl und Delegierung der Kader lag bei den Ministerien und den ihnen nachgeordneten Kombinaten, Betrieben und Einrichtungen. Die dazu erforderlichen Sicherheitsüberprüfungen durch die zuständigen Diensteinheiten der Linie XVIII erfolgten nach geltenden dienstlichen Bestimmungen für Reise- und Auslandskader.

Da ihr Einsatz ausschließlich im sozialistischen Ausland erfolgte und ein großer Teil der dafür vorgesehenen Kader sich durch ihren jahrelangen Einsatz in verantwortungsvollen Positionen der DDR-Volkswirtschaft als zuverlässig und fachlich kompetent erwiesen hatte, konnten die Sicherheitsüberprüfungen entsprechend differenziert erfolgen.

Gemäß einer Vereinbarung zwischen dem KfS der UdSSR und dem MfS vom 6. Dezember 1973 war in Moskau in Verantwortung der Hauptabteilung II (Spionageabwehr) eine Operativgruppe geschaffen worden. Sie war verantwortlich für die Absicherung von DDR-Bürger in der Sowjetunion.

In Realisierung von Investitionsvorhaben mit DDR-Beteiligung waren zeitweilig über 40.000 DDR-Bürger in der UdSSR eingesetzt. Für die Durchführung von Sicherungsaufgaben im Bergbau- und Aufbereitungskombinat Kriwoi Rog war ein Mitarbeiter der Linie XVIII ständig vor Ort im Einsatz, während die Aufgaben an der Erdgastrasse aufgrund der Dimension des Vorhabens auf Einzelmaßnahmen beschränkt blieben.

Unterstützung erhielten die Mitarbeiter der Linie XVIII in der UdSSR durch die im Jahre 1982 gebildete VI. Verwaltung des KfS (zuständig für Abwehraufgaben in der Volkswirtschaft). Meist betraf dies die materielle Sicherstellung für operative Maßnahmen.

Im Rahmen dieser operativen Sicherungsmaßnahmen gelang es den sozialistischen Sicherheitsorganen, Spionageaktivitäten speziell des USA-Geheimdienstes aufzudecken, in die Bürger aus verschiedenen Staaten verstrickt waren, so auch eine Bürgerin der DDR, die im RGW- Apparat in Moskau als Dolmetscherin arbeitete. Sie nahm jahrelang an allen Sitzungen des Rates teil und stenografierte die Reden der Berichterstatter. Kopien des gesammelten Materials übergab sie unter Zuhilfenahme eines Handtaschencontainers ihren Auftraggebern vom USA-Geheimdienst. Sie wurde vom KfS der UdSSR unter Mitwirkung des MfS verhaftet und später von einem Gericht der DDR verurteilt.

Enttarnt durch die DDR-Abwehr wurde weiterhin ein Ingenieur aus dem VEB Großdampferzeugerbau Berlin. Als Agent des BND angeworben, hatte dieser im Jahre 1962 schriftliche Spionageanweisungen erhalten, um seinen Auftraggebern ständig Berichte über die Tätigkeit des RGW zu liefern. Das betraf Angaben zu Fragen der Arbeitsteilung, aber auch über Forschungsthemen und deren Bearbeiter, die Einführung neuer Forschungs- und Entwicklungsergebnisse in die Produktion sowie Informationen über Fachtagungen, deren Teilnehmer und Angaben über Ergebnisse.

Die Zusammenarbeit zwischen den Verbindungsoffizieren des KfS in der DDR und der HA XVIII sowie auf der Ebene der Bezirksverwaltungen gestaltete sich kameradschaftlich. Informationen, die die politisch-operative Absicherung der Volkswirtschaft betrafen, zumal wenn sie beiderseitige Interessen berührten, wurden sowohl mündlich ausgetauscht als auch schriftlich übergeben.

Die Linie XVIII war an drei multilateralen Beratungen der Sicherheitsorgane der sozialistischen Staaten beteiligt – 1975 in Prag und 1978 in Warschau zu Fragen der Spionageabwehr und 1987 in Prag zu Fragen der Sicherung der Volkswirtschaft. Auf dieser Beratung, an der die zuständigen Abwehrlinien der Sicherheitsorgane aller RGW-Staaten – außer Rumäniens

– teilnahmen, wurden Erfahrungen über die Bekämpfung feindlicher Angriffe gegen die Volkswirtschaften ausgetauscht und Erfordernisse zur Durchsetzung vorbeugender schadensabwendender bzw. leistungsfördernder Maßnahmen erörtert.

Zweiseitige Beratungen gab es zwischen der Linie XVIII des MfS und entsprechenden Diensteinheiten der UdSSR, der CSSR, der VR Polen, der VR Bulgarien, der UVR und der Republik Kuba. Sie fanden seit etwa Mitte der 70er Jahre abwechselnd in den jeweiligen Partnerländern statt. Dabei standen die operative Absicherung von Vorhaben aus Wissenschaft und Technik, Elektrotechnik/Elektronik, der Erdölchemie, der Land- und Nahrungsgüterwirtschaft, Probleme der Versorgung der Bevölkerung und des Umweltschutzes im Vordergrund. Besonderes Interesse galt der Absicherung von Objekten der Kernenergieerzeugung. Der dabei erfolgte Erharungsaustausch bezog sich vor allem auf Mittel und Methoden bei Angriffen westlicher Geheimdienste und auf Störmaßnahmen oder anderweitige schwerwiegende Vorkommnisse zum Schaden der Volkswirtschaft.

In den bereits zitierten Veröffentlichungen von Erich Schmidt-Eenboom und Jo Angerer wird bestätigt, was dem MfS durch Quellen im BND hinreichend bekannt war: »Die sozialistische Wirtschaftsgemeinschaft RGW rangierte im Katalog der Aufklärungsprioritäten des BND gleich hinter militärpolitischen Fragen mit der Priorität 2, d. h. ›war von hohem Interesse‹ und erforderte nach den Festlegungen des BND ›vorrangigen Ansatz von Kapazitäten und Mitteln‹.«[149] Daran änderte sich bis zur Auflösung des RGW nichts.

In der Zeit von Herbst 1979 bis zum Herbst 1983 spitzte sich die Konfrontation zwischen der UdSSR und den USA, zwischen NATO und Warschauer Pakt dramatisch zu.

Die UdSSR hatte im Oktober 1979, im Gefolge des Wiener Gipfeltreffens von Breshnew und Carter in Wien, ihre Bereitschaft geäußert, ihre Mittelstreckenraketen zu reduzieren, wenn keine zusätzlichen amerikanischen Raketen in Westeuropa stationiert werden würden.

Im Dezember 1979 beschloß jedoch die NATO, ab Dezember 1983 in Westeuropa 572 neue amerikanischen Raketen (108 Pershing 2 und 464 landgestützte Flügelraketen) zu stationieren. Als Vorwand für diese Maßnahmen wurde eine Modernisierung sowjetischer Nuklearraketen Typ »SS 4« und »SS 5« (NATO-Code) durch Raketen des Typs »SS 20« genommen.

Der sogenannte NATO-Doppelbeschluß – Nachrüstung und Verhandeln – lief darauf hinaus, die in Europa und der übrigen Welt bestehende nukleare Parität zu zerstören und den USA militärische Überlegenheit zu sichern.

Die SED- und Staatsführung der DDR bemühte sich um »Schadensbegrenzung«, zumal erstmals auch auf dem Territorium der DDR atomar bestückte Kurz- und Mittelsteckenraketen stationiert werden sollten. Die seit 1949 bestehende Staatsdoktrin »Von deutschem Boden soll nie wieder Krieg ausgehen« schien ernsthaft gefährdet.

»Wir leben in einer Vorkriegs-, nicht Nachkriegszeit« erklärte der Leiter der amerikanischen Rüstungskontrollbehörde, Eugene Rostow.[150]

Der schon in anderem Zusammenhang behandelte Befehl Nr. 1/85 des Ministers für Staatssicherheit zu den Aufgaben der Diensteinheiten des MfS zur frühzeitigen Aufklärung akuter Aggressionsabsichten und überraschender militärischer Aktivitäten imperialistischer Staaten und Bündnisse, besonders zur Verhinderung überraschender Raketenangriffe gegen Staaten der sozialistischen Staatengemeinschaft, vom 15. Februar 1985 trug der internationalen Lage Rechnung.

In der 1. Durchführungsbestimmung des Leiters der Hauptverwaltung Aufklärung (HVA) zu diesem Befehl wurde die HA XVIII verpflichtet (und dies galt ebenso für die gesamte Linie XVIII), geeignete Reisekader- bzw. Auslandskader-IM durch Vorgabe ausgewählter Indikatoren, die BRD-Rüstungsindustrie und andere gesellschaftliche Bereiche betreffend, Hinweise auf kriegsnahe Aktivitäten zu erarbeiten.

Dazu zählten die Umstellung ganzer Produktionsbereiche auf Rüstungsproduktion, die Bereitstellung von Reparaturkapazitäten für Militärtechnik, die Anpassung der Lagerwirtschaft an kriegsnahe Bedingungen, die Zuführung zusätzlicher und neuer Militärtechnik an die Streitkräfte, Ausdehnung und weitere Verschärfung von Embargomaßnahmen, Abbruch oder Einschränkung von Handelsbeziehungen und damit verbundene personelle Veränderungen, Schließung von technisch-kommerziellen Einrichtungen, die ausschließlich zivilen Zwecken dienten usw.

In der Weisung des Leiters der HA XVIII zur Durchsetzung des Befehls Nr. 1/85 des Ministers für Staatssicherheit wurden als Hauptindikatoren genannt:[151]

1. Verlegung des Personals zentraler Institutionen/Forschungseinrichtungen, der wichtigsten Mitarbeiter von großen Betrieben, Banken, Firmen und wissenschaftliche Zentren in geschützte Ausweichobjekte und Unterkünfte.

2. Einschränkung in der Tätigkeit der größeren Banken der NATO-Staaten und Transfer von Aktiva an Banken neutraler Staaten.

3. Ergreifen zusätzlicher Maßnahmen zum Schutz der wichtigsten Industriebetriebe.

4. Auffüllen und Dezentralisation von Rohstoffen- und Brennstoffvorräten (im gesamtstaatlichen Maßstab, in einzelnen Betrieben und Lagern)
5. Über das Arbeitsamt Aushebung zusätzlicher Arbeitskräfte für die wichtigsten Rüstungsbetriebe

Informationstätigkeit an die SED- und Staatsführung sowie an die örtlichen Partei- und Staatsorgane

Die Volkswirtschaft der DDR - einschließlich Verkehrswesen - war ein derart umfassendes Arbeitsgebiet, daß zwangsläufig die zuständigen Abwehrorgane - Linie XVIII und Linie XIX - ein riesiges Informationsaufkommen zu bewältigen hatten.

Die Informationen berührten nahezu alle Lebensbereiche der Gesellschaft. Insofern bedurfte es eines hohen Maßes an Verantwortungsbewußtsein, Selbständigkeit und Verständnis für volkswirtschaftliche Abläufe.

Alle Informationen, die schriftlich an die SED- und Staatsführung oder die örtlichen Partei- und staatlichen Organe unterschiedlicher Ebenen übergeben wurden, waren gründlich auf Exaktheit und Objektivität zu prüfen, um subjektive Sichten weitgehend auszuschließen. Auf die Richtigkeit und Zuverlässigkeit konnten sich die Empfänger stets verlassen, auch dann, wenn sie unangenehme Wahrheiten enthielten.

Selbstverständlich galt es bei der Abfassung der Informationen auf absoluten Quellenschutz zu achten.

In den 70er und 80er Jahren enthielten die auf inoffiziellem oder offiziellem Weg erlangten Informationen zunehmend kritische Hinweise zu bestimmten Entwicklungstendenzen in der Leitung und Planung der Wirtschaft, die im Widerspruch zu Beschlüssen der SED standen. Das betraf Schönfärberei und Manipulation bezüglich der Planerfüllung, Verletzungen des Leistungsprinzips, unkontinuierliche Materialbereitstellung, die zu Belastungen der Werktätigen durch Überstunden und Sonderschichten führten, administratives und bürokratisches Vorgehen bei der Klärung von Bedürfnissen, die die Arbeits- und Lebensbedingungen bestimmter Berufsgruppen betrafen.

Darüber hinaus gab es Veranlassung, auf Mängel in der Versorgung mit Waren des täglichen Bedarfs, langlebigen Konsumgütern, in der Ersatzteilversorgung und bei Dienstleistungen aller Art hinzuweisen.

Allein die HA XVIII erarbeitete in den 80er Jahren mehr als 500 Informationen für die SED- und Staatsführung, um auf die tatsächliche Lage in der Volkswirtschaft hinzuweisen. Sie betrafen den technischen Zustand der Anlagen der chemischen Industrie, die angespannte Lage in der Energiewirtschaft, schwerwiegende Mängel in der Ersatzteilversorgung für landwirtschaftliche Maschinen, den technischen Zustand der Schlacht- und Kühlhäuser, Defizite in der Bekämpfung von Tierseuchen, Engpässe in der Bevölkerungsversorgung, die Ersatzteilversorgung von PKW etc.

Hinzu kamen die umfangreichen Informationen der Bezirksverwaltungen, Kreis- und Objektdienststellen an die zuständigen 1. Sekretäre der SED-Bezirks- und Kreisleitungen, Industriekreisleitungen bedeutender Kombinate sowie an staatliche und wirtschaftsleitende Funktionäre in den Räten der Bezirke und Kreise. Vielfach erfolgten zu ausgewählten Themen persönliche Aussprachen der Leiter der Bezirksverwaltungen und Kreisdienststellen oder ihrer Stellvertreter mit den für Wirtschaftsfragen zuständigen Sekretären der Bezirks- und Kreisleitungen der SED oder verantwortlichen Staatsfunktionären, Generaldirektoren, Direktoren und Leitern volkseigener Kombinate, Betriebe und Einrichtungen, in denen Informationen ergänzt, mündlich informiert und territorial anstehende Probleme erörtert wurden.

Diese Informationen enthielten häufig Vorschläge und Empfehlungen, die aus der Sicht des MfS umsetzbar erschienen. Das MfS hatte aber keinen unmittelbaren Einfluß auf deren Realisierung. Mitunter bedurfte es mehrfacher Hinweise, um Mängel und Mißstände zu beseitigen, und nicht selten blieben diese Bemühungen auch ergebnislos.

Wie sich die Informationstätigkeit auch inhaltlich veränderte, fand seinen sichtbaren Ausdruck in der Zusammenarbeit mit den Inoffiziellen Mitarbeitern. Waren es Mitte der 60er Jahre hauptsächlich IM, die in die operative Bearbeitung bzw. Kontrolle von verdächtigen Personen eingeführt werden konnten und in der Lage waren, zu ihnen vertrauliche Beziehungen herzustellen, wandelte sich die persönliche und sachliche Zusammensetzung der IM-Strukturen und des Informationsaufkommens bis zum Zusammenbruch der DDR grundlegend.

Die Zahl der IM wuchs sprunghaft an, die über die Lage in der Volkswirtschaft sachkundig informierten. In der überwiegenden Mehrzahl waren das Personen, die aus ihrer inneren Überzeugung heraus sich für die Stärkung der DDR einsetzten, mit dem MfS zusammenarbeiteten und durch ihre Informationen positive Veränderungen erreichen wollten. Es ist eine Tatsache und trotz gegenteiliger Behauptungen unbestreitbar, daß der Inhalt dieser inoffiziell erarbeiteten Informationen weitgehend die Interessen aber auch die Sorgen großer Teile der Bevölkerung widerspiegelte.

Soweit es die Volkswirtschaft betraf, widerspiegelten diese Informationen das Unverständnis der Werktätigen über die sich häufenden Fehlentscheidungen in der Wirtschaftsführung, die sich in der letzten Konsequenz bis zum letzten Arbeitsplatz auswirkten. Aus diesem Unverständnis entwickelte sich Widerspruch gegen eine unfähige Führung und gegen die von ihr verursachten irreparablen Mißstände. Darin bestand der Grundtenor vieler der Berichte der IM. Es gab in weiten Teilen der Bevölkerung Sorgen um die Existenz der DDR.

Den Werktätigen der DDR blieben gravierende Mängel, Rückstände sowie Ineffizienz in vielen volkswirtschaftlichen Bereichen nicht verborgen, sie konnten sie beim besten Willen nicht kompensieren. Sie spürten deutlich, daß sich zwischen Anspruch und Realität im täglichen Leben eine Schere öffnete. Das Vertrauen in die Politik der SED- und Staatsführung schwand. Hinzu kamen die problemaussparende Propaganda sowie die besonders 1989 festzustellende Sprachlosigkeit der SED- und Staatsführung.

In verschiedenen Veröffentlichungen im Zusammenhang mit dem Niedergang der DDR hat die Tatsache Beachtung und unterschiedliche Interpretation gefunden, inwieweit das MfS – zumindest aber die HA XVIII – über den Grad der Verschuldung der DDR gegenüber dem NSW informiert war. Die Autoren erklären definitiv, daß bis zur Auflösung des MfS/AfNS die HA XVIII über keine anderen Zahlenwerte verfügte als die Staatliche Plankommission. Darüber und über die damit drohende Zahlungsunfähigkeit der DDR wurde stets in den Informationen zur politisch-operativen Lage in der Volkswirtschaft an den Minister berichtet.

Niemand in der HA XVIII zweifelte deshalb an der Richtigkeit der Ende Oktober 1989 in einer Analyse für Egon Krenz, Generalsekretär des ZK der SED und Vorsitzender dees Staatsrates, genanntem Zahl. Die Nettoverschuldung der DDR betrug zu jenem Zeitpunkt 49 Milliraden Valutamark, das waren damals 26,5 Milliarden Dollar.

Das Gutachten der Bundesbank vom August 1999 wies dagegen nur eine Nettoverschuldung der DDR zum 31. Dezember 1989 in Höhe von 19,887 Milliarden Valutamark aus.

In Kenntnis dessen wirkt die ständig wiederholte Behauptung, die DDR sei 1989 »pleite« gewesen, nicht sehr überzeugend.

Schlußfolgerungen

Unter den Diensteinheiten der Abwehr des MfS spielte die Linie XVIII eine wichtige Rolle bei der Sicherung und Festigung der Gesellschafts- und Eigentumsverhältnisse in der DDR.

Das ist der Hauptgrund, weshalb nicht nur sie heute verfemt und an den Pranger gestellt wird.

Trotz aller Defizite, die Ostdeutschland und später der DDR anhafteten, hat sie wichtige Ergebnisse bei der Abwehr gegnerischer Angriffe und bei der Bekämpfung von mit erheblicher krimineller Energie begangener Wirtschaftsverbrechen erzielt.

Ihre vorbeugende, schadenabwendende, die Volkswirtschaft stabilisierende Tätigkeit hat die DDR vor größeren Schäden bewahrt und damit Volksvermögen erhalten, in bestimmten Fällen Gefährdung von Menschenleben und Umweltschäden von ihr abgewandt.

An diesen Ergebnissen hatten alle Mitarbeiter der Linie XVIII, die Offiziere im besonderen Einsatz, die Sicherheitsbeauftragten und in besonderer Weise die Inoffiziellen Mitarbeiter ihren Anteil. Das trifft ebenso auf die Partner des Zusammenwirkens – das MdI, die Deutsche Volkspolizei, die Zollverwaltung der DDR, staatliche und gesellschaftliche Kontrolleinrichtungen sowie staatliche und wirtschaftsleitende Organe zu.

Sie alle handelten in der ehrlichen Überzeugung, der DDR, ihren Bürgerinnen und Bürgern, vor allem aber der Erhaltung des Friedens und der Verständigung der Völker zu dienen. Daran ändern auch die Versuche nichts, sie zu diskriminieren und so ihre seit 1989/1990 betriebene gesellschaftliche Ausgrenzung zu rechtfertigen.

Es ist schon grotesk zu behaupten, die HA XVIII habe – »unbeschadet spezifisch sachbezogener Aufgaben, die sie erfüllte« – »in der Wirtschaft gegen die eigenen Bürger« gewirkt.[152]

Man muß schon ein außergewöhnliches Maß an Arroganz und Zynismus aufbringen, um Spionagetätigkeit, Diversion, Sabotage und Terror gegen die Volkswirtschaft offenkundig als »Wohltaten« zu verkaufen und ihre Abwehr als kriminellen Akt gegen die eigentlichen Opfer zu denunzieren. Es stellt sich allerdings auch die Frage, warum Geheimdienste und die mit ihnen zusammenwirkenden Organe und Einrichtungen derartige Verbrechen organisieren und durchführen konnten, wo sie doch angeblich unter parlamentarischer Kontrolle standen?

Es geht um die objektive Darstellung der Tätigkeit der Linie XVIII in unterschiedlichen historischen Zeitabschnitten. Niemand versucht die auf eignem Boden entstandene Kriminalität zu leugnen oder den Anschein zu erwecken, alle von der Linie XVIII getroffenen Maßnahmen und Entscheidungen seien von gleichbleibender Qualität und Zweckmäßigkeit gewesen.

Die Abwehrerfolge, die die Linie XVIII, auch in Zusammenarbeit mit den anderen Abwehrlinien des MfS, bei der Sicherung der Volkswirtschaft erzielte, stellen einen ihren Möglichkeiten entsprechenden Anteil zum internationalen Ansehen der DDR als Wirtschaftspartner dar. Damit leistete die Linie XVIII des MfS ihren Beitrag zur Erhaltung des Friedens in der Zeit des Kalten Krieges, als massive Angriffe westlicher Geheimdienste, Embargo und Wirtschaftskrieg, Störtätigkeit und vieles andere mehr zum Alltag der Systemkonfrontation gehörten.

Fehler, Irrtümer und Mängel, die es in der Wirtschaftspolitik der DDR gab, vermochten sie zwar zu benennen, teilweise auch zu mildern, sie zu korrigieren war nicht ihre Aufgabe. Und dazu verfügten sie auch nicht über die notwendigen Möglichkeiten.

Anmerkung

Über den im Jahre 1966 gebildeten Bereich Kommerzielle Koordinierung, den die HA XVIII bis 1983 abzusichern hatte, wurden in diesem Beitrag keine in Einzelheiten gehenden Feststellungen getroffen. Nach Auffassung der Autoren bedarf dieses Kapitel der Wirtschaftsgeschichte der DDR noch gründlicher Recherchen und analytischen Untersuchungen. Alle bisher dazu erfolgten Veröffentlichungen gehen nach übereinstimmenden Auffassungen am Kern des Problems vorbei.

Diesem Trend wollten sich die Verfasser nicht anschließen, zumal die begrenzten, nur selektiv gegebenen Möglichkeiten der Auswertung der DDR-Archive kaum ausreichen, um zu einer sachlichen Aufklärung und objektiven Wertung kommen zu können. Und bis zur Öffnung der westlichen Archive kann es noch dauern. Beide wären aber für die Wahrheitsfindung und Solidität der Aussagen von außerordentlicher Bedeutung.

Ein zentrales Problem stellt außerdem die noch mögliche politische Strafverfolgung dar, insbesondere westlicher Geschäftspartner, die sich trotz der damit verbundenen Gefahren im Handel mit der DDR nicht an die Embargobestimmungen gebunden fühlten.

Dazu ist von unserer Seite kein Beitrag zu erwarten.

Fußnoten

1 Ingo von Münch: Befehl des Obersten Chefs der Sowjetischen Militärverwaltung in Deutschland vom 22. Oktober 1945 über die Einräumung des Rechts an die Provinzialverwaltungen und Verwaltungen der föderalen Länder, in der SBZ Gesetze und Verordnungen zu erlassen, die Gesetzeskraft haben. Aus: Dokumente des geteilten Deutschlands, Quellen zur Rechtslage des Deutschen Reiches, der Bundesrepublik Deutschland und der Deutschen Demokratischen Republik.Alfred-Kröner-Verlag Stuttgart, Band 391, S. 294.

2 Gemäß Potsdamer Abkommen bildeten den Kontrollrat die Oberbefehlshaber der vier Besatzungsmächte UdSSR, USA, GB und Frankreich und jeweils ein politischer Berater. Sie übten nach der bedingungslosen Kapitulation Deutschlands die oberste Gewalt aus, jeder in seiner eigenen Besatzungszone und gemeinsam in allen Deutschland als Ganzes betreffenden Angelegenheiten. Quelle: Amtsblatt des Kontrollrates in Deutschland, Ergänzungs-Blatt Nr. 1, Berlin (1946) S. 10. Dem Kontrollrat unterstanden als Beratungs- und Arbeitsorgane ein Koordinierungsausschuß und ein Kontrollstab mit mehreren Abteilungen. Die Verwaltung des Gebietes von Groß-Berlin wurde von einer alliierten Behörde, bestehend aus den vier Stadtkommandanten, geleitet, von denen jeder abwechselnd als Hauptkommandant fungierte.

3 Das Potsdamer Abkommen, Dokumentensammlung, Staatsverlag der DDR, Berlin 1975, S. 22, 23. (Die Krimkonferenz fand vom 4. bis 11. Februar 1945 in Jalta statt.).

4 Wenngleich im Potsdamer Abkommen nicht ausdrücklich beschlossen, ließ sich die Sowjetunion davon leiten, daß die Zerschlagung des Großgrundbesitzes eine Maßnahme der Entnazifizierung, Entmilitarisierung und der Demokratisierung bedeutet. Die USA forderten unverzüglich »die Aufhebung allen Großgrundbesitzes«.

5 Geschichte der deutschen Arbeiterbewegung (GddA). Dietz Verlag Berlin, 1966, Band 6, S. 84, 86, 89, 255.

6 Geschichte der Deutschen Volkspolizei, VEB Deutscher Verlag der Wissenschaften, Berlin 1987, Band 1, S. 56, 65.

7 Das Potsdamer Abkommen, Dokumentensammlung, a.a.O., S. 22 f.

8 Mitteilung über die Dreimächtekonferenz in Berlin 2. August 1945; in: Das Potsdamer Abkommen, Dokumentensammlung, a.a.O., S. 221 f.

9 GddA, a.a.O., Band 6, S. 162 f., 166 f.

10 Geschichte der Deutschen Volkspolizei, a.a.O., S. 73-79.

11 Martin Irion: Mit Willkür durchgesetzt, aber historisch berechtigt, in: Der Tagesspiegel, 10. September 1995.

12 Laut Mitteilung über die Dreimächtekonferenz von Berlin (allgemein unter der Bezeichnung Potsdamer Abkommen bekannt) wurde unter Abschnitt II die Bildung eines Rates der Außenminister beschlossen. Dem Rat gehörten die Außenminister des Vereinigten Königreiches, der UdSSR, Chinas, Frankreichs und der USA an. Sie sollten von Zeit zu Zeit zur Fortsetzung der notwendigen friedlichen Regelung und zur Beratung anderer Fragen zusammenkommen. Der Rat sollte normalerweise in London am Sitz des von ihnen zu schaffenden Vereinigten Sekretariats tagen. Er konnte auch nach Übereinkunft in anderen Hauptstädten tagen. – Das Potsdamer Abkommen, Dokumentensammlung, a.a.O., Berlin 1975, S. 215 f.

13 Martin Irion: Mit Willkür durchgesetzt, a.a.O.

14 GddA, a.a.O., S. 206-209.

15 Georg Donat, Die Bundesregierung verweigert einen Solidarbeitrag … aber die DDR bezahlte die Reparationen für die BRD, in: Neues Deutschland, 15. Februar 1990.

16 Hefte zur DDR-Geschichte Nr. 52, Siegfried Wenzel: War die DDR 1989 wirtschaftlich am

Ende? – Zum Produktivitäts- und Effektivitätsvergleich der Wirtschaften der BRD und der DDR, Forscher- und Diskussionskreis zur DDR-Geschichte, Berlin 1998, S. 20 ff. – unter Hinweis auf Erwin Kramer: Die ersten Jahre, Berlin 1979, S. 2.

17 Georg Donat: Die Bundesregierung verweigert einen Solidarbeitrag, a.a.O.

18 Die Alliierten waren überein gekommen, nach der Niederlage des faschistischen Deutschland, unabhängig vom Verlauf der Kriegsereignisse, Deutschland in Besatzungszonen aufzuteilen, die von den Siegermächten verwaltet werden. Bedingt durch den Kriegsverlauf war es zeitweilig zur Besetzung von Teilen der SBZ (Sachsen, Thüringen und Sachsen-Anhalt) durch die Westalliierten gekommen. Nach der bedingungslosen Kapitulation im Mai 1945 räumten die Westalliierten diese Gebiete der SBZ.

19 GddA, a.a.O., S. 94 f.

20 Das Potsdamer Abkommen – Dokumentensammlung, a.a.O., S. 174, 177.

21 Geschichte der Deutschen Volkspolizei, a.a.O., S. 177 f.

22 Stefan Doernberg: Zwei Staaten – zwei Paktsysteme und ihre Grenze/Geschichte-Standpunkte-Dokumente.Kapitel 1: Von Deutschland als Ganzes zu zwei deutschen Staaten: Kurzgeschichte der Spaltung, Oktoberdruck Berlin 1992, S. 5.

23 Ökonomisches Lexikon, Verlag die Wirtschaft, Berlin 1966, Band L-Z, S. 127 und Band A-K, S. 601.

24 Stefan Doernberg, a.a.O.

25 Ökonomisches Lexikon, a.a.O., 1966, Band L – Z, S. 1152.

26 Inzwischen veröffentlichte Kriegspläne der US-Administration und des USA-Militärs, beginnend mit dem Plan »Totality« (1945) von General Eisenhower, über die 1947 eingeleitete »Containment-Politik« der USA, die Bildung des Nationalen Sicherheitsrates (National Security Council, NSC) mit dem Präsidenten der USA an der Spitze und der Unterstellung des im Jahre 1947 gegründeten amerikanischen Geheimdienstes Central Intelligence Agency (CIA) bis zu den in den Jahren 1948 bis 1978 entwickelten Direktiven des NSC (NSC 20/1, 20/4, 58, 68)und den Kriegsplänen »Charioter«, »Trojan«, »Dropshot«, die sich gegen die UdSSR direkt bzw. ihre Verbündeten richteten und u. a. den Einsatz nuklearer Waffen zum Ziel hatten. Dokumentiert in N.N. Jakovlev: CIA contra UdSSR, VEB Deutscher Verlag der Wissenschaften, Berlin 1985, S. 21-50.

27 Das Potsdamer Abkommen – Dokumentensammlung, a.a.O., S. 319-328.

28 GddA, a.a.O., Band 7, S. 28-29.

29 Entscheidungen des Obersten Gerichts der DDR in Strafsachen, Band 1, VEB Deutscher Zentralverlag, Berlin 1951, Die Darlegungen sind in gekürzter Form, zum Teil wörtlich aus der Dokumentation übernommen.

30 Siehe Beitrag: Hauptaufgaben und Methoden der Abwehr im Band 1.

31 Zu den zentralen Einrichtungen gehörten zuletzt die Staatliche Plankommission, die Ministerien für Chemische Industrie, Bauwesen, Wissenschaft und Technik, Schwermaschinen- und Anlagenbau, Materialwirtschaft, Elektrotechnik und Elektronik, Geologie, Kohle und Energie, Erzbergbau, Metallurgie und Kali, Grundstoffindustrie, Verarbeitungsmaschinen- und Fahrzeugbau, Leichtindustrie, Bezirksgeleitete und Lebensmittelindustrie, Außenhandel, Handel- und Versorgung, Land-, Forst- und Nahrungsgüterwirtschaft, Umweltschutz und Wasserwirtschaft, Finanzen, Staatssekretariate und staatliche Komitees, die für volkswirtschaftliche Belange zuständig waren, die Staatsbank und Außenhandelsbank der DDR, die Zentralverwaltung für Statistik, Außenhandelsunternehmen, Einrichtungen der Akademie der Wissenschaften mit für die Wirtschaft wichtigen Arbeitsgebieten. In den Bezirken, Städten und Kreisen waren das gleichgelagerte Einrichtungen bei den Räten der Bezirke, Kreise und Städte. Hinzu kamen die zentral- und bezirksgeleiteten VE-Kombinate, VE-Betriebe und Einrichtungen, in der Landwirtschaft die Volkseige-

nen Güter und LPG sowie Institute und Forschungseinrichtungen, die für die Volkswirtschaft von Bedeutung waren.

32 Siehe Beitrag zur Sicherheitspolitik der SED im Band 1.

33 Ökonomisches Lexikon, a.a.O., Band A-K, S. 555.

34 GddA, a.a.O., Dokument 15, Schreiben Stalins an Grotewohl, Band 7, S. 354 f.

35 Ökonomisches Lexikon, a.a.O.,Band L-Z, S. 481/482.

36 Neues Deutschland, 19. September 1950.

37 Z. B. in der Fernsehsendung des WDR vom 12. März 1996: Bomben, Gift und Reifentöter – die Kampfgruppe gegen Unmenschlichkeit.

38 Bailey, Kondraschow, Murphy: Die unsichtbare Front – Der Krieg der Geheimdienste im geteilten Berlin, Propyläen Berlin 1997, S. 155 ff.
Georg Bailey, nach 1945 Verbindungsoffizier in Westberlin, seit 1956 journalistische Tätigkeit für ABC in Berlin und als Leiter von Radio Liberty.
Sergej A. Kondraschow, von 1944 bis 1992 Mitarbeiter des Volkskommissariats für Staatssicherheit, des späteren Ministeriums für Staatssicherheit und ab 1954 Komitee für Staatssicherheit der UdSSR, 1955 bis 1957 und 1963 bis 1967 Leiter der Deutschland-Abteilung der Auslandsaufklärung
David E. Murphy, von 1947 bis 1977 in Diensten der CIA, von 1954 bis 1959 stellv. Leiter, dann bis 1961 Leiter der Operationsbasis Berlin. Anschließend bis 1968 Leiter der Abteilung Sowjetrußland im CIA-Hauptquartier in Washington.

39 Mit Bildung der Regierung der DDR wurde die SMAD 1949 aufgelöst und an ihrer Stelle der sowjetische Kontrollrat gebildet und ein Hoher Kommissar der UdSSR für die Deutschland als Ganzes betreffenden Fragen eingesetzt.

40 E. N. Dzelepy: Der Mythos um Adenauer, Berlin 1961, S. 124 ff.

41 Der Spiegel, 9. Juli 1952.

42 Der Tag, 23. März 1952.

43 Graubuch – Expansionspolitik und Neonazismus in Westdeutschland. Hintergründe – Ziele – Methoden. Eine Dokumentation des Nationalrates der Nationalen Front, Staatsverlag der DDR, Berlin 1967, S. 48-67.

44 Ralph Hartmann: Die Liquidatoren. Der Reichskommissar und das wiedergewonnene Vaterland, Verlag Neues Leben Berlin 1996.
Der Untertitel bezieht sich auf den ersten Präsidenten des Forschungsbeirates von 1952 bis 1958, der während des Hitlerfaschismus von 1939 bis 1941 Reichskommissar für die Verwaltung »feindlichen Vermögens« war. In dieser Funktion oblag ihm das bewegliche und unbewegliche Vermögen der von Hitler-Deutschland überfallenen und okkupierten europäischen Staaten. Er wirkte maßgeblich an der Ausarbeitung der »Richtlinien für die Führung der Wirtschaft in den neubesetzten Ostgebieten« vom 16. Juni 1941 mit. Sie wurden auch als Görings »Grüne Mappe« bekannt, die die Grundlage für die Tätigkeit des »Wirtschaftsstabes Ost« bildete, der die Ausplünderung der wenige Tage nach der Verabschiedung der o. a. »Richtlinien«, überfallenen Sowjetunion plante und leitete.

45 Stefan Doernberg: Zwei Staaten – Zwei Systeme und ihre Grenze. a.a.O.; S. 7 (verkürzte Darstellung).
»Grauer Plan« war eine in der DDR verwendete Bezeichnung für die Tätigkeitsberichte des »Forschungsbeirates«, die in grauen Einbänden herausgegeben wurden.

46 Enquete-Kommission – Ansichten zur Geschichte der DDR, Wendezeit 1989/1990, Verlag Matthias Kirchner, Eggersdorf, Bonn-Berlin 1998, Band IX-X, S. 373-374.

47 GddA, a.a.O., Bd. 7, S. 178-179 (verkürzte Darstellung).

48 GBl./DDR Nr. 99/1952, S. 613.

49 GBl./DDR Nr. 43/1950, S. 327.

50 GBl./DDR Nr. 90/1951, S. 705.
51 GBl./DDR Nr. 142/1950, S. 1202.
52 Eine Art anorganischer Kautschuk, der die Warenbezeichnung »Igelit« trug. Nach den Erkenntnissen der »Organisation Gehlen« war die Herstellungskapazität der der USA gleich und höher als in jedem europäischen Land, einschließlich Westdeutschland.
53 Julius Mader: Die graue Hand, Kongreß-Verlag Berlin, 1960, S. 168-172; Bailey, Kondraschow, Murphy: Die unsichtbare Front, a.a.O., S. 89.
54 Ebenda, S. 33.
55 Albert Norden: Fälscher, Dietz Verlag Berlin, 1958, S. 275-284.
56 Charisius/Mader: Nicht länger geheim, Deutscher Militärverlag, Berlin, 1966, S. 473.
57 Urteil des Obersten Gerichts der DDR vom 29. Februar 1952, 1 Zst (1), 1/52 1/1 - 595/51.
58 Urteil der Obersten Gerichts der DDR vom 25. Mai 1952, Zst (1) 6/52 -1-1-255/22 (verkürzte Darstellung).
59 Urteil des Obersten Gerichts der DDR vom 26. Juli 1952, 1 Zst (1) 10/52.
60 Urteil des Obersten Gerichts der DDR, 1. Strafsenat 1 Zst (1) 8/55 vom 29. September 1955 gegen Joachim W. und Andere, S. 17.
61 Jan Foitzik: Hart und konsequent ist der neue politische Kurs zu realisieren. Ein Dokument der Politik der Sowjetunion gegenüber der DDR nach der Verhaftung Berijas im Juni 1953, in: Deutschland Archiv 1/2000, S. 32 ff.
62 Siehe Beitrag zur Sicherheitspolitik der SED im Band 1.
63 Egon Bahr: Zu meiner Zeit, Karl Blessing Verlag München, 1996, S. 78 und 80.
64 Bailey, Kondraschow, Murphy: Die unsichtbare Front, a.a.O., S. 163, 193.
65 Geschichte der Deutschen Volkspolizei, a.a.O., Bd. 1, S. 218.
66 Die Abkürzung NSC steht für Nationalen Sicherheitsrat der USA (National Security Council).
67 OPC (Office of Policy Coordinating), d. i. Politische Koordinationsabteilung der CIA.
68 Office of Strategic Service (Büro für Strategische Dienste), Vorgängerorganisation der CIA.
69 Bailey, Kondraschow, Murphy: Die unsichtbare Front, a.a.O., S. 167 f.
70 Vollständiger Text des »Generellen Auftrags an Alle« der Organisation Gehlen siehe Beitrag zur Spionageabwehr des MfS im Band 1.
71 Urteil des Obersten Gericht der DDR vom 5.7.1952, Zst (1) /52 1/1 - 299/52 (wesentlich verkürzte Darstellung).
72 Urteil des Obersten Gerichts der DDR vom 26. 9.1953, 1. Strafsenat 1 Zst(1) 1/53.
73 Urteil des Obersten Gerichts der DDR vom 10.12.1953, 1.Strafsenat 1 Zst(1) 1/53.
74 Urteil des Obersten Gerichts der DDR vom 21.12.1953, 1. Strafsenat 1 Zst(1) 2/53.
75 Urteil des Obersten Gerichts der DDR vom 9.11.1954, 1. Strafsenat 1 Zst (1) 9/54 (verkürzte Darstellung).
76 siehe Abschnitt: »Der Forschungsbeirat ... bereitet die Einverleibung der DDR vor« in diesem Beitrag.
77 Andreas v. Bülow: Im Namen des Staates, Piper München 1998, S. 57.
78 siehe Abschnitt »Der Koreakrieg und seine wirtschaftsrelevanten Auswirkungen auf den Kalten Krieg in Europa« in diesem Beitrag.
79 Urteil des Obersten Gerichts der DDR vom 3.9.1955, 1. Strafsenat 1 Zst(1) 8/55 (verkürzte Darstellung).
80 Urteil des Obersten Gerichts der DDR vom 29.9.1955, 1. Strafsenat 1 Zst(1) 8/55 (verkürzte Darstellung).
81 Urteil des Obersten Gerichts der DDR vom 27.6.1955, 1. Strafsenat 1 Zst(1) 5/55 (verkürzte Darstellung).
82 Julius Mader: Die graue Hand ..., a.a.O., S. 184 ff. und 231; Markus Wolf: Spionagechef im geheimen Krieg, List Verlag München 1997, S. 118.

83 Urteil des Obersten Gerichts der DDR vom 20.9.1957, 1. Strafsenat 1 Zst(1) 3/57 (Auszüge).

84 Studienmaterial zur Geschichte des MfS, Teil IV, S. 69, JHP August 1980 (BStU ZA Bibliothek SA 553/I - VIIa).

85 Am 15. Oktober 1951 wurde der erste Niederschachtofen im Eisenwerk West in Calbe in Betrieb genommen. Das Werk, das erstmalig in der Welt nach dem von Kurt Säuberlich entwickelten Niederschachtofenverfahren und unter Verwendung von Braunkohlen-Hochtemperatur-Koks (BHT)arbeitete, konnte einheimische Erze mit geringen Eisen- und starken Kieselsäuregehalt verhütten.

86 Waldemar Liemen: Kaliwerk »Marx – Engels« Unterbreitenbach, In : Neues Deutschland, 13. Juli 1958.

87 Urteil des Obersten Gerichts der DDR vom 29. August 1959, 1. Strafsenat 1 Zst(1)2/59.

88 Aufzeichnungen von Oberst a. D. Horst Roigk, Abteilungsleiter in der HA XVIII, verstorben am 3. März 2000.

89 Norbert F. Pötzl: Basar der Spione. Die geheime Mission des DDR-Unterhändlers Wolfgang Vogel, Hoffmann und Campe Hamburg, 1997, S. 286.

90 Geschichte der Deutschen Volkspolizei, a.a.O., S. 321 ff.

91 Studienmaterial zur Geschichte des MfS, a.a.O.

92 Ebenda, Teil IV, S. 70.

93 Martin Irion: Mit Willkür durchgesetzt, aber historisch berechtigt, a.a.O.

94 Unter Objektsicherung verstand das MfS die Gesamtheit vorbeugender politisch-operativer und operativ-technischer Maßnahmen zur Gewährleistung der Sicherheit eines für die volkswirtschaftliche Entwicklung der DDR wichtigen Objektes, der in ihm ablaufenden Prozesse und seiner Umweltbeziehungen. Das Ziel der Objektsicherung bestand in der Verhinderung des Eindringes von im Auftrage westlicher Geheimdienste, Agentenorganisationen u.a. gegnerischen Einrichtungen und Kräfte handelnder Personen, der wirksamen Bekämpfung unmittelbarer Angriffe auf das zu sichernde Objekt in der ständigen Gewährleistung von Ordnung und Sicherheit im Objekt sowie in der Vermeidung von Schäden.

95 Readers Digest, F. A. Brockhaus GmbH, Leipzig 1999, »Der Brockhaus in zwei Bänden«, S. 283.

96 Leptin, Deutsche Wirtschaft nach 1945, Opladen 1980, S. 58. Zitiert nach »Hefte zur DDR-Geschichte«, 52; Siegfried Wenzel: War die DDR 1989 wirtschaftlich am Ende? a.a.O., S. 29.

97 Siegfried Wenzel »War die DDR 1989 wirtschaftlich am Ende?, a.a.O., S. 30 f.

98 Urteil des Obersten Gerichts der DDR vom 2. August 1961, 1. Strafsenat 1 Zst(1) 2/61.

99 Urteil des Obersten Gerichts der DDR vom 16.8.1961, 1. Strafsenat 1 Zst(1) 3/61.

100 Stefan Doernberg: Der kalte Krieg, sein Funktionsmechanismus und Umfeld, veröffentlicht in »Kalter Krieg auf deutschem Boden. Geschichte – Standpunkte – Dokumente« , Brockmann und Klett, 1. März 1994, S. 8.

101 GBl./DDR Teil II, Nr. 51 vom 13.August 1961, S. 331-333.

102 Die Welt, Hamburg 15. August 1961.

103 Liberation, Paris, 14. August 1961.

104 Der VWR der DDR bestand von Juni 1961 bis März 1965. Als zentrales Organ des Ministerrates der DDR war er für die Planung und Leitung der Industrie der DDR zuständig. Er hatte auf der Basis des Perspektivplanes, die Orientierungskennziffern und Richtlinien der Staatlichen Plankommission den Jahresplan der Industrie auszuarbeiten und dessen Erfüllung zu sichern. Die Leitung der Industrie erfolgte nach dem Produktionsprinzip.

105 Eichner/Dobbert: Headquarters Germany, Verlag edition ost, Berlin 1997, S. 155.

106 Erich Mielke: Sozialismus und Frieden – Sinn unseres Kampfes, Dietz Verlag Berlin 1987, S. 52/53.

107 Siehe auch Beitrag zur Spionageabwehr des MfS im Band 1.

108 Norbert F. Pötzl: Basar der Spione. a.a.O., S. 270.

109 Dreiteilige Fernsehserie des MDR »Vergessene Katastrophen«: 2. Teil: »Der Todesflug der 152 – Walter Ulbrichts Traum vom Fliegen«. 12. März 2001.

110 Walter Ulbricht: Das Programm des Sozialismus, in: Protokolle der Verhandlungen des VI. Parteitages der SED, Band 1, S. 61 f.

111 ND vom 14.7.1998, »Unabhängig von der Partei«, S. 12.

112 Zitiert aus: Neue Justiz, Berlin 1967, 2. Novemberheft.

113 Urteil des Obersten Gerichts der DDR vom 19.10.1967, 1. Strafsenat, Zst(1) 1/67.

114 Zitiert aus: Neue Justiz, Berlin 1967, 2. Novemberheft.

115 Urteil des Obersten Gerichts der DDR vom 19.10.1967, 1. Strafsenat, Zst (1) 1/67.

116 Zusammenfassendes Gutachten im Strafverfahren gegen H. und L., Berlin 1967, beim Obersten Gericht der DDR, S. 41.

117 Ebenda, S. 26 ff.

118 Ebenda, S. 41. Alle zitiert nach Charius u. Mader: Nicht länger geheim, a.a.O., S. 462 f.

119 Aufzeichnungen Horst Roigk.

120 Theo Pirker, M. Rainer Lepsius, Rainer Weinert, Hans-Hermann Hertle: Der Plan Befehl und Fiktion. Wirtschaftsführung in der DDR/ Gespräche und Analysen, Westdeutscher Verlag GmbH, Opladen, 1995, S. 215.

121 Verfügung des Vorsitzenden des Ministerrates der DDR vom 14. Juli 1966, GVS B-2-147/66.

122 Erich Schmidt-Eenbohm, Jo Angerer: Die schmutzigen Geschäfte der Wirtschaftsspionage, ECON-Verlag Düsseldorf, Wien, New York, Moskau, 1994, S. 281 f., 285 f.

123 Die Kombinate waren Zusammenschlüsse von mehreren VEB. Sie unterschieden sich grundlegend von den in den späten 70er Jahren anstelle der VVB gegründeten Kombinate.

124 Richtlinie Nr. 1/69 »Zur politisch-operativen Sicherung der Volkswirtschaft der Deutschen Demokratischen Republik« vom 25. August 1969, S. 11, BStU, ZA DSt 101131.

125 Dokumente zur Außenpolitik der DDR 1967, Berlin 1970, Band XV, 1. Halbband, S. 262.

126 Entschließung des VIII. Parteitages, in: Dok. des VIII. Parteitages der SED, Dietz Verlag Berlin 1971, S. 20.

127 Werner Lamberz: Ideologische Probleme der Auswertung des VIII. Parteitages der SED, Vortrag vor dem Kollektiv der Parteihochschule »Karl Marx« beim ZK der SED, o. J., S. 40.

128 Urteil des Obersten Gerichts der DDR vom 14.12.1971, 1. Strafsenat, 1 Zst (1) 1/71.

129 N. F. Pötzl: Basar der Spione …, a.a.O., S. 415.

130 Abgabenordnung (AO) 1977, in der Fassung vom 16.3.1976, Beck'sche Verlagsbuchhandlung, München 1991.

131 Steuer und Wirtschaftskurzpost 1991, Allgemeines Steuerrecht-Gruppe 2, Freiburg, S. 295 ff.

132 Steuer- und Wirtschaftskurzpost, ebenda.

133 Einkommenssteuergesetz in der Fassung vom 7. September 1990, dtv, o. J.

134 Steuer- und Wirtschaftskurzpost, ebenda.

135 »Korruption im Welthandel den Kampf angesagt«, in: Neues Deutschland, 16. Februar 1999.

136 Dienstanweisung Nr. 1/82 zur politisch-operativen Sicherung der Volkswirtschaft vom 30. März 1982, zitiert nach Reinhardt Buthmann: Kadersicherung im Kombinat VEB Carl Zeiss Jena, Ch. Links Verlag, Berlin, 1997, S. 148.

137 Siehe Beitrag »Gegen das Verlassen der DDR, gegen Menschenhandel und Bandenkriminalität«.

138 Zweiter Tätigkeitsbericht der BStU 1995/Teilbestand der HA XVIII (Volkswirtschaft), S. 49.

139 Aufzeichnung Horst Roigk.

140 Erich Schmidt-Eenbohm/Jo Angerer: Die schmutzigen Geschäfte der Wirtschaftsspionage, a.a.O., 1994, S. 71 f.

141 Komplex von Sicherungsmaßnahmen, der bei der Entwicklung und Herstellung von Zielsuchsystemen für die Raketentechnik der Luft- und Seestreitkräfte sowie für Feuerleitsysteme der Panzertruppen der Warschauer Paktstaaten mit politisch-operativen Mitteln durchzusetzen war.

142 Das Kombinat VEB Carl Zeiss Jena und die politisch-operative Arbeit der Objektdienststelle Zeiss Jena zur Sicherung ihres Volkswirtschaftsbereiches vom 19. Oktober 1986, zitiert nach Reinhard Buthmann: Kadersicherung im Kombinat VEB Carl Zeiss Jena, a.a.O., S. 220.

143 GBl./DDR, Teil I Nr. 29 vom 28.12.1988.

144 GBl./DDR Sonderdruck Nr. 13 vom 23.2.1989.

145 Aufzeichnung Horst Roigk.

146 Werner Eberlein: Geboren am 9. November. Erinnerungen, Das Neue Berlin, 2000, S. 435 ff.

147 Der Spiegel 36/1992, Gespräch mit Erich Mielke, S. 48.

148 Zitiert nach Erich Schmidt-Eenbohm und Jo Angerer: Die schmutzigen Geschäfte der Wirtschaftsspionage, a.a.O., S. 69 ff.

149 ebenda, S. 70.

150 Egon Bahr: Zu meiner Zeit, a.a.O., 1996, S. 519.

151 Weisung zur Durchsetzung des Befehls Nr. 1/85 des Ministers für Staatssicherheit vom 15. Februar 1985 in der HA XVIII, BStU ZA HA XVIII 1444, Blatt 5-6.

152 M. Haendcke-Hoppe-Arndt: Anatomie der Staatssicherheit – die Hauptabteilung XVIII: Volkswirtschaft, o. V., o. J., S. 124 (Frau Haendcke-Hoppe-Arndt war Mitarbeiterin der Forschungsstelle für gesamtdeutsche wirtschaftliche und soziale Fragen, einer Nachfolgeeinrichtung des »Forschungsbeirats für Fragen der Wiedervereinigung Deutschlands« und dort mit außenwirtschaftlichen Problemen der DDR befaßt).

Gegen das Verlassen der DDR, gegen Menschenhandel und Bandenkriminalität (Zur Verantwortung der ZKG/BKG)

Von Gerhard Niebling

Zur Tätigkeit des MfS gegen das Verlassen der DDR

Das Verlassen der DDR spielte seit deren Existenz eine bedeutende Rolle in der politischen Auseinandersetzung. Die Sogwirkung der Bundesrepublik aufgrund ihrer besseren wirtschaftlichen Lage erhielt starke zusätzliche Impulse dadurch, daß der Staat BRD diesen Abwanderungstendenzen einen rechtlichen Rahmen gab, um sie zu fördern und für seine politischen Zwecke zu nutzen.

Die Bundesrepublik Deutschland verstand sich als Rechtsnachfolger des Deutschen Reiches und leitete daraus einen Alleinvertretungsanspruch für alle Deutschen ab. Das kollidierte objektiv mit der Tatsache, daß es seit 1949 eine zweite deutsche Republik gab. Diese war ebenfalls Völkerrechtssubjekt und darum legitimiert, für die auf ihrem Territorium lebenden Deutschen zu sprechen. Es gab den Staat DDR, folglich auch ein souveränes Staatsvolk mit entsprechenden Innen- und Außenvertretungen. Er übte alle hoheitlichen Rechte aus und verlangte, daß dies – wie international üblich – von anderen Staaten ebenso respektiert wurde, wie dies die DDR mit den hoheitlichen Rechten anderer Staaten auch hielt.

Die Bundesrepublik ignorierte das völlig. Jederzeit konnte ein DDR-Bürger sowohl auf dem Territorium der Bundesrepublik wie auch in ihren auswärtigen diplomatischen Vertretungen um Aushändigung bundesdeutscher Personalpapiere nachsuchen – und er bekam sie anstandslos.

Die DDR verstand solche weltweit beispiellosen Akte als grobe Mißachtung ihrer Rechtsordnung und kritisierte sie als eine unverhüllte Einmischung in ihre inneren Angelegenheiten. Es war das legitime, auch völkerrechtlich verbürgte Recht der DDR, sich dagegen zu wehren.

Die DDR stellte mit ihren Rechtsvorschriften – wie dem Paßgesetz vom 15. September 1954 und dem Gesetz zur Änderung des Paßgesetzes vom 11. Dezember 1957[1] sowie dem Strafgesetzbuch vom 12. Januar 1968 einschließlich der nachfolgenden Neufassungs-, Änderungs- bzw. Ergänzungsgesetze[2] – das Verlassen der DDR »ohne erforderliche Genehmigung« bzw. andere Formen des »ungesetzlichen Grenzübertritts« sowie der »rechtswidrigen Nichtrückkehr«, zuletzt z. B in der Fassung des § 213 StGB (Straftat gegen die staatliche Ordnung), unter Strafe.

Kern dieser und weiterer spezifischer rechtlicher Bestimmungen war das Verbot widerrechtlicher Grenzpassagen und der Verletzung von Bestimmungen über die Einreise in die bzw den Aufenthalt in der DDR sowie über den Transit durch die DDR. Sie betrafen nicht nur Bürger der DDR, sondern auch Ausländer, die sich in der DDR aufhielten oder die die DDR als Transitland benutzten.

Gegen die DDR gerichtete feindliche Aktivitäten (Abwerbung, Ausschleusen oder anderweitiges Verbringen von DDR-Bürgern) wurden ebenfalls verfolgt. Im Strafrechtsergänzungsgesetz (StEG) vom 11. Dezember 1957 wurde ausdrücklich das »Verleiten zum Verlassen der DDR« unter Strafe gestellt. So hieß es im § 21 des StEG: »Wer es unternimmt, eine Person

1. im Auftrage von Agentenorganisationen, Spionageagenturen oder ähnlichen Dienststellen oder von Wirtschaftunternehmen oder
2. zum Zwecke des Dienstes in Söldnerformationen zum Verlassen der Deutschen Demokratischen Republik zu verleiten, wird mit Zuchthaus bestraft; auf Vermögenseinziehung kann erkannt werden.«

Und nach Abs. 2 des § 21 StEG wurde jenen Personen »Gefängnis nicht unter sechs Monaten« angedroht, die versuchten, »einen Jugendlichen oder einen in der Berufsausbildung stehenden Menschen oder eine Person wegen ihrer beruflichen Tätigkeit oder wegen ihrer besonderen Fähigkeiten oder Leistungen mittels Drohung, Täuschung, Versprechen oder ähnlichen, die Freiheit der Willensentscheidung beeinflussenden Methoden zum Verlassen der Deutschen Demokratischen Reublik zu verleiten«.[3]

Mit Inkrafttreten des Strafgesetzbuches der DDR vom 12. Januar 1968 wurden derartige Handlungen entweder als Straftat gegen die staatliche Ordnung nach § 132 StGB (»Menschenhandel«) oder als Verbrechen gegen die DDR gemäß § 105 StGB (»Staatsfeindlicher Menschenhandel«) verfolgt.

Abwerbung, Verschleppung, Schleusung und die Verhinderung der Rückkehr waren damit unter Strafe gestellt. Der speziell in strafbaren Handlungen nach § 105 StGB (»Staatsfeindlicher Menschenhandel«) zum Ausdruck kommende DDR-feindliche und skrupellos kriminelle Charakter derartiger Verbrechen bestimmte auch die Tätigkeit des MfS zu deren Aufdeckung und Verhinderung. Das betraf vor allem auch Maßnahmen gegen die auf diesem Gebiet tätigen gegnerischen Zentren, kriminellen Menschenhändlerbanden (KMHB) sowie andere Personengruppen und Einzelpersonen.

Die mit der DDR befreundeten sozialistischen Staaten hatten ähnliche Rechtsvorschriften. Die unbestreitbare besondere Schärfe dieser rechtlichen Bestimmungen in der DDR war der Auseinandersetzung zwischen beiden deutschen Staaten an der Trennlinie zweier Weltsysteme geschuldet, einer Konfrontation, die auf deutschem Boden von außerordentlicher Härte geprägt war und in der die massive Förderung des Verlassens der DDR eine Hauptrichtung des gegnerischen Vorgehens darstellte.

Die DDR wehrte sich unter Berufung auf ihre Souveränität, auf die Verpflichtung der Staaten zur Nichteinmischung in die inneren Angelegenheiten und in Wahrnehmung ihres Rechts der Selbstverteidigung gegen das Vorgehen der Bundesrepublik auf diesem Gebiet. Dazu war die DDR legitimiert, war doch die Organisierung, die materielle Duldung und Förderung dieser politischen Kriminalität seitens der BRD und von Westberlin aus ein direkter Angriff gegen die Staats- und Rechtsordnung der DDR, der sich existenzbedrohend entwickelte und schließlich wesentlich mit zur Niederlage der DDR beitrug.

Natürlich praktizierte die DDR ein strenges Regime bei der Genehmigung von grenzüberschreitenden Reisen jeder Art, vor allem in das kapitalistische Ausland, inklusive in die BRD. Allerdings greift es zu kurz, diese restriktiven Rechtsvorschriften und staatliche Repression auf die bloße Verweigerung der Freizügigkeit und Einschränkung eines elementaren Menschenrechtes zu reduzieren. Es war nicht Willkür und Schikane, wenn die DDR alles unternahm, daß der Reiseverkehr in geordneten Bahnen verlief, daß sie sich vor unerwünschten »Gästen« schützte. Es gab dafür hinlänglich politische, wirtschaftliche und militärische Gründe.

Eine »absolute Reisefreiheit«, wie sie die Westseite unter Bezug auf Artikel 12 der Internationalen Konvention über zivile und politische Rechte vom 19. Dezember 1966[4] reklamierte (und wohl nicht grundlos auch nur auszugsweise zitierte), konnte die DDR nicht gewähren. Sie unterschied sich darin keineswegs von der in anderen Staaten üblichen Praxis. Selbst in der Bundesrepublik galt für bestimmte Berufsgruppen und Beamte ein striktes Reiseverbot oder zumindest ein strenges Genehmigungs- und Kontrollsystem, wenn das Reiseziel die DDR oder ein anderer als »kommunistisch« eingestufter Staat war.

Die DDR konnte sich bei der konkreten rechtlichen Ausgestaltung der Reisefreiheit für ihre Bürger nicht über jene Sachzwänge hinwegsetzen, wie sie durch die beschränkten eigenen ökonomischen, insbesondere finanziellen, Erfordernisse und Möglichkeiten (Stichwort: verfügbare Valuta) gegeben waren. Und sie mußte in nicht geringerem Maße auch ins Kalkül ziehen, daß reisende DDR-Bürger abgeworben oder zu Geheimdienstzwecken mißbraucht wurden. Der Staat hatte seine Interessen zu schützen – das lag auch im Interesse der Mehrheit seiner Bürger.

Neben ökonomischen und sicherheitspolitischen Aspekten zur Einschränkung der Reisefreiheit besaß die DDR aber selbst nach dem Art. 12 des IPbürgR das Recht, Beschränkungen vorzunehmen. Unter Ziffer 3 heißt es: »Die oben genannten Rechte dürfen keinen anderen Beschränkungen unterworfen werden als solchen, die durch das Gesetz vorgesehen sind, die zum Schutz der nationalen Sicherheit, der öffentlichen Ordnung, Gesundheit oder Moral oder der Rechte und Freiheiten anderer notwendig sind und mit den anderen in dieser Konvention anerkannten Rechten zu vereinbaren sind.«

Ungeachtet der ökonomischen, finanziellen, politisch-rechtlichen und sicherheitspolitischen Erfordernisse und Bedingungen reisten sehr viele von den knapp 17 Millionen DDR-Bürgern ins Ausland. Auch wenn in der Statistik einige mehrmals auftauchen und andere niemals (das haben Statistiken so an sich), so sagen die Zahlen mehr aus als das subjektive Empfinden einzelner.

Jährlich hielten sich 12 Millionen Bürger der DDR aufgrund von Privat-, Touristen- und Dienstreisen im Ausland, vorwiegend im sozialistischen Ausland auf.

Allein 1986 reisten 240.000 Bürger der DDR unterhalb des Rentenalters wegen dringender Familienangelegenheiten ins kapitalistische Ausland, wobei die Gründe für »dringende Familienangelegenheiten« ab 1982 immer großzügiger gefaßt wurden. 1987 fuhren bereits 1,2 Millionen und 1988 6,7 Millionen in »dringenden Familienangelegenheiten«.

Während der Existenz der DDR wurden etwa 1,5 Millionen Bürgern durch die zuständigen staatlichen Organe Genehmigungen erteilt, ihren ständigen Wohnsitz im kapitalistischen Ausland zu nehmen und zu diesem Zweck aus der DDR auszureisen. (Um hier Relationen zu verdeutlichen: 1987 reisten laut Statistik 5 Millionen Bürger der DDR in die Bundesrepublik, davon 1,2 Millionen wegen »dringender Familienangelegenheiten«. 1987 wurde gleichzeitig 11.459 Bürgern die Ausreise zur Übersiedlung in die BRD genehmigt.)[5]

Joachim Nawrocki war einer der wenigen in der Bundesrepublik, der sich bezüglich der Reisetätigkeit der Ostdeutschen an die Fakten hielt. In der Hamburger Wochenzeitung »Die Zeit« schrieb er 1987: »Es gibt Millionen von Reisen hin und zurück ... In diesem Jahr sind rund drei Millionen DDR-Bürger in den Westen gereist; 1,7 Millionen Rentner und 1,2 Millionen unterhalb des Rentenalters. Da viele mehrfach reisten, werden es fünf Millionen Reisen sein, ebensoviel wie die Reisen von Bundesbürgern in die DDR.«

Und das bei einer fast vierfach höheren Einwohnerzahl der BRD.

Wieviel Heuchelei und politisches Kalkül hinter der Propaganda gegen die Reisebeschränkungen der DDR steckte, wurde schon 1963 offenbar. Anderthalb Jahre nach der militärischen Sicherung der Staatsgrenze der DDR, im Januar 1963, schlug die SED-Führung der BRD-Regierung vor, ein »Abkommen der Vernunft und des guten Willens zwischen beiden deutschen Staaten« abzuschließen. Punkt 5 dieses Angebotes besagte: »Gegenseitige Anerkennung der Reisepässe und der Staatsbürgerschaft der Bürger beider deutscher Staaten als Voraussetzung für eine Normalisierung des Reiseverkehrs. Unterlassung jeder Diskriminierung und nicht gleichberechtigten Behandlung der Bürger beider deutscher Staaten im In- und Ausland.«

Die BRD-Seite wies den Vorschlag brüsk zurück. Sie beharrte auf ihrem Alleinvertretungsanspruch, also jener politischen Vormundschaft, mit der sie sich anmaßte, »alle Deutschen« als ihre Staatsbürger zu behandeln. Allein daran war ersichtlich, daß Bonn nicht an »freien Reisen« interessiert war und die Verantwortung für diese Situation allein der DDR anlasten wollte. Man brauchte diese Forderung als politisches Instrument zur Destabilisierung der DDR. Diese Rechnung ging bekanntlich auf.

Fluchten – ein Instrument imperialistischer Politik

Zonenflüchtling, Fluchthilfe, Republikflucht, ungesetzliches Verlassen, ungesetzlicher Grenzübertritt, Abwerbung, Schleusung, Menschenhändler, Angriff gegen die Staatsgrenze, ständige Ausreise und Übersiedlungen – das waren Vokabeln des Kalten Krieges, die in Ost und West gebraucht wurden. Sie beschrieben stets verschiedene Seiten eines Phänomens, das die Auseinandersetzungen zwischen West und Ost nicht unwesentlich mit prägte – die aus unterschiedlichen Motiven und Anlässen erfolgte Abkehr von Bürgern der DDR von ihrem Staat und das damit verbundene Verlassen ihrer Heimat.

Es gab das genehmigte und es gab das ungesetzliche Verlassen der DDR.

Registriert wurden ungesetzliche Grenzübertritte DDR-BRD bzw. nach Westberlin sowie über die Seegrenze, ungesetzliche Grenzübertritte von DDR-Bürgern über andere sozialistische Staaten in kapitalistische Staaten, der Mißbrauch genehmigter Reisen zur Nichtrückkehr in die DDR, darunter Reisen von Alters- und Invalidenrentnern, Reisen in dringenden Familienangelegenheiten, andere Privatreisen zu Verwandten, Dienstreisen und Auslandsaufenthalte sowie der Mißbrauch von Seefahrtbüchern zum Verbleib im kapitalistischen Ausland. Es gab das Verlassen der DDR mit Unterstützung krimineller Menschenhändlerbanden oder, in weitaus weniger Fällen, mittels sogenannter »Fluchthelfer«. Bevorrechtete und kontrollbefreite Personen, insbesondere Botschaftspersonal nichtsozialistischer Staaten, Militärangehörige der Besatzungstruppen in Westberlin, waren ebenfalls aktiv. Die »Flucht« fand unter Mißbrauch des Transitverkehrs und im Reiseverkehr zwischen Ost- und Westberlin statt, so in Verstecken in Fahrzeugen sowie mittels ge- und verfälschter Pässe.

Vornehmlich in den frühen 60er Jahren nutzte man Grenztunnel und Grenzschleusen, um nach Westberlin zu gelangen.

Seit 1961 genehmigte die DDR – wie vordem auch – ständige Ausreisen zur Wohnsitznahme im kapitalistischen Ausland bzw. zur Familienzusammenführung oder aus anderen humanitären Gründen. Sie erlaubte ständige Ausreisen im Interesse der staatlichen Sicherheit der DDR, d. h. die Genehmigung von Ausreisen für Personen ohne Vorliegen von humanitären Gründen, die aus unterschiedlichen Motiven ihre Ausreise betrieben – sich der DDR verweigerten oder gegen die DDR gerichtete Provokationen und andere, das politische Klima vergiftende Handlungen androhten bzw. unternahmen.

Auch von außen wirkten Personen und Vereinigungen auf DDR-Bürger ein, um diese zu bewegen, die Republik zu verlassen. Das geschah nicht uneigennützig: Man wollte damit die DDR treffen und ihr schaden.

Im Rahmen der Abwehrarbeit wurde eine Vielzahl westlicher Einrichtungen, Organisationen und Stellen bzw. Personen, die diese gegen die DDR gerichtete Tätigkeit mit geheimdienstlichen und kriminellen Machenschaften betrieben, ermittelt und mit politisch-operativen Mitteln und Methoden bekämpft.

Indem sich das MfS diesem Problem zu stellen hatte, waren seine auf diesem Gebiet tätigen Mitarbeiter gehalten, sich mit einschlägigen Erfahrungen in anderen Ländern zu beschäftigen. Ohne die inneren Bedingungen des eigenen Landes außer acht zu lassen, ging es stets um die Frage, welche Rolle Flucht, Abwerbung und Menschenhandel in der Politik des Imperialismus spielte.

Das Hitlerregime inszenierte seine »Heim-ins-Reich«-Bewegung. Als befänden sich die Deutschen im Ausland gleichsam unter Barbaren, sollten sie in den schützenden Schoß des Mutter- und Vaterlandes zurückkehren. Dabei zielte die damit verbundene Propaganda weniger auf die Auslandsdeutschen als vielmehr auf die Staaten, in denen sie lebten. Die »flüchtenden Deutschen« waren nur Mittel zum Zweck, um die vermeintliche Willkür des Gastlandes zu zeigen und um Gegenmaßnahmen zu fordern. 1934 holte man die Saar »heim ins Reich«, indem man das Gebiet den Franzosen wegnahm. Man schürte mit den Sudetendeutschen die Spannung in der Tschechischen Republik, man machte Stimmung in Österreich. Die Folge: 1937 unterzeichneten Briten, Franzosen, Deutsche und Italiener das Münchener Abkommen. Danach holte Nazideutschland die »Ostmark« (Österreich) »ins Reich«, später marschierte man nach Prag und »befreite« die Sudetendeutschen mit der Begründung, man nehme nur eine »Schutzfunktion« für sie wahr.

Nach der Zerschlagung der Nazidiktatur beschlossen die Alliierten auf ihrer Konferenz in Potsdam unter anderem die Aussiedlung der Deutschen aus Ostpreußen, Pommern, Schlesien und den Sudeten. Die Alliierten, also nicht nur die UdSSR, waren der Auffassung (und dabei hatten sie wohl auch die Vorkriegserfahrungen mit den »Auslandsdeutschen« im Auge), daß die Deutschen in jenen Territorien nichts mehr verloren hätten, die künftig nicht mehr zu Deutschland gehörten. Die Menschen, die dadurch ihre Heimat verloren, waren insofern nicht *Opfer der Russen*, sie waren auch nicht *Opfer der Sieger*, sondern sie waren *Opfer der Nazi-Politik*. Ohne 1933 hätte es kein 1945 gegeben mit Flucht und Vertreibung.

Jedes einzelne Schicksal war grausam. Darüber soll man nicht zynisch reden und meinen, die Geschichte sei eben so. Die Perfidie setzte danach ein: als nämlich politische Kreise eben jene Vertriebenen als Argument für ihren Antisowjetismus und ihren Antikommunismus nahmen. Indem sie die »Rückgabe« der verlorenen Gebiete forderten. Indem sie Revanche für vermeintliches Unrecht forderten.

Die Instrumentalisierung von organisierten, inszenierten oder tatsächlichen »Fluchtbewegungen« erfolgt weltweit. Daraus schlugen und schlagen Geschäftemacher tatsächliches und Politiker politisches Kapital.

Es gehörte zur imperialistischen Nachkriegspolitik gegenüber der UdSSR und dem gesamten Ostblock, sie mit dem Phänomen der »Fluchtbewegung« anzugreifen. Die »Flucht« war Teil der Subversion, mit der diese Staaten im Wortsinne »ausgehöhlt« wurden.

Zu einigen deutschen Besonderheiten

In den letzten Tagen des Zweiten Weltkrieges flüchteten Stäbe und Einheiten der geschlagenen deutschen Wehrmacht, der Waffen-SS sowie Aktivisten des Nazi-Reiches vor den vorrückenden sowjetischen Truppen gen Westen, um in den Machtbereich der westlichen Besatzungstruppen zu gelangen. Sie hofften dort auf Nachsicht und Milde zu treffen. Dabei wirkte zweifellos der seit den Tagen des »Sozialistengesetzes« in Deutschland herrschende Horror vor der »roten Gefahr«. Aber es war auch die Furcht vor der Bestrafung für entsetzliche Verbrechen, die man im Osten verübt hatte. In den westlichen Ländern hatte die Hitlerwehrmacht und die SS nicht die »Taktik der verbrannten Erde« angewandt. Die Angst vor der Roten Armee war folglich verständlicherweise größer als vor den Westalliierten.

Andererseits kamen antifaschistische deutsche Emigranten aus vielen Ländern in die SBZ und später in die DDR. Sie kehrten in jenen Teil Deutschlands zurück, der angetreten war, die Wurzeln des Nationalsozialismus mit Stumpf und Stiel auszurotten. Das schloß nicht nur die politische Auseinandersetzung mit Faschismus, Rassismus, Antisemitismus und Militarismus mit ein, sondern bedeutete auch, die Macht des Monopol- und Finanzkapitals zu brechen.

Mit dem wirtschaftlichen Aufschwung im Westteil – finanziert durch den Marshall-Plan und die Aussetzung der Reparationszahlungen, die fortan von der SBZ bzw. der DDR allein für ganz Deutschland getragen wurden – entstand eine Sogwirkung. Die sich entwickelnde »Schaufensterwirkung« der BRD und Westberlins beeinflußte in spürbarem Maße den Entschluß, die DDR zu verlassen und »nach dem Westen« zu gehen.

Beide deutsche Staaten gehörten gegensätzlichen politischen, ökonomischen und militärischen Blöcken an. Die Grenze zwischen DDR und BRD war die Trenn- und Konfrontationslinie. Für beide Seiten war es eine Lebensfrage, daß hier das völkerrechtliche Prinzip der Unverletzlichkeit von Staatsgrenzen eingehalten wurde. Die Staaten des Warschauer Vertrages sahen sich durch die politische Entwicklung gezwungen, diese Grenze mit den Maßnahmen am 13. August 1961 und danach zuverlässig zu sichern. Das aber war mit einschneidenden Beschränkungen für den Reiseverkehr verbunden. Beide deutsche Staaten trugen die besondere Härte des Kalten Krieges.

Die Bundesrepublik betrachtete in vielen rechtspolitischen Fragen die DDR als Inland, die Staatsgrenze der DDR als Grenze zwischen Bundesländern. Während die DDR den alternativen Weg des Aufbaus und der Entwicklung einer sozialistischen Staats- und Gesellschaftsordnung ging, dabei jedoch auf normale zwischenstaatliche Beziehungen zur BRD setzte, traf die Bundesrepublik immer neue politische Entscheidungen, mit denen sie ihren Alleinvertretungsanspruch bekräftigte und durchzusetzen versuchte. So hatte die DDR alle Konsequenzen dieser Politik und der darauf gerichteten Rechtsakte zu tragen, die sich aus dem Anspruch einer einheitlichen deutschen Staatsbürgerschaft ergaben.

»Flüchtlinge« aus der DDR hatten bei ihrer Ankunft in der BRD sofort die Vorteile der *deutschen Staatsbürgerschaft*, erhielten materielle und ideelle Unterstützung, wurden für eine Reihe von »Verlusten« in der DDR relativ großzügig entschädigt und in das gesellschaftliche Leben der Bundesrepublik integriert. Jeder erfolgreiche »Neubundesbürger« wirkte als Beispiel, dem es nachzufolgen galt.

Und schließlich: Deutschland war ein über Jahrhunderte gewachsenes Gemeinwesen. Obgleich vergleichsweise spät (1871) »von oben« in einem Nationalstaat vereint, existierte die Sprach-, Kultur- und Wirtschaftsgemeinschaft wesentlich länger. Familienverbände verbreiteten sich zwischen Alpen, Ost- und Nordsee, zwischen Rhein und Memel. Die territorialen Veränderungen nach 1945 hatten folglich Konsequenzen. Plötzlich siedelten die Mitglieder einer Familie in verschiedenen Staaten. Zwar gab es »Familienzusammenführungen«, doch keine zwingende Notwendigkeit, daß man zusammenzog. Dennoch lebten die Beziehungen untereinander fort. Verwandte, Freunde und Bekannte beiderseits der Grenzen hielten Kontakt. Ab Mitte der 60er Jahre nahm der gegenseitige Reiseverkehr erkennbar zu.

Das MfS registrierte, daß die vielfältige Kommunikation zwischen Deutschen Ost und Deutschen West von gegnerischen Geheimdiensten, Agentenzentralen und andere Einrichtungen und Organisationen genutzt wurde, um subversiv in die DDR hineinzuwirken.

In der Systemauseinandersetzung, die mit besonderer Intensität auf deutschem Boden ausgetragen wurde, hatte die Fluchtbewegung aus der DDR einen hohen Stellenwert. Die SED- und Staatsführung, das Ministerium des Innern und das MfS sowie andere staatliche Organe und Institutionen stimmten in ihrer Auffassung überein, daß Organisation und Unterstützung der Bestrebungen zum Verlassen der DDR eine Hauptrichtung des feindlichen Vorgehens war. Bei dieser Einschätzung wurde nicht nur von der allgemeinen Lageentwicklung, sondern insbesondere von den sehr umfangreichen, vor allem auch durch IM und Quellen des MfS in der BRD und Westberlin erarbeiteten Informationen zu den gegnerischen Plänen, Absichten und Zielen ausgegangen, das Verlassen der DDR systematisch als effektives Instrument des Kampfes gegen den Sozialismus zu nutzen.

In diesem Zusammenhang muß auf einige rechtspolitische Aspekte hingewiesen werden, weil es zum Begriff »Flüchtling« in den Ost-West-Auseinandersetzungen kontroverse Auffassungen gab. Oft wurde auf die »UNO-Flüchtlingskonvention« (»Genfer Flüchtlingskonvention«) Bezug genommen. Am 28. Juni 1951 hatten einige Staaten dieses »Abkommen über die Rechtsstellung der Flüchtlinge« beschlossen, dem die BRD beitrat.

Die Sowjetunion und die in ihrem Einflußbereich liegenden osteuropäischen Staaten (einschließlich DDR) unterzeichneten damals das Dokument nicht. Nach ihrer Auffassung zielte es speziell auf Bürger ihrer Staaten. Denn laut Art. 1 dieser Konvention wurden »Flüchtlinge« als Personen definiert, »die infolge von Ereignissen, die vor dem 1. Januar 1951 eingetreten sind, und die aus der begründeten Furcht vor Verfolgung wegen ihrer Rasse, Nationalität, Zugehörigkeit zu einer bestimmten sozialen Gruppe oder wegen ihrer politischen Überzeugung sich außerhalb des Landes befinden, dessen Staatsangehörigkeit sie besitzen«.

Vor dem Stichtag 1. Januar 1951 war die DDR gegründet worden. Und nach westlicher Lesart waren Bürger der DDR als »Deutsche« Staatsbürger der Bundesrepublik, die »sich außerhalb des Landes befinden, dessen Staatsangehörigkeit sie besitzen«.

Schwierig hingegen war es, andere Kriterien dieser Konvention auf DDR-Bürger anzuwenden. Zu keiner Zeit gingen Organe der DDR gegen Menschen wegen ihrer Rasse, Religion, Nationalität, Zugehörigkeit zu einer sozialen Gruppe oder wegen ihrer politischen Überzeugung vor. Nur wenn die Strafgesetze der DDR verletzt worden waren, wurden die Schutz-, Sicherheits-, und Justizorgane der DDR tätig.

In diesem Kontext der vom Westen provozierten »Abstimmung mit den Füßen« gehörte das Offenhalten der »deutschen Frage«. Das Grundgesetz enthielt (und enthält) in den Artikeln 23 und 116 Bestimmungen,[6] die auf den Anschluß der DDR gerichtet waren. Es waren die verfassungsrechtlichen Voraussetzungen, sich permanent in die inneren Angelegenheiten der DDR einzumischen und Bürger der DDR als Bundesbürger zu vereinnahmen.

Vor allem nach 1961 mußten sich das MdI und die Deutsche Volkspolizei noch stärker mit der Bekämpfung von Erscheinungen des ungesetzlichen

Verlassens befassen. Auch solche Diensteinheiten des MfS wie die HA VI (Paßkontrolle und Fahndung), die HA VII (Sicherung und Zusammenarbeit mit dem MdI und der Deutschen Volkspolizei), HA XX (Bearbeitung der kriminellen Menschenhändlerbanden) und die HA IX (Bearbeitung einschlägiger Ermittlungsverfahen) wurden zunehmend mit der Bearbeitung von Vorkommnissen und Vorgängen auf diesem Gebiet konfrontiert. Die für die Sicherung von Objekten zuständigen Diensteinheiten, besonders die Abteilungen der BV und die Kreis- sowie Objektdienststellen, wurden immer stärker damit belastet.

Die SED- und Staatsführung beauftragte 1974 das MfS und das MdI, sich mit diesem Problem konsequenter zu befassen, die gegnerischen Aktivitäten energisch zurückzudrängen und dazu alle politisch-operativen, polizeilichen und rechtlichen Schritte zu unternehmen. Zur Umsetzung dieses politischen Auftrages berief der 1. Stellvertreter des Ministers für Staatssicherheit, Generaloberst Bruno Beater, eine Zusammenkunft verantwortlicher Leiter und auf diesem Gebiet tätiger Mitarbeiter ein.

Die Teilnehmer wurden angewiesen, schwerpunktmäßig politisch-operative Kräfte und Mittel zum Kampf gegen das ungesetzliche Verlassen der DDR und den staatsfeindlichen Menschenhandel zu mobilisieren. Das betraf vor allem den Einsatz Inoffizieller Mitarbeiter, die Einbeziehung von Kräften und Methoden der Beobachtung und die Qualifizierung der Grenzkontrollen.

Die politisch-operativen Kräfte des MfS sollten auf die in Westberlin und in der BRD wirkenden Zentren und Kräfte konzentriert werden, insbesondere auf die kriminellen Menschenhändlerbanden (KMHB).

Mehr Augenmerk gelte es darauf zu legen, daß sich ein sachbezogenes kameradschaftliches Zusammenwirken mit dem MdI und den nachgeordneten Dienststellen der Deutschen Volkspolizei entwickelt.

Es war eine wirksame vorbeugende Arbeit in der Gesellschaft zu organisieren. Sie sollte vordringlich darauf gerichtet werden, daß sich gar nicht erst Motive und Bestrebungen zum Verlassen der DDR entwickelten. Potentielle Grenzverletzter müßten bereits im Vorfeld an ihrer Tat gehindert werden. Gegnerische Zentren sollten gestört und zersetzt und das sozialistische Recht, insbesondere gegen Inspiratoren und Organisatoren, konsequent angewendet werden.

Die bestehende Zusammenarbeit des MfS mit den Partnerorganen in den sozialistischen Staten sollte auf diesem Feld ebenfalls ausgebaut werden. Im Auftrag des Ministers für Staatssicherheit wurden durch seinen 1. Stellvertreter folgende Festlegungen getroffen:

– Unbedingte Kordinierung der Bearbeitung Operativer Vorgänge, vor allem des Einsatzes von IM, und solcher OV, die sich auf mehrere Bezirke und Kreise erstreckten;
– Erweiterung von Kompetenzen und Zuständigkeiten einiger Diensteinheiten des MfS, z. B. Schaffung eines operativen Bereiches zur Vorgangsbearbeitung in der HA VI (Sicherung Ein-, Ausreise- und Transitverkehr an allen GÜST/Paßkontrolle u. a.) und Übernahme von Zuständigkeiten für die Bearbeitung einzelner gegnerischer Zentren durch Diensteinheiten, die über optimale Voraussetzungen dafür verfügten;
– probeweise Organisierung der Arbeit von Koordinierungsgruppen in ein oder zwei Bezirksverwaltungen des MfS als eine Art Modellversuch für eine spätere Zentralisierung derartiger Aufgaben und schließlich
– Ausarbeitung einer neuen zentralen dienstlichen Bestimmung, die der veränderten politisch-operativen Lage Rechnung tragen sollte. Das war der Auftakt für die Ausarbeitung des Befehls Nr. 1/75 des Ministers für Staatssicherheit vom 15. Dezember 1975, mit dem die Aufgaben und Verantwortlichkeiten der Diensteinheiten bei der Vorbeugung des staatsfeindlichen Menschenhandels festgelegt wurden. (Zu diesem Befehl später mehr.)

Ein solches Konzept konnte nur dann Erfolg haben, wenn es von der ganzen Gesellschaft unterstützt würde und die SED auch auf diesem Gebiet die Gesellschaft mobilisierte. Wie sich aber zeigte, blieben diese Erwartungen weitgehend unerfüllt. Die SED-Führung sah für sich selbst offenbar wenig eigenen Handlungsbedarf. Es blieb faktisch bis 1989 bei der Praxis, das alles fast ausschließlich den Schutz-, Sicherheits- und Justizorganen zu überlassen. Prinzipielle politische Entscheidungen und Orientierungen für die Parteiorganisationen und die anderen den Staat stützenden gesellschaftlichen Kräfte blieben weitgehend aus.

Die SED-Führung unterschätzte offenkundig die Auswirkungen der Bonner Politik des »Wandels durch Annäherung« für die staatliche Sicherheit. Fast völlig negiert wurden die begünstigenden Bedingungen für diese Strategie des »Wandels«, die sich in der DDR selbst entwickelt hatten. Defizite in der eigenen Politik wurden bagatellisiert und nicht ernst genommen. Im Beitrag zur Sicherheitspolitik der SED (Bd. 1) wurde darauf bereits ausführlich eingegangen. Das soll hier nicht wiederholt werden. Die folgenden Feststellungen werden aber für den Gegenstand des vorliegenden Beitrages als unerläßlich erachtet.

Auf keinem Parteitag, auf keinem Plenum des ZK der SED – und das trifft nach Kenntnis des Autors auch für die Führungsgremien der anderen Parteien und gesellschaftlichen Organisationen im Demokratischen Block zu – wurden diese Fragen grundsätzlich erörtert und gesellschaftlich notwendige Schlußfolgerungen gezogen. Auf keiner Beratung des Generalsekretärs mit den 1. Sekretären der SED-Bezirks- und -Kreisleitungen, die jährlich stattfanden, erfuhr – abgesehen von einem kurzen Hinweis – dieses Problem der Gesellschaft eine seinem politischen Gewicht gemäße Behandlung. Die umfangreichen Zuarbeiten und ständig übermittelten Informationen des MfS zu dieser Problematik blieben unbeachtet. Auch in anderen entsprechenden Beratungen, etwa mit den 2. Sekretären der SED-Bezirksleitungen, gab es dazu keine nennenswerten Reaktionen.

Abgesehen von Verfügungen des Vorsitzenden des Ministerrates zur Vorgehensweise in bezug auf Übersiedlungen/Ausreiseersuchen gingen vom Ministerrat der DDR so gut wie keine spürbaren Initiativen aus.

Auf zentraler politischer Ebene gab es keine Orientierungen, Konzeptionen, Anleitungen und Hilfen für die Bezirke und Kreise. Aber gerade dort traten die Schwierigkeiten auf. Nicht selten stellten 1. Sekretäre der Bezirksleitungen der SED den Leitern der Bezirksverwaltungen des MfS die Frage, warum sich dazu niemand aus dem »Großen Haus«, dem Zentralkomitee, äußere, zumal doch jeder erkennen müsse, welche Bedeutung diese Probleme besäße. Diese Frage selbst an das »Große Haus« zu richten erschien ihnen offenkundig nicht opportun.

Die zuständigen Mitarbeiter des MfS mußten ständig die Erfahrung machen, daß Ereignisse und Erscheinungen auf diesem Gebiet durch die Führung der SED auch ignoriert wurden. Folge dieser Ignoranz war das faktische Unterbinden einer wirksamen Öffentlichkeitsarbeit zu dieser Thematik. Von seltenen Ausnahmen abgesehen gelangten Informationen beispielsweise über die Festnahme von Menschenhändlern und Spionen, Angaben über an solchen Aktionen beteiligte DDR-Bürger, die Schilderung gegnerischen Vorgehens, die Entlarvung von Organisatoren, Hintermännern und Drahtziehern nicht in die DDR-Medien.

Eine Darstellung der Gegenmaßnahmen erfolgte auch nicht. Über Gerichtsprozessse gegen Menschenhändler durften die Medien nicht berichten. Nur in wenigen Fällen konnten mit Unterstützung einzelner Politbüro-Mitglieder Berichte in ausgewählten Medien publiziert werden.

Die Informationen des MfS über die Lageentwicklung auf diesem Gebiet, über Ursachen, begünstigende Bedingungen und Umstände mit entsprechenden Zahlen, blieben auf der Strecke. Einige von diesen Dokumenten sind in der Broschüre »Befehle und Lageberichte des MfS« enthalten.[7]

Natürlich war Minister Erich Mielke über alle Entwicklungen, Tendenzen und wichtigen Fakten ausführlich informiert. Er maß dem Kampf gegen diese Erscheinungen einen hohen Stellenwert bei.

Diese Probleme waren auch – wie bereits an anderer Stelle im Band 1 dargelegt – Gegenstand der Informationen an den Generalsekretär des ZK der SED. Warum sie in den kollektiven Beratungen der Führung keine Erwähnung fanden, kann nicht gesagt werden.

Offenkundig herrschte die Auffassung vor, daß die innere Stabilität der DDR, ihre Bindung an die UdSSR und die sozialistische Staatengemeinschaft nicht durch solche Bestrebungen zum Verlassen der DDR erschüttert werden könnten, der erfolgreiche Weg der DDR sei nicht zu gefährden. Die DDR-Führung – das galt aber offensichtlich auch für die der anderen sozialistischen Staaten – verkannte offensichtlich die Dimension und den Stellenwert der Menschenrechte bei der Vervollkommnung der sozialistischen Demokratie und der Rechtsordnung und damit auch in der Auseinandersetzung zwischen Sozialismus und Kapitalismus. Die Ergebnisse bei der Realisierung der sozialen und kulturellen Menschenrechte, bei denen etwa die DDR der Bundesrepublik um historische Epochen voraus war (wie man heute erst durch ihren Verlust begreift), konnten offenkundig die Defizite bei der Verwirklichung der politischen Menschenrechte nicht ausgleichen.

Zur sicherheitspolitischen Dimension von Ausreise und »Flucht«

Von SED- und Staatsfunktionären wurde zuweilen die Auffassung vertreten, daß es sich bei vielen, wenn nicht sogar der Mehrheit der »Flüchtlinge« und Antragsteller auf ständige Ausreise um Personen handelt, die gegen die gesellschaftlichen Verhältnisse in der DDR eingestellt wären, also feindliche Elemente seien, die für den Sozialismus nicht arbeiten wollten.

Bei den Angehörigen des MfS, die gemeinsam mit den Mitarbeitern der Bereiche Inneres, den Angehörigen der Deutschen Volkspolizei und vielen anderen darum rangen, daß diese Menschen blieben, die sich ernsthaft bemühten, Ursachen und begünstigende Bedingungen auszuräumen, stießen solche Wertungen auf Unverständnis und Ablehnung.

Eine Korrektur derartiger Haltungen konnte jedoch nicht erreicht werden. Die Personal-Ausfälle in den Betrieben und Einrichtungen wurden zwar von führenden Funktionären registriert, ihr Ersatz aber offenbar noch als lösbar angesehen. Dabei aber wurden die davon ausgehenden Langzeitwirkungen unterschätzt. Zudem waren es Indikatoren für die Tendenz, daß sich immer mehr Menschen von der DDR abwandten.

Es war nicht zu übersehen, daß notwendige Maßnahmen der DDR-Führung auch mit Rücksicht auf die deutsch-deutschen Beziehungen unterblieben, weil diese gegebenenfalls »zu laut« seien. Und so wurde versucht, alles administrativ zu regeln, also »leise«, quasi unter der Decke und unter Ausschluß der Öffentlichkeit. Dabei war es wohl weniger Scham, sondern wohl eher die Furcht, daß bestimmte Beispiele Schule machen würden und es Komplikationen in den Beziehungen zu Bonn geben könnte.

In diesem Sinne aufschlußreich war ein redaktioneller Artikel im »Neuen Deutschland« am 3. Mai 1983: »Man stelle sich vor, die DDR würde alles an die große Glocke hängen, was da gegen ihre Interessen geschieht! Da bliebe vom reibungslosen Transitverkehr wenig übrig.«

Selbst bei schwerwiegenden Mißbrauchshandlungen und Vorkommnissen im Transitverkehr, die über die Grenzen der Belastbarkeit des Transitabkommens und des Grundlagenvertrages weit hinaus gingen, verhielt sich die DDR-Spitze meist mehr als zurückhaltend.

»Fragen der Familienzusammenführung, der Milderung von Härtefällen und andere humanitärer Fragen« wurden in der Folge von deutsch-deutschen Spitzenbegegnungen »still« geregelt. Auf dieser Linie lagen die Berufung eines »Beauftragten für humanitäre Fragen« und die Einrichtung einer »humanitären Schiene« zwischen der DDR und der BRD. Das wurde als ausreichend angesehen, um den Problemen wirksam zu begegnen. Bonn hingegen erklärte: »Wir Deutschen finden uns mit der Teilung unseres Vaterlandes nicht ab. Wir werden den Auftrag des Grundgesetzes zielstrebig und beharrlich weiter verfolgen, in freier Selbstbestimmung, die Einheit Deutschlands zu verfolgen.«[8]

Die SED-Führung wertete solche Postulate allenfalls als Bestandteil ideologischer Auseinandersetzung. Trotz einschlägiger Informationen des MfS wurde offensichtlich die Tatsache unterschätzt, daß hinter diesen Bonner Erklärungen handfeste Handlungskomplexe standen – wie die zur Inszenierung und Unterstützung einer »Fluchtbewegung«, die in Verbindung mit allen anderen subversiven Angriffsrichtungen auf die Untergrabung, Destabilisierung und letztlich auf die Liquidierung der DDR zielten.

Wenn hier auf gravierende Versäumnisse und Fehler in der Sicherheitspolitik auf diesem speziellen Gebiet so prinzipiell eingegangen wird, dann soll das keinesfalls heißen, daß sich die mit diesen Aufgaben und Problemen befaßten Mitarbeiter des MfS in permanentem Widerspruch zur SED- und Staatsführung befunden hätten. Nein, sie wahrten strikt die Partei- und Staatsdisziplin und setzten alles daran, die ihnen übertragenen Aufgaben mit bestmöglichen Ergebnissen zu erfüllen, obwohl sie sich dabei zunehmend alleingelassen fühlten.

Zu Aufgaben des Ministeriums für Staatssicherheit

Mit den Maßnahmen an der Staatsgrenze der DDR, der Errichtung pioniertechnischer Anlagen und der Einführung eines Kontrollregimes des grenzüberschreitenden Verkehrs nach der BRD und Westberlin erhielt die Grenzsicherung eine neue Qualität. Die Unantastbarkeit der Staatsgrenze mußte allerdings auch aus dem Inneren der DDR heraus gewährleistet werden. Diese Aufgabe oblag den Grenztruppen der DDR.

Das Ministerium des Innern und die nachgeordneten Dienststellen der Deutschen Volkspolizei hatten die Aufgabe (im Zusammenwirken mit den Grenztruppen und den Diensteinheiten des MfS), das Grenzgebiet so unter Kontrolle zu halten, um Verletzungen der Staatsgrenze auch von Innen auszuschließen

Sie trugen die Verantwortung für die Organisierung einer breiten vorbeugenden Arbeit, um die Vorbereitung und Durchführung des ungesetzlichen Verlassens der DDR zu unterbinden. Sie hatten gründlich die Ursachen zu erforschen, die im Innern der DDR als begünstigende Bedingungen für das ungesetzliche Verlassen des Landes wirkten sowie Vorschläge für notwendige Veränderungen zu entwickeln und zu deren Durchsetzung aktiv beizutragen. Sie mußten die mit ungesetzlichen Grenzübertritten verbundenen Vorkommnisse polizeilich bearbeiten, also insbesondere die Ermittlungsarbeit leisten, und die strafprozessuale Untersuchung von Straftaten des ungesetzlichen Grenzübertritts durch die zuständigen Untersuchungsorgane der Deutschen Volkspolizei in den Bezirken und Kreisen der DDR durchführen. Seit den 50er Jahren war das MdI mit den nachgeordneten *Abteilungen Inneres* der Räte der Bezirke und Kreise auch für die Bearbeitung von Anträgen zur ständigen Ausreise von DDR-Bürgern verantwortlich.

Das MdI und die Dienststellen Inneres sowie der Deutschen Volkspolizei waren durch den Minister des Innern angewiesen, bei der Organisierung der Arbeit auf diesem Gebiet – wie auch in anderen Bereichen – eng mit dem MfS und dessen Dienststellen in den Bezirken und Kreisen zusammenzuarbeiten. Das bedeutete jedoch in keiner Weise eine Verlagerung der Verantwortung.

Die 1961 vorgenommenen Veränderungen des Grenzregimes – vor allem im Hinblick auf die Rechtsordnung zum Passieren der Grenze und die militärische Sicherung der Staatsgrenze – schlossen den bisher üblichen illegalen Grenzverkehr in beiden Richtungen nunmehr aus.

Unter massiver Mitwirkung westlicher Geheimdienste und anderer Zentren und Kräfte in Westberlin und in der BRD entstand eine kriminelle Szene von Schleusern und Menschenhändlern, sogenannten Fluchthelfern, die diese Verbote zu unterlaufen versuchten. Meist bandenmäßig organisiert, entwickelten diese Kräfte ein ganzes System von Maßnahmen und enorme kriminelle Energie, um die Staatsgrenze wieder »durchlässig« zu machen.

Für die Abwehrarbeit des MfS verlangte das entsprechende Schlußfolgerungen. Deshalb wurde die HA V, später die HA XX/5, 1962 bzw. 1964 mit Befehlen des Ministers für Staatssicherheit beauftragt, federführend die Bekämpfung der in Westberlin und in der Bundesrepublik wie auch in einigen anderen westlichen Ländern entstandenen und von dort operierenden kriminellen Menschenhändlerbanden zu übernehmen. Im Vordergrund standen in dieser Zeit die Bekämpfung und Verhinderung der von ihnen organisierten Aktionen zur Ausschleusung von DDR-Bürgern durch sogenannte Grenztunnel und -schleusen sowie mit gefälschten Reisepapieren und mit Hilfe von Verstecken in Kraftfahrzeugen.

Das MfS sah es auch auf den vorgenannten Gebieten als vorrangig an, Ursachen und begünstigende Bedingungen zu erkennen und auf deren Zurückdrängung und Beseitigung hinzuwirken. Einen herausgehobenen Stellenwert in der Organisierung einer wirksamen Abwehrarbeit nahm schon die Vorbereitung des bereits zitierten Befehls Nr. 1/75 des Ministers für Staatssicherheit und nach dem Erlaß seine konsequente Durchsetzung durch alle Diensteinheiten ein. In seiner Präambel wurde der innen- und außenpolitischen Kontext der den Gegenstand des Befehls betreffenden Angriffe benannt: »Der Gegner versucht in zunehmendem Maße, durch eine breit angelegte politisch-ideologische Diversion und Kontaktpolitik/Kontakttätigkeit als Elemente seiner psychologischen Kriegsführung Einfluß auf Bürger der DDR zu gewinnen, sie im Sinne der bürgerlichen Ideologie zu manipulieren und unter anderem bei ihnen den Entschluß zum Verlassen der DDR zu wecken … Im Rahmen der gegen den Sozialismus gerichteten subversiven Tätigkeit ist die Organisierung des ungesetzlichen Verlassens der DDR und des staatsfeindlichen Menschenhandels eine Hauptrichtung des feindlichen Vorgehens … Entspannungsfeindliche Kreise der BRD, anderer nichtsozialistischer Staaten und Westberlins unternehmen verstärkte Anstrengungen, Bürger der DDR abzuwerben, zum ungesetzlichen Verlassen der DDR zu verleiten und auszuschleusen … Dabei nutzen sie vielfältige Mittel und Methoden, um Bürger der DDR durch verlockende Angebote und Versprechungen irrezuführen, die zum ungesetzlichen Verlassen bereiten Personen zum Verrat an der DDR zu bewegen und für Spionage sowie andere subversive Zwecke zu mißbrauchen …

Der Gegner verfolgt durch die Abwerbung vor allem von Fachkräften und ihre zielgerichtete Abschöpfung vorrangig das Ziel, die DDR international zu diskreditieren, ihre Wirtschaft zu schwächen, den Prozeß der sozialistischen ökonomischen Integration zu hemmen und zu stören, Ansatzpunkte für weitere subversive Handlungen zu schaffen sowie gleichzeitig den eigenen Mangel an Spezialisten auf einzelnen Gebieten auszugleichen und damit das kapitalistische Wirtschaftspotential zu stärken…«.

Dieser Befehl orientierte *alle* Diensteinheiten des MfS auf die zielgerichtete Vorbeugung, Aufklärung und Verhinderung des ungesetzlichen Verlassens der DDR und die Bekämpfung des staatsfeindlichen Menschenhandels.

Die Diensteinheiten sollten sich vor allem auf die Versuche der Abwerbung und »Flucht«-Vorbereitungen von Personen mit Spezialkenntnissen und Geheimnisträger konzentrieren und deren Schutz vor feindlichen Angriffen gewährleisten. Vorrang galt den Maßnahmen zur Abwehr von Angriffen gegen das Gesundheits- und Sozialwesen, den Beiträgen zur Sicherung der Staatsgrenze, vor allem um Grenzdurchbrüche vorbeugend zu verhindern, der Unterstützung von Maßnahmen zur Qualifizierung des Kontroll-, Abfertigungs- und Fahndungsregimes an der Staatsgrenze sowie der Vervollkommnung der Sicherungs-, Kontroll- und Beobachtungssysteme zur vorbeugenden Verhinderung von Straftaten. Und dazu gehörte auch die Verhinderung des Mißbrauchs von Privilegien durch Personen aus diplomatischen Vertretungen.[9]

Ein wichtiger Teil der prophylaktischen Arbeit war die Aufklärung und Bekämpfung der unmittelbar beteiligten oder mitwirkenden gegnerischen Einrichtungen, Organisationen und Kräfte. All das schlug sich auch in weiteren Führungsdokumenten nieder. Verwiesen sei auf Befehl Nr. 6/77 sowie die Dienstanweisungen Nr. 2/83 und Nr. 2/88 des Ministers für Staatssicherheit.[10]

In allen dienstlichen Bestimmungen wurde grundsätzlich davon ausgegangen, daß das MdI und dessen nachgeordneten Behörden und Dienststellen die Hauptverantwortung für die öffentliche Sicherheit und Ordnung zu tragen hatten. Deshalb war in den Führungsdokumenten des MfS ausdrücklich angewiesen, die Organe der Deutschen Volkspolizei, die Bereiche Inneres im MdI und in den Bezirken und Kreisen bei ihrer umfangreichen Arbeit zu unterstützen, also keineswegs zu ersetzen oder gar deren Arbeit zu übernehmen.

Das offensive Vorgehen des MfS gegen »Fluchthelfer« und Menschenhändlerbanden bildete eine wichtige Seite in der Abwehrarbeit des MfS. Wegen ihrer Bedeutung wurde auch diese Aufgabe zur Angelegenheit *aller* Diensteinheiten des MfS erklärt. Als immer unerläßlicher erwies sich dabei die zentrale Koordinierung und Führung aller Maßnahmen. Mit dem Befehl Nr. 1/75 des Ministers für Staatssicherheit wurde die Verantwortung dafür der *Zentralen Koordinierungs-Gruppe* (ZKG) übertragen.

Die ZKG war verantwortlich für die ständige zentrale Analyse der politisch-operativen Lage auf den vorgenannten Gebieten und Aufgabenstellungen, für die Gewährleistung der aktuellen Gesamtübersicht und die Herausarbeitung der politisch-operativen Schwerpunkte. Sie bereitete Führungsentscheidungen und zentrale Orientierungen vor, sie verallgemeinerte Erfahrungen und Erkenntnisse mit dem Ziel der weiteren Qualifizierung der operativen Arbeitsprozesse und informierte die Diensteinheiten über neue Erkenntnisse, insbesondere über Veränderungen in den Angriffsrichtungen, in der Anwendung von Mitteln und Methoden und im gegnerischen Kräftepotential. Die ZKG instruierte die operativen Diensteinheiten bei voller Wahrung, Durchsetzung und weiteren Stärkung ihrer Eigenverantwortung und nutzte alle Möglichkeiten zur Qualifizierung der vorbeugenden Arbeit, um ungesetzliches Verlassen der DDR und Aktionen des staatsfeindlichen Menschenhandels zu verhindern.

Die ZKG erarbeitete zweckmäßige Formen für das gemeinsame Vorgehen der operativen Diensteinheiten, besonders auch bei Maßnahmen im Operationsgebiet. Sie koordinierte den Einsatz der Inoffiziellen Mitarbeiter zur Bekämpfung des staatsfeindlichen Menschenhandels in bedeutsamen Operativen Vorgängen. Sie gab alles in allem den Diensteinheiten Anleitung und Unterstützung, koordinierte die Bearbeitung von Operativen Vorgängen zum staatsfeindlichen Menschenhandel und von besonders bedeutenden Operativen Vorgängen zum ungesetzlichen Verlassen der DDR.

Die ZKG sammelte und analysierte alle wichtigen Ergebnisse der Arbeit des MfS gegen Menschenhändlerbanden. Zu einzelnen Banden wurden *Zentrale Operative Vorgänge* (ZOV) angelegt. Geführt wurden diese ZOV – abgestimmt mit der ZKG – von den Diensteinheiten, die zu deren Bearbeitung die besten operativen Voraussetzungen und Möglichkeiten besaßen. Ferner gab es in verschiedenen Diensteinheiten des MfS dem jeweiligen ZOV zugeordnete OV, also Teilvorgänge, wenn bei den aufzuklärenden Verdachtshinweisen zu Personen und Sachverhalten entsprechende Berührungspunkte zu den in ZOV bearbeiteten Banden bestanden. Auf der Grundlage der Befehle wurden Dokumentationen über Maßnahmen und deren Ergebnisse erarbeitet. Die Zentralen Operativen Vorgänge enthielten Ergebnisse der Arbeit mit IM, von technischen Überwachungsmaßnahmen, von Observationen, Ermittlungen und anderen operativen Handlungen.

Die ZKG besaß im Rahmen ihrer Koordinierungstätigkeit die Übersicht, welche Diensteinheiten operative Möglichkeiten zur Bandenbearbeitung im Operationsgebiet hatten, ohne daß die ZKG die einzelnen Quellen kannte. Diese durften nach dem Grundsatz der Konspiration durch die Diensteinheiten der ZKG auch nicht konkret benannt werden. Die Erfordernisse der strikten Konspiration in der Zusammenarbeit mit IM ergaben sich vor allem daraus, daß diese Banden eng mit bundesdeutschen Geheimdiensten zusammenwirkten und sich selbst konspirativer Methoden bedienten.

Zum Repertoire der Vorbeugung gehörte, durch demonstrative Beobachtung von Beteiligten geplante Aktionen zu stören. Festnahmen unterblieben in diesem Stadium jedoch. Vor allem dann, wenn durch Festnahmen zu diesem Zeitpunkt die Aktion möglicherweise zu politischen Komplikationen hätte führen können. Voraussetzung war jedoch, die Möglichkeit zur späteren Festnahme zu haben.

Durch die Untersuchungsorgane des MfS wurden Ermittlungsverfahren (EV) in der Regel gegen Bandenmitglieder und solche Bürger der DDR geführt, die Verbindungen zu ihnen unterhielten. In den ersten Jahren wurde über Festnahmen von Schleusern und Bandenangehörigen zwecks »Abschreckung« ständig in der DDR-Presse berichtet. Das unterblieb dann aus den bereits beschriebenen politischen Gründen. Die Gerichtsprozesse gegen Mitglieder von Menschenhändlerbanden wurden öffentlich geführt. Und wenn die DDR-Medien in Einzelfällen darüber berichten durften, fanden sie auch lebhaftes Echo.

Um den Organisatoren des kriminellen Menschenhandels bereits in ihren Ausgangsbasen das Handwerk zu legen, wurden vor allem auch die Verhandlungen, Gespräche und anderen Begegnungen mit Vertretern der Regierung der BRD und des Senats von Westberlin genutzt. So wurde in der *Kommission gemäß Artikel 19 des Transitabkommens DDR-BRD* (Transitkommission) darauf gedrängt, durch Beweise zweifelsfrei belegt, den kriminellen Machenschaften der Banden Einhalt zu gebieten und für die Beendigung der permanenten Vertragsverletzungen zu sorgen. Mit diesem Ziel wurden solche Materialien (Beweisdokumente) auch dem Ministerium für Auswärtige Angelegenheiten (MfAA) übergeben, um in Verhandlungen und Gesprächen mit Vertretern anderer Staaten auf diplomatischer oder konsularischer Ebene auf ein entsprechend energisches Vorgehen hinzuwirken.

Zu den offensiven Maßnahmen gehörte auch, Erkenntnisse des MfS in Medien der BRD und Westberlins zu lancieren, um Praktiken der Banden zu entlarven und Reaktionen in ihrem Umfeld auszulösen.

Alle Maßnahmen, insbesondere rechtlicher Natur, die sich gegen Mitglieder von Banden in der BRD und Westberlin oder auch in Österreich und der Schweiz richteten, wurden mit den zur Verfügung stehenden Mitteln unterstützt. So wurden beispielsweise Beweismittel auch an bundesdeutsche und Westberliner Justizorgane übergeben.

Gemeinsame Aktionen erfolgten mit den Sicherheitsorganen der mit der DDR befreundeten sozialistischen Staaten. Erkenntnisse und Materialien wurden ausgetauscht, Rechtshilfe gewährt etc.

Die kriminellen Menschenhändlerbanden operierten mit einem ganzen Arsenal geheimdienstlicher Mittel und Methoden. Das erforderte verständlicherweise den gezielten und offensiven Einsatz der politisch-operativen Kräfte und Mittel des MfS. Die Arbeit von IM und besonders von IMB an und in den Banden erbrachte Erkenntnisse über Organisierung, Vorbereitung und Versuche von Aktionen und deren Teilnehmer, die ständig zu neuen, das Gesamtlagebild vervollständigenden Erkenntnissen für das MfS führten. Ergänzt wurde das durch den gezielten Einsatz der Funkaufklärung des MfS.

Besondere Bedeutung besaßen Zersetzungsmaßnahmen. IM sorgten beispielsweise durch desorganisierendes Wirken in solchen Banden, daß Schleusungsaktionen scheiterten. Das führte zu Verunsicherung, zu Mißtrauen und Widersprüchen innerhalb der Banden. Von außen durch geeignete Maßnahmen ausgelöste oder beeinflußte Mißerfolge, Streitigkeiten, Finanzprobleme oder ähnliches führten nicht selten zu Auflösungserscheinungen oder zur Abspaltung einzelner Personen. Kuriere, Zubringer, Sicherungs- und Schleusungsfahrer wurden nach ihrer Festnahme nicht inhaftiert, sondern vom MfS »überworben« und und als IM »zurückgeschickt«.

Das alles lief unter dem Begriff »Zersetzungsmaßnahmen«.

Die Erkenntnisse zu den kriminellen Menschenhändlerbanden und ihren Verbindungen sowie zu ihren skrupellosen Machenschaften wurden exakt dokumentiert. Auch diese Unterlagen befinden sich in den Archiven des BStU – unter Verschluß!

Anlässe zum Verlassen der DDR

Egon Bahr erklärte als Zeuge in einem Prozeß vor der 27. Großen Strafkammer des Landgerichts Berlin am 15. Mai 1997: »Zu den politischen Grundgegebenheiten der DDR gehörte die Anziehungskraft des Westens, seiner Grundfreiheiten und seines Lebensstandards.«

Damit hatte der SPD-Politiker zweifellos recht.

Die materiellen Lebensverhältnisse in der BRD und in Westberlin übten auf viele DDR-Bürger eine große Faszination aus. Das Konsumangebot blieb nicht ohne Wirkung. Verstärkt wurde das durch Versorgungsengpässe im eigenen Land. Die Illusion, sowohl materieller Wohlstand als auch soziale Sicherheit wären in der Bundesrepublik zu Hause, griff immer mehr um sich.

Daran hatten die westlichen elektronischen Medien, die in die DDR hineinwirkten, ebenso ihren Anteil (was ja letztlich auch ihre politische Mission war), wie auch die Intershops, in denen für »Westgeld« »Westwaren« gekauft werden konnten, und der Genex-Geschenkdienst von West nach Ost. Das war Westen im Osten. Allerdings nur für jene, die Verwandte in der Bundesrepublik oder andere Devisen-Bezugsquellen hatten. Die Tatsache, daß es zunehmend zwei Bevölkerungs-Gruppen in der DDR gab – nämlich jene, die Westgeld hatte, und jene, die keines besaß – führte nicht nur zu einer unerträglichen sozialen Spaltung, sondern auch zu Neid und Mißgunst. Und das wiederum führte zu Spannungen in einer Gesellschaft, die sich Gleichheit und Gerechtigkeit auf die Fahnen geschrieben hatte. (Selbst bei Urlaubsreisen in sozialistische Staaten bekamen die Bürger der DDR die Zweitklassigkeit demonstriert, wenn sie nicht über Westgeld verfügten.)

Zur materiellen Verlockung kam die vermeintliche Gewißheit, beim Wechsel in die BRD keiner existentiellen Unsicherheit ausgesetzt zu sein. Unwägbarkeiten und Risiken wurden als gering eingeschätzt. Hinzu kam: Man sprach die selbe Sprache, man hatte eine Berufsausbildung, es gab gesetzliche Regelungen und Vorschriften zur Erleichterung der Integration in die bundesdeutsche Gesellschaft.

Alle einschlägigen Analysen des MfS belegten: Die absolute Mehrheit der DDR-Bürger, die ihr Land verlassen wollten bzw. es auch taten, ging nicht aus politischen Gründen, sondern aus persönlichen materiellen Erwägungen. In diesem Sinne waren sie das, was im Westen üblicherweise als »Wirtschaftsflüchtlinge« bezeichnet wird.

Natürlich spielten bei einer Minderheit auch politische Gründe eine Rolle. Allerdings war das keine politische Gegnerschaft, sondern meist Unverständnis oder Ablehnung bestimmter Entscheidungen und Entwicklungen in einzelnen Lebensbereichen, Verärgerung über Maßnahmen staatlicher Organe, über bürokratische Hemmnisse oder auch Enttäuschung wegen des Verhaltens von Verantwortungsträgern.

Für immer stärkeren Mißmut sorgten das verordnete Verschweigen von Schwierigkeiten und die Schönfärberei, die schließlich charakteristisch war für die gesamte Informations- und Medienpolitik.

In der für die SED- und Staatsführung bestimmten Information des MfS vom 9. September 1989 (»Hinweise auf wesentliche motivbildende Faktoren im Zusammenhang mit Ausreisen nach den nichtsozialistischen Ausland und dem ungesetzlichen Verlassen der DDR«) hieß es über die Botschaftsbesetzer und andere, die ihre Ausreise erzwingen wollten: »Diese Personen gelangen in einem längeren Prozeß zu der Auffassung, daß eine spürbare, schnelle und dauerhafte Veränderung ihrer Lebensbedingungen, vor allem bezogen auf die Befriedigung ihrer persönlichen Bedürfnisse, nur in der BRD oder Westberlin realisierbar sei. Obwohl in jedem Einzelfall ganz konkrete, individuelle Fakten, Erscheinungen, Ereignisse, Erlebnisse usw. im Komplex auf die Motivbildung zum Verlassen der DDR einwirken, wird im folgenden eine Zusammenfassung wesentlicher diesbezüglicher zur Motivation führender Faktoren vorgenommen. Als wesentliche Gründe/Anlässe für die Bestrebungen zur ständigen Ausreise bzw. das ungesetzliche Verlassen der DDR – die auch in Übereinstimmung mit einer Vielzahl Eingaben an zentrale und örtliche Organe/Einrichtungen stehen – wurden angeführt:

- Unzufriedenheit über die Versorgungslage;
- Verärgerung über unzureichende Dienstleistungen;
- Unverständnis für Mängel in der medizinischen Betreuung und Versorgung;
- eingeschränkte Reisemöglichkeiten innerhalb der DDR und nach dem Ausland;
- unbefriedigende Arbeitsbedingungen und Diskontinuität im Produktionsablauf;
- Unzulänglichkeiten/Inkonsequenz bei der Anwendung/Durchsetzung des Leistungsprinzips sowie Unzufriedenheit über die Entwicklung der Löhne und Gehälter;
- Verärgerung über bürokratisches Verhalten von Leitern und Mitarbeitern staatlicher Organe, Betriebe und Einrichtungen sowie über Herzlosigkeit im Umgang mit den Bürgern;
- Unverständnis über die Medienpolitik der DDR.«[11]

In der Gesellschaft der DDR wirkte ein ganzes Geflecht von Erscheinungen, die das Auswanderungsbegehren begünstigten und auslösten.

Hauptprobleme waren, wie bereits ausgeführt, die Hemmnisse in der wirtschaftlichen Entwicklung, die mangelhafte Effizienz, die insgesamt zu niedrige Arbeitsproduktivität, unbefriedigende Arbeitsbedingungen, mangelnde Kontinuität in den Produktionsabläufen, Materialmängel- und lücken, Verletzungen des Leistungsprinzips, Mängel in der Leitungstätigkeit und im Umgang mit den Menschen. Und die z. T. erheblichen Mängel und Lücken im Konsumgüterangebot.

Negativ wirkten auch Defizite in der sozialistischen Demokratie. Nicht wenige Beschlüsse und Maßnahmen zum Ausbau und zur Durchsetzung des sozialistischen Rechts und der sozialistischen Gesetzlichkeit entsprachen nicht den Interessen und Erwartungen der Bevölkerung. Bemängelt wurde die ungenügende Entwicklung der Gesetzesstruktur, das Fehlen einer Verwaltungsgerichtsbarkeit, die ungenügende Entwicklung der Wahlgesetzgebung usw.

Ein generelles Problem, das eine stetig wachsende Rolle spielte, waren die fehlenden bzw. eingeschränkten Reisemöglichkeiten sowie das Fehlen gesetzlicher Grundlagen für entsprechende Entscheidungen der staatlichen Organe, die diese für den Bürger auch nachprüfbar (und einklagbar) gemacht hätten.

Auf die immer stärker werdenden Forderungen nach »Reisefreiheit« wurde nicht genügend reagiert. Die 1988/89 in diese Richtung unternommenen ersten Schritte kamen zu spät. Die ökonomischen Zwänge bestanden unverändert fort. Die DDR besaß nicht ausreichend Devisen, die sie ihren Bürgern hätte ins Ausland mitgeben müssen. Und sie nur als Bettler in die Fremde ziehen zu lassen, verbot schon die Selbstachtung.

Es fehlte allerdings auch an ernsten Versuchen, den eigenen Bürgern offen und nachvollziehbar Ursachen und Umstände zu erläutern, die eine Einschränkung der Reisefreiheit unabwendbar machten.

Zur Bekämpfung des staatsfeindlichen Menschenhandels und der Bandenkriminalität

Seit Ende der 50er Jahre verstärkten westliche Geheimdienste und Agentenorganisationen ihre Anstrengungen, sich umfassend und tiefgründig über Strukturen und Personal in bestimmten Bereichen der DDR zu informieren. Es gehörte zu erstrangigen Standardaufträgen der Organisatoren der Spionagetätigkeit, nach Fachkräften zu forschen, ihre Fähigkeiten, politische Haltung, Stärken und Schwächen, familiären Verhältnisse, ihren Lebensstandard, ihre Hobbys etc. zu erkunden. Das war sicher zunächst nachrichtendienstlichem Interesse geschuldet. Angesichts der Breite der Recherche und der Systematik ging es jedoch immer deutlicher erkennbar um Abwerbung von Spezialisten und Fachkräften. Das erfüllte den Tatbestand des staatsfeindlichen Menschenhandels nach dem StGB/DDR.

Unmittelbar nach den ersten Sicherungsmaßnahmen am 13. August 1961 nahm der Druck auf die Staatsgrenze der DDR sukzessive zu. In den ersten Wochen und Monaten schleusten Berliner Studenten und andere junge Menschen Bekannte und Freunde aus dem Ostteil der Stadt in den Westen oder boten Hilfe an, indem sie ihnen ihre Ausweise und Reisepapiere übergaben. Zweifellos waren sie Straftäter, aber sie besaßen keine kriminelle Energie und handelten mehrheitlich aus Idealismus. Dieser war zwar aus unserer Sicht fehlgeleitet, dennoch mußte man diesen Studenten zugestehen: Das war in der Regel nicht vordergründig weder antikommunistisch noch kommerziell motiviert.

Das änderte sich jedoch bald.

Es begann sich ein krimineller »Wirtschaftszweig« zu entwickeln, der daraus ein Geschäft machte. Dieser »kriminelle Menschenhandel« wußte die offizielle Politik und die Medien hinter sich, auch Geheimdienste hatten zunehmend ihre Finger im Spiel, schließlich war der Menschenhandel eine Waffe im Kalten Krieg.

Daß diese Gruppierungen durch das MfS mit dem aus der Kriminologie stammenden Begriff »Banden« bezeichnet wurden, war berechtigt. »Gewerbetreibende« in dieser Branche schlossen sich zum Zwecke der Begehung von Straftaten zusammen. Damit war ein wesentliches Kriterium für die Bezeichnung »Bande« gegeben. Ein Staatsanwalt sah sich 1977 in einer Westberliner Zeitung zu der Bemerkung veranlaßt: »Was heißt hier Fluchthelfer? Die wollen doch nicht helfen, sondern Kapital machen. Die DDR hat schon recht, wenn sie diese Herren Kriminelle nennt.« Dennoch erfreuten sich diese Kriminellen mindestens wohlwollenden Interesses, auf bestimmten Feldern gar der Unterstützung durch die Obrigkeit. Zumindest ist kein Fall bekanntgeworden, daß gegen solche »Banden« wegen ihrer Straftaten des Menschenhandels juristisch vorgegangen wurde, um damit ihren kriminellen Handlungen ein Ende zu setzen. Man sah es nicht als notwendig an, ihnen das Handwerk zu legen – per Gesetz oder per Repressivmaßnahmen.

Die Mehrzahl ermittelter Banden war nach Erkenntnissen des MfS hinreichend verdächtig, den Charakter einer kriminellen Vereinigung gemäß § 129 StGB/BRD zu erfüllen. Der Hauptzweck war krimineller Gelderwerb mittels Menschenhandel.

Selbst die pseudomoralische Tarnung als »Fluchthilfe« hätte nach geltendem Recht nicht zwangsläufig zum Aussetzen der Strafverfolgung führen müssen. Im Kommentar zum StGB/BRD dazu heißt es eindeutig: »Auf den Endzweck, also ›Gelderwerb‹ oder ›Fluchthilfe‹ kommt es nicht an, ausreichend ist, *wenn Straftaten als Mittel zu irgend einem Zweck begangen werden sollen.*«

Rechtliche Schranken, die einer Verfolgung solcher krimineller Banden in der Bundesrepublik oder Westberlin im Wege gestanden hätten, gab es jedenfalls nicht. Dennoch blieben sie in aller Regel völlig unbehelligt.

Zu den Praktiken der Menschenhändler gehörten Urkundenfälschung, Betrug, Einbruch, Diebstahl, Raub, Verkehrsgefährdung, Körperverletzung, Rausch- und Suchtmittelbesitz- und -gebrauch.

Jede dieser Straftaten war auch nach dem Recht der BRD zu verfolgen. Sieht man von vereinzelten Verfahren wegen einzelner Randdelikte ab, die oftmals erst auf hartnäckiges Drängen der DDR-Behörden in Gang kamen, passierte nichts. Obwohl auch bilaterale Vereinbarungen, etwa das Transitabkommen, dazu hätten Veranlassung sein müssen.

Grundsätzlich zogen sich die zuständigen Institutionen der Bundesrepublik trotz gegebener rechtlicher Möglichkeiten auf die Position zurück, die sie in Ziffer 2, Abs. 2 des § 129 StGB/BRD hineininterpretierten, nämlich, daß »die eigentlich zu verfolgenden Straftaten nur ein Zweck von untergeordneter Bedeutung« seien. Also wenn einer für Geld aus der DDR ausgeschleust wurde, war damit zwar das Gesetz gebrochen, aber die Gesetzesverletzung war »nur ein Zweck von untergeordneter Bedeutung«. Die quasi übergeordnete Bedeutung war »die Freiheit«, die ein DDR-Bürger dadurch vorgeblich erlangt hatte. Diese Position wurde unzweideutig nur aus politischen Gründen vertreten, obwohl man auch im Westen genau wußte, daß die Ausschleusung von Bürgern der DDR ohne kriminelle Handlungen nicht möglich war.

Hinzu kam, daß fast alle Täter dieser Szene über stattliche Strafregister verfügten und das weiter betrieben, was sie vordem schon betrieben hatten: ein gesetzwidriges Gewerbe. Allein der Umstand, daß sich ihre kriminelle Energie nunmehr gegen die DDR richtete, »adelte« sie. Im Kampf gegen den Sozialismus war man bei der Suche nach Bundesgenossen nicht wählerisch.

Jede kriminelle Menschenhändlerbande wurde von einem »Boss« geleitet, dem alle Bandenmitglieder aus unterschiedlichen Gründen hörig waren. Er hatte das »absolute Sagen« und bestimmte, wann und wie Aktionen durchzuführen waren. Um diesen »Boss« gruppierte sich in der Regel ein »harter Kern« enger Vertrauter, mit denen Absprachen erfolgten. Der »Boss« verteilte das Geld. Für Kfz.-Spezialisten, Paß- und Dokumentenfälscher, Gift- und Rauschmittel-»Experten« und andere beteiligte Fachleute gab es Honorare. Diese Personen waren relativ »seßhaft«, das heißt sie vermieden es, das Territorium der DDR zu betreten und waren nur selten zu Reisen in andere sozialistische Staaten bereit.

Eine wesentliche Rolle bei der Organisierung krimineller Schleusungsaktionen spielten jene Personen, die bereit waren, sich in die DDR oder in andere sozialistische Staaten zu begeben, um als Kuriere Nachrichten und Ausweispapiere zu übergeben. Sie arbeiteten als Schlepper und begleiteten die Auszuschleusenden, sie steuerten Schleusungsfahrzeuge, reisten als Sicherungsfahrer, als Zubringer zu den zur Schleusung benutzen Kfz oder nur zur Beobachtung von Schleusungsaktionen.

Diese Personen handelten aus unterschiedlichen Motiven, waren in der Regel Kriminelle, kamen oft aus der Drogenszene oder waren gestrandet und lebten am unteren Rand der kapitalistischen Gesellschaft. Sie nahmen nahezu jedes Risiko in Kauf. Zum Kreis dieser benutzten, mißbrauchten Personen gehörten auch Arbeitslose, Studenten sowie ausländische Staatsbürger, die – mit der konkreten Situation in der DDR nicht vertraut – bei der Übernahme solcher Aufträge häufig nicht um die damit verbundenen Gefahren wußten. Sie glaubten, sich damit ein Zubrot verdienen zu können, verdrängten die Gefahren der Entdeckung (und die daraus folgenden Konsequenzen). Die Strafbarkeit ihres Handelns wollten sie nicht bewußt machen bzw. einige waren sich dessen auch kaum bewußt.

Die kriminelle Konkurrenz zwischen den und innerhalb der Banden bestimmte sowohl das Klima in diesen Personengruppen, es hielt sie aber auch zusammen. Nicht selten fanden im kriminellen Milieu harte, bewaffnete Auseinandersetzungen statt, wobei auch einige zu Tode kamen, so der bekannte Menschenhändler und Kriminelle Salzberg oder der langjährige Bandenboss Dawid. Der eine wurde von Komplizen totgetrampelt, der andere von seiner Frau mit einem Hammer erschlagen. Der als Hochstapler mehrfach vorbestrafte kriminelle Menschenhändler Lenzlinger aus der Schweiz wurde erschossen.

Westberlin war das Zentrum, dort gab es bis zu 15 kriminelle Menschenhändlerbanden. Einige hatten in Niedersachsen ihren Standort, eine in Wien, eine andere operierte von Zürich aus. Unter diesen Banden bestanden, zumindest zeitweilig, aktionsbezogene Verbindungen. Es gab »Stützpunkte« in anderen Orten, die dort wegen der oft langen Schleusungswege über andere sozialistischen Staaten eingerichtet worden waren. Das waren in der Regel Kontaktpersonen , deren Aufgabe darin bestand, die zur Schleusung vorgesehenen Personen für Stunden oder auch Tage zu beherbergen, ehe sie abgeholt wurden. Die Haltung der offiziellen Stellen im Westen zu diesen Aktivitäten wurde von der DDR immer wieder angeprangert und als unvereinbar mit den zwischen beiden deutschen Staaten getroffenen Abmachungen bezeichnet. Die Kritik richtete sich auch an die etablierten Parteien, die solche Banden politisch und materiell unterstützten.

Bezeichnenderweise wurden die seltenen und zaghaften Schritte zuständiger Sicherheits- und Justizbehörden zum Eindämmen der bandenmäßigen Kriminalität meistens durch politische Interventionen zum Erliegen gebracht wurden.

Die Beweise, die das MfS über die von Geheimdiensten der BRD und der USA mit den Menschenhändlern geübte Komplizenschaft vorlegte, wurden fast immer bestritten und mit Protest zurückgewiesen.

Die wechselseitigen Beziehungen zwischen Geheimdiensten und Menschenhändlerbanden waren für die kriminelle Szene existenzsichernd. Derartige Verbindungen, die teilweise den Charakter einer Kooperation annahmen, unterhielten der BND, das Bundesamt für Verfassungsschutz, die Landesämter für Verfassungsschutz, die CIA der USA vor allem in Westberlin.

Die Geheimdienste unterstützten die Banden und einzelne Mitglieder bei der Anwendung konspirativer Methoden, sicherten sie vor »Infiltration« durch das MfS, erteilten Schleusungsaufträge, beschafften Geld und technische Mittel, die für die illegale Grenzpassage vonnöten waren. Sie organisierten selber die Ausschleusung von Spionen und anderen sie interessierenden Personen aus der DDR und bedienten sich dabei der gleichen Methoden wie die Banden.

Allein das legte dem MfS die Schlußfolgerung nahe, daß hinter jeder Schleusung möglicherweise ein gegnerischer Geheimdienst stand.

Eine Reihe von Journalisten der Bundesrepublik setzte sich in den 70er Jahren kritisch mit der »Fluchthilfe« auseinander – der Begriff *Menschenhandel* wurde nicht verwandt. Beispielsweise hieß es im Hamburger »Stern«: »Die professionellen Fluchthelfer bekamen Rückendeckung von westlichen Politikern und von westlichen Geheimdiensten, die sie mit Geld, falschen Papieren und natürlich auch mit Aufträgen für Schleusungen versorgten. Der amerikanische Geheimdienst CIA, der Bundesnachrichtendienst in Pullach und das Bundesamt für Verfassungsschutz in Köln hatten ein Interesse daran, auch nach dem Mauerbau, die Flucht von hochqualifizierten DDR-Bürgern, Ärzten und Technikern zu fördern und so die DDR zu schwächen und zugleich wichtige Nachrichten zu gewinnen«.

Offensichtlich wurde der kriminelle Charakter auch angesichts der Summen (»Kopfgeld«), die für Schleusungen gezahlt werden mußten. Sie betrugen bis zu 40.000 DM und mußten von der zu schleusenden Person oder durch deren Verwandte, Bekannte oder andere Interessenten gezahlt werden. Darüber wurden Verträge geschlossen. Der Aufwand stand in aller Regel in keinem Verhältnis zu der geforderten Summe. Ein Schleusungsfahrer im Transitverkehr erhielt dafür zwischen 100 bis 300 DM. Der »Rest« floß in die Taschen anderer.

Daß die von DDR-Seite erhobenen Vorwürfe der Duldung und Förderung der Banden durch offiziellen Stellen der BRD und Westberlins begründet waren, bestätigte auch der »Stern«: »Was die Stasi diesbezüglich erzählt, darf man getrost glauben. Da brauchen die Herrn vom Staatssicherheitsdienst ihre Phantasie nicht allzusehr strapazieren.«

Es passierte höchst selten, daß sich die Justiz solcher Fälle annahm, und wenn ja, konnten sich die Richter auf die Position des Bundesgerichtshofes (BGH) zurückziehen, nach dessen Auffassung (=Vorgabe) Fluchthelferverträge als rechtswirksam galten: »Ein Vertrag, durch den sich jemand verpflichtet, den anderen Vertragsteil für die sogenannte Ausschleusung eines Einwohners der Deutschen Demokratischen Republik ein Entgelt zu zahlen (Fluchthelfervertrag), verstößt weder gegen ein gesetzliches Verbot (§ 134 BGB) noch ohne weiteres gegen die guten Sitten. (§ 138 I BGB)«

Gemäß § 242 BGB (Pflicht zur angemessenen Stundung eines Anspruchs als Fluchthelfervertrag) legte der BGH rechtsverbindlich fest: »Wer einem anderen gegen Entgelt Hilfe beim Verlassen der Deutschen Demokratischen Republik (›Fluchthilfe‹) leistet, hat nach Treu und Glauben bei der Geltendmachung seines Vergütungsanspruchs auf die besonderen wirtschaftlichen Verhältnisse des anderen Rücksicht zu nehmen. Er kann daher zu einer angemessenen Stundung seines Anspruchs verpflichtet sein«. Und zur »Risikomininimierung« der Banden hieß es laut § 242 BGB (Keine Rückzahlung des Vorschusses bei Mißerfolg der Fluchthilfe): »In einem Fluchthilfevertrag kann vereinbart werden, daß ein dem Fluchthelfer als Vorschuß gezahlter Teil seiner Vergütung, der zur Deckung von Unkosten bestimmt ist, auch bei einem Mißerfolg der Fluchthilfe nicht zurückgezahlt wird. Die Vereinbarung ist jedoch unwirksam, soweit sie die Rückzahlung auch für den Fall ausschließt, daß der Mißerfolg auf grober Fahrlässigkeit eines Erfüllungsgehilfen des Fluchthelfers beruht.«[12] Kriminelles Tun erhielt »rechtsstaatlichen« Rechtsschutz – oder wie ist das sonst zu werten?

Tunnel-Schleusungen und andere gefährliche Provokationen

Mit der nach dem 13. August 1961 eintretenden Vervollkommung des Kontroll- und Abfertigungssystems an den Grenzübergangsstellen wurden die Möglichkeiten der Ausschleusung unter Verwendung ge- und verfälschter Reisepapiere immer mehr reduziert. So entwickelte sich eine neue Form: die Tunnel-Schleusungen. In Westberlin bildeten sich Gruppen, die von dort aus unterirdische Stollen unter die befestigte Staatsgrenze in den Ostteil der Stadt trieben. Diese Tunnel mündeten meist in Kellern unbewohnter Häuser. Derartige Vortriebe wurden insofern erleichtert, als es bis 1963 im Ostteil Berlins noch kein militärisches Sperrgebiet *vor* den Grenzsicherungsanlagen gab. Das ermöglichte es jedem, unkontrolliert bis unmittelbar an die Sperranlagen zu gelangen und die Tunnel-Einstiege zu erreichen.

Der Vortrieb solcher Stollen in das Hoheitsgebiet der DDR stellte nicht nur eine schwerwiegende Grenzverletzung dar. Erfolgreiche Tunnelaktionen wurden medial ausgeschlachtet und vorsätzlich zur Diskriminierung der DDR eingesetzt. Das war Schützenhilfe für entspannungsfeindliche Kräfte.

Der Vortrieb der Tunnel erfolgte überwiegend durch Personen ohne jegliche bergmännische Kenntnis und Erfahrung. Auch die gelegentliche Einbeziehung von einzelnen Bergbau-Studenten ändert nichts daran. Häufige Unfälle belegen das. Die Erdmassen wurden in das grenznahe Westberliner Hinterland transportiert, so daß nicht nur Anwohner, sondern auch die Polizeibehörden – soweit sie nicht schon vorher über diese Tunnelaktionen informiert waren – davon Kenntnis hatten. Doch auch die Selbstgefährdung der Bergbaulaien veranlaßte die Westberliner Ordnungsbehörden keineswegs zum Einschreiten.

Symptomatisch für die Haltung des offiziellen Westberlin war der Tunnel vom Springer-Konzern nahe der Leipziger Straße. Von dort aus drang der bewaffnete Schleuser in die DDR ein und ermordete einen Angehörigen der Grenztruppen der DDR. Egon Bahr erklärte später freimütig, vom Projekt eines Tunnels in der Brunnen-Straße (Wedding) Kenntnis gehabt zu haben. Er hätte aber seine Unterstützung dafür wegen des Finanzierungsangebotes einer US-Fernsehgesellschaft zurückgezogen. Er fürchtete, daß das Projekt dann nicht lange genug geheimgehalten werden konnte. Durch diesen Tunnel wurden im September 1962 etwa 30 Personen geschleust.

Ein anderes Tunnelunternehmen, das mit Kenntnis Westberliner Stellen unter die S-Bahn-Anlagen zwischen Wedding und Pankow, in der Nähe der Wollankstraße, vorgetrieben wurde, scheiterte durch Einsturz. Dabei wurde der S-Bahn-Verkehr erheblich gefährdet.

Derartige Aktionen erfolgten oft mit Kenntnis des Senats und seiner Dienststellen, von Geheimdiensten und der Polizei. Mitunter förderten diese die Anschläge auf die Staatsgrenze sogar. Es wurden zuweilen Dokumentationen von Gas-, Wasser- und Abwasserleitungen zur Verfügung gestellt, über Vortriebsrichtungen und Schachtungstiefen informiert, um Havarien zu vermeiden. Es wurden Kuriere und Schlepper in die DDR-Hauptstadt geschickt, die die »Flüchtlinge« zum Tunneleinstieg führten.

Das MfS erhielt von einigen solcher Tunnelvorhaben sowohl durch IM als auch durch Anzeigen von Westberlinern Kenntnis. Es konnte in diesen Fällen die Schleusungen verhindern und die an ihnen Beteiligten, darunter auch Westberliner Organisatoren und »Tunnelbauer«, festnehmen.

Das Ministerium für Auswärtige Angelegenheiten der DDR protestierte wegen dieser Aktivitäten krimineller Gruppen und Banden beim Westberliner Senat. Die sowjetischen Militärbehörden taten dies bei den westlichen Alliierten, die energisch aufgefordert wurden, dafür zu sorgen, daß solche Provokationen künftig unterbleiben. Die Proteste blieben jedoch ohne nennenswerte Reaktionen.

In Zusammenarbeit mit den Grenztruppen der DDR unternahm das MfS Anstrengungen, um vorbeugend solche Tunnelprovokationen abwehren zu können. Die Grenztruppen der DDR entwickelten eine Sonde, die Grabungs- oder Transportgeräusche von Tunnelbauten orten konnte. Damit war es möglich, mehrere Aktionen festzustellen und zu unterbinden. Nach der Einrichtung des Grenzsperrgebietes 1963 hatten solche Provokationen keine Aussicht mehr auf Erfolg, sie wurden als Methode von der Gegenseite nicht mehr genutzt..

Solche Tunnelprovokationen, bei denen es zu gefährlichen Schußwechseln kam, enthielten ausreichend politischen Sprengstoff, der zu unkontrollierter Eskalation hätte führen können. Daß dies nicht eintrat, ist nicht zuletzt auf das besonnene Verhalten der Grenzsicherungskräfte und durch die auf Entspannung gerichtete Haltung der DDR-Verantwortlichen zurückzuführen. Die westlichen Akteure waren keine »Helden«, keine »Vorkämpfer für die Freiheit«. Es waren mehrheitlich kriminelle Geschäftemacher, die ihr Süppchen in der Glut des Kalten Krieges kochten.

Zum Mißbrauch des Transitabkommens

Bereits vor dem Transitabkommen zwischen der DDR und der BRD 1971 hatten sich einige der vor allem in Westberlin etablierten kriminellen Banden auf die Ausschleusung mit Transportmitteln spezialisiert. Mit krimineller Energie und meist dilletantischem »Erfindergeist« wurden Kraftfahrzeuge präpariert. Wie übrigens auch heute im grenzüberschreitenden Verkehr noch praktiziert, um Zigaretten, Drogen, Alkohol oder Menschen zu schmuggeln, gab es Verstecke in Lastkraftwagen für ein bis zwei Personen in vergrößerten Tankbehältern, oberhalb von Radkästen, im Kardan-Tunnel, in Hohlräumen zwischen Rücksitzen und Kofferräumen, unterhalb der Armaturenbretter im Motorraum, in doppelten Böden und Wänden, in Hohlräumen von Campingfahrzeugen, in Rad- und Werkzeugkisten.

Da diese Schleusungsart im Prinzip ohne Befreiung von Kfz.-Kontrollen an den GÜST der DDR praktiziert wurde, war die einkalkulierte »Verlustquote« relativ hoch. Im Gegensatz zum Transitverkehr wurden diese Fahrzeuge grundsätzlich einer Zollkontrolle unterzogen und die Personenverstecke in den meisten Fällen entdeckt. Gezielte Informationen aus der kriminellen Szene in Westberlin, Hinweise auf zu schleusende DDR-Bürger und die ständige Qualifizierung und Spezialisierung der Arbeit der Paßkontrolleure und der Angehörigen der Zollorgane verhinderten viele Aktionen. Die Beteiligten wurden festgenommen und verurteilt.

Die Situation änderte sich schlagartig mit dem Transitabkommen zwischen der DDR und der BRD vom 17. Dezember 1971.[13]

Das Transitabkommen wurde nach einem völkerrechtlich sehr komplizierten, ungewöhnlichen Ratifizierungsverfahren gültig. Es war gebunden an das »Vierseitige Abkommen« zwischen der UdSSR, Großbritannien, den USA und Frankreich vom 3. September 1971 über Berlin (im Westen Viermächteabkommen genannt).[14]

Es trat durch das Schlußprotokoll der vier vertragsschließenden Seiten mit Wirkung vom 3. Juni 1972 in Kraft. Im Schlußprotokoll hieß es, die vier Regierungen gehen davon aus, »daß die Vereinbarungen und Regelungen, die zwischen den zuständigen deutschen Behörden getroffen wurden … gleichzeitig mit dem Vierseitigen Abkommen in Kraft treten«. Das betraf auch das Transitabkommen. Allein die Erinnerung an die Dauer der Verhandlungen, die unterschiedlichen Interpretationen früherer Rechtsakte, z. B. im Ergebnis des Potsdamer Abkommens der Antihitlerkoalition, die Anbindung an die Viermächte-Verantwortung über Berlin und der ungewöhnliche Weg der Ratifizierung der deutsch-deutschen Verträge durch die Großmächte, machen die Kompliziertheit und die politische Sensibilität auch des Transitabkommens deutlich. Es war für die westliche Seite ein großer Gewinn, und für die östliche Seite ein Stück Normalität im Verhältnis der zwei deutschen Staaten und der »selbstständigen politischen Einheit« Westberlin, die – laut »Vierseitigen Abkommen« – nicht von der BRD regiert werden durfte. Die mit dem »Vierseitigen Abkommen« erneut unter Bezug auf das Potsdamer Abkommen gesicherte Militärpräsenz der USA, Großbritanniens und Frenkreich, auch die Überlassung eines Teils der Souveränität beider deutscher Staaten an die Militärbehörden der Antihitlerkoalition, wie sie sich z. B. in der Existenz von alliierten Kontrollpunkten an der Staatsgrenze zur BRD und nach Westberlin zur Kontrolle des alliierten Militärverkehrs zeigte, sprachen dafür, wie eng damals die deutsch-deutschen vertraglichen Kompromisse mit den Interessen der Großmächte verknüpft waren und wie nahe Normalität und Entspannung sowie Störung des Klimas, Spannung, Krisen und letztlich sogar Kriegsgefahr beieinanderlagen.

Allein diese Tatsache zeigte die begrenzte Souveränität beider deutscher Staaten. (Daran zu erinnern ist angesichts der Strafprozesse im Kontext mit den sogenannten Mauertoten sowie der zeitgeistgemäßen »Bewältigung« und »Aufarbeitung« historischer Abläufe erforderlich, weil darin immer wieder Behauptungen aufgestellt werden, als hafte allein die DDR für das Grenzregime und alle Vorgänge an der Trennlinie von Warschauer Pakt und NATO in Deutschland.)

Das Transitabkommen regelte den *Transitverkehr* von zivilen Personen und Gütern auf Straßen, Schienen- und Wasserwegen zwischen der BRD und Westberlin durch das Hoheitsgebiet der DDR.

Dieser Verkehr vollzog sich auf den Autobahnen von Berlin nach Marienborn, nach Wartha und nach Hirschberg sowie auf der Fernverkehrsstraße F 5 nach Horst. Später wurde auch diese Strecke auf die neue Autobahn nach Hamburg (Grenzübergang Zarrenthin) verlegt.

Art. 2 des Transitabkommens legte ausdrücklich fest:

»1. Der Transitverkehr wird erleichtert werden und ohne Behinderung sein. Er wird in der einfachsten, schnellsten und günstigsten Weise erfolgen, wie es in der internationalen Praxis vorzufinden ist.

2. Im Transitverkehr finden die allgemein üblichen Vorschriften der Deutschen Demokratischen Republik bezüglich der öffentlichen Ordnung Anwendung, soweit dieses Abkommen nichts anderes bestimmt.«

Das bedeutete – wie auch im Abkommen weiter geregelt – für die DDR und ihre Grenzkontrollorgane, d. h. die Paßkontrolleure der Hauptabteilung VI des MfS und die Mitarbeiter der Zollverwaltung der DDR, in der Praxis der Abfertigung:

- zügige Kontrolle der Personaldokumente der Transitreisenden, Erteilung und Ausgabe der Transitvisa an den Grenzübergangsstellen;
- keine Kontrollen der Kraftfahrzeuge, vor allem der Kofferräume von Pkw, durch die Angehörigen der Zollorgane an den Grenzübergangsstellen;
- Kontrollen der Transportbegleitdokumente und der in Westberlin, der BRD oder in anderen Ländern vorgenommenen Zollverplombungen an den Fahrzeugen (LKW) auf ihre Verschlußsicherheit. (Das erfolgte in den Territorien der Grenzübergangsstellen.)

Die faktische Einschränkung von Kontrollen fand die volle Aufmerksamkeit der kriminellen Szene, vor allem der Menschenhändlerbanden, obgleich das Abkommen eine »Mißbrauchsklausel« enthielt. In Art. 16 hieß es:

»1. Ein Mißbrauch im Sinne dieses Abkommens liegt vor, wenn ein Transitreisender nach Inkrafttreten dieses Abkommens während der jeweiligen Benutzung der Transitwege rechtswidrig und schuldhaft gegen die allgemein üblichen Vorschriften der Deutschen Demokratischen Republik bezüglich der öffentlichen Ordnung verstößt, indem er

a) Material verbreitet oder aufnimmt;

b) Personen aufnimmt;

c) die vorgesehenen Transitwege verläßt, ohne durch besondere Umstände, wie Unfall oder Krankheit, oder durch Erlaubnis der zuständigen Organe der Deutschen Demokratischen Republik dazu veranlaßt zu sein;

d) andere Straftaten begeht oder

e) durch Verletzung von Straßenverkehrsvorschriften Ordnungswidrigkeiten begeht.

Ein Mißbrauch liegt auch dann vor, wenn eine Person an der Mißbrauchshandlung eines Transitreisenden ... als Mittäter, Anstifter oder Gehilfe teilnimmt ...« In den Ziffern 2 bis 6 des Art. 16 wurden darüber hinaus die Anforderungen an das Vorliegen hinreichender Verdachtsgründe für Mißbrauchshandlungen sowie mögliche Sanktionen und Reaktionen gegenüber den Transitreisenden durch die Organe der DDR bzw. Reaktionen gegenüber der BRD geregelt. Die Anwendung dieser Mißbrauchsklauseln war daran gebunden, daß der Tatverdacht eindeutig sein mußte. Kontrollen mit negativen Ergebnissen hatten laut Abkommen zur Folge, daß die Organe der DDR eine Bestätigung über die Ergebnislosigkeit ihrer Maßnahme aushändigen mußten. Damit sollte ungerechtfertigten Kontrollen vorgebeugt werden; auf der anderen Seite konnten derartige Maßnahmen als »Schikane« und »Willkür« denunziert werden.

Nach den offiziellen Erklärungen sollte mit diesem Abkommen ein Beitrag zur Entspannung in Europa geleistet werden. Im Gegensatz zu diesem von beiden Vertragspartnern erklärten Anliegen hatten die Menschenhändlerbanden bereits während der komplizierten Regierungsverhandlungen über den Transitverkehr Pläne ausgearbeitet und mit deren Realisierung während des Probelaufs des Abkommens begonnen, um die in Aussicht genommenen Erleichterungen im Transitverkehr für ihre kriminellen Zwecke zu mißbrauchen.

Das MfS konnte zweifelsfrei belegen, daß die Banden und ihre Helfershelfer nicht nur mit großer krimineller Energie, sondern auch mit teilweise erheblichem materiellen Aufwand arbeiteten.

Entgegen der in Art. 3 des Transitabkommens enthaltenen Bestimmungen, wonach der Transitverkehr ausschließlich »über die vorgesehenen Grenzübergangstellen und Transitstrecken« zu erfolgen habe, gehörte es zur ständigen Praxis der Menschenhändlerbanden, von der vorgeschriebenen Transitstrecke abzuweichen. Das geschah auftragsgemäß, um Erkundungen durchzuführen, vereinbarte Treffs wahrzunehmen, zur Schleusung vorgesehene Personen an die Transitstrecke heranzuführen oder sie in das Schleusungsfahrzeug aufzunehmen.

Skrupellos mißbrauchten sie besonders jene Regelungen des Transitabkommens, die von der Mehrheit der Transitreisenden als vorteilhaft und als echte Erleichterung betrachtet wurden. Das waren insbesondere Regelungen gemäß Artikel 4, wonach die Visaerteilung für Transitreisende an den Grenzübergangsstellen der DDR im Interesse der schnellstmöglichen Durchführung des Transitverkehrs am Fahrzeug erfolgte; Artikel 5, Ziff. 2, wonach beim Transitverkehr von Gütern die Kontrollverfahren der zuständigen Organe der DDR für Gütertransportmittel sowie für Güter selbst am Transportmittel erfolgten; Artikel 7, Ziff. 1, wonach bei Transportmitteln, die nicht nach den speziellen Regelungen des Art. 6 unter Verschluß genommen werden konnten, wie z. B. offene Lastkraftwagen, die Kontrollverfahren auf die Prüfung der Begleitdokumente beschränkt wurden; Artikel 8, Ziff. 2, wonach die Zulassungen für Kraftfahrzeuge und Anhänger sowie Fahrerlaubnisse für Kraftfahrer gegenseitig anerkannt wurden; Artikel 9, Ziff. 3, wonach die Verfahren für Reisende in individuellen Transportmitteln keine Verzögerungen mit sich brachten und am Fahrzeug erfolgten.

Die entscheidende Voraussetzung für die nach Art. 6 des Transitabkommens einfachste und schnellste Abwicklung des Gütertransportverkehrs bestand darin, daß die Verschlußsicherheit der betreffenden Transportmittel gewährleistet sein mußte. Dabei wurden nach Art. 6, Ziff. 4, Transportmittel als zollverschlußsicher anerkannt, die entsprechend der allgemein üblichen internationalen Praxis zum Transport von Gütern unter Zollverschluß zugelassen waren.

Die in Art. 6 (»Beförderung von Gütern in Transportmitteln [Straßengüterfahrzeuge, Eisenbahngüterwagen, Binnenfrachtschiffe, Behälter], die vor der Abfahrt mit Zollverschlüssen, Bahn- oder Postblomben oder mit … amtlichen Verschlüssen versehen worden sind«) fixierten Anforderungen und Kriterien der Verschlußsicherheit wurden jedoch besonders häufig unterlaufen. Dic Verschlußsicherheit wurde in nicht wenigen Fällen nur vorgetäuscht. Während der Transitfahrt konnte dann eine unbefugte und vertragswidrige Öffnung des angeblich unter Verschluß genommenen Raumes erfolgen.

So gab es raffiniert getarnte Zustiegsluken im Boden der Ladenflächen von Lkw, die in Hohlräume zwischen das Transportgut führten. Oder: Mit speziellen Mechanismen versehene Halterungen an den Fahrzeugen für die zum Zollverschluß notwendigen Schnüre konnten ohne Beschädigung der Zollplombe entfernt werden.

Auch Zollplomben selbst wurden so präpariert, daß es problemlos möglich war, die darin eigentlich fest zu verankernden Enden der Verschlußleine zu trennen. Alle Aktivitäten, die die Menschenhändlerbanden unter Einsatz ihrer als Transitreisende getarnten Komplizen unternahmen, waren Mißbrauchshandlungen im Sinne der Definition des Abkommens.

Auf den Transitstrecken galt das Recht der DDR. Das bedeutete auch, daß die in der Mißbrauchsklausel enthaltenen Voraussetzungen der »Rechtswidrigkeit und schuldhaften Handlung« eindeutig und mit allen Konsequenzen nach den Gesetzen der DDR zu definieren waren. Wurde eine Person zum Zwecke der Ausschleusung aufgenommen, war das eine »Mißbrauchshandlung«, wodurch gleichzeitig der dringende Verdacht einer Straftat des staatsfeindlichen Menschenhandels gemäß § 105 StGB/DDR oder des Menschenhandels nach §132 StGB/DDR gegeben war.

Die Mißbrauchsklausel erfaßte jedes strafrechtlich relevante Handeln eines Transitreisenden während der Benutzung der Transitwege, einschließlich strafrechtlich relevanter Teiloperationen und arbeitsteiliger Maßnahmen, z. B. Durchführung von Zubringerdiensten für Personenschleusungen. In Art. 16, Ziff 1, des Transitabkommens hieß es, wie bereits erwähnt, ausdrücklich: »Ein Mißbrauch liegt auch dann vor, wenn eine Person an der Mißbrauchshandlung eines Transitreisenden, die dieser nach Inkrafttreten dieses Abkommens während der jeweiligen Benutzung der Transitwege rechtswidrig und schuldhaft begeht oder begangen hat, als Mittäter, Anstifter oder Gehilfe teilnimmt.«

Am Transitmißbrauch beteiligt war demzufolge jeder, der sich von Menschenhändlerbanden anwerben ließ, für sie Aufträge realisierte, an der Beschaffung oder Herstellung von Hilfsmitteln mitwirkte, sich in den von ihnen betriebenen Spezialwerkstätten am Bau von Verstecken und Containern beteiligte, für sie Pässe und andere Dokumente fälschte usw. Kurz, die Regelung galt auch für solche Personen, die überhaupt nicht am Transitverkehr teilnahmen, aber durch ihre Aktivitäten die Mißbrauchshandlungen anstifteten oder unterstützten.

Transitmißbrauch nach Art. 16 lag gleichfalls vor, wenn Menschenhändlerbanden unterstützt wurden – indem Personen benannt oder vermittelt wurden, finanzielle Mittel übergeben, Leihwagen, Pässe und anderen Hilfsmittel bereitgestellt oder Annoncen zur Gewinnung von Kurieren und Schleuserfahrern geschaltet wurden.

Das MfS führte Überwachungs- und Kontrollmaßnahmen durch, um das subversive und kriminelle Treiben derartiger »Transitreisender« wesentlich einzuschränken. Das führte dazu, daß eine große Anzahl Schleuser und Kuriere der Banden festgenommen und rechtskräftig verurteilt werden konnte.

Die DDR-Seite trug dabei auch Art. 17 des Transitabkommens Rechnung, in dem es hieß: »Die Regierung der Bundesrepublik Deutschland wird im Rahmen ihrer Möglichkeiten die erforderlichen Vorkehrungen treffen, damit ein Mißbrauch der Transitwege im Sinne von Artikel 16 dieses Abkommens verhindert wird.

Die Regierung der Bundesrepublik Deutschland wird insbesondere Sorge dafür tragen, daß ...

a) ...,

b) die zuständigen Behörden der Bundesrepublik Deutschland, wenn sie von einem beabsichtigten Mißbrauch der Transitwege Kenntnis erhalten, im Rahmen der allgemein üblichen Vorschriften der Bundesrepublik Deutschland bezüglich der öffentlichen Ordnung geeignete Maßnahmen zur Verhinderung des Mißbrauchs treffen werden;

c) der Grenzübertritt von Transportmitteln dann nicht gestattet wird, wenn die Transportmittel offensichtlich nicht betriebs- oder verkehrssicher sind.«

Gemäß Art. 19 übergab die DDR-Seite der »Kommission zur Klärung von Schwierigkeiten und Meinungsverschiedenheiten bei der Anwendung oder Auslegung« Informationen und Dokumentationen über festgestellte Mißbrauchshandlungen. Immer wieder mußte die BRD-Seite aufgefordert werden, für einen störungsfreien Transitverkehr zu sorgen und Maßnahmen zur rigorosen Unterbindung von Mißbrauchshandlungen durch die Behörden der BRD und Westberlins einzuleiten.

Die DDR-Seite informierte in rund 110 Sitzungen der Transitkommission über kriminelle Banden, die gewerbsmäßig gegen das Transitabkommen verstießen. Sie lieferte zweifelsfreie Beweise dafür, wie offiziellen Behörden diese Tätigkeit duldeten oder gar unterstützten (was mit der Forderung auf Unterlassung verbunden war).

Die DDR-Seite informierte über Mittel und Methoden, insbesondere die technischen Veränderungen an Fahrzeugen, deren Halter und Verursacher, die Abweichungen von den Transitstrecken durch Kuriere, Zubringer und Schleuser. Sie informierte überVerletzungen der in der BRD und Westberlin geltenden Gesetze im Zusammenhang mit Kfz.-Zulassungen und Zollsicherheit, Urkundenfälschungen, Rauschgifthandel und -besitz, Körperverletzungen, über die Gefährdung des Transitverkehrs durch die Benutzung nicht zugelassener und nicht durch den TÜV geprüfter Kraftfahrzeuge, über Verkehrsraserei, Fahren unter Alkohol/Drogen und ohne Führerschein.

1977 hatte ein unter Drogen stehender, fahruntüchtiger Schleuser versucht, mit seinem schrottreifen Wagen ein Ehepaar mit Kind zu schmuggeln. Das Kind war mit Medikamenten »ruhiggestellt« worden. An der Grenzübergangsstelle Horst wurde die Schleusung entdeckt. Es kam jede Hilfe zu spät – das Baby war tot.

Auch wenn das ein besonders gravierender Fall war, auch in bezug auf andere Beispiele mit tragischen Folgen, gab es so gut wie keine Reaktionen der Bundesrepublik auf die mit Beweisen unterlegten Forderungen nach Einhaltung der Abkommensverpflichtungen. Immer wieder gab es nur Ausflüchte und Erklärungen dafür, warum die BRD angeblich nicht gegen den Transitmißbrauch vorgehen könne. Es wurde auch auf diesem Gebiet mehr als offenkundig, daß Bonn die Belastbarkeit des Transitabkommens ausreizen wollte.

Rigorose Veränderungen der Kontrollpraxis an den Grenzübergangsstellen durch die DDR hätten ganz gewiß zur Verschärfung der Lage geführt. Daran war die DDR nicht interessiert. Wie groß die Gefahr dafür war, verdeutlichte ein Zwischenfall an der GÜST Marienborn, als im April 1983 ein Transitreisender auf tragische Weise starb.

Von westlichen Medien wurde behauptet, der Verstorbene sei »bei der Grenzkontrolle geschlagen« worden und dabei verstorben. Diese Behauptung – und wie medizinische Gutachter bewiesen: diese Lüge – lieferte Anlaß für eine propagandistische Hetzkampagne.

Mit einer lückenlosen Dokumentation der Beweise zum tatsächlichen Ablauf, die der BRD-Seite in der Transitkommission, auf diplomatischen und anderen politischen Kanälen übermittelt wurde, konnte eine weitere Eskalation der Auseinandersetzung verhindert werden.

Leider trug auch die Informationspolitik in der DDR selbst zur Gerüchteküche bei. Erst nachdem die DDR vollends in die Defensive geraten war, wurden die genauen Umstände auch in den DDR-Medien publiziert.

Zum Mißbrauch des Reise- und Güterverkehrs in andere sozialistische Staaten

Eine wesentliche Seite gegnerischer Aktivitäten auf dem Gebiet des staatsfeindlichen Menschenhandels entwickelte sich unter Mißbrauch des internationalen Reise-, Touristen- und Güterverkehrs in und durch die anderen sozialistischen Staaten. Auf der Grundlage bilateraler Abkommen der DDR mit den anderen sozialistischen Staaten entwickelte sich neben dem Güterverkehr ein lebhafter Reise- und Touristenverkehr in diese Länder. Es gab einen paß- und visafreien Reiseverkehr mit der CSSR, über längere Zeit gleichfalls mit der VR Polen und der Ungarischen Volksrepublik.

Einige Menschenhändlerbanden spezialisierten sich auf die Ausschleusung von Bürgern der DDR unter Mißbrauch des Reiseverkehrs in andere sozialistische Staaten. Man nutzte den Flugverkehr mit ge- bzw. verfälschten Reisepässen und anderen persönlichen Dokumente sowie den internationalen Güterfernverkehr unter Anwendung von Großraumverstecken in Lastkraftwagen. Man praktizierte die »Opfermethode«: Personen gaben gegen Geld ihre Originalreisepapiere weiter.

Die Menschenhändlerbosse entsandten kontinuierlich Bandenmitglieder in verschiedene Länder, um möglichst detailliert die Praxis der jeweiligen staatlichen Organe bei der Genehmigung und Kontrolle des grenzüberschreitenden Verkehrs systematisch aufzuklären und Möglichkeiten für die Organisierung von Schleusungsaktionen zu erkunden. Auf der Grundlage der so gewonnenen Ergebnisse wurden Kuriere der Menschenhändlerbanden mit dem Auftrag entsandt, dort Treffs durchzuführen, Hilfsmittel einzuschleusen und Personen ein-, aus- und durchzuschleusen.

Eine wesentliche Rolle spielte dabei der Mißbrauch des internationalen Flugverkehrs, wobei zahlreiche europäische Luftlinien davon betroffen waren.

Bürger der DDR flogen mit normalen Reisedokumenten nach Prag, Budapest oder Sofia. Während des Fluges oder nach der Ankunft erhielten sie gefälschte Reisepässe der BRD sowie Flugtickets in ein kapitalistisches Land. Zwecks Tarnung und Verschleierung ihrer tatsächlichen Identität erhielten sie auch sogenanntes Spielmaterial (Uhren, Schmuck, Kleidungsstücke und andere aus westlicher Produktion stammende Gegenstände des persönlichen Bedarfs). Manche solcher Aktionen gelangen.

Eine große Anzahl konnte jedoch aufgrund der guten Zusammenarbeit zwischen den Paßkontrolleinheiten der Flughäfen sozialistischer Staaten verhindert werden. Diese basierte auf einer multilateralen Vereinbarung der für die Paßkontrolle verantwortlichen Organe, in die das MfS eingebunden war. Sie enthielt Bestimmungen über die Bereiche des Zusammenwirkens zwischen den Paßkontrolleinheiten der internationalen Flughäfen, Regeln für eine gegenseitige aktuelle Information, den Austausch von Sicherheits-Code im Flugverkehr. Es bestanden gedeckte Kommunikationsmöglichkeiten.

In gerichtlichen Hauptverhandlungen in der DDR ist bewiesen worden, daß Menschenhändlerbanden ordnungsgemäß ausgestellte Pässe und andere Personaldokumente verschiedener Staaten durch Lichtbildauswechselung und andere Manipulationen verfälschten (vor allem Reisepässe der BRD). Ferner benutzten sie Blankopässe aus Originaldruckauflagen, in denen amtliche Eintragungen unter Verwendung von Stempel- und Siegelnachahmungen staatlicher Organe erfolgten. Es gab Nachahmungen anderer staatlicher Dokumente der DDR, beispielsweise Führerscheine, Reiseanlagen für den visafreien Reiseverkehr, amtliche Gebührenmarken der DDR. Die Ermittlungsorgane stellten Nachahmungen der Stempel und Siegel staatlicher Organe verschiedener Staaten fest etc.

Ein gravierender Fall wurde 1976 in Prag entdeckt. Im Auftrag einer Bande hatte sich ein besonders dreister Menschenhändler im Toilettentrakt des Flughafens Ruzyne etabliert und »vergab« dort alle möglichen für die Ausreise ins kapitalistische Ausland notwendigen Stempel. Auf diese Weise gelang es einer Reihe von Bürgern der DDR, sich in den Westen abzusetzen.

Oft wurden bereits vollständig mit falschen Stempeln versehene Reisepässe der BRD übergeben, die nach Ankunft in Prag zur sofortigen Weiterreise in ein kapitalistisches Land genutzt wurden.

Diese Pässe erhielten die DDR-Bürger persönlich von einem Kurier, der im relativ unkontrollierten kurzen Transit von Westberlin, GÜST Rudower Chaussee, zum Flughafen Schönefeld gereist war, um von dort mit einer Interflug-Maschine nach Prag zu reisen. Den in der gleichen Maschine reisenden DDR-Bürgern wurden die Pässe während des Fluges übergeben. Der Kurier versteckte die präparierten Pässe in die Taschen der Sitze, die sich vor den Plätzen der betreffenden DDR-Bürger befanden, worüber diese zuvor informiert worden waren Das war möglich, weil Transitreisende als erste Passagiere die Maschine betraten. So wurde ausgeschlossen, daß der Kurier in Prag identifiziert werden konnte, da er in der Gruppe der Transitreisenden anonym blieb. In der Regel waren den Paßfalsifikaten auch Flugtickets kapitalistischer Flugunternehmen beigelegt, mit denen ein unmittelbarer Weiterflug von Prag aus – oft nach Wien – bereits gebucht war.

Die Methode war nur wirksam zu durchkreuzen, indem das multilaterale System der Paßkontrolle im Flugverkehr zwischen den sozialistischen Staaten entsprechend vervollkommnet wurde. In dieses System einbezogen waren u. a. die Paßkontrolleinheiten auf den Flughäfen in Prag, Bratislava, Budapest, Warschau, Moskau, Sofia und Varna.

Der Mißbrauch des internationalen Gütertransitverkehrs gehörte ebenfalls zum Repertoire, wobei analoge Praktiken angewandt wurden wie im Transitverkehr durch die DDR. Damit verstießen die Menschenhändler auch massiv gegen jene internationalen Verträge, die im Interesse der friedlichen Zusammenarbeit zwischen den Staaten Erleichterungen bei der Zollabfertigung vorsahen. Die Menschenhändlerbanden verletzten die Souveränität der transitgewährenden Staaten, da die Ausübung der Zollhoheit zu den souveränen Rechten jedes Staates gehört. Dazu zählten insbesondere das allgemein gültige Abkommen von Barcelona über die Freiheit des Durchgangsverkehrs vom 20. April 1921[15] sowie die TIR-Konvention vom 15. Januar 1959[16].

In besagter TIR-Konvention (*Transport International Routier*) heißt es: »Für den internationalen Warentransport in Straßenfahrzeugen unter Zollverschluß können nur Fahrzeuge zugelassen werden, die so gebaut und eingerichtet sind, daß

- dem zollamtlich verschlossenen Teil der Fahrzeuge keine Ware entnommen oder in ihn hineingebracht werden können, ohne sichtbare Spuren des Aufbrechens zu hinterlassen oder den Zollverschluß zu verletzen;
- sie keine Verstecke enthalten, in denen Waren verborgen werden können.«

Kern dieser Bestimmungen war die absolute Zollverschlußsicherheit. Sie wurde gebrochen, wenn in die »zollverschlußsicheren« Laderäume Personen »hineingebracht« (bzw. zugestiegen) oder darin »verborgen« (untergebracht) waren.

Den Mißbrauch des Güterverkehrs über die sozialistischen Staaten organisierten meist kriminelle Menschenhändlerbanden aus Wien und Zürich. Die Chefs einer kriminellen Bande in Wien betrieben ein gutgehendes internationales Fuhrunternehmen mit Großraumtransportern unterschiedlichen Typs, die für die Schleusungstätigkeit zielgerichtet eingesetzt wurden.

Die von Zürich aus operierende Bande stellte Beziehungen zu Fuhrunternehmen aus anderen Ländern her und warb Kraftfahrer dieser Speditionen als Schleuser an. Die zum Einsatz kommenden Fahrzeuge waren ohne Ausnahme mit bereits beschriebenen Präparationen für illegale Einstiege und mit Veränderungen des Zollverschlußmechanismus ausgerüstet. Sie wurden gewerbsmäßig im grenzüberschreitenden Verkehr für Stückguttransporte eingesetzt. Die Großraumfahrzeuge, die mit normalen Ladungen ebenfalls unter Zollverschluß standen, kamen zwischen der CSSR und Österreich, der UVR und Österreich, Bulgarien und der Türkei oder Griechenland zum Einsatz. Sie waren speziell mit Verstecken für größere Menschengruppen hergerichtet.

Die zur Schleusung vorgesehenen Bürger der DDR wurden durch Kuriere an die Aufnahmestellen an oder in der Nähe der Fahrstrecken in den sozialistischen Staaten beordert oder von Schleppern geführt, in die Fahrzeuge aufgenommen und ausgeschleust.

Nach der Rechtsordnung der DDR und der anderer sozialistischer Staaten war es möglich, die auf diese Weise mißbrauchten Großraumtransporter – wenn sie bei Schleusungsaktionen entdeckt wurden – zu beschlagnahmen und sie durch Gerichtsentscheid einzuziehen, da sie Mittel zur Durchführung von Straftaten (in der juristischen Fachsprache »Tatmittel«) waren. Das wurde einige Male in der DDR, in der CSSR und in der Ungarischen Volksrepublik praktiziert.

Dieses konsequente rechtliche Vorgehen – in erster Linie auch zur Abschreckung gedacht – wurde von der Gegenseite genutzt, um in Medien und im Rahmen diplomatischer Aktivitäten propagandistische Angriffe zu inszenieren. Oft hieß es, die Bürger der DDR seien unbemerkt und ohne Zutun der Fahrer in die Laderäume der Kraftfahrzeuge gelangt. Damit wurden auch die Forderungen nach Rückgabe der Lastkraftwagen begründet.

Zum Mißbrauch von Privilegien und Vorrechten durch Diplomaten und US-Militärs im Menschenhandelsgeschäft

Besonders hinterhältig waren Schleusungen und Schleusungsversuche, die mit Diplomatenpässen oder persönlich durch Diplomaten oder Angehörige des diplomatischen Personals vorgenommen wurden. Hier rechneten die Banden und die von ihnen dafür gewonnenen Personen mit der Schutzfunktion der Wiener Diplomatenkonvention[17], die Diplomaten kontrollfreie Grenzpassagen zusicherte. Sie bauten auf die Achtung der Immunitäten und der Privilegien bei der Grenzpassage durch die DDR-Kontrollkräfte. Zugleich rechneten sie mit deren Unerfahrenheit und dem »Respekt« gegenüber Diplomaten und Angehörigen des diplomatischen Personals.

Zwar waren bis zu Beginn der 70er Jahre eine ganze Reihe Vertretungen in der DDR akkredidiert, aber eine große Anzahl war in Westberlin angesiedelt. Deren Personal genoß gemäß der Wiener Diplomatenkonvention eine bevorrechtete, kontrollbefreite Grenzpassage an den DDR-Grenzübergangsstellen. Hinzu kam, daß viel Mühe aufgewendet werden mußte, die Pässe der verschiedenen, in beiden Teilen Berlins wirkenden Diplomaten als echte nationalen Diplomatenpässe zu identifizieren. Jedes Zögern der Paßkontrolleure bei der Identitätskontrolle durch Vorzeigen des Diplomatenpasses wurde als Unsicherheit gewertet. Das wurde oft schamlos ausgenutzt. In den ersten Monaten nach dem 13. August 1961 arbeiteten Menschenhändlerbanden oft mit gefälschte Diplomatenpässen oder mit »Dokumenten«, die wie Diplomatenpässe aussahen. Die Mehrzahl solcher Schleusungsversuche wurde verhindert und die beteiligten Akteure festgenommen.

In den folgenden Jahren wurden die Methoden des Einsatzes von Angehörigen des diplomatischen Personals verfeinert.

Von bestimmte Banden in Westberlin wurden neben in Westberlin tätigen Diplomaten auch Angehörige des diplomatischen Personals der in der DDR ansässigen Botschaften und Missionen geworben. Diese benutzten mit Diplomaten-Kennzeichen versehene und kontrollbefreite Kraftfahrzeuge, um DDR-Bürger im Kofferraum nach Westberlin zu bringen.

Das war mit den Aufgaben eines Diplomaten unvereinbar. Meist aber war der Drang zum Geld größer als der Skrupel. Namentlich Diplomaten aus ärmeren Ländern verdienten sich auf diese Weise ein privates Zubrot.

Etliche wurden aufgrund von Erkenntnissen des MfS zur »persona non grata« erklärt oder auf Verlangen des MfAA aus der DDR ausgewiesen.

Auch Angehörige der in Westberlin stationierten westlichen Besatzungstruppen, vor allem der US-Army, wurden akquiriert. Sie schmuggelten Uniformen oder Uniformteile in die DDR-Hauptstadt und integrierten die derart verkleideten DDR-Bürger in Gruppen amerikanischer Soldaten, die dann die Grenze überschritten.

Die meisten solcher Aktionen scheiterten aufgrund der Erfahrungen der Paßkontrolleure, obwohl sie keine Kontrolle der uniformierten Militärangehörigen vornehmen durften. Angehörige der US-Army waren instruiert, im Falle eines Kontroll- oder Prüfungsversuches durch DDR- Paßkontrolleure zu erklären: »My uniform is my identy« (Meine Uniform ist meine Identität). Obwohl dieser Satz auch den »ausreisenden« Personen vorgegeben wurde, war selten der Slang so überzeugend echt, daß man die Verkleidung nicht bemerkt hätte.

Schwieriger war die Enttarnung von Fahrzeugen mit Kennzeichen der US-Army. Sie machten sich den Umstand zunutze, daß sie nicht kontrolliert werden durften. Das galt ebenfalls an den für Militärangehörige und Zivilbeschäftigte der Westmächte vorgesehenen Grenzübergangsstellen der DDR zur BRD, etwa an der GÜST Marienborn/Autobahn, die eine gesonderte Militärspur besaß. Bei derartigen Schleusungsaktionen ließen die Banden und natürlich auch die Akteure selbst besondere Konspiration walten. Analog dem Verhalten von Angehörigen des diplomatischen Personals ließen sie ihre Fahrzeuge auf einem schwer einsehbaren Parkplatz stehen und öffneten das Kofferraumschloß. (In einzelnen Fällen hatten die zur Schleusung vorgesehenen Personen auch Nachschlüssel für das Kofferraumschloß erhalten.) Die zur Schleusung vorgesehenen DDR-Bürger bestiegen selbständig den Kofferraum, so daß es zu keinem unmittelbaren persönlichen Kontakt zwischen Schleuser und Geschleusten kam. Im Falle des Entdeckens konnte keiner den anderen belasten.

Wurde ein solcher Zustieg beobachtet und das Fahrzeug verfolgt, konnte es an einer geeigneten Stelle, an oder vor der Grenzübergangsstelle, gestoppt werden. Die ertappten Amerikaner verweigerten jedes Gespräch mit den Offizieren des MfS. Sie reagierten nicht auf deren Aufforderung, auszusteigen und den Kofferraum des Fahrzeuges zu öffnen. Alles weitere vollzog sich nun unter der Schirmherrschaft oder, noch deutlicher gesagt, in souveräner Entscheidung der sowjetischen Streitkräfte.

Erst nach dem Eintreffen sowjetischer Militärangehöriger und deren Aufforderungen zum Öffnen des Kofferraumes war dann die Festnahme der zu schleusenden Person möglich. Der oder die amerikanischen Schleuser wurden von den sowjetischen Militärangehörigen in eines ihrer Militärobjekte gebracht und später an US-amerikanische Stellen in Westberlin übergeben. Das geschah innerhalb weniger Stunden, nur vereinzelt erst nach ein bis zwei Tagen.

Es wurden kaum Untersuchungen geführt, sondern es gab lediglich Gespräche mit der jeweils involvierten westlichen Besatzungsmacht. Über deren Inhalt wurde das MfS entweder gar nicht oder nur spärlich informiert. In einem Falle gab es sogar eine Unmutsäußerung eines hohen sowjetischen Militärs, warum die DDR wegen »ein paar Leuten« eine solche Konfrontation zwischen den Großmächten riskiere.

Durch das MfS wurde 1985 im Rahmen einer Observation zweifelsfrei festgestellt und dokumentiert, daß ein Angehöriger der US-Army zwei Bürger der DDR im Kofferraum des von ihm geführten Fahrzeuges untergebracht hatte und damit über die Autobahn in Richtung Marienborn fuhr. Auf Bitten des MfS (über die Vertretung des KfS in Berlin an das sowjetische militärische Oberkommando der GSSD in Wünsdorf übermittelt) wurde das Fahrzeug auf der Militärspur der GÜST Marienborn durch sowjetische Kontrollposten gestoppt.

Der Amerikaner weigerte sich, den Kofferraum zu öffnen. Die heftige Auseinandersetzung zwischen dem sowjetischen Kommandanten und dem Chef des amerikanischen »Checkpoint Alpha« führte dazu, daß der amerikanische Kommandant mit Billigung seiner vorgesetzten Dienststelle in Washington die unkontrollierte Weiterfahrt erzwingen wollte.

Von den sowjetischen Stellen wurden daraufhin auf dem Dienstweg das Verteidigungsministerium und das Außenministerium in Moskau informiert.

Es vergingen 24 Stunden. Dann hatte man sich offensichtlich auf der Spitzenebene verständigt. Der Kofferaum wurde geöffnet, die Personen konnten aussteigen. Und wurden festgenommen.

Zu anderen Angriffen gegen die Staatsgrenze und die staatliche Ordnung der DDR

Es gab wiederholt auch Aktionen von Einzelpersonen und Gruppen, darunter Familien mit Kindern, das Grenzsicherungssystem gewaltsam zu durchbrechen oder zu überwinden. Mit gepanzerten Lastkraftwagen und Baufahrzeugen raste man auf die Grenzsicherungsanlagen zu. Meist scheiterten solche Unternehmungen.

Hin und wieder versuchte man es mit selbstgebauten Fluggeräten. Eine besonders spektakuläre Aktion dieser Art unternahm Ende der 70er Jahre eine Familie aus dem Bezirk Gera, die sich mit einem Heißluftballon in die BRD absetzte. In den folgenden Jahren fanden sich etliche Nachahmer. Die Ballons mit Brennern wurden heimlich in Scheunen oder großen Schuppen gebaut und in Grenznähe bzw. auch an anderen Orten getestet.

Die Versuche wurden durch die Deutsche Volkspolizei oder das MfS rechtzeitig entdeckt und die »Ballonfahrt« vereitelt.

In einzelnen Fällen sollten selbstgebaute flugzeugähnliche Geräte die illegale Grenzpassage ermöglichen. Alle diese Versuche blieben ebenfalls erfolglos. Einige Flüchtlinge bauten Unterwasserfahrzeuge, um mit deren Hilfe die Elbe in Richtung Bundesrepublik zu durchfahren. Auch solche Versuche wurden rechtzeitig entdeckt und sämtlich verhindert.

Als besonders gefährlich erwies sich der illegale Einflug von Sport- oder Kleinflugzeugen. Sie landeten auf dem Territorium der DDR, nahmen Personen auf und flogen zurück.

Das wohl provokativste und zugleich riskanteste Unternehmen dieser Art ereignete sich 1988 in Berlin. Ein von Westberlin aus in den Luftraum der DDR eingedrungenes Kleinflugzeug landete auf einer Spielwiese im Treptower Park hinter dort aufgebauten Zirkus-Zelten und Wagenburgen, nahm eine Person auf und flog nach nur wenigen Minuten wieder nach Westberlin. Wegen der sehr geringen Flughöhe und der außerordentlich kurzen Zeit des Fluges waren weder die Luftraumüberwachung noch die Grenztruppen der DDR in der Lage, das zu verhindern.

Das MfS, das MdI, die Dienststellen der Deutschen Volkspolizei orientierten zur Verhinderung derartiger schwerer Vorkommnisse an der Staatsgrenze deshalb vor allem darauf, solche Absichten und Pläne rechtzeitig zu erkennen und aufzudecken und ihre Vorbereitung und Durchführung durch gezielte vorbeugende Maßnahmen zu verhindern, bevor es zu Handlungen im Grenzgebiet bzw. im unmittelbaren Grenzvorfeld kam.

Die wegen solcher Aktionen durchgeführten umfangreichen strafprozessualen Untersuchungen und operativen Recherchen erbrachten in allen diesen Fällen, daß es für niemanden zwingende Gründe gab, auf diese Weise Gesundheit und Leben aufs Spiel zu setzen. Als bestimmende Motive für solche Handlungen erwiesen sich durchweg private Probleme oder berufliche Komplikationen, manchmal auch nur purer Geltungsdrang. Abenteuerlust und Illusionen über »das große Geld«, das man bei der Vermarktung der Fluchtstory zu verdienen hoffte, gehörten auch dazu. Und in einzelnen Fällen hat es ja auch geklappt.

Solche spektakulären Fälle erwiesen sich als geeignet, daraus auch politisches Kapital zu schlagen. Man konnte damit angeblich beweisen, wie schrecklich das DDR-Regime war. Es bediente die stereotypen Feindbilder des Kalten Krieges. Und außerdem sollten durch detaillierte Schilderungen von Handlungsabläufen weitere Personen animiert werden, es den Geflüchteten gleichzutun.

Zu Anträgen auf Ausreise aus der DDR (Übersiedlung/ständige Ausreise/Auswanderung)

Anträge auf ständige Ausreise aus der DDR in nichtsozialistische Staaten, besonders in die BRD, erreichten im Verlaufe der Jahre Dimensionen, die die innere Stabilität des Landes zunehmend gefährdeten und sein internationales Ansehen mehr und mehr diskreditierten. Dazu nachfolgend eine tabellarische Übersicht über das Ausreisegeschehen im Vergleich mit dem ungesetzlichen Verlassen:[18]

Jahr	ständige Ausreise	ungesetzliche Grenzübertritte	Gesamt
1961	12.283	9.403	21.686
1962	13.129	6.064	19.193
1963	41.832	3.605	45.437
1964	32.229	3.332	35.361
1965	19.664	5.976	25.640
1966	16.775	4.047	20.822
1967	14.946	3.040	17.986
1968	13.156	2.622	15.778
1969	14.677	2.310	16.987
1970	14.753	2.500	17.253
1971	14.130	2.300	16.430
1972	14.513	2.401	16.914
1973	11.993	3.601	15.594
1974	12.031	2.237	14.268
1975	17.306	1.761	19.067

1976	14.449	1.753	16.202
1977	11.569	1.707	13.267
1978	11.287	1.589	12.876
1979	12.278	1.604	13.882
1980	12.065	1.673	13.738
1981	15.757	1.351	17.108
1982	12.967	1.234	14.201
1983	11.039	1.224	12.263
1984	36.699	1.102	37.801
1985	24.119	1.131	25.250
1986	22.849	2.091	24.940
1987	14.910	4.235	19.145
1988	30.761	7.293	38.054
1989*	62.375	11.463	73.838
Ges.	556.541	94.649	651.190

* bis 7. September

Die dramatische Entwicklung des Antragsgeschehens auf ständige Ausreise widerspiegelt sich in der statistischen Übersicht des Ministeriums des Innern der DDR im 1. Halbjahr 1989. Danach stellten im genannten Zeitraum 125.429 Bürger der DDR, darunter 40.391 Bürger unter 18 Jahren, einen Antrag auf ständige Ausreise. Von diesen hatten 102.444 bereits vor 1989 einen solchen Antrag gestellt.

Schwerpunktbereiche waren die Bezirke Dresden mit 28.006, Karl-Marx-Stadt (Chemnitz) mit 20.549, Berlin mit 16.523 und Leipzig mit 13.757 Antragstellern. 36.484 Personen reisten im ersten Halbjahr 1989 in die BRD bzw. nach Westberlin aus.

15.469 Anträge auf ständige Ausreise waren abgelehnt und über 72.066 Anträge noch nicht entschieden worden.

Zählt man noch für das 1. Halbjahr 1989 rund 1.080 Haftentlassungen aus der DDR in die BRD und weiterhin 670 »Botschaftsfälle« hinzu, dann wird die Dimension des Problems deutlich.

Keine Berücksichtigung in der Statistik fanden jene Bürger der DDR, die sich in Ungarn aufhielten und am 10. September 1989 ausreisten.

72,3 Prozent der Antragsteller waren Facharbeiter und in ihrem Beruf tätig, 17 Prozent Hoch- und Fachschulkader, 1,5 Prozent der Antragsteller waren Ärzte und Zahnärzte, 1 Prozent Lehrer. Betroffen waren vor allem die Industrie, Handel und Versorgung, das Gesundheitswesen, das Verkehrswesen und die Land-, Forst- und Nahrungsgüterwirtschaft. Es entstand großer Schaden.

Das Ausreiseproblem belastete nachhaltig die deutsch-deutschen Beziehungen. Deshalb erhielt das MfS den Auftrag zur »vorbeugenden Verhinderung und Zurückdrängung«. Mit dieser Aufgabe waren bald alle operativen Diensteinheiten der Abwehr befaßt, wobei die Federführung im MfS bei der Zentralen Koordinierungsgruppe (ZKG) lag. Die Hauptverantwortung für alle mit der Ausreiseproblematik zusammenhängenden Fragen und Entscheidungen trug jedoch das Ministerium des Innern der DDR mit den nachgeordneten Bereichen Inneres in den Räten der Bezirke und Kreise der DDR. Das ergab sich eindeutig aus den einschlägigen Rechtsvorschriften, insbesondere aus den Verfügungen des Vorsitzenden des Ministerrates und den Verordnungen des Ministerrates.

Mit dieser Aufgabe waren das MdI und das MfS allein überfordert. Kein Ministerium und auch nicht beide gemeinsam waren auch nur annähernd in der Lage, jene gesellschaftlichen Ursachen zu beseitigen oder wenigstens abzumildern, die das massenhafte Ausreisebegehren bewirkten. Die vom MdI und MfS unternommenen Initiativen konnten diese allein von der Politik zu erbringenden Leistungen objektiv niemals ersetzen. Aber indem die Sicherheitsorgane – und das MfS in besonderem Maße – für die Bekämpfung der Symptome in die Pflicht genommen wurde, kamen sie immer stärker in den Ruf, schuld an den Mißlichkeiten zu sein.

Zur politischen Dimension der Ausreise-Antragstellung

Im Beitrag zur Sicherheitspolitik der SED im Bd. 1 und in den vorangegangenen Ausführungen wurde bereits auf Zusammenhänge und Wechselbeziehungen der mit dem Verlassen der DDR verbundenen Probleme in der Abwehrtätigkeit des MfS eingegangen. Die dazu getroffenen Einschätzungen und Wertungen bestimmten auch maßgeblich die politische Dimension der Ausreise-Antragstellung. Gravierenden Einfluß darauf hatten der KSZE-Prozeß und die Schlußakte der Konferenz von Helsinki.[19] Die politischen und völkerrechtlichen Ansprüche der KSZE-Grundprinzipien, die damit verbundenen Beschlüsse zur Durchsetzung auf den verschiedenen Gebieten erforderten vereinbarungsgemäßes Handeln aller Unterzeichnerstaaten. Und das galt für die KSZE-Schlußakte als Ganzes und für alle ihre Bestandteile (Körbe). In der Praxis aber zeigte sich, daß es dem Westen, allen voran der BRD, eben nicht um die Verwirklichung der Schlußakte in der Einheit aller ihrer drei Körbe ging, sondern von vornherein um eine Instrumentalisierung insbesondere der im Korb 3 enthaltenen Verpflichtungen.

Die sozialistischen Teilnehmerstaaten dagegen sahen in der Verwirklichung des Korb 1 (Grundfragen der Sicherheit in Europa) und des Korb 2 (vertrauensbildende Maßnahmen, Sicherheit und Abrüstung) entscheidende politische Voraussetzungen für die Realisierung der in Korb 3 enthaltenen Absichtserklärungen zur Zusammenarbeit auf den dort genannten Gebieten. Das betraf neben den Komplexen der Zusammenarbeit in den Bereichen Wirtschaft, Wissenschaft, Technik, Umwelt, industrielle Kooperation, Handel, Tourismus, Information, Kultur und Bildung auch die Zusammenarbeit in humanitären und anderen Bereichen. Das letztgenannte bezog sich gleichfalls auf die unter der Überschrift »Menschliche Kontakte« definierten Felder:

a) Kontakte und regelmäßige Begegnungen auf der Grundlage familiärer Bindungen,
b) Familienzusammenführungen,
c) Eheschließungen zwischen Bürgern verschiedener Staaten,
d) Reisen aus persönlichen und beruflichen Gründen,
e) Verbesserungen der Bedingungen für den Tourismus auf individueller und kollektiver Grundlage,
f) Begegnungen der Jugend,
g) Sport und schließlich
h) Erweiterung der menschlichen Kontakte.

Diese »menschlichen Erleichterungen« entsprachen ohne Zweifel auch den Wünschen und Erwartungen vieler Bürger der DDR.

Für den Staat DDR waren damit aber zugleich auch weitreichende politische, ökonomische und sicherheitspolitische Konsequenzen bis hin zu Erfordernissen der Vervollkommung der Rechtsordnung verbunden. Und dies sowohl im Interesse des Staates, der Entwicklung der DDR, als auch in bezug auf die Rechte und Freiheiten seiner Bürger.

Obwohl der SED- und Staatsführung ausreichende Erkenntnisse über die Konzeption der westlichen Seite vorlagen, vor allem mittels des Ausbaus »menschlicher Kontakte« destabilisierend auf die sozialistischen Staaten einzuwirken, vertraute sie darauf, daß die in den Körben 1 und 2 festgelegten Grundprinzipien dem subversiven Mißbrauch wirksam Einhalt gebieten. Das aber war eine Illusion!

Tatsache war, daß die Westseite der Aufnahme dieser politischen Grundprinzipien (die auch schon in der UN-Charta enthalten und damit bereits völkerrechtlich verbindlich waren) in die Körbe 1 und 2 zustimmte, um damit ihre Ziele und Vorstellungen, die sie mit Korb 3 verbanden, ohne Abstriche durchzusetzen. Das vor allem, weil sie die Menschenrechtsproblematik unter Bezug auf Helsinki zu einem juristischen Erpressungsmittel, zu einem Kampfinstrument gegen die sozialistischen Staaten, insbesondere die DDR, weiter funktionalisieren wollten. In diesem Kontext vollzog sich das gesamte weitere Vorgehen gegen die sozialistischen Unterzeichnerstaaten der KSZE.

Die BRD nutzte die ihr damit gebotenen (von ihr selbst maßgeblich mit geschaffenen) Möglichkeiten, um die DDR ständig und mit wachsender Schärfe mit entsprechenden Forderungen zu konfrontieren. »Absolute Reisefreiheit« wurde von ihr zum Maßstab erhoben, an der die Erfüllung der Schlußakte durch die DDR zu messen sei.

Bei ihren an die DDR adressierten »humanitären Forderungen« beriefen sich die politischen Wortführer der BRD (wie auch manche ihrer NATO-Partner) mit Vorliebe auf die »Allgemeinen Erklärung der Menschenrechte« vom 10. Dezember 1948«[20]. Während andere Artikel dieser Deklaration, insbesondere sämtliche, in denen die sozialen Menschenrechte artikuliert sind, völlig ignoriert wurden (und weiter werden), pochte man besonders auf die Einhaltung von Art. 13, in dem es heißt:

»(1) Jeder Mensch hat das Recht auf Freizügigkeit und freie Wahl seines Wohnsitzes innerhalb eines Staates.

(2) Jeder Mensch hat das Recht, jedes Land, einschließlich seines eigenen zu verlassen sowie in sein Land zurückzukehren.«

Die Erlärung war nach dem Sieg über den Hitlerfaschismus abgegeben worden. Sie war zwar politisch sehr bedeutsam, juristisch aber unverbindlich.

Völkerrechtlich verbindlich wurden die Bestimmungen erst, nachdem die beiden Internationalen Konventionen von 1966 (nämlich die über wirtschaftliche, soziale und kulturelle Rechte am 3. Januar 1976[21] und die über politische und Bürgerrechte (IPbürgR) am 23. März 1976[22]) jeweils durch den 35. Staat ratifiziert worden waren. So hatte man es seinerzeit festgelegt.

Der Art. 12 des IPbürgR enthielt aber auch konkrete Festlegungen dazu, unter welchen Bedingungen die Beitrittsstaaten berechtigt waren, durch innerstaatliche Rechtsakte Beschränkungen vorzunehmen: »Die oben genannten Rechte dürfen keinen Beschränkungen unterworfen werden als solchen, die durch Gesetz vorgesehen sind. die zum Schutz der nationalen Sicherheit, der öffentlichen Ordnung, Gesundheit oder Moral oder der Rechte und Freiheiten anderer notwendig sind und mit den anderen in dieser Konvention anerkannten Rechten zu vereinbaren sind.«

Der DDR sprach man offensichtlich dieses Recht der Beschränkung ab, indem die »absolute Reisefreiheit« für ihre Bürger verlangt wurde.

Und negiert wurde dabei auch noch ein anderes grundlegendes Völkerrechtsprinzip: Ob, wann und wie die in multilateralen Konventionen und Pakten fixierten Bürger- und Menschenrechte auch zu (subjektiven) und damit einklagbaren Rechten der einzelnen Bürger dieser Staaten werden oder wurden, hing (bzw. hängt) von der Rechtsordnung des jeweiligen Staates ab.

Das heißt, es ist das legitime, souveräne Recht jedes Staates (und so verfahren sie im Regelfall auch), die entsprechenden völkerrechtlichen Verpflichtungen in ihr innerstaatliches Recht zu transformieren, z. B. in die Verfassung und in Gesetze und Gesetzbücher aufzunehmen, oder es zu unterlassen. Dieses Recht stand auch der DDR zu. Die Entwicklung aber hat gezeigt – und das kritisch hervorzuheben ist mehr als berechtigt –, daß diese Beschränkungen, im Art. 12, Ziff. 3 des IPbürgR als Ausnahmeregelungen fixiert, in der DDR faktisch zur Norm wurden.

Auch in der BRD ist es nicht ohne weiteres möglich, unmittelbar aus den Menschenrechtskonventionen einklagbare Rechtsansprüche herzuleiten. Das seit 1949 gültige Grundgesetz der Bundesrepublik Deutschland enthält kein einziges der Menschenrechte, die sich in der Konvention über die wirtschaftlichen, sozialen und kulturellen Rechte finden – sieht man von der allgemeinen Formulierung in Art. 20, Abs. 1 GG ab, wonach die BRD ein »sozialer Bundesstaat« ist (allgemein als unverbindliche Sozialklausel bezeichnet).

Deshalb konnte nach der Rechtslage, die in der DDR bestand, kein DDR-Bürger aus Art. 12 des IPbürgR einen subjektiven Rechtsanspruch für »uneingeschränkte Reisefreiheit« herleiten. Diese Rechtslage blieb bis zum November 1989 im innerstaatlichen Recht der DDR bestehen.

Freizügigkeit gemäß Abs. 1 der Erklärung über die Allgemeinen Menschenrechte war in der DDR Verfassungsgrundsatz (Art. 32) und Realität, bedurfte also keinerlei Anmahnung. Das Problem Reisefreiheit gestaltete sich hingegen aber wesentlich komplizierter.

Der Standpunkt der SED- und Staatsführung der DDR hinsichtlich der Verwirklichung von »menschlichen Kontakten« im Sinne der KSZE-Schlußakte – also auch im Zusammenhang mit der »Allgemeinen Erklärung der Menschenrechte« – widerspiegelte sich aus der Sicht der Mitarbeiter des MfS in folgendem:

1. Es gab den – öffentlich durch die politischen Repräsentanten der DDR geäußerten – staatlichen Willen, die Schlußakte als Ganzes nach Geist und Buchstaben umzusetzen.
2. Infolge der historisch und politisch bedingten Bindung an die Sowjetunion und wegen der Zugehörigkeit der DDR zum sozialistischen Lager hatte die DDR-Führung gemeinsame Positionen strikt zu vertreten. Für die DDR eröffneten sich keine oder allenfalls nur äußerst begrenzte Möglichkeiten, im Bündnis zwei- und mehrseitige Gespräche über abgestimmte Positionen zur Durchsetzung von Korb 3 zu führen.

3. Die BRD zeigte bei den berechtigten Forderungen der DDR nach Normalisierung der deutsch-deutschen Beziehungen nur wenig Entgegenkommen, eskalierte jedoch ständig unter Berufung auf die Bürger- und Menschenrechte die Forderungen vor allem nach Reisefreiheit.
4. Die DDR-Führung sah zwar die politischen Gefahren für den gesamten KSZE-Prozeß, die politische Brisanz eines möglichen Unterlaufens der Absichtsverpflichtungen der Schlußakte, unterschätzte aber immer offensichtlicher die Wirkungen, die vom Mißbrauch der Bestimmungen für die Verwirklichung der imperialistischen Strategie des inneren Wandels der sozialistischen Staaten, der Restauration kapitalistischer Verhältnisse ausgingen.
5. Die DDR-Führung bewertete die Schwierigkeiten und Probleme der inneren Entwicklung unzureichend, besonders im Hinblick auf jene Probleme, die verbreitet zu Unzufriedenheit mit der Entwicklung der Lebensbedingungen in der DDR führten und die zweifelsfrei auch zu den maßgeblichen inneren Ursachen und Bedingungen für Ausreiseanträge zum Verlassen der DDR gehörten.
6. Es hatte fatale Folgen, daß offenkundig eine langfristige Konzeption fehlte, wie unter den Bedingungen der weiter anhaltenden Systemauseinandersetzung, den schwierigen inneren Bedingungen in den sozialistischen Staaten, darunter vor allem auch in der DDR, die KSZE-Beschlüsse als Ganzes zu verwirklichen waren, bei gleichzeitiger Gewährleistung der Sicherheit der DDR und der verbündeten Staaten.

Das widerspiegelte sich auch im konzeptionslosen Umgang mit Anträgen auf ständige Ausreise. Es war Stückwerk. Die Bausteine: die vom Vorsitzenden des Ministerrates der DDR am 8. März 1977 erlassene Verfügung Nr. 34/77 an alle Leiter staatlicher, wirtschaftsleitender und genossenschaftlicher Organe und Einrichtungen.[23] (Darin wurden Versuche von Bürgern der DDR, die Übersiedlung zu erreichen, als grundsätzlich rechtswidrig zurückgewiesen. Die Rechtsordnung der DDR war strikt durchzusetzen, insbesondere alle Versuche zunichte zu machen und zu verfolgen, mit Straftaten Genehmigungen zu erzwingen; ein einheitliches Vorgehen zur Unterbindung von Übersiedlungsversuchen zu sichern und nur in Ausnahmefällen aus humanitären Gründen eine Übersiedlung zu genehmigen.)

Auf der Grundlage dieser auch für das MdI, die Abteilungen Inneres der Räte der Bezirke und Kreise, das MfS und seine Bezirks- und Kreisdienststellen geltenden zentralen rechtlichen Bestimmung erließen der Minister für Staatssicherheit und der Minister des Innern entsprechende Weisungen. Im MfS war das der Befehl Nr. 6/77[24], der neben dem Befehl Nr. 1/75 des

Ministers zur Arbeitsgrundlage für die gesamte Tätigkeit aller Diensteinheiten des MfS auf diesem Gebiet wurde.

Am 27. September 1983 erließ der Vorsitzende des Ministerrates der DDR die Verfügung Nr. 143/83[25]. In dieser Verfügung wurde davon ausgegangen, daß – in Übereinstimmung mit völkerrechtlichen Dokumenten – durch die zuständigen staatlichen Organe Übersiedlungen genehmigt werden. Vorrangig aber wurde erneut darauf orientiert, die Bestrebungen nach ständigen Ausreisen und nach Übersiedlungen zurückzudrängen, sie prophylaktisch zu verhindern. Gleichzeitig wurden jedoch auch die Grundsätze fixiert, die bei der Genehmigung von Anträgen auf Übersiedlung anzuwenden waren. Aufgrund der Situation auf diesem Gebiet war es unumgänglich, durch intensive Gespräche mit Antragstellern darauf hinzuwirken, daß sie ihre Anträge zurückzogen und sich für den Verbleib in der DDR entschieden.

Nicht zu bestreiten ist jedoch auch, daß einerseits die Gründe für das Versagen von Genehmigungen zur ständigen Ausreise relativ breit, die Gründe für die Erteilung von Genehmigungen hingegen sehr eng gefaßt waren. Grundsätzlich verfolgte die Verfügung das Ziel, daß Antragstellungen zurückzuweisen seien.

Dieser Verfügung des Vorsitzenden des Ministerrates, die als Verschlußsache zwar an sämtliche Leiter auf allen Ebenen versandt, aber nicht veröffentlicht wurde, war bereits am 15. September 1983 die »Verordnung zur Regelung von Fragen der Familienzusammenführung und der Eheschließung zwischen Bürgern der DDR und Ausländern« vorausgegangen, die am 15. Oktober 1983 in Kraft trat.[26] Diese in Übereinstimmung mit Verpflichtungen der KSZE-Schlußakte stehende, für jedermann zugängliche Rechtsvorschrift regelte die Voraussetzungen für Genehmigungen zur ständigen Ausreise und natürlich auch die Versagungsgründe. Neu war die in dieser Rechtsvorschrift geregelte Möglichkeit, Wiederholungsanträge zu stellen und Rechtsmittel gegen getroffene Entscheidungen einzulegen.

Die zur Durchsetzung dieser Verordnung erteilten Weisungen des Ministers des Innern wurden als Austauschblätter in die geltenden Vorschriften des MdI eingefügt.

Mit Datum vom 13. Oktober 1983 erließ der Minister für Staatssicherheit für die zuständigen Diensteinheiten im MfS die Dienstanweisung Nr. 2/83.[27] Am 30. November 1988 wurde vom Vorsitzenden des Ministerrates der DDR die Verfügung über Reisen von Bürgern der DDR nach dem Ausland erlassen. Die darauf beruhende, im Gesetzblatt der DDR veröffentlichte »Verordnung über Reisen von Bürgern der DDR nach dem Ausland« trat am 1.

Januar 1989 in Kraft.[28] Diese Verordnung regelte die Reisearten von Bürgern der DDR einschließlich der ständigen Ausreise. Mit ihr wurden die Genehmigungsgründe für Anträge auf ständige Ausreise erweitert, Bearbeitungsfristen und Informationspflichten an die Bürger über Entscheidungen festgelegt und – erstmalig – die Möglichkeit der Nachprüfung von Entscheidungen durch Gerichte eingeräumt.

Dieser neuen Verordnung trugen die Dienstanweisungen des Ministers des Innern »Ordnung Nr. 175/89« und die Dienstanweisung des Ministers für Staatssicherheit Nr. 2/88 Rechnung.[29]

Die DDR ging bei der Umsetzung des Komplexes der humanitären Beziehungen, in dessen Mittelpunkt Reisen und ständige Ausreisen gerückt waren, aus nachvollziehbaren Gründen sehr behutsam vor. Ein Grund dafür war, daß die BRD sich bekanntlich weigerte, sowohl die Staatsgrenze der DDR zur BRD als auch die Staatsbürgerschaft der DDR anzuerkennen und sich demgemäß zu verhalten. Bonn sträubte sich, die diplomatische Vertretungen als Botschaften anzuerkennen: In Berlin arbeitete nur die Ständige Vertretung bei der DDR. Das zeigte eine Verweigerungshaltung gegenüber den Grundprinzipien der KSZE-Schlußakte und bildete ein Haupthindernis für den – zumindest schrittweisen – Ausbau eines ungehinderten Reiseverkehrs zwischen der DDR und der BRD. Sie war die Fortsetzung jener Politik der BRD, die sich auch schon bei der Ablehnung der Initiative der SED/DDR für ein »Abkommen der Vernunft und des guten Willens« (VI. Parteitag der SED), mit der bereits 1963 von Seiten der DDR Signale über freies Reisen zwischen beiden deutschen Staaten gegeben worden waren, gezeigt hatte.

Es war jedoch schon damals kein Geheimnis – und insofern kein spezielles MfS-Wissen –, daß in politischen Kreisen der USA und auch der BRD strategische Pläne existierten, die sozialistischen Staaten von innen heraus aufzuweichen und für einen inneren Wandel reif zumachen. Mit diesem Ziel sahen sie insbesondere im Korb 3 der Schlußakte ein Erpressungsinstrument, eine Handhabe zur Einwirkung unter Bezug auf die Vereinbarungen. Wurde das unterschätzt, oder war die SED- und Staatsführung in der DDR wie die Führung der Sowjetunion davon überzeugt, daß sie stark genug sind, auch dem zu widerstehen und »Sieger der Geschichte« zu sein? Es klingt wie bitterer Hohn, wenn der Fernseh-Journalist Dieter Kronzucker 1999 formulierte: »Nach der KSZE hielt sich die Sowjetunion für den Sieger. Sie betrachtete die Fragen der Familienzusammenführung und der Reisen als schmückendes Beiwerk. Aber es war diese neue Durchlässigkeit, die am Ende diesen sowjetischen Koloß zu Fall brachte.«[30]

Und der die DDR und andere sozialistische Staaten dabei mitriß!

Helsinki und die Folgen führten zu Veränderungen auf dem gesamten Gebiet der Ausreise und des Verlassens der DDR. Schleusungen mit Hilfe krimineller Menschenhändlerbanden und Versuche ungesetzlicher Grenzübertritte durch Überwinden der Grenzsicherungsanlagen traten immer mehr in den Hintergrund.

Hingegen stieg die Anzahl der Ausreiseanträge sprunghaft an. Mit aktiver Unterstützung durch Einrichtungen der BRD und gezielter propagandistischer Einwirkung westlicher Medien entstanden in der DDR erste Gruppen, die ihr Vorgehen miteinander abstimmten und gemeinsam ihre Ausreisebegehren verfolgten. Diese gemeinsamen Aktivitäten waren vor allem darauf gerichtet, öffentliche Wirkung zu erreichen und weitere Personen auf die verfolgte Zielsetzung aufmerksam zu machen. Die anfänglich losen Gruppierungen wurden zumeist von einer in der Öffentlichkeit anerkannten Person angeführt. Sie traten nicht selten als »Sprecher« auf, von ihnen gingen meist auch auf Konfrontation zielende Handlungen aus.

Über Handlungen solcher Gruppierungen wurde, natürlich mit dem Hintergrund der KSZE-Schlußakte, in den bundesdeutschen Medien berichtet, so daß immer wieder »Nachahmer« mobilisiert wurden.

Es zeigte sich, daß es dem Westen strategisch darum ging, bestimmte Gruppen ins Leben zu rufen, sie zu unterstützen und möglichst dahingehend zu orientieren, vorhandene Unzufriedenheit zu schüren, gegen staatliche Organe und Entscheidungen aufzutreten und zu wirksamen provokativ-demonstrativen Handlungen zu animieren. Sie sollten permanent öffentlich die Ordnung und Sicherheit sowie die Tätigkeit staatlicher Organe beeinträchtigen.

Um dem dadurch erzeugten Druck zu begegnen – ihm gewissermaßen auszuweichen –, wurde in der DDR-Spitze »unbürokratisch« und rasch entschieden, d. h. die »ständige Ausreise« genehmigt. In Einzelfällen wurden Strafverfahren gegen Rädelsführer wegen begangener krimineller Handlungen durchgeführt. Es gelang jedoch weder mit diesen noch mit anderen Maßnahmen, dieser Entwicklung Einhalt zu gebieten.

Die Hauptlast bei der Bewältigung der mit Anträgen auf ständige Ausreise verbundenen Arbeiten hatten die Abteilungen Inneres in den Räten der Kreise und Bezirke und die Hauptabteilung Innere Angelegenheiten des MdI zu tragen. Ihre Zuständigkeit ergab sich aus den Verfügungen des Vorsitzenden des Ministerrates und dienstlichen Bestimmungen des Ministeriums des Innern. Diese Weisungen bezogen sich – da in der Regel eine ständige Ausreise mit der Entlassung aus der DDR-Staatsbürgerschaft verbunden war – auf das Staatsbürgerschaftsgesetz der DDR vom 20. Februar

1967 und die Durchführungsverordnung zu diesem Gesetz vom 3. August 1967. Auf die gleichen rechtlichen Grundlagen bezogen sich auch die in den späteren Jahren geltenden Dienstanweisungen des Ministers des Innern. Sie erhielten einen weiteren rechtlichen Rahmen durch die einschlägigen Verordnungen des Ministers.

Die Bearbeitung der Anträge auf ständige Ausreise schloß – entsprechend der Rechtslage – eine gründliche Überprüfung auf eventuelle Versagungsgründe auf der Grundlage der entsprechenden Verordnungen ein. Sie wurden dabei, wie die dienstlichen Bestimmungen des MfS das forderten, von den zuständigen Diensteinheiten auf Kreis- und Bezirksebene unterstützt, insbesondere was wichtige Aspekte der inneren Sicherheit – Geheimnisschutz, die Sicherheit staatlicher Organe und bewaffneter Kräfte – betraf. Alle Bürger, die ausreisen wollten, wurden deshalb in den Speichern der Diensteinheiten des MfS geprüft und vorliegende Erkenntnisse beigezogen.

In Übereinstimmung mit Art. 12 Abs. 3 der IPbürgR waren die Genehmigungen zwingend zu versagen, wenn Interessen der DDR, insbesondere der öffentlichen Ordnung sowie ihrer Sicherheit, dem entgegenstanden; wenn der Antragsteller Wehrdienst oder einen Dienst, der der Ableistung des Wehrdienstes entsprach, leistete oder geleistet hatte und danach eine von den staatlichen Organen festgelegte Frist noch nicht verstrichen war; wenn der Antragsteller in ein Strafverfahren einbezogen war oder eine durch Gerichtsurteil gegen ihn ausgesprochene Freiheitsstrafe zu verbüßen hatte.

Genehmigungen konnten versagt werden, wenn Minderjährige Anträge stellten; Erziehungsrechte oder Umgangsbefugnisse von Bürgern gegenüber Minderjährigen berührt wurden; der Antragsteller Kinder, Eltern, Großeltern oder Geschwister in der DDR hinterlassen würde, die seiner Betreuung und Unterstützung bedurften oder wenn aufgrund der vom Antragsteller ausgeübten Tätigkeit Nachteile für die Betreuung oder Fürsorge entstehen würden. Versagt wurde, wenn der Antragsteller Verbindlichkeiten in der DDR hatte oder eine ordnungsgemäße Verwaltung von Grundstücken, Gebäuden und anderen Vermögen des Antragstellers nicht gewährleistet war. Versagt wurde die Ausreise, wenn die Angaben in den Antragsunterlagen nicht der Wahrheit entsprachen.

Die letzte Entscheidung – gleichgültig, ob es Vorschläge des MdI oder des MfS waren – traf der Innenminister der DDR und »en bloc« der Vorsitzende des Staatsrates der DDR.

Der enorme Anstieg der Anträgehatte zur Folge, daß den Diensteinheiten des MfS durch den Minister für Staatssicherheit folgende Hauptaufgaben gestellt wurden:

- Vorbeugende Verhinderung und Aufklärung feindlicher und anderer negativer Handlungen; Unterbindung und Zurückdrängung von Übersiedlungsersuchen;
- Aufklärung der die Antragstellung betreffenden feindlichen Pläne, Absichten und Maßnahmen sowie Mittel und Methoden, besonders von feindlichen Zentren, von Dienststellen und Einrichtungen nichtsozialistischer Staaten, von westlichen Massenmedien usw.;
- operative Bearbeitung und Kontrolle von Personen zur vorbeugenden Verhinderung, Aufklärung und wirksamen Bekämpfung von im Zusammenhang mit Antragstellungen auf ständige Ausreise stehenden feindlichen und anderen rechtlich relevanten Handlungen.

Bezugnehmend auf die entsprechenden Regelungen des MdI wurde den Diensteinheiten im MfS in allen Fällen der Antragstellung ein Einspruchsrecht eingeräumt. Sie konnten eigene Vorschläge zur ständigen Ausreise einreichen, die vom MdI endgültig entschieden wurden. Das waren Übersiedlungen aus »politisch-operativen Gründen«, wie sie im MfS bezeichnet wurden.

»Politisch-operative Gründe« als Kriterium für eigene Vorschläge bzw. für die Zustimmung zu den Vorschlägen für eine ständige Ausreise galten vor allem für Personen, bei denen es aus Gründen der staatlichen Sicherheit geboten schien, eine Genehmigung zu erteilen. Das traf vor allem auf jene Personen zu, die sich zu Initiatoren solcher Gruppen von Antragstellern entwickelten, von denen Gefahren ausgingen für die staatliche Ordnung und öffentliche Ordnung und Sicherheit, die sich einer geregelten Arbeit verweigerten und andere Aktivitäten an der Schwelle strafrechtlicher Relevanz begingen, oder auch sehr hartnäckig durch ständige Vorsprachen oder Wiederholungsanträge ihr Ausreisebegehren verfolgten.

Im Vordergrund der Tätigkeit des MdI und des MfS standen nicht – wie heute oft behauptet – restriktive Maßnahmen, sondern das Bemühen, die Menschen zum Bleiben zu bewegen und sie wieder in die DDR-Gesellschaft zu integrieren. Die operative Lage wurde jedoch durch eine Reihe von Erscheinungen beeinflußt, von denen erhebliche Gefahren für die innere Ordnung ausgingen, denen begegnet werden mußte:

- Eine wachsende Zahl von Personen wurde von Organisationen, Einrichtungen und Einzelpersonen in der BRD und Westberlin unterstützt. Sie versuchten, durch öffentlichkeitswirksame Handlungen, Demonstrationen und Provokationen die Genehmigung für eine ständige Ausreise zu erzwingen. Nicht selten wurden solche Gruppen, aber auch einzelne Antragsteller, von Journalisten westlicher Medien begleitet, die diese Vorgänge im Westen öffentlich machten. Dadurch entstand zusätzlicher Druck von außen.

– Ins Blickfeld des MfS gerieten regelmäßige Zusammenkünfte von Antragstellern, bei denen gemeinsame Vorgehensweisen vereinbart und aus der BRD erhaltene Instruktionen verbreitet wurden, ungenehmigte Demonstrationen (Auto-Corsos, bei denen Transparente und Symbole mitgeführt wurden) oder das Anbringen des großen Buchstabens »A« (als Symbol für Ausreiseantragssteller) an Haus- und Wohnungstüren oder in Fenstern. Ziel solcher Signale war sowohl die öffentliche Wahrnehmung als auch die Absicht, die Sicherheitsorgane zum Einschreiten zu provozieren.

– Zusammenkünfte in Kirchen außerhalb der Gottesdienste, in denen methodische Anleitungen für das Verhalten gegenüber staatlichen Organen erfolgten und Aktivitäten vorbereitet wurden, die die Aufmerksamkeit westlicher Medien erregen sollten. Nicht selten schlossen sich Straßendemonstrationen an.

Seit 1990 gehört die Behauptung, die Kirche sei Heimstatt für die Antragsteller gewesen, weil sich in der DDR keiner dieser Menschen angenommen habe, zu den gern kolportierten Klischees. In Wirklichkeit ging es jedoch vielen Teilnehmern und Organisatoren solcher Veranstaltungen nur darum, sich in Szene zu setzen. Viele Teilnehmer waren weder gläubige Christen noch Antragsteller. Sie wollten sich zeigen, möglichst registriert werden und einen »Rauswurf« aus der DDR provozieren.

Den Kirchen muß jedoch positiv angerechnet werden: Sie trugen nahezu überall zur Verhinderung von Gewalt, Krawallen und Unruhen im Zusammenhang mit derartigen Veranstaltungen bei.

Nicht selten stellten die bei solchen Ereignissen eingeschalteten Diensteinheiten des MfS die Anwesenheit westlicher Journalisten sowie von Mitarbeitern der Ständigen Vertretung der BRD fest. Zu deren Betätigungsfeld gehörte auch die »Live«-Kommunikation nach Westberlin und in die BRD. Bei einer Reihe von ihnen war die »Anbindung« an Geheimdienste bekannt. Mitunter hatten die Geheimdienste aber auch noch andere »Spezialisten« vor Ort.

Es gab polizeiliche Sperr- und Kontrollmaßnahmen, die Zerstreuung von Ansammlungen und die Unterbindung von nicht genehmigten Aktivitäten der Journalisten.

Es erfolgten auch polizeiliche Zuführungen und in deren Ergebnis Belehrungen, Verwarnungen und Ordnungsgelder. Nur in sehr seltenen Fällen wurden gegen zugeführte Personen Ermittlungsverfahren eingeleitet und Haftbefehle beantragt.

Festzuhalten ist: Kein Bürger der DDR wurde verhaftet oder verurteilt, weil er einen Antrag auf ständige Ausreise und Wohnsitznahme im Ausland (einschließlich BRD) gestellt hatte. Die Verurteilung von sogenannten Antragstellern erfolgte nur dann, wenn Straftaten zu ahnden waren. Es gab immer rechtliche Gründe, etwa Widerstand gegen staatliche Maßnahmen, landesverräterische Nachrichtenübermittlung, landesverräterische Agententätigkeit (z. B. in Verbindung mit gegnerischen Einrichtungen, Organisationen und Kräften, darunter auch westlicher Medien), ungesetzlicher Grenzübertritt, Beeinträchtigung staatlicher oder gesellschaftlicher Tätigkeit, die zu Strafverfahren führten.

Die Zahl der ständigen Ausreisen wuchs insbesondere seit 1984 stetig, die Anzahl der Antragsteller ebenfalls. Nur wenige zogen ihre Anträge zurück. Die staatlichen Orientierungen führten im Grunde nicht zu durchgreifenden Veränderungen, weil die grundlegenden Ursachen für diese Entwicklung weiter bestehen blieben bzw. sich weiter verschärften. Die Gespräche mit den Antragstellern führten im wesentlichen die Mitarbeiter der Abteilungen Inneres. Im unmittelbaren Umfeld der Antragsteller, in ihren Tätigkeitsbereichen und anderen Institutionen wurde meist zu schwach, nur formal oder überhaupt nicht reagiert.

Kritisch muß auch vermerkt werden, daß Maßnahmen auf arbeitsrechtlichem Gebiet (Entlassung nach Antragstellung oder rigorose Umsetzung) den Konflikt verstärkten. Das geschah jedoch nicht auf Druck des MfS – wie oft behauptet wird.

Um der »gesellschaftlichen Atmosphäre« neue Impulse zu geben, wurde 1987/88 auf Initiative des MfS ein Aufklärungs- und Orientierungsmaterial erarbeitet. Gemeinsam mit Vertretern des MdI, des Büro des Ministerrates und der Humboldt-Universität zu Berlin verfaßten Verantwortliche des MfS ein Dokument unter dem Titel »Zur Verantwortung und zu den Aufgaben der Leiter der Kombinate, Betriebe, Einrichtungen und Genossenschaften bei der weiteren Unterbindung und Zurückdrängung von Übersiedlungsersuchen«.

Dieses Argumentationsmaterial wurde – nach Zustimmung durch mehrere Mitglieder des SED-Politbüros – vom Vorsitzenden des Ministerrates allen Empfängern seiner einschlägigen Verfügungen zugeleitet. Alle Leiter bis in die Kreise, Betriebe und Einrichtungen erhielten es. Damit sollte die harte Konfrontation zwischen staatlichen Organen und gesellschaftlichen Kräften einerseits und den Antragstellern andererseits aufgebrochen werden. Gespräche statt Ausgrenzung und gemeinsame Suche nach Lösungen für jene Probleme, die den Wunsch zum Verlassen der DDR ausgelöst hatten – das sollte die Linie in diesem abgestimmten Vorgehen der beteiligten Organe und Einrichtungen sein.

Auf dieser Basis bemühte sich das MfS gemeinsam mit dem MdI um eine »gesellschaftliche Front«, mit der den Ausreisebestrebungen wirksamer begegnet werden sollte. Wir wollten den Problemen zu Leibe rücken, die ursächlich zu Antragstellungen führten, und nicht den Antragstellern selbst.

Natürlich ließen sich auf diese Weise nicht die grundsätzlichen politischen Defizite abbauen.

Es war und ist jedoch unbestritten ein legitimes Recht und die Pflicht eines Staates, daß sich die Gesellschaft gegen ihre eigene Dezimierung, gegen ein »Ausbluten« ihres Bevölkerungs- und Arbeitskräftepotentials zur Wehr setzt. Erst recht im Wissen um die damit verbundenen Existenz- und Sicherheitsfragen. Auch in der DDR mußte um jeden Einzelnen gerungen werden. Mochten andere den Weggegangenen keine Träne nachweinen. Im MdI und im MfS war man dazu jedenfalls anderer Meinung.

Einen wesentlichen Beitrag zur Schaffung der notwendigen gesellschaftlichen Atmosphäre sah das MfS im radikalen Abbau der landesweiten und zum Teil sehr harten Konfrontation zwischen Staatsorganen und Antragstellern. Auf Konferenzen, in Seminaren und anderen Schulungen, gemeinsam mit Verantwortlichen des MdI in den Bezirken durchgeführt, wurden Erfahrungen vermittelt. Diese und andere Maßnahmen griffen jedoch nicht.

Auch der Einsatz vieler Verantwortlicher – meist auf Initiative des MfS – zur Veränderung und Beseitigung von Mängeln und Mißständen, die als Begründung für den Antrag angeführt wurden, schufen nur partiell Abhilfe. Es gelang nicht, die Situation wesentlich zu verändern. Offensichtlich hatte sich die SED- und Staatsführung dem Trugschluß hingegeben, daß einige 100.000 Ausreisebegehrende den Weg von 16 bis 17 Millionen Bürgern zum Sozialismus nicht gefährden könnten. »Damit müsse man leben«. Egon Krenz hat in seinem Buch »Herbst '89« die Situation geschildert. Erst die Botschaftsbesetzungen und in deren Folge die massenhaften Ausreisen signalisierten dramatisch, daß ein Staat, dessen Bevölkerung sich zumindest in solchen Größenordnungen verweigerte, so nicht weiter existieren kann.

Seit 1983 hatte es mehr als 12.000 Fälle gegeben, bei denen DDR-Bürger mit einer »Botschaftsbesetzung« ihre Ausreise erzwangen.

Das MfS hatte gemäß der Dienstanweisungen auf diesem Arbeitsgebiet die Aufgabe, wichtige Sicherheitsfragen im Zusammenhang mit Ausreisen durchzusetzen. Das umfaßte die Wahrung von Staatsgeheimnissen, die Gewährleistung der Sicherheit in besonderen Schwerpunktbereichen der Wirtschaft, Wissenschaft und Technik, der Versorgung der Bevölkerung, der Sicherung ihrer gesundheitlichen Betreuung, die Aufklärung und Bekämpfung gegnerischer Zentren, Organisationen und Kräfte in der BRD und Westberlin, die Übersiedlungsersuchen inspirierten und organisierten, als auch die operative Bearbeitung von Personen im Innern der DDR, die Antragstellungen auf ständige Ausreise initiierten oder unterstützten.

Gemeinsam mit dem MdI hatte das MfS dafür Sorge zu tragen, daß durch die Ausreisen nicht die innere Sicherheit der DDR gefährdet und vor allem auch das außenpolitische Ansehen und die internationalen Beziehungen der DDR nicht beschädigt wurden. Das gesamte Ausreisegeschehen sollte ruhig, kontinuierlich und unter den gegebenen Verhältnissen normal ablaufen. Massenhafte, mehr oder weniger Aktionscharakter tragende Ausreisen sollten vermieden werden.

In gleichem Maße ging es darum, einen »Überdruck« durch anwachsende Zahlen von Antragstellern, unerledigten Anträgen und verzögerten Ausreisen nach erfolgten Genehmigungen auszuschließen. Aber alle gemeinsam unternommenen Anstrengungen wurden immer wieder durch zentrale Entscheidungen und durch innere Entwicklungen und daraufhin erfolgende neue bzw. veränderte Entscheidungen durchkreuzt.

Die Entvölkerung bestimmter Bereiche der DDR mußte verhindert werden, auch, um in besonders gefährdeten gesellschaftlichen Bereichen die Funktionsfähigkeit zu erhalten. Unter diesen Bedingungen wurde darin eine wichtige Voraussetzung für die Gewährleistung der inneren Stabilität der DDR gesehen.

Darin stimmten Bonn und Berlin in gewissem Maße ausnahmsweise überein. Die Bundesrepublik war zwar an einer längerfristigen Destabilisierung der DDR interessiert, fürchtete jedoch einen zu raschen Zusammenbruch der DDR, der eventuell die Sowjetunion zu Gegenmaßnahmen herausfordern könnte. Dadurch würden die Stabilität in Europa insgesamt gefährdet werden und folgenschwere Risiken für die eigene Existenz entstehen. Das sollte vermieden werden. Im Westen war man so lange an der weiteren Existenz der DDR interessiert, bis aufgrund der internationalen Lage der Zeitpunkt für eine rasche Destabilisierung gekommen schien. Dieser trat Ende der 80er Jahre ein.

Vorher jedoch, im Jahre 1984, als die Zahl der Genehmigungen für ständige Ausreisen mit ca. 40.000 besonders hoch war, ersuchten Bonner Stellen im Auftrag der Bundesregierung wiederholt die DDR, sie möge den Ausreisestrom drosseln. Auch in Moskau fürchtete man ganz offensichtlich, daß der Massenexodus aus der DDR das europäischen Gleichgewicht belasten könnte. Daraus könnten akute Gefahren für die eigenen innen- und außenpolitischen Interessen entstehen. Diese Sorge war aus Anfragen des KfS ablesbar. In dieser Lage wurden dem MdI und dem MfS durch die jeweiligen Minister aufgetragen:

- Alle Anstrengungen sollten weiter darauf gerichtet werden, Antragstellungen zurückzudrängen, Antragsteller, die zurückgewinnbar erschienen, durch Gespräche und individuelle Maßnahmen von ihrem Entschluß der ständigen Ausreise abzubringen, sie fest in ihr gesellschaftliches Umfeld einzugliedern und mit dafür zu sorgen, daß gar nicht erst neuerliche Entschlüsse zu Antragstellungen heranreifen.
- Allen Antragstellern, die hartnäckig ihr Ziel der Ausreise verfolgten, folglich nicht zurückgewinnbar waren, und also nicht zur Aufgabe ihres Ausreisewunsches bewegt werden konnten, zügig die Genehmigung zu erteilen; dies jedoch nicht nicht kampagnenhaft, sondern kontinuierlich.
- Auf Rechtsverletzungen durch Antragsteller sollte mit der Einleitung sehr differenzierter ordnungs- bzw. strafrechtlicher Maßnahmen reagiert werden. Dabei sollten jene, die rechtswidrige Handlungen begingen, nicht auch noch durch schnelle Genehmigungen »belohnt« werden, während im Vergleich dazu andere, »disziplinierte« Antragsteller sich benachteiligt fühlen mußten.

Es wurden in der Mehrzahl der Fälle – zum Beispiel bei ungenehmigten Demonstrationen – Ermahnungen, Belehrungen und Verwarnungen ausgesprochen, in anderen Fällen Ordnungsstrafverfahren eingeleitet. Nur selten erfolgte die Einleitung von Ermittlungsverfahren, die durch die zuständigen Gerichte in der Regel mit Strafbefehlen, nur vereinzelt mit Haftstrafen abgeschlossen wurden.

Diese Grundsätze, die im wesentlichen erneut das festschrieben, was bis dahin als »Linie« vorgegeben war, wurden infolge politischer Ereignisse (Ausnahmeentscheidungen der SED- und Staatsführung) faktisch zur »Makulatur« gemacht. Besonders im Ergebnis von Besuchen prominenter bundesdeutscher Politiker oder Wirtschaftsexperten bei DDR-Repräsentanten, namentlich bei Erich Honecker, kam es immer wieder zu derartigen Entscheidungen. Nahezu jeder Repräsentant aus der BRD, ob nun Partei- und Regierungspolitiker auf Bundesebene oder aus einzelnen Bundesländern, bis hin zu Bürgermeistern, übergab umfangreiche Namenslisten. Das wurde zum festen Ritual. MdI wie MfS waren ständig mit dieser höchst subjektiven Verfahrensweise konfrontiert. Mit entsprechenden Ausreisewunsch-Listen, die in der Regel nie weniger als 100 Namen enthielten, belieferte das Ministerium für innerdeutsche Beziehungen der BRD die Politiker aller Coleur. Listen dieses Ministeriums wurden den DDR-Organen auch direkt übergeben. Eine von ihnen enthielt etwa 10.000 Namen.

Auch vom Bundeskanzleramt wurde eine solche Aufstellung mit ebenfalls mehr als 10.000 Namen vorgelegt. Bis 1989 kamen aus der bayrischen Staatskanzlei 37 solcher Listen, ebenfalls mit insgesamt rund 10.000 Namen. Allein schon der zahlenmäßige Umfang, aber auch die Unvollständigkeit und Fehlerhaftigkeit von Angaben zu den betreffenden Personen bedeuteten einen kaum zu bewältigenden Arbeitsaufwand. Viele Namen tauchten in allen diesen Listen auf. Offenkundig ging es manchem BRD-Politiker nur darum, die Genehmigung der Ausreise als seinen persönlichen Erfolg auszugeben und damit bei Wahlkämpfen Stimmen für sich zu gewinnen. Dieses Ziel wurde mitunter auch direkt so artikuliert.

Bei den DDR-Gesprächspartnern wurden gute Wünsche für das Gedeihen der DDR und für gute deutsch-deutsche Beziehungen ausgesprochen. »Unten«, in den Ebenen der Vorzimmer und anderen Büros, wurden danach die Pakete mit den Listen abgelegt. Immer mit humanitärem Lächeln, als ginge es nur um die Menschen, nicht zugleich auch um die damit verknüpfte Einmischung in die inneren Angelegenheiten der DDR und die Destabilisierung ihrer inneren Verhältnisse.

Diese Seite der deutsch-deutschen Beziehungen entwickelte sich zu einer kaum noch zu überbietenden, aber durch die Führung der SED stillschweigend akzeptierten Nötigung. Die Einschränkung der Souveränitätsrechte und der Sicherheit der DDR wurden als Gegenleistung für »normale, gutnachbarliche Beziehungen zur BRD« gefordert und, so bitter es ist, als »Preis« auch gezahlt.

Menschenrechte in Geheimdiensthänden

Waren es in den Jahren von 1961 bis Mitte der 70er Jahre vorrangig Menschenhändler und andere kriminelle Gruppen und Personen, die dieses Geschäft besorgten, betrieben später sogenannte nichtstaatliche Organisationen diesen »Wandel durch Annäherung«.

Eine solche Einrichtung war die »Internationale Gesellschaft für Menschenrechte e. V.« (IGfM), die gemeinsam mit dem Verein »Hilferufe von drüben e. V.«, der »Arbeitsgemeinschaft 13. August e. V.« und anderen nicht so im Blickpunkt der Öffentlichkeit stehenden Organisationen wirkte.

»Heuchler im Menschenrechtstalar. Von der Terrororganisation NTS zur Geheimdienstfiliale« war der Titel einer nach authentischem Material Mitte der 80er Jahre von der Presseabteilung des MfS herausgegebenen Broschüre für die Öffentlichkeit, in der ausführlich über die Entwicklung dieser gegen die DDR feindlich tätigen Einrichtung berichtet wurde.[31]

Nach 1917 entstand aus dem bewaffneten Widerstand weißrussischer Konterrevolutionäre die antisowjetische Organisation NTS (Narodno Trudowoi Sojus, NTS, zu deutsch Volksarbeit). Nach dem faschistischen Überfall auf die Sowjetunion war die NTS eine Filiale der Gestapo, und ihre Mitglieder und Sympathisanten waren Kaderreservoir der Einsatzkommandos faschistischer Geheimdienste. Ihre Aktivisten und deren Verbindungen in die UdSSR wurden nach 1945 vom britischen Geheimdienst SIS übernommen. Später traten sie in die Dienste der CIA, 1955 schlossen sie einen Vertrag mit dem BND, der jährlich 70.000 DM Steuergelder dem NTS zukommen ließ. 1972 bildeten eine Gruppe ausgewählter leitender Mitarbeiter des NTS und Vertreter anderer rechtskonservativer und neofaschistischer Organisationen in der Bundesrepublik im Auftrag der CIA die »Gesellschaft für Menschenrechte« (GfM), seit 1981 »Internationale Gesellschaft für Menschenrechte IGfM«, mit Sitz in Frankfurt am Main.

Die NTS-Kader und Gründungsmitglieder der GfM/IGfM Iwan Agrusow, Wladimir Flerow und Leonid Müller waren zu verschiedenen Zeiten leitend in der Westberliner Residentur des NTS für Militärspionage gegen die DDR und die Gruppe der sowjetischen Streitkräfte in Deutschland (GSSD) verantwortlich und zugleich Hauptresidenten des britischen Geheimdienstes. Agrusow selbst ist Kriegsverbrecher, hatte als Hilfspolizist und Kollaborateur der faschistischen Wehrmacht an Erschießungen von Sowjetbürgern teilgenommen. Er wurde – so teilte das KfS dem MfS mit – durch die UdSSR international gesucht.

Das Leitungsgremium der IGfM wurde später ergänzt durch »DDR-Flüchtlinge«, von denen nicht wenige zuvor als Agenten westlicher Geheimdienste in der DDR tätig gewesen waren bzw. nach ihrem Übertritt in die BRD von westlichen Nachrichtendiensten angeworben wurden.

Zum »Arbeitsausschuß DDR« der IGfM gehörten die ehemaligen DDR-Bürger Dr. Reinhard Gnauck, Erhard Göhl und Dr. Wulf Rotenbächer.

Die IGfM wurde wie andere Organisationen ähnlichen Charakters vom MfS gezielt auch mit nachrichtendienstlichen Mitteln bekämpft. Da dieser »eingetragene Verein« unter der demagogischen Flagge des Kampfes für Menschenrechte außerordentlich aktiv agierte und Verbindungen in die DDR suchte, wurde gegen ihn ein Zentraler Operativ-Vorgang geführt. Zu diesem ZOV gehörten mehrere Teilvorgänge.

Die IGfM forderte in der von ihr herausgegebenen Publikation »DDR heute«, die in der DDR verständlicherweise nicht zugelassen war, aber illegal verbreitet wurde, und in der von Gerhard Löwenthal moderierten Sendung im ZDF »Hilferufe von drüben« dazu auf, Anträge auf Ausreise zu stellen. Sie gab Anleitung für die Formulierung der Anträge und für Verhaltensweisen bei Gesprächen mit Mitarbeitern der Abteilungen Inneres und anderer Organe. Im »ZDF-Magazin« wurden Hilfe und Unterstützung für Ausreisebegehren angeboten sowie erfolgreiche Aktionen publiziert.

Die IGfM wurde durch bundesdeutsche Behörden gefördert und unterstützt und genoß die Sympathien von BRD-Politikern, vor allem solchen aus dem rechten Spektrum. Förderer, Schirmherren und »Ehren«- oder Kuratoriumsmitglieder waren vorwiegend Revanchisten und Rechtsextremisten. Die Liste der Personen, die sich als »Förderer« der IGfM betätigten, befindet sich in der BStU-Behörde. Darunter befanden sich Dr. Otto von Habsburg, Sohn des Kaisers Karl I. von Österreich und König von Ungarn. Er war eng liiert mit österreichischen Faschisten, lebte in Frankreich, Spanien und Portugal, war Vertrauter des portugiesischen Diktators Salazar, gehörte der Sudetendeutschen Landsmannschaft und dem Witiko-Bund an. Er wurde Mitglied der NPD und beteiligte sich aktiv an der Förderung faschistischer Organisationen und war auch in Ungarn 1956 mit von der Partie. Und unter den Förderern befand sich auch Prof. Dieter Blumenwitz, Völker- und Staatsrechtler sowie führender Vertreter der Ostforschung, Mitglied des Kuratoriums »Unteilbares Deutschland«. Er war als Berater der Militärjunta maßgeblich an der Ausarbeitung der Verfassung des chilenischen Pinochet-Regimes beteiligt, dem bekanntlich tausende Menschen zum Opfer fielen.

Das MfS bearbeitete die IGfM mit Unterstützung Inoffizieller Mitarbeiter (IM) und durch den Einsatz weiterer politisch-operativer Mittel und Methoden.

Das betraf auch den Verein »Hilferufe von drüben«, zu dem ebenfalls ein ZOV geführt wurde. Bestandteil dieser operativen Bearbeitung war die Aufklärung der von der IGfM verfolgten Pläne und Absichten, ihrer Struktur und personellen Zusammensetzung, der Auftraggeber und Hintermänner. Und dazu gehörte vor allem auch das rechtzeitige Erkennen der konkreten, auf bestimmte Personengruppen und Personen in der DDR gerichteten Handlungen, mit denen diese zum Verlassen der DDR inspiriert und ihnen dabei Hilfe und Unterstützung gegeben werden sollte.

Das MfS führte natürlich auch Zersetzungsmaßnahmen gegen die IGfM durch. Diese richteten sich insbesondere darauf, die Organisation als das zu entlarven, was sie in Wirklichkeit war, um Bürger davon abzuhalten, sich mit solchen »Menschenrechtlern« einzulassen. Dem MfS war bekannt, daß die IGfM häufig nur das tat, was die westdeutsche Politik mit Rücksicht auf die offizielle Wirkung selbst nicht tun wollte, was aber voll ihren Intentionen entsprach und wofür auch das notwendige Geld von zuständigen Behörden der Bundesrepublik floß.

Das Bestreben, in der Öffentlichkeit nicht das Gesicht zu verlieren, wurde in einigen Fällen erfolgreich genutzt, zuständige Behörden der Bundesrepublik und Westberlins zu veranlassen, gefährliche Provokationen der IGfM zu unterbinden. Nicht unbekannt blieb beispielsweise das Vorgehen der Polizei und des Verfassungsschutzes gegen die IGfM während des Besuches von Erich Honecker 1987 in Bonn. Aufgrund der Erkenntnisse des MfS wurden die den Besuch in der BRD belastenden Auftritte der Provokateure durch die zuständigen Behörden der BRD verhindert. Das wurde seinerzeit nicht als Sensation, sondern als ganz normaler Akt der im gemeinsamen Interesse liegenden Zusammenarbeit im Sinne des Grundlagenvertrages DDR-BRD und als bescheidener Beitrag zur friedlichen Koexistenz gewertet.

Umso unverständlicher und nicht nur für ehemalige Mitarbeiter des MfS nicht nachvollziehbar war der Umstand, daß sich laut Medienberichten zu Beginn der 90er Jahre Beauftragte der sowjetischen Regierung mit Vertretern der IGfM trafen, obgleich doch deren Ursprung und ihr politischer Charakter auch in Moskau hinlänglich bekannt waren.

Zur »diplomatischen« Nötigung durch Antragsteller

Seit 1983 entwickelte sich in der DDR eine kriminelle Methode, um Entscheidungen zur ständigen Ausreise zu erzwingen. Sie erwies sich zudem als geeignet, dem internationalen Prestige der DDR auf außerordentlich spektakuläre Weise irreparablen Schaden zuzufügen. Diese Methode bestand in der Besetzung diplomatischer Vertretungen der BRD einschließlich ihrer Ständigen Vertretung bei der DDR durch Antragsteller auf Ausreise. Das Ziel bestand darin, ihre Forderungen nach Ausreise in die BRD zum Zwecke der Wohnsitznahme durchzusetzen. Sie weigerten sich, ohne eine solche Zusage die diplomatischen Einrichtungen wieder zu verlassen.

Etwa zehn Jahre nach der 1974 erfolgten Unterzeichnung des »Protokolls über die Ständigen Vertretungen«[32] rückte die Vertretung der Bundesrepublik in Berlin auch in das Blickfeld von Personen, die ihre Ausreise aus der DDR anstrebten. So kam es dann zu Besetzungen dieser Einrichtung. In einigen Fällen bestanden sie sogar auf direkte Ausreise vom Gelände der Vertretung in die BRD, nach Westberlin oder in ein Land ihrer Wahl.

Erstmals wurde 1983 einer Gruppe von sechs DDR-Bürgern infolge einer einmaligen Entscheidung des Vorsitzenden des Staatsrates der DDR dieses zweifelhafte Privileg gewährt. Sie durften von der Hannoverschen Straße, dem Sitz der Ständigen Vertretung in Berlin, direkt nach Westberlin ausreisen.

In der Folgezeit nahmen die Besetzungen von Vertretungen der Bundesrepublik zu. Die politische Grundlage dafür lieferte der Alleinvertretungsanspruch. Alle Bürger der DDR galten demnach, wie bereits ausgeführt, als »Deutsche« im Sinne des Grundgesetzes der BRD. Darauf gründete sich dann auch die gesamte bundesdeutsche Argumentation. Unter Bezug auf Art. 116 des Grundgesetzes der BRD[33] wurden die DDR-Bürger wie Bundesbürger behandelt, wenn sie sich als Besucher oder eben als Besetzer in den diplomatischen Einrichtungen befanden. Sie reklamierten einen Anspruch auf »Schutz und Hilfe«, die das Grundgesetz »allen Deutschen« zusicherte.

Die DDR wurde mit solchen Botschaftsbesetzungen permanent erpreßt, Zugeständnisse bei der Bewilligung von ständigen Ausreisen zu machen. Das belastete nicht nur die deutsch-deutschen Beziehungen ungemein. Es hatte auch zunehmend Einfluß auf das gesamte Ausreisegeschehen. Weder die Botschaften der BRD in anderen (sozialistischen) Ländern noch die Ständige Vertretung in der DDR-Hauptstadt waren für Fragen der Genehmigung von Ausreisen zuständig. Bonn zog sich auf den Standpunkt zurück, die Botschaftsbediensteten seien weder in der Lage noch willens, diese Personen zum Verlassen der Gebäude zu zwingen und gar Gewalt anzuwenden. Nicht einmal in Wahrnehmung des Hausrechtes – hieß es – sei es möglich, mit einer solchen Konsequenz vorzugehen. Das verbiete das Grundgesetz, wurde argumentiert.

Das führte im Interesse der Vermeidung folgenschwerer Komplikationen immer zu Kompromissen seitens der DDR.

Um die politische Dimension der Erzwingung der Ausreise über Botschaftsbesetzungen für den Leser deutlicher zu machen, sollen zunächst die rechtlichen Grundlagen und Ausgangspunkte für die gegensätzlichen Standpunkte erläutert werden.

Bereits in der Prämbel des »Vertrags über die Grundlagen der Beziehungen zwischen der Deutschen Demokratischen Republik und der Bundesrepublik Deutschland« vom 21. Dezember 1972[34], der nach seiner Ratifizierung am 21. Juni 1973 in Kraft trat, war klar fixiert, daß »die Achtung der territorialen Integrität und der Souveränität aller Staaten in Europa in ihren gegenwärtigen Grenzen eine grundlegende Bedingung für den Frieden sind.« Das implizierte zweifellos auch das alleinige Recht der DDR, in Ausreiseangelegenheiten ohne Einmischung von außen souverän zu entscheiden.

Im Art. 2 dieses Vertrages heißt es weiter eindeutig und klar, daß sich die DDR und die BRD »von den Zielen und Prinzipien leiten lassen (werden), die in der Charta der Vereinten Nationen niedergelegt sind«.

In dieser – auch von beiden deutschen Staaten unterzeichneten – UN-Charta verpflichteten sich die Mitglieder der UNO, »die souveräne Gleichheit aller ihrer Mitglieder« zu achten (Art. 2, 1.) und jegliche Einmischung »in Angelegenheiten …, die ihrem Wesen nach zur inneren Zuständigkeit eines Staates gehören« (Art. 2., 7.), zu unterlassen. [35]

Deswegen fand im Art. 2 des Grundlagenvertrages das in der UN-Charta enthaltene Einmischungsverbot in die inneren Angelegenheiten des Vertragspartners offenbar auch keine gesonderte Erwähnung. Es ist wohl völlig unstrittig, daß Genehmigungen für Ausreisen nirgends auf der Welt durch ausländische Staaten erteilt werden können. Und solche Hilfe, wie sie die BRD-Vertretungen leisteten, gehörte wohl ohne jeglichen Zweifel zu jenen Handlungen, die international als Einmischung in die inneren Angelegenheiten eines Staates zu Recht entschieden zurückgewiesen werden müssen.

Das Protokoll über die Einrichtung der Ständigen Vertretungen der DDR und der BRD vom 14. März 1974 enthielt u. a. folgende Festlegungen:

»4. Für die Ständigen Vertretungen, ihre Mitglieder sowie die zu ihrem Haushalt gehörenden Familienangehörigen und privaten Hausangestellten gilt die Wiener Konvention vom 18. April 1961 entsprechend.«

Und im Punkt 5 des Protokolls hieß es: »Die Ständigen Vertretungen haben unter anderem die Aufgabe, die Interessen des Entsendestaates im Gastland zu vertreten, einschließlich Hilfe und Beistand für Personen … sowie normale gutnachbarliche Beziehungen … auszubauen.« (»Personen« beschränkte sich dabei nicht nur auf Bundesbürger.)

Es war demnach völlig normal, daß sich die DDR in den Auseinandersetzungen mit der BRD immer auf die ausdrücklich im genannten Protokoll als Geschäftsgrundlage der Arbeit der Ständigen Vertretungen beider deutscher Staaten vereinbarte Wiener Konvention über diplomatische Beziehungen vom 18. April 1961 stützte, in der es im Art. 3 heißt: »Die Funktionen einer diplomatischen Mission bestehen u. a. darin

b) die Interessen des Entsendestaates und *seiner Staatsbürger* im Empfangsstaat innerhalb der völkerrechtlich zulässigen Grenzen zu schützen.« *(Hervorhebung durch den Autor.)*

Und im Art. 41 der Wiener Konvention heißt es: »Unbeschadet ihrer Privilegien und Immunitäten sind alle Personen, die solche Privilegien und Immunitäten genießen, verpflichtet, die Gesetze und Bestimmungen des Empfangsstaates zu achten. Sie sind ferner verpflichtet, sich nicht in die inneren Angelegenheiten dieses Staates einzumischen.«[36] Da es keine Einigung in der Staatsbürgerschaftsfrage gab, wandte die BRD ihr Grundgesetz auch in den Fällen der Besetzung ihrer Vertretungen, also im Umgang mit speziellen DDR-Problemen in zwischenstaatlichen Beziehungen an – also völkerrechtswidrig.

Die BRD bezog sich dabei mit auf das Protokoll über die »Einrichtung der Ständigen Vertretungen der DDR und der BRD«, in dem es über die Aufgaben hieß, man versuche »die Interessen des Entsendestaates im Gastland zu vertreten, einschließlich Hilfe und Beistand für Personen«.

Nach den völkerrechtlichen Bestimmungen und Gepflogenheiten konnte es aber keinen Zweifel daran geben: Dieser »Beistand auf Bürger des Entsendestaates« konnte sich völkerechtsgemäß nur auf Bürger der BRD beziehen. Von der BRD-Seite wurde das aber dahingehend interpretiert, daß es im Interesse des Entsendestaates, also der BRD, lag, Personen ohne Rücksicht auf deren Staatsbürgerschaft der DDR, als »Deutsche im Sinne Art. 116 GG« zu betrachten und demzufolge in ihre Obhut zu nehmen und zu unterstützen. Das macht einerseits die Härte der damaligen Verhandlungen, aber auch die Kompromißbereitschaft der DDR deutlich. Offenkundig hat auf DDR-Seite kaum jemand daran gedacht, daß diese unterschiedliche Interpretation zu solch gravierenden Konsequenzen führen würde.

Der so in Gang gesetzte und nach bundesdeutschen Recht »begründete« »Ausreisemechanismus« zwang die DDR, damit umzugehen, ohne ihr Gesicht zu verlieren, ohne ihre staatsrechtlichen Grundsätze in der diesbezüglichen Auseinandersetzung mit der BRD über Bord zu werfen. So entwickelte es sich, daß der für humanitäre Fragen eingesetzte Beauftragte des Vorsitzenden des Staatsrates der DDR, Rechtsanwalt Prof. Dr. Wolfgang Vogel, vom Minister für Auswärtige Angelegenheiten und vom Minister für Staatssicherheit prinzipiell beauftragt wurde, diese komplizierten Probleme mit Beauftragten der Bundesrepublik zu klären. Das Anliegen der DDR bestand auch hier darin, größeren politischen Schaden für die zwischenstaatlichen Beziehungen und natürlich auch für das internationale Klima abzuwenden.

Das Ministerium für Auswärtige Angelegenheiten der DDR (MfAA) billigte prinzipiell dieses Vorgehen, ohne in die Lösung von Einzelfällen eingebunden zu sein.

Die Grundlage solcher Kompromisse bestand grundsätzlich darin, den Betreffenden bei Verlassen der Ständigen Vertretung Straffreiheit zuzusichern – obwohl der dringende Verdacht des Vorliegens einer Straftat (Nötigung und Erpressung nach §§ 214 und 129 StGB) vorlag – und ihnen eine »positive Bearbeitung« der Ausreiseanträge durch die Organe für Inneres definitiv in Aussicht zu stellen.

Daß allein der Aufenthalt in der Einrichtung der BRD zu einer Beschleunigung der Bearbeitung des Ausreiseantrages führen mußte, ergab sich schon aus der begründeten Gefahr einer Wiederholung solcher Besetzungen im Falle einer Verzögerung. Deshalb war es in den letzten Monaten der DDR sogar üblich, den Zusicherungen weitere sehr unterschiedliche Attribute (»umgehend«, »unverzüglich«) und in Einzelfällen sogar Termine beizufügen.

Den in diesen Fällen notwendigen Kompromissen gingen im Interesse der Vermeidung noch größerer politischer Komplikationen schnelle und zum Teil aufwendige Überprüfungen voraus. Dabei wurden nicht selten die in den in einschlägigen Rechtsvorschriften enthaltenen Versagungsgründe für eine Genehmigung zur ständigen Ausreise außer Kraft gesetzt, wie an anderer Stelle schon beschrieben wurde.

Besonders kompliziert wurde es immer dann, wenn Betroffene vor dem Aufsuchen der Ständigen Vertretung Straftaten begangen hatten (etwa Fahnenflucht). Mit Recht könnte man die in vielen derartigen Fällen getroffenen Entscheidungen nur mit der sprichwörtlichen »Quadratur des Kreises« vergleichen. In Einzelfällen unternommene Versuche, bei der Besetzung der Ständigen Vertretung keine Kompromisse mehr einzugehen, die Betreffenden durch langwährenden Daueraufenthalt in den von ihnen aufgesuchten Vertretungen einfach »zu ermüden« und sie schließlich dazu zu bringen, ihren politischen Erpressungsversuch aufzugeben, scheiterten infolge des Drucks der BRD und der Medien. In aller Regel reagierte die DDR-Führung auf solche erpresserischen Aktivitäten prompt mit »zentralen Entscheidungen«, durch die dem Verlangen der Gegenseite stattgegeben wurde.

Wiederholt unternahm das MfS Vorstöße, möglichst keine Zugeständnisse mehr zu machen. Damit sollte dem Nachahmungseffekt wirksam entgegengetreten werden. Meist wurde dann »politisch« entschieden.

Auch Botschaften anderer Staaten wurden besetzt. Das betraf die Vertretungen der USA, Dänemarks und anderer Länder, die die politische Position der BRD unterstützten. Allerdings reagierte die USA-Botschaft 1983 in mehreren Fällen abweisend. Ihre Bediensteten machten von ihrem Hausrecht Gebrauch und drängten die Endringlinge mit körperlicher Gewalt aus dem Hause.

Noch deutlicher handelte die dänische Botschaft in der DDR. Eine größere Gruppe hatte sich 1988, am Vorabend des Besuches des dänischen Regierungschefs in der DDR, Einlaß in das Botschaftsgebäude verschafft. Sie forderte die Genehmigung zur Ausreise, möglichst direkt vom Gebäude der Botschaft aus. Der Botschafter Dänemarks informierte das MfAA der DDR und bat dringend um die Entfernung dieser Personen. Eine Gruppe von Mitarbeitern des MfS wurde durch Angehörige der Botschaft in das Gebäude geleitet. Ohne jedes Aufsehen und lautlos wurden die »Besetzer« festgenommen. Die dänische Botschaft dankte für die unauffällige schnelle Lösung. Der Staatsbesuch verlief reibungslos.

Das war das erste und zugleich einzige Mal in der DDR, daß auf Bitten einer diplomatischen Vertretung die Räumung eines Botschaftsgebäudes durch Sicherheitskräfte des Gastlandes erfolgte und dadurch der Ausreisemechanismus über die Botschaft nicht funktionierte.

Natürlich wurde auch dieser Fall später benutzt, die DDR öffentlich zu verunglimpfen, die Besetzer als Opfer darzustellen und die dem Völkerrecht und der Rechtsordnung der DDR entsprechenden Entscheidungen und Handlungen des MfAA und des MfS im Nachhinein zu kriminalisieren.

Die dänische Seite setzte sich später – offensichtlich auch unter dem Druck der BRD und deren Medien – verbal für die Ausreise der »Erpresser« ein.

Die sich wiederholenden Besetzungen der Ständigen Vertretung der BRD in Berlin und der Botschaft der BRD in Prag inspirierten in wachsendem Maße Bürger der DDR zu gleichen Aktivitäten. Es waren Einzelpersonen, Familien und größere Personengruppen, die über diesen Weg ihre ständige Ausreise erzwingen wollten. Absichtsvoll gefördert wurde diese Methode durch das Verhalten der BRD-Offiziellen, die solchen politisch hochwillkommenen »Besetzern« bereitwillig Zuflucht gewährten und betonten, daß sie auch längere Zeit die ungebetenen Gäste ertragen würden.

Neben Prag spielten die BRD-Botschaften in Budapest und Warschau die Hauptrolle. Einzelfälle gab es auch in Moskau und Sofia.

Die vor allem 1988 beginnenden länger andauernden Besetzungen wiederholten sich von da an in immer kürzeren Zeitabständen, die Anzahl der beteiligten Gruppen und Personen wuchs zusehends. Der politische Druck potenzierte sich nicht nur mit der Zahl der Erpresser, sondern auch dadurch, daß nunmehr jeweils drei Staaten involviert waren.

Zeitlich eskalierten diese Ereignisse vor allem im Jahre 1989, dem 40. Jahr der Gründung der DDR. Die Mehrzahl der Erpresser und viele ihrer Mitläufer spekulierten darauf, daß es sich die DDR nicht leisten könne, angesichts der geplanten Feierlichkeiten und der internationalen Gäste eine harte Haltung einzunehmen. Sie rechneten folglich damit, daß sie rasch ihre Absicht würden durchsetzen können. Bestärkt wurden sie in dieser Auffassung durch die diplomatischen Reaktionen der BRD und den Medienrummel.

Die im Interesse der DDR vom MfS und anderen Organen der DDR ergriffenen schadensbegrenzenden Maßnahmen blieben letztlich weitgehend unwirksam.

Mit der polnischen Regierung wurden auf der Ebene der DDR-Botschaft in Warschau Gespräche geführt. Anliegen der DDR war, dem Ansinnen der Erpresser und der Botschaft der BRD auf direkte Ausreise der Botschaftsbesetzer in einen skandinavischen Staat oder in ein anderes kapitalistisches Land nicht zu entsprechen. Unter Einschaltung von Rechtsanwälten und nach Vereinbarung mit der BRD wurde ein Mechanismus gefunden, dem alle Beteiligten (DDR, BRD, VR Polen) zustimmten. Die Botschaft der BRD übergab die Namen der Betreffenden an die Botschaft der DDR. Von dort aus wurden sofortige Überprüfungen zu den Personen eingeleitet. Die Entscheidungen dazu wurden durch die DDR-Botschaft verkündet und sie erhielten entprechende Visa der DDR zur Ausreise aus der Volksrepublik Polen, ohne dabei nochmals in die DDR zurückreisen zu müssen.

Mit der Regierung der CSSR wurde vereinbart, die von Besetzern verlangte direkte Ausreise in die BRD nicht zuzulassen. Dazu gab es eine Vielzahl von bilateralen Gesprächen auf der Ebene der Sicherheitsorgane und der Außenministerien beider Staaten sowie konzertierte Aktionen zur Beendigung der Besetzung unter Einbeziehung mehrerer Rechtsanwälte und hoher Beamter der Bundesregierung. Das führte insgesamt dazu, daß viele der Besetzer in die DDR zurückkehrten und dort ihre Anträge stellten, die dann, wie zugesagt, positiv entschieden wurden. Der Druck konnte dadurch jedoch nicht gemindert werden. Er hielt sowohl in Warschau als auch in Prag an.

All das führte Anfang Oktober 1989 zu einer verhängnisvollen Entscheidung des Generalsekretärs des ZK der SED: Den Botschaftsbesetzern wurde zwar pauschal die Ausreise aus der DDR gestattet, dies jedoch mit einer Auflage verbunden. Der Transport war mit von der DDR nach Warschau und Prag entsandten Sonderzügen vorgesehen, wobei die Fahrt in die Bundesrepublik über das Territorium der DDR erfolgen sollte.

Damit war offenbar beabsichtigt, einem in dieser Situation nur noch krampfhaft wirkenden Souveränitätsanspruch demonstrativ Geltung zu verschaffen.

Bei der Durchfahrt dieser Züge kam es, so insbesondere in Dresden, zu gewalttätigen Auseinandersetzungen mit weiteren Gruppen von Ausreisebegehrenden. Die von der BRD-Regierung zugesicherte Begleitung der Züge durch hochrangige Politiker, die eingeleiteten politisch-operativen und polizeilichen Maßnahmen zur Sicherung der Strecken, besonders der Bahnhöfe, waren zuvor als ausreichend eingeschätzt worden. Falsch kalkuliert wurde jedoch die Wirkung, die von der Veröffentlichung der Durchfahrtzeiten in Westmedien ausging.

Die Fahrten verliefen ruhig, die Strecken und einige Bahnhöfe wurden jedoch von Bürgern belagert, die lautstark auch ihre Absichten einer ständigen Ausreise bekundeten oder ihre Empörung ausdrückten. Die politische Entscheidung über die massenhaften Ausreisen hatte verheerende Folgen und war zugleich ein deutliches Zeichen politischer Ohnmacht.

Die Ereignisse in der Ungarischen Volksrepublik verlangen eine ausführlichere Darstellung. Das Geschehen in der VR Ungarn (mit dem Höhepunkt der Grenzöffnung für DDR-Bürger am 10. September 1989) und die damit verbundenen Folgen waren das »Vorspiel« für die am 9. November 1989 erfolgte »spontane« Öffnung der Staatsgrenze der DDR zu Westberlin und zur BRD.

Im Sommer 1989 spitzten sich die Ereignisse in Ungarn dramatisch zu. Sie beeinflußten auch maßgeblich die Geschehnisse um die BRD-Botschaften in Warschau und Prag. Die UVR, traditionelles Urlaubsland für die Bürger der DDR, wurde 1989 zum Anziehungspunkt auch für solche Personen, die davon ausgingen, daß sich dort günstige Möglichkeiten zum Grenzübertritt nach Österreich und damit zum Verlassen der DDR boten. Die Führung Ungarns unter Miklos Nemeth und Gyula Horn war nicht mehr bereit, die als Mitglied des Warschauer Paktes übernommenen vertraglichen Verpflichtungen einzuhalten.

Es besteht heute auch kein Zweifel mehr, daß die Führung der Sowjetunion unter Gorbatschow und Schewardnadse diese Entwicklung beförderte. Am 3. März 1989, anläßlich des Antrittsbesuches des ungarischen Ministerpräsidenten Miklos Nemeth in Moskau, erwiderte Gorbatschow auf die Erklärung des Regierungschefs, man werde die Grenzsicherungsanlagen zu Österreich abbauen, das sei eine innere Angelegenheit Ungarns, in die sich die UdSSR nicht einmischen würde. Damit ermunterte der Generalsekretär des ZK der KPdSU, erster Mann der Führungsmacht des sozialistischen Lagers und Oberkommandierender des Warschauer Paktes, in nicht mißzuverstehender Weise, die bis dato geltende Gemeinsamkeit bei der Sicherung der Grenzen der sozialistischen Gemeinschaft aufzugeben.

Auf seine Weise »leistete« Ungarn einen »Beitrag zur Einheit Deutschlands« und zur Veränderung Europas, was bekanntlich auch honoriert wurde.

Am 8. September 1994, auf einer Veranstaltung der CDU-nahen »Konrad Adenauer-Stiftung«, erklärte der damalige Außenminister Ungarns, Dr. Laszlo Kovacs, nicht grundlos: »Vor allen Dingen möchte ich meinen Dank aussprechen … dafür, daß man in den vergangenen fünf Jahren niemals vergaß, welchen Beitrag Ungarn zur deutschen Wiedervereinigung, zur Beschleunigung der Veränderung in Europa geleistet hatte.«[37]

Zwischen der DDR und der UVR existierte seit 1968 ein Abkommen über den paß- und visafreien Verkehr. Die Bürger der DDR benötigten für ihre Reise nach Ungarn lediglich eine Anlage zum Personalausweis, die die amtliche Bezeichnung des Ministeriums des Innern *PM 105* trug. Sie war bei jeder Dienststelle der Deutschen Volkspolizei in einem sehr einfachen Antragsverfahren unbürokratisch zu erhalten und galt sechs Monate. Der individuelle Aufenthalt in der Ungarischen Volksrepublik konnte mit einer solchen Anlage bis zu 30 Tage dauern.

In einem Zusatzabkommen, das fälschlich immer wieder als angeblich »streng geheim« bezeichnet wurde, war für beide Seiten geregelt, daß der paß- und visafreie Reiseverkehr oder Aufenthalt im Gastland nicht dazu benutzt werden durfte, in ein Drittland weiterzureisen. Dazu berechtigten diese Reisepapiere nicht. Das war so »geheim«, daß es jedermann wußte. Außerdem war das auf dem Dokument eindeutig vermerkt.

Im Laufe des Jahres 1989 vollzogen sich einschneidende Veränderungen in Ungarn. Der »Reformflügel« in der Ungarischen Sozialistischen Arbeiterpartei (USAP), der sich für die Lostrennung Ungarns vom sozialistischen Lager stark machte, gewann an Einfluß. Ein neuer »Weltpaß« gestattete allen ungarischen Bürgern die Reise in alle Länder der Welt; es wurde ein Ein- und Auswanderungsgesetz für alle Ungarn, gleichgültig wo sie lebten und welche Staatsbürgerschaft sie im Ausland hatten, beschlossen.

Ungarn führte vertrauliche Verhandlungen mit der Europäischen Gemeinschaft und schloß Abkommen über die Zusammenarbeit mit der EG. Es wurde Mitglied im Internationalen Währungsfond (IWF) und der Valutabank. Und Ungarn unternahm Alleingänge bei der Aufnahme diplomatischer Beziehungen zu Israel, Südkorea und zum Vatikan.

Von besonderer Signalwirkung für die Bürger der DDR war die Ankündigung der ungarischen Regierung, die UVR werde mit Wirkung vom 12. Juni 1989 der Genfer Flüchtlingskonvention beitreten. Das wurde wiederholt in den westlichen Medien publiziert und mit wilden Spekulationen über Möglichkeiten der Ausreise aus der UVR verbunden. Zugleich wurde in Aussicht gestellt, daß in Budapest ein Büro des UNO-Flüchtlingskommissars eingerichtet und ein hoher UNO-Beamter samt entsprechendem Mitarbeiterstab dort seine Tätigkeit aufnehmen werde. Den ausreisebegehrenden DDR-Bürgern wurde suggeriert, die UN-Flüchtlingsorganisation werde ihnen Unterstützung gewähren.

Am 27. Juni 1989 durchtrennten die Außenminister Ungarns und Österreichs, Horn und Mock, demonstrativ den Stacheldraht an Grenz-Sperranlagen, was von Politikern und Medien im Westen als Öffnung des »Eisernen Vorhanges« gefeiert wurde.

Obwohl in der Folgezeit die Anzahl gelungener ungesetzlicher Grenzübertritte über die UVR anstieg, erfolgten von ungarischen Sicherheitsorganen auch weiterhin Festnahmen von DDR-Bürgern und deren Abschiebung in die DDR.

Der Beitritt Ungarns zur UN-Flüchtlingskommission zog weitere Menschen aus der DDR an, die eine schnelle Ausreise anstrebten. So suchten Mitte Juli 1989 insgesamt 52 Bürger der DDR die BRD-Botschaft in Budapest auf, um diese Entscheidung zu erzwingen. Nach wenigen Tagen wuchs die Zahl auf 171 Personen an, worauf die Botschaft am 14. August 1989 ihren Geschäftsbetrieb einstellte.

Neu ankommende Personen wurden etwa ab 20. August 1989 zu einem Objekt des Malteser-Ordens in Budapest geschickt. Das geschah aufgrund einer Vereinbarung zwischen Beauftragten der Bundesrepublik und diesem »humanitären Hilfswerk«. Einer der Hauptakteure war der ungarische Geistliche Imre Cosma, Präsident des ungarischen Malteser-Caritas Dienstes.

Dann begann die Unterbringung der ausreisewilligen Bürger der DDR in einigen Hotels und später in zwei Lagern, eines in Budapest und eines am Balaton. Diese Lager wurden ebenfalls vom »Malteser-Orden« unterhalten, zumindest wurde das nach außen behauptet. Das Sagen dort hatten jedoch Bedienstete der Bundesrepublik Deutschland und nicht die Malteser.

Eine gewollte Signalwirkung auf ausreisewillige DDR-Bürger hatte das »Paneuropäische Frühstück« an der ungarisch-österreichischen Grenze bei Sopron am 19. August 1989. Dieses Ereignis war als eine Provokation gegen die Grenzsicherung der sozialistischen Staaten und besonders gegen die DDR angelegt. Zu diesem – mehrfach von Medien angekündigten – Spektakel mit dem Schirmherrn Otto von Habsburg (der sich dort vertreten ließ) waren vor allem DDR-Bürger eingeladen. In Budapest wurde gezielt, auch mit Flugblättern, verbreitet, daß bei dieser Veranstaltung die Grenze offen sei. Das verfehlte die beabsichtigte Wirkung nicht, und die ungarischen Grenzsicherungskräfte meldeten auch den Grenzübertritt von über 900 Personen.

Der sogenannte Radikalreformer Imre Pozsgay, der ebenfalls als Schirmherr benannt war, erklärte nach diesem »Paneuropäischen Frühstück«: »Der Test, wie Moskau auf die kurze Toröffnung reagierte, war erfolgreich!«[39]

Einen weiteren ähnlichen »Test« gab es am 24. August 1989, als etwa 200 Bürger der DDR mit Reisedokumenten des Roten Kreuzes von Ungarn nach Österreich ausgeflogen wurden.

Die Botschaft der BRD in Ungarn blieb offiziell geschlossen, die von ihr unterhaltenen Lager füllten sich mit »Flüchtlingen« aus der DDR. Alles lief nach einem Programm ab, das darauf angelegt war, die sozialistische Staatengemeinschaft zu spalten und in der DDR eine spürbare Erschütterung auszulösen, wozu auch die Ansammlungen von Bürgern der DDR in den Botschaften der Bundesrepublik in Warschau und Prag beitrugen oder – klarer gesagt – genutzt wurden.

Am 22. August 1989 faßte das ungarische Kabinett den Beschluß, jenen Teil des Abkommens zwischen der DDR und der UVR über den visafreien Verkehr auszusetzen, der das Verbot der Ausreisen in Drittstaaten zum Inhalt hatte. Als Termin war zunächst, so wurde das der DDR mitgeteilt, der 1. September 1989 vorgesehen. Am 25. August 1989 gab es dann ein Treffen zwischen dem ungarischen Ministerpräsidenten Nemeth, dem Außenminister Horn, Bundeskanzler Kohl und Außenminister Genscher auf Schloß Gymnich bei Bonn. Bei diesem Treffen wurden die Weichen endgültig gestellt. Ungarn erhielt einen Millionen-Kredit und sicherte die Ausreise der DDR-Bürger zu – angeblich auf der Grundlage eines Kabinettsbeschlusses.

Mit dem Abstand von mehr als zehn Jahren erscheint die Frage noch immer sehr interessant, warum die bundesdeutsche Seite in keiner Phase der Entwicklung in Ungarn, wie sonst üblich, die Hilfe von Prof. Dr. Wolfgang Vogel erbat. Wie beide Seiten wußten, gehörte es zur erfolgreichen deutsch-deutschen Praxis, »Botschaftsfälle« auf diskrete Weise zu regeln. Warum nicht in diesem Falle? Die Darstellung dieser Ereignisse gibt die Antwort.

Die Botschaft blieb geschlossen, während ihre Mitarbeiter außerordentlich aktiv die Bürger der DDR »betreuten«. Bonn schickte einen Sondergesandten des Bundeskanzlers nach Budapest, der die ungarische Regierung in Flüchtlingsfragen konsultierte und beriet. Die BRD-Verantwortlichen nutzten die Medien bzw. ließen sie frei gewähren, um die Lösung der Probleme so voranzutreiben, wie sie – nicht wie die DDR – es wollte.

In der »Berliner Zeitung« hieß es am 9. Oktober 1992 rückblickend: »August 1989 – es ist der Zeitpunkt des Beginns der massenhaften Botschaftsbesetzungen. Zunächst in Budapest, wenig später in Prag und Warschau. Von Anfang an, diesmal für uns vor Ort, die Aufnahme des BRD-Fernsehens. Bei früheren Botschaftsbesetzungen eher zurückhaltend, widmet es sich nun mit ganzer Kraft der hautnahen Übertragung der Ereignisse, und forciert damit deren ›Geschwindigkeit‹. Die Austragung des Konflikts unterliegt von nun an einem ungewöhnlichen Zeitdruck, der statt Verhandlungen nur noch Reaktionen und Entscheidungen erlaubt.«

Zum medialen Propagandafeldzug gehörten die in den Berichten meist stark übertriebenen sogenannten humanitären Probleme. Die schlechten hygienischen Bedingungen in der Botschaft und in den Lagern wurden praktisch der DDR angelastet. Dazu gehörten auch Hinweise auf die Versorgungslage, deren Bewältigung Ungarn alleine nicht zugemutet werden könne. Angemahnt wurde die Gefahr eines kühlen Herbstes und ein möglicher winterlicher Kälteeinbruch. Diese und andere »humanitäre« Argumente wurden benutzt, um die Beendigung der Situation durch die Ausreise in den Westen zu bewerkstelligen, zumindest aber mental mit vorzubereiten.

Was hätten denn die Botschaftsbesetzer und die sich in ungarischen Lagern aufhaltenden DDR-Bürger bei einer Rückkehr in die DDR befürchten müssen? Nachweislich nichts, denn: Alle diese Personen wußten als »Nachahmer« vorangegangener Botschaftsbesetzer sehr wohl, daß bis 1989 kein einziger an solchen »Botschaftsfällen« Beteiligter inhaftiert und verurteilt wurde. Vielmehr erhielten sie alle die Genehmigung für ihre legale Ausreise. Alle kannten den durchgängig praktizierten »Mechanismus«, wußten, daß die von der DDR gegebenen Zusicherungen eingehalten wurden.

Und: Keiner von ihnen konnte als »Flüchtling« gelten, der aus den in der Genfer UNO-Flüchtlingskonvention definierten Gründen die DDR hätte verlassen müssen. Die DDR sicherte straffreie Rückkehr in die DDR und wohlwollende Bearbeitung ihres Ausreise-Verfahrens zu.

Das wußten alle Beteiligten und Betroffenen. Die von politisch interessierte Seite in Umlauf gesetzte Legende, daß sich viele Flüchtlinge wegen Überschreitens ihres auf 30 Tage befristeten Aufenthaltes in Ungarn infolge »Nichtrückkehr« einer Straftat des ungesetzlichen Verlassens der DDR gemäß § 213 StGB schuldig gemacht hätten und deshalb in der DDR belangt würden, war eine bösartige Zwecklüge.

Die DDR forderte ein Ende der völkerrechtswidrigen Betreuung ihrer Staatsbürger durch bundesdeutsche Einrichtungen und Bedienstete und verlangte von Bonn, diese Bürger zur Rückkehr in ihre Heimatorte in der DDR aufzufordern.

Berlin forderte die Betreffenden auf, in ihre Heimatorte zurückzukehren, um dort bei den zuständigen Abteilungen Inneres der Kreise oder Bezirke ihre Anträge auf Ausreise zu stellen. Ausdrücklich wurde zugesichert, daß diese Anträge schnell bearbeitet würden und mit positiven Ergebnissen – also mit der Genehmigung der Ausreise – zu rechnen sei. Letzteres wurde schließlich bereits pauschal verbindlich zugesichert. Der Generalstaatsanwalt der DDR sicherte allen Rückkehrenden in der DDR Straffreiheit zu.

Es wurden Zusicherungen zu bestimmten Fristen gemacht, die den Betreffenden mehr Sicherheit geben und die Glaubwürdigkeit der DDR-Organe unterstreichen sollten. Im Mittelpunkt stand die Zusage, daß Rechtsanwälte in allen Bezirken und Kreisen der DDR die Ausreiseverfahren rechtlich begleiten würden. Das geschah vor allem durch Entscheidungen des Ministeriums der Justiz und des Kollegiums der Rechtsanwälte der DDR.

Gegenüber der Ungarischen Volksrepublik wurden folgende Wünsche bzw. Forderungen geltend gemacht:

- Nichtanwendung der UNO-Flüchtlingskonvention[39] auf die Bürger der DDR, die sich in Erwartung ihrer Ausreise in Ungarn aufhielten, weil sie die Kriterien dieser internationalen Rechtsvorschrift nicht erfüllten: Keiner von ihnen mußte »fliehen«, weil sein Leben oder seine Gesundheit oder seine Existenz gefährdet waren.
- Einhaltung der vertraglichen Verpflichtungen, insbesondere aller mit dem visafreien Reiseverkehr zusammenhängenden bilateralen Abkommen mit der DDR, also Verzicht auf die einseitige Aufkündigung entscheidender Artikel des Abkommens und auf die Öffnung der ungarischen Grenze zur Ausreise der DDR-Bürger.
- Unterstützung aller Möglichkeiten der Einflußnahme auf die Bürger der DDR zur Informierung über den Standpunkt der DDR und die aufgezeigten Lösungswege zur Rückkehr mit folgender Antragstellung und Genehmigung der Ausreise.

Es gab zu dieser Zeit nicht wenige Gespräche und Verhandlungen von DDR-Vertretern mit Vertretern der UVR auf Botschaftsebene, zwischen den Sicherheitsorganen beider Seiten, zwischen den zuständigen Stellvertretern der Außenminister und schließlich zwischen den Außenministern. Alle Gespräche waren auf die Erörterung der Grundpositionen und der Übermittlung von Wünschen und Forderungen der DDR sowie auf deren Lösung gerichtet. Sie hatten immer auch zum Inhalt, Möglichkeiten zu suchen und zu realisieren, wie die von der DDR ausgehenden Informationen und Angebote an die Betroffenen heranzubringen waren, um ihre Staatsbürger wieder in ihre Heimat zu holen. Das wurde immer schwerer, je größer die Zahl der Bürger und je wirksamer deren Abschirmung durch Bedienstete der BRD und des Malteser-Ordens geschah. Es erfolgte auch – in Abstimmung mit den ungarischen Sicherheitsorganen – der Einsatz von IM des MfS, um die DDR-Bürger zur Rückkehr zu bewegen. Auch die Bemühungen dieser Menschen blieben erfolglos.

Die ganze Hilflosigkeit der DDR zeigte sich in den als flankierend gedachten Maßnahmen: das Aussetzen des visafreien Verkehrs für DDR-Bürger in die CSSR und die Einschränkung der Genehmigungen für Reisen in die Ungarische Volksrepublik. Die Absicht bestand darin, einen Zustrom von DDR-Bürgern über die CSSR nach Ungarn zu verhindern. Deshalb wurde die Genehmigungspflicht für Reisen in der CSSR wieder eingeführt, ebenso die Beschränkungen für Genehmigungen von Reisen in die UVR.

Die in der DDR publizierte Begründung einer mangelhaften Devisenbilanz wurde sehr bald als unaufrichtig erkannt und von allen Schichten der Bevölkerung der DDR abgelehnt. Es kam zu empörten Reaktionen. Schließlich wurde der alte Zustand wieder hergestellt

Die UVR handelte in Richtung einer weiteren Öffnung nach dem Westen und einer Annäherung an die westeuropäischen Staaten - wohl wissend, daß der mit ihrem Land befreundete und eng verbundene Staat DDR eine tödliche Erosion erleben und die sozialistische Staatengemeinschaft empfindliche Risse erhalten würde.

Es gab eine enge Kooperation Ungarns mit der Bundesrepublik, die durch Kredite Bonns einen kräftigen Schub erhielt.

So formierte sich eine geschlossene Fraktion gegen die DDR, in die hochrangige Politiker in Budapest, Bonn, Moskau, in Washington, Diplomaten verschiedener Ebenen, Geheimdienste und ihre Mitarbeiter vor Ort, ein großes Spektrum der bundesdeutschen Medien und Teile bestimmter Kirchen und deren Einrichtungen einbezogen waren.

In ihrem letzten Gespräch am 31. August 1989 zwischen dem ungarischen Außenminister Horn und dem DDR-Außenminister Oskar Fischer in Berlin erklärte die ungarische Seite, man werde die Entscheidung zur Grenzöffnung vom 1. auf den 9. September verschieben, um der DDR in der verbleibenden Woche die Möglichkeit zu geben, Einfluß auf die Rückkehr der DDR-Bürger zu nehmen. Das war - so vermuteten schon damals Kenner der Situation - lediglich ein taktischer Schachzug Ungarns, der nur verkündet wurde, um dieses Außenministergespräch in Berlin nicht von vornherein als Übermittlung eines Ultimatums erscheinen zu lassen. Man wollte, wohl wissend, daß eigentlich »die Messe schon gesungen« war, dem offiziell noch immer befreundeten Staat DDR scheinbar Gelegenheit zum Handeln geben.

Offenkundig war damit nur das Ziel verbunden, öffentlich zu demonstrieren, daß die DDR nicht mehr in der Lage war, die entstandene Lage entscheidend zu verändern.

Es ging darum, die DDR in den Augen der internationalen Öffentlichkeit als Verursacher des Problems an den Pranger zu stellen.

Die Grenzöffnung in Ungarn erfolgte in der Nacht vom 9. zum 10. September 1989.

Nach den damals publizierten Meldungen sollen insgesamt etwa 60.000 Bürger der DDR über Ungarn ausgereist sein. Der Ausreisestrom über die Ungarische Volksrepublik hielt wochenlang an.

Der Autor des vorliegenden Beitrages hat sich entschieden, die Ereignisse in Ungarn deshalb so ausführlich zu behandeln, weil das MfS nicht unwesentlich an den Versuchen beteiligt war, diese verhängnisvolle Entwicklung aufzuhalten. Mehrfach war von Verantwortlichen die Forderung erhoben worden, daß politische Gespräche mit der ungarischen Partei- und Staatsführung dringend notwendig seien, um Möglichkeiten für eine Überwindung der gefährlichen Situation auszuloten. Auf diese Denkanstöße erfolgten keine Reaktionen. Die höchste Ebene in der Gesprächsführung mit der Ungarischen Volksrepublik - vor dem Treffen der Außenminister - waren die damals zuständigen Stellvertreter der Außenminister beider Staaten.

Auch ein zwischenzeitlich von Egon Krenz unterbreiteter Vorschlag, in vertraulichen Gesprächen mit dem ungarischen Innenminister Istvan Horvath - den er aus gemeinsamer Arbeit in den Jugendverbänden beider Länder kannte - nach einer Lösung zu suchen, kam nicht zustande. Er wurde, wie Egon Krenz schreibt, von Erich Honecker mit der Bemerkung abgelehnt: »Das ist Sache von Mielke und Fischer.« [40]

Die Belagerungen und Besetzungen der Botschaften der BRD in Prag und Warschau hingegen dauerten an. Es gab zwar unentwegt Bemühungen, die Probleme zu lösen, dieser Ausreisemechanismus über die bundesdeutschen Botschaften blieb jedoch weiter wirksam. Auch in der Folgezeit wurde es für viele tausende Bürger der DDR zur »Normalität«, über diesen Botschaftsweg oder die ungarische Grenze in die Bundesrepublik zu gelangen.
Die Zahl der Bürger, die in die DDR zurückkehrten, um von ihrem Wohnort aus legal ihr Ausreisebegehren zu betreiben, war relativ gering.

Ungarn verkündete zwar, daß die Öffnung der Grenze nur zeitweilig erfolge und die bilateralen Bestimmungen zum Abkommen über den paß- und visafreien Verkehr nur für eine begrenzte Zeit suspendiert seien. Ein Zeitpunkt wurde jedoch nicht genannt.

Diese Situation hatte zur Folge, daß vor allem der paß- und visafreie Reiseverkehr in die CSSR zunehmend ausgenutzt wurde, um von der CSSR aus illegal nach Ungarn zu gelangen. Von dort hoffte man auf die Weiterreise nach Österreich oder in die BRD. Für beide Staaten wurde die ungarisch-tschechische Grenze zum Schwerpunkt für das ungesetzliche Eindringen nach Ungarn durch Bürger der DDR. Im Raum Bratislava entwickelte sich, wegen der unmittelbaren Nähe zum ungarischen Sopron, eine außerordentliche Konzentration von Bürgern der DDR. Das führte zur Verstärkung der tschechoslowakischen Grenzsicherungskräfte und zum Einsatz einer Gruppe von Konsularangestellten unter Leitung des Generalkonsuls der DDR in Bratislava, die sich mühten, die Konzentration von DDR-Bürgern aufzulösen und sie zu veranlassen, in die DDR zurückzukehren, um dort ihre Ausreiseangelegenheiten zu regeln.

Es gab sehr viele Gespräche, auch Rückkehrer. Die Mehrheit der sich in diesem Raum befindlichen und sich sammelnden Bürger der DDR gelangte jedoch nach Ungarn und von dort in die Bundesrepublik. Hunderte ließen bei Bratislava ihre Pkw zurück, verzichteten auf ihr Eigentum, was später viele allerdings nicht mehr wissen wollten und Ansprüche an die Adresse der DDR richteten.

Die gesamte Situation in dieser Grenzregion erklärte die Forderung der CSSR an die Führung der DDR, langfristig wirkende Maßnahmen dagegen zu ergreifen. Sowohl durch Grenzsicherungsorgane, Zolloffiziere, über die Operativgruppe des MfS in Prag, mittels offizieller Kontaktpartner des DDR-Generalkonsulats in Bratislava, auf der Ebene der Außenminister beider Staaten und letztlich in einem Telefonat zwischen den Generalsekretären der regierenden Parteien, Milos Jakisch und Egon Krenz, wurden Anstrengungen unternommen, die Lage an der Grenze zu entschärfen.

Um den bestehenden Mechanismus illegaler Grenzübertritte von DDR-Bürgern künftig unwirksam zu machen, begann seitens der politischen Führung die Suche nach Regelungen. Mit dieser Zielsetzung wurden das MdI und das MfS beauftragt.

Beide sollten – gewissermaßen im Vorgriff auf die bereits von ihnen erarbeitete und der Führung vorliegende umfassende Reiseregelung – jenen Teil zur Inkraftsetzung vorbereiten, der eine Lösung der angestauten Probleme und Spannungen ermöglicht hätte. Dieser Vorschlag beinhaltete, sowohl all denen eine Genehmigung zur Ausreise in die BRD oder nach Westberlin zu erteilen, die »auswandern« wollten, als auch jenen, die lediglich eine Besuchsreise vorhatten. Die Verantwortlichen im MdI und im MfS waren dabei davon ausgegangen, diese Regelung am darauffolgenden Tag, also mindestens 12 Stunden nach der Bestätigung zu publizieren und etwa zeitgleich mit der Durchführung der dazu erforderlichen Maßnahmen zu beginnen. Da immer von einer schnellen und unbürokratischen Verfahrensweise ausgegangen worden war, rechneten die Verfasser zwar mit einem zeitweiligen, aber dennoch relativ kurzfristig abzubauenden Druck.

Zur Bewältigung sollten alle verfügbaren Kräfte der Abteilung Inneres und der Volkspolizeikreisämter sowie an den Grenzübergangsstellen zum Einsatz kommen.

Die stümperhafte Verkündung der neuen Regelung und das dilletantische Verhalten während der bekannten Pressekonferenz am 9. November 1989 vom Mitglied des Politbüros des ZK der SED, Günter Schabowski (2001 Wahlkampfberater der Berliner CDU), insbesondere seine falsche Antwort auf die normale Frage eines Journalisten, ab wann denn das gelte, »sofort und unverzüglich«, hatte die von den Medien stark beeinflußte Konzentration des Drucks auf nur wenige Grenzübergangsstellen vor allem in Berlin zur Folge. Dieser enorme Druck führte dazu, daß die Verantwortlichen an den besonders betroffenen Grenzübergangsstellen das einzig richtige taten, um ein Blutvergießen zu vermeiden: Sie öffneten die Schlagbäume.

Daß der von Egon Krenz mit den gleichen Worten gegebene Befehl weder bei den Grenztruppen noch bei den Paßkontrolleinheiten ankam, ist offensichtlich der Tatsache geschuldet, daß die Wirklichkeit an der Grenze diesen Befehl ein- und überholt hatte

Die historische Entwicklung hat gezeigt, daß die mit dem Verlassen der DDR verbundenen Konsequenzen wesentliche Ursachen der Niederlage der DDR waren. Darin offenbarte sich die politische Dimension für die Existenz der DDR.

Fußnoten

1 Paßgesetz der DDR vom 15. September 1954 (GBl./DDR I 1954, Nr. 81, S. 786 ff.). Gesetz zur Änderung des Paßgesetzes der DDR vom 11. Dezember 1957 (GBl./DDR I 1957, Nr. 78, S. 650 ff.).

2 Strafgesetzbuch der DDR - StGB - vom 12. Januar 1968 i. d. F. vom 19. Dezember 1974 (GBl./DDR I 1974, Nr. 3, S. 14 ff.), sowie i. d. F. des 2. Strafrechtsänderungsgesetzes vom 7. April 1977 (GBl./DDR I 1977, Nr. 10, S. 100 ff.), des 3. Strafrechtsänderungsgesetzes vom 28. Juni 1979 (GBl./DDR I 1979, Nr. 17, S. 139 ff.), des 4. Strafrechtsänderungsgesetzes vom 18. Dezember 1987 (GBl./DDR I 1987, Nr. 31, S. 301 ff.) und des 5. Strafrechtsänderungsgesetzes vom 14. Dezember 1988 (GBl./DDR I 1989, Nr. 3, S. 33 ff.). Bei Inkrafttreten des 6. Strafrechtsänderungsgesetzes vom 29. Juni 1990 (GBl./DDR I 1990, Nr. 39, S. 526 ff.), mit dem vor allem die strafrechtlichen Staatsschutzbestimmungen geändert wurden, existierte das MfS/AfNS bereits nicht mehr.

3 Gesetz zur Ergänzung des Strafgesetzbuches - Strafrechtsergänzungsgesetz - vom 11. Dezember 1957 (GBl./DDR I 1957, Nr. 78, S. 643 ff.).

4 Internationale Konvention über zivile und politische Rechte vom 19. Dezember 1966. Diese Konvention trat mit ihrer Ratifizierung durch den 35. beigetretenen Staat am 23. März 1976 als »Internationaler Pakt über politische und Bürgerrechte« (IPbürgR) in Kraft. Die BRD und die DDR waren Mitgliedstaaten dieses Paktes. Im Teil III, Artikel 12, Ziffer 1-4 des Paktes heißt es. »1. Jeder, der sich rechtmäßig auf dem Territorium eines Staates aufhält, hat auf diesem Territorium das Recht, sich frei zu bewegen und seinen Aufenthaltsort frei zu wählen. 2. Es steht jedem frei, jedes Land, auch sein eigenes zu verlassen. 3. Die oben genannten Rechte dürfen keinen Beschränkungen unterworfen werden als solchen, die durch Gesetz vorgesehen sind, die zum Schutz der nationalen Sicherheit, der öffentlichen Ordnung, Gesundheit oder Moral oder der Rechte und Freiheiten anderer notwendig sind und mit den anderen in dieser Konvention anerkannten Rechten zu vereinbaren sind.4. Niemandem darf willkürlich das Recht entzogen werden, in sein eigenes Land einzureisen.« (Vgl.: Deutscher Text, veröffentlicht in: GBl./DDR II 1974, Nr. 6, S. 58 ff.).

5 Bruns: Von der Deutschlandpolitik zur DDR-Politik. Verlag Leske und Budrich, Opladen 1989. Vgl. auch: Information Nr. 5/1999 der Gesellschaft für rechtliche und humanitäre Unterstützung (GRH), S. 34, zur Statistik des Bundesausgleichsamtes.

6 GG vom 23. Mai 1949 (BGBl. 1949, S. 1 ff.).

7 Mitter/Wolle: Ich liebe euch doch alle. Befehle und Lageberichte des MfS. Basis Druck, Berlin 1990.

8 Bericht der Bundesregierung zur Lage der Nation im geteilten Deutschland. Bulletin Nr. 68 des Presse- und Informationsamtes. Bonn, 14. Juni 1983.

9 Lochen/Meyer-Seitz (Hrsg.): Dokumente der Staatssicherheit und des Ministeriums des Innern. Bundesanzeiger Verlagsges.mbH, Köln 1992, S. 73 ff.

10 Befehl Nr. 6/77 vom 18. März 1977 zur Vorbeugung, Verhinderung und Bekämpfung feindlich-negativer Handlungen im Zusammenhang mit rechtswidrigen Versuchen von Bürgern der DDR, die Übersiedlung nach nichtsozialistischen Staaten und Westberlin zu erreichen, sowie zur Unterbindung dieser rechtswidrigen Versuche. In: Lochen/Meyer-Seitz: Dokumente ..., a. a. O., S. 21 ff. Dienstanweisung Nr. 2/83 vom 12. Oktober 1983 zur Unterbindung und Zurückdrängung von Versuchen von Bürgern der DDR, die Übersiedlung nach nichtsozialistischen Staaten und Westberlin zu erreichen, sowie für die vorbeugende Verhinderung, Aufklärung und wirksame Bekämpfung damit im Zusammenhang ste-

hender feindlich-negativer Handlungen. In: Ebenda, S. 87 ff. Dienstanweisung Nr. 2/88 vom 10. Dezember 1988 zur Zurückdrängung von Antragstellungen auf ständige Ausreise nach nichtsozialistischen Staaten und Westberlin sowie zur vorbeugenden Verhinderung (Klärung und Bekämpfung) damit im Zusammenhang stehender feindlich-negativer Handlungen. In: Ebenda, S. 209 ff.

11 Mitter/Wolle: Befehle und Lageberichte des MfS. ..., a. a. O., S. 141 – 147.

12 Urteil des Bundesgerichtshofes (BGH) vom 29. September 1979 (III ZR 164/75/KG).

13 Abkommen zwischen der Regierung der DDR und der Regierung der BRD über den Transitverkehr von zivilen Personen und Gütern zwischen der BRD und Berlin (West) vom 17. Dezember 1971. In: Für Entspannung und dauerhaften Frieden in Europa. Dokumente. Staatsverlag der DDR, Berlin 1976, S. 34 ff.

14 Vierseitiges Abkommen vom 3. September 1971 zwischen den Regierungen der Union der Sozialistischen Sowjetrepubliken, des Vereinigten Königreiches von Großbritannien und Nordirland, der Vereinigten Staaten von Amerika und der Französischen Republik. In: Ebenda, S. 19 ff.

15 Übereinkommen und Statut über die Freiheit des Durchgangsverkehrs (Transitabkommen von Barcelona) vom 20. April 1921 (Reichsgesetzblatt 1924, Teil II, S. 387 ff.).

16 Zollkonvention über den internationalen Warentransport »Carnets TIR« – TIR-Konvention – (GBl./DDR vom 27. Juli 1979, Sonderdruck Nr. 1003).

17 Wiener Konvention über diplomatische Beziehungen vom 18. April 1961 (GBl./DDR II 1973, Nr. 6, S. 56).

18 Übersicht über Ausreisen und ungesetzliches Verlassen der DDR (BStU, ZA, ZAIG 7438, Bl. 87).

19 Schlußakte der Konferenz über Sicherheit und Zusammenarbeit in Europa vom 1. August 1975. In: Für Entspannung und dauerhaften Frieden in Europa. ..., a. a. O., S. 129 – 192.

20 Allgemeine Erklärung der Menschenrechte vom 10. Dezember 1948. In: Völkerrecht. Dokumente Teil I. Staatsverlag der DDR, S. 283 ff.

21 Internationale Konvention über wirtschaftliche, soziale und kulturelle Rechte vom 16. Dezember 1966. In: Ebenda,.S. 922.

22 Internationaler Pakt über politische und Bürgerrechte vom 23. März 1976 – IPbürgR – (Deutscher Text: GBl./DDR II 1974, Nr. 6, S. 58 ff.).

23 Verfügung des Vorsitzenden des Ministerrates der DDR Nr. 34/77 vom 8. März 1977 zur Gewährleistung des einheitlichen, abgestimmten Vorgehens der staatlichen und wirtschaftlichen Organe, Betriebe, Kombinate und Einrichtungen in Zusammenarbeit mit gesellschaftlichen Organisationen zur Unterbindung rechtswidriger Versuche von Bürgern der DDR, die Übersiedlung nach nichtsozialistischen Staaten und Westberlin zu erreichen. In: Lochen/Meyer-Seitz. Dokumente ..., a. a. O., S. 44-51.

24 Befehl Nr. 6/77 vom 18. März 1977. In: Lochen/Meyer-Seitz. Dokumente. ..., a. a. O., S. 21 ff.

25 Verfügung Nr. 143/83 des Vorsitzenden des Ministerrates vom 27. September 1983 zur Gewährleistung des einheitlichen, abgestimmten Vorgehens der staatlichen Organe, Kombinate, Betriebe, Einrichtungen und Genossenschaften in Zusammenarbeit mit gesellschaftlichen Organisationen zur Unterbindung und Zurückdrängung von Versuchen von Bürgern der DDR, die Übersiedlung nach nichtsozialistischen Staaten und Westberlin zu erreichen. In: Lochen/Meyer-Seitz: Dokumente. ..., a. a. O., S. 153 – 165.

26 Verordnung zur Regelung von Fragen der Familienzusammenführung und der Eheschließung zwischen Bürgern der DDR und Ausländern vom 15. September 1983 (GBl./DDR I 1983, Nr. 26, S. 254 ff.).

27 Dienstanweisung Nr. 2/83 vom 12. Oktober 1983 zur Unterbindung und Zurückdrängung

von Versuchen von Bürgern der DDR, die Übersiedlung nach nichtsozialistischen Staaten und Westberlin zu erreichen, sowie für die vorbeugende Verhinderung, Aufklärung und wirksame Bekämpfung damit im Zusammenhang stehender feindlich-negativer Handlungen. In: Lochen/Meyer-Seitz. Dokumente …, a.a.O., S.87ff.

28 Verordnung über Reisen von Bürgern der DDR nach dem Ausland vom 30. November 1988 (GBl./DDR I 1988, Nr. 25, S. 271 ff.) sowie 1. Durchführungsbestimmung (GBl./DDR I 1989, Nr. 8, S. 119).

29 Ordnung Nr. 175/89 des Minister des Innern und Chefs der Deutschen Volkspolizei über die Antrags-, Prüfungs- und Entscheidungsverfahren bei ständigen Ausreisen nach der BRD und nach Westberlin, Eheschließungen von Bürgern der DDR mit Ausländern und Staatsbürgerschaftsfragen vom 7. Dezember 1988, einschließlich 12 Anlagen und 1 Anhang. In: Lochen/Meyer-Seitz: Dokumente. ..., a. a. O., S. 523 ff. Dienstanweisung Nr. 2/88 des Ministers für Staatssicherheit zur Zurückdrängung von Antragstellungen auf ständige Ausreise nach nichtsozialistischen Staaten und Westberlin sowie zur vorbeugenden Verhinderung (Klärung und Bekämpfung) damit im Zusammenhang stehender feindlich-negativer Handlungen vom 10. Dezember 1988. In: Lochen/Meyer-Seitz: Dokumente. ..., a. a. O., S. 209 ff.

30 Dieter Kronzucker: Filmdokumentation »Der Kalte Krieg« (1999). Schlußkommentar zum Filmteil unter dem Titel »Entspannung«.

31 Tatsachen - Personen - Hintergründe. Heuchler im Menschenrechtstalar. Von der Terrororganisation NTS zur Geheimdienstfiliale IGfM. In: Dokumentation der Presseabteilung des MfS vom Dezember 1987 - AG 146/1788.

32 Protokoll über die Errichtung der Ständigen Vertretungen der DDR und der BRD vom 14. März 1974. In: Sicherheit und friedliche Zusammenarbeit in Europa. Staatsverlag der DDR, Berlin 1976, S. 268 ff.

33 Artikel 116 des GG der BRD lautet: »(1) Deutscher im Sinne dieses Grundgesetzes ist vorbehaltlich anderweitiger gesetzlicher Regelung, wer die deutsche Staatsangehörigkeit besitzt oder als Flüchtling oder Vertriebener deutscher Volkszugehörigkeit oder als dessen Ehegatte oder Abkömmling in dem Gebiete des Deutschen Reiches nach dem Stande vom 31. Dezember 1937 Aufnahme gefunden hat.«

34 Für Entspannung und dauerhaften Frieden in Europa. Dokumente. Staatsverlag der DDR, Berlin 1976, S. 99 - 101.

35 Charta der Vereinten Nationen. In: Völkerrecht. Dokumente Teil I. Staatsverlag der DDR, Berlin 1980, S. 105 ff.

36 Wiener Konvention über diplomatische Beziehungen vom 18. April 1961. In: Völkerrecht. Dokumente Teil II. Staatsverlag der DDR, Berlin 1980, S. 713 ff.

37 Zur Freiheit durch Ungarn. Vortrag des ungarischen Außenministers L. Kovac am 8. September 1994.

38 Ebenda.

39 Abkommen über die Rechtsstellung von Flüchtlingen. (BGBl. Teil II vom 24. November 1953, S. 561 ff.

40 Egon Krenz: Herbst 89. Verlag Neues Leben, Berlin 1999, S. 39.

Abwehr von Terror und anderen Gewaltakten (HA XXII im MfS)

Von Gerhard Neiber und Gerhard Plomann

Die westlichen Alliierten, insbesondere die USA, versuchten die nach dem Ende des Zweiten Weltkrieges entstandene geopolitische Lage zu ihren Gunsten zu korrigieren. Ihre strategische Orientierung eines »roll back« versuchten sie mit politischen, wirtschaftlichen und militärischen Mitteln durchzusetzen. Dabei schreckten sie auch vor Terror und Gewalt nicht zurück. In der ersten Linie ihrer Angriffe lag die sowjetische Besatzungszone (SBZ), später die DDR. Deshalb waren Aufklärung und Bekämpfung von Terrorismus, terroristischen Aktionen und politisch motivierte Gewaltakte eine wesentliche Aufgabe des MfS, um staatliche Sicherheit herzustellen und zu gewährleisten.

Grundposition der DDR und des MfS zum Terrorismus

Für das MfS galt der Terrorismus als »eine zur politischen Strategie erhobene, äußerst zugespitzte Form der reaktionären Gewaltausübung« und Terror als eine »Wesensäußerung des Imperialismus und der aggressiven Politik imperialistischer Staaten«. Terrorverbrechen waren folglich »Bestandteil des Systems der Feindtätigkeit gegen die DDR, die vor allem von Geheimdiensten u. a. feindlichen Organisationen, Einrichtungen und Kräften gegen sozialistische Staaten, nationale Befreiungsbewegungen, die Arbeiterklasse in den imperialistischen Staaten sowie andere progressive Kräfte ausgeführt werden«. So hieß es im »Wörterbuch der politisch-operativen Arbeit«, das von der Juristischen Hochschule Potsdam erarbeitet worden war.[1]

Diese grundsätzlichen Einschätzungen zum Terrorismus, Terror und zu Terrorverbrechen durch das MfS stützten sich auf Erfahrungen aus der Geschichte der deutschen und internationalen revolutionären Arbeiterbewegung sowie auf Lehren aus der Zeit der faschistischen, terroristischen Herrschaft in Deutschland von 1933 bis 1945. Und es flossen darin Kenntnisse ein, die bei terroristischen Angriffen reaktionärer Kräfte auf die antifaschistisch-demokratische Ordnung in der SBZ und gegen die DDR gesammelt werden mußten.

Terror war und ist brutale Anwendung bzw. Androhung von Gewalt. Er richtete und richtet sich gegen Einzelpersonen, politische Kräfte und Gruppen, gegen materielle Güter, Objekte und Einrichtungen eines Staates und gegen dessen Ordnung. Es werden Waffen, Sprengstoffe, Gifte und andere gemeingefährliche Mittel eingesetzt. Mord, Sprengung, Geiselnahme, Flugzeug- und Schiffsentführungen, Erpressung, Nötigung etc. gehören zum klassischen Repertoire.

Für die vorbeugende Verhinderung, operative Bearbeitung, Aufklärung und Bekämpfung von terroristischen Gewaltverbrechen war in der DDR das MfS verantwortlich. Es wurde zudem davon ausgegangen, daß terroristische Gewaltverbrechen (gegen Sachen und Personen) zugleich auch mit der Absicht verübt wurden, die sozialistische Staats- und Gesellschaftsordnung zu treffen. Dabei sollte auch Einfluß auf die Psyche der DDR-Bürger genommen werden, sie sollten eingeschüchtert und ihre Einstellungen im feindlichen Sinne verändert, es sollte Angst und Schrecken unter der Bevölkerung verbreitet sowie erpresserischer Druck auf staatliche Organe und deren Entscheidungen ausgeübt werden.

Dieses große Maß an Gesellschaftsgefährlichkeit fand entsprechende Bewertung auch in gesetzlichen Bestimmungen, insbesondere im Strafrecht der DDR. Im Kommentar zum Strafgesetzbuch (StGB) hieß es: »Terror gehört zu den schwersten Verbrechen gegen die sozialistische Staats- und Gesellschaftsordnung. Er ist Bestandteil subversiver feindlicher Tätigkeit gegen die Deutsche Demokratische Republik. Mit diesen Verbrechen sollen Widerstand hervorgerufen, das gesellschaftliche Leben desorganisiert, Aktivitäten der Bürger für die sozialistische Staats- und Gesellschaftsordnung gelähmt und allgemeine Unruhe und Unsicherheit erzeugt werden. Sie weisen Züge brutaler Gewalt, der Rohheit und Menschenverachtung auf.«[2]

Verbrechen gegen die DDR waren im StGB (Besonderer Teil/2. Kapitel) aufgeführt. Nach § 101 machte sich strafbar, »(1) Wer bewaffnete Anschläge oder Geiselnahmen oder Sprengungen durchführt, Brände legt oder Zerstörungen oder Havarien herbeiführt oder andere Gewaltakte begeht, um gegen die sozialistische Staats- und Gesellschaftsordnung der Deutschen Demokratischen Republik Widerstand zur leisten oder Unruhe hervorzurufen …«[3]

Der § 102 des StGB umfaßte im wesentlichen den individuellen Terror. Danach machte sich wegen eines Staatsverbrechens strafbar, »(1) Wer das

Leben oder die Gesundheit eines Bürgers der Deutschen Demokratischen Republik bei der Ausübung oder wegen seiner staatlichen oder gesellschaftlichen Tätigkeit angreift oder in anderer Weise gegen ihn Gewalt anwendet, um die sozialistische Staats- und Gesellschaftsordnung der Deutschen Demokratischen Republik zu schädigen.«[4]

Beide Straftatbestände erklärten Vorbereitung und Versuch von Terrorhandlungen als strafbar; in besonders schweren Fällen konnte auf lebenslange Freiheitsstrafe (bis 1987 auch auf Todesstrafe) erkannt werden.

In der fast 40jährigen Tätigkeit des MfS zur Aufklärung, Bekämpfung und vorbeugenden Verhinderung von terroristischen Straftaten gegen die DDR sowie in Auswertung weltweiter terroristischen Handlungen bestätigte sich die Erkenntnis, daß die Täter für Terrorhandlungen Einzeltäter sein konnten oder – schloß man Hintermänner und Auftraggeber mit ein – aus rechtsextremistischen und linksradikalen Gruppen, aus Sekten bzw. Kreisen religiöser Fanatiker, aus reaktionären Parteien oder staatlichen Institutionen inklusive Geheimdiensten, Organisationen und Staatsführungen kommen konnten.

Vielfältig auch das Spektrum der Motive und ideologischen Beweggründe von Terroristen. Es fanden sich individuelle Rache- und Revanchegelüste ebenso wie bornierter Haß gegen jeden gesellschaftlichen Fortschritt. Es gab pseudorevolutionäre, separatistische, extremistische, fanatisch religiöse, rassistische oder andere politische bzw. ideologische Begründungen.

Die sorgsame Erforschung von Motiven und Beweggründen waren daher auch ein wesentlicher Bestandteil der Bekämpfung des Terrors selbst. Dabei ging es vor allem darum festzustellen, ob es sich um einen politisch oder ideologisch begründeten oder einen anderen kriminellen Gewaltakt handelte. Stets erfolgte die präzise Erforschung der Hintergründe und Zielsetzungen.

Im MfS wurde von der Einschätzung ausgegangen, daß Terror als eine bestimmte Qualität konkreten, realen Handelns mittels Gewalt dann Bestandteil und konkreter Ausdruck des Terrorismus ist, wenn er ideologisch von Theorien geprägt wird, die den Terrorismus begründen.[5]

Dadurch konnten terroristische Gewalthandlungen von schweren, »besonders rücksichtslosen und brutalen kriminellen Angriffen gegen das Leben und die Gesundheit von Personen und gegen Objekte, Einrichtungen und Gegenstände, die damit zugleich die staatliche Sicherheit der DDR verletzten, beeinträchtigten oder gefährdeten«, unterschieden werden.[6] Diese kriminellen Angriffe wurden dennoch als operativ bedeutsame Gewaltakte betrachtet, weil der Übergang zum Terror fließend sein konnte. Ein realer Bezug zum Terror konnte nicht immer von vornherein ausgeschlossen werden. Daraus leitete sich letztlich auch die Verantwortung des MfS für die vorbeugende Bekämpfung von operativ bedeutsamen Gewaltakten ab. Die Terrorabwehr schloß deshalb die »vorbeugende Bekämpfung von Terror- und anderen operativ bedeutsamen Gewaltakten« ein.

Dies erforderte und begründete ein Zusammenwirken mit den Organen des Ministeriums des Innern (MdI), vor allem mit der Kriminalpolizei, die oft als erste die Bearbeitung des Angriffes aufnahm. Eine operative Bedeutsamkeit war gegeben, wenn der kriminelle Angriff »sich gegen Personen, Objekte, Einrichtungen und Gegenstände richtete, die im staatlichen Interesse eines besonderen Schutzes bedurften«, auf »die Staatsgrenze der DDR, vor allem nach der BRD und nach Westberlin gerichtet« war oder »durch Personen aus dem Operationsgebiet in der DDR begangen wurde«.[7]

Terrorismus als gesellschaftliche Erscheinung wurde als eine Einheit von politisch-ideologischen Maximen, direkten Aktionen (terroristische Aktionen), konkreten Instrumentarien zu ihrer Durchsetzung (terroristische Mittel und Methoden) und handelnden Kräften (Terroristen) betrachtet.[8]

Ideologisch stimuliert, begründet und verteidigt wurde und wird der Terrorismus vor allem durch die extremen Varianten rechter bürgerlicher, linksextremistischer, opportunistischer und kleinbürgerlicher Ideologien und durch alle Formen des Antikommunismus.[9]

Auch die bürgerliche Politikwissenschaft geht davon aus, daß *Terrorismus* politisch-ideologisch determinierter Terror ist und bezeichnet ihn deshalb als »ein Produkt extremistischen Denkens«. Terrorismus sei eine »politisch motivierte Form der Gewaltkriminalität«, die durch »die Androhung und Anwendung von Gewalt gegen staatliche oder gesellschaftliche Funktionsträger im Rahmen längerfristiger Strategien« das Ziel verfolge, »mit der Verbreitung von Furcht und Schrecken bestehende Herrschaftsverhältnisse zu erschüttern«.[10] So steht es im Brockhaus, Ausgabe 1993.

»Hintergrund für die Entstehung terroristischer Gruppen« in der Bundesrepublik Deutschland seien laut Lexikon aber »nicht so sehr die realen politischen, sozialen und ökonomischen Verhältnisse ... sondern deren spezifische Wahrnehmung durch eine kleine Minderheit«.[11]

Seit Februar 1997 definiert das Europäische Parlament den »Terrorismus als eine kriminelle Handlung ..., die unter Anwendung von Gewalt oder Drohung mit Gewalt politische, wirtschaftliche und gesellschaftliche Strukturen in Rechtsstaaten ändern will und sich somit von Widerstandsaktionen in Drittstaaten unterscheidet, die sich gegen Staatsstrukturen richten, die ihrerseits terroristischen Charakter haben«.[12] In seinem Buch »Terrorismus – Der unerklärte Krieg« definierte Bruce Hoffmann, Direktor des Washingtoner

Büros der *RAND Corporation* und Leiter der dortigen Abteilung für Terrorismusforschung, den Terrorismus als »die bewußte Erzeugung und Ausbeutung von Angst durch Gewalt oder die Drohung mit Gewalt zum Zweck der Erreichung politischer Veränderung«. Dieser »ist spezifisch darauf ausgerichtet, über die unmittelbaren Opfer und Ziele des terroristischen Angriffs hinaus weitreichende psychologische Effekte zu erzielen. Er will innerhalb eines breiten ›Zielpublikums‹ Furcht erregen und dieses dadurch einschüchtern; zu diesem Publikum können eine gegnerische ethnische oder religiöse Gruppe gehören, aber auch ein ganzes Land, eine Regierung oder eine politische Partei oder die öffentliche Meinung im allgemeinen. Der Terrorismus zielt darauf ab, Macht zu schaffen, wo es keine gibt, oder Macht zu konsolidieren, wo es nur sehr wenig davon gibt. Durch die Publizität, die sie mit ihren Gewaltakten erzeugen, versuchen Terroristen die Druckmittel, den Einfluß und die Macht zu erlangen, über die sie ansonsten nicht verfügen würden, um entweder auf regionaler oder internationaler Ebene politischen Wandel zu bewirken.«[13]

All die zitierten Definitionen, Erklärungen und Begründungen der Politikwissenschaftler und Terrorismusforscher führen aber offenbar nicht zu den Ursachen, die in den gesellschaftlichen Verhältnissen liegen.

Die Wurzeln des Terrors reichen weit in die Geschichte zurück. Er kommt mit der Geburt der Klassengesellschaft gewissermaßen als deren Zwilling zur Welt. Seine Erzeuger sind die Ausbeuterklassen. Auch wenn man den Begriff des Terrors und des Terrorismus in grauer Vorzeit noch nicht verwandte: Zu den grausamen Methoden der Sklavenhalter, Feudalherren und Monarchen wie auch der katholischen Kirche gehörten Folter, Mord und Scheiterhaufen . Sie waren Instrumente, um Ausgebeutete, Unterdrückte oder Unbotmäßige zu terrorisieren. Sklaven, leibeigene Bauern und Plebejer griffen daraufhin mitunter auch zu den Waffen, um Gewalt gegen ihre Peiniger anzuwenden.

»Das Kapital«, schrieb Karl Marx, »kam von Kopf bis Zeh, aus allen Poren blut- und schmutztriefend zur Welt«.[14] Plastischer konnte die Rolle der Gewalt in der kapitalistischen Gesellschaft nicht beschrieben werden.

Es übernahm die Methoden der vorangegangenen Ausbeuterklassen zur Terrorisierung seiner widerspenstigen Untertanen vom Wesen her, es hat sie seiner Zeit angepaßt und bis hin zum Völker- und Massenmord perfektioniert. Mittels einer verbrecherischen Rassentheorie hat die faschistische Diktatur versucht, das Judentum völlig auszurotten. Den daraus abgeleiteten schwersten Terrorverbrechen fielen Millionen von Juden zum Opfer. Das Kapital ging gegen den revolutionären Kampf der Unterdrückten mit grausamsten Mitteln des

Terrors vor und diffamierte zugleich deren legitime Abwehrreaktion demagogisch als Terrorismus.

Das zieht sich wie ein roter Faden durch die Geschichte – bekannt sind die Bauernschlächtereien während der frühbürgerlichen Revolution, die Mordgerichte in den bürgerlich-demokratischen Revolutionen 1848/49. Die Kommunarden in Paris wurden so massakriert wie die roten Matrosen der Novemberrevolution in Berlin. Karl Liebknecht und Rosa Luxemburg wurden Opfer des Appells »Schlagt ihre Führer tot!«. Kommunisten, Sozialdemokraten und andere Antifaschisten mußten sterben, weil sie erklärten »Wer Hindenburg wählt, wählt Hitler. Und wer Hitler wählt, wählt den Krieg!« und sich dagegen auflehnten ... Bevor die vom Groß- und Finanzkapital an die Macht geschobenen Nationalsozialisten jedoch ihren Terror in die anderen Länder trugen, terrorisierten sie das eigene Volk. Die Hitlerdiktatur gründete sich auf Staatsterror nach innen wie nach außen. Für die 1949 entstandene Bundesrepublik Deutschland waren die Tolerierung neofaschistischer Erscheinungen, KPD-Verbot und Kommunistenverfolgung, Berufsverbote (auch für solche, die keine Kommunisten waren, aber wegen demokratischer Gesinnung als solche diffamiert wurden) und erbarmungsloser Kalter Krieg zur Liquidierung des sozialistischen Gesellschaftssystems charakteristisch und wesensbestimmend.

Erinnert sei hier nur an den Essener Blutsonntag im Mai 1952. Bei der Auflösung einer Demonstration Tausender Jugendlicher in Essen ging die Polizei äußerst brutal vor und machte auch von der Schußwaffe rücksichtslos Gebrauch. Dabei wurde der 21jährige Philipp Müller am 11. Mai 1952 ermordet. Keiner der Jugendlichen war nach Essen gekommen, um gegen den Bestand der BRD zu demonstrieren, wohl aber wollten sie nachdrücklich ihr »Nein!« zur Remilitarisierung des Landes zum Ausdruck bringen.

Der Terrorismus wurzelt – vom Standpunkt des Marxismus – in den Eigentums-, Klassen- und Machtverhältnissen des Imperialismus und den daraus resultierenden antagonistischen Widersprüchen. Die sind, wie sie sind. Und das ist keine Frage »spezifischer Wahrnehmung«, wie der Brockhaus 1993 meinte.

Terrorismus war und ist Teil einer Strategie reaktionärer Teile der Bourgeoisie, um ihre Interessen durchzusetzen. Die soziale Basis findet sich im Kleinbürgertum, aus dem sich hauptsächlich das Personal des Terrorismus rekrutiert.

Auch andere soziale Kräfte und Gruppen – insbesondere politische, religiöse und ethnische Minderheiten – machen den Terrorismus nicht selten zu einem wesentlichen Mittel der Realisisierung mitunter reaktionäre Züge tragender Sonderinteressen. Objektiv liefern sie mit ihrem Handeln den Anlaß für schärfere Gesetze und Polizeigewalt.

Das MfS unterschied vier wesentliche Erscheinungsformen des Terrorismus:

- Terrorismus als direkter Bestandteil des subversiven Kampfes des Imperialismus;
- Terrorismus als Begleiterscheinung im antiimperialistischen Kampf der Völker um nationale und soziale Befreiung;
- Terrorismus rechtsextremistischer, insbesondere neonazistischer und neofaschistischer Kräfte und schließlich
- den linksextremistischen, besonders anarchistischen Terrorismus.[15]

Aufgrund von Fehleinschätzungen sowie mangelndem Verständnis für die Kompliziertheit der Klassenauseinandersetzung griffen in der Vergangenheit einige linksradikale Kräfte bzw. Splittergruppen nationaler Befreiungsbewegungen zu terroristischen Mitteln und Methoden.

Auch für die in den 60er Jahren neu entstandenen extremsten Formen des Linksradikalismus – etwa in Gestalt der »Rote Armee Fraktion« (RAF) in der Bundesrepublik und der »Roten Brigaden« in Italien – galt: Die Ursachen für die von ihnen praktizierten Methoden des individuellen Terrors und des »bewaffneten Kampfes« lagen im imperialistischen System und wurden nicht unwesentlich von ihm selbst provoziert. Dessen Repression nach innen und seine Aggression nach außen, die soziale Lage großer Teile der Gesellschaft und die Perspektivlosigkeit vieler Jugendlicher führten zu der Konsequenz, dieses »Schweinesystem« (RAF) entschieden zu bekämpfen.

Diese militärische Antwort lieferte dem imperialistischen Staat den willkommenen Anlaß, seinen Repressionsapparat zu verstärken und auszubauen. Der »wehrhafte Staat« zeigte sich dankbar. Hätte es die RAF nicht gegeben, hätte man sie erfinden müssen, lautete seinerzeit der zynische Kommentar. Und nicht nur nebenbei: Auch die Anschläge in den USA am 11. September 2001 lieferte dem deutschen Innenminister hinlänglich »Argumente«, den Gang in den Polizeistaat zu beschleunigen und weitere Bürgerrechte abzubauen.

Der Aggressionskrieg der USA in Vietnam beeinflußte die Frauen und Männer der RAF. Die barbarischen Luftangriffe gegen die Zivilbevölkerung, gegen Wohnviertel, Krankenhäuser, Schulen, Produktionsstätten, all die Versuche, das Land »in die Steinzeit zurückzubomben«, wurden völlig zu Recht als »Luftterror« bezeichnet. Weltweit nannte man die Flugzeugführer »Terrorpiloten«, »Luftgangster« und »Terroristen«. Diesem Terror »von Staats wegen« fielen allein in Nordvietnam eine halbe Million Menschen zum Opfer, ebenso viele Kriegswaisen wurden gezählt, die Hälfte der Städte vernichtet, 2.923 Schulen, 250 Krankenhäuser, 1.500 Pflegestationen, 484 Kirchen, 495 Pagoden und Tempel gingen in Flammen auf.

In Südvietnam, das faktisch von den USA okkupiert war, lief unter der Regie der CIA das sogenannte »Phönix«-Programm, das auf die systematische Liquidierung der zivilen Kader der Nationalen Befreiungsfront Südvietnams zielte. Nach Angaben von William Colby, dem Verantwortlichen für dieses Programm und späteren CIA-Direktor, die er dem USA-Kongreß gegenüber machte, wurden 20.587 Menschen ermordet.[16]

Andere Quellen beziffern die Zahl der Toten des »Phönix«-Programms auf 40 bis 60.000, darunter waren Bürgermeister, Lehrer, Intellektuelle, Handwerker, Frauen und Kinder - »umgebracht in der Absicht, dem Gegner den Rückgriff auf menschliches Führungspotential zu verweigern«.[17]

In Italien trieb das Elend viele Jugendliche in den 70er Jahren zum bewaffneten Kampf. Nach offiziellen Verlautbarungen waren mehrere zehntausend Menschen aktiv. Das besonders Verbrecherische ging hier wiederum von den Geheimdiensten aus. In Italien (wie zuvor in Griechenland und anderen westeuropäischen Ländern) wurden linksradikale Organisationen für die Ziele der Geheimdienste manipuliert - unerheblich, wie viele Tote es geben würde. Eingeschleuste Agenten heizten an, organisierten »linke« Terrorakte und initiierten selber »linke Organisationen«.

Ähnlich verhielt es sich mit der Haltung westlicher Staaten zu nationalen Befreiungsbewegungen bzw. jungen Nationalstaaten. Auch dort erfreuten sich besonders radikale Gruppierungen unter den Befreiungsorganisationen der Sympathie westlicher Geheimdienste. Besonders dann, wenn in pseudorevolutionärer Ungeduld gesellschaftliche Widersprüche durch terroristische Aktionen schlagartig überwunden werden sollten, war man mit Rat und Tat zur Seite.

Kommunisten lehnten den individuellen Terror als revolutionäre Methode zur Befreiung des Proletariats und zur Erhaltung der errungenen Macht grundsätzlich ab. Terrorismus war und ist unvereinbar mit dem humanistischen Grundanliegen des Sozialismus, wie er im Kommunistischen Manifest eindeutig artikuliert wird. Lenin formulierte auf dem II. Parteitag der SDAPR 1903 unmißverständlich: »Der Parteitag lehnt den Terror, d. h. das System individueller politischer Morde als Mittel des politischen Kampfes entschieden ab.«[18] Clara Zetkin erklärte 1921 im Deutschen Reichstag namens der KPD: »Wir erblicken in den individuellen Terrorakten kein Mittel des revolutionären Klassenkampfes. Individueller Terror kann den revolutionären Klassenkampf weder ersetzen noch ihn einleiten, auslösen, steigern oder irgendwie fördern … Wir lehnen es ab, individuelle Terrorakte als politische Kampfmittel zu werten!«[19]

Damit negierten die Kommunisten jedoch keineswegs die Anwendung von Gewalt bei gesellschaftlichen Veränderungen durch Revolutionen. Ihr Maß war jedoch abhängig von der Gegenwehr der gestürzten Klasse. Dem »Weißen Terror« im Bürgerkrieg in Rußland nach 1917 wurde der »Rote Terror« entgegengesetzt. Vom ersten Tage der Existenz der Sowjetmacht nahmen die konterrevolutionären Elemente, unterstützt durch die internationale Bourgeoisie und bei aktiver Beteiligung der Geheimdienste der kapitalistischen Welt, Kurs auf die verbrecherischsten Formen des Klassenkampfes. Sie verbanden offene konterrevolutionäre Aktionen mit geheimen diplomatischen Wühlaktionen, mit Sabotage, Terror, Diversion, Mord und anderen Verbrechen. Dies zwang die Sowjetmacht zu außerordentlichen Maßnahmen. Am 20. Dezember 1917 wurde die Gesamtrussische Außerordentliche Kommission zum Kampf gegen Konterrevolution und Sabotage gebildet.

Die Geschichte zeigt aber auch, daß die exzessive Anwendung von Gewalt (bis hin zu terroristischen Mitteln und Methoden), wie sie in einer bestimmten Phase der Entwicklung in der Sowjetunion zur Machterhaltung praktiziert wurde, verbrecherisch und ein enormer historischer Fehler war.

Die Zerschlagung antisowjetischer, feindlicher Kräfte war notwendig. Aber auch vielen treuen Kommunisten und anderen Menschen, die nicht gegen die Sowjemacht waren, wurde Schaden an Leib und Leben zugefügt. Unter den zahllosen Opfern in den 30er und 40er Jahren befanden sich Menschen, die vor dem faschistischen Terror geflohen waren, in der Sowjetunion am sozialistischen Aufbau teilnahmen oder gegen die Hitlerdiktatur kämpften.

Allerdings kann daraus nicht die Behauptung abgeleitet werden, daß Terror der sozialistischen Ideologie entspringe und zu ihrer Praxis gehöre. Dies ist so absurd wie die Unterstellung, zum Wesen der Kirche gehöre es, Menschen auf Scheiterhaufen zu verbrennen oder Menschen ans Kreuz zu schlagen.

Die kommunistische Weltbewegung hat sich eindeutig von der Verfolgung und Verurteilung Unschuldiger distanziert und konsequente Schlußfolgerungen gezogen.

Das MfS ließ sich stets von der Überzeugung leiten, daß die Anwendung oder Ausnutzung von Terror die progressive Lösung gesellschaftlicher Widersprüche nicht beförderte, sondern be- und verhinderte.

Der Terrorismus wies ein äußerst vielfältiges Erscheinungsbild auf. Damit die Protagonisten politisch und politisch-operativ bewertet werden konnten, suchte das MfS folgende Fragen zu beantworten:

– Von welchen Kräften oder sozialen Gruppen wurde der Terrorismus repräsentiert und eventuell durch staatliche oder gesellschaftliche Institutionen mit welchem Ziel eingesetzt oder ausgenutzt?

– Waren diese Ziele direkt oder indirekt Bestandteil einer politischen Strategie bzw. entsprangen sie ihr?

– Welche politischen und politisch-ideologischen Begründungen, Rechtfertigungen und Erklärungen lagen dem terroristischen Vorgehen zugrunde, und wodurch wurden die Terroristen vorrangig motiviert?[20]

Aus der Beantwortung dieser Fragen ergab sich auch die Einschätzung, daß dann *Staatsterrorismus* vorlag, wenn der Staat – etwa ein faschistischer – Träger des Systems terroristischer Handlungen war, unabhängig davon, ob sein Handeln nach innen oder außen oder in beide Richtungen zielte.

Auf gleicher Stufe stand die Anwendung von Terror und anderen Gewaltakten durch Institutionen eines Staates, etwa durch seine Geheimdienste oder paramilitärische Einheiten, die vom Staat organisiert und unterstützt wurden, oder durch den Einsatz von Teilen seines Militärs, wie jüngste Entwicklungen zeigen.

Terrorismus im Dienste imperialistischer Politik

Die Geschichte des 20. Jahrhunderts ist reich an Beispielen, daß Terror und andere Gewaltakte zum Wesen der kapitalistischen Gesellschaft gehören und von ihren Vertretern systematisch (durch Individuen, Gruppen oder Institutionen des Staates) im Interesse der Erhaltung, Wiederherstellung oder Ausweitung ihrer Macht verübt wurden.

Besonders deutlich wurde das in der Zeit nach dem Zweiten Weltkrieg, als Alternativen zur kapitalistischen Ausbeutung und kolonialen Unterdrückung in vielen Teilen der Welt gesucht wurden. Schritte in diese Richtung zielten unweigerlich auf die Änderung oder gar Abschaffung bis dahin bestehender klassischer kapitalistischer Gesellschaftsverhältnisse.

Vor allem die USA setzten als imperialistische Führungsmacht ihre Interessen durch. Sie unternahmen und unternehmen alles, um ihre Einflußsphären ständig auszuweiten und ungünstige Veränderungen rückgängig zu machen. Demokratische Spielregeln und Menschenrechte, das Völkerrecht, Beschlüsse der UNO und anderer internationaler Organisationen interessierten nur solange, wie sie den angestrebten Zielen nicht zuwiderliefen. In vielen Fällen erwiesen und erweisen sich dann die Geheimdienste, darunter insbesondere die CIA, als wirksame und frei von allen Skrupeln agierende Instrumente zur Durchführung streng geheimer Operationen.

Der Sozialdemokrat Andreas von Bülow, von 1969 bis 1994 Mitglied des Deutschen Bundestages, gehörte der Parlamentarischen Kontrollkommission für die Geheimdienste an. In seinem 1998 veröffentlichten Buch »Im Namen des Staates« erklärte er zur Rolle der USA-Geheimdienste bei den Versuchen, die alte Ordnung wiederherzustellen: »Die CIA ist daher nicht so sehr eine Organisation, die sich dem Sammeln und Auswerten möglichst objektiver Daten widmet. Der Schwerpunkt der CIA-Herausforderung wurde von Beginn an in der verdeckten Operation, dem Krieg ohne Kriegserklärung, gesehen. Ein Krieg, der keine Grenzen kennt, der durch Völkerrecht nicht eingedämmt ist und den die amerikanische wie die Weltöffentlichkeit in keinem der betroffenen Länder als amerikanische Amtshandlung mit Verantwortlichkeit für das Geschehen sollte wahrnehmen können.«[21]

Grundlage für die *geheimen Operationen* der CIA bildete die Direktive 10/2 des Nationalen Sicherheitsrates der USA vom 18. Juni 1948, die 30 Jahre später erstmals veröffentlicht wurde. In ihr heißt es: »Unter dem in dieser Direktive verwendeten Terminus ›geheime Operationen‹ sind alle Aktivitäten… zu verstehen, die von dieser Regierung gegen feindliche ausländische Staaten oder Gruppen oder zur Unterstützung befreundeter ausländischer Staaten oder Gruppen geleistet oder gefördert werden, die jedoch so geplant und geleitet werden, daß nach außen hin ihr Urheber – die Regierung der USA – auf keine Weise in Erscheinung tritt und im Falle ihrer Aufdeckung die Regierung der USA völlig glaubwürdig jede Verantwortlichkeit für sie plausibel leugnen kann.«

Unter »Aktivitäten der geheimen Operationen« wurden aufgeführt: »Propaganda, Wirtschaftskrieg, direkte Präventivhandlungen, einschließlich Sabotage, … Wühlarbeit gegen feindliche Staaten, einschließlich der Hilfe für die illegalen Widerstandsbewegungen im Untergrund, für Guerillas sowie die Unterstützung von antikommunistischen Elementen in bedrohten Ländern der freien Welt.«[22]

Die nachfolgenden Direktiven von 1950/51 verlangten eine Intensivierung jener Aktivitäten, ohne feste Richtlinien für die Durchführung vorzugeben.[23] »Die CIA definiert Geheimaktionen als jene illegale Operation oder Aktivität, die dazu bestimmt ist, ausländische Regierungen, Organisationen, Personen oder Ereignisse in einer für die amerikanische Politik positiven Weise zu beeinflussen«, schrieb das US-Nachrichtenmagazin »Newsweek« am 8. November 1982. »Das bezieht alles ein – von einem proamerikanischen Leitartikel, der in eine ausländische Zeitung lanciert wird, bis zur Inszenierung eines Putsches oder der Aufstellung von Geheimarmeen. Demokratische Ideale passen oft nicht zu Geheimaktionen.« James Doolittle, Berater von US-Präsident Eisenhower, urteilte über verdeckte Aktionen so: »Es gibt keine Regeln in einem solchen Spiel. Im allgemeinen akzeptierte Normen menschlichen Verhaltens sind nicht anwendbar.«[24]

So unterschiedlich die offiziell behaupteten oder dargestellten Motive des politischen Mordes waren, so engagiert sich Drahtzieher und Hintermänner auch mühten, ihre wahren Absichten zu verschleiern, gab es letztlich nur einen Grund, weshalb politische Führer ermordet wurden: Man beseitigte sie, um der Bewegung den Kopf zu nehmen und damit die Entwicklung zu stoppen, die eben jene Bewegung dem Land gegeben hatte. Eben: »Tötet ihre Führer!«

Als der Ministerpräsident des Iran, *Muhammad Mossadegh*, 1951 die Verstaatlichung der iranischen Erdölindustrie veranlaßte, mittels Gesetz die Anglo-Iranian Oil Company liquidierte und vorsichtige Schritte zur Annäherung an die Sowjetunion unternahm, wurde seine Regierung 1953 durch einen reaktionären Militärputsch unter maßgeblicher Beteiligung der CIA gestürzt.[25]

Patrice Lumumba, erster Ministerpräsident der Republik Kongo, entzog die reichen Rohstoffvorkommen seines Landes (Uran, Kobalt, Diamanten, Gold, Zink, Kupfer) dem Zugriff ausländischer Monopole. Er wurde am 18. Januar 1961 beseitigt.[26] »Die Ermordung Lumumbas war dic Krönung von mehr als sechs Monaten westlicher Intervention im Kongo. Sowohl Washington als auch Brüssel und New York - sprich die UNO - hatten vor Lumumba und vor der antikolonialen Bewegung, die er verkörperte, Angst bekommen.« So urteilte 1999 der Soziologe und Afrikawissenschaftler Ludo De Witte in seinem Buch »De Moord op Lumumba«. Dafür hatte er geheime belgische Dokumente einsehen können.

Daß die CIA an dem Komplott beteiligt war, wird ebenso belegt wie die Tatsache, daß »Belgien die größte Verantwortung an der Ermordung Lumumbas trägt«. Laut De Witte wurden Lumumba und zwei seiner Getreuen von einem belgischen Erschießungskommando unter Hauptmann Julien Gat an einem unbekannten Ort hingerichtet. Um die Spuren des Verbrechens zu verwischen, sollen alle drei Leichen verschnürt und danach in ein Salzsäurebad gelegt worden sein. Ein Belgier im Dienst der katangischen Polizei, der ehemalige Polizeikommissar Gerard Soete, bestätigte in einem Fernsehinterview, daß er und sein Bruder die Leichen zersägt und die Stücke in einem Säurebad aufgelöst hätten.[27]

J. F. Kennedy sprach als erster Präsident der USA nach Ende des Zweiten Weltkrieges vom »ehrlichen und friedlichen Wettbewerb« mit dem Sozialismus. Er betonte das gemeinsame Interesse der USA und der UdSSR am

Frieden und warnte eindringlich vor der Gefahr eines Atomkrieges. Diese Sicht entsprang vor allem seiner realen Einschätzung des damaligen Kräfteverhältnisses. Kennedy setzte damit erste zaghafte Zeichen für Entspannung und friedliche Koexistenz, ohne seine antikommunistische und strikt imperialistische Position zu verlassen. Als er in einen Kompromiß mit der Sowjetunion einwilligte und am 5. August 1963 einen Vertrag über das Verbot von Kernwaffenversuchen in der Atmosphäre, im kosmischen Raum und unter Wasser unterzeichnete, hatte er einen Weg eingeschlagen, der den Interessen der Rüstungsindustrie entgegenlief und von dieser als nationaler Verrat an den USA gewertet wurde.

Am 22. November 1963 folgte die Tragödie von Dallas, über der bis heute ein offenkundig nicht zu durchdringender Schleier hinsichtlich ihrer Hintergründe und Hintermänner liegt.

Amilcar Cabral fiel am 20. Januar 1973 Mördern zum Opfer, die damit das Kolonialsystem Portugals in Guinea-Bissau und auf den Kapverdischen Inseln zu retten versuchten. Cabral war Mitbegründer und seit 1959 Generalsekretär der Afrikanischen Unabhängigkeitspartei Guineas sowie Führer des bewaffneten Kampfes gegen die portugiesische Kolonialherrschaft. Der feige Mord konnte nicht verhindern, daß acht Monate später, am 24. September 1973, auf befreitem Territorium die Nationalversammlung den unabhängigen Staat Guinea-Bissau proklamierte, der schon bald von 80 Ländern der Welt anerkannt wurde. Das faschistische Regime in Portugal wurde am 25. April 1974 gestürzt.

Das gleiche Schicksal traf *Sheik Mujibur Rahman* in Bangladesch, der ehemaligen Ostprovinz Pakistans. Der Vorsitzende der Awami-Liga, vom Volk »Tiger von Bengalen« genannt, setzte sich für eine demokratische Entwicklung des Landes ein und gewann als Staatspräsident mit diesem Programm die Zustimmung des Volkes. Bangladesch hatte sich erst 1971 von der Unterdrückung Pakistans befreit und am 17. April 1971 die Volksrepublik proklamiert. Ihr erster Staatspräsident wurde Mujibur Rahman. Doch die antifeudale und antiimperialistische Politik Rahmans stieß auf energischen Widerstand der um ihre Profite fürchtenden pakistanischen und amerikanischen Unternehmen, die gemeinsam alles daran setzten, Unruhe zu stiften und den Präsidenten in Mißkredit zu bringen. Schließlich organisierten sie die Schreckensnacht des 15. August 1975, in der der Sheik und seine gesamte Familie umgebracht wurden.

Erinnert sei auch an den von der CIA gelenkten Putsch gegen die chilenische Regierung der Unidad Popular und die Ermordung des demokratisch gewählten Staatspräsidenten *Salvador Allende Gossens* am 11. September 1973.

Die Operation lief über drei Jahre. Parteien in Chile und deren Wahlkämpfe wurden über die CIA finanziert, Medien manipuliert oder aufgekauft und zur Verbreitung von Greuelmärchen benutzt, Abgeordnete bestochen. Die internationalen Medien wurden mit gefälschten Negativmeldungen und Dokumenten gefüttert, die chilenischen Streitkräfte ebenso wie Gewerkschaften und Parteien mittels Horrormeldungen aufgehetzt. Das Ende jeder freien Religionsausübung nach dem Sieg des unerwünschten Kandidaten wurde an die Wand gemalt, um so Kreise der katholischen Kirche aufzubringen und in die Kampagne einzubeziehen. In Vorbereitung des Putsches wurde durch Manipulierung der Kupferpreise, Streichung von Krediten, organisierte Panikabhebungen von Bankkonten, Verhinderung von Ersatzteillieferungen aus dem Ausland die Wirtschaft lahmgelegt. Der öffentliche Busverkehr kam durch einen Generalstreik der Kraftfahrer zum Erliegen.

Zugleich wurde der Umfang der Militärhilfe für Chile in eine für ganz Lateinamerika ungeahnte Höhe getrieben und schließlich die Putschisten um General Pinochet organisatorisch und militärisch durch hochrangige CIA-Mitarbeiter, von Militär- und CIA-Personal der US-Botschaft sowie leitenden Mitarbeitern der Filialen amerikanischer Konzerne in Chile beraten.[28]

Zu den massiven Putschversuchen, mit denen die imperialistische Hauptmacht den gesellschaftlichen Fortschritt auf Kuba zunichte machen wollte, gehört die militärische Invasion von Exilkubanern unter Führung der CIA in der Schweinebucht am 17. April 1961.

Der Berliner »Kurier« berichtete am 3. Juli 1997 unter Berufung auf Akten der CIA, daß von der CIA allein acht Versuche unternommen wurden, um *Fidel Castro* zu ermorden.[29] Dies wurde inzwischen durch viele offizielle Quellen bestätigt. »Bereits im August 1959 habe man Mordkomplotte gegen Fidel gestartet«, so der ehemalige CIA-Mitarbeiter Philip Agee. Für 600.000 Dollar seien Profikiller der Mafia angeheuert worden. Aus den Werkstätten der CIA stammten diverse Pläne über den Einsatz von Gift und mit Sprengstoff präparierter Zigarren. Exilkubanern und andere mittelamerikanischen Terroristen bereiteten Attentate auf Fidel Castro in und außerhalb Kubas vor. So soll Anfang der 70er Jahre in Chile ein gedungener Killer versucht haben, Castro mit einer in einer Fernsehkamera versteckten Schußwaffe zu töten.[30]

1999 konnte die Absicht exilkubanischer Terroristen vereitelt werden, den Maximo lider bei seinem Besuch in der Dominikanischen Republik zu ermorden.[31]

Im Juli 1999 begann vor dem Provinzgericht von Havanna ein Verfahren. Staatliche kubanische Organisationen klagten gegen die US-Regierung um

Schadenersatz in Höhe von 181,1 Milliarden Dollar. In der Klageschrift war sogar von 637 Attentatsplänen gegen Fidel Castro seit Anfang der 60er Jahre die Rede. Die Klageschrift nannte ferner 3.476 Tote, 2.089 Verletzte sowie enorme Sachschäden durch Sabotageakte, die in diesen Zeitraum aktenkundig geworden waren.[32]

Aber auch die mit den USA befreundeten europäischen Länder erfreuen sich des Interesses der US-Geheimdienste. So enthält die am 18. März 1970 vom Generalstabschef der US-Armee, General W. C. Westmoreland, herausgegebene »FM 30-31« Instruktionen für die Defense Intelligence Agency (DIA, Militärische Aufklärung der US-Armee) zur Planung und Durchführung von Geheimoperationen zur Stabilisierung der »befreundeten Länder« und der Destabilisierung ihrer Gegner »im gesamten Verteidigungsbereich«. Die Abkürzung FM steht für Field Manual (Feldhandbuch), die Ziffer 30 ist die Ordnungszahl der DIA und 31 der Kodex für Spezialoperationen.[33]

Andreas von Bülow beschreibt in seinem Buch »Im Namen des Staates« den Inhalt dieses Feldhandbuches »Field Manual 30-31«, vor allem den Anhang B: »Das Handbuch faßt frühere Anweisungen und Richtlinien des *National Security Council* (Nationaler Sicherheitsrat) und der CIA zusammen. Danach muß in einem befreundeten Land, das nicht mit hinreichender Konsequenz gegen den Kommunismus vorgeht, mit besonderer Sorgfalt an der Veränderung der politischen Strukturen gearbeitet werden. Zu diesem Zweck soll der Geheimdienst der US-Armee ausgewählte Gruppen veranlassen, zielgerichtet gewaltlose wie gewalttätige Handlungen zu begehen.«[35]

Und weiter: »Es ist dabei letztlich alles erlaubt, was den zu manipulierenden Freundesstaat auf den Pfad der Tugend und einen amerikafreundlichen Kurs zurückzuführen in der Lage ist. Dazu gehört die Unterwanderung der befreundeten Geheimdienste, Verfassungsschutzorganisationen, Militärischer Abschirmdienste oder Kriminalpolizeien, die Unterwanderung radikaler rechter wie linker Gruppen, das Vordringen in Spitzenpositionen auch von Terrororganisationen, um als Agents provocateurs selbst Anschläge zu planen und zu steuern.«[35]

Als in Italien in den 60er bis 70er Jahren, mitten im Kalten Krieg, die Gefahr drohte, führende Kreise der Christdemokratischen Partei könnten mit den Kommunisten eine Regierung bilden, entfesselte die CIA mit ihren italienischen Diensten und mittels der geheimen NATO-Truppe »Stay Behind« (die in Italien »Gladio«, Kurzschwert, hieß) eine »Spannungsstrategie«. Auftakt bildete ein Sprengstoffanschlag auf die Mailänder Landwirtschaftsbank am 12. Dezember 1969, der vordergründig von Neofaschisten begangen wurde. Der Höhepunkt war der Mord an dem Chef der Christdemokraten Aldo Moro 1978.

Das FM 30 – 31 bildete die Operationsgrundlage für die Gladio-Truppe, die in Zusammenarbeit mit den italienischen Geheimdiensten und der Putschistenloge P 2 (Freimaurerloge) die »Spannungsstrategie« umsetzte.[36]

»Mit einer ›Strategie der Spannung‹ trachteten sie, die Bürger zu verängstigen und von der Wahl linksgerichteter Parteien abzuhalten«, meinte von Bülow. »Im Gegenzug sollte den rechtsgerichteten Parteien als den Hütern von Gesetz und Ordnung ein Popularitätsvorsprung verschafft sowie der Bevölkerung die Notwendigkeit der Einschränkung von Bürgerrechten zum Zwecke des Kampfes gegen Chaos, Terror und Kriminalität einsichtig gemacht werden. Geheimdienstkräfte unterwanderten sowohl die rechte als auch die linke Terrorszene, nicht selten mit dem vorhersehbaren Ergebnis, daß die Terrorszene beider Seiten nahezu vollständig von den Geheimdiensten gesteuert wurde. Der ehemalige Mitarbeiter des militärischen Abschirmdienstes, Roberto Cavallaro, erklärte in einem Interview der italienischen Wochenzeitung ›L' Europeo‹ im November 1984, die Geheimdienste seien Verbindungen sowohl mit dem organisierten Verbrechen als auch dem Terrorismus eingegangen. Die Geheimdienste kontrollierten die terroristischen Gruppen auf der linken wie auf der rechten Seite. Die Dienste spielten in allen Anschlägen dieser Zeit eine Rolle, mal als Anstifter, mal als Verhinderer des Durchgriffs der Strafverfolgungsbehörden gegen die Täter, mal als Quelle der Desinformation, des Hinweisgebers in die falsche Richtung, indem sie verdächtige Sündenböcke zumeist auf der linken Seite des politischen Spektrums fälschlich benannten.«[37]

Der italienische Linksextremismus und sein »bewaffneter Kampf« kam bezeichnenderweise erst nach Anlaufen der »Spannungsstrategie«auf.

Der fast zwei Jahrzehnte währenden Terrorwelle der »Spannungsstrategie« fielen Unzählige zum Opfer. Es gab Hunderte Tote und Tausende Verletzte. Die CIA stützte sich bei dieser »Spannungsstrategie« insbesondere auf alte und neue Faschisten, aus deren Reihen ebenso die »Gladio«-Organisation rekrutiert wurde. Wie nach der Aufdeckung von »Gladio« nach 1991 ans Licht kam, führten einen Großteil der Attentate Einheiten dieser geheimen Truppe selbst aus.[38]

Gleichzeitig wurden auch systematisch linksextreme Gruppen, darunter die »Roten Brigaden«, mit Polizei- und Geheimdienstagenten unterwandert, manipuliert und gesteuert, was offenkundig mit dazu führte, daß Aldo Moro, der ein Regierungsabkommen mit der Italienischen Kommunistischen

Partei unterzeichnet hatte, am 9. Mai 1978 durch die »Roten Brigaden« ermordet wurde.

Denn laut der FM 30-31 gehörte Aldo Moro zu den Personen, die »gegenüber dem Kommunismus oder der kommunistisch inspirierten Unterwanderung Passivität oder Unentschlossenheit zeigen und gemäß den Einschätzungen der US-Geheimdienste mit ungenügender Schlagkraft reagieren«. Angesichts der »politischen Unzuverlässigkeit« Moros, der »direkt dem Feind« zuarbeitete, war ein »Wechsel der Regierungsausrichtung erforderlich«.

Da alle Aktionen, Moro »zu beeinflussen oder unter Druck zu setzen« scheiterten, griff man, da »die Interessen der USA gefährdet« waren, wie USAAußenminister Kissinger hinreichend verdeutlicht hatte, nunmehr zum letzten Mittel, das im Feldhandbuch vorgesehen war – der physischen Liquidierung.[39]

Nicht auszuschließen ist also, daß es ein Komplott der CIA war, dem der Parteiführer zum Opfer fiel, mußmaßte 1996 der Italienkenner Gerhard Feldbauer.[40] »Als ausführendes Organ nutzen sie die Brigate Rosse (Roten Brigaden), deren Haß auf das herrschende Regime der Democrazia Christiana (Christdemokraten) und ihren Bündnispartner im Historischen Kompromiß, die IKP, sie durch V-Leute, Agenten und Provokateure in die gewünschte Richtung lenken und sie in eine ausweglose Situation treiben, die geradezu zwangsläufig mit der Exekution der Geisel enden muß.«[41]

Auch Andreas von Bülow sah es so. »Denn auch die Roten Brigaden waren seit Jahren von Kräften der CIA und der italienischen Geheimdienste unterwandert. Ziel war es, durch exzessive Gewaltakte angeblich linksradikaler Täter die politische Linke insgesamt in der Öffentlichkeit in Mißkredit zu bringen. Die Roten Brigaden waren hierfür besonders gut geeignet. Sie standen links von der KPI, die sie als bieder und harmlos ansahen. Die Öffnung Moros und der Christdemokraten nach links taten sie verächtlich als kompromißlerisch ab. Andererseits erhielten die Brigaden Zuwendungen aus den USA.«[42] Und an anderer Stelle: »Oberst Oswald le Winter, der frühere Verbindungsmann der CIA in Rom, gab zu erkennen, daß die Roten Brigaden unterwandert waren und den Instruktionen des Generals Santovito, dem Schutzherren (grand patron) des Militärischen Abschirmdienstes SISMI (Servizio Informazioni Sicurezza Militare, Militärischer Geheimdienst Italiens), folgten.«[43]

Der Sinn solcher Morde bestand nicht ausschließlich und immer in der Beseitigung von wichtigen Personen, sondern auch darin, diese Verbrechen im Interesse ganz bestimmter politischer Ziele nutzbar zu machen.

So diente der Mord an Ethel und Julius Rosenberg, die 1951 aufgrund bis heute umstrittener und mehr als zweifelhafter Indizien wegen angeblicher Atomspionage von einem Gericht in den USA zum Tode verurteilt und am 19. Juni 1953 hingerichtet wurden, als öffentliche Legitimation für einen generellen Umschwung in der Politik der USA, als Auftakt für einen hemmungslosen und ungezügelten Antikommunismus in ihrer Innen- und Außenpolitik. (Daß es Justizmord war, offenbarte auch der später eingestandene Meineid des »Kronzeugen«.[44])

Dieser Prozeß unterstrich aber auch, daß man sich bei politischen Morden nicht nur des Dolches und der Bombe, sondern auch der legitimen Justiz bediente.[45]

Der Kapitalismus setzt seit seinem Eintritt in die Geschichte auf Gewalt – nach innen wie nach außen. Vergangenheit und Gegenwart lieferten und liefern unausgesetzt Anschauungsunterricht.

Sie veranlaßten den US-amerikanischen Wissenschaftler Edward S. Herman von der Universität Pennsylvania in den 80er Jahren, die Position der herrschenden Kreise seines Landes und der Washingtoner Administration zum Terrorismus zu untersuchen. Er gelangte dabei zu dem Schluß, daß es die USA selbst seien, die den internationalen Terrorismus unter dem Banner seiner Bekämpfung förderten und selbst terroristisch tätig würden.

Herman verwies auf das angemaßte Vorrecht Washingtons, willkürlich zu bestimmen, wer Terrorist sei und was terroristische Aktionen wären. Die USA-Regierung handele nach dem Motto, was sie nicht billige, das sei Terrorismus. Dazu gehöre der Dreh, Dinge auf den Kopf zu stellen, also Aktionen antiimperialistischer Kräfte generell und undifferenziert als Terrorismus, die eigenen terroristischen Aktionen hingegen als Vergeltung zu charakterisieren. Von systemkonformen Massenmedien werde diese Lesart dann willfährig verbreitet.[46]

Hermans Feststellung wiederholte nur das, was Marx mehr als hundert Jahre zuvor in seinem Werk »Der Bürgerkrieg in Frankreich« geschrieben hatte. Er meinte zum Terrorvorwurf mit Blick auf die Ermordung der Pariser Kommunarden 1871, »daß der heutige Bourgeois sich für den rechtmäßigen Nachfolger des ehemaligen Feudalherren ansieht, der jede Waffe in seiner Hand für gerechtfertigt hielt gegenüber dem Plebejer, während irgendwelche Waffe in der Hand des Plebejers von vornherein ein Verbrechen ausmachte«.[47]

Die USA erhoben und erheben sich zum »Hüter und Bewahrer der Demokratie«. Das, so meinen sie, legitimiere sie, »Freiheit und Demokratie« – wie sie sie verstehen – auch mit staatsterroristischer Politik durchzusetzen.

Ihr neurotischer Zwang, weltweit bis in den äußersten Winkel der Erde zu bestimmen, was Recht und Gesetz sei, ohne sich dabei an völkerrechtliche Prinzipien und Regeln sowie Vereinbarungen zu halten, wird auch an Beispielen aus jüngster Vergangenheit deutlich:

Anfang 1986 erklärte US-Präsident Ronald Reagan den libyschen Staatschef Ghaddafi zum »Herbergsvater des internationalen Terrors« und damit praktisch für vogelfrei. Im März 1986 versenkte die US-Marine zwei Schiffe Libyens ohne jeden ersichtlichen, völkerrechtlich legitimierbaren Grund.

Am 5. April 1986 um 1.39 Uhr explodierte in der überwiegend von farbigen US-Soldaten besuchten Westberliner Diskothek »La Belle« ein Sprengstoffpaket. Zwei US-Soldaten und eine junge Türkin kamen dabei ums Leben, mehr als 200 Personen wurden zum Teil schwer verletzt. Obwohl die Beweise dürftig waren, wurde der Anschlag sofort »libyschen Terroristen« zugeschrieben. Am 15. April 1986 bombardierten auf Befehl Reagans amerikanische Kampfflugzeuge die libyschen Städte Tripolis und Bengasi.

Erklärtes Ziel der »Vergeltungs-Aktion« war es, Ghaddafi zu liquidieren und die Bevölkerung gegen das herrschende System aufzuwiegeln. Bei Andreas von Bülow kann man dazu lesen: »Der israelische Geheimdienstmann Ari Ben-Menashe jedenfalls berichtet zum Attentat auf die Disco La Belle, ein Kommandounternehmen des Mossad habe eine Funkreflexanlage in die unmittelbare Nähe des Präsidentenpalastes in Tripolis gebracht und darüber Funksprüche simuliert, die dann von den amerikanischen Diensten in Europa abgehört werden konnten. Der andere israelische Geheimdienstmann Ostrovsky bestätigt den Vorgang, an dem er selbst beteiligt gewesen sei. Die Operation sei von der Desinformationsabteilung des Mossad vorgenommen worden. Der Mossad habe über diese Anlage eine ganze Latte von terroristischen Befehlen an verschiedene libysche Botschaften und Volksbüros elektronisch übermittelt. Damit habe der Eindruck erweckt werden sollen, als stünde Libyen hinter vielen terroristischen Aktivitäten in der Welt. Und dies wiederum habe die Glaubwürdigkeit der vom Mossad den Partnerdiensten zugespielten Berichte untermauern sollen.«[48]

Am 20. April 2000 legte der Palästinenser Ali Chanaa ein Teilgeständnis ab. Der Mitangeklagte Yasser Chraidi, ein Palästinenser, habe den Sprengstoff besorgt und der Libyer Musbah Abulgasem Eter den Zeitzünder. Beide sollen in seinem Beisein die Bombe zusammengebaut haben. Dabei solle Eter gesagt haben: »Dies ist die Antwort für die Amerikaner, ein Geschenk von Ghaddafi für Reagan.«[49]

Als Beweis für die aktive Beteiligung des »Revolutionsführers« war das ein wenig dürftig.

In dem vor dem Berliner Landgericht verhandelten Prozeß gegen fünf Attentäter auf die Diskothek »La Belle«, der nach vier Jahren im November 2001 mit langjährigen Haftstrafen gegen zwei Palästinenser, einem Araber und einer Deutschen sowie einem Freispruch endete, konnte zwar zweifelsfrei eine Verbindung zum libyschen Volksbüro in der DDR-Hauptstadt nachgewiesen werden. Aber auch die in der Urteilsbegründung getroffene Feststellung, Ghaddafi selbst habe vermutlich den Befehl für den Anschlag erteilt, konnte nicht bewiesen werden. Es gab nicht wenige Prozeßbeoachter, die der Auffassung waren, daß mit hoher Wahrscheinlichkeit mehrere Beteiligte und Hintermänner dieses Terroranschlages Mitarbeiter der CIA und des israelischen Geheimdienstes Mossad gewesen sind. Diesen Geheimdiensten sei mindestens der Anschlag rechtzeitig bekannt gewesen, und sie hätten ihn nicht verhindert.[50]

An der politisch-strategischen Haltung der USA, die man als Staatsterrorismus bezeichnen kann, hat sich auch nach dem Zerfall des sozialistischen Weltsystems nichts geändert.

Erinnert sei an die Reaktion der USA auf die verabscheuungswürdigen Bombenanschläge auf die amerikanischen Botschaften in Nairobi (Kenia) und Daressalam (Tansania) am 7. August 1998. Dabei starben 260 Menschen, mehr als 5.400 wurden zum Teil lebensgefährlich verletzt.

Schon sehr bald wurde durch die CIA der angeblich in Dshalalabad (Afghanistan) lebende Millionär Osama bin Laden als »Drahtzieher« ausgemacht. Obwohl bis zu jenem Zeitpunkt offenkundig nichts wirklich bewiesen war, erteilte Präsident Bill Clinton am 20. August 1998 den Befehl, militärische Schläge gegen vermutete Aufenthaltsorte und Ausbildungslager des Osama bin Laden in Afghanistan sowie gegen eine Chemiefabrik in Al Shifa bei Khartoum im Sudan zu führen. Während 1986 gegen Libyen noch Kampfflugzeuge eingesetzt wurden, erledigten nunmehr ferngelenkte Cruise Missiles diese Aufgabe.

Wie am 22. August 1998 die BILD-Zeitung berichtete, soll die CIA in Afghanistan eng mit dem Mossad zusammengearbeitet haben. »Eine 30köpfige gemeinsame Eliteeinheit sei schon am 17. August 1998 mit der Aufgabe in Kabul eingeschleust worden, die Angriffsziele aufzuklären und kurz vor der Attacke diese Ziele mit unsichtbaren elektronischen Leitstrahlen zu markieren.«[51]

Offiziell wurde bis heute nicht bekannt, daß die für die Anschläge verantwortlich gemachten Terroristen und ihre angeblichen Ausbildungslager in Afghanistan tatsächlich dadurch getroffen wurden.

Im Frühjahr 2001 fand in New York der Prozeß gegen 22 Personen, darunter auch Osama bin Laden wegen der Bombenanschläge in Nairobi und Daressalam statt. Nur vier Araber saßen auf der Anklagebank, gegen die übrigen wurde in Abwesenheit verhandelt.

Das Gericht kam zu der Überzeugung, daß zwei von ihnen die jeweiligen Fahrzeuge gefahren hatten, mit denen der Sprengstoff zu den Botschaften gebracht worden war. Die anderen beiden Männer sollen organisatorische und finanzielle Hilfe geleistet haben.[52] Alle vier wurden zu lebenslanger Haft verurteilt. Die klaren Beweise für bin Ladens Schuld konnten allerdings auch nicht geliefert werden.[53]

Im übrigen stellte sich heraus, daß die völlig zerstörte, erst zwei Jahre alte Chemiefabrik im Sudan, die öffentlich zugänglich war und ein Drittel der im Sudan benötigten Medikamente, vor allem Anti-Tuberkulose-Mittel und Antibiotika für die Viehzucht herstellte, keinen Bezug zum Terroranschlag oder zu bin Laden hatte.

Später räumte die US-Regierung indirekt ein, sich im Falle der Chemiefabrik geirrt zu haben. Am 3. Mai 1999 lief die Frist ab, in der vor einem Zivilgericht in den USA zu beweisen war, daß die Chemiefabrik im Sudan Giftgas produziert habe. Die USA-Regierung konnte offenbar dafür keinen einzigen Beweis vorbringen. Ein von diesem Gericht angefordertes Gutachten belegte außerdem, daß die Beschuldigung falsch gewesen war, der sudanesische Besitzer dieser Chemiefabrik, Saleh Idris, sei einer der Geldgeber des mutmaßlichen Terroristen Osama bin Laden.

Bereits am 21. September 1998 zitierte die *New York Times* hohe Mitarbeiter von State Department und CIA mit dem Eingeständnis, einen Fehler begangen zu haben. »Die Entscheidung, Al Shifa anzugreifen, setzt die Tradition fort, im Sudan auf der Grundlage unzureichender Geheimdienstinformationen zu operieren«, wurde ein Mitarbeiter der Administration zitiert.

Schon 1996 hatte die CIA mehr als 100 Geheimdienstberichte über den Sudan zurückziehen müssen, als offenkundig wurde, daß die Quelle diese Informationen erfunden hatte.

Gerade aber diese Informationen waren dafür ausschlaggebend, daß Sudan auf die Liste der sieben gefährlichsten Terroristenstaaten gesetzt worden war.

Am 29. April 1999 entschied Bill Clinton, die Wirtschaftssanktionen zu lockern und die auf Konten in den USA eingefrorenen 24 Millionen Dollar des Besitzers der Chemiefabrik freizugeben,[54] womit implizit bereits eingestanden wurde, nicht nur den falschen Mann verfolgt, sondern auch die falsche Fabrik zerstört zu haben.[55] Der Besitzer der noch immer in Trümmern liegenden Fabrik wartet seither auf eine entsprechende Entschädigung.

Die von ihm bei einem Gericht in den USA eingereichte Zivilklage kam bisher nicht zur Verhandlung.

Die Raketenangriffe auf Ziele in Sudan und Afghanistan belegen einmal mehr, daß Washington die Rolle als »Weltpolizist« wörtlich nimmt und sich dabei mitunter auf äußerst zweifelhafte, unzureichend überprüfte oder erfundene Informationen des Geheimdienstes stützt.

Prof. Werner Ruf aus Kassel, Spezialist für den Problemkreis Islam und Dritte Welt, äußerte sich bereits 1998 zur diesbezüglichen Politik der USA: »Was bleibt, ist die Demonstration der Arroganz der Macht, die Verletzung elementarer Grundsätze des Völkerrechts, die exemplarische Praktizierung des Faustrechts. So wie Gewalt Gewalt produziert, so legitimiert die Verletzung von Rechtsgrundsätzen extralegales, also terroristisches Handeln. Der militärisch-weltpolizeiliche Akt der Supermacht USA produziert so nicht nur weiteren Terror, er beschädigt auch die Legitimität der UNO als supranationale Instanz zur Lösung und Verhinderung von Konflikten.«[56]

Diese zweifellos treffende Charakterisierung der praktizierten Politik der USA und ihrer Auswirkungen findet als Handlungsmaxime immer wieder ihre Fortsetzung bis in die unmittelbare Gegenwart. So beispielsweise bei der bis heute andauernden Bombardierung des Irak durch die USA (unter Einbeziehung und mit aktiver Unterstützung britischer Luftstreitkräfte) oder bei der Aggression gegen Jugoslawien, an der die USA-dominierte NATO mitwirkte. In dem einen wie in dem anderen Fall bedienten sich die USA und deren Verbündete des Mittels des Krieges, ohne dafür das unerläßliche Mandat des UNO-Sicherheitsrates zu besitzen.

Die 78 Tage andauernde Bombardierung Jugoslawiens[57] durch die NATO ohne Mandat der UNO im Frühjahr 1999 ist ein besonders prägnantes Beispiel für eine neue Qualität des Staatsterrorismus. Mit dieser Aggression sollte ein Präzedenzfall geschaffen werden, der der USA Regierung und der von ihr geführten NATO erlaubt, unter Umgehung der UNO und bei massiver Verletzung von UN-Charta und Völkerrecht militärische Angriffshandlungen durchzuführen, wo immer sie es für richtig erachtet, die Welt ihren Machtinteressen gefügig zu machen – auch mittels Bomben.

Mit der Annahme der UNO-Kosovo-Resolution vom 10. Juni 1999 durch den UN-Sicherheitsrat wurde zwar der mörderische Aggressionsakt der NATO gegen Jugoslawien nicht explizit verurteilt, aber der NATO auch nicht nachträglich das fehlende Mandat der UNO erteilt.

Die NATO handelte damit unautorisiert unter Verletzung des Gewaltverbotes der UN-Charta. Es bleibt bei der Beurteilung der Aggression als Aggression und als staatsterroristischer Akt und kann nicht im nachhinein als eine friedenssichernde Operation der Vereinten Nationen bezeichnet werden.

Die NATO-Regierungen werden von ihrer Schuld für die verheerenden Folgen der Bombardements auf Jugoslawien und der jetzigen Vertreibung der Serben aus dem Kosovo ebenso wenig freigesprochen wie Milosevic für die Vertreibung der Albaner aus dem Kosovo.

Auch die Bundesregierung, die die Aggression von Anfang an mitgetragen hat, brach damit das Völkerrecht und mißachtete gröblich das Grundgesetz.[58]

Das nach dem Zweiten Weltkrieg für beide deutsche Staaten bestimmende politische Prinzip, daß nie wieder Krieg von deutschem Boden ausgehen dürfe, wurde so über Bord geworfen.

Milosevic, gegen geltendes jugoslawisches Recht an das Kriegsverbrechertribunal in Den Haag ausgeliefert – in Erwartung internationaler finanzieller Unterstützung für den Neuaufbau Jugoslawiens –, wird der Prozeß gemacht.

Der Frieden in Kosovo ist bis heute nicht erreicht. Eine Aussöhnung zwischen Serben und Kosovo-Albanern scheint unmöglich. Auch nach der Entwaffnung der UCK in Mazedonien und der Gleichstellung der Albaner im Parlament ist der Friede nur ein relativer und bedarf der Anwesenheit ausländischer Streitkräfte.

Am 11. September 2001 bestätigte sich auf grausame Weise die Richtigkeit der Feststellung, daß »Gewalt nur Gewalt« produziert und mit »militärisch-weltpolizeilichen Akt(en) … nur weiterer Terror« erzeugt wird. An jenem Tag stürzten sich Selbstmordkommandos mit entführten Flugzeugen auf das World Trade Center in New York und das Pentagon in Washington, die Symbole der amerikanischen Wirtschaft und der Militärmacht. Eine vierte entführte Maschine stürzte bei Pittsburgh über freiem Gelände ab.

Allein in den zu fürchterlichen Waffen umfunktionierten Passagierflugzeugen starben 266 Menschen. Die Gesamtzahl der Toten und Vermißten betrug nach offiziellen Verlautbarungen knapp unter 4.000.

Nur kurze Zeit nach dem Anschlag wurden als Täter und Hintermänner Osama bin Laden und die vorgeblich von ihm 1989 gegründete Organisation »Al Qaida« (Die Basis) mit bis zu 5.000 Mitgliedern bzw. Anhängern genannt.

US-Präsident Bush erklärte am 15. September 2001, die USA befänden sich fortan im Krieg gegen den internationalen Terrorismus. Dies sei »ein neuer, andersartiger Krieg gegen all jene, die den Terror exportieren wollen, und ein Krieg gegen jene Regierungen, die Terroristen unterstützen oder ihnen Unterschlupf gewähren«.[59] Er wertete den zweifellos barbarischen Anschlag auch keineswegs nur als Angriff auf die USA und ihre Politik gegenüber der Welt, sondern deklarierte ihn gleichermaßen als Angriff auf die Zivilisation und auf die NATO.

Unter der Losung: »Wer nicht mit uns gegen den internationalen Terrorismus kämpft, ist für den Terrorismus, unterstützt ihn und wird wie dieser behandelt werden«, riefen die USA zu einer weltweiten Allianz gegen »den Terror« auf.

Am 7. Oktober 2001 begannen »selektive« militärischen Angriffe gegen Afghanistan mit dem erklärten Ziel, bin Laden zu ergreifen und seine Terroristenlager zu zerstören. Diese Absichtserklärung wurde bald erweitert. Es ging nunmehr auch um den Sturz der dort herrschenden islamischen Fundamentalisten. Letzteres wurde nach einigen Wochen Bombardements sowie mit Hilfe der Nordallianz und anderer Antitalebankräfte erreicht. Einige Tausend Menschen, mehrheitlich Zivilisten, verloren ihr Leben durch Kriegseinwirkung,[60] ungezählte Menschen verhungerten oder flohen in die Nachbarstaaten. Das nach 22 Jahren Bürgerkrieg ohnehin geschundene Land wurde noch mehr zerstört.

Schon mit den Resolutionen Nr. 1.368 vom 12. September und Nr. 1.373 vom 28. September 2001 hatte der UN-Sicherheitsrat den USA einen Freibrief für dieses Vorgehen ausgestellt, zumindest wurde das offenkundig von ihnen so gewertet. Der Hinweis auf das Recht zur Selbstverteidigung gemäß Artikel 51 der UN-Charta diente und dient weiter erkennbar der USA als Legitimation, Krieg gegen Afghanistan und eventuell andere Staaten führen zu können, die sie der Unterstützung des Terrorismus verdächtigen.

Die Liste der bekannten »Schurkenstaaten« wurde bald erweitert, Bush sprach von der »Achse der Bösen«. Sie alle müssen mit »militärischen« Präventivschlägen durch die USA rechnen.

Angesichts einer solchen Entwicklung entsteht nicht unbegründet die Befürchtung, ob nicht die Gefahr besteht, daß das im Ergebnis des Zweiten Weltkrieges entstandene Völkerrecht, dessen Grundlage die UN-Charta bildet, de facto durch ein »Recht auf Krieg« ersetzt wird?[61]

Das archaische Prinzip »Aug' um Auge, Zahn um Zahn« scheint zurückzukehren. Der von Clausewitz beschriebene und längst überwunden geglaubte Grundsatz, Krieg sei die Fortsetzung der Politik mit anderen Mitteln, erlebt offenkundig seine Wiedergeburt.

Der Konflikt zwischen Israel und Palästina bietet dafür ebenfalls ein konkretes Beispiel.

Bezogen auf die Auftraggeber und Organisatoren der Terroranschläge vom 11. September 2001 gibt es – auch nach »entlarvenden Videos« mit bin Laden – offenkundig keine überzeugenden Beweise dafür, daß er die Anschläge auch wirklich organisiert hat.[62] Bei kritischer Prüfung vieler dazu bisher vorgebrachter Begründungen und »Beweise«[63] bleiben mehr Fragen offen als beantwortet werden.

Eine Reihe seriöser Veröffentlichungen hingegen belegt, daß Osama bin Laden, ein Vertreter der saudischen Bourgeosie, es schon längere Zeit mit der CIA zu tun gehabt haben soll. In ihrem Auftrag hat er demnach ab 1982 Tausende von islamistischen Freiwilligen für den Kampf der Mudschaheddin gegen die sowjetischen Truppen in Afghanistan und die damals dort herrschende rechtmäßige Regierung rekrutiert. In Pakistan sei er selbst ausgebildet worden, habe er Geld und Waffen von der CIA und dem pakistanischen Geheimdienst SIS erhalten.[64] Mit ihrer Unterstützung habe er eine Vielzahl von Rekrutierungsbüros und Ausbildungslager in Afghanistan, Pakistan, Jemen und im Sudan unterhalten.

So sei eine internationale islamische Kampfgemeinschaft für den »Heiligen Krieg« gegen die sowjetischen Truppen in Afghanistan entstanden – unterstützt, finanziert, ausgebildet und bewaffnet mit Hilfe der CIA, SIS und des britischen *Special Air Service*, der die Transporte nach Afghanistan ausführte. Nach dem Abzug der sowjetischen Streitkräfte 1989 blieb ein Teil dieser »Kämpfer« in Afghanistan und schlug sich im Bürgerkrieg auf die Seite der Taleban. Andere dieser nun »arbeitslosen« Krieger gingen in ihre Heimatländer zurück. Zum Teil setzten sie dort ihren »Krieg« fort. Ob in Tschetschenien, Bosnien, Kosovo, Kaschmir, Jemen, Algerien, Philippinen – überall spielten und spielen noch heute die »Afghanistan-Veteranen« eine verhängnisvolle Rolle.[65] Ist es nicht möglich, daß sich so das sogenannte weltweite »Terror-Netz« der Al Qaida zusammensetzt?

Der ehemalige Staatssekretär und Bundesminister Andreas von Bülow hat vielleicht recht, wenn er – wie in der ARD-Sendung »Kulturreport« am 21. Oktober 2001 – dazu meint: »Wir haben es nicht mit einem *Clash of Cultures*, mit einem Zusammenstoß der Kulturen, der Zivilisation zu tun. Wir haben es mit den marodierenden ehemaligen CIA-Mitarbeitern zu tun.«[66]

Und wenn erklärt wird, daß die CIA nach 1994 ihre Zusammenarbeit mit bin Laden reduziert haben will, so bleibt dennoch die Frage offen, welche Verbindungen werden zu diesen Kräften weiter aufrechterhalten. Könnte das auch erklären, weshalb die USA 1996 ein Angebot des Sudan bin Laden auszuliefern abgelehnt hätten? Die »Washington Post« zitierte dazu den damaligen zweiten US-Sicherheitsberater Samuel Berger: »Der FBI glaubte, nicht genug Beweise gegen bin Laden in der Hand zu haben, um ihn vor ein Gericht zu bringen, und riet von einer Auslieferung in die USA ab.« Der Sudan wies bin Laden aus. Im Mai 1996 soll er nach Afghanistan geflogen sein.[67]

Oder was könnte denn von folgender Nachricht stimmen? Nach Berichten der französischen Zeitung »Le Figaro« und »Radio France International« wurde bin Laden vom 4. bis 12. Juli 2001 im Amerikanischen Hospital in Dubai wegen einer chronischen Nierenerkrankung behandelt. Im Krankenhaus habe er zahlreiche Persönlichkeiten empfangen, darunter auch den Residenten der CIA, Larry Mitchel. Die CIA bestreitet dies vehement und behauptet: »Die CIA hatte niemals Kontakt zu bin Laden«.

Dieser Zusammenhang und der Nachweis, daß der Sprengstoff, mit denen die Anschläge auf die USA-Botschaften in Kenia und Tansania 1998 ausgeführt wurden, aus den USA selbst stammen soll, »löste(n) einen Krieg unter den amerikanischen Diensten um die Schuldzuweisung aus und drohte(n) zu einem bin-Laden-Gate zu führen«.[68]

Ungeachtet dessen, was gelogen, was Desinformation, was Halbwahrheit ist, bleibt die Festellung unangefochten: Die Frage nach Beweisen für die Schuld an den zu verabscheuenden Terroranschlägen vom 11. September 2001 ist unzweifelhaft auch mit Kontakten der Geheimdienste zum Terrorismus verknüpft.

Es stellen sich die Fragen: Welche Kenntnisse hatte die CIA, wer wurde informiert, und wären die Anschläge zu verhindern gewesen? »Die Welt« brachte am 7. Dezember 2001 einen Beitrag unter der Schlagzeile: »Bin Ladens Terrorpläne waren den Geheimdiensten bekannt«. Danach sollen das FBI und die CIA über Pläne, zivile Einrichtungen mittels gekaperte Flugzeuge anzugreifen, schon seit Jahren informiert gewesen sein. Ein »Projekt Bojinka«, gespeichert auf einem Computer, war 1995 bei einem zufällig entdeckten und gescheiterten Selbstmordanschlag auf den Papst während dessen Besuches in Manila entdeckt worden. Bei diesem »Projekt« soll es sich um detaillierte Pläne gehandelt haben, wie Flugzeuge zu entführen und simultan in zivile und militärische Gebäude zu lenken seien. Konkret sind in dem Text als Ziele das CIA-Hauptquartier in Langley, das World Trade Center und der Sears Tower in Chicago genannt worden.

Außerdem wären derartige Terrorpläne sogar in den Akten des Bezirksgerichtes von Manhattan 1997 beim Prozeß gegen Jussef und Murad wegen des ersten Terroranschlages gegen das WTC vom 26. Februar 1993 aufgetaucht. Die Kamikazevariante wurde damals offenbar völlig unterschätzt, schrieb die »Die Welt«.[69]

Könnte es nicht sein, daß jene recht haben, die meinen: Die USA sind für den Aufstieg bin Ladens und der Taleban verantwortlich,[70] sie benötigen als stärkste Militärmacht der Welt (und zugleich größter internationaler Waffenhändler) zwingend einen Hauptfeind, nachdem ihr die Sowjetunion abhanden gekommen ist. Dieser Feind wurde im islamistischen Terrorismus nicht nur gefunden, sondern teilweise selbst erschaffen.[71]

Wurden mit der Beschwörung des »Krieges gegen den Terrorismus« zum Erhalt alter und zur Sicherung neuer Einflußsphären neue Fronten eines kalten und heißen Krieges definiert und installiert? Seit dem 11. September 2001 gibt es ein neues »Reich des Bösen«.[72]

Unabhängig von diesen Fragen und den Antworten darauf: Terror bedarf der Ächtung, egal, von welcher Seite er ausgeht und mit welchem Ziel er ausgeführt wird. Krieg jedoch ist keine Lösung. Denn Krieg ist die schlimmste Form des Terrorismus auf staatlicher Ebene.

Der erste Direktor des Bundeskriminalamtes, Manfred Klink, äußerte sich – vor dem 11. September 2001 – auf einem Seminar zum Thema: »Das Problem des Terrorismus als weltweites Phänomen«, veranstaltet von der Bundesakademie für Sicherheitspolitik vom 1. bis 3. Dezember 1999 in Bonn/Siegburg.

»Von bedeutenden Terrorismusforschern wie Bruce Hoffmann werden militärische Vergeltungsschläge als kontraproduktiv und völkerrechtlich bedenklich abgelehnt.[73] Sie verfehlen bei skrupellosen Fundamentalisten ihre Abschreckungswirkung, können dagegen aber die reagierende Macht öffentlich ins Unrecht setzen. An die Stelle militärischer Reaktion auf staatlich unterstützten Terrorismus wie sie konsequent auch von Israel eingesetzt wird, wie sie bei dem Anschlag auf die Diskothek ›La Belle‹ gegen Libyen und 1998 auch gegen den Sudan ausgeübt wurde, muß ein geordnetes Verfahren, gegebenenfalls vor dem internationalen Gerichtshof treten.«[74]

Bis dieser Internationale Strafgerichtshof seine Arbeit aufnehmen kann, werden offensichtlich noch einige Jahre vergehen. Vor allem sind noch viele Hindernisse und Widerstände zu überwinden, nicht zuletzt seitens der Großmacht USA.

Am 17. Juli 1998 hatte die Diplomatische Staatenkonferenz der Vereinten Nationen das sogenannte Römische Statut des *International Criminal Court*, des Internationalen Strafgerichtshofs, verabschiedet. Dieser Internationale Strafgerichtshof, der seinen Sitz in Den Haag haben wird, soll in Ergänzung zur nationalen Gerichtsbarkeit »die schwersten Verbrechen, welche die internationale Gemeinschaft als Ganzes berühren«, von Einzelpersonen, nicht von Staaten, verfolgen.

Dafür votierten 120 Staaten.[75] Das Statut tritt in Kraft, wenn es von 60 Staaten ratifiziert worden ist. Bis zum Frühjahr 2001 hatten erst 27 Staaten diesen Schritt vollzogen.[76]

Im Juni 2000 bemühten sich in New York drei Wochen lang Experten allgemein akzeptierte Paragraphen für die Straftatbestände Völkermord, Verbrechen gegen die Menschlichkeit, Kriegsverbrechen sowie das Verbrechen der Aggression auszuformulieren sowie die Verfahrens- und Beweisordnung für den Gerichtshof festzulegen.

Wie nicht anders zu erwarten, versuchten die USA diese Gesetze nach eigenen Vorstellungen und Wünschen zu diktieren. Das Weltgericht soll nicht über USA-Bürger urteilen dürfen, und wenn schon, dann nur mit Washingtoner Zustimmung. Aber wenn US- Soldaten geschont würden, wolle die Regierung das ungeliebte Tribunal sogar unterstützen.

Die Vorstellung, daß »amerikanische Militärangehörige und Beamte vor einem internationalen Strafgericht angeklagt werden« könnten, waren für den republikanischen Senatsabgeordneten Jesse Helms so furchtbar, daß er ein Gesetz im Senat einbrachte, das den eigenen Behörden untersagt, mit dem Gerichtshof zusammenzuarbeiten, egal, ob es um die Auslieferung von Bürgern der USA oder nur um die Sicherung von Beweisen gehe. Staaten, die das Statut ratifizierten, wurde die Streichung der Militärhilfe angedroht.[77]

Wenige Stunden vor Ablauf der Frist (31. Dezember 2000) unterzeichneten die USA doch noch das Gründungsabkommen, um sich so Einfluß auf die weitere Ausgestaltung des Abkommens zu sichern.[78]

Die USA bleiben auch nach der Unterzeichnung des Statuts auf Distanz zum Internationalen Strafgerichtshof. Sie bevorzugen die Rolle des Weltpolizisten – fürchten jedoch das Weltgericht.[79]

Terrorismus setzt sich erwiesenermaßen über innerstaatliche oder völkerrechtliche Regelungen hinweg. Gewalt ist aber auch oft Kampfmittel jener, die um politische Anerkennung, Freiheit und Demokratie kämpfen. Erlangen sie diese Grundrechte – meist erst im Ergebnis dieses Kampfes –, so erfahren jene, die vordem als »Terroristen« beschimpft, verleumdet und verfolgt wurden, plötzlich Akzeptanz als Freiheitskämpfer, Nationalhelden und verläßliche Verhandlungspartner. Erinnert sei an Nelson Mandela, der als »Terrorist« und »kommunistenfreundlich« geschmähte Präsident Südafrikas.

Dieser Wandel kann auch wieder korrigiert werden, wie sich bei Yasir Arafat zeigt. Der einst als »Chefterrorist« diffamierte, danach von den USA anerkannte Palästinenserführer wurde offenkundig von den herrschenden

Kreisen in den USA und Israels wieder in die Kategorie »Chefterrorist zurückgestuft – mit allen damit verbundenen Konsequenzen.

Beide Politiker erhielten übrigens den Friedensnobelpreis.

Als Nelson Mandela am 22. September 1996 von der Präsidentin des Bundestages, Rita Süssmuth, im Bundestag begrüßt wurde, nannte sie ihn ein *Symbol des Widerstandes gegen Unrecht und Menschenverachtung.* Kein Wort der Entschuldigung jedoch fand sie dafür, daß Nelson Mandela von der bundesdeutschen Politik bis weit in die 80er Jahre verteufelt wurde, während die BRD zum Apartheidregime Südafrikas, einem rassistischen Terrorregime, beste Beziehungen pflegte.

Die DDR und auch das MfS haben den Kampf Mandelas und des ANC gegen das Apartheidregime nach besten Kräften unterstützt. In Südafrika fragt man noch heute Gäste aus Deutschland, ob sie aus der DDR oder aus der Bundesrepublik kämen. Die Unterscheidung hat Gründe.

Die SED- und Staatsführung der DDR und das MfS gingen immer davon aus, daß Terror prinzipiell kein Mittel zur Erreichung revolutionärer oder anderer gesellschaftlich fortschrittlicher Ziele, von nationaler Unabhängigkeit oder zur Sicherung von Minderheitenrechten sein könne. Terror diskreditiert nicht nur jegliche fortschrittliche Bewegung international, sondern schadet ihren Zielen auch unmittelbar.

Zu den historischen Realitäten gehörte jedoch auch, daß im nationalen Befreiungskampf zeitweilig legitime Kampfformen verlassen wurden und es zu Terroraktionen kam – ob von den Führern der Bewegung gewollt oder von Splittergruppen (in Verkennung des Schadens für die Gesamtbewegung oder aus Selbstüberschätzung) praktiziert.

Dies wurde auch in den Beziehungen der DDR zu den nationalen Befreiungsbewegungen beachtet.[80]

Arafat und die PLO beispielsweise wurden in ihrem Kampf um einen eigenen palästinensischen Staat in vielfältiger Weise unterstützt. Zugleich betonte das MfS stets die Ablehnung des Terrorismus als Kampfform. Soweit das unter Ausschöpfung seiner Möglichkeiten und Mittel möglich war, versuchte das MfS, terroristische Handlungen von Splittergruppen der PLO oder anderen mit der PLO zeitweilig zusammenwirkenden palästinensischen Gruppierungen zu verhindern.

In vielen Ländern der Welt bekämpfen noch heute Regierungen die Bewegungen von Minderheiten, kämpfen ganze Völker um nationale Selbständigkeit, das Recht einen eigenen Staat zu gründen, um ihre Souveränität und völkerrechtliche Anerkennung usw. Je nach Bedarf und Interessenlage werden sie von den imperialistischen Mächten, insbesondere den USA, als

Freiheitskämpfer bejubelt oder als Terroristen gebrandmarkt. Was im einen Falle elementares Recht ist, gilt im anderen als finsteres Unrecht.

Die USA ernannten selbstherrlich sieben Länder zu »Schurkenstaaten« *(rogue states)*. Nach ihrer Ansicht unterstützten diese den Terrorismus, wobei die global-politischen Interessen der USA für eine solche »Auswahl« den Ausschlag gegeben haben dürften. Es handelte sich um Iran, Irak, Kuba, Libyen, die KDVR (»Nordkorea«), Sudan und Syrien.

Im Juni 2000 wurden einige von ihnen in »Besorgnis erregende Staaten« umbenannt und von der Liste genommen: die KDVR, Libyen und Syrien. Der Sprecher des US-Außenministeriums bemerkte dazu: Fortan würden nicht mehr alle Länder über einen Kamm geschoren.[81]

Die USA weigern sich noch immer, eine internationale Konferenz zur Bekämpfung des Terrorismus abzuhalten. Diese vor allem von den 119 Mitgliedern der Bewegung der Blockfreien (NAM), von China und Kanada unterstützte Konferenz soll weltweit umstrittene Fragen klären, darunter auch wer ein »Terrorist« und wer ein »Freiheitskämpfer« sei.

Die Frage der Definition des »Staatsterrorismus« soll dort ebenfalls zur Sprache kommen.

Vor allem die UNO-Vertreter Iraks, Libanons und Kubas beklagen das Fehlen einer genauen Begriffsbestimmung des Terrorismus. Sie sehen sich als Opfer von staatlichem Terrorismus, der durch die USA und von Israel ausgeübt wird. Darüber hinaus müsse unbedingt eine klare Unterscheidung zwischen legitimen Freiheitskämpfern und Terroristen erfolgen.[82]

Ein annähernd gerechtes Urteil kann heute nur, wenn überhaupt, die Völkergemeinschaft, verkörpert durch die Vollversammlung der Vereinten Nationen, fällen. Vorausgesetzt, sie handelt und beschließt auf der Grundlage ihrer Charta und läßt sich nicht von den USA und einigen anderen Mitgliedstaaten zur Durchsetzung der von ihnen verfolgten Sonderinteressen mißbrauchen.

Die in der Völkergemeinschaft allgemein anerkannten Auslegungen der UN-Charta bezogen auf den Grundsatz des Gewaltverbots finden am deutlichsten in der Resolution 2625 (XXV) der Generalversammlung der Vereinten Nationen vom 24. Oktober 1970 ihren Niederschlag.

»Jeder Staat hat die Pflicht zur Unterlassung der Organisation, Anstiftung, Unterstützung von der Teilnahme an Bürgerkriegshandlungen oder terroristischen Handlungen in einem anderen Staat oder zur Unterlassung der stillschweigenden Duldung organisierter Aktivitäten auf seinem Hoheitsgebiet, die auf die Begehung solcher Handlungen gerichtet sind.«

In Auslegung des Grundsatzes der Nichteinmischung der UN-Charta verbietet diese Resolution völkerrechtlich auch den von Staaten ausgehenden grenzüberschreitende Terrorismus oder anders ausgedrückt, die als »militärische Vergeltungsschläge« bezeichneten Aktivitäten der USA und der NATO gegen andere Staaten, wie sie in den voranstehenden Beispielen aufgezählt wurden, in dem sie festlegt, daß kein Staat »subversive, terroristische Aktivitäten, die auf einen gewaltsamen Umsturz des Regimes eines anderen Staates abzielen, organisieren, unterstützen, finanzieren, anstacheln oder dulden« darf.[83]

Auch die Resolution 1269 des Sicherheitsrates der UNO vom 19. Oktober 1999 beinhaltet die »Verurteilung aller terroristischer Handlungen, gleichviel aus welchen Beweggründen und wo und von wem sie begangen werden«. Sie betont, »daß es notwendig ist, den Kampf gegen den Terrorismus auf einzelstaatlicher Ebene zu intensivieren und unter der Schirmherrschaft der Vereinten Nationen die wirksame internationale Zusammenarbeit auf diesem Gebiet auf der Grundlage der Grundsätze der Charta der Vereinten Nationen und der Normen des Völkerrechts, namentlich der Achtung vor dem humanitären Völkerrecht und den Menschenrechten, zu verstärken«.

Sie erklärt erneut, »daß die Unterdrückung von internationalen terroristischen Handlungen, einschließlich derjenigen, an denen Staaten beteiligt sind, einen wesentlichen Beitrag zur Wahrung des Weltfriedens und der internationalen Sicherheit darstellt«.[84]

Es fehlen jedoch weiterhin die zwingenden Forderungen nach Erforschung und Aufdeckung der objektiven, gesellschaftlichen Ursachen für den Terrorismus als Voraussetzung für die notwendigen Schlußfolgerungen, um ihm wirksam und auf Dauer seine Quellen und seine Basis zu entziehen. Hierbei geht es um: Konfliktbewältigung; Beseitigung des Nährbodens für ein Klima aus Haß, Intoleranz und Rassismus; konsequenter Schuldenerlaß und mehr Entwicklungshilfe zur Beseitigung von Armut und mangelnder Bildung; eine gerechtere Welthandelsordnung; ein Verbot des Waffenexports; Klima- und Umweltschutz usw. Weltweite soziale Gerechtigkeit, sozialer und ökonomischer Ausgleich sind das beste Mittel gegen Terror und Fanatismus.

Auch ist es an der Zeit, die vorliegenden zwölf UNO-Konventionen und -Protokolle zum Terrorismus endlich in Kraft zu setzen und die laufenden Verhandlungen über eine umfassende Antiterror-Konvention rasch abzuschließen.[85]

Es bleibt die Forderung, daß terroristische Attentate menschenverachtender Gewalttäter schärfstens geahndet werden müssen. Kein Motiv berechtigt zum Mord. Terror darf aber auch nicht mit Staatsterror beantwortet werden.

Die vorbeugende Terrorabwehr des MfS

Der allseitige Schutz vor subversiven, insbesondere auch terroristischen Angriffen galt in der DDR als eine gesamtgesellschaftliche Aufgabe. Gleichwohl hatte das MfS dabei einen entscheidenden Beitrag zu leisten, es war verantwortlich für die vorbeugende Verhinderung, Aufklärung und Bekämpfung von terroristischen Gewaltverbrechen. Diese Aufgabe stand vor allen operativen Diensteinheiten. Die ständige Einschätzung von Terror und anderen Gewaltakten stellte für alle einen wesentlichen Bestandteil der Analyse und Beurteilung der operativen Lage dar.

Die daraus abgeleiteten Erfordernisse bestimmten das Niveau und den Umfang der einzusetzenden operativen Kräfte, Mittel und Methoden zur vorbeugenden Terrorabwehr.

Als Voraussetzung dafür galt es, die operativen Prozesse im MfS – das heißt die Vorbereitung und Ausbildung der operativen Kräfte, die Auswahl und den Einsatz der IM sowie die Bearbeitung Operativer Vorgänge, die Operative Personenkontrolle etc. – auf dieses Ziel auszurichten.

Der *operativen Vorfeldarbeit* wurde dabei große Aufmerksamkeit geschenkt. Sie war Teil der vorbeugenden Arbeit, um rechtzeitig beabsichtigte terroristische Handlungen zu erkennen und zu verhindern. Unter der operativen Vorfeldarbeit wurde vor allem verstanden: die Suche nach Merkmalen und das rechtzeitige Erkennen von Hinweisen auf motivbildende Faktoren, mögliche Vorbereitungshandlungen zur Planung und Organisation von Terrorhandlungen und Gewaltakte sowie ihre gründliche Aufklärung. Besonders zu beachten waren dem Terror möglicherweise vorgelagerte Handlungen, Vorkommnisse und Erscheinungen: kriminelle Handlungen (Androhung von Gewaltakten, Ankündigung oder Vortäuschung einer Gemeingefahr, Beschaffung von Waffen, Sprengstoff oder Gift) oder Handlungen, die bei anderen Menschen die innere Bereitschaft auslösen konnten, Terrorakte zu begehen (psychologische Beeinflussung, Herstellung von moralischen, politischen oder materiellen Abhängigkeiten) sowie Handlungen, die auf eine mögliche Vorbereitung hinwiesen (auffälliges Interesse an bestimmten Objekten, an Bewegungsabläufen und der Privatsphäre von möglichen Zielpersonen) oder scheinbar zusammenhanglose, von der Motivation her unklare Handlungen, Vorkommnisse und Erscheinungen.[86]

Ein weiterer Schwerpunkt war die vorbeugende Sicherung von Personen und Objekten, die im staatlichen Interesse oder aufgrund operativer Erkenntnisse eines besonderen Schutzes bedurften: die führenden Repräsentanten der DDR und ihre ausländischen Gäste sowie zentral und territorial bedeutende Objekte des Staates, der bewaffneten Organe, der Parteien und der Wirtschaft. Das MfS hatte mit eigenen Kräften und im Zusammenwirken mit dem Wachkommando Missionsschutz (WKM) der Deutschen Volkspolizei die diplomatischen Vertretungen und deren Angehörige sowie andere bevorrechtete Personen zu schützen. Im Zusammenwirken mit den Grenztruppen, der Deutschen Volkspolizei und der Zollverwaltung wurde das grenznahe Hinterland, die Staatsgrenze, Grenzübergangsstellen und das dort tätige Personal vor terroristischen Anschlägen gesichert.[87] Dazu leisteten die Hauptabteilungen I, VI, VII und die örtlichen Diensteinheiten der Bezirksverwaltungen und die Kreisdienststellen einen entscheidenden Beitrag.

Die politisch-operative Vorkommnisuntersuchung mußte ständig gewährleistet und auf den neuesten Stand gehalten werden, um Terrorakte auch als solche zu erkennen und aufzuklären. Sie verlangte die Einbeziehung und eine enge Zusammenarbeit mit der HA IX sowie den Abteilungen IX der Bezirksverwaltungen, insbesondere deren Spezialkommissionen. *(Siehe dazu auch den nachfolgenden Beitrag zu den Untersuchungsorganen des MfS)*

Die politisch-operative Arbeit im und nach dem Operationsgebiet zur Terrorabwehr war auf terroristische, extremistische und gewaltbereite Organisationen, Gruppen und Kräfte ausgerichtet. Ziel war vor allem die rechtzeitige Aufdeckung der gegen die DDR und andere sozialistische Länder gerichteten Pläne, Absichten und Maßnahmen zur Durchführung von Terror und anderen Gewaltakten. Dabei spielten vor allem Erkenntnisse über Kräfte, Mittel und Methoden sowie über die geheimdienstliche Unterwanderung, Steuerung und Verbindung der terroristischen und extremistischen Organisationen eine besondere Rolle.

Dies bedingte eine enge Zusammenarbeit der Diensteinheiten mit der Hauptverwaltung Aufklärung (HVA) und der Hauptabteilung II (Spionageabwehr).

Diese hier nur in zusammengefaßter, konzentrierter Form genannten Aufgaben in bezug auf die vorbeugende Terrorabwehr haben sich im Verlaufe der Tätigkeit des MfS als ein entscheidender Aufgabenkomplex herausgebildet. Deren zeitweilig unterschiedliche Priorität und Intensität hingen ab von der Entwicklung der politischen Lage, vor allem vom Stand der Beziehungen zwischen den beiden deutschen Staaten, von der Schärfe des Kalten Krieges, von der internationalen Situation, den Angriffen und Angriffsrichtungen gegen die DDR und vieles mehr.[88]

Terroristische Gewaltakte gegen die DDR

Das MfS hatte stets die besonderen Bedingungen der DDR zu berücksichtigen, wie sie sich speziell aus ihrer Lage an der Trennlinie von Sozialismus und Imperialismus ergaben. (Siehe dazu den Beitrag zur Sicherheitspolitik der SED im Band 1) Westberlin war Zentrum von Agentenorganisationen und von gewaltbereiten, sozialismusfeindlichen Organisationen. Von ihnen ging Gewalt aus, die die DDR und ihre Bevölkerung treffen sollte. Dieser Terror sollte einschüchtern und die DDR schädigen. Die Demarkationslinie, später die Staatsgrenze der DDR zur Bundesrepublik und zu Westberlin, vor allem aber die zu ihrer Überwachung und Sicherung eingesetzten Volkspolizisten, später Grenzpolizisten bzw. Grenzsoldaten, waren vorrangiges Ziel terroristischer Angriffe.

Die Täter waren von Geheimdiensten angeworbene Provokateure oder gehörten den von ihnen geschaffenen bzw. unterstützten antisozialistischen Organisationen und Gruppen an. Auch Angehörige westlicher Besatzungstruppen beteiligten sich mitunter an derartigen Aktionen.

Ende Oktober 1948 wurde der Volkspolizist Fritz Maque an der Oberbaumbrücke in Berlin, wo er seinen Dienst an der Sektorengrenze versah, vorsätzlich mit einem Fahrzeug überrollt und getötet.[89]

Am 21. Februar 1951 wurde der Angehörige der Deutschen Volkspolizei Herbert Liebs bei Pferdsdorf, Kreis Bad Salzungen, an der Demarkationslinie auf dem Boden der DDR von US-amerikanischen Soldaten aus dem Hinterhalt erschossen.[90] Am 2. März 1951 starben die Volkspolizisten Werner Schmidt und Heinz Janello bei Gerstungen, Kreis Eisenach. Sie wurden auf dem Territorium der DDR von US-Soldaten überwältigt, nach Obersuhl in die Bundesrepublik verschleppt und dort ermordet.[91]

Am 23. Mai 1952 wurden die Volkspolizisten Koch und Elchlepp bei Gardelegen gekidnappt. In einem Protest-Schreiben Generalmajor Trusows von den in der DDR stationierten sowjetischen Streitkräften an den Stellvertretenden Chef des Stabes der britischen Besatzungstruppen hieß es: »Die Untersuchung hat ergeben, daß die erwähnten Angehörigen der Volkspolizei während der Erfüllung ihrer Dienstaufgaben beschossen und von westdeutschen Polizisten, die in das Gebiet der DDR eingedrungen waren, überwältigt wurden. Die am Tatort des Verbrechens aufgefundenen Patronenhülsen und blutbeflecktes Verbandsmaterial beweisen, daß einer der Angehörigen der Volkspolizei verletzt worden ist.«[92]

Am 30. Dezember 1952 starb gegen 20.50 Uhr der Angehörige der Deutschen Volkspolizei Helmut Just in der Behmstraße in Berlin unmittelbar an der Sektorengrenze. Auf dem Wege zur Ablösung eines Postens erschossen ihn hinterrücks und aus kurzer Distanz zwei Täter aus Westberlin.[93]

In Westteil der Stadt existierten in den 50er Jahren etwa 40 Diversions- und Agentenzentralen. Ihre Zahl wuchs später auf über 80 an. Neben den Geheimdiensten der westlichen Besatzungsmächte und der BRD gab es auch zahlreiche nichtstaatliche antisozialistische Organisationen wie das »Ostbüro der SPD«, der »Untersuchungsausschuß freiheitlicher Juristen« (UfJ), das »Informationsbüro West« (IWE), »Kampfgruppe gegen Unmenschlichkeit« (KgU).[94] Wie in vorangegangenen Beiträgen bereits hinlänglich beschrieben, führten diese einen intensiven Kampf gegen die sozialistischen Staaten und besonders gegen die DDR.

Sie betrieben Wirtschafts-, Werk- und Militärspionage und Spionage in den Grenzgebieten. Sie fälschten Lebensmittelkarten, Briefbögen und Dienstsiegel von staatlichen Behörden, gesellschaftlichen Organisationen und volkseigenen Betrieben. Sie fingierten Dienstanweisungen, Rundschreiben und Geschäftsbriefe und versuchten so die Wirtschaft, die Arbeit der Staatsorgane, den Verkehrsablauf zu stören und Unruhe unter der Bvölkerung hervorzurufen. Ihre Methoden reichten vom Auslegen von Reifentötern, Abreißen und Inbrandsetzen von Fahnen oder politischen Plakaten, Auslegen bzw. Verbreiten von Hetzflugblättern, Plünderungen und Brandlegungen von HO-Kiosken, über Sabotageakte zur Stillegung von Turbinen und Maschinen in Betrieben, Zerstörungen an Güterwagen, Zugentgleisungen und Zusammenstößen auf Verschiebebahnhöfen bis zu Sprengstoffanschlägen und Mord.

Der Agent der KgU Joachim Müller setzte 1951 die mit Holz provisorisch reparierte Autobahnbrücke Finowfurt bei Berlin mit Phosphor in Brand. 1952 erhielt er von der KgU den Auftrag, die Paretzer Schleuse des Oder-Havel-Kanals bei Hohenneuendorf zu sprengen. Bevor er die Tat ausführen konnte, wurde er im April 1952 verhaftet und im August zu lebenslänglichem Zuchthaus verurteilt.[95]

Der Bauingenieur Arno Bade steckte am 16. Februar 1955 die neuen Sendesäle des DDR-Rundfunks in Berlin-Oberschöneweide in Brand, der Sachschaden betrug zwei Millionen Mark.[96]

Derartige Angriffe gegen die DDR waren in den 50er Jahren an der Tagesordnung. Sie bestimmten damit auch Aufgabenstellung und Tätigkeit des MfS wie der Deutschen Volkspolizei. Dabei bedienten sich die Diversions- und Agentenzentralen in Westberlin häufig krimineller Elemente, die zugleich aus ihrer faschistischen Einstellung und früheren Zugehörigkeit zu Nazi-Organisationen oder zur Wehrmacht keinen Hehl machten.

So hatte der 1950 gegründete »Bund Deutscher Jugend« (BDJ), ein Sammelbecken ehemaliger Angehöriger der Wehrmacht, der Waffen-SS und anderer militärischer Gruppierungen, unter kriminellen Jugendlichen eine Bande in Westberlin rekrutiert, die sich »Bluthunde« nannte. Diese Jugendlichen waren wegen Diebstahls von Buntmetall, Raubüberfall und anderer Eigentumsdelikte, Landstreicherei oder Prostitution zumeist einschlägig vorbestraft. Im Auftrage des BDJ, einige waren Mitglieder dieser Organisation, verbreiteten sie Flugblätter und Hetzschriften im Ostteil Berlins, im demokratischen Sektor, provozierten Zwischenfälle an den Sektorengrenzen, stahlen Fahnen und beseitigten Transparente.

Geplant war auch, im Sommer 1951 Wilhelm Pieck, den DDR-Präsidenten, nach Westberlin zu verschleppen. Des weiteren beabsichtigten sie, die Walzenstraße des Stahlwerkes Burg zu demolieren und den Hochofen in Fürstenberg sowie die sowjetischen Ehrenmale in Treptow und im Tiergarten zu sprengen. Zur Konkretisierung dieser Pläne und zu weiteren Vorbereitungshandlungen kam es nur deshalb nicht, weil die Hintermänner und Auftraggeber die »Bluthunde« zunehmend zur Spionage gegen militärische Einrichtungen in der DDR einsetzten. Dabei wurden die meisten Mitglieder der Bande festgenommen und im Februar 1952 durch das Oberste Gericht der DDR zu langjährigen Zuchthausstrafen verurteilt.[97]

Die KgU war vom USA-Geheimdienst ins Leben gerufen und von Deutschen aufgebaut worden. Sie wurde im November 1948 als »Suchdienst« im Auftrage des *Counter Intelligence Corps* (CIC), der »Gegenspionage«, und des *Military Intelligence Detachment* (MID), der Militärabwehr der US-Army, vom Geheimdienstagenten Rainer Hildebrandt und dem RIAS-Mitarbeiter, Dr. Günther Birkenfeld, gegründet. Am 23. April 1949 wurde die KgU von den westlichen Militärkommandanten in Westberlin offiziell als »politische Organisation« anerkannt. Hildebrandt suchte besonders in der sowjetischen Besatzungszone ehemalige aktive Faschisten und, wenn diese inhaftiert oder verurteilt waren, deren Angehörige, um sie für Spionage und Agentenarbeit für die US-Amerikaner zu gewinnen.[98]

So bekamen Hildebrandt und damit der US-Geheimdienst unzählige Anschriften von Angehörigen derjenigen Personen in die Hände, die Verbrechen gegen die Menschlichkeit begangen hatten. Von diesen Angehörigen und erst recht von den ehemals aktiven Faschisten, die nach Verbüßung ihrer Haftzeit von den sowjetischen Besatzungsbehörden wieder freigelassen wurden, nahm man an, daß sie sich leicht für Spionage- und andere Agentenarbeit gewinnen ließen. Er interessierte sich auch für all jene, die die demokratische Entwicklung mit den skrupellosesten Mitteln aufzuhalten oder zu verhindern trachteten. Die KgU rekrutierte also Verbrecher und deren Angehörige, um sie für weitere Verbrechen gegen die Menschlichkeit und den Frieden einzusetzen..

Im Frühjahr 1950 trat Ernst Tillich an die Spitze der KgU – Hildebrandt hatte einen Teil der geheimdienstlichen Geld- und Sachleistungen für sich persönlich in Anspruch genommen und wurde aus der Schußlinie gezogen.[99] Die KgU spezialisierte sich fortan auf Diversion, Sabotage und Terror.

Burianek, ein im Ostteils Berlin lebender KgU-Agent, hatte sich mit einer sechsköpfigen Bande empfohlen: Sie sammelten Nachrichten, verteilten Hetzschriften, spähten Möglichkeiten für Diversionsakte aus – gegen das Kraftwerk Klingenberg, das Fernmeldeamt Lichtenberg und den Berliner Rundfunk. Es gab auch zwei versuchte Anschläge auf Volkspolizisten. Im Januar 1952 erhielt Burianek den Auftrag, eine Eisenbahnbrücke in die DDR zu sprengen. Er erkundete die Eisenbahnbrücke bei Erkner, östlich Berlins, erarbeitete dazu mit Hilfe seiner Bandenmitglieder einen Aktionsplan, der von der KgU bestätigt wurde. Am 21. Februar sollte die Brücke hochgehen, wenn der »Blaue Expreß« – der fast täglich zwischen Berlin und Moskau verkehrende Militärzug der sowjetischen Streitkräfte– sie passierte. Am 17. Februar holte Burianek einen mit etwa sieben Kilogramm Sprengstoff gefüllten Koffer in Westberlin ab und brachte diesen über die Sektorengrenze in seine Wohnung. Die KgU verschob den Anschlag, worauf sich Burianek verärgert bei der CIC-Dienststelle in Steglitz meldete und um Unterstützung für sein Vorhaben bat. Dort aber war man angeblich nur an militärischer Spionage interessiert.

Am 26. Februar wurde Burianek erneut zur KgU bestellt. Er sollte mit den »drei Bastianen«, einer Agentengruppe aus Angehörigen der Industriepolizei in Westberlin, zusammenzuarbeiten, und weitere Möglichkeiten für größere Terroraktionen auskundschaften und planen. Die Ausführung sollten jedoch die drei »Bastiane« besorgen. Gleichzeitig wurde er in den Plan eines Sprengstoffanschlages am 29. Februar auf die Eisenbahnbrücke bei Spindlersfeld im Berliner Stadtbezirk Treptow eingeweiht. Dazu sollte er den bereits in seinem Besitz befindlichen Sprengstoffkoffer an die »drei Bastiane« übergeben und ihnen die Handhabung erläutern. Das geschah am Abend des 29. Februar 1952 in seiner Wohnung.

Er selbst sollte am nächsten Tag die Wirkung des Anschlages feststellen und der KgU darüber Bericht erstatten. Die »drei Bastiane« wurden beim Anbringen der Sprengstoffladung von DDR-Sicherheitsorganen gestellt. Dabei kam es zu einer Schießerei, bei der einer von ihnen schwer verwundet wurde.

Die Täter entkamen im Schutze der Dunkelheit nach Westberlin, mußten aber den Sprengstoffkoffer zurücklassen.

Burianek wurde am 5. März verhaftet und am 25. Mai 1952 durch den 1. Strafsenat des Obersten Gerichtes der DDR zum Tode verurteilt, die anderen Mitglieder der Bande erhielten langjährige Zuchthausstrafen.[100]

Gerhard Benkowitz aus Weimar, seit 1949 Agent der KgU, hatte auftragsgemäß die Zerstörung mehrerer Objekte in Weimar vorbereitet, darunter der Sechsbogenbrücke bei Weimar und der Bleiloch-Saaletalsperre im Kreis Schleiz. Er fertigte genaue Lageskizzen und Fotografien an und zeichnete darin die Stellen ein, an denen am günstigsten und unauffälligsten Sprengladungen angebracht werden konnten. Darüber hinaus bereitete er die Unterbringung des von der KgU zugesagten Sprengstoffes und eines Quartiers für ein mögliches Sprengkommando vor und war bereit, selbst daran teilzunehmen und das Sprengkommando an die entsprechenden Stellen zu führen.[101]

Über den möglichen Schaden, der bei der Sprengung der Bleiloch-Saaletalsperre entstanden wäre, erklärten Experten: »Die Maschinenanlagen des Kraftwerkes Bleiloch an der Saaletalsperre leisten 60.000 PS, und die Jahreserzeugung beträgt ca. 100 Millionen Kilowattstunden. Um einen ungefähren Überblick über die Kraftwerksleistung und die aus ihr erzeugte elektrische Energie zu erhalten, kann angenommen werden, daß die genannten Mengen im Jahr zehn durchschnittliche Landkreise mit Strom versorgen könnten. Eine Vernichtung der Sperrmauer hätte den Ablauf einer katastrophalen Flutwelle in das unterhalb gelegene Saaletal zu Folge. Die freigewordenen Wassermassen würden Städte und Dörfer mit ihren Industrien und damit die gesamte unterhalb gelegene Zivilisation vernichten.«

Die Ausführung dieser Pläne wurde ebenfalls durchkreuzt, Benkowitz vor Gericht gestellt und zum Tode verurteilt.[102]

Die KgU unterhielt über ihre Agenten Herbert Hoese und Helmut Metz 1950/51 Schlägertrupps mit je 30 Mann. Mit diesen ging man gegen Personen und Einrichtungen in beiden Teilen Berlins vor, verbreitete Flugblätter und Hetzschriften, sie setzten Kioske der Handelsorganisation (HO), des Konsum, Zeitungsstände, Transparente im Ostteil Berlins in Brand, zerstörten Grenzmarkierungen und gingen in brutaler Weise gegen Mitglieder der SED, der FDJ und anderer demokratischer Organisationen vor. Diese Personen wurden zum Teil lebensgefährlich zusammengeschlagen, mitunter nach Westberlin entführt und dort als angebliche Menschenräuber der Polizei übergeben. Zahlreiche Büros, Heime und andere Einrichtungen in Westberlin zugelassener Organisationen wie SED, FDJ und FDGB wurden von diesen Banden überfallen, zerstört oder in Brand gesetzt. Vor allem bei Kundgebungen der FDJ in Westberlin, so auch am 15. August 1951, als während der III. Weltfestspiele der Jugend und Studenten in Berlin Tausende von Festivalteilnehmern auf Einladung des Westberliner Senats im Westteil der Stadt demonstrierten und brutal niedergeknüppelt wurden,[103] waren diese beiden Banden im Auftrage der KgU als Schlägertrupps an der Seite der Westberliner Polizei im Einsatz.

Hoese und Metz wurden im Mai 1952 durch den 1. Strafsenat des Obersten Gerichtes der DDR zu lebenslänglichem Zuchthaus, zwei weitere Mitglieder der Banden zu mehrjährigen Zuchthausstrafen verurteilt.[104]

Auf der Grundlage der Arbeitsergebnisse des MfS und der Justizorgane der DDR wurden die skrupellosen Verbrechen der KgU ständig vor der Öffentlichkeit entlarvt. Das trug wesentlich dazu bei, daß Ende 1959 die westlichen Besatzungsmächte und der Senat von Westberlin diese Verbrecherorganisation nicht mehr länger stützen konnten. Sie wurde aufgelöst.

Kein einziger der in Westberlin ansässigen Organisatoren dieser geplanten und ausgeführten schwersten Verbrechen, weder die Führungskräfte noch die unmittelbar daran beteiligten Mitarbeiter und Agenten, wurde jemals in der BRD oder Westberlin vor Gericht gestellt und zur Verantwortung gezogen. Im Gegenteil, es wurde alles für ihren Schutz und ihre Sicherheit getan. Teilweise fanden die Mitarbeiter der KgU unmittelbar danach als Dank für ihre »treuen Dienste« einen neuen Arbeitsplatz beim Bundesnachrichtendienst (BND), im Bundesministerium für gesamtdeutsche Fragen oder wurden vom Ostbüro der SPD übernommen.

Rainer Hildebrandt erhielt das Bundesverdienstkreuz. Noch 1996 rühmte er sich in einer WDR- Fernsehsendung unter dem Titel »Bomben, Gift und Reifentöter – die Kampfgruppe gegen Unmenschlichkeit«[105] seiner Taten. Der 1950 als CIA-Resident in Westberlin tätige Peter Sichel und der Agent der CIC Theodor Hans sowie die Agenten der KgU Joachim Müller und Walter Schöbe durften vor den Kameras ihr kriminelles Handeln verharmlosen und die gerichtsnotorischen Feststellungen, die zu ihrer Verurteilung geführt hatten, leugnen. Kein Redakteur machte die vermeintlich widerständischen Biedermänner auf ihre Gesetzesübertretungen aufmerksam.

Joachim Müller und Walter Schöbe, die in der DDR zu lebenslanger Haft bzw. zu 15 Jahren Zuchthaus verurteilt worden waren, waren nach 1989 »rechtsstaatlich« rehabilitiert worden.

In Weimar wurden 1998 ernsthaft Überlegungen angestellt, ob man den wegen schwerer Verbrechen 1955 hingerichteten Gerhard Benkowitz mit einer Gedenktafel ehren sollte.[106] Würdigung eines Menschen also, der mit seinen geplanten und vorbereiteten Terrorverbrechen bewußt den möglichen Tod Tausender Unschuldiger billigend in Kauf nahm, um seine Ablehnung und seinen Widerstand gegen die gesellschaftlichen Verhältnisse in der DDR zum Ausdruck zu bringen.

Diese Beispiele offenbaren nur einen Teil der terroristischen Gewaltakte jener Zeit. Der Kalte Krieg prägte auch in den Folgejahren die internationale Systemauseinandersetzung und damit auch das Verhältnis der BRD und Westberlins zur DDR. Immer wieder kam es zu Perioden verstärkter Feindtätigkeit und auch terroristischer Aktivitäten gegen die DDR.

Nach den Maßnahmen zur Sicherung der Staatsgrenze der DDR zur BRD und zu Westberlin am 13. August 1961 gehörten Grenzprovokationen und Anschläge, die in der Regel mit Wissen, Duldung und Unterstützung der Geheimdienste, Polizei und Besatzungsmächte in Westberlin vorbereitet und durchgeführt wurden, zu den Hauptformen von Gewaltakten gegen die DDR. Dabei wurde von manchem Täter rücksichtslos von der Schußwaffe Gebrauch gemacht.

Allein vom 13. August 1961 bis 30. April 1962 wurden die Grenzsicherungskräfte in 93 Fällen von Westberliner Gebiet aus beschossen, wobei in 68 Fällen die Täter Polizeiuniform trugen.[107]

Bis weit in die 60er Jahre befanden sich unter den höheren Polizeioffizieren Westberlins zahlreiche schwer belastete frühere SS- und SD-Führer. Bernt Engelmann nannte unter Verweis auf das »Braunbuch«[108], das 53 höhere Polizeioffiziere Westberlins namentlich auflistete: Kurt Huhn, zuvor Hauptmann im SS-Polizeiregiment 14 und beteiligt an Mordeinsätzen in Polen und Kroatien, danach als Polizeioberrat Gruppenkommandeur für den amerikanischen Sektor von Westberlin; Georg Kirsch, zuvor SS-Hauptsturmführer bei der SS-Freiwilligen-Division »Prinz Eugen«, die an Kriegsverbrechen in Jugoslawien beteiligt war, danach Kommandeur des Einsatzkommandos Wilmersdorf; Karl Schulz, zuvor SS-Hauptsturmführer im »Führer-Begleitkommando«, dann Leiter des Einsatzkommandos der Polizeiinspektion Tiergarten.[109]

Am 23. Mai 1962 beschoß die Westberliner Polizei mit Schnellfeuerwaffen am Spandauer Schiffahrtskanal aus etwa 40 m Entfernung Angehörige der Grenztruppen der DDR, als diese jemanden festnahmen. Der Unteroffizier Peter Göring wurde dabei ermordet, ein zweiter DDR-Grenzsoldat, Unteroffizier Laumer, der ihm Hilfe leisten wollte, schwer verletzt.[110]

Am 14. August 1962 drangen der BGS-Hauptmann Meißner und seine beiden Begleiter, Grenzjäger Koch und Plüschke, im Bereich Wiesenfeld in

Thüringen mehrere Meter auf das Territorium der DDR vor. Von dem in diesem Bereich auf Streife befindlichen Hauptmann Rudi Arnstadt und seinem Begleiter Roßner aufgefordert, stehen zu bleiben, eröffnete Plüschke sofort das Feuer und tötete Arnstadt durch einen Kopfschuß. Auch Koch beschoß die DDR-Grenzsoldaten. Keiner der drei BGS-Beamten wurde jemals vor Gericht gestellt, Koch wurde zum Oberjäger befördert. Das Ermittlungsverfahren der Staatsanwaltschaft Fulda wurde am 8. Oktober 1962 eingestellt. Die Handlungen der beiden DDR-Grenzer wurden von der BRD-Justiz als versuchter Totschlag, die der BGS-Beamten als Notwehrmaßnahmen beurteilt.

Mit der gleichen Begründung wurde das 1998 erneut gegen sie eingeleitete Ermittlungsverfahren eingestellt.[111]

Von August 1961 bis 1967 wurden 28 Tunnel von Westberlin aus in das Hoheitsgebiet der DDR vorgetrieben. Sie wurden ausschließlich für den Menschenhandel genutzt, das heißt für die illegale Ausschleusung sowohl eigener Familienangehöriger der »Tunnelbauer« als auch anderer DDR-Bürger.[112] Die »Tunnelbauer« waren beim Bau und bei der Schleusung häufig bewaffnet. *(Das Thema wird im Beitrag zur Abwehr von Menschenhandel und Bandenkriminalität ausführlich behandelt.)*

Nach mehr als 36 Jahren fand vom 14. Dezember 1998 bis 22. April 1999 vor einer Schwurgerichtskammer des Berliner Landgerichts der Prozeß gegen Rudolf Müller wegen Mordes an Reinhold Huhn statt. Müller lebte bis 1953 in Berlin-Weißensee, dann setzte sich er sich nach Westberlin ab. Im November des gleichen Jahres kehrte er zurück. Wegen Verrat von Dienstgeheimnissen wurde der ehemalige VP-Wachtmeister zu zwei Jahren Haft verurteilt und im Dezember 1954 vorzeitig auf Bewährung entlassen. Am 13. August 1961 floh Müller erneut nach Westberlin, seine Frau und die beiden Söhne verblieben in der DDR. Seit Mai 1962 grub eine siebenköpfige Gruppe – darunter Müller und seine beiden Brüder Klaus und Horst – einen 22 m langen Tunnel vom Keller des Axel-Springer-Verlagshauses unter der Mauer hindurch zum Haus Zimmerstraße 56. Müller traf sich am frühen Abend des 18. Juni 1962 mit seiner Familie in Ostberlin, brachte sie in die Zimmerstraße 56, wo der Gefreite Reinhold Huhn seinen Dienst versah. Auf dessen Aufforderung, die Ausweise zu zeigen, zog Müller eine Pistole und schoß sofort. Dabei traf er Huhn ins Herz. Als dieser zu Boden stürzte, gab Müller erneut einen Schuß ab, diesmal in den Rücken. Anschließend flüchtete die Familie Müller durch den Tunnel nach Westberlin.[119]

Der gerichtlichen Hauptverhandlung zufolge hatte Müller am 8. August 1997 bei seiner richterlichen Vernehmung erklärt, daß er auf den Grenzsoldaten geschossen habe, um seine Familie zu schützen. Nach der Flucht durch den Tunnel habe ihm ein Angehöriger des Staatsschutzes die Tatwaffe abgenommen und ihm unmißverständlich klargemacht, daß er das Verbrechen leugnen müsse, weil er sonst keine ruhige Minute mehr habe. »Sie haben nicht geschossen!« soll ihm der Geheimdienstler gesagt haben. Bei der anschließenden Vernehmung durch die US- Behörden sei er ebenfalls aufgefordert worden zu behaupten, er habe den Grenzposten lediglich geschubst.

Anschließend wurde die Familie Müller durch USA-Behörden nach Westdeutschland ausgeflogen.[114]

Der damalige Hausmeister des Springer Verlagshauses erklärte am 8. Januar 1999 als Zeuge vor dem Landgericht, der Tunnelbau sei vom Chef Axel Springer höchstpersönlich als »Aktion für die Freiheit« genehmigt und unterstützt worden. Springer habe sich über den Fortgang der Bauarbeiten informiert, sei aber am Tattag außer Landes in Spanien gewesen. Auch bestätigte er, daß Senat, Polizei und die amerikanischen Militärbehörden genauestens vorher informiert waren. Unmittelbar nach der Tat traf man sich in der Kantine des Axel Springer Hauses. Der damalige Innensenator Heinrich Albertz und der Polizeipräsident von Westberlin Erich Duensing[115] wären ebenfalls dabei gewesen.[116]

Bereits Stunden vor der Tunnelschleusung standen auf der Westberliner Seite Polizei- und Zollkräfte bereit. Unter ihrem Schutz hatten sich Presse-, Rundfunk- und Fernsehreporter sowie Filmaufnahmestäbe des SFB und NDR in unmittelbarer Nähe des vorgesehenen Tatortes versammelt.[117] Nach der Tat wurde offiziell verbreitet, der Grenzsoldat sei im Kugelhagel seiner Kollegen getötet worden, so auch Egon Bahr, damals Pressechef des Senats. Die Medien überschlugen sich: »Vopo erschießt Vopo« oder »Schießwütige Vopos töteten eigenen Posten«. Innensenator Albertz erklärte, daß nicht festgestellt werden konnte, ob der Fluchthelfer zur fraglichen Zeit eine Schußwaffe besaß.[118]

Vier Tage nach dem Verbrechen erschien in Begleitung eines BND-Mitarbeiters ein Hartmut Böhmer bei der Westberliner Polizei. Dieser war 1960 in die BRD geflüchtet und arbeitete inzwischen für den BND. Er habe als Kameramann des DDR-Fernsehens den Tatort gefilmt, erklärte er. Er habe die Leiche von Huhn in Treptow gesehen und könne bestätigen, dieser sei von seinen eigenen Genossen erschossen worden.[119]

Am 22. April 1999 wurde Rudolf Müller von der Schwurgerichtskammer des Berliner Landgerichts wegen Totschlags zu einer Freiheitsstrafe von einem Jahr verurteilt, ausgesetzt auf zwei Jahre Bewährung.[120] Er wurde schuldig gesprochen, bei dem Versuch, seine Familie durch einen Tunnel in den Westen zu schleusen, am 18. Juni 1962 in Berlin-Mitte den damals 20jährigen DDR-

Grenzsoldaten Reinhold Huhn mit zwei Pistolenschüssen ins Herz und in den Rücken getötet zu haben. Trotz des skandalös milden Urteils wurde nunmehr nach fast vier Jahrzehnten auch von der BRD-Justiz der Tod von Reinhold Huhn geahndet. In der DDR waren wesentliche Untersuchungsergebnisse, wie sie durch das Verfahren öffentlich wurden, bereits kurz nach der Tat publiziert worden. Damals wurden sie als östliche Propaganda abgetan.

Staatsanwalt Klöpperpieper kam in seinem Plädoyer nicht umhin festzustellen, daß die Ermittlungen auf östlicher Seite umfassend und gründlich gewesen seien, die westlichen Ermittlungsergebnisse hingegen auf Falschaussagen basierten.[121]

Das Lügengebäude, das der BND und der Staatsschutz damals errichtet hatten und über die Medien verbreiteten, fiel in sich zusammen. Auch die unrühmliche Rolle der damaligen offiziellen Politik in Westberlin kam zur Sprache. In der Urteilsbegründung wurde das Recht der DDR, an ihren Grenzen Kontrollen durchzuführen, sowie die korrekte Ermittlungstätigkeit der Untersuchungsorgane der DDR einschließlich des MfS gewürdigt. Die von der Verteidigung des wegen Totschlags Verurteilten vorgetragenen Behauptungen angeblicher MfS-Manipulationen der vom Gericht verwandten Unterlagen wurden zurückgewiesen.[122] Daß dies hier überhaupt hervorgehoben werden muß, liegt daran, daß die korrekte Haltung des Richters eher Ausnahme denn Regel darstellte.

Am 5. Juli 2000 fand dieser Prozeß mit dem Berufungsverfahren vor dem 5. Strafsenat des Bundesgerichtshofes (BGH) in Leipzig seinen endgültigen Abschluß. Die Richter entsprachen dem Antrag von Anton Huhn, dem als Nebenkläger auftretenden Bruder des Getöteten, und befanden den Angeklagten Rudolf Müller des Mordes schuldig. Damit wurde das Urteil des Berliner Landgerichtes revidiert und die Tat von Müller als das gewertet, was sie wirklich war: heimtückischer Mord.

Das Strafmaß aus dem ersten Verfahren – ein Jahr Freiheitsentzug auf Bewährung – wurde aufrecht erhalten, obwohl das Gesetz für Mord lebenslänglich fordert.[123]

Eine Bewährungsstrafe bei erwiesenem Mord ist weder juristisch noch moralisch vertretbar. Der rechtskräftig verurteilte Mörder Rudolf Müller – übrigens Träger des Bundesverdienstkreuzes – ließ nicht erkennen, daß ihm Huhns Tod nahegegangen wäre. Bis heute fehlt ein Wort des Bedauerns an die Brüder von Reinhold Huhn. Müller hält sich für unschuldig.[124]

Auch das Bundesverfassungsgericht hat das Urteil gegen Müller bestätigt, in dem es die Verfassungsbeschwerde von ihm nicht zur Entscheidung annahm.[125]

Die Frage, ob hier zweierlei Recht gesprochen wurde, ist durchaus zu stellen.

Zur selben Zeit stand ein DDR-Grenzer in Magdeburg vor Gericht, angeklagt, vor 24 Jahren einen Bundesbürger erschossen zu haben. Am 30. Juni 2000 erhielt er wegen Mordes eine lebenslängliche Haftstrafe.[126] Im Mai 2001 hob der Bundesgerichtshof dieses Urteil auf. Die Karlsruher Richter vertraten die Auffassung, daß sich dieser Grenzer damals »nur wegen Totschlages« strafbar gemacht habe. Das Landgericht Dessau soll diesen Fall nun neu verhandeln.[127]

Es bleibt der Eindruck, daß mit zweierlei Maß geurteilt wird.

Terroristische Aktionen gegen Objekte und Personen zielen, das besagen alle Erfahrungen in Ost wie West, auf eine möglichst große Wirkung in der Öffentlichkeit. Unschuldige Opfer und großer Schaden werden in Kauf genommen, um »Signalwirkung« zu erreichen und Unruhe unter der Bevölkerung zu erzielen. Damit soll Druck auf die Entscheidungen der Zielpersonen oder auf staatliche Organe ausgeübt werden.

Nach der bürgerlichen Politikwissenschaft ist die »Propaganda der Tat« bis heute ein Grundtheorem des Terrorismus.[128] Die modernen Massenmedien bieten dafür eine wirksame und rasche weltweite Verbreitung.

Walter Laqueur schreibt in seinem Buch »Die globale Bedrohung« (1998): »Man hört manchmal, daß Journalisten die besten Freunde der Terroristen seien, da sie ausführlich über deren Operationen berichten. Das heißt nicht, daß Journalisten größere Sympathien für den Terrorismus hätten als andere Berufsgruppen. Es bedeutet einfach nur, daß Gewalt Schlagzeilen macht, Frieden und Harmonie dagegen nicht. Die Terroristen brauchen die Medien, und die Medien finden im Terrorismus alle Zutaten für eine spannende Story. Ihre Haltung reicht von übertriebenem Respekt bis hin zu Speichelleckerei (etwa indem sie Terroristen als Freiheitskämpfer, Patrioten, Militante oder Revolutionäre bezeichnen). Diese Art der Berichterstattung gießt Wasser auf die Mühlen des Terrorismus; sie hat die politische Bedeutung des Phänomens maßlos übersteigert, ist in einigen Fällen sogar für die Ermordung Unschuldiger verantwortlich gewesen und hat komplizierte Rettungsaktionen verhindert.«[129]

Werden Terroranschläge minutiös und im Detail ohne gebotene Zurückhaltung geschildert, können dadurch Nachahmungstaten und weitergehende Initiativen angeregt und gefördert werden. Durch Publizierung von nichtöffentlichen Erkenntnissen über Terroristen, ihre Organisationen, deren Methoden und Mittel kann die Aufklärung und Bekämpfung terroristischer

Anschläge, die Ergreifung von Terroristen und ihre strafrechtlichen Verfolgung bzw. Aburteilung erschwert, verzögert ja sogar verhindert werden.

Bei terroristischen Anschlägen gegen die DDR haben bestimmte Medien der BRD oft so berichtet, daß sie sich unterstützend und verschleiernd für die terroristischen Kräfte betätigten und damit die öffentliche Meinung manipulierten, wie das Beispiel Reinhold Huhn zeigte. Mit einer solchen Berichterstattung wurden Terroristen und deren Sympathisanten ermutigt und zu weiteren Verbrechen gegen die DDR angeregt.

Drahtzieher und Ausführende von terroristischen Anschlägen in der DDR, vor allem nach dem 13. August 1961, waren – bis auf wenige verblendete und haßerfüllte Täter – nicht Bürger der DDR.

Im Februar 1964 verhandelte das Oberste Gericht der DDR gegen Herbert Kühn, einen Neofaschisten. Kühn galt international als erfahrener Sprengstoffexperte, hatte Kenntnisse in der französischen Terrororganisation OAS gesammelt und war 1962 mit verantwortlich für die Sprengstoffanschläge auf die norditalienischen Bahnhöfe Verona und Trient. Dabei waren 20 Personen z. T. lebensgefährlich verletzt worden. Eine Person erlag den Verletzungen, und es entstand ein beträchtlicher Sachschaden. Ende April 1963, kurz vor Wahlen in Italien, führte Kühn mit anderen Mitgliedern der OAS wiederum Sprengstoffanschläge auf die Bahnhöfe von Mailand und Genua aus, wodurch zehn Personen verletzt wurden und erheblicher Sachschaden entstand.

Sein Wirken in der BRD Anfang der 60er Jahre, wo er eine rechtsradikale Untergrundgruppe gegründet, ausgebildet und geführt hatte, stand unter Kontrolle des Bundesamtes für Verfassungsschutz. Er wurde auch mehrmals in der Bundesrepublik festgenommen, kam aber immer wieder schnell frei. Selbst das Auffinden ihm gehörenden Sprengstoffes unmittelbar nach den Anschlägen 1962 in Italien führte lediglich zu einer dreimonatigen Gefängnisstrafe wegen unbefugten Waffenbesitzes.

1963 bereitete Kühn von Westberlin aus »politische Attentate« in der DDR vor, die er als Taten von DDR-Bürgern erscheinen lassen wollte. Sie sollten »Fanale des Widerstandes« sein. Darüber war die Dienststelle des Verfassungsschutzes in Westberlin über einen V-Mann mündlich und schriftlich informiert.

Der mit Kühn befreundete, damals ebenfalls an den terroristischen Anschlägen in Italien beteiligte Fritz B., von Kühn mit der Beschaffung von Sprengstoff beauftragt, hatte am 30. Dezember 1962 Sprengstoffanschläge auf das Zentrale Haus der Deutsch-Sowjetischen Freundschaft (DSF) und das Polizeipräsidium in Berlin verübt. Dabei war im Haus der DSF ein Ausstellungsraum völlig zerstört worden. Am Polizeipräsidium entstand kein nennenswerter Schaden, da die Ladung nur von außen an den starken Mauern angebracht worden war.

Im Juni 1963 schmuggelte Kühn aus Westberlin 5 Kilogramm Sprengstoff und entsprechendes Zubehör in die DDR und bereitete für den 17. Juni (!) 1963 Sprengungen im Roten Rathaus, im Ministerium für Außenhandel und im Stadtgericht Littenstraße vor. Zwei Zeitzünderbomben wurden entdeckt, die dritte, im Ministerium für Außenhandel, detonierte und richtete beträchtlichen Schaden an. Kühn war bei der Ausführung seiner Tat mit einer Pistole und 30 Schuß Munition bewaffnet.

Nach Westberlin zurückgekehrt, informierte er westliche Nachrichtenagenturen über diese Anschläge und stellte sie als Aktionen »Ostberliner Widerstandsgruppen« dar. Es gab Schlagzeilen wie »Verzweiflungstat oder Ost-Provokation?«[130] und »Sprengstoffanschlag in Ostberlin von der SED inszeniert«.[131] Am 30. Juni 1963 wurde Kühn bei dem Versuch, eine Sprengladung am Gebäude des ZK der SED anzubringen, auf frischer Tat festgenommen. Am 26. Februar 1964 wurde er durch den 1. Strafsenat des Obersten Gerichtes der DDR zu lebenslangem Zuchthaus verurteilt. In der Urteilsbegründung wurde festgestellt, »daß die intellektuellen Urheber dieser Verbrechen in Westdeutschland sitzen und ihre Maßnahmen der geistigen Vergiftung, der Hetze, des Kalten Krieges und der Revanche in ihrer Wirksamkeit besonders auf solche unausgereiften und ungefestigten Charaktere wie den Angeklagten abstimmen«.

Kühn wurde im Dezember 1974, nach elf Jahren Haft, zu 15 Jahren Freiheitsstrafe begnadigt und der weitere Vollzug zur Bewährung auf 5 Jahre ausgesetzt.[132]

Kühns Anschlag und seine Verurteilung vor 35 Jahren hatten im Frühjahr 1999 ein mehr als nur fragwürdiges juristisches Nachspiel. Auf sein Betreiben (und auf Betreiben der Sonderstaatsanwaltschaft II, zuständig für Verfahren gegen DDR-Hoheitsträger) wurde sein ehemaliger Untersuchungsführer aus dem MfS wegen »Aussageerpressung durch seelische Mißhandlung« vor der Großen Strafkammer des Landgerichts Berlin angeklagt.[133]

Das Gericht verurteilte den ehemaligen Mitarbeiter des MfS zu einer Freiheitsstrafe von sechs Monaten auf Bewährung[134] wegen Anwendung einer »vernehmungstaktischen Variante«. Sie bestand darin, dem Kühn »eine bevorstehende, aber in Wirklichkeit nicht beabsichtigte Auslieferung an Italien glaubhaft vermittelt zu haben«. Das war aber keine »vernehmungstaktische Variante« – tatsächlich hatte die DDR-Generalstaatsanwaltschaft aus prinzipellen Rechtshilfeerwägungen die Auslieferung Kühns wegen der Anschläge in Italien erwogen. Allerdings unterließ es Rom – wohl mit Blick auf den NATO-Partner BRD – eine Auslieferung des Attentäter zu beantragen. Anno 1999 folgte jedoch ein deutsches Gericht einem überzeugten Terroristen und Neonazis und belangte einen ehemaligen Mitarbeiter des MfS.

Trotz einer Vielzahl terroristischer Aktivitäten gegen die DDR gab es zu deren vorbeugenden Verhinderung, Aufklärung und Bekämpfung bis Mitte der 70er Jahre keine spezifische Zuständigkeit einer Diensteinheit des MfS. Diese Aufgabe war nach wie vor Bestandteil der Arbeit aller operativen Diensteinheiten.

Zum Beispiel hatten die Paßkontrolleinheiten (PKE) der HA VI, verantwortlich für die Sicherung und Gewährleistung der reibungslosen Abfertigung des grenzüberschreitenden Personenverkehrs, in den 70er Jahren »Varianten der Handlungen« für jede Grenzübergangsstelle (GÜST) zur Abwehr terroristischer Anschläge erarbeitet und durchgesetzt. Das betraf mögliche Geiselnahmen, gewaltsame Grenzdurchbrüche, Gewalt- bzw. Bombendrohungen und Feststellung von Waffen, Sprengstoffen und anderen gefährlichen Gegenständen.

Diese »Varianten der Handlungen«, im Grundsatz erarbeitet durch die AG »Sicherheit und Terrorabwehr« der HA VI, waren den spezifischen territorialen, sicherheitsmäßigen und personellen Bedingungen der jeweiligen GÜST angepaßt.

Für jeden einzelnen Posten-, Kontroll- und Abfertigungsbereich galten präzise Festlegungen zur:

– Beobachtung der Verkehrslage vor der GÜST, zum Einsatz der Sperranlagen und anderer verkehrsregulierender Maßnahmen (Ampelschaltung, Schlagbäume usw.);

– Anwendung der Schußwaffen und zu den Schußsektoren (nicht in Richtung Reisende, BRD oder Westberlin usw.) auf der Grundlage der für alle bewaffneten Organe geltenden Schußwaffengebrauchsbestimmung und den Einsatz von Scharfschützen;

–Beurteilung, Sicherung, Bergung und gefahrlosen Beseitigung von sprengkörperverdächtigen Gegenständen;

– Evakuierung bzw. Umleitung der Reisenden und zu anderen Maßnahmen der Gewährleistung ihrer Sicherheit.

Zur Durchsetzung dieser Aufgaben war das enge Zusammenwirken mit den anderen an den GÜST eingesetzten Kräften (Grenztruppen der DDR, der Zollverwaltung, Deutschen Volkspolizei einschließlich des Betriebsschutzes an den Flug- und Seehäfen) die Voraussetzung. Strikt beachtet und eingehalten wurden dabei die jeweiligen Verantwortlichkeiten. (So wurde der »Kommandant der Grenzübergangsstelle« generell von den Grenztruppen gestellt; auf den Flughäfen wurde diese Funktion vom Leiter der PKE wahrgenommen.)

Ein unumstößlicher Grundsatz in der Terrorabwehr des MfS lautete: »Sicherheit in der Luft wird am Boden produziert«. Dies bezog sich auf die Absicherung der Flughäfen selbst, unterschiedliche Zugangsberechtigungen für die Beschäftigten und vor allem die gründliche Kontrolle der Fluggäste und ihres Gepäcks. Dazu erfolgten gemeinsam mit der Abteilung Ausbildung der Zollverwaltung der DDR in regelmäßigen Abständen, seit Beginn der 80er Jahre ein- bis zweimal monatlich, an den GÜST der Flughäfen realitätsnahe Sicherheitstests zum Aufspüren von Waffen, Sprengstoff und anderen gefährlichen Gegenständen. Die Reaktionen und Verhaltensweisen der Kontrollkräfte wurden bei diesen Tests geprüft, korrigiert, die eingesetzte Technik überprüft und gewonnene Erkenntnisse verallgemeinert. Notwendige Verbesserungen der technischen Einrichtungen wurden durchgesetzt. Die DDR-Fluggesellschaft INTERFLUG hatte zu gewährleisten, daß in allen ihren Maschinen die Cockpit-Türen beschußsicher ausgekleidet waren, von innen verriegelt werden konnten und während des Fluges absolut verschlossen blieben.

Je nach Erfordernis und in Abstimmung mit der zuständigen HA XIX (verantwortlich u. a. für die Sicherheit des Verkehrswesens) wurden speziell ausgebildete Angehörige der PKE als Flugsicherheitsbegleiter – heute sogenannte »Sky Marshalls« – eingesetzt. (Bei der Lufthansa wurden sie erst nach dem 11. September 2001 eingesetzt; sie heißen »Flugsicherungsbegleiter«.) Ihre Aufgabe bestand darin, terroristische Anschläge auf die Luftfahrzeuge wie Geiselnahmen, Entführungen möglichst vorbeugend zu verhindern und Attentäter im Ernstfall zu bekämpfen.

Mitarbeiter der HA VI waren ständige Mitglieder der »Kommission zur Untersuchung folgenschwerer Luftfahrtunfälle der DDR«. Als solche kamen sie zum Einsatz z. B. bei Havarien, wie sie sich seinerzeit in Berlin-Schönefeld mit Maschinen TU 154 der AEROFLOT und IL 62 der INTERFLUG ereigneten.

Die Arbeitsgruppe des Ministers/Sicherheit (AGM/S)

Im Rahmen der Verantwortung der Arbeitsgruppe des Ministers für Staatssicherheit (AGM) wurde Anfang der 70er Jahre damit begonnen, Kräfte auszubilden, die Terror- und andere Gewaltakte auf dem Territorium der DDR wirksamer bekämpfen können. Durch militärisch-operative Präsenz bei Großveranstaltungen und anderen besonders terrorgefährdeten Anlässen sowie an wichtigen Objekten sollten Anschläge vorbeugend verhindert werden.

Gleichlaufend mit der Bildung der AGM/S wurden etwa ab Mitte der 70er Jahre innerhalb dieser Diensteinheit nach und nach Struktureinheiten zur militärisch-operativen Terrorbekämpfung aufgebaut und in ständiger Bereitschaft gehalten. Dazu veranlaßten nicht zuletzt auch Erkenntnisse über die in der BRD bestehende Antiterroreinheit, die GSG 9, worüber in den Medien der Bundesrepublik berichtet wurde.

Vorbeugende militärisch-operativer Präsenz bedeutete, daß die speziell zur Bekämpfung von terroristischen Anschlägen ausgebildeten und ausgerüsteten Mitarbeiter des MfS in unmittelbarer Nähe oder innerhalb terrorgefährdeter Objekte in Bereitschaft gehalten wurden. Der Einsatz erfolgte entweder offen sichtbar, uniformiert und mit entsprechender Bewaffnung und Ausrüstung, auch in und mit zivilen Fahrzeugen, oder in gedeckter, für die Öffentlichkeit nicht erkennbarer Form.

Die Zielsetzung bestand darin, Spezialisten zur Terrorbekämpfung unmittelbar vor Ort einsatzbereit zur Verfügung zu haben, die Zeit bis zum Eingreifen bei einem unmittelbar drohenden oder bereits erfolgten Anschlag so kurz wie möglich zu halten. Die offene, sichtbare, demonstrative Präsenz sollte zugleich vorbeugend und abschreckend wirken sowie die Erfolglosigkeit eines eventuell beabsichtigten terroristischen Anschlages demonstrieren.

Von den Einsatzkräften wurde ein Höchstmaß an operativer Beweglichkeit und operativem Denken sowie militärischer Einsatzbereitschaft und -fähigkeit gefordert. Um das gewährleisten zu können, erfolgte eine ständige Vervollkommnung der Fähigkeiten der Mitarbeiter der AGM/S zur militärisch-operativen Terrorbekämpfung. Sie schloß die eigenständige Entwicklung wie auch die effektive Nutzung geeigneter technischer Mittel mit ein.

Das betraf beispielsweise die Befähigung zum Erkennen und Entschärfen sprengkörperverdächtiger Gegenstände verschiedener Art, Fahrzeugpräparationen zur Personensicherung oder als mögliche Fluchtfahrzeuge, optische, elektronische und technische Hilfs- und Abwehrmittel.

Auf der Grundlage zentraler Weisungen erfolgte eine zielgerichtete Zusammenarbeit mit anderen Diensteinheiten des MfS. Es wurde Einfluß genommen auf die Ausbildung und Unterstützung der Mitarbeiter der Hauptabteilung Personenschutz (HA PS).

Mitgewirkt wurde an der speziellen Ausbildung und Unterstützung der Mitarbeiter der HA I und der HA VI zum Schutz der Staatsgrenze, der Grenztruppen und der Grenzübergangsstellen vor Terror und anderen Gewaltakten. Ausbildungsmaßnahmen in der DDR und im Ausland für Mitarbeiter ausländischer Sicherheitsorgane wurden auf der Grundlage staatlicher Verträge bzw. Vereinbarungen in Zusammenarbeit mit der HVA und nach Vorgaben der Partner realisiert. Zumeist handelte es sich bei den Auszubildenden um Spezialisten aus jungen, vom Kolonialismus befreiten Nationalstaaten.

Zum Ende der 70er Jahre hatten derartige Aufgaben so zugenommen, daß für militärisch-operative Sicherungseinsätze bei Großveranstaltungen, Staatsbesuchen, Jugendtreffen usw. und der Ausbildung ausländischer Kader die in der AGM/S vorhandenen Mitarbeiter nicht mehr ausreichten. Auf Befehl des Ministers für Staatssicherheit wurden deshalb aus der 2. Aufklärungskompanie des *Kommandos Aufklärung des Wachregiments des MfS* zunächst ausgewählte Offiziere bzw. Unterführer für die militärische Ausbildung und später auch Teile militärischer Strukturen der Kompanie zu Sicherungseinsätzen gemeinsam mit den Mitarbeitern der AGM/S befristet abkommandiert.

Bei der 2. Aufklärungskompanie handelte es sich um eine Ausbildungseinheit, die im Verteidigungszustand Aufgaben der militärischen Aufklärung eines Regiments im Rahmen der Struktur des Wachregiments erfüllen sollte und deren Angehörige daher neben der allgemein militärischen eine umfassende Ausbildung im Fallschirmspringen und Tauchen sowie zur Beherrschung militärischer Aufklärungsfahrzeuge absolvierten.

Im Jahre 1980/81 wurde dem Leiter der AGM/S die 2. Aufklärungskompanie des Wachregiments des MfS direkt unterstellt und damit eine Erweiterung des militärischen Einsatz- und Ausbildungspotentials der AGM/S für die Terrorabwehr erreicht.

In den 80er Jahren wurden die Struktureinheiten in der AGM/S aufgrund ständiger Einsatzanforderungen weiter ausgebaut. Sie nannten sich nunmehr *Zentrale Spezifische Kräfte* (ZSK) und erreichten 1988, zum Zeitpunkt der Umbenennung der AGM/S in Abt. XXIII, die Stärke von etwa 250 Mann, unterteilt in zwei Abteilungen zu je vier Einsatzkommandos.

Um auch in den Bezirksverwaltungen des MfS entsprechende Kräfte zur militärisch-operativen Terrorbekämpfung schnell verfügungsbereit zu haben, wurden auch dort ab Ende der 70er Jahre nach und nach *nichtstrukturelle*

Einheiten aufgestellt. Sie bestanden aus in der AGM/S spezifisch, auch in der Terrorabwehr ausgebildeten Mitarbeitern der unterschiedlichen Abteilungen der BV und wurden unter Leitung eines Führungsoffiziers im Territorium (bei besonderen Vorkommnissen, Sicherung von Großveranstaltungen, terrorgefährdeter Personen und Objekte usw.) zum Einsatz gebracht. Diese später *Territoriale Spezifische Kräfte* (TSK) genannten Einheiten bestanden 1988 in den BV in einer Stärke von jeweils etwa 10 bis 20 Mitarbeitern, in drei Bezirksverwaltungen – Karl Marx Stadt, Neubrandenburg und Rostock – als ständig bestehende Struktureinheiten mit etwa gleicher Stärke.

Zusätzliche Aufgaben für die AGM/S ergaben sich jeweils aus der Lageentwicklung. Die bis dahin durch Mitarbeiter der HA VI realisierte Aufgabe der Sicherung von Luftfahrzeugen der INTERFLUG durch Flugsicherungsbegleiter wurde der AGM/S übertragen. Einer der Gründe für diese Entscheidung war, daß die Verbindungen der INTERFLUG (auch in bzw. über sogenannte Krisengebiete, in denen Flugzeugentführungen nicht auszuschließen waren) zugenommen hatten und eine größere Anzahl ständig verfügbarer Flugsicherungsbegleiter notwendig geworden war. Dies war mit einer »zusätzlichen« Aufgabenübertragung an Mitarbeiter der HA VI in den PKE personell nicht mehr zu bewältigen.

In der AGM/S wurde dazu eine spezielle Struktureinheit gebildet, die in der unmittelbareren Nähe des Flughafens Berlin-Schönefeld ein Dienstobjekt bezog. Die Mitarbeiter wurden in Zusammenarbeit mit den HA VI und XIX als *Flugsicherungsbegleiter* ausgebildet, mit dafür entwickelten Mitteln (Waffen mit präparierter Munition, die in Luftfahrzeugen anwendbar waren) ausgerüstet und mit geeigneten Methoden vertraut gemacht, um mögliche Flugzeugentführer an Bord ohne Gefahr für die Passagiere und das Luftfahrzeug zu überwältigen.

Zunehmend ergab sich auch die Notwendigkeit, vorbeugende Sicherungsaufgaben an gefährdeten ausländischen Botschaften in der DDR zu realisieren und in Zusammenarbeit mit der HVA Mitarbeiter zur Sicherung von Botschaften der DDR im Ausland vor möglichen terroristischen Angriffen auszubilden und zum Einsatz zu bringen.

Aufgrund der Zusammenführung der Abt. XXIII und der Abt. XXII zur Hauptabteilung XXII im Jahre 1989 gingen alle Aufgaben, das Personal (einschließlich der TSK) und die materielle Basis der Abt. XXIII zur HA XXII bzw. AG XXII in den Bezirksverwaltungen.

Seit der »Wende« wird die AGM/S als »Killerkommando« diffamiert. Der Mitarbeiter der BStU-Behörde Thomas Auerbach lieferte dazu in einer von ihm erarbeiteten Studie (»Einsatzkommandos an der unsichtbaren Front«) im April 1999 die vermeintliche Grundlage. Seine Behauptungen wurden von einigen Medien begierig aufgegriffen und auch noch heute gern kolportiert: Die AGM/S habe nicht nur »Schießen, sondern auch den tödlichen Nahkampf geübt«, was die noch vorhandenen »Stechpuppen« im ehemaligen Dienstobjekt »Walli« auf dem dortigen Schieß- und Sprengplatz belegen würden.[135] In dieser »Studie« wird mit Ausbildungsunterlagen der Nachweis anzutreten versucht, daß in der AGM/S eine »Killerausbildung« stattgefunden habe.[136] Im wesentlichen sei es darum gegangen, so behauptete Auerbach ohne jede Sachkenntnis, »bestens qualifizierte, spezialisierte und hochmotivierte Fachleute für Terror, Zerstörung und Mord heranzuziehen«.[137] Aus Dokumenten, die völlig unterschiedlichen Zwecken dienten, wurden von ihm Passagen zitiert und zusammengefügt, die beim Leser den Eindruck erwecken sollen, die AGM/S habe nicht der Terrorabwehr gedient, sondern der »Terror- und Sabotagevorbereitung des MfS gegen die Bundesrepublik Deutschland«.[138] Und das angeblich bis 1989. Schließlich wurde der AGM/S unterstellt, daß sie im Februar 1981 einen Sprengstoffanschlag auf den Sender Radio Freies Europa verübt haben könnte.[139] Dieser Unsinn bewegt sich auf dem gleichen Niveau wie die Gehirngespinste von »Organentnahmen für SED- und Staatsfunktionäre«, »Zwangsadoptionen in der DDR«, »Mißbrauch der Psychiatrie für politische Zwecke«, »Isolierungs- bzw. Konzentrationslager der Stasi« etc.[140] Nicht zu reden von den »Röntgenkanonen«, mit denen angeblich »Regimegegner« und »Dissidenten« in Haftanstalten verstrahlt wurden. Die obskuren Schlagzeilen in den Gazetten sind vielleicht noch in Erinnerung. Wenn es eine Gemeinsamkeit zwischen diesen »Vorwürfen« gab, dann die: Für alle blieb man die Beweise schuldig. Notgedrungen. Es gibt sie nicht.

Am 9. März 1999 sprach das Düsseldorfer Landgericht den ehemaligen Leiter der AGM/S aus tatsächlichen Gründen vom Vorwurf frei, einen Meineid geleistet zu haben. Ihm war zur Last gelegt worden, am 6. Oktober 1993 als Zeuge im Strafverfahren gegen den Stellvertreter des Ministers für Staatssicherheit und Leiter der HVA Markus Wolf vor dem 4. Strafsenat des Düsseldorfer Oberlandesgerichts bewußt die Unwahrheit gesagt zu haben. Das bezog sich auf seine Feststellung, bei der AGM/S habe es sich nicht um ein »Killerkommando des MfS« gehandelt, das »Verräter im Operationsgebiet« liquidieren sollten, wie der Generalbundesanwalt behauptete, sondern um Kräfte zur Bekämpfung und zur Abwehr von terroristischen Anschlägen gegen Einrichtungen der DDR im Ausland.[141] Die Bildung von »Killerkommandos« sei auch nie geplant gewesen.

Im Prozeß bestätigte auch der Vertreter der Behörde beim BStU Peter Hasner als Zeuge, daß man trotz intensiver Suche im MfS-Archiv nur Dokumente zur »Planung für die Mobilmachung, also für den Verteidigungsfall« gefunden habe. Er, Hasner, »habe keine Kenntnis über die vom Generalbundesanwalt behauptete Version eines Killerkommandos«.[142] Er habe »in den Unterlagen keine Hinweise darauf gefunden, daß (es) zur Einrichtung oder zur Planung von Killerkommandos gekommen sei. Es habe sich insbesondere kein Beleg dafür gefunden, daß jemals aus dem Gebiet der DDR geflohene Personen in der Bundesrepublik getötet worden seien.«[143] Thomas Auerbach, Mitarbeiter derselben Behörde, erklärte jedoch das Gegenteil. Tatsache ist, und an dieser Wahrheit führt kein Weg vorbei: Die speziell ausgebildeten und einsatzbereiten Kräfte der Terrorabwehr des MfS waren keine »Killer«. Im MfS gab es zu keiner Zeit »Killerkommandos«.

Natürlich trainierten (und trainieren) Angehörige von Antiterroreinheiten das Schießen und den Nahkampf – einschließlich die Fähigkeit, einen Terroristen oder Angreifer auch mit anderen Mitteln unschädlich zu machen. Sie erlernten (und erlernen) den Umgang mit Sprengmitteln, Fallschirmspringen, den Kampf unter Wasser.

Wer einmal die Ausbildungsunterlagen und andere Veröffentlichungen etwa zur GSG 9 oder spezieller Einheiten der US-Army mit denen des MfS vergleicht, wird kaum Unterschiede ausmachen.

Die DDR hat bei der Planung für den Verteidigungsfall Gegenmaßnahmen ins Kalkül gezogen, bei denen sie von der NATO-Strategie des »Verdeckten Krieges« ausgehen mußte. Dazu gehörten auf NATO-Seite Fernspähkompanien, Fallschirm-, Rangereinheiten und paramilitärische Einheiten, die »im Rücken des Gegners« eingesetzt werden sollten – also mußte man sich darauf vorbereiten. Erinnert sei in diesem Zusammenhang an das 1948 geschaffene Netzwerk »Bloodstone« des USA-Geheimdienstes zur Gewinnung und nachrichtendienstlichen Nutzung von Emigranten, Kriegsverbrechern, Geheimdienstexperten und Kollaborateuren aus osteuropäischen Ländern und ihre Ausbildung zu Spezialisten für besondere Aufgaben gegen die Sowjetunion und deren Verbündete.[144]

Dem »Labor Service« in Westdeutschland, offiziell als Hilfstruppe für die Bewachung US-amerikanischer Objekte getarnt, gehörten etwa 40.000 Flüchtlinge und ca. 5.000 Freiwillige an, die vom *Office of Policy Coordination* (OPC, Leitung der verdeckten Operationen) der CIA als Geheimarmee ausgebildet wurden.[145] Viele wurden in sogenannten Überrollgruppen zusammengefaßt, die später zur NATO-Geheimorganisation *Gladio* (Kurzschwert) gehörten, andere wiederum rekrutierte man für Sondereinheiten, die Spezialaufträge erfüllten. So unterhielt die CIA in einem Camp in Mittenwalde (Bayern) eine Gruppe von 20 ukrainischen Ex-Nazis, die Doppelagenten, Spione oder andere verdächtige Personen »lautlos« beseitigte.[146]

Mitglieder des »Bundes Deutscher Jugend« (BDJ wurden – wie bereits erwähnt – zwischen 1950 und 1952 von Mitarbeitern des CIC und der CIA unter Nutzung des »Labor Service« zu einer Guerilla-Truppe ausgebildet. Diese sollte auch bei einem friedlichen Machtwechsel im eigenen Land aktiv werden. Die Führung des BDJ besaß »Schwarze Listen« mit Namen von Kommunisten und Sozialdemokraten, die man als »Sicherheitsrisiko« betrachtete und deshalb ermordet werden sollten. 1952 wurden diese terroristischen Intentionen publik und einige Führer des BDJ inhaftiert.[147]

Darüber hinaus existierte bei der CIA die Einheit »Program Branch 7« (PB/7), die laut dem von 1976 datierten Bericht einer Untersuchungskommission des USA-Kongresses, der Church-Commission, verantwortlich war für »Morde, Entführungen und andere ähnliche Aufgaben, wie sie von Zeit zu Zeit im Auftrag höherer Stellen … zu erfüllen waren«.[148]

Die logische Konsequenz aus dem Netzwerk »Bloodstone« war »Gladio«. Dieses Netzwerk in Westeuropa fußte auf der Direktive 10/2 des Nationalen Sicherheitsrates der USA vom 18. Juni 1948 und war (ist?) eine paramilitärische Geheimorganisation, die Sabotage- und Terrorakte im Krisen- und Kriegsfall verüben sollte (soll?).

Als »Stay-behind-Organisation« (SBO) bzw. »Überrollgruppen« wurden sie seit 1956 zwar formal vom BND und in anderen NATO-Staaten von den dortigen nationalen Diensten übernommen und ausgebaut – ihre Führung lag aber immer direkt bei der CIA. Rekrutiert wurden diese SBO- oder »Gladio«-Einheiten aus alten und neuen Faschisten und Rechtsextremisten.[149] Allein in Italien gehörten ihr etwa 12.000 Mann an. Diese »VIII. Division« gliederte sich in 36 Legionen.[150]

Dem MfS war nicht unbekannt geblieben, daß der Grundgedanke für die Organisation »Gladio« darin bestand, Widerstandskräfte hinter den feindlichen Linien zu bilden und diese in Spannungssituationen und außerhalb offizieller Kriegshandlungen zum Einsatz zu bringen. Dazu wurden ihre Mitglieder für den Kampf ausgebildet, sie legten Waffendepots und Munitionslager an und wurden mit modernsten Kommunikationsmitteln ausgerüstet.[151] Offiziell wurde eine solche Zielstellung zwar eingeräumt, aber angeblich hätte sie nur bis 1973 bestanden.[152]

Ob die »Gladio«-Idee wirklich in den 70er Jahren beerdigt wurde, steht zu bezweifeln. Warum sonst sah sich am 22. November 1990 das Europa-Parlament veranlaßt, eine Entschließung zu verabschieden, in der international vernetzte Geheimorganisationen verurteilt, gegen USA-Einmischung und NATO-Anmaßung protestiert und eine komplette Bestandsaufnahme der auf diesem Gebiet tätigen Organisationen gefordert wurde?[153]

Daß die zur Terrorabwehr ausgebildeten und spezialisierten Kräfte des MfS im Verteidigungsfall auch gegen einen im Hinterland der DDR operierenden Gegner eingesetzt werden oder sich überrollen lassen würden, um auf dem vom Aggressor besetzten Territorium zu kämpfen, lag in der militärischen Logik, war erforderlich und legitim. Dies der DDR vorzuwerfen, läßt auf Unkenntnis der Materie schließen.

Die Notwendigkeit zur Schaffung der Abteilung XXII

Die weltweite Zunahme politisch motivierter Gewalt, der sich grenzüberschreitend ausbreitende Terrorismus und die aktuelle Entwicklung der politisch-operativen Lage zwangen auch das MfS, sicherheitspolitische Konsequenzen zu ziehen und eine effektivere Terrorabwehr zu organisieren.

In Auswertung des Überfalls auf israelische Sportler während der Olympischen Spiele in München 1972 und in Vorbereitung des Sicherungseinsatzes anläßlich der X. Weltfestspiele der Jugend und Studenten in Berlin im Sommer 1973 wurde auf Weisung des Ministers für Staatssicherheit eine zentrale Arbeitsgruppe zur Abwehr möglicher terroristischer Anschläge gebildet. Sie sollte auch die Maßnahmen aller Sicherheitsorgane koordinieren. Diese Gruppe war seinem 1. Stellvertreter unterstellt.

Die internationalen Tendenzen im Terrorismus, einschließlich der Gefahr von terroristischen Anschlägen gegen die sozialistischen Staaten (Flugzeugentführungen, Gewaltakte gegen Auslandsvertretungen sozialistischer Staaten, Geiselnahmen) erforderten eine aktive geheimdienstliche Aufklärung der terroristischen Szene.

Mitte der 70er Jahre war die DDR weltweit anerkannt, zahlreiche diplomatische Vertretungen befanden sich hier, und das Staatsgebiet wurde zunehmend zur Durchreise nach und von mit der DDR verkehrsmäßig verbundenen europäischen und afrikanischen Ländern sowie Staaten in Nahost genutzt. Daß dies auch von Personen des internationalen Terrorismus, von extremistischen Gruppen und Kräften ausgenutzt würde, war nicht auszuschließen. Die politisch-operativen Arbeit bestätigte diese Sorge.

Die in den 70er Jahren gewonnenen Erkenntnisse waren von grundlegender Bedeutung für den weiteren Ausbau und die Tätigkeit der Terrorabwehr des MfS. In der dazu herausgegebenen »Dienstanweisung Nr. 1/81« vom 16.

März 1981 wurde eingeschätzt: »Zunehmend zeigten sich Attentate, Entführungen bzw. Geiselnahmen, Sprengstoffanschläge, Erpressungen, Mißhandlungen und andere Gewaltakte bzw. deren Androhung als Bestandteil subversiver Aktivitäten. Die imperialistischen Geheimdienste und andere feindliche Zentren unternahmen verstärkte Anstrengungen, terroristische Kräftepotentiale zu schaffen und auszubauen und Gewaltakte unterschiedlichster Kräfte für die Durchsetzung ihrer Interessen nutzbar zu machen.

Diese gefährlichen Pläne, Absichten und Tendenzen im Vorgehen des Gegners fanden ihren besonderen Ausdruck in den hinterhältigen Bestrebungen feindlicher Organisationen, Gruppen und Kräfte, verstärkt mit terroristisch geprägten subversiven Aktivitäten gegen die DDR und andere sozialistische Staaten vorzugehen. Es wurden alle sich bietenden Ansatzpunkte, auch im Innern der DDR und anderer sozialistischer Staaten, genutzt, um feindlich-negative Kräfte zu provokatorisch-demonstrativen Aktivitäten bis hin zu Terror- und anderen Gewaltakten zu aktivieren.

Es besteht die reale Gefahr, daß sowohl Terrorakte verstärkt als Mittel des subversiven Kampfes gegen die DDR und ihre Verbündeten genutzt werden, als auch das Territorium der DDR in die Vorbereitung von Terror- oder anderen Gewaltakten in anderen Staaten bzw. Westberlin einbezogen wird.«[154]

Die Bildung einer speziellen Diensteinheit »Terrorabwehr« bedeutete jedoch nicht, daß die Zuständigkeit anderer operativer Diensteinheiten für diese Aufgabe damit aufgehoben war.

1975 wurde die *Abteilung XXII* gegründet. Sie ging aus einer nichtstrukturellen zentralen Arbeitsgruppe beim 1. Stellvertreter des Ministers hervor, die speziell zur Sicherung der Weltfestspiele 1973 gebildet worden war.

Während die AGM/S zunächst weiterhin für eine *militärisch-operative* Terrorbekämpfung eingesetzt wurde, hatte die Abt. XXII den Einsatz von Inoffiziellen Mitarbeitern, die Entwicklung und Bearbeitung von Operativen Vorgängen zu konkreten Organisationen, Gruppen und Personen der Terrorszene zu realisieren.

Dies setzte ein möglichst umfangreiches und detailliertes Wissen über Terrorismus, Terror, terroristische Organisationen, Gruppen und Kräfte, Mittel und Methoden sowie über bisher durchgeführte terroristische Anschläge und die sich daraus ergebenden operativen Anknüpfungspunkte zur weiteren Aufklärung voraus. Zugleich schloß das aber auch ein, befähigte Mitarbeiter dieser Diensteinheit, wenn erforderlich, zur vorbeugenden Präsenz an terrorgefährdeten Objekten oder auch zur Beobachtung und Absicherung verdächtiger Personen im Rahmen der unmittelbaren Vorgangsbearbeitung einzusetzen und bei Gefahr im Verzuge zu handeln.

Die Abt. XXII wurde in der Folgezeit auch mit spezifischen Kampfmitteln ausgestattet (Hand- und Schnellfeuerwaffen mit spezieller Munition, Nachtsicht- bzw. Laser-Zieleinrichtungen, optische Beobachtungsgeräte, Lausch- und Abhörtechnik, Mittel zur Bekämpfung von Geiselnahmen einschließlich Reizgas- und Elektroschockgeräte, Technik zur Entschärfung von Zündeinrichtungen etc.). Sie wurde zu einem jederzeit einsatzbereiten, schlagkräftigen Instrument der Terrorbekämpfung.

Im Mittelpunkt der Arbeit stand aber die Informationsbeschaffung und die Analyse der gewonnenen Nachrichten. Die Diensteinheiten des MfS wurden durch Befehl des Ministers verpflichtet, alle Informationen zu Terroranschlägen und zum Terrorismus der Abt. XXII zu übermitteln und mit ihr die Bearbeitung abzustimmen. Konkrete Arbeitsbeziehungen gab es insbesondere mit der HVA und der HA II. Der Schwerpunkt der Zusammenarbeit mit der HVA lag in der gegenseitigen Information über im Ausland bekannt gewordene Terrororganisationen und -gruppen, einzelne Terroristen und Splittergruppen nationaler Widerstands- und Befreiungsorganisationen sowie deren mögliche Verbindungen in die DDR oder in andere sozialistische Länder.

Operative Maßnahmen im Operationsgebiet wurden unter Wahrung der Geheimhaltung abgestimmt.

Schwerpunkt der Zusammenarbeit mit der HA II bildeten Informationen über den Aufenthalt von Ausländern, besonders aus dem nichtsozialistischen Ausland, bei denen konkrete Verdachtsmomente oder zu klärende Hinweise hinsichtlich möglicher Verbindungen zu terroristischen Organisationen/Gruppen oder zu beabsichtigten terroristischen Handlungen auch außerhalb des Staatsgebietes der DDR vorlagen. Von besonderer Bedeutung waren Informationen über Aufenthalte dieser Personen in der DDR, insbesondere in Berlin, über deren Verbindungen zu westlichen Geheimdiensten oder den ihrer Heimatländer, zu den diplomatischen Vertretungen bzw. zu deren Gästen, zu anderen Ausländern, zu Westberlinern und zu Bürgern der DDR. Von operativem Interesse waren ebenso Reisen dieser Personen nach Westberlin.

Dabei mußte die Immunität der mit Diplomatenpässen ausgestatteten Personen gewahrt bleiben. Das erschwerte erheblich die Klärung vorhandener Verdachtsmomente. Bei hinreichenden Verdachtsgründen regte das MfS wiederholt die Einleitung von Maßnahmen über das Ministerium für

Auswärtige Angelegenheiten an. Die diplomatische Immunität sollte aufgehoben oder Personen als unerwünscht (Persona non grata) erklärt, Reisen verhindert oder Reisesperren veranlaßt werden.

Aus politischen Erwägungen wurden jedoch die meisten Vorschläge durch »Zentrale Entscheidungen« des Generalsekretärs oder anderer Stellen im ZK der SED abgelehnt.

Zusammenführung der Kräfte der Terrorabwehr des MfS in der Hauptabteilung XXII und deren Aufgaben

Bis Anfang der 80er Jahre waren in der Abt. XXII umfangreiche Erkenntnisse über terroristische Organisationen, Gruppen und Kräfte sowie ihr Umfeld und ihre Sympathisanten erarbeitet und zusammengeführt worden.

Mit der Dienstanweisung Nr. 1/81 vom 16. März 1981 zur »Aufklärung, vorbeugenden Verhinderung, operativen Bearbeitung und Bekämpfung von Terror- und anderen operativ bedeutsamen Gewaltakten«[155] und den dazu erlassenen Durchführungsbestimmungen des Ministers wurden weitergehende Aufgaben an alle Diensteinheiten gestellt. Damit begann auch der Prozeß der weiteren Zusammenführung aller Kräfte der Terrorabwehr, der Anfang 1989 mit der Zusammenlegung der Abteilungen XXII und XXIII (hervorgegangen aus der AGM/S) seinen Abschluß fand.

Ziel waren eine höhere Effektivität in der Terrorismusbekämpfung, eine Verringerung des Koordinierungsaufwandes, eine effektive zentrale Führung und eine verbesserte Nutzung der personellen, materiellen, technischen und finanziellen Möglichkeiten.

Die Dienstanweisung Nr. 1/81 und die dazu erlassenen Durchführungsbestimmungen enthielten verbindliche Regelungen zur Verantwortung und Federführung der Abteilung XXII.[143] Sie war die Rechtsgrundlage für die Arbeit aller Diensteinheiten auf diesem Gebiet. Alle gegen die DDR gerichteten terroristischen Aktivitäten sollten verhindert und mögliche Gefahren vorbeugend abgewendet werden.

Daraus ergab sich für die Abteilung XXII, verstärkt *Operative Vorgänge* zu Terror- und anderen Gewaltakten in der DDR und zu ausgewählten terroristischen Organisationen, Gruppen und Kräften im Ausland zu entwickeln und zu bearbeiten. Aufzuklären waren Strukturen, Führungskräfte, Mitglieder und Sympathisanten sowie deren, »Rekrutierungsmechanismen«, politische Ziele und Motive, die eingesetzten terroristischen Mittel und Methoden sowie die materielle und finanzielle Basis. Festzustellen waren deren Verbindungen zu gegnerischen Geheimdiensten und anderen Zentren und Institutionen. Anliegen war es auch, Fakten über internationale Verbindungen, Zusammenschlüsse und aktionsbezogene Abstimmungen terroristischer Organisationen und Gruppen zu gewinnen.

Dazu war es erforderlich, Erkenntnisse über ein- bzw. durchreisende Mitglieder und Sympathisanten von terroristischen Organisationen, Gruppen und Kräften zu erarbeiten sowie ihre Verbindungen in die DDR und andere sozialistische Staaten festzustellen. Danach wurden differenzierte operative Maßnahmen eingeleitet oder auch Einreisesperren festgelegt.

Die Aktivitäten dieser Kräfte sollten festgestellt und unter Kontrolle gehalten und operative Ansatzpunkte erarbeitet sowie, wenn möglich, Voraussetzungen für die Einstellung ihrer terroristischen Handlungen und die Auflösung bzw. Selbstauflösung ihrer Organisationen geschaffen werden. In mühevoller Kleinarbeit wurden bedeutsame Operative Vorgänge entwickelt, Inoffizielle Mitarbeiter gewonnen und andere nutzbare Kontakte hergestellt und gepflegt.

Die Abteilung XXII führte alle wichtigen Erkenntnisse zusammen, wertete sie aus, erarbeitete Einschätzungen und Vorschläge und ergriff – in Abstimmung mit anderen zuständigen Diensteinheiten – erforderliche Maßnahmen. Die Abteilung XXII koordinierte Maßnahmen der Terrorabwehr innerhalb des MfS und mit den zuständigen Diensteinheiten der Sicherheitsorgane sozialistischer Staaten.

Die Aufklärung und Bearbeitung terroristischer Organisationen erfolgte auch mit dem Ziel zu verhindern, daß sie durch »Einflußagenten« westlicher Geheimdienste gegen sozialistische Staaten instrumentalisiert werden. Es gab in diesem Kontext eine Reihe ernstzunehmender Hinweise, unter anderem vom KGB und der PLO-Sicherheit.

Eine gewisse Bestätigung – selbst wenn ihm nicht in allem zugestimmt werden kann – lieferte Andreas von Bülow in seinem Buch »Im Namen des Staates«: »Mit an Sicherheit grenzender Wahrscheinlichkeit kann man davon ausgehen, daß die Mehrzahl der TerroristInnen seit Jahren jeweils im Dienst mindestens eines, wenn nicht mehrerer Geheimdienste stehen, die wechselseitig ihre ›Quellen‹ und ›Methoden‹ voreinander schützen wie die Skatspieler ihr Blatt. Müßten … weltweit zu gleicher Zeit sämtliche Führungsoffiziere von Terroristen ihre jeweilige Quelle preisgeben, es würde sich kaum noch eine Terroristenpersönlichkeit finden lassen, die nicht im geheimdienstlichen Haupt- oder Nebenerwerb ihr Auskommen fände. Mit Sicherheit würden die geschäftstüchtigsten unter ihnen die Führung durch die Geheimdienste mehrerer Länder eingestehen müssen. Mit anderen

Worten: Man muß von einer Art Marionettenspiel ausgehen, bei dem die verschiedensten Geheimdienste der Welt ihre jeweiligen Puppen agieren lassen, ohne daß die Globalleitung zu erkennen gibt, wer für wen spielt und einsteht.

Es erhebt sich allerdings die Frage, ob dieses Marionettenspiel[156] der nach den Zunftregeln untereinander abgeschotteten Geheimdienste letztlich wieder einer Gesamtstrategie unterliegt, indem in der weltweiten Auseinandersetzung eine Weltmacht versucht, die Supervision zu übernehmen und den Antiterroristenkampf für ihre eigenen Zwecke zu Lasten anderer Länder zu mißbrauchen.«[157]

Bei der vorbeugenden Verhinderung, Aufklärung und Bekämpfung von Terror und anderen Gewaltakten war für die Abteilung XXII die Zusammenarbeit mit anderen Diensteinheiten des MfS von großer Bedeutung. Das betraf vor allem die Zusammenarbeit mit den Diensteinheiten, die für den Schutz und die Sicherung von führenden Repräsentanten der DDR und ihren ausländischen Gästen, von wichtigen gesellschaftlichen Objekten und von Vertretungen und Einrichtungen der DDR im nichtsozialistischen Ausland oder von Vertretungen anderer Staaten, internationalen Organisationen und bevorrechteten Personen in der DDR verantwortlich waren. Wichtige Hinweise gab es aus den Aktivitäten zum Schutz der Staatsgrenze, der Grenzübergangsstellen und des grenzüberschreitenden Verkehrs, der bewaffneten Organe der DDR und ihrer Ausrüstungen. Das betraf auch die Sicherung von politisch wichtigen Höhepunkten und Großveranstaltungen, den Schutz der sich ständig oder zeitweilig in der DDR aufhaltenden Ausländer, die Gewährleistung der Sicherheit des Strafvollzuges der DDR und des Umgangs mit Schußwaffen, Sprengmitteln, Giften, radioaktiven Stoffen und anderen erlaubnispflichtigen Gegenständen.

Wesentlich zur Vorbeugung beigetragen haben auch alle Diensteinheiten durch die Erfüllung ihrer Aufgaben zur Unterbindung von insbesondere gewaltsamen Versuchen zum Verlassen der DDR sowie zur Aufklärung und Bekämpfung subversiver Pläne, Absichten und Maßnahmen rechtsextremistischer, pseudolinker und linksradikaler Organisationen, Gruppen und Kräfte. Vorbeugende Bedeutung erlangte auch die Bearbeitung, d. h. die Aufklärung anonymer und pseudonymer mündlicher oder schriftlicher Androhungen von Terror- und anderen Gewaltakten.

Mit Beginn der Umsetzung der DA Nr. 1/81 wurden auch in den Bezirksverwaltungen des MfS Arbeitsgruppen XXII (AG XXII) mit bis zu vier Mitarbeitern gebildet. Als operative Spezialisten wurden sie für die Terrorabwehr auf Bezirksebene beratend tätig. Sie unterstützten die Vorgangsarbeit (mit Terrorbezug) der anderen Diensteinheiten, hielten die Verbindung zur Abt. XXII und entwickelten eigene Operative Vorgänge zur vorbeugenden Verhinderung von Terror und Gewalt und waren verantwortlich für Aufklärung anonymer und pseudonymer Gewaltandrohungen im Bezirk.

Die Tatsache, daß im internationalen Rahmen immer wieder Geiselnahmen eine Rolle spielten, verlangte auch vom MfS die Vorbereitung auf solche Verbrechen. Das wurde besonders augenfällig, als Anfang der 80er Jahre Ausbrecher aus der Untersuchungshaftanstalt der Deutschen Volkspolizei in Frankfurt/Oder ihre Bewacher überwältigten, Waffen aus der Waffenkammer entwendeten, danach mehrere Personen als Geiseln nahmen und sich mit ihnen in einer Hochhauswohnung verschanzten. (Sie wurden durch den Einsatz von Kräften der Terrorabwehr überwältigt.)

Im MfS wurde, unter anderem auch in Auswertung dieses Vorkommnisses, eine nichtstrukturelle *Zentrale Gruppe Verhandlungsführung* (ZGV) gebildet. Ab etwa 1985 gab es diese auch in einigen Bezirksverwaltungen als Territoriale Gruppe Verhandlungsführung (TGV). Sie bestanden aus leitenden Mitarbeitern der Terrorabwehr und anderer Diensteinheiten des MfS, die zur Verhandlungsführung bei einer Geiselnahme oder anderen Verbrechen psychologisch vorbereitet wurden.

In einem thematischen Handbuch wurden unterschiedliche Handlungsvarianten zur Bekämpfung von Geiselnahmen und Entführungen detailliert erläutert und für die praktische Nutzung aufbereitet. Das realistische Vorgehen wurde periodisch trainiert.

Die dazu erlassene 7. Durchführungsbestimmung zur DA Nr. 1/81 enthielt Festlegungen zur Planung, Organisation und Durchführung des Bereitschaftssystems der nichtstrukturellen Zentralen Gruppe Verhandlungsführung.

Bedeutende Aufgaben bei der Abwehr von Terror und anderen Gewaltakten wurden durch enges Zusammenwirken mit den Organen des MdI, der Deutschen Volkspolizei (DVP) sowie mit anderen staats- und wirtschaftsleitenden Organen der DDR realisiert. Dabei ging es vor allem darum, bei exakter Abgrenzung der jeweiligen Verantwortung ein reibungsloses Zusammenwirken bei der Aufklärung, vorbeugenden Verhinderung, Bearbeitung und Bekämpfung von Terror und anderen Gewaltakten zu sichern.

Von Seiten des MdI waren durch den Befehl Nr. 67/75 des Ministers des Innern vom 30. September 1975 »Über Vorbereitung, Organisation und Durchführung von Maßnahmen zur wirkungsvollen Vorbeugung, Aufdeckung, Abwehr und schnellen Aufklärung bzw. Bekämpfung von Gewaltakten« und der Dienstanweisung Nr. 160/75 vom 6. November 1975 »Über die Aufgaben der DVP und der anderen Organe des MdI bei der Bearbeitung von Drohungen mit Gewaltakten« entsprechende Voraussetzungen geschaffen worden.

Die in eigener Verantwortung liegenden Möglichkeiten der Deutschen Volkspolizei sowie der anderen Organe des MdI stellten für die Aufklärung und vorbeugende Verhinderung von Terror und anderen operativ bedeutsamen Gewaltakten, besonders bei der Fahndung nach Personen und Sachen, eine wirkungsvolle Grundlage des Zusammenwirkens dar.

Wichtig war die zügige Bearbeitung und Aufklärung von Vorgängen, bei denen ein Bezug zu Terror und Gewalt nicht ausgeschlossen wurde. Etwa der Verlust bzw. Diebstahl von Waffen, Munition, Sprengmitteln, Giften und Chemikalien. Das betraf auch die umgehende Bearbeitung und Aufklärung von Überfällen, Bränden oder Explosionen einschließlich der telefonischen oder schriftlichen anonymen oder pseudonymen Androhungen von Gewalt. Schließlich waren die Kräfte der Volkspolizei diejenigen, die die sichtbare Präsenz der Sicherungskräfte und Sicherungsmaßnahmen bei Großveranstaltungen, Staatsfeierlichkeiten und anderen gesellschaftlichen Höhepunkten sowie vor allem im täglichen Leben in der DDR gewährleisteten. Sie waren deshalb häufig auch die ersten, die mit den oben genannten Vorkommnissen konfrontiert wurden.

In solche Sicherheitsmaßnahmen einbezogen waren die Transport- und Wasserschutzpolizei, die Kräfte zur Sicherung der Flugplätze, das Wachkommando Missionsschutz, das die Sicherheit an den diplomatischen Vertretungen zu gewährleisten hatte, der Betriebsschutz und die Feuerwehr. Darüber hinaus verfügte das MdI über eine eigene Spezialeinheit zur Bekämpfung akuter Terror- und anderer bedeutender Gewaltakte, mit der ein Zusammenwirken vor allem für die Kräfte der Terrorabwehr des MfS von besonderer Bedeutung war.

Schließlich verfügte das MdI auch über eine Hubschrauberstaffel, welche durch gemeinsames Training der militärisch-operativen Kräfte des MfS mit der Spezialeinheit des MdI für die Sicherung der Mobilität beider bei einer möglichen akuten Bekämpfung eines Terroranschlages große Bedeutung besaß.

Ein enges Zusammenwirken gab es ebenfalls mit der Zollverwaltung der DDR, insbesondere bei der Kontrolle des grenzüberschreitenden Verkehrs zur Verhinderung der Einschleusung von Waffen, Sprengstoffen und anderen zur Durchführung von terroristischen Anschlägen geeigneten Materialien und bei der Fahndung nach Personen und Sachen. Mit den Grenztruppen der DDR wurde vor allem bei der Sicherung der Grenzübergangsstellen und bei terroristischen Anschlägen gegen die Staatsgrenze eng und vertrauensvoll zusammengewirkt.

Rückblickend auf die vom MfS erarbeiteten Erkenntnisse über den internationalen Terrorismus und von terroristischen Organisationen, Gruppen und Kräften ausgehende Gefahren ist es diskriminierend und unsachlich, wenn von der BStU-Behörde erklärt wurde, eine Gefahr durch ein Überschwappen des westlichen Terrorismus habe für die DDR nicht bestanden. Dies sei dem paranoiden Sicherheitsdenken des MfS[158] entsprungen, was einen übersteigerten personellen und materiellen Aufwand zur Folge gehabt hätte.

Obwohl »es auch innerhalb der DDR bisweilen zu politisch motivierter Gewalt« kam, sei dies »mit der terroristischen Bedrohung, der sich die westliche Welt zu erwehren hatte, ... nicht zu vergleichen, ... denn militanter Widerstand mit revolutionärer Zielsetzung wie im Westen war innerhalb des stark repressiven politischen Systems der DDR undenkbar«, meinte 1995 die BStU-Behörde.[159]

Egal, ob dem MfS in der Terrorabwehr »paranoides Sicherheitsdenken« und »übersteigerter personeller und materiellenrAufwand« unterstellt wird. Das MfS kann jedenfalls für sich in Anspruch nehmen, daß die Terrorabwehr der DDR erfolgreich war.

Kein Staat rechtfertigt sich gegenüber einem anderen dafür, wenn er das ihm notwendige Erscheinende für seine Sicherheit und die seiner Bürger unternimmt. Die USA tun das nicht, auch die Bundesrepublik handelt in dieser Hinsicht souverän.

Zutreffend ist allerdings, daß es terroristische Bestrebungen im Innern der DDR in solchem Ausmaß und mit derart öffentlicher Wirkung wie anderenorts nicht gegeben hat. Die Situation auf diesem Gebiet war nicht vergleichbar. Allerdings: Die gesellschaftlichen Verhältnisse in der DDR boten dafür auch keinen »Nährboden«. Die Wachsamkeit der Bürger und der gesellschaftlichen Organisationen sowie ihr Engagement für ihren Staat und dessen Sicherheitsorgane erstickten solche Bestrebungen in der Regel bereits im Keim. Diese auf der sozialistischen Entwicklung beruhende politische Reife der Bürger und Sicherheitsorgane zeigte sich selbst in der Agonie der DDR in der auf beiden Seiten realisierten Forderung »Keine Gewalt«.

Daß es aber durchaus terroristische Absichten und Aktionen im Inneren der DDR gab, zeigen einige Vorfälle:

In Steinach/Thüringen beabsichtigte eine Gruppe von fünf Personen Mitte der 60er Jahre, den Vorsitzenden des Staatsrates zu ermorden, um dadurch die politischen Verhältnisse in der DDR umzustürzen. Sie beschafften sich Waffen, bestimmten den Mordschützen und erkundeten Möglichkeiten, wie man danach über die Grenze kommen könnte. Bevor sie mit der unmittelbaren Ausführung des Anschlages beginnen konnten, wurden sie festgenommen und zu Freiheitsstrafen verurteilt.[160]

In Arnstadt in Thüringen gab es Anfang der 80er Jahre eine Gruppe Jugendlicher, die sich »RAF« nannte. Mit der Rote-Armee-Fraktion in der BRD hatte sie aber nichts zu tun. Aus Opposition zum sozialistischen Staat wollten sie das Trinkwasser für die Stadt Erfurt mit Zyankali vergiften, einen General der in der DDR stationierten sowjetischen Streitkräfte ermorden und Sprengstoffanschläge verüben. Noch während der Vorbereitungen wurden sie festgenommen.

Am 9. März 1980 wurde in Karl-Marx-Stadt, heute wieder Chemnitz, das Denkmal mit einem auf einem Sockel stehenden Panzer T-34 aus dem Zweiten Weltkrieg durch einen Sprengstoffanschlag beschädigt. Dieses Denkmal für die Befreiung vom Faschismus stand inmitten eines Wohnviertels. Ausgeführt hatte diesen Anschlag der DDR-Bürger Josef K. mit selbstgefertigtem Sprengstoff. Er wollte damit ein »Fanal des Widerstandes« setzen, den möglichen Tod Unschuldiger nahm er billigend in Kauf. 1981 wurde K. wegen Terror und Mordversuch zu einer lebenslangen Freiheitsstrafe verurteilt, aber noch in den 80er er Jahren in die BRD entlassen. Die dortige Justiz rehabilitierte ihn gemäß dem »1. SED-Unrechtsbereinigungsgesetz«, für seine Haftzeit wurde er entschädigt.

Zahlreiche geplante wie auch durchgeführte Terrorakte erfolgten auch in Form gewaltsamer Grenzdurchbrüche. 1979 versuchte ein Obermaat ein Küstenschutzschiff der Volksmarine der DDR mit Waffengewalt zu entführen. Ebenso gab es Versuche zur Entführung von Flugzeugen. Allein von 1962 bis 1973 wurden vierzehn Versuche unternommen, Passagier- und auch Agrarflugzeuge zu entführen. Davon gelangen vier. Die Entführer gingen in der Bundesrepublik entweder völlig straffrei aus oder erhielten nur sehr milde Urteile; die in der DDR Verurteilten wurden nach der »Wende« rehabilitiert.

Vorkommnisse ähnlicher Art gab es auch mit Triebfahrzeugen der S-Bahn in Berlin und der Reichsbahn. Dabei erfolgten mitunter Geiselnahmen des Fahrpersonals.

1975 ermordete der Fahnenflüchtige Werner Weinhold bei seinem gewaltsamen Grenzdurchbruch zwei Grenzsoldaten. Es gab ferner Sprengstoffanschläge auf Grenzsicherungsanlagen. *(Siehe dazu den nachfolgenden Beitrag zur Militärabwehr des MfS)*

Geplant oder realisiert wurden beispielsweise auch solche Terror- und Gewaltakte wie die in Jena, als eine Person, die in einer pharmazeutischen Fabrik tätig war, drohte, dem dort hergestellten und für den Export bestimmten Penicillinpräparat Gift beizumischen, wenn seiner Forderung nach Ausreise aus der DDR nicht nachgegeben würde. Es gab ferner Versuche krimineller Menschenhändlerbanden, Kinder zu entführen, die zuvor von geflüchteten DDR-Bürgern zurückgelassen wurden.

Daß derartige Erscheinungen nicht ausuferten und zumeist ohne spektakuläre Folgen blieben, war sowohl der vorbeugenden Tätigkeit des MfS und anderer Sicherheitsorgane als auch dem wachsamen Verhalten von Bürgern und gesellschaftlichen Kräften der DDR zu verdanken.

Mit der strikten Durchsetzung der staatlichen Ordnung zum Umgang mit Waffen, Munition, Sprengmitteln, Giften wurden die Möglichkeiten des mißbräuchlichen Besitzes solcher für terroristische und andere Gewaltakte geeigneter Mittel weitgehend ausgeschlossen. In der DDR waren Besitz und Kauf von Waffen und Munition genehmigungspflichtig. Jedem Verlust einer Waffe, jeder Unstimmigkeit in der Abrechnung von Munition oder von Sprengstoff wurde bis zur endgültigen Klärung konsequent nachgegangen.

Die Verbesserung der Fahndungsmaßnahmen an der Grenze einschließlich der strikten Durchsetzung von Einreisesperren erschwerten das illegale Einführen von Mitteln für terroristische Anschläge sowie die unerkannte Einreise von Personen, die im Verdacht standen, terroristischen Organisationen, Gruppen oder Kräften anzugehören.

Die Terrorabwehr des MfS erhielt zahlreiche ernstzunehmende Hinweise auf geplante Anschläge. Die Armenische Geheimarmee für die Befreiung Armeniens (ASALA) beispielsweise plante einen Anschlag auf eine Maschine der INTERFLUG. Beabsichtigt war ferner ein Mordanschlag auf den syrischen Botschafter in der DDR und auf einen Neffen des syrischen Präsidenten, der in Leipzig studierte.

Einige Botschaften, darunter die der USA und der Türkei, befanden sich im Blickfeld terroristischer Kräfte.

Wie in Bulgarien und Ungarn, wo im Ergebnis von terroristischen Anschlägen Opfer zu beklagen waren, drohte der innerpalästinensische Konflikt 1983 auch auf die DDR überzugreifen. Es gab Morddrohungen gegen Palästinenser in Leipzig, Nordhausen und Weimar sowie gegen die Botschaft und den Botschafter der PLO in der DDR. Zeitweilig wurden die Botschaft Syriens und die PLO-Vertretung besetzt.

Es gab auch einige Versuche – und Gefahren bestanden hier permanent –, das Territorium der DDR, insbesondere Berlin, als Ausgangsbasis für terroristische Anschläge in Westberlin, der BRD und im Ausland zu mißbrauchen. Viele solcher Aktivitäten, die der Terrorabwehr bekannt wurden – ob sie ernst gemeint oder nur Prahlereien von Doppel- und Mehrfachagenten waren –, wurden sorgfältig geprüft und durch entsprechende operative Maßnahmen verhindert.

Trotz umfangreicher Bemühungen wurden einige Unternehmungen jedoch nicht rechtzeitig erkannt, z. B. die Anschläge in Westberlin auf das französische Kulturzentrum »Maison de France« und die Diskothek »La Belle«, ohne damit zu bewerten , ob das MfS Möglichkeiten der Verhinderung gehabt hätte. Bei »La Belle« konnte das MfS davon ausgehen, daß diese Absichten und Aktivitäten in Vorbereitung des Anschlages westlichen Dienststellen nicht verborgen geblieben waren: Die beteiligten Personen hatten Kontakte mit westlichen Geheimdiensten und der Westberliner Polizei bzw. befanden sich in deren Blickfeld.

Diese Beispiele offenbarten allerdings auch, daß die Terrorabwehr des MfS nicht frei von Schwächen war und auf Teilgebieten nur über eingeschränkte Möglichkeiten verfügte.

Die zusätzliche Sicherung diplomatischer Vertretungen, Handelsmissionen, Büros der Massenmedien sowie der sich in der DDR zeitweilig aufhaltenden Ausländer und bevorrechteten Personen durch die militärisch-operativen Kräfte der Terrorabwehr verlangten über längere Zeiträume einen sehr hohen personellen und materiellen Einsatz.

Nach dem Anschlag auf die Diskothek »La Belle« in Westberlin ersuchte der Botschafter der USA die DDR-Behörden um besonderen Schutz für in Westberlin stationierte Angehörige der US-Army. Man habe – so hieß es von offizieller Seite der USA – Informationen, daß gegen Busse der US-Truppen Terroranschläge geplant seien. Die GI fuhren damals häufig mit Bussen zu Einkäufen, zum Besuch von Kulturveranstaltungen und Sehenswürdigkeiten in die Hauptstadt der DDR und nach Potsdam. Dort sollten Haftladungen an den Bussen angebracht werden, welche in Westberlin gezündet würden. Daraufhin führte das MfS etwa ein Jahr lang die Aktion »Bus« durch. Neben inoffizieller Aufklärungsarbeit wurden alle Busse mit US-Soldaten und ihren Angehörigen ununterbrochen gesichert. Fahrzeuge, besetzt mit spezifischen militärisch-operativen Kräften der Abteilung XXII, begleiteten die Busse von der Ein- bis zur Ausreise. Nach groben Schätzungen waren es etwa 37.000 Uniformierte und rund 36.000 Zivilisten, die in diesem Zeitraum besonderen Schutz durch das MfS erhielten. Die USA-Botschaft empfand den gewährten Schutz wohl kaum als paranoides Sicherheitsdenken …

Zur vorbeugenden Arbeit gehörte auch die konsequente Aufklärung anonymer und pseudonymer Drohungen in mündlicher, telefonischer oder schriftlicher Form, mit denen Attentate, Morde, Geiselnahmen, Entführungen, Erpressungen, Überfälle, Sprengstoffanschläge, Explosionen, Brände, Vergiftungen etc. demonstrativ angekündigt wurden.

Die Abteilung XXII hatte sich auch mit anonymen und pseudonymen Gewaltandrohungen aus beiden deutschen Staaten zu befassen, die sich gegen Repräsentanten oder wichtige Institutionen der DDR sowie ausländische Botschaften einschließlich der Ständigen Vertretung der BRD in der DDR, und der DDR-Botschaften im Ausland richteten.

Stets wurden mögliche akute Gefahren für Leben und Gesundheit von Personen, für die Gewährleistung der Produktion, des Verkehrs, für den Publikumverkehrs in öffentlichen Einrichtungen abgeklärt. Soweit erforderlich, wurden Objekte zweitweilig geschlossen, Gebiete gesperrt, Personen evakuiert. In vielen Fällen konnten durch schnelle Auswertung der Drohung und ihre Zuordnung zum Verursacher, verbunden mit sofortiger Absuche der gefährdeten Orte, Evakuierungen oder Produktionsunterbrechungen verhindert werden.

Darüber hinaus wurden unverzüglich die Ergebnisse von Tonaufzeichnungen, von Fangschaltungen und anderen zum Einsatz gebrachten technischen Mitteln ausgewertet. Wo diese fehlten, wurde ihre Installation veranlaßt.

Bei schriftlichen Androhungen erfolgte eine zügige Schriftenauswertung und -einschätzung sowie der Vergleich mit der Schriftensammlung von bisherigen Tätern in der HA/Abt. XX und im MdI.

Von den jährlich etwa 400 bis 500 von der Abteilung XXII federführend bearbeiteten mündlichen und schriftlichen Androhungen von Gewaltakten wurden etwa 25 Prozent aufgeklärt bzw. anderen anonymen Tätern zugeordnet.

Bei den aufgeklärten Fällen konnte zum Teil eine Absicht zur Realisierung der Androhung bzw. das Hervorrufen von Angst und Unruhe nachgewiesen werden. In nur wenigen Fällen wurden bereits konkrete Vorbereitungen zur Ausführung der Androhung festgestellt. Natürlich gab es auch eine ganze Reihe von Fällen, in denen aus jugendlichem Übermut, Verärgerung oder anderen persönlichen Gründen, mitunter auch nach Alkoholgenuß gehandelt worden war. Dahinter steckten keine ernsthaften Absichten, die Androhung auch auszuführen. Aber auch das mußte erst festgestellt und aufgeklärt werden, um jedes Risiko auszuschließen.

Dem MfS wurde unterstellt, daß die Terror-Abwehrmaßnahmen »überstei-gert« und die Gefahren nur fiktiv gewesen seien. Zugleich wird behauptet, daß das MfS davon den Auftrag abgeleitet habe, extremistische Gruppen und Strömungen in der ganzen Welt zu beobachten, die »der DDR kritisch bis feindlich gegenüberstanden und gleichzeitig eine militante Handlungsbereitschaft zu haben schienen«.[161]

In der Tat hatte das MfS auch Kräfte im Blick, von denen sich westliche Geheimdienste Hilfe beim Kampf gegen den Sozialismus erhofften. Eine Öffnung und Auswertung der Unterlagen des MfS über Angriffsrichtungen, Mittel und Methoden der gegen die DDR aktiven Geheimdienste beim BStU würde dies mit Fakten belegen. Bei der »Aufarbeitung« werden diese aber erstaunlicherweise immer ausgeklammert.

Die Orientierung der Terrorabwehr auf rechtsextremistische oder linksradikale Gruppierungen, die ihre Ziele mit terroristischen Mitteln und Methoden durchzusetzen versuchten, erwies sich als notwendig und richtig. Um Gefahren rechtzeitig zu erkennen, mußte das breite Spektrum rechter und linker radikaler, pseudorevolutionärer und anarchistischer Kräfte weitgehend aufgeklärt und differenziert beobachtet werden.

Die Terrorabwehr setzte im Kampf gegen Terroristen und deren Organisationen vorwiegend nachrichtendienstliche Mittel ein, um zu verhindern, daß die DDR und andere sozialistische Staaten Angriffsobjekt oder als Hinterland bzw. logistische Ausgangsbasis des Terrorismus genutzt wurden. Es mußte verhindert werden, daß vom Territorium der DDR aus terroristische Anschläge im Ausland verübt werden.

Das MfS hat alles unternommen, um mit politisch-operativen Mitteln und Methoden rechtsextremistische und linksradikale, nationalistische und religiöse Terrororganisationen bzw. terroristische Gruppen und Kräfte sowie DDR-feindliche militante Kräfte festzustellen und Erkenntnisse zu gewinnen, die es ermöglichten, von ihnen ausgehende Aktivitäten zu unterbinden, einzuschränken und zu erschweren. Wo sich Ansätze ergaben, wurde versucht, Personen so zu beeinflussen, daß sie ihr terroristisches Handeln als untaugliche Methode zur Lösung gesellschaftlicher Probleme erkennen und einstellen.

Von Anfang an war Westberlin Zentrum westlicher Geheimdienste und antisozialistischer Organisationen, zugleich war es auch zum Tummelplatz für undurchsichtige Elemente aus aller Welt geworden. Hier konzentrierten sich Schieber, Waffenhändler und Spekulanten. Begünstigt wurde dies durch den

Schwindelkurs zwischen der D-Mark und der Mark der DDR sowie dem Preisgefälle zwischen Ost und West. Seit Ende der 60er Jahre, verstärkt durch den KSZE-Prozeß, stieg der Transitverkehr von und nach Westberlin, von und nach Osteuropa und Nahost. Vieles lief über die DDR-Hauptstadt und ihren Flughafen in Schönefeld. Die großzügige Praxis der Genehmigung und Kontrolle bei der Grenzpassage von Diplomaten und anderen bevorrechteten Personen (Botschaftspersonal, Journalisten, Handelsvertreter etc.) führte zu stetig steigenden kurz- und längerfristigen Aufenthalten von Ausländern in den Hotels der Hauptstadt. Dem MfS lagen gesicherte Erkenntnisse vor, daß derartige Aufenthalte und Kontakte zu DDR-Bürgern für kriminelle oder politische Zwecke im Interesse gegnerischer Kräfte mißbraucht wurden bzw. werden sollten.

Anfang der 80er Jahre nahm der sogenannte Polittourismus aus dem Westen zu. Auch aus dieser Entwicklung ergaben sich neue Anforderungen an die Terrorabwehr des MfS. Diesem Anliegen der vorbeugenden Terrorabwehr dienten die 2. Durchführungsbestimmung zur Dienstanweisung Nr. 3/75. Unter Punkt 2 hieß es dort: »Die Durchführung politisch-operativer Maßnahmen ist zu konzentrieren auf die vorbeugende Verhinderung von Terrorhandlungen und anderen Angriffen gegen die eingereisten Persönlichkeiten zur Vermeidung schwerwiegender politischer Folgen, die Überprüfung von in Unterkunftsobjekten abgegebenen Gepäckstücken, Briefen und anderen Gegenständen auf das Vorhandensein von Sprengstoffen und anderen gefährlichen Materialien vor der Übergabe an die Persönlichkeiten sowie die Einleitung anderer notwendiger vorbeugender Sicherungsmaßnahmen.«[162]

Die DDR unterhielt zuletzt zu 136 Staaten diplomatische Beziehungen. 74 Staaten hatten in Berlin ihre Botschaft und eine Residenz, darunter auch viele aus sogenannten Krisengebieten, in denen die Machtverhältnisse häufig wechselten und sich Vertreter der aus politischen, nationalistischen oder auch religiösen Gründen rivalisierenden Gruppen dieser Länder zusammen in einer Stadt, mitunter jeweils in Westberlin und/oder in der DDR-Hauptstadt aufhielten.

Nach Erkenntnissen des MfS befanden sich unter den ein- bzw. durchreisenden Personen neben Mitarbeitern von Geheimdiensten und anderen gegnerischen Organisationen auch Mitglieder sowie Sympathisanten terroristischer oder militanter Organisationen, Gruppen und Kräfte. Das bestätigen etliche Quellen. »So steht fest«, schrieb Andreas von Bülow, »daß westdeutsche Terroristen zeitweilig regelmäßig über Ostberlin in die Länder des Ostblocks geflogen sind. Sie waren dabei nicht nur von der Staatssicherheit überwacht, sondern wurden zum Teil auch von V-Männern des Verfassungsschutzes oder des Bundeskriminalamtes, möglicherweise auch des BND begleitet.«[163]

Mitarbeitern der HA VI gelang es auf der Basis personifizierter Vorgaben durch zielgerichtete Fahndungsmaßnahmen und bei der Kontrolle des Ein-, Aus- und Durchreiseverkehrs substantielle Ersthinweise zu erarbeiten, die für die vorbeugende Terrorabwehr von erheblicher Bedeutung waren und zu Operativen Vorgängen führten. Die Tatsache, daß die Anschläge gegen die DDR, ihre Staatsgrenze und ihre Sicherungskräfte oft auch einen rechtsextremen bzw. neonazistischen Bezug hatten, erforderten die Aufklärung und Bearbeitung dieser Szene der BRD bzw. Westberlins und anderer Staaten durch das MfS. Anlaß der Bearbeitung waren vor allem

– bereits vorhandene bzw. sich entwickelnde private oder entsprechend getarnte Verbindungen in die DDR;

– bei der Kontrolle an den Grenzübergangsstellen festgestellte Gegenstände oder Unterlagen, die auf eine rechtsextremistische Urheberschaft und Zielstellung hinwiesen;

– entsprechende Demonstrativhandlungen oder begründete Hinweise auf vorhandene Gewaltbereitschaft, auf bereits erfolgte Gewalthandlungen bzw. diesbezügliche Androhungen gegen die DDR, besonders gegen ihre Staatsgrenze und die Grenzsicherungskräfte.

Im Blick hatten die zuständigen Diensteinheiten des MfS solche dem rechten Spektrum zuzurechnende Organisationen und Gruppierungen wie die »Nationalsozialistische Deutsche Arbeiterpartei, Auslands- und Aufbauorganisation« und »Ortsgruppe Berlin« (NSDAP/AO und NSDAP/OGB), die »Aktionsfront Nationaler Sozialisten/Nationale Aktivisten«, die »Kampfgruppe Priem«, die »Nottechnische Übungs- und Bereitschaftsstaffel« (NÜB), die »Wiking Jugend«, die »Wehrsportgruppe Hoffmann« sowie weitere sogenannte Wehr- und Kampfsportgruppen.

Aufmerksamkeit galt darüber hinaus militanten Exilorganisationen wie den »Grauen Wölfen« aus der Türkei, der kubanischen Exilorganisation Gruppe »Alpha 66«, der exilbulgarischen Gruppe »Bulgarische Befreiungsbewegung« (BOD) sowie Gruppen aus Kroatien und Afghanistan.

Beobachtet wurde auch das militante linksradikale Spektrum. Im Mittelpunkt der vorbeugenden Beobachtung und Bearbeitung stand dabei die »RAF« (»Rote Armee Fraktion«).

Aufgeklärt wurden darüber hinaus die militanten »arabischen«, insbesondere auch palästinensischen Organisationen bzw. Splittergruppen der PLO wie die Abu-Nidal-Gruppe und die »Carlos«-Gruppe. In die Aufklärungstätigkeit einbezogen wurden auch die italienischen »Roten Brigaden«, die baskische ETA, die französische Organisation »Action Directe«, die japanische »Rote Armee Fraktion« und die »Armenische Geheimarmee für die Befreiung Armeniens« (ASALA).[164]

Die Sektion DDR der »Kommunistischen Partei Deutschlands/Marxisten-Leninisten« (KPD/ML), der »Kommunistische Bund Westdeutschland« (KBW) und die Neotrotzkisten wurden vor allem wegen ihrer gegen die DDR gerichteten Tätigkeit und dabei gezeigter Gewaltbereitschaft unter Kontrolle gehalten.

Im »Befehl Nr. 17/79 zur Aufklärung, vorbeugenden Verhinderung und Bekämpfung subversiver Pläne, Absichten und Maßnahmen linksextremistischer und trotzkistischer Organisationen, Gruppen und Kräfte« des Ministers für Staatssicherheit vom 8. Dezember 1979 wurde dafür die federführende Verantwortung der Abt. XXII und damit der Terrorabwehr übertragen.[165]

Die Sektion DDR der KPD/ML entwickelte in den 70er und 80er Jahren eine ungewöhnliche politische Aktivität, Militanz und konspirative Energie gegen die DDR, die SED und besonders gegen deren Führung. Das differenzierte Vorgehen des MfS führte zu ihrer Auflösung. Im Rahmen der Identifizierung und Aufklärung ihrer Strukturen, der Mitglieder in und außerhalb der DDR, der Instrukteure, Kuriere, Deckadressen, Decktelefone, durch IM und weitere zielgerichtete Maßnahmen (politische Beeinflussung, Auswertung von Widersprüchen, zeitweilige Unterbindung der Verbindungswege durch Reisesperren und Fahndungsmaßnahmen zu KPD/ML-Mitgliedern aus der BRD bzw. Westberlin) und schließlich die Einleitung einiger Ermittlungsverfahren mit und ohne Haft nach § 106 StGB (Staatsfeindliche Hetze) brachten den Erfolg.[166]

Mit präventiver Zielstellung bearbeitete das MfS sowohl rechtsextremistische als auch linksradikale Gruppierungen auch grenzüberschreitend.[167]

Entscheidendes Kriterium dafür, daß sich die Abt./HA XXII gemeinsam mit anderen Diensteinheiten des MfS, der Aufklärung, operativen Kontrolle und Bearbeitung von Stellen und Kräften des Operationsgebietes zuwandte, war immer der Bezug zu Terror bzw. anderen operativ bedeutsamen Gewaltakten.[168] Das Ziel der Bearbeitung war das rechtzeitige Erkennen und Abwenden möglicher Gefahren für die DDR und andere sozialistische Staaten. Dazu dienten auch Einsatz von IM und die Nutzung entsprechender Kontakte. Terroranschläge und andere verbrecherische Handlungen gegen die DDR konnten dadurch weitgehend verhindert werden.

Die Terrorabwehr des MfS war Teil der Beziehungen der sozialistischen Sicherheitsorgane und ihres koordinierten Zusammenwirkens.

Auf der Grundlage multi- und bilateraler Verträge der DDR mit anderen sozialistischen Staaten gab es zwischen der Abteilung XXII und den zuständigen Diensteinheiten der Sicherheitsorgane auch Vereinbarungen zur Kooperation auf dem Gebiet der Terrorabwehr. Dabei ging es um den Austausch von Informationen zum internationalen Terrorismus, die Abstimmung von Maßnahmen zur Einschränkung bzw. Verhinderung terroristischer Aktivitäten (Reisesperren, Durchführung abgestimmter Kontrollmaßnahmen und einheitliches Vorgehen). Dazu wurde auch zunehmend das multinationale elektronische Informationssystem SOUD (System der vereinigten Erfassung von Daten über den Gegner) der Sicherheitsorgane sozialistischer Staaten genutzt.

Dort wurden Erkenntnisse über gegnerische Geheimdienste sowie über Personen, Organisationen und Institutionen, von denen reale oder potentielle Gefahren ausgingen, von allen Teilnehmerstaaten zusammengeführt und genutzt. In diesem Datenbanksystem wurden Angaben zu 15 Personenkategorien (PK) gespeichert.

In der PK 3 standen »Mitglieder von Terrororganisationen und einzelne Terroristen, Geiselnehmer, Flugzeug- und Schiffsentführer und Diversanten sowie Personen, die Verbindung zu einer Terrororganisation verdächtigt sind bzw. sie unterstützten«. Diese waren in sechs Untergruppen gegliedert.

3.1. Mitglieder von Terrororganisationen
3.2. Einzelne Terroristen
3.3. Personen, die Terrororganisationen unterstützten
3.4. Personen, die der Verbindung zu einer Terrororganisation verdächtig sind
3.5. Diversanten, d. h. Personen, die zur Durchsetzung politischer Ziele mit Hilfe staatlicher Organe des Imperialismus, in deren Auftrag bzw. mit deren Förderung oder Duldung auf fremden Territorien Gewalt gegen Personen und Personengruppen des jeweiligen Landes anwenden
3.6. Geiselnehmer, Flugzeug- und Schiffsentführer.

In diesen Personenkategorien waren Ende1989 durch das MfS 2.730 Personen erfaßt.[169] Aus der Bundesrepublik waren dort gespeichert:

Aktionsfront Nationaler Sozialisten/Freiheitliche Arbeiterpartei (87 Personen); Baader-Meinhof Gruppe (9 Personen); Bewegung 2. Juni (24 Personen); Kampfgruppe gegen Unmenschlichkeit (53 Personen); Nationaldemokratische Partei Deutschlands (93 Personen); Revolutionäre Zellen (38 Personen); Rote Armee Fraktion (141 Personen); Wehrsportgruppe Hoffmann (133 Personen); Wiking Jugend (97 Personen); Einzelterroristen (503 Personen)

Aus anderen Ländern waren erfaßt: Abu-Nidal-Organisation (66 Personen); Action Directe, Frankreich (13 Personen); algerische und tunesische Tätergruppen (198 Personen); Brigate Rosse, Italien (49 Personen); Carlos-Gruppe

(22 Personen); ETA, Spanien (7 Personen); Graue Wölfe, Türkei (249 Personen); IRA, Großbritannien (7 Personen); jugoslawische Gruppen (109 Personen); kubanische Gruppe (18 Personen); libysche Terrorgruppen (36 Personen); LTTE, Sri Lanka (4 Personen); Moslem-Bruderschaft (279 Personen); PLO, Schwarzer September (95 Personen); Rote Armee, Japan (102 Personen).[170]

In der PK 10 standen »Personen die besonders gefährliche Staatsverbrechen begangen haben, sich im Ausland verbergen und nach denen von den Teilnehmern des SOUD gefahndet wird« (Hoch- und Landesverrat, Terror- und Sabotageverbrechen usw.). Dort waren bis Ende 1989 189 Personen erfaßt.

Auch Mitarbeiter und Agenten gegnerischer Geheimdienste, Mitglieder feindlicher Emigrantenorganisationen oder Personen, die provokatorische Aktionen auf dem Territorium der Staaten der sozialistischen Gemeinschaft sowie gegen deren Vertretungen oder Bürger im Ausland planten und durchführten, waren im SOUD erfaßt und von Bedeutung für die vorbeugende Bekämpfung von Terror und anderen Gewaltakten.

Der SOUD-Datenbestand wurde mit personenbezogenen Anfragen und Daueraufträgen, thematischen Recherchen sowie für monatliche Informationen zu den besonders gefährlichen Personenkategorien 3 und 10 genutzt.

Besondere Bedeutung besaßen die multilateralen Beratungen von Vertretern der Sicherheitsorgane der sozialistischen Staaten. Im Mittelpunkt der Beratungen vom 3./4. April 1979 in Prag und vom 24. bis 27. November 1987 in Varna (Bulgarien) standen die Erfahrungen des Kampfes gegen den Terrorismus, Erkenntnisse über einzelne Terrororganisationen, -gruppen und Einzeltäter. Behandelt wurden auch deren Ziele, Absichten und Gefährlichkeit, die angewandten Mittel und Methoden, ihre personelle, materielle und finanzielle Basis, ihre Unterstützer bzw. Sympathisanten.

Je nach Aktionsradius der Terroristen wurden auch bilaterale Beratungen zu einzelnen Problemen bzw. Vorgängen durchgeführt. Beim BStU liegen die Reden der Delegationsleiter und die Protokolle der Diskussionen vor. Dazu gehören auch Thesen zur Auswertung dieser multilateralen und bilateralen Beratungen mit Schlußfolgerungen. Auch diese Materialien werden unter Verschluß gehalten und sind bislang unveröffentlicht. Über die Ursachen kann man nur Vermutungen anstellen.

Einen intensiven Informationsaustausch zwischen den Sicherheitsorganen der sozialistischen Staaten gab es 1979 u. a. zu dem damals noch nicht identifizierten Terroristen »Carlos« und seiner Gruppe. Ziel war es, die von ihnen ausgehenden Gefahren und möglichen Aktivitäten rechtzeitig zu erkennen und Maßnahmen zu ihrer Verhinderung einzuleiten. Das ist weitgehend auch gelungen. An dieser Einschätzung ändert auch der schwere Sprengstoffanschlag am 25. August 1983 auf das französische Kulturzentrum »Maison de France« am Kurfürstendamm in Westberlin nichts, dessen Ausführung der »Carlos«-Gruppierung angelastet wird.[171]

Planung und Vorbereitung dieses Anschlages waren dem MfS nicht bekannt. Er wurde vom MfS weder gewollt, gebilligt noch gar unterstützt.

Einer der Vertrauten von »Carlos« war Weinrich. Er wurde vom Landgericht Berlin am 17. Januar 2000 wegen dieses Sprengstoffanschlages zu einer lebenslangen Haftstrafe verurteilt.[172]

Es traf zu, daß Weinrich gelegentlich Gesprächspartner für die Terrorabwehr des MfS war. Hinweise auf den Anschlag lieferte er dem MfS jedoch nicht. Wahr ist auch, daß Weinrich bei seiner Einreise in die DDR mit syrischem Diplomatenpaß im Mai 1982 Sprengstoff abgenommen bekam.

Die Herausgabe des Sprengstoffes an Weinrich im August 1983 hatte nichts mit einem angeblich durch das MfS erkannten Anschlag in Westberlin zu tun. Nur die mehrmals nachdrücklich erhobene Forderung Weinrichs, den Sprengstoff nach Syrien zurückführen zu müssen, seine engen Verbindungen zur syrischen Botschaft sowie zu anderen Dienststellen in Syrien, führten zur Rückgabe.

Allerdings hätte Weinrichs Drängen nicht entsprochen werden dürfen, ganz gleich, welche Begründung dafür vorgebracht worden ist. Durch Weinrich erfolgte, wie zuverlässig überprüft, die Deponierung des Sprengstoffes in der syrischen Botschaft. Das MfS wurde getäuscht und hintergangen.

Wäre dem MfS ein beabsichtigter Anschlag in Westberlin bekannt geworden, hätten alle Beteiligten die Herausgabe des Sprengstoffes verhindert.[173]

Auch im Prozeß gegen Weinrich wurde nicht eindeutig geklärt, ob jener an die syrische Botschaft übergebene Sprengstoff tatsächlich beim Anschlag auf das französische Kulturzentrum benutzt wurde. Tatortuntersuchung und Spurenauswertung erbrachten keine Erkenntnisse über die Spezifik des verwendeten Zünders und Sprengstoffes.

Offen blieb auch, wer den Sprengstoff nach Westberlin brachte und dort zündete.[174]

Nabil Shritah, damals 3. Sekretär der syrischen Botschaft in der DDR, will nach eigenen Angaben den eingelagerten Sprengstoff wieder an Weinrich ausgehändigt haben. Er war, wie anzunehmen ist, über dessen Verwendungszweck informiert. Shritah wurde wegen Beihilfe zu einer Haftstrafe von zwei Jahren auf Bewährung verurteilt.[175]

Einen ehemaligen Mitarbeiter der HA XXII verurteilte das Landgericht Berlin in dieser Sache am 11. April 1994 wegen Beihilfe zur Sprengstoffexplosion und zum Mord zu einer Freiheitsstrafe von vier Jahren. Er wurde für schuldig befunden, obwohl der Beweis für seine Tatbeteiligung, insbesondere der unmittelbare Zusammenhang zwischen der Rückgabe des beschlagnahmten Sprengstoffes an Weinrich zur Deponierung in der syrischen Botschaft und dem dann angeblich mit diesem Sprengstoff erfolgten Anschlag, nicht erbracht werden konnte.

Der Operative Vorgang »Separat« gegen »Carlos« und seine Gruppe

1979 gab es Hinweise auf Ausländer, die sich in Berlin ohne erkennbaren Grund zeitweilig aufhielten. Es gab weder kommerzielle Aktivitäten noch erkennbare touristische Interessen. Sie stiegen im Palasthotel und anderen Interhotels ab, gaben viel Geld aus, trafen sich mit Personen aus Westberlin und dem Ausland, fuhren selbst nach Westberlin, telefonierten häufig und lange ins Ausland, besonders in den arabischen Raum, hatten intensive Verbindungen zu diplomatischen Vertretungen arabischer Staaten, waren dort oft Gäste und besaßen gültige Diplomatenpässe arabischer Staaten.

Ins Blickfeld des MfS geraten, begann die Überprüfung, Identifizierung und operative Kontrolle bzw. Bearbeitung dieser Personen. Das MfS verfügte zu diesem Zeitpunkt zur Person des »Carlos« über keine ihn identifizierenden Erkenntnisse. Erst über Kontakte zur PLO und in Auswertung operativer Erkenntnisse wurden aus diesem Personenkreis »Carlos« alias Illias Ramirez Sanchez und einige seiner Vertrauten durch das MfS identifizert.[176]

Es handelte sich um Personen, die vorgaben, den antiimperialistischen Kampf der PLO zu unterstützen. Ihr Verhalten stand aber dazu im Widerspruch. Die erarbeiteten Informationen ließen den Verdacht auf mögliche terroristische Umtriebe zu. In der Abteilung XXII wurde deshalb der Operativ-Vorgang »Separat« angelegt. Dabei galt wie stets der Grundsatz, keine terroristischen Handlungen in der DDR und vom Territorium der DDR aus zuzulassen

Es galt, »Carlos« daran zu hindern, in der DDR und von hier aus aktiv zu werden. Mittelfristig sollte er aus der DDR und möglichst auch aus Zentraleuropa herausgedrängt werden. Die Sache war insofern ambivalent, da die »Carlos«-Gruppe ihre Hauptbasis in Damaskus hatte. Von dort erhielt sie umfangreiche Unterstützung; offenkundig war sie eng mit den nahöstlichen Geheimdiensten verflochten. Auf der anderen Seite hatte die DDR gute Beziehungen zu Syrien, die von derartigen Belastungen freizuhalten waren.

Andreas von Bülow macht in seinem Buch auf die Geheimdienstverbindung ebenfalls aufmerksam. 1973, wenige Monate nach dem Münchener Attentat, sei der zweite Mann des Kommandos »Schwarzer September«, Michel Moukharbel, in die Dienste des israelischen Mossad getreten. Nachdem der Mossad den Algerier Boudia, bis dahin Leiter des Kommandos, durch eine »Autobombe erledigt hatte, wurde Moukharbel und nicht, wie die Desinformation behauptet, dem als völlig unfähig eingeschätzten Venezolaner Carlos das Kommando über die Gruppe anvertraut. Der Mossad war folglich spätestens von da an über sämtliche Anschläge nicht nur der Gruppe Schwarzer September, sondern auch der Carlos-Gruppe bestens informiert, ja konnte sie nach Belieben steuern.«[177]

Die »Carlos«-Gruppierung unterhielt auch zu anderen Staaten Kontakte, so zu Irak, Libyen, der VDR Jemen sowie zur PLO. Zu beachten waren auch die zeitweiligen Aufenthalte der Gruppierung in Jugoslawien, Rumänien, Ungarn, der CSSR und Bulgarien.

Bei der Bearbeitung des Vorganges »Separat« halfen auch Kontakte zur PLO-Sicherheit. Diese unterstützte das MfS mit bestimmten Erkenntnissen zu »Carlos« und dessen Rolle und nahm nach und nach, soweit vom MfS feststellbar, ihrerseits Einfluß auf ihn und seine Gruppe im Sinne der Zielstellung des MfS, sie vom Terrorismus abzubringen. In den Gesprächen mit Vertretern der PLO-Sicherheit wurde stets mit Nachdruck die Haltung der DDR zum Terrorismus erläutert und verdeutlicht, daß terroristische Handlungen auch der palästinensischen Sache schade und die PLO kompromittiere. Diese Einsicht wuchs auch bei der PLO-Sicherheit und trug, wie auch entsprechende Maßnahmen in Abstimmung mit den Sicherheitsorganen anderer sozialistischen Staaten, dazu bei, die Möglichkeiten und Aktivitäten von »Carlos« in und von Berlin aus wesentlich einzuschränken.

Mit nachrichtendienstlichen operativen Spielen, Nutzung von Einflußmöglichkeiten über begrenzte, zeitweilige Kontakte zu Gruppenmitgliedern und repressiven Maßnahmen (Erteilung von Auflagen, Aufenthalt-, Einreise- und Durchreisesperren, Zurückweisungen, Gepäckkontrollen und Beobachtungen, Belehrungen, Einsatz von IM und operativ-technischer Mittel) wurde die Gruppe nach und nach weitgehend isoliert. Auch andere sozialistische Staaten setzten gegen sie allmählich Ein- und Durchreisesperren und weitere Maßnahmen ein. Dadurch reduzierten sich Handlungsspielraum und -fähigkeit ständig.

Damit wurde die »Carlos«-Gruppe praktisch unschädlich gemacht. Sie erhielt in der DDR nicht die von ihr angestrebte Unterstützung und politische Aufwertung. Das Ansinnen von »Carlos«, mit Mitgliedern des Politbüros des ZK der SED Gespräche zu führen, wurde abgelehnt. Auch das MfS verfügte zu keiner Zeit über persönliche Kontakte zu »Carlos« selbst, es gab mit ihm keine Gespräche. Von der DDR erhielt die Gruppe weder Waffen, Geld, Diplomatenpässe noch andere praktische Hilfe. Sie fühlte sich – durchaus begründet – in ihren Möglichkeiten durch das MfS eingeengt, behindert und kontrolliert.

Trotz aller Bemühungen konnte das MfS über »Carlos« oder seine Vertrauten aber keine stichhaltigen Hinweise zu deren terroristischen Plänen oder gar zu bevorstehenden Aktionen gewinnen.

»Carlos« hielt sich letztmalig am 1. August 1980 mit einem syrischen Diplomatenpaß in Berlin auf.[178] Weitere Einreisen wurden verweigert.

Allerdings: Er und seine Vertrauten drohten dem MfS und der DDR wegen der fehlenden Unterstützung und der ihnen erteilten Auflagen mit ernsten Reaktionen. Dazu gab es entsprechende Feststellungen aus der operativen Arbeit und Informationen besonders von den ungarischen Sicherheitsorganen.

Wäre »Carlos« nicht entschieden Einhalt geboten worden, dann hätte er, wie von ihm beabsichtigt, sein Hauptquartier in Berlin eingerichtet und von hier aus Terroranschläge verübt.

Keine »Connection« mit der RAF und anderen Terror-Organisationen

Dem MfS blieb nicht verborgen, was in der BRD und in anderen kapitalistischen Staaten auf dem Gebiet des Terrorismus vor sich ging und welche Gefahren sich daraus für die DDR ergeben könnten. Die Maßnahmen des MfS hatten das Ziel, alle geeigneten Möglichkeiten zu nutzen, um verdächtige Personen bei Reisen durch die DDR oder bei Aufenthalten auf ihrem Territorium (z. T. unter diplomatischer Abdeckung) möglichst lückenlos unter Kontrolle zu halten. Erforderlich war, Einblicke in Entwicklungen der internationalen terroristischen Szene zu erlangen, personelle Bezugspunkte und Verflechtungen zu erkennen und Gefahren vor allem für die DDR und andere sozialistische Staaten abzuwenden. Zugleich sollten Zuspitzungen verhindert werden, die die DDR zum Objekt terroristischer Aktivitäten gemacht hätten.

Folgerichtig wurden durch die Terrorabwehr vielseitige und umfangreiche Maßnahmen zu den in der Bundesrepublik und über deren Territorium hinaus operierenden linksradikalen und terroristischen Organisationen wie der RAF und ähnlichen Gruppierungen durchgeführt. Damit war u. a. beabsichtigt, ihre Möglichkeiten einzuschränken, sie »ruhig« zu stellen und vom Terror abzubringen. Sie störten den Entspannungsprozeß national und international und schadeten damit auch der Politik der DDR.

Soweit es im Rahmen der Terrorabwehr zu einzelnen Angehörigen oder Sympathisanten dieser Gruppen zu zeitweiligen Kontakten kam, ging es stets darum, deren Wirksamwerden auf dem Territorium der DDR und auch anderer sozialistischer Staaten vorbeugend zu verhindern und Einfluß darauf zu nehmen, ihre terroristischen Handlungen insgesamt zu unterlassen.[179]

Zusammen mit einer Vielzahl differenzierter politisch-operativer Maßnahmen wurde versucht, sie davon zu überzeugen, daß ihre Handlungen vom MfS nicht gebilligt würden. Hier wurde intensive Überzeugungsarbeit geleistet. Insofern hat das MfS mit dazu beigetragen, daß der Aktionsradius und die Schlagkraft der linksradikalen terroristischen Organisationen eingeschränkt und zurückgedrängt werden konnten und die Terroranschläge zurückgingen. Viele Mitglieder erkannten die Sinnlosigkeit ihres Tuns und lösten sich von ihren Organisationen.

Das MfS hat zu keinem Zeitpunkt terroristische Organisationen, auch nicht die RAF, gesteuert, beauftragt oder Vorhaben mit ihnen abgesprochen. Alle Versuche, dem MfS genau dies anzuhängen, sind gescheitert.

Weder in den umfangreichen Akten der Terrorabwehr noch in den Prozeßunterlagen ließ sich dafür auch nur eine Spur eines Beweises finden.[180]

Warum also wird die Legende von der »Stasi-RAF-Connection« bis heute aufrechterhalten und immer wieder neu in den Medien aufgewärmt? Die Autoren des Buches »Das RAF-Phantom« geben dazu eine mögliche Antwort: »Es liegt im Interesse bundesdeutscher Sicherheitsbehörden, von kritischen Fragen nach der Identität der sogenannten Dritten RAF-Generation und ihrem Wirken nach 1984 abzulenken. Deren spurloses Verschwinden läßt sich trefflich mit der Behauptung erklären, die Stasi stecke in Wahrheit hinter allen spektakulären Mordanschlägen auf Repräsentanten der deutschen Wirtschaft und Politik seit 1984; das geheimdienstliche Know-how der Stasi oder ihrer nach der Wende untergetauchten Agenten, von dem die RAF profitiere, verhindere jeglichen Fahndungserfolg.«[181]

Eine zweite mögliche Antwort geben sie im Zusammenhang mit dem Mord am Chef der Treuhandanstalt, Detlef Karsten Rohwedder, am 1. April 1991. Dabei gehen sie auf die Behauptungen des Frankfurter »Sicherheitsexperten« und zeitweiligen Mitarbeiters des Verfassungsschutzes Klaus Dieter Matschke ein, »hinter dem Mord an Treuhand-Chef Rohwedder stecke in Wahrheit die Stasi«. »Der geheimdienstliche Hintergrund der jüngsten RAF-Anschläge *(gemeint sind hier die Anschläge seit 1984 – d. Verf.)* ist nicht zu übersehen. Sind Matschke und seine Freunde deshalb so bestrebt, die Stasi zum Sündenbock zu stempeln? Desinformation war schon immer die effektivste Methode der Geheimdienste, ihre eigenen Aktionen zu vernebeln.«[182]

Neuartige molekulargenetische Analysemethoden ermöglichen inzwischen die Zuordnung ausgefallener (toter) Haare. Solche wurden am Tatort des Rohwedder-Anschlages 1991 an einem Handtuch gesichert. Die Bundesanwaltschaft teilte am16. Mai 2001 der Öffentlichkeit mit, daß der 1993 in Bad Kleinen ums Leben gekommene Wolfgang Grams, Mitglied der RAF, an diesem Anschlag beteiligt war. Das untersuchte Haar wurde zweifelsfrei ihm zugeordnet, und er sei möglicherweise auch der Todesschütze.[183]

Da die überwiegende Zahl der seit 1984 der RAF zugerechneten Morde, Sprengstoffanschläge, Raubüberfälle usw. bisher nicht aufgeklärt sind, durchforstet seit Jahren eine Sonderkommission beim BKA, die AG 80/90, die Akten von 112 Verfahren – darunter in 19 Fällen Spurenmaterial, das auch genetisch untersucht wurde. Ein Vergleich der DNS-Profile aus den Spuren des Überfalls auf einen Geldtransporter in Duisburg-Rheinhausen am 30. Juli 1999, bei dem rund 1 Million DM erbeutet wurde, mit der zentralen Datenbank des BKA führte zu der Erkenntnis, daß diese auf die ehemaligen RAF-Mitglieder Ernst-Volker Staub und Daniela Klette wiesen. Nach Erkenntnissen der Behörden gehörten beide mindestens seit 1990 zur RAF-Kommandoebene. Tatplanung und Tatausführung deuten nach Meinung der Bundesanwaltschaft auf »die Beschaffungstat einer Terrorvereinigung« hin; die neue Vereinigung habe sich spätestens im April 1999 gegründet.[184]

Ob es sich tatsächlich um eine Nachfolgeorganisation der RAF handelt oder um RAF-Mitglieder im Untergrund, die für die bisher nicht geklärten Anschläge verantwortlich sind, oder um ehemalige RAF-Mitglieder, die zu »normalen« Schwerverbrechern wurden, bleibt abzuwarten.

Anfang der 80er Jahre fanden einige RAF-Aussteiger auf ihren Antrag hin und nach zentraler Entscheidung Aufnahme in der DDR. Aus Sicherheitsgründen erhielten sie eine neue Identität. Das war mit der Verpflichtung verbunden, sich völlig vom Terrorismus zu lösen, keine Verbindungen in die BRD zu unterhalten und das Staatsgebiet der DDR nicht zu verlassen. Nachweislich gab es keinen einzigen Verstoß gegen diese Auflagen. (Nur einem RAF-Aussteiger wurde aus beruflichen und familiären Gründen ein zeitweiliger Aufenthalt in der Sowjetunion gestattet.)

Die Aussteiger wurden in ihrer Abkehr vom Terrorismus bestärkt. Sie bildeten fortan auch keine Gefahr mehr für die BRD. Ihre volle Resozialisierung wurde erreicht. Anhänger und Sympathisanten wurden verunsichert, vorhandene Zweifel an der Richtigkeit ihres terroristischen Handelns verstärkt. Das blieb nicht ohne Auswirkung auf die Organisationen und ihre Handlungen.

Damit wurde bewiesen, daß diese zielgerichteten Maßnahmen richtig waren. Bekanntlich bildete in der Bundesrepublik und anderen Ländern die Inhaftierung von Terroristen vielfach nur den Ausgangspunkt für neue Anschläge – nicht selten für eine Eskalation des Terrors.

Das Handeln des MfS war auf die Sprengung des Teufelskreises *Untergrund – Anschläge – Haft – Freipressung – Untergrund* gerichtet.[185] Das wurde in der damaligen Situation von den Repräsentanten der DDR wie auch der BRD für richtig gehalten. In der DDR wurde danach gehandelt, und die Bundesrepublik hat davon profitiert. Obwohl offenkundig ist, daß den mit der Bekämpfung der RAF befaßten Behörden wie auch Politikern der BRD bekannt war, daß sich ein Teil ehemaliger RAF-Aktivisten in der DDR aufhielt, gab es keine Forderungen nach Rechtshilfe oder Auslieferung.

Die »Berliner Zeitung« bestätigte das 1990: »Nach Informationen der spanischen Zeitung ›El Pais‹ soll Bonn immer auf dem laufenden über den Aufenthalt von RAF-Terroristen in der DDR gewesen sein …, daß Bonn im konkreten Fall der RAF-Terroristen einverstanden war, sie in der DDR leben zu lassen, womit sie neutralisiert waren. Man dachte, daß die Überwachung durch das kommunistische Regime die beste Garantie ihrer Demobilisierung wäre.«[186]

Ingrid Köppe, Bundestagsabgeordnete und innenpolitische Sprecherin von BÜNDNIS 90/DIE GRÜNEN, informierte in einer Presseerklärung am 10. März 1992 über die in Bonn beobachtete Heuchelei, »daß die CIA die Bundesregierung schon vor langer Zeit auf den Aufenthalt ehemaliger RAF-Mitglieder in der DDR hingewiesen habe, die Regierung jedoch bekanntlich weiterhin Fahndungseifer im Westen öffentlich vortäuschte«.[187]

Erich Schmidt-Eenboom schrieb dazu in seinem Buch »Der BND – die unheimliche Macht im Staate«: »Auf einer USA-Reise im März 1992 hat die Bundestagsabgeordnete Ingrid Köppe von ehemaligen US-Regierungsmitgliedern erfahren, daß die Bundesregierung schon viel früher als öffentlich zugegeben vom Untertauchen einiger RAF-Terroristen in der DDR gewußt haben muß. Der frühere CIA-Direktor William Colby und ein früherer Mitarbeiter der amerikanischen Botschaft in Bonn hätten ihr erklärt, so Köppe, daß damals sowohl das Kanzleramt als auch das Bundesamt für Verfassungsschutz und der BND über die CIA-Erkenntnisse unterrichtet waren, daß RAF-Terroristen in der DDR untergekommen seien und dort vom MfS unterstützt worden.«

Und an anderer Stelle hieß es: »Veteranen in Pullach bekennen hingegen, sie hätten Ende der 70er Jahre zu den Gesprächen zwischen Politikern der beiden deutschen Staaten denselben Kenntnisstand gehabt, möglicherweise sogar einen besseren, weil sie das Verdienst, diese Terrororganisation zum Teil in der DDR stillgelegt zu haben, nicht allein auf das Erfolgskonto der damals regierenden sozial-liberalen Koalition buchen lassen wollten.«[188]

Also hat der BND aus politischen Gründen geschwiegen – und er schweigt noch heute.

Offiziell aktiv wurden die Behörden der BRD erst nach dem Herbst 1989.

Das BKA hatte in den Jahren 1986 bis 1988 von Besuchern aus der DDR erfahren, daß sie gesuchte RAF-Mitglieder in der DDR erkannt hätten. Im Februar 1990 überreichten Mitarbeiter des BKA dem Zentralen Kriminalamt (ZKA) der DDR Informationen über zwei gesuchte RAF-Mitglieder. Susanne Albrecht und Silke Maier-Witt sollten sich möglicherweise schon längere Zeit in der DDR aufhalten.[189]

Dem folgten ein offizielles Fahndungsmithilfeersuchen an das ZKA im März 1990 und weitere Zusammenkünfte von Mitarbeitern beider Behörden in den Monaten bis Mai 1990 in Berlin und Wiesbaden.[190] Nach offiziösen Darstellungen gelang es den mit der Aufklärung beauftragten Mitarbeitern des ZKA der DDR über die Auswertung von Personalakten des Zentralen Aufnahmeheims des MdI für Übersiedler aus der BRD in Röntgental bei Berlin und mit den Hinweisen des BKA sowie weiterer Untersuchungs- und Ermittlungshandlungen, Identität und Aufenthaltsorte von zehn RAF-Aussteigern in der DDR festzustellen.

Auf Weisung des letzten DDR-Innenminister, Dr. Peter-Michael Diestel, erfolgte zwischem dem 6. und 18. Juni 1990[191] die Festnahme dieser Personen und ihre Auslieferung an die BRD-Behörden.

Gegen den Minister für Staatssicherheit Erich Mielke, der sich zu diesem Zeitpunkt bereits in Untersuchungshaft befand, und sechs Mitarbeiter des MfS wurden Ermittlungsverfahren mit Haft eröffnet. Begleitet wurde das von einer wüsten Medienhetze.

Vorwurf: »Verdacht der Beihilfe zum versuchten Mord und Herbeiführung einer Sprengstoffexplosion in Tateinheit mit Unterstützung einer terroristischen Vereinigung«. Im Sommer 1991 mußten die Ermittlungsverfahren eingestellt werden. Drei Jahre später wurde in gleicher Sache und gegen dieselben Mitarbeiter des MfS Anklage wegen Strafvereitelung erhoben.

Die Staatsanwaltschaft ging in ihrer Anklage wegen Strafvereitelung davon aus, daß sie – bei Kenntnis des Aufenthalts der RAF-Aussteiger in der DDR – zur Realisierung des Strafverfolgungsanspruches der BRD erstens ein Auslieferungsersuchen gestellt hätte und zweitens, daß diesem von der DDR auch entsprochen worden wäre. Beides ist unzutreffend. Die damalige Rechtspraxis besagte etwas völlig anderes.

Im Art. 7 des Grundlagenvertrages war vereinbart: »Die Deutsche Demokratische Republik und die Bundesrepublik Deutschland erklären ihre Bereitschaft, im Zuge der Normalisierung ihrer Beziehungen praktische und humanitäre Fragen zu regeln. Sie werden Abkommen schließen, um auf der Grundlage dieses Vertrages und zum beiderseitigen Vorteil die Zusammenarbeit auf dem Gebiet der Wirtschaft, … des Rechtsverkehrs … und auf anderen Gebieten zu entwickeln und zu fördern. Einzelheiten sind in dem Zusatzprotokoll geregelt.«[192]

Im Zusatzprotokoll vereinbarten sie: »Zu Artikel 7

4. Die Deutsche Demokratische Republik und die Bundesrepublik Deutschland erklären ihre Bereitschaft, im Interesse der Rechtsuchenden den Rechtsverkehr, insbesondere in den Bereichen des Zivil- und Strafrechts, vertraglich so einfach und zweckmäßig wie möglich zu regeln.«[193]

Im Vertrauen darauf und im Vorgriff auf den am 21. Dezember 1972 unterzeichneten Grundlagenvertrag lieferte die DDR bereits am 20. Dezember 1972 den Oberfeldwebel der Bundeswehr Hans-Jürgen Reinhardt an die Behörden der BRD aus. Reinhardt hatte am 31. Oktober 1972 in Weitensburg (BRD) ein vorsätzliches Tötungsverbrechen verübt und danach mit strukturmäßiger Bewaffnung die Staatsgrenze übertreten, um in der DDR Zuflucht zu suchen.

Mit dieser Auslieferung wurde eine entsprechende Praxis aus den 50er Jahren wiederbelebt. Entspannungsfeindliche Kräfte in der BRD und in Westberlin fürchteten, die Realisierung des Primats des Tatortes würde es künftig unmöglich machen, Täter aus der DDR, die dort schwerste Verbrechen begangen hatten und danach in den Westen geflüchtet waren, wie bisher vor Strafverfolgung durch die zuständigen Organe der DDR zu schützen.

Den Vorwand für die Abkehr von jener Ende 1972 begonnenen Auslieferungspraxis lieferte der Fall Ingrid Brückmann. Diese stand unter dem Verdacht, im Juli 1972 in Senzig (Kreis Königswusterhausen) ihren Vater getötet zu haben. Im Mai 1973 ersuchte der Generalstaatsanwalt der DDR die zuständigen Behörden der BRD, die Verdächtigte auszuliefern. Beigefügt war ein Haftbefehl des Kreisgerichtes Königs Wusterhausen.

Der Generalstaatsanwalt beim zuständigen Kammergericht prüfte das Ersuchen nach Maßgabe des Gesetzes über die innerdeutsche Rechts- und Amtshilfe in Strafsachen (Rechtshilfegesetz) vom 2. Mai 1953 und genehmigte mit Verfügung vom 26. Juni 1973 die erbetene Auslieferung. Der 2. Senat des Bundesverfassungsgerichtes beschloß jedoch am 27. März 1974, daß Auslieferungen an die DDR faktisch nicht in Frage kämen.

Im Sinne dieser Festlegung wurde das Rechtshilfegesetz am 18. Oktober 1974 geändert.

Weil für die Bundesrepublik die Nichtanerkennung der Staatshoheit der DDR, ihrer Staatsgrenze, ihrer Staatsbürgerschaft und die Destabilisierung des Sozialismus in der DDR überragende politische Priorität hatten, weigerte sich die BRD kategorisch, mit der DDR einen völkerrechtsgemäßen Rechtshilfevertrag zu schließen.

Folgerichtig weigerte sie sich auch, Straftäter wie den Doppelmörder Weinhold und andere im Zusammenhang mit vorsätzlichen Tötungshandlungen in der DDR strafrechtlich Verfolgte (Decker, Bunge, Höhne, Weißgerber) an die DDR auszuliefern – und das auch bei Straftätern ohne jeden politischen Hintergrund.

Die BRD-Justiz hat die RAF-Aussteiger strafrechtlich nicht über ein Auslieferungsersuchen an die DDR verfolgen wollen, weil das die Zusicherung der Gegenseitigkeit vorausgesetzt hätte. Die BRD wollte diese unter keinen Umständen gewähren. Lieber ließ sie ihren Strafverfolgungsanspruch ruhen.

Zudem waren die RAF-Aussteiger wie andere in die DDR übergesiedelte BRD-Bürger aufgenommen worden: Sie hatten die DDR-Staatsbürgerschaft erhalten und besaßen damit uneingeschränkt alle in der DDR-Verfassung verbürgten Grundrechte. Die Verfassung der DDR aber verbot die Auslieferung von DDR-Bürgern. Ihr Artikel 33 Absatz 2 besagte eindeutig: »Kein Bürger der Deutschen Demokratischen Republik darf einer auswärtigen Macht ausgeliefert werden.«[194]

Und es gab noch weitere Gründe, weshalb eine Auslieferung der RAF-Aussteiger wenig oportun gewesen wäre: Auch in Bonn wußte man, daß eine neuerliche Inhaftierung in der Bundesrepublik neuen Terror zu ihrer Freipressung provoziert hätte. Die Ruhigstellung der RAF-Aussteiger in der DDR garantierte Sicherheit und Ordnung im eigenen Land.

Die Verantwortlichen in Bonn kalkulierten möglicherweise auch ein, daß die politische Führung der DDR einem Ersuchen auf Auslieferung nicht nachgekommen wäre. Das hätte die Beziehungen zusätzlich belastet, was man weder diesseits noch jenseits der Grenze wollte.

Sowohl die Aufnahme der RAF-Aussteiger in die DDR als auch der Verzicht auf ein Auslieferungsersuchen durch die BRD waren rechtlich durchaus begründete politische Entscheidungen. Daß der gegen Mitarbeiter des MfS konstruierte Vorwurf der Strafvereitelung schlicht falsch war, wurde erst sehr spät durch die Justiz eingestanden und mit entsprechenden Entscheidungen belegt.

Zu einigen Praktiken der BRD-Dienste bei der Terrorbekämpfung

Im Kampf gegen den Terrorismus wurden in der Bundesrepublik elektronische Datenverarbeitung und die Möglichkeiten moderner Kommunikationsmittel verstärkt genutzt. Ein hoher Fahndungsaufwand wurde betrieben, die Rasterfahndung eingeführt und immer neue spezifische Fahndungsmethoden entwickelt, verschiedene polizeiliche Informationssysteme und Dateien wie INPOL, PIOS (Personen, Institutionen, Objekte und Sachen, heute APIS: Arbeitsdatei PIOS Innere Sicherheit, genannt), LISA (Länderbezogene Informationssammlung), PISA und ähnliches aufgebaut und umfassend genutzt. Von einigen Pannen abgesehen, gab es damit bis in die Mitte der 80er Jahre unbestreitbare Erfolge.

Rechtsvorschriften (»Bildung terroristischer Vereinigungen« als Straftatbestand, »Kontaktsperrgesetz«) wurden verstärkt und die Kronzeugenregelung eingeführt. Die allerdings, von einigen wenigen RAF-Aussteigern abgesehen, gelangte kaum zur Anwendung und wurde Ende 1999 vorerst aufgegeben.

Sehr harte Urteile fällte die BRD-Justiz vor allem für Unterstützungshandlungen.

Was unternahmen der Verfassungsschutz und das Bundeskriminalamt (BKA), um die RAF zur Aufgabe ihrer Absichten, ihrer terroristischen Ziele und Handlungen und Mitglieder zum Aussteigen zu bewegen?

Wenn offiziellen Verlautbarungen Glauben geschenkt werden kann, dann bemühten sich der Verfassungsschutz, der BND und das BKA seit vielen Jahren intensiv über sogenannte Vertrauensleute (VL), Kontaktpersonen (KP), verdeckte Ermittler, die Terrorszene zu überwachen.

Über sogenannte vertrauensbildende Maßnahmen wurde versucht, terroristische Organisationen, deren Mitglieder, von ihnen durchgeführte Anschläge sowie sonstige kriminelle Handlungen aufzuklären und beabsichtigte Aktionen rechtzeitig zu erkennen.

Mitarbeiter des Verfassungsschutzes sprengten 1978 ein Loch in die Gefängnismauer der Celler Haftanstalt, um einen Befreiungsversuch vorzutäuschen und so das Vertrauen der RAF zu erlangen.

In jenem Jahr hatte das LfV Klaus-Dieter Loudil, der 1974 zu 10 Jahren Freiheitsentzug verurteilt worden war, angeworben. Er sollte gemeinsam mit dem V-Mann Manfred Berger in eine terroristische Gruppen eingeschleust werden. Als Lohn wurden ihm die restlichen sechs Jahre Haft »geschenkt«.

Leitende Kriminaldirektoren des Landesamtes für Verfassungsschutz Niedersachsens sprengten mit Hilfe von Sprengstoffspezialisten der GSG 9 am 25. Juli 1978 ein anderthalb Quadratmeter großes Loch in die Außenmauer der Haftanstalt. Loudil befand sich auf Hafturlaub. Er erklärte »seinen« Sprengstoffanschlag als Befreiungsversuch für den ebenfalls in Celle einsitzenden Sigurd Debus von der RAF.

Über den V-Mann Berger, der in terroristischen Kreisen kein Unbekannter war, schrieb das Magazin »Stern« im Frühjahr 1986: »Ende der siebziger Jahre tauchte er in Hamburg und Amsterdam auf. Wenn er verschwand, erschien häufig kurz darauf die Polizei und fand in den Wohnungen Sprengstoff, den die Bewohner bis dahin noch nie gesehen hatten.«

Beide, Loudil und Berger, wurden Ende 1978 an Manfred Gürth herangeschleust. Dieser wurde verdächtigt, der »Anarcho-Szene« in Hamburg anzugehören. Wie Gürth später aussagte, bedrängte ihn Loudil mit Vorschlägen zu terroristischen Aktionen, er wollte beispielsweise die Gefängniswache in Celle sprengen, um Debus zu befreien, oder die Filiale der Hamburger Sparkasse am Altonaer Spritzenplatz überfallen, um Geld für künftige Aktionen zu besorgen. Ende Januar 1979 bedeutete Gürth Loudil, daß er kein Vertrauen zu ihm habe und nicht auf seine Vorschläge eingehen werde. Daraufhin verließ Loudil die Wohnung. Noch am gleichen Tage stürmte die Polizei die Wohnung von Gürth, verhaftete diesen – und fand einen mit Sprengstoff gefüllten Feuerlöscher.

Als die Sache publik wurde, hieß es, Loudil sei erfolgreich gewesen – er habe schließlich einen Mord verhindert und geholfen, in konspirativen Wohnungen Sprengstoff und geraubtes Geld aufzuspüren.

Bereits nach einem Jahr wurde er als V-Mann aus dem Verkehr gezogen.[195]

Allerdings dauerte es noch acht Jahre, bis der Öffentlichkeit bekannt wurde, daß das bis dahin der RAF oder anderen linksradikalen Kräften zugeschriebene »Celler Loch« in Wahrheit ein Terroranschlag des LfV war.

Der Leiter des Bundesamtes für Verfassungsschutz, Richard Meier, bezeichnete diesen Fall als »eine ganz normale nachrichtendienstliche Arbeit«.[196]

Auf der Sondersitzung des Bundestagsinnenausschusses am 29. April 1986 wurde bekannt, daß Bundesinnenminister Maihofer die Planungen seinerzeit begrüßt und seine Unterstützung zugesagt habe. »Mit anderen Worten: Das Terrorattentat auf die Gefängnismauer von Celle war auf allerhöchster Ebene abgesegnet worden«, so die Autoren des Buches »Das RAF-Phantom«.[197]

Keiner der damals Verantwortlichen wurde juristisch zur Rechenschaft gezogen. Abschließend wird in diesem Buch zur RAF festgestellt: »So wurde das Celler Loch zum gefährlichen Präzedenzfall. Daß seine Unrechtmäßigkeit weder politisch noch juristisch festgestellt wurde, kann umgekehrt als Feststellung seiner Rechtmäßigkeit interpretiert werden. Es liegt daher nahe, daß vergleichbare ›ganz normale nachrichtendienstliche Arbeiten‹ wie die von Celle auch heute noch eine Rolle im Alltag der ›Sicherheitsbehörden‹ spielen.«[198]

Es darf bezweifelt werden, daß derartige provokatorische Methoden terroristische Aktionen verhindern. Das Gegenteil dürfte damit erreicht werden.

Auch muß bezweifelt werden, daß in und um die terroristischen Gruppen plazierte V-Leute des Verfassungsschutzes und der Polizei mit dem Auftrag agierten, diese von ihren Vorhaben abzubringen. Bei bisher enttarnten Vertrauensleuten kamen lediglich skandalöse und rechtswidrige Handlungen an die Öffentlichkeit, die mehr einer Unterstützung der Terroristen glichen und erhebliche Zweifel an den tatsächlichen Zielen ihrer Auftraggeber aufkommen ließen.

Von 1967 bis 1969 beschaffte der in die Organisation »2. Juni« eingeschleuste Vertrauensmann des Berliner Verfassungsschutzes Peter Urbach Waffen und Sprengsätze. Er spielte den Geburtshelfer der revolutionären Bewegung.[199] Mit Bezugnahme auf den Kriminologen Fritz Sack wird in dem Buch »Das RAF-Phantom« dazu erklärt, »daß der frühe Einsatz von V-Leuten einige der späteren, als terroristisch verfolgten Handlungen erst ermöglichen und vorbereiten half; der Weg in den Terrorismus sei durch diese und andere Geheimeinsätze beschleunigt worden. Die gewalttätige Eskalation der Studentenbewegung könne nur unter Berücksichtigung der Verstrickung staatlichen Handelns erklärt werden.«[200]

Das ehemalige Mitglied des »2. Juni« und der RAF, Michael Baumann, bekannte in einem Interview im »Stern« auf die Frage, wie er zu einer Pistole gekommen sei: »Durch die Polizei. Zu unserem Kreis gehörte seit Jahren der arbeitslose Rohrleger Peter Urbach. Der war ein kumpeliger Typ und immer überall dabei. Er war über jeden Verdacht erhaben, weil er immer einer der Militantesten von uns allen war. Als wir noch Happenings mit Teufel und den anderen von der Kommune machten, 1967, da redete der schon immer vom bewaffneten Kampf: Wenn es soweit ist, daß ihr Waffen braucht, sagt es mir, ich kann da was machen, ich habe alte Verbindungen.« Und weiter: »1969 haben wir dann beschlossen, zum Besuch von Richard Nixon in Westberlin eine Bombe hochgehen zu lassen. An seiner Marschroute am Patentamt. Personenschaden sollte um jeden Preis vermieden werden. Da sagte Urbach, er könnte Bomben beschaffen.«[201]

Urbach hat der Gruppe »2. Juni« tatsächlich Bomben beschafft, wie später nachgewiesen werden konnte. Bezeichnenderweise trat er in einem Teilprozeß gegen Terroristen als Kronzeuge der Anklage auf.[202]

Bei dem Überfall auf die BRD-Botschaft in Stockholm soll, so wird behauptet, ebenfalls ein Spitzel des Verfassungsschutzes oder der Polizei unter den Teilnehmern gewesen sein.[203]

1998 ging nach fast sieben Jahren »intensiver Ermittlungen« und dreißig Monaten Verhandlung in Frankfurt (Main) ein Prozeß gegen Monika Haas zu Ende. Ihr wurde vorgeworfen, im Oktober 1977 Waffen und Sprengstoff für die palästinensischen Entführer der Lufthansa Maschine »Landshut« nach Palma de Mallorca transportiert und ihnen dort übergeben zu haben. Im Prozeß wurde offenkundig, daß auch diese Flugzeugentführung deutschen Geheimdiensten durch Querverbindungen vorher bekannt geworden war, aber offensichtlich keine rechtzeitigen Gegenmaßnahmen ergriffen wurden.

»Mit meiner Verurteilung sollen all diese beunruhigenden Fragen endlich verstummen«, erklärte Monika Haas in ihrem Schlußwort.

Das Frankfurter Gericht verurteilte sie zu fünf Jahren Haft wegen Beihilfe bzw. »billigender Hinnahme« des Angriffs auf den Luftverkehr, der Geiselnahme und Erpressung sowie des zweifachen Mordversuches. Da sie bereits zweieinhalb Jahre in Untersuchungshaft gesessen hat, wurde die Reststrafe zur Bewährung ausgesetzt.[204]

Auch in diesem Prozeß konnte die Bundesanwaltschaft kein überzeugendes Beweismaterial vorlegen. Es blieben am Schluß zwei anonyme Quellen des Verfassungsschutzes und des BKA sowie ein ehemaliger Agent des Mossad, der in Beirut in Haft saß. Der »Beweiswert« der Aussagen wurde auch durch die Erklärung des BKA-Beamten Gollwitzer vor dem Gericht nicht größer, als er orakelte: »Eine Offenlegung solcher Vorgänge würde dem Wohl des Bundes erhebliche Nachteile bereiten.«

Andreas von Bülow machte ebenfalls auf die Kenntnisse des BKA über terroristische Anschläge aufmerksam: »Das BKA soll über alle wichtigen Terroranschläge der 70er und 80er Jahre im voraus informiert gewesen sein. Allerdings konnten vorgeblich aus Gründen des Quellenschutzes Maßnahmen zur Beseitigung der Terrorgefahr nicht rechtzeitig ergriffen werden.«[205]

Der Autor, von 1969 bis 1994 Mitglied des Bundestages und zeitweilig Mitglied der Parlamentarischen Kontrollkommission für die Geheimdienste der BRD, wird seine Vermutung nicht ohne Hintergrundwissen geäußert haben.

Der Verlauf des Verfahrens gegen Monika Haas vermittelte ungewollt Einblicke in das offenkundige Zusammenspiel zwischen Bundeskriminalamt, Bundesanwaltschaft und diversen Geheimdiensten, darunter auch dem Mossad. Die Quellen, Zeugen und Ermittlungsergebnisse verwiesen dabei auf ein Geflecht geheimdienstlicher Operationen in der nationalen und internationalen Terrorszene. Bundesdeutsche Geheimdienste betrieben damit eine Art selbständige Außen- und teilweise auch Innenpolitik.[206]

Erich Schmidt-Eenboom verwies auf das Verhalten des BND zu Überläufern und Selbstanbietern aus der Terrorszene. In einem Operativen Sicherheitshinweis des BND vom April 1983 mit dem Titel »Die Arbeit mit Überläufern« enthält der Abschnitt »Besonderheiten auf dem Gebiet des Terrorismus (TE)« die bemerkenswerte Aussage: »Bei Selbstanbietern oder Abspringern aus der TE-Szene ist das BKA in erster Linie an aktuellen Erkenntnissen über den Aufenthalt von gesuchten Terroristen und eventuellen Kontaktpersonen/-linien interessiert, während der BND vorrangig die sich aus dieser Personengruppe ergebenden operativen Möglichkeiten im Auge hat.«

»Im Klartext heißt dies«, so Schmidt-Eenboom, »daß auch der BND sich nicht scheut, anstelle der Zuführung zur Strafgerichtsbarkeit ›Abspringer‹ aus der Terrorszene als Agenten zu nutzen. Juristisch bedeutet dies, daß der BND – lange bevor es eine Kronzeugenregelung gab – dienstintern und ohne gesetzliche Grundlage entsprechend zu agieren beabsichtigte.«[207]

Im Mai 1989 berichtete das Hamburger Magazin »Stern« unter Berufung auf zwei ranghohe Beamte deutscher Sicherheitsbehörden, daß der Jordanier Marwan Khreesat 15 Tage nach seiner Verhaftung am 26. Oktober 1988 freigelassen worden war, obwohl er im Auftrag der »Volksfront für die Befreiung Palästinas – Generalkommando« (PFLP-GC) Radiobomben für Flugzeugattentate gebaut hatte. Er kam frei, weil er Verbindungsmann des BND war.

Am 21. Dezember 1988 detonierte eine Radiobombe des Typs, wie sie nach Darstellung des »Stern« von Khreesat in Neuss gebaut worden war, in der Pan Am-Maschine über Lockerby. Im April 1989 fand das Bundeskriminalamt in Neuss drei weitere Bomben, die vermutlich ebenfalls von dem 44jährigen Jordanier gebaut worden waren. Eine explodierte beim Versuch, sie zu untersuchen. Ein BKA-Beamter starb, ein zweiter wurde verletzt, berichtete die »Süddeutsche Zeitung« im Mai 1989.[208]

Ein Koffer mit Sprengstoff und eine elektronische Zündeinrichtung sollen dabei Verwendung gefunden haben. Nach der Rekonstruktion durch deutsche Ermittler soll der Bombenkoffer als unbegleitetes Gepäckstück am Morgen des 21. Dezember 1988 mit einem Zubringerflug der Air Malta zum Flughafen Frankfurt gelangt und dann ungeprüft in die Pan Am-Maschine verladen worden sein. Amerikanische und britische Ermittlungsbehörden beschuldigten 1991 zwei Mitarbeiter des libyschen Geheimdienstes auf Malta, diesen Koffer in die Pan Am-Maschine geschmuggelt zu haben.

Andere Hinweise deuteten auf die PFLP-GC, die 1988 angeblich mit den USA einen Drogen-Deal zur Freilassung der in Beirut festgehaltenen US-Geiseln abgeschlossen hatte und ein doppeltes Spiel betrieben bzw. ein solches über die PFLP-GC Gruppe in Neuss und dem genannten Jordanier Marwan Khreesat ermöglicht haben soll.[209]

Ein Zeuge im »Mykonos-Prozeß« (»Quelle C« alias Abolghasem Mesbahi)[210] soll ausgesagt haben, daß der Revolutionsführer Ajatollah Khomeini der Auftraggeber gewesen sei. Damit habe Teheran Vergeltung üben wollen für den Abschuß des iranischen Airbusses durch den USA-Zerstörer »Vinvennes« 1988 über der Straße von Hormuz. Auch gegenüber der Frankfurter Staatsanwaltschaft soll dieser frühere iranische Geheimdienstler Abolghasem Mesbahi eine Verwicklung Teherans bestätigt haben.[211]

Andere, so der amerikanische Journalist Pierre Salinger, waren davon überzeugt, daß der syrische Terrorist Jibril den Pan Am-Jumbo zerstört habe.[212]

Dies deckt sich im übrigen mit dem Eingeständnis von Ermittlungsbehörden der USA, daß sie – vor der »libyschen Spur« – angeblich erdrückende Beweise dafür festgestellt hätten, daß der iranische Geheimdienst hinter dem Attentat stünde. Wenige Wochen später machte man den syrischen Geheimdienst dafür verantwortlich.[213]

Das aus den Trümmern geborgene winzige Teilstück einer elektronischen Uhr, die zum Zünden von Sprengladungen verwandt wird, führte die Ermittler zum Hersteller, der Mebo AG in Zürich. Nach ersten Angaben von Edwin Bollier, einem der beiden Geschäftsführer dieser Firma, sollen nur etwa zwei Dutzend dieser Uhren produziert und ausschließlich an Libyen und das libysche Volksbüro in der DDR verkauft worden sein.

Diese Feststellung wie auch der Umstand, daß das MfS seit Jahren von der Mebo AG elektronische Geräte bezogen haben soll, die auf der Cocom-Liste standen, darunter angeblich auch einige dieser elektronischen Uhren, reichten den bundesdeutschen Ermittlungsbehörden aus, die DDR zu verdächtigen, das MfS sei an dem Anschlag auf die Pan Am-Maschine beteiligt gewesen und habe damit Beihilfe zum vielfachen Mord geleistet.

Im Jahre 1994 wurden ehemalige Mitarbeiter des MfS durch die Staatsanwaltschaft Frankfurt/Main vernommen. Nach dem hinreichend verbreiteten Vorurteil, denen ist alles zuzutrauen, wurde das MfS beschuldigt, elektronische Uhren an die Attentäter weitergegeben zu haben. Im Zuge der Ermittlungen wurde auch Egon Krenz als ehemaliger Generalsekretär des ZK der SED, Vorsitzender des Staatsrates und des Nationalen Verteidigungsrates der DDR, zu diesem Sachverhalt als Zeuge vorgeladen und vernommen. Das kam der Unterstellung gleich, die DDR sei als Staat an dem Anschlag beteiligt gewesen.[214]

Egon Krenz berichtete darüber im *Neuen Deutschland* am 2. Februar 2001: »Zur Vorgeschichte des Prozesses zählt auch, daß die bundesdeutsche Justiz das Verbrechen von Lockerbie der DDR und namentlich Honecker, Axen und mir anlasten wollte. Dies veranlaßte mich, in einem Brief vom 24. August 1994 an die Staatsanwaltschaft beim Landgericht Frankfurt (Main) gegen diese beispiellose Provokation zu protestieren. Am 6. September 1994 wurde ich dennoch in das Bundeskriminalamt, Außenstelle Berlin, beordert. Ich wurde dort entwürdigend vernommen. Als ich die Verleumdung zurückwies, die DDR sei an terroristischen Akten beteiligt gewesen und hätte etwas mit dem Absturz des Flugzeuges zu tun gehabt, wurde mir vom Staatsanwalt die Vorführung bei einem Haftrichter angedroht.

Auch das gehört zum Kapitel der Versuche der Bundesrepublik Deutschland, die DDR zu delegitimieren.«

Die Haltlosigkeit aller Unterstellungen wurde bewiesen.

Die von westlichen Ermittlungsbehörden der Tat verdächtigten Libyer Amin Chalifa Fuheima und Bassit Ali el Mekrahi wurden nach langen Verhandlungen im April 1999 durch Libyen an die niederländischen Behörden überstellt. Am 3. Mai 2000 begann in Kamp Zeist der Prozeß nach schottischem Recht und mit schottischen Richtern. Die Anklage der Staatsanwaltschaft stützte sich auf die Ermittlungsergebnisse, die die beiden libyschen Geheimdienstler belastet. Die Verteidigung erklärte nicht nur die Unschuld ihrer Mandanten, sondern verwies in ihrer Erklärung auf die PFLP-GC und PPSF (palästinensische Volkskampffront), nannte die Namen von neun Palästinensern und einem Iraner, die nach ihren Feststellungen als die tatsächlichen Verantwortlichen für den Anschlag gelten.[215]

Im Vorfeld des Verfahrens war es den Anwälten auch gelungen, wesentliche Aussagen der Staatsanwälte in Frage zu stellen. So nahm der Zeuge der Anklage seine Aussage zurück, er habe am Unglückstag gesehen, wie die beiden Libyer einen Koffer in das Flugzeug von Malta nach Frankfurt/Main schmuggelten. Die »Air Malta« konnte dokumentieren, daß sich in dem Flugzeug kein verdächtiges Gepäckstück befand. [216]

Einer der Hauptermittler des FBI erwies sich als notorischer Fälscher, weshalb er den Dienst quittieren mußte. Auch wurden dem Gericht womöglich wichtige Protokolle der Vernehmungen des im Oktober 1988 in Neuss festgenommenen Jordanier Marwan Khreesat vorenthalten. Damals Verbindungsmann des BND wurde er nunmehr als mutmaßlicher palästinensisch-jordanischer Geheimdienstler bezeichnet.[217]

Nach 84 Verhandlungstagen und etwa 170 Millionen Mark Verfahrenskosten wurde am 31. Januar 2001 durch die schottischen Richter ein nur schwer nachvollziehbares Urteil gefällt. Der Libyer Bassit Ali el Mekrahi wurde für schuldig befunden und zu lebenslanger Haft wegen Mordes verurteilt. Der Mitangeklagte Amin Chalifa Fuheima wurde ohne Wenn und Aber freigesprochen und sofort auf freien Fuß gesetzt.[218]

Während des gesamten Verfahrens wurden die beiden angeklagten Libyer als Team behandelt, das gemeinsam agierte. Der Freispruch des einen – nicht einmal mit der Einschränkung »mangels Beweisen« versehen – nährt somit zusätzlich Zweifel am Schuldspruch für den anderen. Tatsächlich erbrachte das Verfahren keine klaren Beweise für die Täterschaft. Es handelte sich vielmehr um einen Indizienprozeß; die Kette der Indizien für den Schuldspruch ist wohl bestenfalls schwach zu nennen.[219]

Darin waren sich Prozeßbeobachter, Journalisten und auch Juristen einig. So äußerte sich Robert Black, Professor an der juristischen Fakultät der Universität Edinburgh, gegenüber der »Berliner Zeitung«: »Kaum ein Glied der Indizienkette der Anklage war an sich überzeugend. Nur in der Gesamtheit ergab sich ein meines Erachtens immer noch sehr luftiger Zusammenhang.«[220] Der Verurteilte legte am 7. Februar 2001 Berufung ein.[221]

Die Beispiele für Terroranschläge, in die vermutlich freiheitlich-demokratische Geheimdienste direkt oder indirekt verstrickt waren, lassen sich fortsetzen. Erinnert sei an den angeblichen Fememord am 5. Juni 1974 an Ullrich Schmücker, einem Mitglied der »Bewegung 2. Juni« und zugleich V-Mann des Verfassungsschutzes. Der Mitarbeiter des Verfassungsschutzes Michael Grünhagen spielte dabei eine Rolle.[222]

Es gab 1992 den Fall Siegfried Nonne[223], den angeblichen Kronzeugen des hessischen Verfassungsschutzes in Sachen Alfred Herrhausen (1989), und den Anschlag auf die Justizvollzugsanstalt Weiterstadt in Hessen im März 1993.

Alle diese Beispiele erhärten den Verdacht, daß der Verfassungsschutz, der BND und das BKA es mit der Verhinderung von terroristischen Anschlägen in einigen Fällen nicht so ernst nahmen. In der Anwendung von Mittel und Methoden waren sie nicht wählerisch, manchmal ging es nicht mit Recht und Gesetz zu.

Terroristen wurden in einigen Fällen mit Hilfe von V-Leuten und Kontaktpersonen, die als *agent provocateur* auftraten, mit Waffen und Sprengstoffen ausgerüstet, statt sie konsequent von ihren Vorhaben abzubringen. Diesen Dienststellen und ihren Mitarbeitern wird deshalb aber von der Justiz eine *Zusammenarbeit* mit Terrororganisationen, oder eine Unterstützung von Terroristen nicht unterstellt.

Der gescheiterte Versuch der Kriminalisierung des MfS am Beispiel der Terrorabwehr

Entgegen allen öffentlichen Behauptungen und Beschuldigungen, wie sie seit 1990 durch Medien und seit 1991 in Ermittlungsverfahren oder Strafprozessen erhoben werden, gehörte es niemals zu den Zielen, Aufgaben und Praktiken des MfS, sich mit Terroristen ideologisch zu verbrüdern, Terror zu unterstützen oder sogar selbst zu organisieren. Alle Ermittlungsverfahren und Strafprozesse dieser Art mußten in aller Regel mit dem Eingeständnis eingestellt werden, daß keine Beweise für die Anschuldigungen erbracht werden konnten.

Vorab jedoch wurden die Medien mit tedenziösen Informationen beliefert, die letztlich nur dem einen Ziel dienten: die DDR zu delegitimieren und ihre Funktionsträger zu kriminalisieren und öffentlich vorverurteilen zu lassen.

Am 26. März 1991 wurden fünf ehemalige Mitarbeiter des MfS festgenommen, nach einem sechsten wurde gefahndet. Der Inhalt der Haftbefehle vom 18. März 1991 war Journalisten früher bekannt als den Beschuldigten und wurde veröffentlicht.

Der Generalbundesanwalt hielt es offenbar für wichtiger, zuerst die Medien zu bedienen und erst dann die Beschuldigten zu informieren. Er wußte, wie Medien funktionieren und welche Wirkung sie erzielen. Und auf die hatte er es wohl abgesehen.

»Größter Schlag gegen Stasi – Mielkes Top-Leute verhaftet, einer auf der Flucht«[224]

»MfS unterstützte Attentat auf US-General und Bombenanschlag in Ramstein«[225]

»Haftbefehl gegen Mielke erwirkt – Mordanschlag auf US-General Kroesen mit Hilfe des MfS«[226] lauteten nur einige der verlogenen Schlagzeilen.

Die »Berliner Zeitung« vom 28. März 1991 zitierte in der Überschrift Bundesjustizminister Klaus Kinkel: »Stasi-Ausbildung für RAF war Beihilfe zum Mord«.

In der gleichen Zeitung hieß es am 30./31. März 1991:

»Stasi-Gehilfen der RAF bleiben weiter in Haft«. Im Text wurde der »Spiegel« zitiert: »Unterstützung dauerte womöglich bis zur Wende«.

»Der Spiegel« selbst veröffentlichte einen längeren Artikel mit Angaben zu den Inhaftierten, zu angeblichen Aussagen von Zeugen, zu Ermittlungsergebnissen, zu den Sachverhalten sowie angeblichen Erwiderungen der beschuldigten Mitarbeiter des MfS auf die ihnen verkündeten Haftbefehle unter der Schlagzeile: »Denen trauen wir jetzt alles zu«.[227]

Am Ostermontag, dem 1. April 1991, wurde der Chef der Treuhandanstalt, Detlef Karsten Rohwedder, erschossen. Folgerichtig mutmaßten die Stasijäger-Postillen »Werk des MfS« und »Connection mit der RAF«.

Die »Super ILLU« versah ihre längeren Ausführungen mit der Überschrift: »Der Mord an Treuhand-Chef Detlef Rohwedder.« Und: »Die blutigen Hände des Stasi-Generals … Chef Mielke – der Pate des Terrors.« [228]

BKA-Chef Zachert verriet der »Super ILLU«: »Der Stasi traue ich alles zu.«

Die inzwischen eingegangene »Quick« preßte den haltlosen Vorwurf in die Schlagzeilen: »Rohwedder – Terror-Attentat«, »Stasi – RAF – Das mörderische Bündnis.«

Und »Praline« wußte es ganz genau: »Menschenfeind Stasi. Die Verbrechen der Staatssicherheit nicht nur im Osten. – Die Machenschaften von gestern. Die Seilschaften von heute.«

Sieben Jahre nach dem Mord an Detlef Rohwedder strahlte die ARD am 19. Februar 1998 eine Sendung des WDR aus. Rohwedder sei nicht von der RAF, sondern von einem in der DDR ausgebildeten Präzisionsschützen im Auftrag alter Stasiseilschaften erschossen worden, hieß es da. Die Reporter gingen davon aus, daß die RAF seit Mitte der 80er Jahre nicht mehr aktiv gewesen sei und viele Anschläge nur das Werk der »Stasi-Spionagetruppe HVA« gewesen wären. Diese hätte »zur Tarnung gefälschte RAF-Bekennerschreiben« verschickt. Entsprechende Meldungen wurden vor Ausstrahlung der Sendung in die Presse lanciert: »Neue Spuren im Fall Rohwedder. Stecken Stasi-Seilschaften hinter Mord an Treuhand-Chef?«[229] »Rohwedder-Mord: War es die Stasi? Mysteriöse Spuren nach Ostdeutschland.« [230]

Offenkundig war die Spur wohl doch nicht so heiß. Die oder der Mörder sind bzw. ist noch immer nicht gefaßt. Seit Mai 2001 hält die Bundesanwaltschaft den toten Grams von der RAF für einen möglichen Tatbeteiligten.

Im August 1991 wurden die Haftbefehle vom März 1991 gegen die Mitarbeiter des MfS vom Bundesgerichtshof (BGH) aufgehoben. Nach dem Stand der weitgehend abgeschlossenen Ermittlungen, so der BGH in der Begründung, könne der dringende Tatverdacht einer Beihilfe zum versuchten Mord und zur Herbeiführung einer Sprengstoffexplosion nicht mehr bejaht werden. Die Angeschuldigten wurden ohne mediales Getöse aus der Untersuchungshaft entlassen. Der Generalbundesanwalt gab keine Pressekonferenz.

Erst im August 1994 wurde das Ermittlungsverfahren eingestellt.

Auch dazu schwiegen der Generalbundesanwalt, der BGH und die Presse.

Dementis und Widerrufe gehören nicht zu ihrer journalistischen »Sorgfaltspflicht«. Generell wurden Schuldzuweisungen gegenüber dem MfS nicht zurückgenommen. Sie werden bei Bedarf immer wieder aufgefrischt und vorgebracht. Der Rufmord gehört als Mehrzweckwaffe zum politischen Geschäft.

Die Sonderstaatsanwaltschaft II beim Landgericht Berlin glaubte 1995 doch noch einen juristischen Kunstgriff gefunden zu haben, um auf der Grundlage des schon ausgewerteten Materials des Generalbundesanwaltes von 1991 eine neue Anklage gegen dieselben ehemaligen Mitarbeiter des MfS zu erheben. Die Beschuldigung lautete, wie bereits an anderer Stelle mitgeteilt, auf Strafvereitelung von 1980 bis 1990 wegen der Aufnahme und Betreuung von RAF-Aussteigern in der DDR.

Die 22. Große Strafkammer sprach am 7. März 1997 H. D., G. J. und P. Z. eine Verwarnung mit Geldstrafenvorbehalt aus. Dieses Urteil wurde im Revisionsverfahren vom Bundesgerichtshof am 5. März 1998 aufgehoben. Die beantragte Revision der Staatsanwaltschaft wurde verworfen. Die drei ehemals leitenden Mitarbeiter des MfS wurden vom Vorwurf der Strafvereitelung freigesprochen.[231]

Mit diesem Urteil des 5. Strafsenats des BGH wurde anerkannt, daß kein rechtswidriger Willkürakt vorlag, als die Angeklagten »terroristisches Potential« ruhigstellen wollten. Es ging ja auch nicht um Strafvereitelung, sondern um die Verhinderung weiterer Verbrechen.

Vor allem die Begründung des BGH unterstreicht, daß die Staatsanwaltschaft in politischer Absicht die DDR »so zu behandeln versucht (hat), als sei sie ein abtrünniges Bundesland gewesen, in dem die BRD-Rechtsordnung gegolten habe«.[232] Die DDR sei aber, so der BGH – unabhängig von ihrer völkerrechtlichen Anerkennung durch die BRD – »ein Staat im Sinne des Völkerrechts und als solcher Völkerrechtssubjekt« gewesen. Da es keine Verträge über die Auslieferung von Straftätern zwischen den beiden deutschen Staaten gegeben habe und eine »allgemeine völkergewohnheitsrechtliche Verpflichtung zur Auslieferung« nicht bestehe, sei die DDR auch nicht völkerrechtlich verpflichtet gewesen, der BRD den Aufenthaltsort der Gesuchten mitzuteilen.

Außerdem unterstrich der BGH »das aus der Souveränität eines jeden Staates abgeleitete Recht, die Einreise in das eigene Hoheitsgebiet ohne Rücksicht auf die Interessen anderer Staaten zu gestatten und auch die Gestaltung der Lebensverhältnisse nach erfolgter Einreise ausschließlich an innerstaatlichen Interessen auszurichten.«[233]

Rechtsanwalt Dr. Stefan König aus Berlin kommentierte in der Zeitschrift »Neue Justiz«: »Der BGH anerkennt – im Ergebnis und eher zwischen den Zeilen – die Bemühungen des MfS, ›terroristisches Potential ruhigzustellen‹ durch die Aufnahme von RAF-Aussteigern in der DDR, die damit einen nicht zu unterschätzenden Beitrag zur Befriedung der terroristischen Szene in der Bundesrepublik geleistet hat. Auch dort wurde zwar immer wieder ein Aussteigerprogramm diskutiert, jedoch nie ernsthaft umgesetzt. Der BGH hebt zwar hervor, eine Strafverfolgung der in der Bundesrepublik begangenen Kapitalverbrechen sei aus rechtsstaatlicher Sicht geboten. Der Verzicht hierauf in der DDR sei aber kein offensichtlich rechtswidriger Willkürakt. Das ist eine sehr verhaltene, im Ergebnis – Freispruch der Angeklagten – jedoch deutliche Reverenz.«[234]

Mit Beschluß des Landgerichts Berlin vom 18. Juni 1998 in dem seit 30. März 1994 bei der Sonderstaatsanwaltschaft II anhängigen Ermittlungsverfahren (der Strafsache gegen zwei weitere leitende Mitarbeiter des MfS, G. N. und H. F. wegen Strafvereitelung) wurde die Eröffnung des Hauptverfahrens aus tatsächlichen und rechtlichen Gründen gemäß § 204 StPO abgelehnt.

Die Kammer schloß sich damit den Auffassungen an, die der Bundesgerichtshof in seinem Freispruch der Mitangeklagten H. D., G. J. und P. Z. am 5. März 1998 zum Ausdruck gebrachte hatte. [235]

Entgegen der sonst üblichen Praxis gab es hierzu keine öffentliche Verlautbarung. Man hatte vermutlich kein Interesse, damit die seit Jahren aus Klischees geformten Feindbilder zu zerstören. Erst die »junge Welt« brachte am 8./9. August 1998 die Nachricht: »Gescheitert: Justiz läßt ab von RAF-Stasi-Legende.«

Ergänzend dazu veröffentlichte sie einen ausführlichen Bericht zum Beschluß des Landgerichtes sowie ein Interview mit dem Rechtsanwalt Dr. Frank Osterloh. Daraufhin berichtete auch die »Berliner Morgenpost« und überschrieb ihren Artikel mit: »Ein deutsch-deutsches Kapitel wird geschlossen – Strafrechtliche Aufarbeitung der Verbindung zwischen Stasi und RAF-Terroristen ist beendet.« Und die »Berliner Zeitung« brachte am 12. August 1998: »Keine Strafe für Unterbringung von RAF-Tätern – Grundsatzurteil beendet juristische Aufarbeitung der Stasi-Verbindung zu Terroristen.« Ein spätes und im ganzen doch verhaltenes, aber richtiges Eingeständnis – vergleicht man den Beschluß des LG Berlin vom 18. Juni 1998 mit den Begründungen für die eingeleiteten Ermittlungsverfahren und erlassenen Haftbefehle aus den Jahren 1991 bis 1995 sowie den Vorverurteilungen und falschen Anschuldigungen in den Medien. Nicht zu reden von diversen Buchveröffentlichungen seit 1990.

Allein die genannten Verfahren beim BGH (2 BJs 97/90) und beim Landgericht Berlin (552/29/2Js 231/90 21/905), die notwendig gewordene Revisionsverhandlung beim BGH, die zum Freispruch führte, und das Zusammenspiel mit den Medien bestätigten den Eindruck, daß nicht der rechtlich gebotene und geforderte objektive Tatbestand, sondern der Strafverfolgungswahn gegen ehemalige Mitarbeiter des MfS und andere Funktionsträger der DDR insbesondere die Haltung der Sonderstaatsanwaltschaft II beim Berliner Landgericht bestimmte.

Im Zusammenhang mit der Auflösung der Sonderstaatsanwaltschaft II beim Berliner Landgericht zum 30. September 1999 kommentierte die »Berliner Zeitung« diesen »übertriebenen Verfolgungseifer«[236] unter der Zwischenüberschrift »Abenteuerliche Anklagen« so: »Für Unverständnis sorgte auch die Verfolgung jener Stasi-Offiziere, die – ob mit oder ohne Wissen der Bundesregierung – die RAF-Aussteiger in der DDR mit einer neuen Existenz versorgten und unter Kontrolle hielten. Der Bundesgerichtshof sprach die MfS-Leute schließlich frei.«[237]

Allerdings traute man sich nicht, die Tatsachen auch so deutlich beim Namen zu nennen, den sie verdienten: Mit den Maßnahmen des MfS in bezug auf die RAF und andere Terrororganisationen wurde damals die Sicherheitslage für die Bundesrepublik und andere Staaten in Mitteleuropa verbessert und zur Befriedung der terroristischen Szene beigetragen.

Die »junge Welt« hatte bereits am 10. Mai 1995 erklärt, »daß die mit den RAF-Aussteigern befaßten Mitarbeiter des MfS eigentlich vom Bundespräsidenten einen Verdienstorden erhalten müßten, denn sie haben dazu beigetragen, aus erbitterten Staatsfeinden angepaßte Bürger zu machen«.[238]

Es kann festgestellt werden: Das MfS hat in Erfüllung der ihm übertragenen Aufgaben den Terrorismus mit allen geeigneten legitimen Mitteln und Methoden vorbeugend bekämpft. Es hat ihn eingeschränkt, zurückgedrängt und weitgehend von der DDR und ihren Vebündeten ferngehalten. Die Anwendung nachrichtendienstlicher Mittel und Methoden hat sich dabei als richtig und zweckmäßig erwiesen. Den Bürgern der DDR blieben schreckliche Auswirkungen des Terrors erspart, sie konnten in Sicherheit leben und ihrer Arbeit nachgehen. Die Versuche, der Terrorabwehr zu unterstellen, den Terrorismus unterstützt oder gar selbst organisiert zu haben und damit das MfS zu kriminalisieren, sind gescheitert.

Fußnoten

1 MfS, Juristische Hochschule Potsdam, 1969 und 1985: Wörterbuch für die politisch-operative Arbeit. Vollständig veröffentlicht in: Das Wörterbuch der Staatssicherheit. Definition zur »politisch-operativen Arbeit«. Hrsg. vom BStU, Abt. Bildung und Forschung, Berlin 1993 (Reihe A:1/1993) sowie in: Das Wörterbuch der Staatssicherheit. Definition zur »politisch-operativen Arbeit«. Hrsg. von Siegfried Suckut, Ch. Links Verlag, Berlin 1996. Das Zitat ist entnommen aus der von Siegfried Suckut im Ch. Links Verlag herausgegebenen Fassung, S. 364 – 370. Auch die nachfolgenden Verweise auf das Wörterbuch des MfS beziehen sich stets auf diese Quelle.

2 Strafrecht der DDR, Kommentar zum Strafgesetzbuch, Staatsverlag der DDR, Berlin 1981, S. 294.

3 Ebenda, S. 294.

4 Ebenda, S. 295.

5 Wörterbuch für die politisch-operative Arbeit ... a.a.O. S. 369.

6 Wörterbuch für die politisch-operative Arbeit ... a. a. O. S. 147.

7 Wörterbuch für die politisch-operative Arbeit ... a. a. O. S. 147.

8 Wörterbuch für die politisch-operative Arbeit ... a. a. O. S. 369.

9 Wörterbuch für die politisch-operative Arbeit ... a. a. O. S. 369.

10 Brockhaus, Band XXII, Brockhaus Verlag, Mannheim 1993, S. 21.

11 Ebenda, S. 23.

12 Bundesakademie für Sicherheitspolitik Schriftenreihe zur Neuen Sicherheitspolitik, Band 18: Terrorismus als weltweites Phänomen. Berlin Verl. A. Spitz, Berlin 2000, S. 254.

13 Bruce Hoffmann: Terrorismus – Der unerklärte Krieg, S. Fischer Verlag, Frankfurt/Main 1999, S. 56.

14 Karl Marx: Das Kapital. Band 1, Dietz Verlag, Berlin, 1953 S. 801.

15 Wörterbuch für die politisch-operative Arbeit, ... a. a. O., S. 369-370.

16 Klaus Steiniger: Tops und Flops – Die Geschäfte der US-Geheimdienste. Elefanten Press, Berlin 1998, S. 79.

17 Andreas von Bülow: Im Namen des Staates – CIA, BND und die kriminellen Machenschaften der Geheimdienste. Piper Verlag GmbH, München 1998, S. 196.

18 W. I. Lenin: Gesammelte Werke. Band 6, Dietz Verlag, Berlin 1956, S. 473.

19 Clara Zetkin: Ausgewählte Reden und Schriften. Band II, Berlin 1960, S. 344.

20 Wörterbuch für die politisch-operative Arbeit ... a. a. O., S. 369 – 370.

21 Andreas von Bülow: Im Namen des Staates ... a. a. O., S. 407/408.

22 Klaus Steiniger: Tops und Flops ... a. a. O., S. 38/39, zitiert nach N. N. Jakovlev: CIA contra UdSSR. VEB Deutscher Verlag der Wissenschaften, Berlin 1985, S. 72/73.

23 N. N. Jakovlev: CIA contra UdSSR ... a. a. O., S. 73.

24 Klaus Steiniger: Tops und Flops ... a. a. O., S. 39.

25 Ebenda, S. 42 bis 46.

26 Ebenda, S. 53 bis 56.

27 junge Welt, 21. Juni 2000 und 4. Juli 2000.

28 Andreas von Bülow: Im Namen des Staates ... a. a. O., S. 216-220.

29 Kurier, 3. Juli 1997.

30 Neues Deutschland, 15. Juli 1999.

31 Neues Deutschland, 10. August 1999, und junge Welt, 10. August 1999.

32 Neues Deutschland, 15. Juli 1999, und Berliner Morgenpost, 28. Juli 1999.

33 Gerhard Feldbauer: Agenten, Terror, Staatskomplott: Der Mord an Aldo Moro, Rote Brigaden, und CIA. PapyRossa Verlags GmbH & Co., Köln 2000 S. 33.
34 Andreas von Bülow: Im Namen des Staates ... a. a. O. S. 318.
35 Ebenda, S. 433.
36 Gerhard Feldbauer: Agenten, Terror, Staatskomplott ... a. a. O. S. 157.
37 Andreas von Bülow: Im Namen des Staates ... a. a. O. S. 306.
38 Gerhard Feldbauer: Agenten, Terror, Staatskomplott ... a. a. O. S. 117.
39 Ebenda, S. 33/34.
40 Gerhard Feldbauer: Von Mussolini bis Fini, die extreme Rechte in Italien. Espresso Verlag, Berlin 1996, S. 57-86 und 94-116 sowie junge Welt, 11. bis 14. Mai 1998, Serie, Aldo Moros Tod und die Geheimdienste.
41 Gerhard Feldbauer: Agenten, Terror, Staatskomplott ... a. a. O. S. 65.
42 Andreas von Bülow: Im Namen des Staates ... a. a. O. S. 321/322.
43 Ebenda, S. 317.
44 Berliner Zeitung, 7. Dezember 2001.
45 Peter Kaiser/Norbert Moc/Heinz-Peter Zierholz: Schüsse in Dallas, politische Morde 1948 - 1984. Dietz Verlag, Berlin 1988, S. 8 - 11.
46 S. Schröder: Bomben, Blut und Bitterkeit. Militärverlag DDR, Berlin 1987, S. 245 - 246.
47 Marx/Engels: Ausgewählte Schriften. Band I, Dietz Verlag, Berlin 1959, S. 512.
48 Andreas von Bülow: Im Namen des Staates ... a. a. O S. 436/437.
49 Berliner Zeitung, 22./23. April 2000.
50 junge Welt, 25. und 29/30. August 1998; Berliner Zeitung, 25. August 1998.
51 Berliner Zeitung, 13. August 1998; Bild, 22. August 1998; Neues Deutschland, 29./30. August und 6. November 1998.
52 Berliner Zeitung, 6. Februar 2001.
53 Spiegel Online, 22. Oktober 2001.
54 Berliner Zeitung, 17. Mai 1999.
55 junge Welt, 28./29. August 1999.
56 Neues Deutschland, 22./23. August 1998.
57 In dem Buch: Die Wahrheit über den NATO-Krieg gegen Jugoslawien , einer Schrift des Internationalen Vorbereitungskomitees für ein Europäisches Tribunal über den NATO-Krieg gegen Jugoslawien, herausgegeben von Wolfgang Richter, Elmar Schmähling und Eckart Spoo im Schkeuditzer Buchverlag 2000, werden die Zusammenhänge, Hintergründe und Folgen dieses verbrecherischen Krieges und die sich daraus ergebenden Schlußfolgerungen aufschlußreich und überzeugend dargestellt. Verwiesen sei in diesem Zusammenhang besonders auf die Ausführungen von Ramsey Clark, des ehemaligen Justizministers der USA, zum Thema »Es ist notwendig, anzuklagen«, Anklageschrift der Unabhängigen Untersuchungskommission zur Erforschung der Kriegsverbrechen der USA und der NATO gegen das Volk von Jugoslawien auf den Seiten 18 bis 32; »Die Anklage« von dem Historiker Stanislaw Pateidl von der Tschechischen Friedensgesellschaft in Prag auf den Seiten 248 bis 253 und die Darlegungen von Klaus Eichner von der Gesellschaft zum Schutz von Bürgerrecht und Menschenwürde (GBM), Berlin und Erich Schmidt-Eenbohm, Leiter des Forschungsinstituts für Friedenspolitik in Weilheim, über »Die Rolle der Geheimdienste bei der Vorbereitung und Durchführung des Krieges« auf den Seiten 157 bis 174.
58 Neues Deutschland, 12./13. Juni 1999.
59 Berliner Zeitung, 13./14. Oktober 2001.
60 ARD, Sendung Monitor, 20. Dezember 2001, 21,00 Uhr.
61 Neues Deutschland, 6./7. Oktober und 21. Dezember 2001.

62 Gegenüber dem Time-Magazin, nach junge Welt, 11. Oktober 2001, und gegenüber dem Fernsehsender Al-Dschasira, nach Berliner Zeitung, 8/9. Oktober 2001, Neues Deutschland, 9. Oktober 2001.
63 ARD, Sendung Monitor, 20. Dezember 2001.
64 junge Welt, 24./25. November 2001.
65 Neues Deutschland,1./2. Dezember 2001.
66 junge Welt, 23. Oktober 2001; Neues Deutschland, 22. Oktober 2001.
67 Berliner Zeitung, 26. Oktober 2001.
68 Neues Deutschland, 3./4. November 2001.
69 Die Welt, 7. Dezember 2001.
70 junge Welt, 11. Oktober 2001.
71 Neues Deutschland, 1./2. Dezember 2001.
72 Neues Deutschland, 8./9. Dezember 2001.
73 Bruce Hoffman: Terrorismus – Der unerklärte Krieg ... a. a. O., S. 257 ff.
74 Bundesakademie für Sicherheitspolitik. Schriftenreihe zur Neuen Sicherheitspolitik, Band 18: Terrorismus als weltweites Phänomen ... a. a. O., S. 260.
75 Neues Deutschland, 3. Juli 2000.
76 Neues Deutschland, 2. Januar 2001.
77 Neues Deutschland, 3. Juli 2000.
78 Neues Deutschland, 2. Januar 2001.
79 Neues Deutschland, 9. Januar 2001.
80 Die Kampfmethoden des antifaschistischen Widerstandes und der Partisanenbewegungen wurden bewußt hier nicht behandelt, da nach Auffassung der Autoren diese nicht als Terror bezeichnet werden können.
81 junge Welt, 21. Juni 2000.
82 junge Welt, 25. Februar 2000.
83 Bundesakademie für Sicherheitspolitik. Schriftenreihe zur Neuen Sicherheitspolitik, Band 18: Terrorismus als weltweites Phänomen ... a. a. O. S. 218.
84 Resolution des Sicherheitsrates der UNO Nr. 1269 (1999) vom 19. Oktober 1999.
85 Neues Deutschland, 7. Dezember 2001, Zum Jahrestreffen der OSZE-Außenminister in Bukarest.
86 Wörterbuch für die politisch-operative Arbeit ... a. a. O. S. 148.
87 Wörterbuch für die politisch-operative Arbeit ... a. a. O. S. 365 - 368.
88 »Das Regime an einer Grenze richtet sich immer nach den Beziehungen zwischen den Staaten, die sie trennt«, erklärte das ZK der SED bereits treffend in den 60er Jahren. »Sind diese Beziehungen freundschaftlicher Natur, dann kann auch das Regime an der Grenze freundschaftlich und großzügig sein. Wird dagegen, wie es von Westdeutschland und Westberlin aus geschieht, immer wieder der Versuch gemacht unsere Grenze zu negieren, sie und unsere Gesetzlichkeit zu mißachten, dann ist es selbstverständlich notwendig, daß die DDR entsprechende Maßnahmen trifft. Sie schützen unseren Staat, unser Volk, und verhindern gefährliche Konflikte.« (Vergl. Antwort des ZK der SED auf die »Offene Antwort« des Parteivorstandes der SPD vom 23. März 1966, in Dokumente zum nationalen Dialog, Dietz Verlag, Berlin 1966 S. 28)
89 Gerhard Keiderlin/Percy Stulz: Berlin 1945 – 1968. Dietz Verlag, Berlin 1970, S. 172.
90 Junge Welt, 9. März 1951. Siehe auch W. Hanisch: Grenzsicherung und Grenzpolizei der DDR. Militärgeschichtliches Institut der DDR, Potsdam 1974, S. 100 und 304.
91 W. Hanisch: Grenzsicherung und Grenzpolizei der DDR ... a. a. O. S. 101 und 304.
92 Junge Welt, 10. Juni 1952.
93 Gerhard Keiderlin/Percy Stulz: Berlin 1945 – 1968 ... a. a. O. S. 309 und Junge Welt, 3. Ja-

nuar 1953. Siehe auch W. Hanisch: Grenzsicherung und Grenzpolizei der DDR ... a. a. O., S. 305.

94 Gerhard Keiderlin/Percy Stulz: Berlin 1945 - 1968 ... a. a. O. S. 304 bis 307.

95 Ebenda, S. 307 und Fernsehsendungen des WDR zur KgU, u.a. am 12. Mai 1996. Siehe auch Urteil des 1. Strafsenats des Obersten Gerichts der DDR vom 8./9. August 1952, -1 Zst (I) 11/52.

96 Gerhard Keiderlin/Percy Stulz: Berlin 1945 - 1968 ... a. a. O. S. 307.

97 Urteil des Obersten Gerichts der DDR vom 29. Februar 1952 zu Günther Herrmann und 14 weitere, 1 Zst (I) 1/52, I/1 - 595/51.

98 Unmenschlichkeit als System. Kongress Verlag, Berlin 1957, S. 11 - 16 und S. 34.

99 Ebenda, S. 34 - 35.

100 Tatsachen über Westberlin. Kongress Verlag, Berlin 1962, S. 81 bis 84 sowie Junge Welt, 24. Mai 1952 und Heinrich/Ullrich: Befehdet seit dem ersten Tag. Dietz Verlag, Berlin 1981, S. 134 ff. und Prozesse vor dem Obersten Gericht der DDR, Heft 1, Strafsache gegen Burianek u.a., VEB Deutscher Zentralverlag, Berlin 1953 sowie aus dem Urteil des Obersten Gerichtes der DDR, 1. Strafsenat, 1 Zst (I) 6/52.

101 Aus dem Urteil des Obersten Gerichtes der DDR, 1. Strafsenat, 1 Zst (I) 4/55.

102 Tatsachen über Westberlin ... a. a. O. S. 81 bis 84 sowie Junge Welt, 24. Mai 1952 und Heinrich/Ullrich: Befehdet seit dem ersten Tag ... a. a. O., S. 134 ff.

103 Neues Deutschland, 4./5. August 2001.

104 Urteil des Obersten Gerichtes der DDR gegen Hoese, Metz und andere vom 13./14. Mai 1952, -1Zst (I) 5/52-, -I - 1 - 224/52.

105 Fernsehsendungen des WDR zur KgU, u.a. am 12. Mai 1996.

106 Thüringer Allgemeine, 27. Juni 1998.

107 Tatsachen über Westberlin ... a. a. O., S. 99.

108 Braunbuch, Kriegs- und Naziverbrecher in der Bundesrepublik. Staatsverlag der DDR, Berlin 1965.

109 Bernt Engelman:, Die unsichtbare Tradition. Band II: Rechtsverfall, Justizterror und das schwere Erbe, Pahl-Rugenstein Verlag, Köln 1989, S. 327 -328.

110 Tatsachen über Westberlin ... a. a. O., S. 99.

111 Neues Deutschland, 7. Oktober 1998, Klaus-Dieter Baumgarten: Schlußwort vor dem Landgericht Berlin am 30. 08. 1996.

112 Charisius/Mader: Nicht länger Geheim. Deutscher Militärverlag, Berlin 1969, S. 483.

113 Berliner Zeitung, 15. Dezember 1998.

114 junge Welt, 19./20. Dezember 1998.

115 Deutsches Historisches Museum, München, über Internet. Document Tagesfakten, Westberlin 1962.

116 Neues Deutschland, 9./10. Januar 1999.

117 Tatsachen über Westberlin ... a. a. O., S. 99.

118 Berliner Zeitung, 15. Dezember 1998.

119 Berliner Zeitung, 6./7. Februar 1999.

120 Peter Kirschey: Der Tod des Gefreiten Reinhold Huhn. SPOTLESS - Verlag, Berlin 1999, S. 3.

121 Ebenda, S. 75.

122 Neues Deutschland, 24./25. April 1999.

123 Dieses Urteil hat zu empörten Stellungnahmen und Meinungsäußerungen in den Medien geführt, die hier ausgewählt und zusammengefaßt dargestellt werden: Im § 49 StGB heißt es: »An die Stelle von lebenslanger Freiheitsstrafe tritt Freiheitsstrafe nicht unter drei Jahren«. Ein Jahr Gefängnis auf Bewährung wegen Mordes ist ein Hohn auf den

Rechtsstaat! Ist ein Menschenleben nicht viel wert, wenn dieses Leben mit einem DDR - Paß versehen war? Warum findet sich niemand, der die verantwortlichen Richter wegen Rechtsbeugung anzeigt? »Alle Menschen sind vor dem Gesetz gleich«, heißt es im Artikel 3 des Grundgesetzes. Muß man nicht auch angesichts dieser Urteile daran zweifeln? Klassenjustiz gilt heute vielen als überholter ideologischer Kampfbegriff, obwohl seit der Urgesellschaft jegliche Justiz ein Instrument der Interessendurchsetzung und Machtsicherung der jeweils Herrschenden war und ist. Dem Ziel der Delegitimierung der DDR ist noch jedes Urteil verpflichtet. (Neues Deutschland, 7., 12. und 19. Juli 2000)

124 Tödliche Schüsse. Filmdokumentation von Rea Karen und Gernot Steinweg, Köln, gezeigt am 9. Juli 2000 im Sender B 1, und ausführliche Rezension in Neues Deutschland, 7. Juli 2000.

125 Neues Deutschland, 13./14 Januar 2001.

126 Märkische Oderzeitung, 26. Januar 2001.

127 Neues Deutschland, 19/20 Mai 2001.

128 Brockhaus, Band XXII, Brockhaus Verlag, Mannheim 1993, S. 22.

129 Walter Laqueur: Die globale Bedrohung. Aus dem Englischen von Bernd Rullkötter, Ullstein Buchverlage GmbH, Propyläen Verlag, Berlin 1998, S. 54 - 55.

130 Bild-Zeitung, 17. Juni 1963.

131 Nachtdepesche, 18. Juni 1963.

132 Heinrich/Ullrich: Befehdet seit dem ersten Tag ... a. a. O. S. 139 ff. und Urteil des Obersten Gerichts der DDR vom 18. März 1964 sowie Beschluß des Obersten Gerichts der DDR vom 12. Dezember 1974, (BStU 000250).

133 Neues Deutschland, 8. April 1999.

134 Urteil des Landgerichtes Berlin vom 5. Mai 1999, Geschäftsnummer (506) 28 Js 48/97 Kls (25/98).

135 Berliner Zeitung, 1. April 1999, Die Welt, 7. April 1999, Focus, Nr. 14/1999.

136 Thomas Auerbach: Einsatzkommandos an der unsichtbaren Front. Ch. Links Verlag, Berlin 1999, S. 57.

137 Ebenda, S. 54.

138 Ebenda, Untertitel der Studie.

139 Ebenda, S. 33/34.

140 Neues Deutschland, 9. Juli 1999.

141 Aus dem Urteil des Amtsgerichtes Düsseldorf vom 9. März 1999, Geschäftsnummer: 402 I Ls/810 Js 413/94 S. 2 - 4.

142 Neues Deutschland, 11. März 1999.

143 Aus dem Urteil des Amtsgerichtes Düsseldorf vom 9. März 1999, Geschäftsnummer: 402 I Ls/810 Js 413/94, S. 8.

144 Klaus Eichner/Andreas Dobbert: Headquarters Germany. edition ost, Berlin 1997, S. 42 - 47.

145 Ebenda, S. 46.

146 Ebenda, S. 47.

147 Ebenda, S. 148 - 150.

148 Ebenda, S. 46.

149 Ebenda, S. 151.

150 Gerhard Feldbauer: Agenten, Terror, Staatskomplott ... a. a. O. S. 157.

151 Ebenda, S. 7.

152 Jens Mecklenburg (HG.): GLADIO, die geheime Terrororganisation der NATO. Elefanten Press, Berlin 1997, S. 61.

153 Klaus Eichner/Andreas Dobbert: Headquarters Germany ... a. a. O. S. 151/152.

154 Aus der Präambel der Dienstanweisung Nr.1/81 vom 16. März 1981 zur Aufklärung,vorbeugenden Verhinderung, operativen Bearbeitung und Bekämpfung von Terror- und anderen operativ bedeutsamen Gewaltakten. (BStU, ZA, DSt 102735).

155 Ebenda.

156 Das MfS und die Sicherheitsorgane der anderen sozialistischen Staaten haben kein »Marionettenspiel« betrieben.

157 Andreas von Bülow: Im Naman des Staates ... a. a. O. S. 274.

158 Anatomie der Staatssicherheit. MfS Handbuch Teil III/16, HA XXII Terrorabwehr, (BStU, 1995), S. 8.

159 Ebenda, S. 7 - 8.

160 Urteil des 1. Strafsenats des Obersten Gerichtes der DDR vom 11. April 1972, 1 Zst (I) 1/72.

161 Anatomie der Staatssicherheit ... a. a. O. S. 6.

162 2. Durchführungsbestimmung zur Dienstanweisung Nr. 3/75: Politisch - operative Sicherung privater touristischer Einreisen von Persönlichkeiten des politischen und gesellschaftlichen Lebens der BRD und Westberlins. (BStU, ZA, DSt 101498). Siehe auch Hubertus Knabe: West - Arbeit des MfS. Ch. Links Verlag, Berlin 1999, S. 388 - 393.

163 Andreas von Bülow: Im Naman des Staates ... a. a. O. S. 448.

164 Siehe dazu auch die Weisung des Ministers für Staatssicherheit vom 15. Februar 1985 zur »Bekämpfung feindlicher Stellen und Kräfte im Operationsgebiet, die subversiv gegen die DDR und andere sozialistische Staaten tätig sind (außer imperialistische Geheimdienste und kriminelle Menschenhändlerbanden)«, deren Anlage 1 die durch das MfS zielgerichtet aufzuklärenden und offensiv zu bekämpfenden feindlichen Stellen und Kräfte des Operationsgebietes sowie die jeweils dafür verantwortlichen Diensteinheiten festlegt. (Aus Peter Siebenmorgen: Staatssicherheit der DDR. Bouvier Verlag, Bonn 1993, S. 367 ff.).

165 BStU, ZA, DSt 102619. Siehe auch Hubertus Knabe: West - Arbeit des MfS ... a. a. O. S. 383.

166 Tobias Wunschik: Die maoistische KPD/ML und die Zerschlagung ihrer Sektion DDR durch das MfS. Aus: BF informiert 18 (1997) BStU.

167 Die derzeitig verbreiteten Lügen über die Ursachen des Rechtsextremismus im Sozialismus stellen die Tatsachen auf den Kopf, verschleiern und vertuschen die tatsächliche Situation in Deutschland, insbesondere in den neuen Bundesländern und erschweren damit seine Bekämpfung. Waren es nicht die Geheimdienste und der Verfassungsschutz der BRD, die sich seit ihrer Bildung vorrangig auf »linksextremistische Kräfte« konzentrierten, die rechte Szene gewähren ließen und sich zeigende Tendenzen im Rechtsradikalismus lange Zeit unterschätzten und verharmlosten? In diesem Zusammenhang ist es bezeichnend, wenn der Geheimdienstkoordinator der Bundesregierung, Ernst Uhrlau, einschätzt: »Unsere Vorstellung von Terrorismus orientiert sich zu stark am Terrorismus von links. Sicherlich ist die Bedrohung von rechts bisher nicht mit dem Terrorismus der RAF vergleichbar. Allerdings braucht rechtsextremistischer Terror, der Angst und Schrecken verbreitet, nicht unbedingt tiefe logistische Strukturen.« Ins Visier von Neonazis sind Uhrlau zufolge nicht nur Ausländer und jüdische Mitbürger geraten, sondern in gleichem Maße der politische Gegner, Behinderte oder Obdachlose. Nach Uhrlau hätten die Sicherheitsbehörden bisher gute Einblicke in die rechtsextremistischen Organisationsstrukturen Gehabt: »Die Entwicklung oder Ansätze zu einem systematisch einsetzenden Terrorismus konnten rechtzeitig vorihrer Umsetzung unterbunden werden.« Und stellte weiter fest: »Ich sehe keinen Raum für einen klassischen Untergrund der rechten Szene.« (Welt am Sonntag vom 13. August 2000) Die Entwicklung der Lage, die sich häufenden schweren Vorkommnisse und neonazistischen Anschläge, z. B. auf Synagogen und ande-

re jüdische Einrichtungen, Überfälle auf Ausländer mit Todesfolge, die zunehmende Ausländerfeindlichkeit und die mangelnde Aufklärungsquote dieser Verbrechen lassen zu der im August 2000 durch den Geheimdienstkoordinator Ernst Uhrlau getroffenen Einschätzung berechtigt Zweifel aufkommen. Die Bürger der BRD sind beunruhigt.

168 Thesen zur Auswertung der multilateralen Beratung zu Problemen des Internationalen Terrorismus in Varna/Bulgarien im Dezember 1987 (BStU, ZA, HA XXII, 18118, Bl 28.).

169 Die Aufzählung erfolgte in alphabetischer Reihenfolge und stellt keine Wertung dar.

170 BStU: SOUD das geheimdienstliche Datennetz des östlichen Bündnissystems. Reihe B: Analysen und Berichte Nr. 1/1996, S. 24,48,49.

171 Weißbuch: Unfrieden in Deutschland - Unrecht im Rechtsstaat. GNN - Verlag, Sachsen/Berlin 1995, 1. Auflage, S. 340-342.

172 Neues Deutschland, 18. Januar 2000.

173 Weißbuch: Unfrieden in Deutschland ... a. a. O., S. 340 -342.

174 Berliner Zeitung, 18. Januar 2000, S. 4.

175 Ebenda, S. 4 .

176 In der Literatur und den Medien werden verschiedene Schreibweisen des Vornamen Illias, wie z.B. Iljitsch oder Illich bzw. Ilias verwendet.

177 Andreas von Bülow: Im Naman des Staates ... a. a. O. S. 276.

178 Wilhelm Dietl: Carlos, das Ende eines Mythos. Gustav Lübbe Verlag GmbH, Bergisch Gladbach 1995, S. 122.

179 Der Spiegel, Nr. 36/1992, S. 50/51. Interview mit dem ehem. Minister für Staatssicherheit, Erich Mielke.

180 Siehe dazu auch Gerhard Wisnewski, Wolfgang Landgraeber, Ekkehard Sieker: Das RAF-Phantom. Droemersche Verlagsanstalt Th. Knaur Nachf., München März 1993, S. 388/389.

181 Ebenda, S. 391.

182 Ebenda, S. 392-393.

183 Der Spiegel, Nr. 21/2001, S. 32 – 36, Neues Deutschland, 17. Mai 2001.

184 Der Spiegel, Nr. 21/2001, S. 32 – 36, Berliner Zeitung, 21. Mai 2001, Die Welt, Mediadaten, 20. u. 21 Mai 2001.

185 Neues Deutschland, 23./24. Juni 1990. Interview mit Gerhard Neiber.

186 Berliner Zeitung, 22/23 Juni 1990.

187 Presseerklärung Ingrid Köppe, 10. März 1992.

188 Erich Schmidt-Eenboom: Der BND - die unheimlich Macht im Staate. ECON Verlag GmbH, Düsseldorf 1993, S. 136.

189 Butz Peters: RAF Terrorismus in Deutschland. Droemersche Verlagsanstalt Th. Knaur Nachf., München 1993, S. 19 – 23.

190 Ebenda, S. 22.

191 Ebenda, S. 47.7

192 Vertrag über die Grundlagen der Beziehungen zwischen der Deutschen Demokratischen Republik und der Bundesrepublik Deutschland vom 21. Dezember 1972. In: Für Entspannung und dauerhaften Frieden in Europa, Dokumente. Herausgegeben vom Ministerium für Auswärtige Angelegenheiten der DDR. Staatsverlag der DDR, Berlin 1976, S. 100/101.

193 Zusatzprotokoll zum Vertrag über die Grundlagen der Beziehungen der Deutschen Demokratischen Republik und der Bundesrepublik Deutschland. In: Für Entspannung und dauerhaften Frieden in Europa, Dokumente... a .a. O. S. 102.

194 Verfassung der DDR vom 6. April 1968 i. d. F. vom 7. Oktober 1974. GBl. der DDR I/1968, Nr. 8, S. 199; GBl. der DDR I/1974, Nr. 47, S. 43.

195 S. Schröder: Bomben, Blut und Bitterkeit ... a. a. O. S. 5 - 9.

196 Gerhard Wisnewski, Wolfgang Landgraeber, Ekkehard Sieker: Das RAF-Phantom ... a. a. O. S. 315.
197 Ebenda, S. 317.
198 Ebenda, S. 319.
199 Ebenda, S. 304/305.
200 Ebenda, S. 305/306.
201 Der Stern, Hamburg, Nr. 23/78, S. 21.
202 S. Schröder: Bomben, Blut und Bitterkeit ... a. a. O. S. 249 - 250.
203 Ebenda, S. 250.
204 Neues Deutschland, 17. und 19. November 1998.
205 Andreas von Bülow: Im Namen des Staates ... a. a. O. S. 447.
206 Neues Deutschland, 17. und 19. November 1998.
207 Erich Schmidt-Eenboom: Der BND - die unheimlich Macht im Staate ... a. a. O. S. 134.
208 Ebenda, S. 134/135.
209 junge Welt, 6. März 1995. Gekürzter Vorabdruck aus Sozialistische Zeitung Köln.
210 junge Welt, 28. Juni 2000.
211 Berliner Zeitung, 7. Juli 1997.
212 Ebenda.
213 Berliner Zeitung, 20. Juni 1994.
214 Der Spiegel, Nr. 16/1994, S. 92 ff.
215 Berliner Zeitung, 4. Mai 2000.
216 Berliner Zeitung, 3. Mai 2000.
217 Berliner Zeitung, 6. März 2000.
218 Neues Deutschland, 1. Februar 2001.
219 Berliner Zeitung, 1,. Februar 2001.
220 Ebenda.
221 Neues Deutschland, 8. Februar 2001.
222 Gerhard Wisnewski, Wolfgang Landgraeber, Ekkehard Sieker: Das RAF-Phantom ... a.a.O., S. 306/307.
223 Ebenda, S. 341 - 667.
224 Bild, 27. März 1991.
225 Stuttgarter Nachrichten, 27. März 1991.
226 Ebenda.
227 Der Spiegel, Nr. 14/91, 1. April 1991, S. 22 ff.
228 Super ILLU, Nr. 16/91, 11. April 1991.
229 Die Welt, 17. Februar 1998.
230 Super ILLU, Nr. 9/98, 18. Februar 1998.
231 Urteil des BGH vom 5. März 1998 - 5 StR 494/97.
232 junge Welt, 8./9. August 1998. Interview mit Rechtsanwalt Frank Osterloh.
233 junge Welt, 8./9. August 1998. Interview mit Rechtsanwalt Frank Osterloh sowie Urteil des BGH vom 5. März 1998 in der Strafsache gegen H. D. u. a.
234 Neue Justiz, Nr. 6/98, S. 327.
235 Beschluß des Landgerichtes Berlin vom 18. Juni 1998.
236 Berliner Zeitung, 1. Oktober 1999.
237 Ebenda.
238 junge Welt, 10. Mai 1995.

Zur Militärabwehr (HA I im MfS)

Von Manfred Dietze und Bernhard Riebe

Nach dem Ende des Weltkrieges brach die Antihitlerkoalition. Es begann der Kalte Krieg, der den Gang der Geschichte in Deutschland bestimmte. Und auch die Entwicklung der DDR und ihrer Streitkräfte blieb davon nicht unberührt.

Mit der Unterzeichnung des Vertrages über die Europäische Verteidigungsgemeinschaft am 27. Mai 1952 in Paris (EVG-Vertrag) begann die Integration der BRD in das Militärbündnis des Westens. Am 9. Mai 1955 erfolgte ihre Aufnahme in die NATO. Der »Nordatlantischen Allianz« gehörten an: Belgien, die BRD, Dänemark, Frankreich, Griechenland, Großbritannien, Island, Italien, Kanada, Luxemburg, die Niederlande, Norwegen, Portugal, Türkei und die USA.

Am 14. Mai 1955 signierten in der polnischen Hauptstadt Vertreter osteuropäischer Staaten einen Vertrag über Freundschaft, Zusammenarbeit und gegenseitigen Beistand, den »Warschauer Vertrag«. Ihn unterzeichneten Albanien, Bulgarien, DDR, Polen, Rumänien, CSR, Ungarn und die UdSSR.

In diesem Kontext entstanden die Nationale Volksarmee (NVA) und die Grenztruppen (GT) der DDR. Das war ein folgerichtiger und völkerrechtlich legitimer Akt, der auf dem durch die Charta der Vereinten Nationen verbürgten Recht eines jeden Staates auf individuelle und kollektive Verteidigung und dem Recht auf Aufstellung und Unterhaltung nationaler Streitkräfte beruhte.

Militärtheorie und -praxis der DDR basierten im wesentlichen auf den politischen und militärischen Leitsätzen der Militärdoktrin der UdSSR.[1]

Die Grenze zwischen beiden deutschen Staaten war zugleich die Grenze zwischen der NATO und dem Warschauer Vertrag, zwischen Kapitalismus und Sozialismus. Es war die brisanteste Grenze der Welt. »Was die DDR betrifft, so spielten ihre vorgeschobene Stellung an der Trennlinie der Systeme und Militärbündnisse, ihre besonders allergische Position durch die Verflechtung von allgemeiner Ost-West-Konfrontation mit Spannungsverhältnissen in den deutsch-deutschen Beziehungen immer eine besondere Rolle«, urteilten Militärhistoriker auch in den 90er Jahren.[2]

Die Angehörigen der Streitkräfte der DDR fühlten sich entsprechend der Verfassung der DDR der Verteidigung ihres Staates und der Erhaltung des Friedens verpflichtet. Ihre politisch-moralische Erziehung war von dem Grundsatz getragen, daß alles getan werden müsse, die DDR gegen alle Angriffe von außen zuverlässig zu schützen.

Dem lag auch die Motivation der Mitarbeiter der Hauptabteilung I des MfS zugrunde. Ihre Aufgabe bestand in der politisch-operativen Sicherung der NVA und der GT.

Die Grenzpolizei

Die Aufrechterhaltung der Ordnung an den von den Besatzungsmächten festgelegten Demarkationslinien erforderte in allen Zonen (der Amerikanischen, Englischen, Französischen und Sowjetischen Besatzungszone) die Bildung von Grenzpolizei- und Zollorganen. Das geschah 1945/46 in den verschiedenen Länderverwaltungen Nachkriegsdeutschlands auf Weisung der jeweiligen Besatzungsbehörden.

Die Grenzpolizei- und Zolleinheiten hatten die Aufgabe, den Grenzverkehr zu kontrollieren, Schwarzhandel, Schiebertum und Schmuggel zwischen den Zonen zu unterbinden, Banden zu bekämpfen sowie nach Personen zu fahnden, die Kriegs- und andere Verbrechen begangen hatten bzw. daran beteiligt waren oder illegalen faschistischen oder militaristischen Gruppen angehörten. Sie übten ihre Tätigkeit gemeinsam mit Angehörigen der jeweiligen Besatzungsmacht aus.

In den Ländern der Sowjetischen Besatzungszone wurden auf Befehl des Chefs der Sowjetischen Militäradministration in Deutschland bis zum 1. Dezember 1946 Grenzpolizei-Einheiten aufgestellt. (Der 1. Dezember wurde in der Folgezeit als Jahresstag der Deutschen Grenzpolizei [DGP] bzw. der Grenztruppen der DDR [GT/DDR] begangen.)

Bereits im November 1946 begannen die Landespolizeibehörden der fünf Länder der Sowjetischen Besatzungszone auf Weisung ihrer Innenminister mit der Bildung der ersten Grenzpolizeieinheiten.

Während in den westlichen Besatzungszonen sich die Kader hauptsächlich aus Polizei- und Zollbeamten rekrutierten, die bereits in der Weimarer

Republik und während der Nazizeit gearbeitet hatten, griff man in der Sowjetischen Besatzungszone vorrangig auf Antifaschisten und klassenbewußte Arbeiter zurück.

Nach Dienstaufnahme versahen die Angehörigen dieser den Landespolizeibehörden unterstellten Grenzpolizeidienststellen den Sicherungs- und Kontrolldienst gemeinsam mit Angehörigen der Sowjetarmee.

Die Zentralisierung der Grenzpolizei begann in der Sowjetischen Besatzungszone im August 1948 mit der Bildung der Hauptabteilung Grenzpolizei und der Aufstellung von Bereitschaften bei der Deutschen Verwaltung des Innern.

Nach der Gründung der DDR war die DGP bis 1961 dem Ministerium des Innern und zwischen dem 16. Mai 1952 und dem 28. Februar 1957 dem Staatssekretariat bzw. dem Ministerium für Staatssicherheit unterstellt.

Am 1. März 1957 bekam die DGP mit der Bildung des »Kommandos der Deutschen Grenzpolizei« ein eigenes Führungsorgan innerhalb des MdI. Die Sicherung der Seegrenze erfolgte durch die 6. Grenzbrigade Küste.

Die Kasernierte Volkspolizei

In den westlichen Besatzungszonen wurden nach der bedingungslosen Kapitulation des faschistischen Deutschland größere Teile der Wehrmacht in geschlossenen Einheiten erhalten. Die englische und die amerikanische Militärregierung unterhielt 1948 mehr als 100.000 Mann in deutschen Diensteinheiten, die z. T. mit Infanteriewaffen ausgerüstet waren: die »German Civil Labor Organisation« der britischen Militärregierung mit der Stärke von 70.000 Mann sowie die »Arbeitseinheiten« und »Deutsche Industriepolizei« der US-Militärregierung mit 16.000 bzw. 14.000 Mann.[3]

Und: »Ein komplett arbeits- und einsatzfähiges Instrument künftiger Sicherheitspolitik der BRD … war die Organisation Gehlen, die mit dem Personal und den Akten der früheren deutschen Aufklärungs- und Spionagezentralen, besonders der Abteilungen ›Fremde Heere‹ des OKH, zunächst unter amerikanischer Regie die Auslandserkundung (und Diversion) mit Schwerpunktrichtung Osten – seit 1947 von Pullach aus – betrieb. Die Organisation Gehlen war auch maßgeblich an der Vorbereitung der Aufstellung westdeutscher Streitkräfte beteiligt, wurde 1955 von der Bundesregierung übernommen und firmierte ab 1956 als Bundesnachrichtendienst.«[4]

Auch das war für die Abwehrarbeit des MfS und der 1950 gebildeten *Hauptabteilung I* (HA I) von Bedeutung.

Zur Wahrung der Sicherheitsinteressen der Sowjetischen Besatzungszone Deutschlands und als Antwort auf die Existenz von Einheiten unter Waffen bei den westlichen Besatzungsmächten entstand in der Deutschen Verwaltung des Innern (DVdI) 1948 die *Verwaltung Schulung*, die 1949 zur *Hauptverwaltung für Ausbildung* (HVA) wurde. Sie hatte die Aufgabe, eine *Kasernierte Volkspolizei* (KVP) aufzubauen – zunächst in Form von Volkspolizeibereitschaften (VPB) und Volkspolizeischulen (VPS).

Die Konstituierung einer Seepolizei (VP See) mit der Bildung der Hauptverwaltung See (HVS) im Jahre 1950 und der Volkspolizei Luft (VP Luft) in Gestalt des Referates z. b. V. in der HVA Ende Oktober 1950 stellten weitere Schritte dar, um die Sicherheit der DDR zu gewährleisten.

Im Februar 1952 hatte die DDR-Regierung Bonn und den Westmächten vorgeschlagen, einen Friedensvertrag mit Deutschland abzuschließen. Diese Idee war brüsk zurückgewiesen worden. Daraufhin erklärte die SED-Führung auf der 2. Parteikonferenz (9. bis 12. Juli 1952), wohl auch mit Blick auf den Krieg in Korea, daß die Verteidigung der Heimat die erste Pflicht jedes Patrioten der DDR sei.

In dieser Situation ordnete der Ministerrat der DDR verstärkte Maßnahmen zur Grenzsicherung an. Die HVA wurde in die Kasernierte Volkspolizei und die HVS in die Volkspolizei See umgewandelt. Ferner wurde die Aufstellung einer Volkspolizei Luft angewiesen.

Mit Aufstellung und Ausbildung dieser Einheiten waren die materiellen und personellen Grundlagen für den Aufbau regulärer Streitkräfte der DDR geschaffen.

Die Unterzeichnung der Pariser Verträge, die Aufnahme der BRD in die NATO und die Gründung des Warschauer Paktes führten dazu, daß am 18. Januar 1956 die Volkskammer der DDR das Gesetz über die Schaffung der Nationalen Volksarmee und des Ministeriums für Nationale Verteidigung beschloß.[5]

Nach den Maßnahmen zur militärischen Sicherung der Staatsgrenze im August 1961 wurden am 15. September 1961 das Kommando und die Verbände der DGP dem Minister für Nationale Verteidigung als »Grenztruppen der DDR« und die 6. Grenzbrigade Küste dem Kommando Volksmarine unterstellt. Damit waren die Grenzsicherungskräfte *vollständig* in das Verteidigungssystem des Warschauer Vertrages integriert.

Die Führungskader der NVA und der GT waren antifaschistischen Traditionen verpflichtet, diese bestimmten den Charakter der politischen Ausbildung. An der Spitze der NVA standen Persönlichkeiten des antifaschistischen Widerstandes. Die Ausbildung an den Offiziersschulen der NVA und der GT erfolgte im Geist des Antifaschismus. Es bildete sich in der DDR ein völlig neues Offizierskorps aus Söhnen von Arbeitern und Bauern.

Zum Zeitpunkt der Gründung der NVA machten die »Fachkader« aus der ehemaligen Wehrmacht nicht mehr als 3 Prozent unter dem Offiziersbestand aus. 1959 waren es weniger als 1 Prozent.[6]

Die wenigen ehemaligen Wehrmachtsoffiziere kamen meist aus sowjetischer Kriegsgefangenschaft, waren dort im »Nationalkomitee Freies Deutschland« tätig gewesen, hatten eine Antifa-Schule besucht oder anderweitig ihre antifaschistische Haltung bewiesen.

Die Traditionen der Bundeswehr der BRD sind hinreichend bekannt. Bei ihrer Bildung rekrutierte sich das Offizierskorps fast vollständig aus Kadern, die den Fahneneid auf Adolf Hitler geschworen hatten, einige von ihnen noch auf den Kaiser und danach auf die Weimarer Republik. Noch heute kann man das an Namenstafeln von Kasernen der Bundeswehr ablesen.

Zu den Hauptaufgaben der HA I

Jeder Staat der Welt, ganz gleich welcher Gesellschaftsordnung, schützt sich und insbesondere seine bewaffneten Organe vor allen Angriffen und Einflüssen fremder Geheimdienste, vor Geheimnisverrat sowie anderen negativen Faktoren, die die Kampfkraft, die Einsatz- und Gefechtsbereitschaft seiner Streitkräfte schwächen könnten. Er schafft sich einen entsprechenden Dienst zur Abwehr dieser Angriffe und Einflüsse, der ganz allgemein als »Militärabwehr« bezeichnet wird. Ein solcher Dienst existiert mit unterschiedlichen Namen, Strukturen und Unterstellungsverhältnissen zur Organisierung der Abwehrarbeit im Prinzip für alle Armeen der Welt. In der Bundesrepublik beispielsweise ist das der Militärische Abschirmdienst (MAD), der dem Bundesminister für Verteidigung untersteht.

Mit dem Entstehen bewaffneter Einheiten und ihrer Führungsorgane in der DDR stand demzufolge die Aufgabe, ebenfalls ein Organ zu schaffen, das die Aufgaben der Militärabwehr realisiert.

Vor der Gründung des MfS war eine spezielle Gruppe im Ministerium des Innern (MdI) mit ersten Sicherungs- und Abwehraufgaben in den neu aufgestellten VP-Schulen und VP-Bereitschaften sowie den Bereitschaften der Grenzpolizei betraut. Die dafür eingesetzten Mitarbeiter waren in den Einheiten als »Verbindungsoffiziere« eingeführt.

Nach der Gründung des MfS am 8. Februar 1950 übernahm entsprechend dem sowjetischen Modell das MfS diese Aufgaben. Für die Abwehrtätigkeit im MdI sowie in dessen nachgeordneten Dienststellen war zunächst die Hauptabteilung VII (HA VII) des MfS verantwortlich, sie übernahm die bereits existierenden »Verbindungsoffiziere« in die neuzubildenden Abteilungen.

1951 entstand aus ihnen die *Hauptabteilung I* (HA I) als Struktureinheit des MfS, die bis 1984 dem Minister direkt und danach einem Stellvertreter unterstellt war. Die Hauptaufgaben der HA I bestanden in der Sicherung des Personalbestandes (Angehörige und Zivilbeschäftigte der NVA und der GT), der militärischen Objekte und Einrichtungen, der Truppenübungsplätze, Manöver- und Übungsräume sowie der Kampftechnik, Waffen, Munition und Sprengmittel vor verdeckten feindlichen Angriffen, insbesondere durch vorbeugende Verhinderung und Bekämpfung von Verbrechen gegen die DDR wie Spionage, Diversion, Sabotage und Terror gemäß dem StGB/DDR.

Die HA I war zuständig für Bearbeitung, Aufklärung und Untersuchung von schweren Militärstraftaten und besonderen Vorkommnissen wie Fahnenflucht (Desertion), Verrat militärischer Geheimnisse, Beeinträchtigung der Einsatzbereitschaft der Kampftechnik, Katastrophen, Havarien gemäß dem StGB/DDR.

Und es übte Verantwortung aus in der vorbeugenden schadensverhütenden Tätigkeit.

Zu den weiteren wichtigen Pflichten im Rahmen der Hauptaufgaben zählten die Durchführung von Sicherheitsüberprüfungen für einen festgelegten Personalbestand.

Wegen der hohen Geheimhaltungsanforderungen waren Umfang und Intensität der Sicherheitsüberprüfungen im Vergleich zum zivilen Bereich größer. Das betraf vor allem in den Stäben tätige Offiziere (Geheimnisträger); fliegendes und raketentechnisches Personal der Luftstreitkräfte/Luftverteidigung; Angehörige der Raketen- und Fla-Raketentruppen der Landstreitkräfte; fahrendes Personal der Volksmarine; Personal, das für die Arbeit mit Verschlußsachen (VS-Personal) eingesetzt war; nachrichten- und funktechnisches Personal; Personal des Chiffrierdienstes; Waffenwarte; Angehörige der Grenztruppen; für den Auslandseinsatz (besonders in nichtsozialistischen Ländern) vorgesehene Offiziere und Unteroffiziere.

Die HA I war zuständig für Maßnahmen zur Gewährleistung des Geheimnisschutzes, etwa offizielle und inoffizielle Kontrolle der Einhaltung der Vorschriften über den Umgang mit Verschlußsachen, für die Einhaltung der Bestimmungen über Sicherung und Umgang mit geheimzuhaltender Technik, und sie nahm Einfluß auf die Sicherung und Wahrung militärischer Geheimnisse.

Die HA I koordinierte die Außensicherung der Objekte und Sperrgebiete gegen Militärspionage und Diversion in Abstimmung mit den Kommandeuren (Beschränkung der Einsichtmöglichkeiten in Objekte und Sperrgebiete durch Maßnahmen der Tarnung, zweckmäßigen Einsatz von Wachposten und Militärstreifen) sowie mit den Kreisdienststellen des MfS und den Abteilungen II der Bezirksverwaltungen zur Kontrolle von Punkten, die von außerhalb der Objektbegrenzungen die Beobachtung von Technik und Bewegungen durch Spione ermöglichten.

Die HA I unterstützte die Kommandeure der GT bei der Realisierung von Maßnahmen zur Gewährleistung der staatlichen Sicherheit im Handlungsraum der GT, in den Territorialgewässern sowie den inneren Seegewässern der DDR – in Zusammenarbeit mit den anderen Diensteinheiten des MfS sowie den Diensteinheiten der Deutschen Volkspolizei (DVP), insbesondere bei der zweckmäßigen Koordinierung des Einsatzes aller beteiligten Sicherungskräfte.

Die HA I klärte gegnerische Kräfte auf, die von außerhalb der DDR gegen die NVA und die GT wirkten. Sie erarbeitete Stimmungs- und Meinungsbilder des Personalbestandes (Ansichten zu aktuellen politischen Problemen, zum militärischen Leben) sowie von Informationen zum politisch-moralischen Zustand, Disziplin und Ordnung für das MfS und das MfNV.

In der NVA gab es keine Militärpolizei. Daraus folgte die Notwendigkeit, daß es bei einigen Militärstraftaten und ernsteren Disziplinverletzungen, etwa unerlaubte Entfernung von der Truppe (§ 255 StGB), Handlungsbedarf für die Operativen Mitarbeiter der HA I gab. Sie wirkten mit den Militärstaatsanwälten und Kommandeuren zusammen. So wurde in der Regel bei unerlaubter Entfernung die Fahndung von operativen Kräften und Mitteln unterstützt.

Im Zentrum der Tätigkeit der Mitarbeiter der HA I stand jedoch die vorbeugende schadensverhütende Tätigkeit. Sie konzentrierte sich vor allem auf das Aufdecken von Mißständen und Mängeln ohne strafrechtliche Relevanz (z. B. fahrlässiger Umgang mit geheimzuhaltenden Dokumenten; Lücken in der Sicherung der Objekte; mangelhafte Durchführung des Wachdienstes; Verletzung der Vorschriften zur Wartung und Pflege der Technik; Schwatzhaftigkeit in der Öffentlichkeit über Bewaffnung und Technik sowie über andere Sachverhalte, die der militärischen Geheimhaltung unterlagen; Störungen der zwischenmenschlichen Beziehungen zwischen Gleichgestellten sowie Vorgesetzten und Unterstellten; Mängel in der Dienstplanung, Unordnung, schlechte Verpflegung und andere Sachverhalte, die die militärische Disziplin, die Einsatz- und Gefechtsbereitschaft und den politisch-moralischen Zustand des Personalbestands beeinträchtigen konnten).

Die Auswertung solcher über inoffizielle und offizielle Quellen gewonnenen Erkenntnisse mit den Kommandeuren und Politorganen gehörte zu den vorrangigen Aufgaben der Mitarbeiter in den Verbänden, Truppenteilen und Einheiten. So wurden Angehörige der NVA und der GT auf Fehlverhalten aufmerksam gemacht und konnten von Handlungen abgehalten werden, die möglicherweise zu disziplinarischen oder gar strafrechtlichen Folgen geführt hätten.

Das Bestreben der Mitarbeiter der HA I, Angehörige der NVA und der GT durch frühzeitiges Eingreifen vor Straftaten zu bewahren, war zugleich Ausdruck ihrer sozialistischen Erziehung und humanistischen Grundhaltung.

An diesen Prozessen der vorbeugenden schadensverhütenden Tätigkeit waren Tausende von Angehörigen der NVA und der GT sowie Zivilbeschäftigte beteiligt, die mit den Mitarbeitern der HA I zusammenwirkten.

Zum Personalbestand und der Struktur

Mit Beginn der Aufstellung der Volkspolizeischulen (VPS) und -bereitschaften (VPB) erfolgte der Einsatz von »Verbindungsoffizieren« des MdI. Das hatte zur Folge, daß nach der Bildung des MfS auch die Mitarbeiter der HA I bei den Angehörigen der VP-Bereitschaften als »Verbindungsoffiziere« (VO) bezeichnet wurden.

1956 wurde zwischen dem Minister für Nationale Verteidigung und dem Minister für Staatssicherheit eine Vereinbarung getroffen, die Hauptabteilung I im offiziellen militärischen Sprachgebrauch als *Verwaltung 2000* zu bezeichnen. Eine Sprachregelung war deshalb erforderlich, weil die HA I in die materielle Planung und Sicherstellung der NVA (Diensträume, Bürotechnik und -material, Kfz, Bewaffnung und Ausrüstung, Uniformen, Wohnungen) einbezogen war und das eine der NVA-Nomenklatur gemäße Bezeichnung verlangte. Für die HA I wurde deshalb in allen Befehlen, Dienstvorschriften und anderen Dokumenten der NVA und der GT die Bezeichnung »Verwaltung 2000« verwandt. Die Mitarbeiter der HA I waren Mitarbeiter der *Verwaltung 2000.* Der Begriff VO (Verbindungsoffizier) blieb erhalten.

Die Grundstruktur der HA I war weitgehend von den Strukturen der KVP bzw. der NVA und der GT abhängig.

Sie bestand 1989 aus drei Stellvertreterbereichen (Landstreitkräfte, Luftstreitkräfte/Luftverteidigung und Volksmarine, Grenztruppen) mit insgesamt 22 Abteilungen (davon 18 Abteilungen mit IM-führenden Mitarbeitern) und acht selbständigen Unterabteilungen mit insgesamt etwa 2.300 Mitarbeitern. Davon arbeiteten rund 1.000 mit Inoffiziellen Mitarbeitern.

Etwa 90 Prozent der Offiziere aller Ebenen der HA I kamen aus dem Personalbestand der NVA oder der GT. Der größte Teil von ihnen hatte eine Offiziershochschule der NVA oder der GT besucht. Auf der Grundlage einer Vereinbarung zwischen dem Minister für Nationale Verteidigung und dem Leiter der HA I wurde jährlich eine bestimmte Anzahl von Absolventen der Offiziershochschulen bzw. der Unteroffiziersschulen der NVA und der GT in die HA I übernommen. Die von den Unteroffiziersschulen übernommenen Unteroffiziere kamen hauptsächlich in die Einsatzkompanie der HA I/Äußere Abwehr.

Alle Leiter ab der Ebene Unterabteilung und etwa fünf Prozent der Mitarbeiter hatten die Juristische Hochschule des MfS, einige leitende Kader die Militärakademien in Dresden und in Moskau absolviert.

Damit verfügten die Mitarbeiter der HA I sowohl über eine hohe nachrichtendienstliche als auch militärische Qualifikation.

Die HA I wies gegenüber den anderen Hauptabteilungen des MfS einige spezifische Eigenheiten auf, die mit der Struktur und der Entwicklung der Hauptverwaltung für Ausbildung (KVP, VP-Luft, VP-See) und Grenzpolizei bzw. der NVA und der GT sowie ihrer Funktion in Zusammenhang standen.

Die HA I wurde zentral geführt. Ihre Struktur wurde von der strukturellen Gliederung der NVA und der GT bestimmt.

Es bestanden im Ministerium für Nationale Verteidigung, in den Militärbezirken der Landstreitkräfte bzw. in den Kommandos der Luftstreitkräfte und Luftverteidigung und der Volksmarine Abwehrabteilungen, denen die Unterabteilungen auf Divisions- bzw. Flottillenebene unterstanden.

In den Grenztruppen bestanden Abwehrabteilungen in den jeweiligen Grenzkommandos (Nord-Süd-Mitte) und Unterabteilungen auf der Ebene der Grenz- und Grenzausbildungsregimenter. D. h. entsprechend der Dislozierung der Stäbe, Verbände, Truppenteile, Schulen und Einrichtungen der NVA und der Grenztruppen waren auch die Abteilungen und Unterabteilungen der HA I über das gesamte Staatsgebiet der DDR verteilt.

Ihre Befehle und Weisungen erhielten die Leiter und Mitarbeiter vom Leiter der HA I. Die Leiter der Bezirksverwaltungen und Kreisdienststellen des MfS hatten keine Weisungsbefugnisse gegenüber den in ihrem Territorium tätigen Mitarbeitern der HA I. Jedoch gab es für beide Seiten eine generelle Orientierung, in allen dienstlichen Belangen eng zusammenzuarbeiten und keine »Reibungsverluste« zuzulassen. Die Zusammenarbeit erfolgte durchweg ohne Probleme.

Die Mitarbeiter der HA I waren in den Objekten der Stäbe, Verbände, Truppenteile und Einheiten der NVA und der GT stationiert, für deren abwehrmäßige Sicherung sie verantwortlich waren. Sie hatten auch dort ihre Diensträume. Sie wohnten in der Regel in den örtlichen Wohngebieten der NVA bzw. der GT und waren integraler Bestandteil der jeweiligen militärischen Struktur. Sie trugen die Uniform der Waffengattung, bei der sie tätig waren und unterlagen der militärischen Disziplin und Ordnung.

Eine große Zahl der Mitarbeiter arbeitete die meiste Zeit allein und selbständig. Die für sie zuständige Unterabteilung bzw. Abteilung und die territoriale Kreisdienststelle oder Bezirksverwaltung des MfS lag häufig viele Kilometer entfernt. Dienstbesprechungen und Schulungen fanden in der Regel an zwei Tagen im Monat am Sitz der Unterabteilung statt. Deshalb wurde von den Mitarbeitern eine hohe Eigenverantwortung in der Arbeit verlangt.

Die Leiter der Abteilungen und Unterabteilungen und ihre Stellvertreter waren verpflichtet, ihre Mitarbeiter zur Anleitung und Kontrolle in den jeweiligen militärischen Objekten regelmäßig aufzusuchen.

Neben den dienstlichen Bestimmungen und Weisungen des MfS galten auch bestimmte Befehle und Dienstvorschriften der NVA. Sie waren wesentliche Grundlage für die Sicherungsarbeit der Mitarbeiter der HA I.

So enthielt beispielsweise die »Dienstvorschrift 10/9 über Wachsamkeit und Geheimhaltung« des Ministers für Nationale Verteidigung Festlegungen, wonach die Kommandeure beim Einsatz von Personal zur Bearbeitung von Verschlußsachen (VS-Personal) die mündliche Zustimmung des Mitarbeiters aktenkundig zu machen und beim Einsatz von Personal für die Bearbeitung von Geheimen Kommandosachen (GKdos) die schriftliche Bestätigung des »zuständigen Mitarbeiters der Verwaltung 2000« einzuholen hatten.

Die Richtlinie des Ministers zu Sicherheitsüberprüfungen enthielt andererseits Festlegungen, zu welchen Personenkreisen wie, mit welchen Mitteln und Methoden Sicherheitsüberprüfungen durchzuführen waren.

Der Leiter der HA I seinerseits hatte dazu eine spezifizierte Dienstanweisung erlassen, die für die Mitarbeiter der HA I festlegte, zu welchen Militärpersonen und Zivilbeschäftigten der NVA und GT Sicherheitsüberprüfungen auf dieser Grundlage erfolgen mußten.

Neben diesen strukturellen und funktionellen Spezifika verfügte die HA I außer den Abwehrabteilungen in der NVA und den GT über eine Abteilung *Äußere Abwehr* (bei Bildung der HA I als HA I/7 bezeichnet); eine Abteilung für *Ermittlungen, Beobachtungen und Festnahmen* (HA I/8); eine *Untersuchungsabteilung* (HA I/9); eine Abteilung *Territorialverteidigung* (HA I/TV); eine *Abteilung 12* (Registratur/Archiv, HA I/12); eine Abteilung *Rückwärtige Dienste* (HA I/RD) sowie eine *operative Grenzaufklärung*.

Der Bildung der Abteilungen 8, 9, 12 und RD folgte dem sowjetischen Modell, wo im Verteidigungsfall die Militärabwehr dem Verteidigungsminister unterstellt wurde und unter dessen Führung selbständig handelte.

Die *Abteilung Äußere Abwehr* war eine operative Diensteinheit zur Lösung spezifischer Aufgaben der Militärabwehr von zentraler Bedeutung. Die wesentlichsten Aufgaben der Abteilung bestanden in der operativen Bearbeitung und Aufklärung von geheimdienstlich tätigen Dienststellen und deren Mitarbeitern sowie der vom Territorium der BRD aus operierenden US-amerikanischen, englischen und französischen Geheimdienste, die gegen die NVA und die GT der DDR arbeiteten. Die Äußere Abwehr bearbeitete eigenständig Spionagevorgänge, unterstützte die Bearbeitung aller den Verantwortungsbereich der HA I betreffenden Spionagevorgänge und koordinierte deren Bearbeitung mit der HA II und anderen Diensteinheiten des MfS.

Dazu gehörte die operative Sicherung spezifisch tätiger Verwaltungen/Bereiche des MfNV wie der Verwaltung Aufklärung und der Verwaltung Internationale Verbindungen, deren Mitarbeiter selbst im bzw. in das Operationsgebiet BRD und andere nichtsozialistische Staaten wirkten (z. B. Führungsoffiziere der Aufklärung, Militärattachés und deren Angehörige).

Gemäß einer Vereinbarung überprüfte die Verwaltung Aufklärung des MfNV über die Abteilung *Äußere Abwehr* in der Abteilung XII des MfS vor der Aufnahme der Bearbeitung alle Personen, die als Kundschafter vorgesehen waren, um Zweigleisigkeiten vorzubeugen und möglichen operativen Schaden zu vermeiden.

Im Zusammenhang mit der Spionageabwehr stand die operative Bearbeitung des militärischen Geheimnisverrates. Daraus resultierte die der Abt. *Äußere Abwehr* zugeordnete zentrale Führung der Prozesse der Bearbeitung von Fahnenfluchtverbrechen und die vorgangsmäßige Bearbeitung besonders schwerer Fahnenfluchten.

Das waren Maßnahmen wie die Rückführung von fahnenflüchtigen Geheimnisträgern (mit Unterstützung von Verwandten oder Bekannten des Fahnenflüchtigen, um weiteren Verrat an Geheimdienste zu verhindern); die operative Kontrolle von Rückverbindungen Fahnenflüchtiger, um deren Ausnutzung von westlichen Geheimdiensten zu unterbinden; die Aufklärung von Agentenorganisationen und anderen Einrichtungen in der BRD bzw. Westberlin, die die fahnenflüchtigen NVA- und GT-Angehörigen offiziell unterstützten und betreuten, auch um sie in die subversive Tätigkeit gegen die DDR einzubeziehen – erinnert sei an die »Arbeitsgemeinschaft 13. August«

in Westberlin und die »Deutsche Gesellschaft für Sozialbeziehungen e. V.« in der Bundesrepublik.

Die Äußere Abwehr beschaffte aktuelle Informationen über Aufenthalt und Aktivitäten von Fahnenflüchtigen, die schwere Straftaten (Mord und andere Gewaltverbrechen) begangen hatten. Sie wurden an die Generalstaatsanwaltschaft oder/und das Außenministerium der DDR übergeben. Letzteres leitete es zuständigen Stellen in der Bundesrepublik zu.

Der Abteilung Äußere Abwehr unterstand die Einsatzkompanie der HA I. Die Suche, Auswahl und spezifische Ausbildung der Kompanieangehörigen erfolgte in eigener Zuständigkeit. Die Angehörigen dieser Kompanie wurden bei Maßnahmen eingesetzt, die eine spezielle Ausbildung erforderten und mit Soldaten der NVA und der GT im Grundwehrdienst nicht realisiert werden konnten. Das waren beispielsweise die zeitweilige Sicherung bedeutender militärischer Objekte und Maßnahmen; die zeitweilige Sicherung wichtiger Abschnitte der Staatsgrenze mit erkannten bzw. zu erwartenden Aktivitäten vom Territorium der BRD oder Westberlin aus - einschließlich der Verhinderung von Schleusungen durch Tunnel.

Es handelte sich ferner um Langzeit-Beobachtungen stationärer Objekte (z. B. »Tote Briefkästen«); um Aufgaben zur Aufklärung und Unterbindung von Angriffen gegen die Einsatztechnik der NVA (Verhinderung von Sabotage); Maßnahmen zur Bekämpfung möglicher terroristischer Angriffe gegen die NVA/GT und ihre Angehörigen; Sicherung von Objekten der HA I.

Die *Hauptabteilung I/8* (HA I/8) führte Ermittlungen, Beobachtungen und Festnahmen durch. Ermittlungen wurden vor allem im Rahmen von Sicherheitsüberprüfungen, Operativen Personenkontrollen und bei der Vorgangsbearbeitung zu Militärpersonen und Zivilbeschäftigten durchgeführt. Beobachtungen erfolgten im Zusammenhang mit der Bearbeitung von Operativen Vorgängen und als Maßnahmen der Spionageabwehr an den zu sichernden militärischen Objekten (Feststellung und Identifizierung und weiterführende Beobachtung von Personen, die militärische Objekte auszuspähen versuchten).

Diese Abteilung hatte das Recht, zusammen mit der HA VIII des MfS, den Abteilungen VIII der Bezirksverwaltungen und den Kreisdienststellen auf dem gesamten Territorium der DDR zu handeln. Die HA I/8 verfügte deshalb in einigen Bezirken über eigene Unterabteilungen bzw. Referate oder Stützpunkte.

1989 wurde die HA I/8 unter Beibehaltung ihrer bisherigen Aufgabenstellung in die HA VIII des MfS eingegliedert.

Die *Hauptabteilung I/9* (HA I/9 – Untersuchungsabteilung) führte in Abstimmung und im Zusammenwirken mit der Militärstaatsanwaltschaft Ermittlungsverfahren bzw. Prüfungshandlungen entsprechend der Strafprozeßordnung der DDR (StPO) in der NVA und den GT durch, wenn der Verdacht auf Verbrechen gegen die DDR (Spionage, Diversion, Sabotage und Terror gemäß dem StGB/DDR) bestand oder Militärstraftaten und besondere Vorkommnisse mit schweren Folgen vorlagen (Fahnenflucht insbesondere in die BRD, Verrat militärischer Geheimnisse, Beschädigung von Kampftechnik gemäß dem StGB/DDR), sowie bei der Untersuchung von Katastrophen, Havarien und anderen schweren Vorkommnissen, die den Verdacht einer Straftat gemäß dem StGB/DDR nicht ausschlossen.

Die HA I/9 arbeitete eng mit der HA IX zusammen und wurde von ihr fachlich angeleitet. Diese Abteilung wurde 1959 ohne Veränderung des Verantwortungs- und Aufgabenbereichs aus der HA I herausgelöst und unter der Bezeichnung HA IX/6 in die HA IX eingegliedert. Von diesem Zeitpunkt an führten bei Bedarf – in Abstimmung zwischen dem Leiter der HA I und dem Leiter der HA IX/6 – auf örtlicher Ebene auch die Abteilungen IX der Bezirksverwaltungen (außer der Abteilung IX der BV Berlin) – in den Einheiten, Truppenteilen und Verbänden der NVA und GT strafprozessuale Untersuchungs- bzw. Prüfungshandlungen durch.

Die Abteilung *Territorialverteidigung* (HA I/TV) war verantwortlich für die Anleitung und Kontrolle der Mitarbeiter der Bezirksverwaltungen und Kreisdienststellen des MfS, die für die Abwehrarbeit in den Wehrbezirks- und Wehrkreiskommandos (WBK/WKK) zuständig waren. (Die Entwicklung und Aufgabenstellung dieser Organe von den Registrierverwaltungen der KVP über die Bezirks- und Kreiskommandos bis zu den Wehrbezirks- und Wehrkreiskommandos der NVA ist nachzulesen in »Rührt Euch!«[7])

Die zuständigen Mitarbeiter des Referates WBK der BV bzw. die entsprechenden Mitarbeiter in den KD nahmen mit den Leitern/Mitarbeitern der WBK/WKK darauf Einfluß, daß bei der Vorauswahl von Offiziersschülern, Soldaten auf Zeit, fliegendem und fahrendem Personal sowie bei Angehörigen der Grenztruppen die Sicherheitskriterien eingehalten wurden, die der Minister für Nationale Verteidigung festgelegt hatte.

Die Hauptabteilung I/12 (HA I/12) war eine eigene Registratur/Archiv der HA I mit den erforderlichen Arbeitsbeziehungen zur Abt. XII des MfS. Damit waren auch in dieser Hinsicht die Voraussetzungen gegeben, daß die Hauptabteilung I im Verteidigungsfall jederzeit aus dem MfS herausgelöst und dem Minister für Nationale Verteidigung unterstellt werden konnte. Unabhängig davon erfolgten auf der Grundlage der bestehenden Weisungen alle Erfassungen in der Abteilung XII des MfS.

Die Abteilung Rückwärtige Dienste (HA I/RD) war verantwortlich für die Beschaffung und Verwaltung aller für die Sicherstellung der Arbeit der HA I benötigten Ausrüstungen (Bewaffnung/Uniformen/Kfz-Technik) und Materialien (Büromaterial) - außer Operative Technik zum Einsatz für konspirative Zwecke.

Als auf Beschluß des Nationalen Verteidigungsrates (NVR) der DDR vom 15. September 1961 die Deutsche Grenzpolizei (DGP) dem Minister für Nationale Verteidigung unterstellt wurde, übernahm auf der Grundlage einer zentralen Entscheidung der Minister für Staatssicherheit die bei der DGP vorhandene operative Grenzaufklärung. Sie wurde in die HA I eingegliedert und bestand aus drei Abteilungen (Gkdo. Nord, Gkdo. Süd und Gkdo. Mitte) mit je sechs Unterabteilungen und einer Unterabteilung Information/Auswertung mit insgesamt 300 Mitarbeitern.

Der *Bereich Grenzaufklärung* war verantwortlich für die Aufklärung der bis zu 50 km Tiefe von der Staatsgrenze der DDR in der BRD und im gesamten Territorium von Westberlin stationierten Einheiten des Bundesgrenzschutzes (BGS) bzw. der Bayerischen Grenzpolizei, der Westberliner Polizei, der Zollorgane und aller in diesen Territorien liegenden Diensteinheiten und Objekte der NATO und der Bundeswehr. 1982 wurde die Tiefe des Handlungsstreifens in der BRD auf 30 km reduziert.

Der *Bereich Grenzaufklärung* war ferner zuständig für die Aufklärung und vorbeugende Verhinderung vom Territorium der BRD bzw. Westberlins ausgehender terroristischer Anschläge gegen die GT und gegen die Grenzsicherungsanlagen der DDR (in Zusammenarbeit mit der HA XXII des MfS).

Die Untersuchung von Anschlägen erfolgte gemeinsam mit dem zuständigen Militärstaatsanwalt und den Kommandeuren der GT, in speziellen Fällen auch mit der Spezialkommission der HA IX bzw. der Bezirksverwaltungen (außer BV Berlin) und der HA XXII (Terrorabwehr) des MfS. Gegebenenfalls machte sich auch eine vorgangsmäßige operative Bearbeitung zur Ermittlung von Tätern, Hintermännern und Zusammenhängen durch die *Abteilung Grenzaufklärung* erforderlich.

Die Militärstaatsanwaltschaft hatte bei Straftaten Dokumentationen anzufertigen, die der Generalstaatsanwalt und das Außenministerium der DDR benötigten, wenn die Justiz in Westberlin oder in der Bundesrepublik einbezogen werden mußte. (So war Reinhold Huhn am 18. Juni 1962 im Dienst von Rudolf Müller ermordet worden. Dieser wohnte damals in der Nostitzstraße 42 in Westberlin. Die dortige Staatsanwaltschaft wurde folgerichtig informiert und um Auslieferung nachgesucht.)

Der *Bereich Grenzaufklärung* lieferte periodisch Einschätzungen (in der Regel monatlich) zur Lage im westlichen Grenzvorfeld für die Führung der Grenztruppen und das MfS.

In Berlin war die *Grenzaufklärung* ferner für die Sicherung und Kontrolle der grenzüberschreitenden Kanalisation einschließlich aller anderen unterirdischen Anlagen zwischen Ost und West verantwortlich, welche die Geheimdienste und Menschenhändlerbanden für Schleusungen von Personen zu nutzen versuchten.

Zur Zusammenarbeit mit den Inoffiziellen Mitarbeitern (IM)

Auch die operativen Mitarbeiter der HA I arbeiteten innerhalb der NVA und der GT auf der Grundlage der im MfS gültigen dienstlichen Bestimmungen mit Inoffiziellen Mitarbeitern zusammen.

Bedingt durch die Vielfalt der Sicherungsaufgaben in der NVA und den GT führte die HA I eine verhältnismäßig große Anzahl von IM. So waren im Jahr 1987 genau 12.585 Inoffizielle Mitarbeiter aller Kategorien registriert, also im Durchschnitt pro IM-führenden Mitarbeiter zwölf. Die Anzahl von IM je Mitarbeiter, mit denen er zusammenarbeitete, wich aufgrund unterschiedlicher Aufgabenstellungen und Bedingungen mitunter erheblich von diesem Durchschnitt ab.

Bis auf wenige Ausnahmen sind die IM während ihrer Militärdienstzeit auf der Basis der Überzeugung gewonnen worden. Nur in Ausnahmefällen erfolgten Anwerbungen auf der Grundlage der Wiedergutmachung bei Verfehlungen. Unter den Wehrpflichtigen für die GT mußten auf Weisung des Ministers seit Beginn der 80er Jahre bereits während der Musterung von den Mitarbeitern der Kreisdienststellen IM gewonnen werden. Zu ihnen wurde nach der Einberufung der Kontakt von den zuständigen Mitarbeitern der HA I aufgenommen.

Der Einsatz der Inoffiziellen Mitarbeiter erfolgte zur Feststellung von Anhaltspunkten, Verdachtshinweisen auf Spionage, Diversion, Sabotage und Terror gegen die NVA und GT oder dafür eventuell begünstigend wirkenden Bedingungen und Umstände; zur Erarbeitung von Hinweisen über Verletzungen der Vorschriften über den Geheimnisschutz und die Preisgabe militärischer Geheimnisse; zur Feststellung von Mängeln und Unzulänglichkeiten beim Umgang mit und bei der Sicherung von Waffen, Munition, Sprengmitteln, Technik und Ausrüstung; zur vorbeugenden Arbeit gegen alle Erscheinungen, die die Einsatz- und Gefechtsbereitschaft der Truppenteile und Einheiten beeinträchtigen konnten sowie andere Mängel und Missstände, die negative Auswirkungen auf das militärische Leben hatten; bei der Untersuchung von Vorkommnissen, insbesondere zur Aufklärung und Beseitigung begünstigender Bedingungen und Umstände; als IME (Fach-IM, Experten) zur Einschätzung und Begutachtung von Sachverhalten und Erscheinungen, für die eine fachspezifische Ausbildung bzw. spezielle Kenntnisse erforderlich waren, z. B. bei der Untersuchung von Katastrophen und Havarien; zur Einschätzung des Stimmungs- und Meinungsbildes in den Verbänden, Truppenteilen, Einheiten und Einrichtungen.

Die konspirative Zusammenarbeit mit den IM war in mancherlei Hinsicht nicht ganz einfach und erforderte Einfallsreichtum und Beweglichkeit. Beispielsweise war unter den Bedingungen der kasernierten Unterbringung die Wahrung der Konspiration bei Treffs etwas schwierig. In der Kaserne war der Mitarbeiter der *Verwaltung 2000* offiziell bekannt, seine Bewegung im Objekt wurde von vielen Augen verfolgt. Während der Dienstzeit konnte der IM seine Einheit ohne Genehmigung nicht verlassen. Zum Treff außerhalb der Kaserne brauchte der Soldat Ausgang oder Urlaub, er mußte sich bei seinem Vorgesetzten abmelden, und auch die Offiziere unterlagen durch die Abmeldepflicht gewissen Einschränkungen in der Beweglichkeit. Es waren demzufolge häufig mit geeigneten Legenden die notwendigen Voraussetzungen für ein Abwesenheitsalibi zu schaffen.

Wie aus den Einsatzkriterien ersichtlich, lag der Schwerpunkt der Auftragserteilung für die IM vor allem in der vorbeugenden schadensverhütenden Tätigkeit. Deshalb wurden sie auch damit beauftragt, unter Wahrung der Konspiration positiven Einfluß auf die Veränderung von Faktoren zu nehmen, die – in weitestem Sinne – negative Auswirkungen auf den politisch-moralischen Zustand der Truppe und ihre Einsatzbereitschaft hatten bzw. haben konnten. Das schloß auch ein, bei Wahrung der Konspiration die Kommandeure entsprechend ihren Möglichkeiten zu unterstützen.

Daraus wird deutlich, daß es wenig Sinn machte, Inoffizielle Mitarbeiter *während* des Grundwehrdienstes von 18 Monaten zu gewinnen, weil diese Zeit für ihre Suche, Auswahl, Gewinnung, Qualifizierung und Organisierung einer effektiven Arbeit viel zu kurz war. Deshalb gab es, außer bei den GT, kaum IM unter den Wehrpflichtigen.

Der personenbezogene Einsatz von IM erfolgte hauptsächlich zur Erarbeitung von Verdachtshinweisen auf Feindtätigkeit, zur Operativen Personenkontrolle und zur Vorgangsbearbeitung.

Die Spezifik des Einsatzes der IM in militärischen Bereichen und ihre entsprechende Qualifizierung hatten zur Folge, daß bei der Mehrzahl von ihnen mit dem Ausscheiden aus dem Dienst der NVA bzw. der GT auch die Zusammenarbeit mit dem MfS beendet wurde, weil die örtlichen Dienststellen des MfS für sie meist keine Verwendung hatten.

Zu einigen Aspekten der Sicherheitsüberprüfungen

Eine wichtige Aufgabe der Mitarbeiter der HA I war die Durchführung von Sicherheitsüberprüfungen von Militärangehörigen und Zivilbeschäftigten, die von den Kommandeuren in eine bestimmte Funktion eingesetzt bzw. mit wichtigen Aufgaben betraut werden sollten oder die für einen sicherheitsrelevanter Einsatz vorgesehen waren.

Hierzu gab es konkrete Festlegungen in der Richtlinie Nr. 1/82 zur Durchführung von Sicherheitsüberprüfungen des Ministers für Staatssicherheit, die grundsätzliche Bestimmungen zu den Sicherheitsüberprüfungen unterliegenden Personenkategorien und den einzusetzenden Mitteln und Methoden enthielt. Es gab die »Dienstvorschrift über Wachsamkeit und Geheimhaltung« (DV 10/9) des Ministers für Nationale Verteidigung und einige weitere spezifische Befehle, die aus der Sicht des Ministers für Nationale Verteidigung Personenkreise in der NVA und den GT bestimmten, die von der HA I Sicherheitsüberprüfungen zu unterziehen waren.

Die Kommandeure aller Ebenen waren angewiesen, zur Lösung dieser Aufgaben mit den zuständigen Abwehroffizieren eng zusammenzuwirken.

Für bestimmte Führungskader und hochgradige Geheimnisträger (GKdoS-Berechtigte = Berechtigte zur Bearbeitung von Geheimen Kommandosachen) mußten die erforderlichen Zustimmungsvermerke vom Abwehroffizier schriftlich an den zuständigen Kommandeur übergeben werden.

Der Einsatz von Militärangehörigen und Zivilbeschäftigten in die betreffenden Funktionen bzw. deren Herauslösung erfolgte stets auf Befehl der Kommandeure.

Die Durchführung von Sicherheitsüberprüfungen war ein wesentlicher Bestandteil der vorbeugenden Tätigkeit der HA I. Bei den Geheimnisträgern, zu denen natürlich alle Führungskräfte gehörten, mußte permanent die Frage »Wer ist wer?« beantwortet werden. Das heißt, es war ständig zu sichern, daß in Führungs- und militärisch sowie sicherheitspolitisch wichtigen Positionen nur solche Kader zum Einsatz kamen, die bereit und in der Lage waren, als Staatsbürger und Militär entsprechend dem geleisteten Fahneneid ihre Aufgaben ehrlich, treu und zuverlässig zu erfüllen.

Dieser vorbeugenden Sicherungsarbeit diente auch die Tätigkeit der Mitarbeiter der Referate WBK der Bezirksverwaltungen und der Mitarbeiter WKK der Kreisdienststellen des MfS, die für die Abwehrarbeit in den Wehrbezirks- bzw. Wehrkreiskommandos verantwortlich waren.

Sie hatten speziell in den Perioden der Musterungen der Wehrpflichtigen wesentlichen Anteil an der Vorauswahl der Wehrpflichtigen für die Verwendung in Bereichen der NVA bzw. der GT, in denen besondere Sicherheitsanforderungen bestanden.

Die im Verlauf einer Sicherheitsüberprüfung entstandenen Unterlagen wurden in ihren wesentlichen Teilen aufbewahrt und archiviert, handelte es sich doch dabei um Kader, die bei Bedarf zum Reservistenwehrdienst wieder in sicherheitsrelevante Funktionen einberufen werden konnten.

Bei den in Sicherheitsüberprüfungen einzubeziehenden Unteroffizieren gab es aufgrund ihrer in der Regel auf drei Jahre begrenzten Dienstzeit eine hohe Fluktuation.

Das traf auch auf an den Raketensystemen der Luftverteidigung eingesetzte Soldaten (Wehrpflichtige mit zwei oder anderthalbjähriger Dienstzeit) zu, die in bestimmten Funktionen (Betankung der Raketen mit geheimzuhaltenden Treibstoffkomponenten) gleichfalls einer Sicherheitsüberprüfung unterlagen.

Angehörige der Grenztruppen wurden grundsätzlich einer Sicherheitsüberprüfung unterzogen.

Die Archivierung der Unterlagen über die Ergebnisse der Sicherheitsüberprüfungen dieses einer periodischen Fluktuation (halbjährlich wurde entlassen) unterliegenden Personalbestandes führte zu erheblichen Beständen. Darüber mokieren sich heute einige »Aktenauswerter«. Festzuhalten ist: Es handelte sich keineswegs um »Opferakten«, sondern um reguläre Sicherheitsüberprüfungen.

Zur Operativen Personenkontrolle (OPK) und zur Bearbeitung Operativer Vorgänge (OV)

Die Entscheidung, ob eine Operative Personenkontrolle entsprechend der Richtlinie Nr. 1/81 über die OPK eingeleitet wurde, war abhängig davon, ob operativ bedeutsame Anhaltspunkte vorlagen. Sie wurde eingeleitet, wenn Handlungen vorlagen, die eine gegen die DDR gerichteten Tätigkeit nahelegten, ohne jedoch bereits den Verdacht einer Straftat zu begründen. Es geschah, wenn negative, ablehnende staats- bzw. gesellschaftspolitische Einstellungen und deren Verbreitung vorlagen. Anhaltspunkte lagen vor, wenn im Umfeld eines Berufskaders oder eines Unteroffiziers in einer sicherheitsrelevanten Position aktive Verbindungen nach Westberlin bzw. in die BRD bestanden und zu prüfen war, ob es Hinweise auf eine nachrichtendienstliche Verbindung gab. Und sie wurde eingeleitet, wenn Persönlichkeitsmerkmale bekannt wurden, die Ansatzpunkte für den Mißbrauch durch Geheimdienste, andere feindliche Stellen und Kräfte boten (Schwatzhaftigkeit, leichtfertiger Umgang mit geheimzuhaltenden Unterlagen etc.).

Die überwiegende Zahl der Berufssoldaten, der Unteroffiziere und der wehrpflichtigen Soldaten zeichnete sich durch Staatsverbundenheit und Rechtstreue aus und hielt die Bestimmungen über Wachsamkeit und Geheimhaltung konsequent ein. Das war zugleich Ausdruck des guten politisch-moralischen Zustandes der NVA und der GT.

Da auch im Ergebnis von Sicherheitsüberprüfungen und anderen operativen Prozessen kaum bedeutende Anhaltspunkte im Sinne der Richtlinie 1/81 erarbeitet werden konnten, war die Anzahl von OPK relativ gering.

1987 führte die HA I etwa 900 OPK durch, d. h. pro IM-führenden Mitarbeiter nicht einmal eine.

Eine Bearbeitung von Militärangehörigen und Zivilbeschäftigten in Operativen Vorgängen entsprechend den Kriterien der »Richtlinie Nr. 1/76 zur Entwicklung und Bearbeitung Operativer Vorgänge« war die Ausnahme, wie aus den veröffentlichten Statistiken leicht entnommen werden kann.

So wurden 1987 in der HA I insgesamt 144 OV bearbeitet, d. h. einer kam auf acht IM-führende Mitarbeiter. Dabei ist zu berücksichtigen, daß es OV gab, die über ein Jahr und länger liefen, was den statistischen Durchschnitt weiter reduziert.

Bemerkungen zur Sicherung der Einheiten mit Bausoldaten

Am 24. Januar 1962 beschloß die Volkskammer der DDR die Einführung der allgemeinen Wehrpflicht (»Gesetz über die allgemeine Wehrpflicht – Wehrpflichtgesetz«).[8]

Damit gab es Wehrdienstverweigerer. Aber es gab auch Wehrpflichtige, die sich ihrer gesetzlichen Pflicht nicht entziehen wollten, aber aus Glaubensgründen (5. Gebot: Du sollst nicht töten) einen Waffendienst ablehnten.

Für diese Wehrpflichtigen wurde als Alternative der Dienst als Bausoldat eingeführt, der gleichfalls 18 Monate dauerte.

Am 7. September 1964 erließ der Nationale Verteidigungsrat der DDR die »Anordnung über die Aufstellung von Baueinheiten im Bereich des Ministeriums für Nationale Verteidigung«. In der Folge wurden je ein Baupionierbataillon bei den Militärbezirken III und V, beim Kommando Luftstreitkräfte/Luftverteidigung und beim Kommando der Volksmarine aufgestellt.

Aus operativer Sicht vollzog sich für die zuständigen Mitarbeiter der HA I bei den Baueinheiten eine Verlagerung der Schwerpunkte der Arbeit. Es gab weder militärische Geheimnisse noch Waffen zu sichern. Andererseits bestand die Gefahr des Mißbrauchs der religiösen Gefühle von Bausoldaten zur Erzeugung antisozialistischer Haltungen und Handlungen. Die Hauptrichtung der operativen Arbeit orientierte sich folglich darauf, Einflüsse mit derartigen Zielstellungen abzuwehren. Bestimmte kirchliche Kreise, die den Sozialismus ablehnten und die auch im Widerspruch zu führenden Kirchenvertretern des BEK (Bund der Evangelischen Kirchen) und der Landeskirchen in der DDR standen, und oppositionelle Kräfte entwickelten Aktivitäten, die gegen die sozialistische Alternative des Wehrdienstes ohne Waffe gerichtet waren, um einen zivilen Ersatzdienst zu erzwingen.

Es wurde alles versucht, in diesem Sinne ideologisch auf die Bausoldaten einzuwirken, das Dienstgeschehen in den Baueinheiten zu desorganisieren, Dienstverweigerung und Arbeitsniederlegungen an militärischen Objekten und Anlagen oder eine »Arbeite-langsam-Bewegung« bei Arbeiten in der Volkswirtschaft zu provozieren, eine Eingabenbewegung in Gang zu setzen, die die vorgesetzten Dienststellen ständig beschäftigt, oder von den Vorgesetzten Zugeständnisse zu fordern, die über die Festlegungen der Dienstvorschriften hinausgingen (zusätzlicher Ausgang zum Besuch von Gottesdiensten).

Es gab nicht wenige oppositionelle Kräfte, die das Problem *Bausoldat – ziviler Ersatzdienst* zu einer grundsätzlichen Auseinandersetzung mit dem sozialistischen Staat führen wollten. Über Kontakte zu Bausoldaten wollten sie diese Debatte in die Einheiten tragen. Während der Existenz der Baueinheiten und auch bei zeitweisem dezentralisierten Einsatz von Bausoldaten in Stäben, an Schulen, in Erholungsheimen, im Armeelazarett Bad Saarow und in anderen Bereichen kam es nur zu einzelnen Vorfällen, die die Arbeitsbereitschaft gefährdeten. Es gab allerdings keine Fahnenflucht bei Bausoldaten.

Zum Zusammenwirken der Mitarbeiter der HA I mit den Kommandeuren und Politorganen

Die Erfüllung der Aufgaben der HA I zur Gewährleitung der personellen und funktionellen Sicherheit der NVA und der GT der DDR verlangte ständig ein enges Zusammenwirken der Leiter und Mitarbeiter der HA I mit den Kommandeuren und Politorganen der NVA und GT. Der Minister für Staatssicherheit orientierte bei Dienstbesprechungen und Konferenzen der HA I, an denen er teilnahm, immer auf die Notwendigkeit des engen, kameradschaftlichen Zusammenwirkens.

Grundprinzipien des Zusammenwirkens waren Gegenstand einer Leitertagung der Hauptverwaltung für Ausbildung (HVA) am 12. Dezember 1950. Generalinspekteur Heinz Hoffmann, Leiter der HVA, erläuterte damals die Rolle der Verbindungsoffiziere. Oberst a. D. Dr. Joachim Schunke erinnerte sich: »Generalinspekteur Hoffmann … verwies auf die Notwendigkeit stärkerer Beachtung von Wachsamkeit und Geheimhaltung. Es gebe Fälle unbemerkten Eindringens feindlicher oder krimineller Elemente in Objekte der HVA. In diesem Kontext erläuterte er auch die Rolle der Verbindungsoffiziere des MfS in der HVA. Als Offiziere mit Sondervollmachten seien sie verantwortlich für die Sicherheit der HVA gegenüber Feinden der Republik. Ihre Arbeit sei zu unterstützen, eine gute Zusammenarbeit von den Leitern der Objekte herzustellen. Auf Wunsch seien Verbindungsoffiziere bei Besprechungen zuzulassen. Jedoch gebe es keinerlei Einschränkung der Befehlsgewalt der Leiter.«[9]

Auch später, als Minister für Nationale Verteidigung, forderten Hoffmann und seit 1985 sein Nachfolger Heinz Keßler von den Kommandeuren, Partei- und Politorganen immer wieder, sie sollten mit den Leitern und Mitarbeitern der Verwaltung 2000 zusammenarbeiten und sie bei der Lösung ihrer Aufgaben unterstützen.

Allerdings: Kommandeure der NVA und der GT waren zu keiner Zeit gegenüber den Mitarbeitern der HA I weisungsberechtigt. Sie konnten ihnen weder Befehle erteilen noch sie bestrafen oder belobigen.

Auf der anderen Seite: Die Kommandeure trafen nach dem Prinzip der militärischen Einzelleitung eigenverantwortlich alle Entscheidungen in ihrem Befehlsbereich. Kein Mitarbeiter oder Leiter der HA I hatte das Recht, in die Befehlshierarchie der NVA und der GT einzugreifen.

Diese Grundsätze galten bis zur Auflösung der HA I im Jahr 1990.

Nicht immer war das Zusammenwirken reibungslos und spannungsfrei. Toleranz und Fingerspitzengefühl waren von beiden Seiten nötig.

Die Kommandeure hatten in der Regel einen höheren Dienstrang als der für ihn zuständige Partner der HA I., meist hatte er ein, zwei Sterne mehr. Hinzu kamen charakterliche Besonderheiten.

Es gab eine »Melde- und Untersuchungsordnung der NVA« und eine Meldeordnung des MfS, die jeweils festlegte, welche Vorkommnisse und Erscheinungen in welchen Fristen an wen zu melden waren. Daraus entstand mitunter eine ungesunde Konkurrenz, wer bei der Meldung an den Vorgesetzten schneller war. Falsch verstandene Konspiration und Prestigedenken von Vorgesetzten der HA I führten dazu, daß bestimmte Mängel und Mißstände oft nicht direkt vom Mitarbeiter mit dem Kommandeur sondern über ihre Vorgesetzten ausgewertet wurden. Das führte zu Verärgerungen. Insgesamt wurden jedoch die gemeinsam zu lösenden Aufgaben im vertrauensvollen Zusammenwirken mit hoher Qualität gelöst.

Das findet in heute noch bestehenden freundschaftlichen und kameradschaftlichen Beziehungen zwischen früheren Mitarbeitern und Leitern der Verwaltung 2000 und den damals verantwortlichen Kommandeuren und Leitungsoffizieren der NVA und der GT seinen Ausdruck.

Die Mitarbeiter und Leiter der HA I nahmen in Wahrnehmung ihrer Funktion in den Regimentern, Divisionen Flottillen, Kommandos und Militärbezirken in der Regel an den Kommandeursberatungen teil. Sie informierten dort über Erkenntnisse zu Feindangriffen gegen die NVA und GT sowie aus der IM-Arbeit zu Mißständen, Mängeln und Erscheinungen, die die militärische Disziplin und Ordnung und das militärische Zusammenleben beeinträchtigten – unter Wahrung der Konspiration. Ohne die Quellen preiszugeben, machten sie Vorschläge zur Verbesserung der Disziplin, Ordnung und Sicherheit.

Der Leiter der HA I nahm als Gast an den Sitzungen des Kollegiums des Ministeriums für Nationale Verteidigung teil.

Über die offiziell und inoffiziell gewonnenen Hinweise zu Mängeln und Mißständen wurden außerdem mündliche und schriftliche Informationen an die Kommandeure gegeben, um sie damit in die Lage zu versetzen, Maßnahmen zu ihrer Überwindung einzuleiten.

Das betraf insbesondere Informationen zu den Schwerpunkten der vorbeugenden schadensverhütenden Tätigkeit. Über schwerwiegende Vorkommnisse und Mängel wurde der Minister für Nationale Verteidigung vom Leiter der HA I persönlich schriftlich informiert. Letzteres geschah sowohl über Tagesmeldungen, als auch mit einer periodischen Berichterstattung sowie mit Informationen zu Erkenntnissen über Angriffsrichtungen und Angriffe der gegnerischen Geheimdienste, den politisch-moralischen Zustand der Truppe, über Fahnenfluchten, ihre Ursachen bzw. Anlässe und begünstigende Bedingungen und Umstände, über Störungen im Verhältnis zwischen Vorgesetzten, Unterstellten und Gleichgestellten, schwerwiegende Verstöße gegen die Wachsamkeit und Geheimhaltung, ernsthafte Mängel im Umgang, in der Pflege und Wartung von Bewaffnung, Munition, Technik und Ausrüstung u. a.

Darüber hinaus informierte der Minister für Staatssicherheit persönlich führende Partei- und Staatsfunktionäre über politische, sicherheits- und militärpolitische Entwicklungen und Vorgänge.

Zur Entwicklung eines guten Arbeits- und Vertrauensverhältnisses zwischen den Mitarbeitern der HA I und den Angehörigen der NVA und der GT trug auch eine aktive Öffentlichkeitsarbeit bei, in deren Rahmen die Mitarbeiter die Aufgaben des MfS und Probleme der militärischen Wachsamkeit erläuterten und in deren Folge sie viele Hinweise über Mängel in der Disziplin, Ordnung und Geheimhaltung erhielten.

Die Öffentlichkeitsarbeit war Bestandteil der planmäßigen Arbeit. Insbesondere durch Vorträge, Auswertung von Vorkommnissen, Diskussionen und Gespräche zu Angriffen der imperialistischen Geheimdienste, ihrer Mittel und Methoden sowie über die Notwendigkeit der gewissenhaften Ausführung von Befehlen und Dienstvorschriften nahmen die operativ tätigen Mitarbeiter und Leiter in den Zügen, Kompanien und Stäben Einfluß auf Wachsamkeit und Sicherung vor gegnerischen Einflüssen.

Diese Veranstaltungen fanden nach Absprache mit den zuständigen Kommandeuren und Politorganen im Rahmen der Dienstplanung statt.

Der Leiter der HA I referierte im Rahmen des Lehrprogramms an der Militärakademie »Friedrich Engels«. Er hielt regelmäßig Vorträge zu den Aufgaben der Verwaltung 2000 in der NVA und den GT der DDR;- zu aktuellen Aspekten der Tätigkeit der NATO-Geheimdienste und anderer feindlicher Zentren gegen die DDR, besonders gegen die NVA und GT, sowie deren Mittel und Methoden. Und er sprach zur Notwendigkeit des engen Zusammenwirkens der Offiziere der NVA und der GT mit den Mitarbeitern der Verwaltung 2000. Die Stellvertreter des Leiters der HA I und die Abteilungsleiter referierten zu diesen Themen vor den Militärräten der Kommandos und an den Offiziershochschulen in ihrem Verantwortungsbereich.

Diese Maßnahmen wirkten sich positiv auf die gesamte Abwehrarbeit aus, weil dadurch einerseits die Operativen Mitarbeiter der HA I den Angehörigen der NVA und der GT persönlich bekannt wurden und andererseits die Angehörigen der NVA und der GT unmittelbar von einem Mitarbeiter des »Abwehrdienstes« über Aktivitäten, Mittel und Methoden der Geheimdienste gegen die NVA und GT informiert werden konnten. Das trug wesentlich zur Erhöhung der Wachsamkeit in den Einheiten, Truppenteilen, Verbänden und Stäben bei und schuf günstige Bedingungen für ein vertrauensvolles Zusammenwirken.

Es gab eine Reihe von Fällen, in denen im Ergebnis der Öffentlichkeitsarbeit Angehörige der NVA und der GT, die Kontakt- bzw. Anwerbungsversuchen durch einen Geheimdienst bzw. andere gegnerische Stellen und Kräfte ausgesetzt waren, sich dem zuständigen Abwehroffizier anvertrauten, so daß geeignete Abwehrmaßnahmen eingeleitet werden konnten.

Zusätzlich erhielten die Leiter und Mitarbeiter der HA I bei und nach solchen Maßnahmen zahlreiche Informationen über Unzulänglichkeiten im militärischen Leben, die sie den Kommandeuren und Politorganen zur weiteren Auswertung übergaben.

Eine unliebsame Erscheinung in der NVA und GT war die sogenannte »EK-Bewegung«. Es war verständlich, wenn sich die Wehrpflichtigen auf das Ende ihrer Dienstzeit freuten und deshalb die letzten Tage zählten. Der »Bandmaßanschnitt« der »Entlassungskandidaten (»EK«) 100 Tage vor dem Entlassungstermin war ein hinzunehmendes Ritual. Oft war es damit aber nicht getan. Das Problem bestand darin, daß diese »Bewegung« von Erscheinungen begleitet wurden, die weder kameradschaftlich noch sozialistisch waren. Oft wurde gegen die einfachsten Regeln des Anstandes oder gar gegen die Menschenwürde verstoßen.

Die drei Diensthalbjahre wurden unter den Rekruten in »Spritzer« (1. Halbjahr), »Vize« (2.) und eben »Entlassungskandidaten« geteilt. Die »Spritzer« hatten alle Innendienstaufgaben (Revier- und Stubenreinigen, Schuhe- und Stiefelputzen) zu erledigen. Die »Vize« durften schon die Nasen über die »Neuen« heben, während die Entlassungskandidaten sich bedienen ließen. Damit nicht genug: Um die »Spritzer« gefügig zu machen, ihnen zu zeigen, wo es angeblich langgehe, wurden sie erniedrigt und gedemütigt. Man sperrte sie in Spinde und ließ sie singen, man »löffelte« sie aufs blanke Gesäß oder spielte mit ihnen »Maskenball«. Diese rohen Umgangsformen schwächten ebenso die Einsatzbereitschaft wie auch die sogenannten »EK-Feiern«, zu denen Alhokol in die Einheit geschmuggelt wurde. Das alles spielte sich nach Dienstschluß ab, wenn die Soldaten »unter sich« waren.

Alle den Mitarbeitern der HA I bekanntgewordenen negativen Erscheinungen solcher Art wurden mit den Kommandeuren und Politorganen ausgewertet, damit diese geeignete Maßnahmen einleiten konnten.

Tatsache ist auch, daß es in der NVA Erscheinungen von Rechtsextremismus gab. Hin und wieder tauchten faschistische Symbole auf, wurden Hakenkreuze in Wände geritzt und Nazilieder gegrölt. Jeder bekanntgewordene Fall wurde unverzüglich ausgewertet und hauptsächlich durch politische Erziehungsarbeit der Politorgane bekämpft. Es handelte sich allerdings um marginale Vorgänge. Was nicht überrascht: Der Charakter der politischen Ausbildung in der NVA und den GT der DDR war dem Wesen nach antifaschistisch.

Faschistische Propaganda war nach § 92 StGB/DDR unter Strafe gestellt.

Die Operativen Mitarbeiter der HA I haben im Zusammenwirken mit den Kommandeuren und den Politorganen stets entschieden faschistische Gedankengut bekämpft.

Zu den Spionageangriffen gegen die NVA und die GT

Es gab in der DDR keinen militärischen Bereich, einschließlich der auf dem Territorium der DDR stationierten sowjetischen Streitkräfte, für den sich die westlichen Geheimdienste nicht interessierten. Ein vorrangiges Ziel der Militärspionage bestand darin, durch Sammlung und Auswertung militärischer Geheimnisse und geeigneter offizieller Informationen Erkenntnisse über die Anzahl, Bewaffnung und Ausrüstung, den Stand der Ausbildung und militärischen Schlagkraft der auf dem Territorium der DDR stationierten Streitkräfte des Warschauer Vertrages für den Kriegsfall zu erlangen.

Der alte Satz war unverändert gültig »Ein Spion in einem höheren Führungsorgan ist mehr wert als drei Divisionen auf dem Schlachtfeld«. Deshalb wollten die westlichen Geheimdienste Spione in Führungsstäbe einschleusen oder dort anwerben. Auf diese Weise hofften sie geheime Informationen über die Verteidigungskraft der Staaten des Warschauer Vertrages und damit auch über die der NVA und GT der DDR in Erfahrung zu bringen. Sie brauchten Informationen über Strategie und Taktik, den Stand der Planung und Vorbereitung von Verteidigungsoperationen für den Fall einer Aggression, Erkenntnisse über die Mittel und Methoden zum Schutz der Truppen und der Bevölkerung vor nuklearen, chemischen und biologischen Waffen und die Koordinaten von Zielen für Kernwaffenschläge und Diversionsakte zur Schaffung militärischer Überlegenheit in der Anfangsphase eines möglichen Krieges.

Es waren darüber hinaus auch alle anderen verfügbaren Informationen zur Landesverteidigung von Interesse, aus deren analytischer Verdichtung sich für Spezialisten Erkenntnisse ableiten ließen, die den aus Stäben beschafften nahe kamen. Dazu zogen die Spionagedienste der NATO-Staaten alle Register, um Kenntnisse zu gewinnen über: Standorte, Struktur, Organisation und Stärke der Stäbe, Verbände, Truppenteile, Einheiten und Einrichtungen; den politisch-moralischen Zustand des Personalbestandes; die fortschreitende Modernisierung der Bewaffnung und Ausrüstung; den Stand der Ausbildung, Einsatzbereitschaft und Schlagkraft der Truppe; die Qualifikation der Offiziere, insbesondere aller Führungskader, ihre charakterlichen und moralischen Stärken und Schwächen, eventuell vorhandene Verwandte und Bekannte im kapitalistischen Ausland, besonders der BRD; die gesamte

Logistik, von der Zulieferung von Technik, Waffen, Munition, Ausrüstung, Verpflegung bis hin zur Bautätigkeit.

Selbst die Müllabfuhr interessierte, um dort fahrlässig weggeworfene Dokumente zu finden.

Zur Realisierung wurden alle personellen Möglichkeiten (angeworbene Spione, Deserteure, Republikflüchtige, Grenzgänger bis hin zur Abschöpfung der Kenntnisse völlig Unbeteiligter) sowie alle technischen Kapazitäten (Überwachung des Post- und Telefonverkehrs zwischen beiden deutschen Staaten, die funkelektronische Aufklärung, Aufklärungssatelliten der USA sowie in Verbindung mit Satelliten sogenannte Sensoren) eingesetzt.

Der größte Erfolg für die Geheimdienste bestand darin, Angehörige der Streitkräfte als Spion anzuwerben. Sie galten als »Insider« und deshalb als wichtige Informationsquellen. Nur in wenigen Fällen ist das Geheimdiensten bei Angehörigen der KVP/NVA/GT gelungen.

Das lag an der politischen Standhaftigkeit der Berufskader. Sie teilten Kontaktversuche von Geheimdiensten in der Regel sofort dem zuständigen Mitarbeiter oder Leiter der HA I mit, so daß unverzüglich operative Abwehrmaßnahmen eingeleitet werden konnten.

1952/53 war es dem US-amerikanischen Geheimdienst dennoch gelungen, eine Spionagegruppe an der Offiziersschule der VP-Luft in Kamenz zu etablieren. Oberleutnant Werner L. war während des Krieges Offizier bei der Luftwaffe. Ende 1952 wurde L. über die Sicherheitskommission des ZK der SED bei der Volkspolizei-Luft eingestellt. Vor seiner Einstellung fuhr er nach Westberlin und bot sich einem USA-Geheimdienst an. Es erfolgte seine sofortige Anwerbung. Sein Agentenführer agierte unter dem Decknamen »Silver«.

Da bekannt war, daß L. bei einer Einstellung in die VP einen Dienstausweis erhielt und sein Personalausweis in der zuständigen Personalabteilung deponiert werden mußte, bekam er einen gefälschten Personalausweis, damit er weiter die Möglichkeit hatte, nach Westberlin zu kommen. (Bis 1961 mußten Angehörigen der KVP bzw. NVA/GT eine Genehmigung beim Vorgesetzten beantragen, wenn sie nach Berlin fahren wollten.)

Nach entsprechender Qualifizierung erfolgte der Einsatz von L. als Fachlehrer für Triebwerk/Zelle der MiG 15 an der Offiziersschule der VP-Luft in Kamenz. Er lieferte alle ihm zugänglichen Dokumente zur MiG 15 als Original bzw. als Kopie an den US-amerikanischen Geheimdienst. Die Übergabe der Dokumente erfolgte sowohl bei Treffs in Westberlin als auch bei Treffs mit einem Kurier in der DDR. Teilweise diktierte er dem Kurier Informationen, die er nicht schriftlich übergeben konnte.

In der Folge gewann er die Oberleutnante F. und D. für eine Zusammenarbeit mit dem Geheimdienst. F. war Waffenoffizier, D. zuständig für Funk/Funkmeß. Mit ihrer Hilfe baute L. an einem Wochenende das Funkmeßvisier einer MiG 15 aus, brachte es nach Westberlin zur Zentrale und nach Auswertung wieder zurück, so daß am Montag zum Dienstbeginn niemand das zeitweilige Fehlen des Gerätes bemerkte.

1953 flog diese Gruppe im Ergebnis der operativen Bearbeitung auf, die Täter wurden verhaftet und der Justiz zur Bestrafung übergeben.

Die Anwerbung von Spionen erfolgte zuweilen unter Nutzung von in Westberlin bzw. in der BRD lebenden Verwandten der betreffenden Militärangehörigen. So auch im Fall des in Prenzlau stationierten Feldwebels Werner F. Dessen Frau hatte einen Onkel, den sie gelegentlich in Westberlin besuchte. Obwohl ihr Mann als KVP-Angehöriger nicht nach Westberlin durfte, begleitete er sie. Der Onkel war mit dem englischen Geheimdienst MID liiert, für den er eine konspirative Wohnung unterhielt. Der Feldwebel F. war in einem Regimentsstab tätig und hatte auch private Beziehungen zu Offizieren des am gleichen Standort stationierten Divisionsstabes.

Nach seiner Anwerbung als Militärspion 1953 übermittelte F. alle ihm in seiner Tätigkeit und in Gesprächen mit Offizieren des Divisionsstabes bekanntgewordenen Informationen über Personal, Vorgesetzte, Qualität und Fortgang der Ausbildung, Ausrüstung, Bewaffnung und Technik, Standorte der Einheiten, Planungen zu Übungen und deren Ergebnisse an den englischen Geheimdienst. Die Verbindung zum Geheimdienst wurde hauptsächlich mittels Kurier und Toten Briefkästen aufrechterhalten.

Im Ergebnis der Bearbeitung in einem Operativen Vorgang gelang es, 1955 seine Spionagetätigkeit aufzudecken. Er wurde festgenommen und vor Gericht gestellt.

Eine weitere Vorgehensweise der Geheimdienste bestand darin, möglichst Personen als Spion zu gewinnen, die in der Nähe von militärischen Objekten wohnten oder die die Möglichkeit hatten, sich unverdächtig in der Nähe militärischer Objekte aufzuhalten. Von solchen Spionen wurden Informationen über die Bewaffnung und Ausrüstung, Ausbildung der Truppen, Bewegungen der vorhandenen Bewaffnung und Technik, Übungen und Manöver, den Flugdienst der Luftstreitkräfte gesammelt.

Der DDR-Bürger F., wohnhaft in Berlin-Oberschöneweide, hatte Verwandte, die in der Nähe des Flugplatzes Marxwalde im Kreis Seelow wohnten, auf dem die Selbständige Transportfliegerstaffel 14 (Regierungsfliegerstaffel) und ein Jagdfliegergeschwader mit Abfangjägern vom Typ MiG 19 stationiert waren.

F. war 1960 vom Bundesnachrichtendienst (BND) angeworben und beauftragt worden, bei Besuchen seine Verwandten in Gesprächen zu befragen, den Flugdienst zu beobachten und zu fotografieren sowie über das in Marxwalde wohnende Personal dieser beiden Einheiten alles in Erfahrung zu bringen. Seine Informationen für den BND übermittelte er zunächst bei persönlichen Treffs. Nach der Sicherung der Staatsgrenze erhielt F. über einen TBK ein Funkgerät, das mit einem sogenannten Schnellgeber ausgerüstet war. Damit war es ihm möglich, Informationen in chiffrierter Form in Sekundenschnelle zu übermitteln, um der Funkabwehr des MfS keine Peilmöglichkeiten zu geben. Die Antenne für das Funkgerät war, als Wäscheleine getarnt, auf dem Dachboden seines Wohnhauses angebracht.

Im Zuge seiner Bearbeitung in einem Operativen Vorgang wurde er 1962 festgenommen und vor Gericht gestellt.

Mitunter erfolgte der Einsatz von Spionen gleichzeitig gegen Objekte der Sowjetarmee und der Nationalen Volksarmee. Der vom englischen Geheimdienst 1955 angeworbene DDR-Bürger Werner L. wohnte in der Nähe des sowjetischen Militärflugplatzes Welzow bei Senftenberg, auf dem die damals neuesten sowjetischen Abfangjäger vom Typ MiG 19 stationiert waren. Er konnte von seinem Dachfenster aus die Start- und Landebahn gut einsehen. L. war vom Geheimdienst mit einem Fernglas und einer Stoppuhr ausgerüstet worden und beobachtete vom Dachfenster aus den Flugdienst, notierte dabei Nummern und Kennzeichen der sowjetischen Flugzeuge, ihre Startzeit und Gleiches bei der Landung. Aus der Analyse dieser Angaben konnte der Geheimdienst Tankkapazität und Aktionsradius der MiG 19 errechnen.

Auch alle anderen Bewegungen von Mensch und Technik auf dem Flugplatz wurden von L. registriert und dem englischen Geheimdienst übermittelt.

Neben der Kontrolle dieses Flugplatzes war er beauftragt, Verbindungen zu einem Offizier der Luftstreitkräfte/Luftverteidigung der DDR herzustellen und ihn für eine Zusammenarbeit mit dem englischen Geheimdienst zu gewinnen. Dieses Vorhaben scheiterte jedoch.

L. bemerkte die 1956 gegen ihn eingeleiteten Beobachtungsmaßnahmen und konnte kurz vor seiner Festnahme nach Westberlin entkommen. Er kehrte jedoch einige Zeit später freiwillig in die DDR zurück.

Nach der umfassenden Untersuchung seiner Spionagetätigkeit durch die Untersuchungsabteilung der HA I (HA I/9) wurde von der Militärstaatsanwaltschaft entschieden, gegen ihn und zwei weitere festgenommene englischen Spione aus Potsdam keine Anklage zu erheben.

Sie hatten ein umfassendes Geständnis abgelegt und berichteten 1956 in einer Sendung des Fernsehens der DDR über die Aktivitäten des englischen Geheimdienstes und ihre eigene Spionagetätigkeit. Mit dieser politischen Aktion wurde erreicht, daß sich danach weitere Agenten der westlichen Geheimdienste freiwillig den Organen des MfS stellten.

Fahnenflüchtige Angehörige der NVA und der GT wurden bei Eignung häufig für nachrichtendienstliche Aktionen genutzt, wie die folgenden Beispiele zeigen. Als Ende der 50er Jahre in der NVA und den GT eine neue Truppenschutzmaske mit einem der Geheimhaltung unterliegenden Filter eingeführt wurde, unternahmen die Geheimdienste große Anstrengungen, eine solche Truppenschutzmaske mit Originalfilter zu beschaffen, um konkrete Erkenntnisse über deren Wirkung gegen die verschiedenen Komponenten von ABC-Waffen (atomare, bakteriologische und chemische Waffen) testen zu können. Oder: Um herauszufinden, gegen welche Komponenten diese Filter nicht oder nicht genügend wirksam waren.

Zur Beschaffung wurde der aus der 13. Grenzbrigade Rudolstadt, Grenzregiment Zschachemühle, in die BRD geflüchtete Oberleutnant S. vom amerikanischen Geheimdienst angeworben. Er wurde beauftragt, Verbindungen in seine ehemalige Grenzeinheit zu aktivieren und die früheren persönlichen Beziehungen und Kontakte zur Beschaffung des Originalfilters zu nutzen.

Bei der Durchführung dieses Auftrages wurde er auf dem Gebiet der DDR festgenommen, vor Gericht gestellt und verurteilt.

1987 wurde Oberstleutnant M., Bataillonskommandeur der GT, fahnenflüchtig. Er wurde sofort unter Umgehung der Sichtungsstellen in ein konspiratives Objekt des Bundesnachrichtendienstes (BND) überführt. Im Ergebnis der intensiven Befragung sah der zuständige Mitarbeiter des BND eine günstige Möglichkeit, eine Verbindung zu einem Offizier der Grenztruppen herzustellen, um diesen für den BND zu gewinnen. M. schrieb im Auftrag des BND einen Brief an einen ihm gut bekannten Oberst, in dem er diesen auf das Interesse des BND aufmerksam machte.

Als jener den Brief erhielt, übergab er ihn unverzüglich dem für seine Dienststelle zuständigen Unterabteilungsleiter der HA I. Im Ergebnis der durchgeführten operativen Maßnahmen wurde ihm vom BND in einem »Toten Briefkasten« eine schriftliche Auftragserteilung übermittelt mit dem Angebot, 300.000 DM bei Erfüllung der Aufträge zu zahlen und ihn bei Gefahr mit seiner Familie aus der DDR auszuschleusen. In der weiteren Folge der Abwehrmaßnahmen der HA I in Zusammenarbeit mit der HA II gestaltete sich diese Aktion für den BND als Mißerfolg.

Auch übermäßiger Alkoholkonsum, moralische Instabilität, Unzufriedenheit mit der Karriere und daraus entstandene Widersprüche mit dem Umfeld waren Anknüpfungspunkte für die Geheimdienste.

Der aus der Verwaltung Aufklärung des Ministeriums für Nationale Verteidigung der DDR entlassene ehemalige Fregattenkapitän B. (»Roter Admiral«), ein alkoholkranker Hochstapler, der die ihm aus seiner vorherigen Tätigkeit bekannten Agenturen der Verwaltung Aufklärung in der BRD verraten wollte, wurde Anfang der 80er Jahre entlarvt und festgenommen.[10]

Im Blickfeld der Geheimdienste standen besonders solche Kader des MfNV, die im Auslandsdienst tätig waren und die Führungsoffiziere der Verwaltung Aufklärung des MfNV.

Der Fähnrich Hans-Walter B. der Verwaltung Aufklärung des Ministeriums für Nationale Verteidigung der DDR, tätig als Kraftfahrer des Militärattachés der DDR in der Schweiz, erhielt im April 1983 Kontakt mit dem Geheimdienst der Schweiz. Vorausgegangen war ein Kaufhausdiebstahl (Wert: 50 Schweizer Franken) in Bern und seine Zuführung zur Polizei. Unmittelbar danach kam es zur telefonischen Kontaktaufnahme eines Mitarbeiters eines Schweizer Geheimdienstes mit der ultimativen Aufforderung zur Wahrnehmung eines Treffs. Aus Furcht vor der angedrohten Offenbarung des Kaufhausdiebstahls gegenüber der Botschaft der DDR ging er zum Treff und erklärte sich dort schriftlich zur Zusammenarbeit mit dem Schweizer Geheimdienst bereit.

Nachdem dieser Mitarbeiter in die Botschaft der DDR nach Wien versetzt wurde, kam es dort im September 1984 in Wien zu einem Abschlußtreff mit zwei Mitarbeitern des Schweizer Geheimdienstes.

Sofort danach kontaktierten ihn zwei Mitarbeiter des BND. Sie erpreßten ihn mit ihrem Wissen über seine nachrichtendienstlichen Verbindungen zum Schweizer Geheimdienst. Er erklärte sich zur Zusammenarbeit mit dem BND bereit. B. lieferte dem BND Dokumente über das Vorgehen der Länder des Warschauer Vertrages bei den Wiener Abrüstungsverhandlungen; Charakteristiken von Offizieren der NVA, besonders des Militärattachéapparates; Personeneinschätzungen über alle ihm bekannten Angehörigen der Berner und Wiener Botschaften der DDR. Als das MfS seine Spionageverbindung zum BND erkannte, erfolgte im November 1985 seine Festnahme während einer Dienstreise zum MfNV in Strausberg.

1986 unternahm der BND eine gezielte Aktion zur Abwerbung des Militärattachés der DDR in Wien. Im Rahmen seiner militärdiplomatischen

Tätigkeit lernte der Oberst H. mit seiner Familie einen Bürger der BRD kennen, der den Kontakt zielstrebig zu ihnen ausbaute, bis er den Zeitpunkt für gekommen sah, an den Militärattache die schriftliche Aufforderung zu richten, seinen Staat zu verraten und in die BRD überzutreten. Dafür wurden ihm eine neue Identität (einschließlich seiner Ehefrau), Aufenthalt in einem Land seiner Wahl, die Pension eines Oberst der Bundeswehr und eine Million DM angeboten.

Der Militärattachee lehnte das Ansinnen des BND ab und vertraute sich dem für die Verwaltung Internationale Verbindungen des MfNV zuständigen Mitarbeiter der HA I an. Erstrangiges Ziel dieses »Coups« war es offenkundig, die DDR mit der Fahnenflucht eines Militäratachés international zu diskreditieren, zumal sein Vater ein verantwortlicher SED- und Staatsfunktionär der DDR war.

Auch anderen Geheimnisträgern in Führungspositionen wurden von westlichen Geheimdiensten hohe Geldsummen geboten, wenn sie sich einverstanden erklärten, als Spion tätig zu werden. Ihnen wurde versprochen, sie nach ein- bis zweijähriger Tätigkeit für den Geheimdienst einschließlich ihrer Familien in die BRD auszuschleusen.

In Einzelfällen wurden selbst für die sofortige Fahnenflucht hohe Summen geboten.

Die meisten der angesprochenen Offiziere der NVA wandten sich nach solchen Angeboten an den zuständigen Mitarbeiter der HA I, so daß gemeinsam die erforderlichen Maßnahmen zur Verhinderung derartiger Pläne ergriffen werden konnten.

Sehr stark, aber erfolglos, waren die westlichen Geheimdienste daran interessiert, einen Flugzeugführer der NVA zu gewinnen, der mit einem modernen strahlgetriebenen Jagdflugzeug in die BRD flog. Die Schlagzeile »Pilot der NVA flüchtete mit einem Düsenjäger« gab es jedoch nie.

Ein spezifisches Ziel der Abwehrarbeit der HA I bestand darin, das Eindringen von Doppelagenten in die Agenturen der Verwaltung der Aufklärung des MfNV zu erkennen und aufzudecken. Operative Verdachtshinweise dazu erhielt die HA I vorwiegend von der HA II, aber auch von der HVA. Die Bearbeitung des Verdachtes erfolgte durch die zuständigen Mitarbeiter der HA I in Zusammenarbeit mit der HA II bzw. der HVA und im engen Zusammenwirken mit den zuständigen Führungsoffizieren der Verwaltung Aufklärung. Bis 1989 wurden 13 Doppelagenten erkannt und festgenommen.

Eine weitere Methode war der Einsatz von Beobachtungs- und Reisespionen. Der BND und teilweise auch USA-Geheimdienste setzten für die

Aufklärung militärischer Objekte der NVA und der GT sogenannte Reisende Beobachter ein. Diese Reisenden Beobachter aus der Bundesrepublik, die in der DDR Verwandte besuchten oder ihre Fahrten als Dienstreisen tarnten, hatten den grundsätzlichen Auftrag, ein oder mehrere Objekte unter Kontrolle zu halten. Sie sammelten beim Vorbeifahren an militärischen Objekten aus dem Zug oder aus dem PKW Informationen. Sie mußten sich aber auch in das direkte Umfeld der Objekte begeben und oft sogar festgelegte spezielle »Einsichtstellen« regelmäßig aufsuchen.

Dabei kam es darauf an, die sichtbare Technik und Bewaffnung bzgl. Art und Anzahl zu erfassen, alle Kfz-Kennzeichen von stehender bzw. sich bewegender Technik zu notieren, die Anzahl der beleuchteten Fenster der Kasernen zu zählen, um daraus Rückschlüsse auf die Stärke des Personalbestandes ziehen zu können, festzustellen, welche zivilen, speziell Versorgungsfahrzeuge, die Objektwache passieren durften, alle Veränderungen seit der letzten Beobachtung festzuhalten, und diese Angaben dem Auftraggeber zu übermitteln.

Diesem Ziel diente auch, geeignete Rentner aus der DDR während ihrer Besuchsreisen in Westberlin und in der BRD ausfindig zu machen, anzusprechen und anzuwerben.

Sie erhielten die Aufgabe, ihnen speziell zugewiesene Objekte der NVA und der GT unter Kontrolle zu halten und jede Bewegung und Veränderung dem Geheimdienst mitzuteilen.

Zu ihren Aufgaben gehörte dabei auch, auf den Müllplätzen außerhalb von militärischen Objekten nach weggeworfenen Dokumenten zu suchen, die Aufschluß zu militärischen Angelegenheiten, zum Personalbestand, zur Stimmung der Militärangehörigen u. ä. geben könnten (Dienstpläne, Unterrichtsaufzeichnungen, Briefe), und diese dem GD im Original zu übergeben. Aus den Briefen versuchte der Geheimdienst Erkenntnisse zum Stimmungs- und Meinungsbild, zum politisch-moralischen Zustand, über persönliche Eigenschaften der Briefschreiber und -empfänger sowie deren Verbindungen nach Westberlin und die BRD zu gewinnen, die eventuell nachrichtendienstlich erschlossen werden konnten.

Die Entwicklung von neuen technischen Möglichkeiten zur Spionagetätigkeit wurde von den Geheimdiensten konsequent genutzt. So kam es parallel zum Einsatz von militärischen Aufklärungssatelliten mit hochauflösender Fototechnik auch zur Entwicklung und Anwendung von auf dem Boden einzusetzenden Sonden/Sensoren, hochempfindlichen Geräten, die in der Nähe militärischer Objekte versteckt positioniert wurden und Bewegungen militärischer Technik registrierten sowie die gesammelten Daten periodisch über Satelliten übermittelten.

Ende der 70er Jahre erlangte die Spionageabwehr des MfS gesicherte Erkenntnisse über den gezielten Einsatz hochmoderner technischer Spionage-Aufklärungssysteme, ohne daß zu dieser Zeit bereits der Einsatz solcher Systeme auf dem Territorium der DDR im Rahmen der Spionageabwehr erkannt werden konnte.

In der zweiten Hälfte der 80er Jahre wurde in der Nähe eines wichtigen militärischen Objektes im Raum Leipzig erstmalig ein derartiges Gerät festgestellt. Es war im Boden versteckt, und nur ein Teil befand sich als Ast getarnt über der Erdoberfläche.

In Auswertung dieser Spionageaktivitäten und weiterer gezielter Aufklärungs- und Abwehrmaßnahmen, vor allem auch durch die für die Funkabwehr zuständige HA III, stellte die Spionageabwehr des MfS am 24. November 1989 ein komplexes satellitengestütztes System des amerikanischen Geheimdienstes zur Überwachung und Kontrolle von Bewegungen an militärischen Objekten der Öffentlichkeit vor. Die mittels Sensoren erfaßten und in einer im Erdreich versteckten Sonde gespeicherten Informationen konnten von militärischen Aufklärungssatelliten abgerufen werden.

Das System war an der Zufahrtsstraße (militärisches Sperrgebiet) zu einem Munitionslager der NVA-Luftstreitkräfte/Luftverteidigung bei Schneeberg (Frankfurt/Oder) »installiert«.

Noch im Januar 1990 wurde ein weiteres Aufklärungssystem im Beisein von Medienvertretern in Ebersbrunn (bei Zwickau) ausgehoben. Es war nahe der Zufahrtsstraße zu einem Objekt der Landstreitkräfte der NVA »stationiert«. In diesem Objekt war die komplette Technik einer Panzerdivision (Reserve) eingelagert, die in einer militärischen Spannungsperiode bzw. im Verteidigungszustand mobil gemacht werden sollte.

Diese hochmodernen Aufklärungssysteme waren für die gegnerischen Dienste von außerordentlicher Bedeutung. Sie registrierten an den Zufahrtstraßen Bewegungen, die von Fahrzeugen aller Arten, einschließlich Datum, Uhrzeit, Anzahl, Tonnage usw., oder größeren Personengruppen hervorgerufen wurden. Diese Informationen wurden vor Ort gespeichert und zu programmierten Zeiten an einen Satelliten gesendet. Bei der Aufdeckung des letztgenannten Spionagesystems betrug der Übertragungsrhythmus 8 Tage. In Spannungssituationen bzw. im Kriegsfall hätten die Spionageinformationen aber auch zu »Echtzeiten«, d. h. unmittelbar nach Feststellung, an den Satelliten gesendet werden können.

Abschließend zu diesem Komplex einige Bemerkungen zur vorbeugenden Verhinderung von Fahnenfluchten.

Fahnenflucht beging ein Militärangehöriger, der »seine Truppe, seine Dienststelle oder einen anderen für ihn bestimmten Aufenthaltsort verläßt oder ihnen fernbleibt, um sich dem Wehrdienst zu entziehen«, hieß es im Strafgesetzbuch der DDR.[11]

Das Spezifische bei Fahnenfluchten unter den Bedingungen der Existenz von zwei deutschen Staaten bestand darin, daß die Fahnenflüchtigen die Tat in der Regel mit dem Ziel begingen, das Staatsgebiet der DDR zu verlassen und in der BRD zu verbleiben.[12] Damit verwirklichten sie den schweren Fall dieses Delikts.

Zusätzlich verwirklichten sie (fast ohne Ausnahme) mit der Preisgabe militärischer Geheimnisse bei den Befragungsstellen in der BRD den Tatbestand der Spionage.

Viele der Fahnenflüchtigen kalkulierten von vornherein ein, bei den in der BRD und Westberlin etablierten Geheimdiensten alle ihnen bekannten militärischen Geheimnisse »oder sonstige Nachrichten, die ... zum Schutze der Deutschen Demokratischen Republik geheimzuhalten sind« (§ 97, 2 des StGB/DDR) zu verraten und sich damit gute Startbedingungen in der BRD zu verschaffen.

Auch diejenigen, die sich eventuell vorgenommen hatten, nichts zu verraten, wurden letztlich bei den Befragungen in den Sichtungsstellen der Geheimdienste zur Preisgabe der ihnen bekannten Geheimnisse veranlaßt oder dazu erpreßt.

Besonders intensiv waren die Befragungen des USA-Geheimdienstes, dessen »Sichtungsstellen« in aller Regel auch als erste aufgesucht werden mußten. Dort interessierte buchstäblich alles.

Wenn die Geheimdienstmitarbeiter Möglichkeiten sahen, neue nachrichtendienstliche Verbindungen zu erschließen, wurden die Fahnenflüchtigen dazu aufgefordert, auf verschiedenen Wegen Kontaktangebote an ihre ehemaligen Kameraden und Freunde zu richten, sie für eine Zusammenarbeit mit dem Geheimdienst zu gewinnen oder zur Fahnenflucht in die BRD zu bewegen und diese zu organisieren. Häufig geschah das auf postalischem Weg. Die Betreffenden informierten jedoch in der Mehrzahl der Fälle ihren Vorgesetzten oder den zuständigen Mitarbeiter der HA I von diesem Sachverhalt.

Bis zur Sicherung der Staatsgrenze 1961 wurden bei bestehenden Voraussetzungen insbesondere nach Westberlin fahnenflüchtig gewordene NVA-Angehörige auch unmittelbar angeworben und zum Zwecke der Spionage wieder in ihre Einheit zurückgeschickt. Das erfolgte besonders dann, wenn der Betreffende während seines Urlaubs nach Westberlin fahnenflüchtig geworden war, sofort durch die Westberliner Polizei oder andere Dienststellen dem Geheimdienst zugeführt werden konnte, und wenn nach der Anwerbung eine pünktliche Rückkehr in seine Dienststelle möglich war.

In den 50er Jahren konnte eine Reihe der auf diese Weise vor allem vom USA-Geheimdienst angeworbenen Agenten entlarvt werden.

Keine Regel ohne Ausnahme: In den Jahren der Existenz der KVP/NVA/GT hat es leider auch fahnenflüchtige Offiziere gegeben. Wenn an ihrem Wissen besonderes nachrichtendienstliches Interesse bestand, nahmen sie der USA-Geheimdienst bzw. der BND unter Umgehung des »Notaufnahmeverfahrens« auch direkt unter ihre »Fittiche«. Sie wurden in Objekten der Geheimdienste untergebracht und dort »individuell behandelt«.

Aus diesen Gründen war für die Mitarbeiter der HA I die vorbeugende Tätigkeit zur Verhinderung von Fahnenfluchten zugleich ein wesentliches Element der Spionageabwehr. Die Motive für Fahnenfluchten waren vielfältig. In den wenigsten Fällen waren sie politischer Natur, auch wenn man das heute glauben machen möchte. Bei den Fahnenflüchtigen handelte es sich fast ausschließlich um Jungerwachsene zwischen 18 und 25 Jahren, die ihren Weg ins Leben noch suchten und die mit ihrer Handlung glaubten, den Widrigkeiten des Alltags und ihren Konflikten auf diese Weise zu entgehen.

Der Anlaß für eine Fahnenflucht war meist im persönlichen, dabei oft auch im familiären Bereich angesiedelt, sie erfolgte oft spontan.

Differenzen und Widersprüche wie »Hänseleien« aus verschiedenen Gründen, Schikanen bei der Pflichtenverteilung und andere Störungen der zwischenmenschlichen Beziehungen, Nichtgewährung von Ausgang bzw. Urlaub, ungerechte oder als ungerecht empfundene Behandlung durch Vorgesetzte, Auseinandersetzungen in der Familie, mit der Verlobten oder Freundin etc. waren häufig Anlaß für den Entschluß, nicht in die Einheit zurückzukehren und sich damit zugleich dem Wehrdienst für immer zu entziehen.

Alle diesbezüglich inoffiziell gewonnenen Informationen und Erkenntnisse werteten die Mitarbeiter der HA mit den Kommandeuren bzw. Politstellvertretern aus, die ihrerseits Maßnahmen zur Beseitigung der als begünstigende Bedingungen für Fahnenfluchten wirkenden Erscheinungen einleiteten und gegebenenfalls die betreffenden Vorgesetzten zur qualifizierten Erfüllung ihrer Dienstpflichten veranlaßten. Wenn IM selbst über die erforderliche Eignung und Voraussetzungen verfügten, erfolgte ihr Einsatz sowohl mit dem personenbezogenen Auftrag, Einzelnen bei der Lösung von Konflikten zu helfen als auch im jeweiligen militärischen Kollektiv aktiv an der Überwindung von Störungen zwischenmenschlicher Beziehungen und anderer negativ wirkenden Erscheinungen mitzuarbeiten.

Besondere Bedeutung hatte das Vertrauensverhältnis zwischen Gleichgestellten und zwischen Vorgesetzten und Unterstellten bei den Grenztruppen, weil jeder Grenzdienst verrichtende Soldat, Unteroffizier oder Offizier mit einem Schritt über die Grenzlinie Fahnenflucht begehen konnte.

Es wurde eine intensive Arbeit geleistet, um ständig ein hohes Niveau des politisch-moralischen Zustandes in den Kompanien und Bataillonen zu gewährleisten. Es war die Aufgabe gestellt, durch individuelle Gespräche Sorgen und Nöte der Unterstellten kennenzulernen und den Unterstellten bei deren Bewältigung zu unterstützen.

Die Mitarbeiter der HA I unterstützten diese schwierige Arbeit mit ihren inoffiziellen Möglichkeiten. Sie hatten insbesondere die Aufgabe, Anhaltspunkte für eine mögliche Fahnenflucht zu erkennen und bei vorliegenden Verdachtsmomenten den zuständigen Kommandeur zu informieren, damit er vorbeugende Maßnahmen einleiten konnte (beispielsweise zu befehlen, daß der Betreffende bis zur Klärung seiner persönlichen Probleme nicht zum Grenzdienst eingesetzt oder in eine rückwärtige Einheit versetzt wurde, die keinen Grenzdienst versah).

Zur Abwehr der Spionagetätigkeit der MVM und MI

Auf der Grundlage des Potsdamer Abkommens wurden in den jeweiligen Besatzungszonen Deutschlands die Militärverbindungsmissionen (MVM) und in Berlin die Militärinspektion (MI) der vier Sieger- und Besatzungsmächte geschaffen, die bei den jeweiligen militärischen Oberkommandos akkreditiert waren und diplomatische Immunität genossen (in der BRD und DDR bis 1990).

Die MVM und MI waren praktisch Bestandteil der Geheimdienste der jeweiligen Besatzungsmächte. Verantwortlich für die Kontrolle der Fahrten der Militärverbindungsmissionen und der Militärinspektionen der drei Westmächte in der DDR war die HA VIII. Spezielle Handlungen der MVM und MI, wie die Kontaktaufnahme zu DDR-Bürgern, bearbeitete die HA II.

Die Leiter der bei der Gruppe der Sowjetischen Streitkräfte in Deutschland (GSSD) akkreditierten MVM der USA, Großbritanniens und Frankreichs erhielten durch den zuständigen Beauftragten der GSSD periodisch die »Karte der Sperrgebiete auf dem Territorium der DDR«. In diese Karte waren alle militärischen Sperrgebiete der GSSD und der NVA eingetragen, deren Befahren und Betreten den Angehörigen der MVM und MI nicht erlaubt war.

Während größerer Truppenübungen und Manöver erfolgte die Einrichtung zeitweiliger Sperrgebiete um die Übungs- und Manöverräume, die rechtzeitig auf dem gleichen Wege bekannt gegeben wurden. Die äußere Begrenzung der militärischen Sperrgebiete war für jedermann deutlich erkennbar dreisprachig (englisch, französisch und russisch) beschildert.

Bei ihren Aufklärungsfahrten auf dem DDR-Territorium drangen die westlichen MVM mit ihren Fahrzeugen regelmäßig vorsätzlich in die für sie verbotenen militärischen Sperrgebiete ein (insbesondere an Flug- und Übungsplätzen). Es gab Fälle, bei denen die MVM-Besatzung in der Nähe von Flugplätzen sogar zeltete und übernachtete.

Während zuweilen tagelanger Beobachtungsfahrten erkundeten sie mit hochmoderner Fototechnik und Elektronik militärische Objekte, fertigten Fotoaufnahmen an und überprüften ihr mitgeführtes Kartenmaterial zur Präzisierung der Zielkoordinaten für Flugzeug- und Raketenangriffe.

Sie beschafften sich so Informationen über Bewaffnung, Ausrüstung und Ausbildungsstand der GSSD und der NVA. Ihr besonderes Interesse galt den Frequenzen der Bodenleitstationen der Boden-Luft-Raketen (Flugzeugabwehr) und von Funkmeßstationen, um sie im Ernstfall bis zur Unwirksamkeit stören zu können. Zu diesem Zweck waren ihre Fahrzeuge mit geeigneten Peilempfängern und Frequenzscannern ausgerüstet.

Aufgrund der bestehenden Abkommen zwischen den Besatzungsmächten und des diplomatischen Status der Angehörigen der MVM durften auch bei eindeutigen Spionagehandlungen der MVM gegen die NVA und GT von Organen der DDR keine Festnahmen erfolgen. Abwehrmaßnahmen beschränkten sich im Prinzip darauf, eine lückenlose Beschilderung der Zufahrtswege zum Sperrgebiet zu sichern, Sichtblenden aufzustellen und andere Tarnmaßnahmen zu organisieren, frequenzabhängige Waffensysteme bei Annäherung der MVM abzuschalten sowie vorbereitet zu sein, beabsichtigtes Eindringen von MVM Fahrzeugen durch NVA-Fahrzeuge zu blockieren, d. h., bei bereits erfolgtem Eindringen die Weiterfahrt dieser Fahrzeuge im Sperrgebiet zu verhindern.

Wenn sich Fahrzeuge der MVM den Sperrgebieten der NVA und der GT näherten, erhielt der für diesen Bereich zuständige Mitarbeiter/Leiter der HA I einen Hinweis von den zur Beobachtung der MVM eingesetzten Kräften der Linie VIII des MfS. Der Mitarbeiter informierte den Kommandeur bzw. Diensthabenden (bei Abwesenheit informierten die Kräfte der Linie VIII den Kommandeur bzw. Diensthabenden Offizier [ODH] direkt), der seinerseits die vorbereiteten Beobachtungs- und Blockierungsmaßnahmen (Einsatz dafür geeigneter Fahrzeuge) in der angekündigten Richtung einleitete.

War wegen versuchten Eindringens in ein Sperrgebiet die Blockierung eines MVM-Fahrzeuges erfolgt, wurde der territorial zuständige Kommandant der GSSD informiert, der dann die Übernahme von Besatzung und Fahrzeug der MVM am Ort der Blockierung und die Zuführung zur Kommandantur der GSSD veranlaßte.

Gegen die Aufklärungshandlungen der MI in Berlin, wo die Stadtkommandantur der NVA und Einheiten der Grenztruppen stationiert waren, gab es über das Aufstellen von Sperrschildern an den Objektgrenzen (d. h. am Außenzaun) hinaus praktisch keine Möglichkeiten. Die Handlungen der MI waren bei ihren regelmäßigen Kontrollfahrten (täglich zwei-, dreimal) auf kurzzeitiges Beobachten und Fotografieren beim langsamen Vorbeifahren an den militärischen Objekten gerichtet.

Auch das Grenzgebiet der DDR zur BRD war auf der »Karte der Sperrgebiete auf dem Territorium der DDR« immer als militärisches Sperrgebiet gekennzeichnet. Die westlichen MVM hielten sich – im Gegensatz zu den häufigen Verletzungen der Sperrgebiete an den Objekten der NVA – strikt an das Verbot, nicht in das Grenzgebiet einzudringen. Das beweist zweifelsfrei, daß die drei westlichen Besatzungsmächte – im Unterschied zur Bundesrepublik – die Grenze der DDR gegenüber der BRD und Westberlin de facto anerkannten.

Der ehemalige Stellvertreter des Ministers für Nationale Verteidigung und Chef des Hauptstabes, Generaloberst a. D. Fritz Streletz, stellte dazu fest: »Durch die Alliierten wurden diese Festlegungen immer streng beachtet, d. h. das Grenzgebiet als militärisches Sperrgebiet durfte durch die westlichen Militärverbindungsmissionen nicht betreten oder befahren, geschweige denn kontrolliert werden. Es gab nach meiner Kenntnis weder durch die Amerikaner noch die Engländer oder Franzosen irgendwelche Verstöße gegen diese Festlegungen.«[13] Wenn auch die Spionageaktivitäten der MVM und der MI nicht unterbunden werden konnten, so war doch deren Erfassung durch die Mitarbeiter der HA I insbesondere für die analytische Auswertung wichtig, weil sich daraus Erkenntnisse für Ziele und Schwerpunkte der Militäraufklärung der NATO-Staaten gewinnen ließen, die wiederum für die Orientierung der Kommandeure der NVA und GT zur Organisierung der Sicherung und Tarnung von Objekten und Technik bedeutsam waren.

Zu den politisch-operativen Aufgaben der HA I beim Zusammenwirken mit den Grenztruppen

Seit Beginn des Kalten Krieges waren die Demarkationslinie der Sowjetischen Besatzungszone zu den Westzonen, die Sektorengrenze in Berlin zu den Sektoren der Westalliierten und nach Gründung der BRD und nachfolgend der DDR die Staatsgrenze zur BRD und Westberlin immer Gebiete von besonderer politischer Brisanz.[14]

Dort war die Linie, die die gegensätzlichen Gesellschaftssysteme Kapitalismus und Sozialismus voneinander abgrenzte, die Trennlinie zwischen den größten militärischen Konzentrationen von West und Ost nach dem Zweiten Weltkrieg. Beide Seiten litten an traumatischen Kriegserlebnissen, die zwanghaft die Verhinderung jeder militärischen Überraschung forderten.

»Die Westgrenze der DDR war nicht nur System-, Block-, Währungs- und Wirtschaftsgrenze der DDR«, erläuterte der letzte SED-Generalsekretär. »Das Territorium der DDR war aufgrund der militärgeographischen Lage das Hauptaufmarschgebiet der Sowjetunion als wichtigster Kraft des Warschauer Vertrages, ebenso wie das Territorium der Bundesrepublik das Hauptaufmarschgebiet der NATO war … Die Staatsgrenze war als vorderste Verteidigungslinie des Warschauer Vertrages ›militärisches Sperrgebiet‹.«[15]

Diese Situation machte die Staatsgrenze der DDR zur BRD und zu Westberlin zur »sensibelsten Grenze der Welt«. Diesem Umstand mußte die Sicherheitspolitik der Warschauer Vertragsstaaten Rechnung tragen.

Das Grenzgebiet war als militärisches Sperrgebiet für jedermann sichtbar gekennzeichnet.

Es bestand aus der durch Warnschilder gekennzeichneten Grenzlinie; einem 10 m breiten gepflügten Kontrollstreifen; einem pioniermäßig ausgebauten 500-m-Schutzstreifen; einer 5 km breiten Sperrzone.

Zu Westberlin hatte das Grenzgebiet eine Tiefe zwischen 13 und 200 Meter.

Eingeordnet in diese historischen Zusammenhänge und Zwänge hatte die HA I im Rahmen ihrer Abwehrarbeit eine Reihe spezifischer Aufgaben im Zusammenwirken mit der Grenzpolizei bzw. den Grenztruppen und der 6. Grenzbrigade Küste zu lösen.

Konkret wurden diese Aufgaben für die HA I am umfassendsten in der Dienstanweisung Nr. 10/81 des Ministers für Staatssicherheit festgelegt, die die politisch-operativen Aufgaben bei der Gewährleistung der territorialen Integrität der DDR sowie der Unverletzlichkeit ihrer Staatsgrenzen zur BRD und zu Westberlin und ihrer Seegrenze für alle Diensteinheiten des MfS detailliert enthielt. (Auch vor 1981 gab es bereits Befehle und Anweisungen, die diese Aufgaben regelten. Faktisch ist die DA Nr. 10/81 im Ergebnis der Entwicklung die zuletzt gültige Fassung.)

Entsprechend dieser DA war die HA I in enger, sachbezogener Zusammenarbeit mit anderen Diensteinheiten des MfS verantwortlich für die Gewährleistung der staatlichen Sicherheit im Handlungsraum der Grenztruppen, in den Territorialgewässern und den inneren Seegewässern; die

Aufklärung und operative Kontrolle der zur Grenzüberwachung eingesetzten Kräfte der BRD, anderer NATO-Staaten bzw. Westberlins; die Vorbeugung, Verhinderung, Aufklärung und Bekämpfung subversiver Angriffe aus dem Grenzvorfeld der BRD bzw. aus Westberlin gegen die Staatsgrenze und die Grenztruppen der DDR; die politisch-operative Sicherung des Zusammenwirkens der operativen Diensteinheiten der HA VI, HA VII, ZKG, HA XXII und HVA mit den Grenztruppen sowie für die Wahrnehmung der politisch-operativen Gesamtinteressen des MfS gegenüber den Grenztruppen der DDR.

Die Zielstellung, Vorkommnisse und militärische Überraschungen im Bereich der Grenztruppen zu verhindern, wurde auch in der Aufgabenstellung der DA Nr. 10/81 für die Aufklärungsdiensteinheiten der HA I deutlich. Sie verlangte eine konsequente Realisierung der politisch-operativen Aufgaben zur Aufklärung der militärisch-operativen Vorbereitung des Territoriums im Grenzvorfeld der BRD, zur Aufklärung und Kontrolle der Grenzüberwachungsorgane der BRD bzw. Westberlins sowie von Einheiten der Bundeswehr und anderer NATO-Streitkräfte, die Aktivitäten an der Staatsgrenze durchführen bzw. Aufgaben im System der gegnerischen Grenzüberwachung erfüllten, zur Aufklärung und Bearbeitung von feindlichen Organisationen, Einrichtungen, Personengruppen und Personen aus dem Grenzvorfeld der BRD bzw. aus Westberlin und zur Vorbeugung, Verhinderung und Bekämpfung der von ihnen ausgehenden subversiven Angriffe gegen die Staatsgrenze der DDR zur BRD bzw. zu Westberlin und die Grenztruppen der DDR.

Seit dem Bestehen der Staatsgrenze zwischen der DDR und der BRD sowie der DDR und Westberlin wurden, eingeordnet in das politische Gesamtkonzept der Hallsteindoktrin und der Beseitigung der DDR, von den Territorien der BRD und Westberlins aus unterschiedliche provokatorische und terroristische Handlungen gegen Angehörige der Grenztruppen, gegen die Grenzsicherungsanlagen, gegen sich im Grenzgebiet befindliche Objekte, Einrichtungen und Betriebe sowie sich in diesem Gebiet bewegende Personen durchgeführt.

Menschenhändlerbanden, Schleuserbanden, Tunnelbauer, Grenzprovokateure und andere Gruppen, die noch heute als Helden der westlichen Welt bejubelt werden, trugen wesentlich dazu bei, an der Staatsgrenze eine Atmosphäre des Kalten Krieges zu schüren, immer wieder Unruhe zu stiften, außerordentlich gefahrvolle Situationen für die Aufrechterhaltung von Sicherheit und Ordnung in diesem sensiblen Bereich zu schaffen, und das oft mit Wissen, Duldung bis hin zur Unterstützung durch Geheimdienste und staatliche Stellen in der BRD und Westberlin.

Nach dem 13. August 1961 verstärkten sich diese Aktivitäten. Organisationen wie das »Studio am Stacheldraht« und die »Arbeitsgemeinschaft 13. August« waren aktiv beteiligt. Es gab kaum einen Tag, an dem nicht provokatorische Handlungen von westlichem Territorium aus gegen das Territorium der DDR, gegen die Grenztruppen und Grenzsicherungsanlagen und nicht selten auch gegen Betriebe und andere Einrichtungen im Grenzgebiet sowie dort Beschäftigte und Wohnhafte begangen wurden.

Regelmäßig fanden Übungen militärischer Einheiten der Bundeswehr und anderer NATO-Streitkräfte statt, die sich in grenznahen Räumen bewegten.

»Man brauchte damals in Bonn und in Westberlin Grenzzwischenfälle, um der DDR immer wieder die Schuld zuweisen zu können«, meinte Egon Krenz.[16] Beispielsweise wurden vom Territorium der BRD und Westberlins aus gegen die Staatsgrenze der DDR von 1980 bis 1988 schwerwiegende Gewaltakte und andere Übergriffe verübt:

- 852 Grenzzeichen wurden zerstört;
- in 329 Fällen wurden Grenzsicherungsanlagen auf dem Territorium der DDR zerstört, auch durch Sprengung
- in 209 Fällen wurden Grenzposten mit der Schußwaffe bedroht oder auch beschossen;
- es gab 98 Luftraumverletzungen trotz einer überwachten 30 km tiefen Luftsperrzone auf westlicher Seite.[17]

Nicht wenige dieser Angriffe erfolgten unter Duldung oder mit Unterstützung der Grenzsicherungsorgane der BRD und Westberlins. Das alles geschah im Kontext mit der Weigerung der Regierung der BRD, die in Europa im Ergebnis des Zweiten Weltkrieges entstandenen Grenzen anzuerkennen.

Michael G., in der DDR wegen Staatsgefährdender Hetze und Diversion (Brandstiftung in einer LPG) zu lebenslanger Haft verurteilt und nach Verbüßung von 9 Jahren und 10 Monaten am 5. Juni 1971 in die BRD entlassen, betätigte sich in der BRD 1973/74 gemeinsam mit ebenfalls aus der Strafhaft der DDR entlassenen Personen als »Fluchthelfer«. 1973 und 1975 liefen gegen ihn mehrere Ermittlungsverfahren in der BRD, darunter wegen Verstoßes gegen das Waffengesetz. Anfang 1976 bot er der Illustrierten »Quick«, dem Landesamt für Verfassungsschutz in Hamburg sowie dem Bundesnachrichtendienst an, eine an den Grenzsicherungsanlagen der DDR befestigte Splittermine vom Typ SM-70 zu beschaffen.

Das Angebot des BND, 2.500 DM dafür zu zahlen, lehnte er als unzureichend ab. Schließlich schloß er einen Vertrag mit dem Magazin »Der Spiegel«.

In der Nacht zum 1. April 1976 drang G. am »Großen Grenzknick« im Sicherungsabschnitt 12 des III. Grenzbataillons, Grenzregiment 6, Schönberg, ca. 30 bis 40 Meter in das den Sicherungsanlagen vorgelagerte Gebiet der DDR ein. Der ebenfalls aus der DDR-Haft in die BRD entlassene Lothar L. sicherte ihn vom BRD-Territorium aus mit einer Signalleine.

G. schlich sich mit entsprechendem Werkzeug und einer zusammensteckbaren Leiter bis zum Grenzsicherungszaun ca. 50 Meter südlich der Grenzsäule 231 und baute unter Nutzung der Leiter eine Splittermine vom Typ SM-70 vom Zaun ab.

Vom »Spiegel« erhielt er einschließlich seiner Lebensgeschichte dafür ein Honorar von 12.000 DM. Die Veröffentlichung erfolgte in »Der Spiegel« Nr. 16 vom 12. April 1976.

Am 22. April 1976 traf bei G. ein Schreiben der »Arbeitsgemeinschaft 13. August e. V.« – Vorsitzender Dr. Rainer Hildebrandt – ein, in dem der Vorsitzende des Vereins sein Interesse bekundete, in den Besitz einer SM-70 zu gelangen. Er würde dafür eine größere Geldsumme in Aussicht stellen.

Schon in der nächsten Nacht begab sich G., mit einer Pistole bewaffnet, zusammen mit seinem Helfer Lothar L., erneut zu dem ihm bekannten vorgelagerten Gebiet der DDR. Dort demontierte er ca. 150 Meter östlich der Grenzsäule 231 zwischen 22 und 24 Uhr eine Splittermine SM-70.

Auf dem Rückweg tauchte plötzlich ein Streifenfahrzeug der Grenztruppen der DDR auf. G. ließ alles fallen und flüchtete. Später kehrte er zurück und holte die SM-70, die er nach Hamburg auf sein Grundstück brachte.

Am 26. April flog G. nach Berlin zur »Arbeitsgemeinschaft 13. August e. V.« und schloß dort mit Dr. Rainer Hildebrandt einen Vertrag über den Verkauf der SM-70, in dem es heißt: »Die ›AG 13. Aug. e. V.‹ erwirbt am heutigen Tage von Herrn Michael G. ein zweites demontiertes SM-70-Aggregat und erstattet ihm dafür 3.000,- DM (dreitausend), ferner die bevorstehenden Transport- und Reisekosten.« Weiter hieß es dort: »Die AG verpflichtet sich, eine öffentliche Sammlung für das SM-70-Gerät zugunsten des Herrn G. durchzuführen. Sofern dabei Beiträge eingehen, die insgesamt 3.000.- DM übersteigen, stehen diese Herrn G. zu.«

G. hatte die Absicht, in der Nacht zum 1. Mai 1976 eine dritte SM-70 abzubauen, um sie vor der Ständigen Vertretung der DDR in Bonn aufzustellen. Mit dieser Aktion wollte er Druck auf die DDR ausüben, um die Freilassung des Bruders seiner Freundin Birgit M. und des Fluchthelfers Helmut D. aus der Strafhaft der DDR zu erzwingen.

Er hatte bereits wegen dieser Forderung bei der Ständigen Vertretung in Bonn angerufen und außerdem die Zahlung eines Geldbetrages von 15.000

DM verlangt. Nach Bekundungen von Rainer Hildebrandt hatte G. überdies »von einer anderen Stelle« ein Angebot in fünfstelliger Höhe für eine SM-70 der Grenzsicherungsanlagen der DDR.

Am 30. April fuhr G. in Begleitung zweier Helfer (Lothar L. und Wolf-Dieter U.) mit dem BMW seiner Freundin (BMW OD-DP 21) nach Bröthen bei Lauenburg/Elbe und stellte das Fahrzeug in einer Waldschneise in der Nähe des »Großen Grenzknicks« ab.

G. war mit einer Pistole »Espana Star«, Kal. 7,65 mm (Nr. 1094483), L. mit einer Pistole »Bernadelli« Kal. 7,65 mm und U. mit einer abgesägten Schrotflinte »Savage« bewaffnet. Als Werkzeug hatte G. einen Seitenschneider, einen Ringschlüssel, einen Drahthaken und Angelschnur bei sich.

Nachdem sich alle drei Gesicht und Hände geschwärzt hatten und G. eine in der Nähe versteckte Leiter geholt hatte, begaben sie sich in Richtung Grenzsäule 231, d. h. zu jener Stelle, in deren Nähe G. bereits die zwei verkauften SM-70 abgebaut hatte. L. und U. bezogen zur Sicherung unmittelbar an der Staatsgrenze getrennt Stellung.

In Kenntnis des Vorhabens, ohne jedoch Ort und Zeit zu wissen, waren auf DDR-Seite weiträumige Sicherungsmaßnahmen durch Kräfte der Einsatzkompanie der HA I/Äußere Abwehr im Bereich des »Großen Grenzknick« angelaufen. Das Ziel der Maßnahmen bestand darin, G. und beteiligte Helfer nach dem Betreten des DDR-Territoriums festzunehmen. Die Ereignisse verliefen bedauerlicherweise anders. Als G. an einer SM 70 hantierte, hörte er ein Geräusch. Er schoß sofort mit seiner Pistole. Dadurch kam es zu einem Feuerwechsel, bei dem G. tödlich getroffen wurde.

Die 3. Große Strafkammer des Landgerichts Schwerin kam nach fast fünfmonatigem Prozeß 2000 zu der Auffassung, daß die drei angeklagten ehemaligen Angehörigen der Sicherungskompanie der HA I freizusprechen waren. Der Staatsanwalt zog später seine Revision zurück.

Auch heute noch werden von der BRD-Justiz aus politischen Gründen Tote an der Grenze juristisch in verschiedene Kategorien eingeteilt. Bei den 25 in Ausübung ihres Dienstes erschossenen Grenzsoldaten der DDR sieht die Justiz – bis auf den Mord an Reinhold Huhn – keinen Grund, gegen die Mörder zu ermitteln.

Der spätere Astronaut Furrer, der 1995 bei einer Flugzeugkatastrophe ums Leben kam, war in den 60er Jahren ein aktiver Tunnelschleuser. Am 5. Oktober 1964 war er dabei, als einer der Schleuser mit einer Pistole den Unteroffizier Egon Schultz erschoß. Furrer brüstete sich anschließend in den Medien mit seiner Beteiligung.

Die Mutter des Ermordeten stellte am 15. Februar 1995 Strafanzeige. Am 15. Juni 1999 teilte die Staatsanwaltschaft I dem die Strafanzeige beim Landgericht Berlin vertretenden Rechtsanwalt mit, »daß das Verfahren, soweit es nicht durch den Tod der Beschuldigten Dr. Furrer und Dr. Zobel seine Erledigung gefunden hat, gegen die übrigen Beschuldigten nach § 170 Abs. 2 (StPO/BRD; die Verf.) eingestellt wurde. Den Beschuldigten … konnte ein gemeinschaftlicher Tatplan, der den Schußwaffengebrauch zum Nachteil von DDR-Grenzorganen eingeschlossen hätte, nicht nachgewiesen werden.«[18]

Eine eigenartige Rechtsauffassung.

Peter Göring, Jahrgang 1940, versah am 23. Mai 1962 mit dem Postenführer Oberfeldwebel G. Dienst im Grenzabschnitt »Spandauer Schifffahrtskanal« (Nähe der Sandkrugbrücke) in Berlin. Gegen 17.30 Uhr bemerkten sie eine unbekannte männliche Person. Göring versuchte befehlsgemäß den Grenzverletzer ohne Anwendung der Schußwaffe festzunehmen. Als er am Kanalufer ankam, stürzten 10 bis 12 Polizisten auf Westberliner Gebiet hinter einem Lagerhaus hervor und eröffneten auf ihn gezieltes Feuer. Unteroffizier Göring wurde aus etwa 40 Meter Entfernung erschossen.

Unteroffizier L., der Göring aus dem Nachbarabschnitt zu Hilfe eilte, wurde durch die selben Täter ebenfalls beschossen und schwer verletzt.

Durch die Westberliner Polizisten wurde auch noch ein Feuerstoß in Richtung des Postenturmes abgegeben. Bei der Untersuchung wurden am Turm acht Einschüsse festgestellt.

Am 14. August 1962 wurde der Kompaniechef Hauptmann Rudi Arnstadt, Jahrgang 1927, durch Angehörige des Bundesgrenzschutzes der BRD während seines Dienstes im Abschnitt Wiesenfeld/Rhön an der Staatsgrenze zur BRD ermordet.

In den Morgenstunden des 14. August 1962 hatten Grenzposten im genannten Abschnitt eine verstärkte Tätigkeit von BGS-Angehörigen und Zivilpersonen festgestellt und gemeldet. Der Kompaniechef begab sich mit einem Begleitposten zur Staatsgrenze. Dort angekommen, beobachtete er, daß zwei Angehörige des BGS die Staatsgrenze überschritten hatten und sich auf DDR-Territorium aufhielten. Sie kamen der Aufforderung, das Territorium der DDR zu verlassen, nach. Kurz darauf drangen ein Hauptmann des BGS mit zwei weiteren BGS-Angehörigen erneut auf DDR-Territorium vor. Die Aufforderung zurückzugehen, wurde mißachtet. Den daraufhin zu Recht von Arnstadt abgegebenen Warnschuß in die Luft beantworteten sie sofort mit gezieltem Feuer und töteten den DDR-Offizier mit Kopfschuß.

Am 18. Juni 1962 wurde der Gefreite Reinhold Huhn an der Staatsgrenze zu Westberlin im Abschnitt Jerusalemer-/Zimmerstraße nahe dem Gelände des Springerkonzerns bei der Ausübung des Dienstes von Rudolf M. kaltblütig erschossen, als diesen die Grenzstreife bei der Schleusung seiner Frau, seiner zwei Kinder und seiner Schwägerin durch einen von Westberlin aus gegrabenen Tunnel überraschte.

Von DDR-Seite wurde stets alles getan, Ruhe, Sicherheit und Ordnung an der Staatsgrenze zu gewährleisten. Der Stellvertreter des Ministers für Nationale Verteidigung und Chef der Grenztruppen, Generaloberst a. D. Klaus-Dieter Baumgarten erklärte am 5. August 1993 als Zeuge vor dem Landgericht Berlin, daß es im Gegensatz zu den schwerwiegenden Gewaltakten und anderen Übergriffen gegen die Staatsgrenze der DDR von der Westseite »keinerlei vorsätzliche provokatorische Verletzungen des Territoriums der BRD, keine Anschläge auf Angehörige ihrer Grenzschutzorgane, keine Zerstörungen von Einrichtungen an der Staatsgrenze und auch keine Duldung solcher Anschläge von Bürgern der DDR« gegeben habe.[19]

Daß bei gutem Willen der BRD-Seite eine störungsfreie Zusammenarbeit auch in Grenzfragen möglich war, zeigte die Tätigkeit der auf der Grundlage des Zusatzprotokolls zum »Vertrag über die Grundlagen der Beziehungen zwischen der Bundesrepublik Deutschland und der Deutschen Demokratischen Republik« vom 21. Dezember 1972 gebildete Grenzkommission der Regierung beider Staaten. Sie hatte die Aufgabe, den Verlauf der bestehenden Grenze zwischen der DDR und der BRD, von der Ostsee bis nach Thüringen, zu dokumentieren; die Grenzmarkierung zu überprüfen und soweit erforderlich zu erneuern und zu ergänzen und zur Regelung sonstiger mit dem Grenzverlauf in Zusammenhang stehender Probleme beizutragen.

Die Arbeiten dieser Kommission vollzogen sich unmittelbar an der Staatsgrenze. Die Grenze wurde teilweise neu vermessen und markiert. Es gab bis auf wenige Ausnahmen stets Übereinstimmung. Ihre Tätigkeit verlief während der gesamten Arbeitsperiode sachlich und ohne jegliche Vorkommnisse.

Die Leiter und Mitarbeiter der HA I in den Grenzkommandos Nord und Süd haben in Zusammenwirken mit den GT alles getan, damit die Arbeit der Kommission störungsfrei realisiert werden konnte, beispielsweise Sicherheitsüberprüfungen der eingesetzten Hilfskräfte, die Sicherung der Grenzabschnitte, in denen die Kommission tätig war, sowie die Organisierung der Abstimmung mit den BRD-Grenzsicherungsorganen.

Nach sechsjähriger Tätigkeit wurde das Ergebnis der Arbeit der Kommission in einem Protokoll zwischen den Regierungen der BRD und der DDR über den Grenzverlauf vom 29. November 1978 bestätigt. Danach arbeitete die Grenzkommission bis 1989 weiter an Grundsätzen der Schadensbekämpfung bei Hochwasser, Sturmschäden, Bränden, Tierseuchen, beim

Abbau der Minenfelder und bei der flächendeckenden Beräumung der Fundmunition aus dem Zweiten Weltkrieg.

Um einen kontinuierlichen beiderseitigen Informationsfluß zu sichern, waren an den Grenzübergangsstellen (GÜST) Informationspunkte eingerichtet worden.

Aufgabe der Leiter und Mitarbeiter der HA I in den GT war es, dazu beizutragen, daß Verletzungen der Staatsgrenze der DDR vom Territorium der BRD bzw. Westberlin, aber auch vom DDR-Territorium aus, nicht zugelassen wurden. Sie haben immer mit allen ihnen zur Verfügung stehenden inoffiziellen und auch offiziellen Möglichkeiten die Kommandeure der GT in ihrer Aufgabenerfüllung unterstützt und Einfluß darauf genommen, daß Grenzzwischenfälle verhindert und Ruhe und Ordnung an der Staatsgrenze der DDR zur BRD bzw. zu Westberlin gewährleistet wurden.

Durch die BStU-Behörde, durch Staatsanwälte und Gerichte und durch angeblich der Wahrheit verpflichtete Politiker und Historiker werden diese Seiten der Tätigkeit der HA I ausgespart, obwohl aus den vorliegenden Akten ersichtlich.

Alle Angriffe auf die Staatsgrenze wurden unter Beteiligung der zuständigen Mitarbeiter der HA I im Zusammenwirken mit den Grenztruppen und den Militärstaatsanwälten, bei schweren Vorkommnissen mit den zuständigen Spezialkommissionen der HA IX/Abt. IX des MfS gründlich untersucht und ausgewertet.

Die Mitarbeiter HA I hatten dabei besonders die Aufgabe, mit ihren inoffiziellen Möglichkeiten den Ereignisablauf zu rekonstruieren, Mängel und begünstigende Bedingungen herauszuarbeiten, die zu dem Vorkommnis führen konnten sowie an der Herausarbeitung von Schlussfolgerungen mitzuwirken, die in der Folge Vorkommnisse ausschließen sollten.

Die Untersuchungsergebnisse der Militärstaatsanwälte und Spezialkommissionen wurden oftmals den staatlichen Stellen der BRD und in Westberlin zur Einleitung weiterer Maßnahmen übergeben. Deren weitere Bearbeitung in der BRD verlief jedoch, soweit festgestellt werden konnte, in der Regel ergebnislos. Meist gab es von westlicher Seite keinerlei Reaktion.

Dafür stehen als Beispiel auch die Ereignisse in der Ortschaft Wahlhausen/Thüringen, direkt an der Werra gelegen. Im Jahr 1987 wurde vom Territorium der BRD aus ein Einfamilienhaus der Ortschaft Wahlhausen vom Westufer der Werra mehrere Tage zu unterschiedlichen Zeiten mit einer kleinkalibrigen Waffe beschossen. Die Hauswand wies über hundert Einschläge auf. Mehrere Projektile schlugen bei geöffnetem Fenster im Wohnzimmer ein und gefährdeten die darin wohnende Familie mit Kind.

Eine gründliche Untersuchung dieser Provokation seitens der BRD erfolgte nicht.

Es gab aber auch schwere Angriffe auf die Staatsgrenze, die ihren Ausgangspunkt in der DDR hatten.

Am 15. Dezember 1975 wurde der Soldat Werner Weinhold des NVA-Panzerregiments 14 – Spremberg – während des Wachdienstes unter Mitnahme seiner MPi mit 60 Schuß Munition fahnenflüchtig. Zusätzlich führte er 300 Schuß MPi-Munition mit, die er gestohlen hatte. Nachdem er sich aus dem militärischen Objekt entfernt hatte, stahl er nacheinander drei PKW und fuhr damit bis in die Nähe der Staatsgrenze im Raum Hildburghausen. Am 19. Dezember 1975 drang er in das Grenzgebiet ein und erschoß vor dem Überschreiten der Staatsgrenze hinterrücks die diensttuenden Grenzposten Peter S. und Jürgen L.

S. war von acht und L. von 14 Schüssen im Rücken tödlich getroffen worden. Aus den Waffen der beiden Angehörigen der Grenztruppen war nicht geschossen worden. Die MPi des Gefreiten S. war nicht einmal geladen.

Das vom Generalstaatsanwalt der DDR gestellte Auslieferungsersuchen an die Oberstaatsanwaltschaft Essen wurde abgelehnt. Die übergebenen Untersuchungsergebnisse vom Tatort und zum Tathergang, Expertisen und Gutachten wurden nicht akzeptiert.

Die Ablehnung der Auslieferung erfolgte, obwohl kurze Zeit vorher die Regierung der DDR einem Auslieferungsersuchen der BRD stattgegeben hatte, demzufolge ein in die DDR desertierter Feldwebel der Bundeswehr ein schweres Verbrechen in der BRD begangen hatte.

Das Landgericht Essen funktionierte den Doppelmord zu Notwehr um und sprach Weinhold am 2. Dezember 1976 frei.

Egon Krenz wertete am 19. Februar 1996 dieses Urteil in seiner Erklärung vor der 27. Großen Strafkammer des Landgerichtes Berlin als » Signal eines bundesdeutschen Gerichtes in Richtung DDR: Die Grenze der DDR braucht nicht respektiert werden. Der Mord an DDR-Grenzsoldaten ist straffrei. Ein solches Urteil provozierte geradezu neue Grenzverletzungen und damit neue Opfer.«[20]

Erst nach einer Botschaft Erich Honeckers an Bundeskanzler Helmut Schmidt wurde »durch politischen Entscheid in Bonn«, so Krenz, »das Verfahren an einem anderen Gericht neu aufgenommen«.

Am 9. September 1977 fand ein Revisionsverfahren vor dem Bundesgerichtshof in Karlsruhe statt. Der 4. Senat des BGH verwies den Fall zur Neuverhandlung an das Landgericht Hagen, das vom 23. Oktober bis zum 1. Dezember 1978 dazu verhandelte. Das LG Hagen verurteilte W. schließlich zu einer Freiheitsstrafe von 5 Jahren und 7 Monaten, von der er vom Oktober 1979 bis Juli 1982 die Hälfte verbüßte.

In der Nacht vom 4. zum 5. Mai 1979 brachte der damalige Obermaat Strelow ein Küstenschutzschiff der DDR-Volksmarine, dessen Maschinist er war, in seine Gewalt, in dem er mit schußbereiter Maschinenpistole die Wache des in Seegewässern der DDR vor Anker liegenden Schiffes überwältigte, die gesamte Besatzung einsperrte und das Schiff in Richtung eines BRD-Hafens in Fahrt setzte, ohne die Schiffsführung zu beherrschen. Als der Kommandant Maßnahmen zur Befreiung der Besatzung einleitete – er sprengte mit einer Handgranate einen Lukendeckel – gab Strelow auf ihn mehrere Feuerstöße ab. Strelow ergab sich erst, nachdem er bei dem folgenden Feuergefecht verletzt wurde. Während dieser Zeit lief das Schiff ohne Führung und mit abgeschalteten Positionslichtern im internationalen Fahrwasser.

Strelow wurde von einem DDR-Gericht wegen Mordversuch und Terrorismus verurteilt.

Nach der »Wende« wurde Strelow von der BRD-Justiz rehabilitiert. Dafür wurde aber gegen den Kommandanten und gegen den Leitenden Ingenieur Ermittlungen wegen versuchten Totschlags eingeleitet. Aufschlußreich war der Kommentar vom später suspendierten »Landesbeauftragten für die Unterlagen des Staatssicherheitsdienstes der ehemaligen DDR« im Freistaat Sachsen. Unter Bezugnahme auf die Verurteilung Strelows durch ein DDR-Gericht und den nachfolgenden Strafvollzug sagte Siegmar Faust in einem ND-Gespräch: »Das wäre in allen Ländern der Welt verurteilt worden.« Für diese korrekte Sicht zog er sich scharfe Kritik zu.[21]

Realisierung der KSZE-Beschlüsse

Am 19. September 1986 unterzeichneten die »KSZE-Staaten« in Stockholm ein Abkommen über »Vertrauens- und Sicherheitsbildende Maßnahmen und Abrüstung in Europa« (VSBM). Dieses Abkommen stellte militärische Aktivitäten (Manöver) der NATO-Staaten in Europa und der Warschauer Vertragsstaaten unter die Kontrolle von Manöverbeobachtern der Unterzeichnerstaaten. Das schloß auch Inspektionen von Inspektoren der Unterzeichnerstaaten auf dem Territorium der DDR ein. Gleichermaßen nahmen Inspektoren der DDR an Inspektionen auf dem Territorium der anderen Unterzeichnerstaaten teil.

Beim Stellvertreter des Chefs des Hauptstabes für operative Fragen des Ministeriums für Nationale Verteidigung erfolgte die Bildung eines Stellvertreterbereiches für Internationale Arbeit (IA) zur Realisierung aller mit der Erfüllung des Abkommens verbundenen Aufgaben. Auch mit diesem Bereich gab es seitens der eingesetzten Mitarbeiter der HA I ein enges Zusammenwirken.

Neben den notwendigen Sicherheitsüberprüfungen zu den DDR-Manöverbeobachtern hatte die HA I die Aufgabe, zu ermitteln und zu erkennen, welche Militärs unter den Beobachtern und Inspekteuren der NATO-Staaten Mitarbeiter eines Geheimdienstes waren. Handlungen der als Militärs getarnten Geheimdienstmitarbeiter wurden während der Manöverbeobachtungen und Inspektionen konspitativ überwacht, um Spionageaktivitäten rechtzeitig zu erkennen und nach Möglichkeit zu unterbinden.

Zur Zusammenarbeit mit den befreundeten Militärabwehrorganen der Warschauer Vertragsstaaten und der Republik Kuba

Gegenstand der Zusammenarbeit der befreundeten Militärabwehrorgane waren die gemeinsame Erarbeitung von konkreten Maßnahmeplänen, die Festlegung der Verantwortlichkeiten zu den Sicherungs- und Abwehrmaßnahmen sowie ihre abgestimmte Durchführung während gemeinsamer Manöver der Armeen der Warschauer Vertragsstaaten und anderer Ausbildungsmaßnahmen (z. B. Übungsschießen von Einheiten der NVA mit Raketen auf dem Territorium der UdSSR).

Die HA I unterhielt aktive Verbindungen zu den Militärabwehrorganen der UdSSR, der VR Polen und der CSSR.

Bei gemeinsamen Manövern der Warschauer Vertragsstaaten gab es außerdem auch Kontakte zu den Militärabwehrorganen der VR Ungarn, Bulgarien und Rumänien. Ende der 70er Jahre brachen die Verbindungen zur Militärabwehr in Rumänien ab, da sie nicht mehr an den Manövern des Warschauer Vertrages teilnahmen.

Freundschaftliche Verbindungen bestanden zum Militärabwehrorgan der Republik Kuba.

Obwohl die Unterstellungsverhältnisse der Militärabwehr in den einzelnen Warschauer Vertragsstaaten und Kuba unterschiedlich waren (in der VR Polen und in Kuba gehörten die Militärabwehrorgane zum Verteidigungsministerium), verliefen die Arbeitsbeziehungen sachbezogen und konstruktiv.

Besonders eng war die Zusammenarbeit und gegenseitige Unterstützung zwischen den Militärabwehrorganen im Komitee für Staatssicherheit (KfS) der UdSSR. Partner des Leiters der HA I waren in der UdSSR der Leiter der III. Hauptverwaltung (Militärabwehr) des KfS; und auf dem Territorium der DDR der Leiter der zuständigen Verwaltung der III. Hauptverwaltung des KfS, die für die Abwehrarbeit in den auf dem Territorium der DDR stationierten Einheiten der Sowjetarmee verantwortlich war, in Potsdam.

Zwischen den Leitern fand ein periodischer Informations- und Erfahrungsaustausch statt, insbesondere zu Erkenntnissen über Ziele, Mittel und Methoden der Geheimdienste der NATO-Staaten hinsichtlich ihrer Angriffe auf die Verteidigungsfähigkeit und den militärischen Schutz der befreundeten sozialistischen Staaten.

Im Mittelpunkt standen daraus abgeleitet die Erfordernisse zur Sicherung des Personalbestandes, der militärischen Objekte und Anlagen, der Militärtechnik, insbesondere der modernen Waffen- und Ausrüstungssysteme, sowie des Schutzes der als militärische Geheimnisse eingestuften Sachverhalte, Dokumente und Gegenstände.

Die enge vertrauensvolle Zusammenarbeit der Militärabwehrorgane der DDR und der UdSSR verlief auf allen Ebenen, zwischen den Leitern bis zu den Mitarbeitern in den Verbänden, in einer sachlichen und freundschaftlichen Atmosphäre und währte bis zum Dezember 1989.

Resümee

Die Tätigkeit der Mitarbeiter der HA I zur Sicherung der Nationalen Volksarmee und der Grenztruppen der DDR basierte stets auf den verfassungsmäßigen und anderen Rechtsgrundlagen der DDR. Getreu dem Fahneneid und der Verpflichtung richteten sie ihre Anstrengungen auf die Aufklärung und Verhinderung der Spionage- und der anderen subversiven Angriffe. Einen besonders hohen Stellenwert nahm dabei die vorbeugende, schadensverhütende Arbeit ein.

Darauf war auch die Zusammenarbeit mit den Inoffiziellen Mitarbeitern der Militärabwehr ausgerichtet.

Durch das enge Zusammenwirken mit den Kommandeuren und Politorganen, vor allem durch die Übergabe von Informationen über bestehende Mängel und Mißstände und die Unterstützung bei deren Überwindung, durch die gesamte politisch-operative Arbeit leisteten die Mitarbeiter der HA I ihren Beitrag zur Sicherung und Erhöhung der Kampfkraft und Gefechtsbereitschaft der NVA und der GT der DDR war. Sie haben ihrem Staat, der DDR ehrlich und treu gedient und gemeinsam mit den Angehörigen der Nationalen Volksarmee und der Grenztruppen in den 40 Jahren der Existenz der DDR zur Erhaltung des Friedens in Europa beigetragen.

Fußnoten

1 Ausführlich behandelt von Wolfgang Wünsche: Sowjetische Militärdoktrin - DDR-Militärdoktrin - Landesverteidigung der DDR. In: Rührt Euch! Zur Geschichte der NVA - Beiträge über die Nationale Volksarmee der DDR, S. 100-129. edition ost, Berlin 1998.

2 Klaus Schirmer: Der Auftrag der Nationalen Volksarmee - Kontinuität und Wandel, S. 5/6. Information Nr. 2 der Arbeitsgruppe Geschichte der NVA beim Landesverband Ost des DBwV. Selbstverlag, Berlin 1997.

3 Joachim Schunke: Die Weichenstellungen für zwei deutsche Armeen im Kalten Krieg. In: Rührt Euch! Zur Geschichte der NVA, edition ost, Berlin 1998, S. 17/18.

4 Ebenda, S. 18/19.

5 GBl. I/DDR, 1956, S. 81.

6 Daniel Niemetz: Besiegt, gebraucht, gelobt, gemieden. In: Deutschland Archiv, 3/98, S. 384 u. 390.

7 Werner Patzer: Die personelle Auffüllung der NVA. In: Rührt Euch! Zur Geschichte der NVA, a.a.O., S. 363f.

8 GBl./DDR I 1962, S. 2.

9 Joachim Schunke: Von der HVA über die KVP zur NVA. In: Rührt Euch! Zur Geschichte der NVA, a.a.O. S. 47.

10 Siehe auch Schmidt-Eenboom: Der Schattenkrieger - Klaus Kinkel und der BND., ECON-Verlag, Düsseldorf 1995, S. 179-210; Helmut Wagner: Schöne Grüße aus Pullach., edition ost, Berlin 2000, S. 116-122.

11 § 254 (1) des StGB/DDR.

12 § 254 (2), 1 des StGB/DDR.

13 Fritz Streletz: Das Grenzgebiet als militärisches Sperrgebiet. In: Heft 5 des Brandenburger Vereins für politische Bildung »Rosa Luxemburg« e. V. (Vom Mauerbau zum Mauerfall - Rechtliche Aspekte des DDR-Grenzregimes), S.11, o. J.

14 Egon Krenz: Persönliche Erklärung vor der 27. Großen Strafkammer des Landgerichts Berlin vom 19. Februar 1996, veröffentlicht in: Dokumentation des Solidaritätskomitees für die Opfer der politischen Verfolgung in Deutschland, Berlin, Februar 1996, S. 17-32.

15 Ebenda, S. 29.

16 Ebenda, S. 26.

17 Aus der Erklärung des ehemaligen Chefs der Grenztruppen der DDR, Klaus-Dieter Baumgarten, vor dem Berliner Landgericht am 5. August 1993. Veröffentlicht in: Kalter Krieg auf deutschem Boden, a.a.O., S. 50.

18 Aus der Mitteilung der Staatsanwaltschaft I beim Landgericht Berlin vom 15. Juni 1999.

19 Aus der Erklärung des ehemaligen Chefs der Grenztruppen der DDR, Klaus-Dieter Baumgarten, vor dem Berliner Landgericht, a.a.O., S. 50.

20 Egon Krenz: Persönliche Erklärung vor der 27. Großen Strafkammer des Landgerichts Berlin, a.a.O., S. 17-32.

21 Siehe dazu: Neues Deutschland, 20. Januar 1999, 2. Februar 1999 und 1. April 1999.

MfS und Verteidigungszustand

Von Wolfgang Schwanitz

Kaum ein Thema wurde so zur Verleumdung des MfS instrumentalisiert wie seine Vorbereitungsmaßnahmen auf militärische Spannungsperioden und den Krieg. Die einseitige Behandlung ohne Darstellung der rechtlichen, historischen und anderer wesentlicher Zusammenhänge mußte einfach zu Fehleinschätzungen führen – was offenkundig auch die Absicht ihrer Betreiber ist.

Die rechtlichen Grundlagen für die Vorbereitung auf militärische Spannungsperioden und den Verteidigungszustand in der DDR

Nach zwei verheerenden Weltkriegen und unter den Bedingungen des Kalten Krieges in Europa gab es wohl keinen Staat auf dem Kontinent, der sich nicht auf die Katastrophe eines möglichen heißen Krieges vorbereitet hätte.

Schon im Altertum galt die Maxime: »Willst du den Frieden, bereite dich auf den Krieg vor«.

Jeder Staat hat nach Art. 51 der Charta der Vereinten Nationen das unveräußerliche Recht auf individuelle oder kollektive Selbstverteidigung. Auf dieser völkerrechtlichen Grundlage und die Lehren der Geschichte beherzigend, bestimmte die durch Volksentscheid bestätigte Verfassung der DDR vom 6. April 1968 den Schutz des Friedens und des sozialistischen Vaterlandes als Recht und Ehrenpflicht eines jeden Bürgers. Mit dem Gesetz zur Ergänzung und Änderung der Verfassung der DDR vom 7.10.1974 wurde dieses Verfassungsrecht besonders in den Artikeln 7 und 52 präzisiert. Der Artikel 7 (2) verpflichtete die Staatsorgane der DDR, ständig alle notwendigen Schritte zur Gewährleistung der Unantastbarkeit des Staatsgebietes sowie zur Landesverteidigung zu unternehmen.

Angesichts der permanenten und unverhüllten existenziellen Bedrohung der DDR gingen die Schöpfer der Verfassung davon aus, daß die Landesverteidigung zu den zentralen Aufgaben der sozialistischen Staatsmacht gehört.[1]

Der Artikel 52 legte fest, daß die Volkskammer der DDR über den Verteidigungszustand bestimmt. Im Dringlichkeitsfall war der Staatsrat der DDR berechtigt, den Verteidigungszustand zu beschließen. Der Vorsitzende des Staatsrates hatte den Verteidigungszustand zu verkünden.

Die Verfassung bestimmte also, daß die Einleitung der zum Schutz der DDR erforderlichen einschneidenden Maßnahmen im Falle einer akuten Gefährdung der DDR der Entscheidung der obersten Volksvertretung über den Verteidigungszustand bedurfte.

Im Verteidigungsgesetz der DDR vom 20. September 1961 waren die Voraussetzungen für die Erklärung des Verteidigungszustandes und die damit verbundenen Auswirkungen näher bestimmt.

So konnte der Verteidigungszustand im Falle der Gefahr oder der Auslösung eines Angriffs gegen die DDR, aber auch in Erfüllung ihrer internationalen Bündnisverpflichtungen erklärt werden.[2]

Der erwähnte Dringlichkeitsfall und die damit verbundene Vollmacht des Staatsrates berücksichtigten die Erfahrung, daß Kriege zunehmend ohne Kriegserklärung ausgelöst wurden. Erinnert sei nur an die Überfälle Hitlerdeutschlands auf Polen und die Sowjetunion.

Der Nationale Verteidigungsrat der DDR hatte laut Gesetz über seine Bildung vom 10. Februar 1960 die Verteidigung der DDR sowie den Schutz der sozialistischen Errungenschaften in Zusammenarbeit mit den anderen staatlichen Organen zu lenken und zu koordinieren sowie das enge Zusammenwirken der bewaffneten Organe der DDR untereinander und mit den verbündeten Streitkräften zu sichern.

Im § 1 Abs. 1 dieses Gesetzes heißt es dazu: »Der Nationale Verteidigungsrat hat die Aufgabe, den Schutz des Arbeiter- und Bauernstaates und der sozialistischen Errungenschaften der Werktätigen zu organisieren sowie die sich daraus ergebenden Maßnahmen festzulegen.«[3]

Das Verteidigungsgesetz vom 20. September 1961 enthielt grundlegende Bestimmungen, die es der DDR sowohl in Friedenszeiten als auch im Verteidigungszustand ermöglichten, die erforderlichen Maßnahmen zum Schutz des Landes und zur Erfüllung der Bündnisverpflichtungen zu gewährleisten. Dazu gehörten der Schutz der Bevölkerung, der Verteidigungsbeitrag der Volkswirtschaft, die Sach- und Dienstleistungspflicht während des Verteidigungszustandes, Maßnahmen zur Gewährleistung der staatlichen

Sicherheit und der Operationsfreiheit der Truppen des Warschauer Vertrages.[4]

Das Verteidigungsgesetz vom 13. Oktober 1978 setzte das Verteidigungsgesetz vom 20. September 1961, die Gesetze über den Nationalen Verteidigungsrat vom 10. Februar 1960 und 19. November 1964 außer Kraft. Es bildete von da an die staatsrechtliche Grundlage für eine notwendig werdende Reaktion auf eine von imperialistischen Kreisen hervorgerufene bedrohliche Situation, für die allseitige Vorbereitung und im Notfall auch für die Umstellung des Landes auf den Verteidigungszustand.

Im § 2 des Verteidigungsgesetzes von 1978 wurde erneut eindeutig bestimmt: »Dem Nationalen Verteidigungsrat obliegt auf der Grundlage und in Durchführung der Gesetze und Beschlüsse der Volkskammer sowie der Beschlüsse des Staatsrates die zentrale Leitung der Verteidigungs- und Sicherheitsmaßnahmen. Er gewährleistet in Zusammenarbeit mit anderen staatlichen Organen die Landesverteidigung und trifft die dazu erforderlichen Festlegungen, die für alle staatlichen und wirtschaftlichen Organe, Kombinate, Betriebe, Einrichtungen, Genossenschaften, gesellschaftlichen Organisationen, Vereinigungen und Bürger verbindlich sind. Dazu erläßt er Rechtsvorschriften in Form von Anordnungen und Beschlüssen.«[5]

Die Volkskammer der DDR ermächtigte den Nationalen Verteidigungsrat in § 4 Abs. 3, von Gesetzen abweichende Regelungen zu treffen, wenn es für die Durchführung der Mobilmachung oder den Verteidigungszustand erforderlich war.

Aus dem Text des Verteidigungsgesetzes ist eindeutig erkennbar, daß sich diese Festlegungen zur Landesverteidigung auf Verteidigungs- und Sicherheitsmaßnahmen bezogen und nur in dieser Einheit und Wechselbeziehung zu verstehen und zu werten waren.

Das vom Nationalen Verteidigungsrat der DDR am 30. Juli 1969 beschlossene »Statut des MfS der DDR« (GKdos 27/5/69) enthält im § 2 grundsätzliche Aufgaben und Verantwortlichkeiten des MfS. *Die wichtigste Aufgabe des MfS war die Verhinderung feindlicher militärischer Überraschungshandlungen gegen die DDR* und andere sozialistische Länder durch rechtzeitige Aufdeckung. Die HV A, aber auch alle anderen Diensteinheiten hatten den Auftrag, Indikatoren für Kriegsvorbereitungen in allen staatlichen und gesellschaftlichen Bereichen der BRD festzustellen. Aufklärungsziele waren besonders die Pläne und Absichten des Gegners, sein personelles und militär-technisches Potential, die Forschung und Entwicklung auf militärischem Gebiet, Konzentrationen und Verlegungen von Streitkräften sowie deren Bewegungsrichtungen. Das sollte es der politischen und militärischen Führung ermöglichen, rechtzeitig erforderliche Beschlüsse zur Verhinderung einer Aggression zu fassen.

Entsprechend den ihm übertragenen Aufgaben hatte das MfS ferner alle erforderlichen Maßnahmen für den Verteidigungszustand vorzubereiten und durchzuführen. Für die Vorbereitungsmaßnahmen des MfS stellten also die bisher genannten Gesetze und dieser Beschluß des NVR die rechtsverbindlichen Grundlagen dar.

Anzumerken ist hierbei, daß die DDR damit auch auf diesem Gebiet Konsequenzen aus vorangegangenen Entscheidungen der BRD zog.

Erst nach Vorliegen der Entwürfe der Notstandsgesetze der BRD arbeitete die DDR ihre gesetzlichen Bestimmungen für die Vorbereitung des Landes auf den Verteidigungszustand und die Spannungsperiode aus, wobei inhaltliche Ähnlichkeiten mit den BRD-Gesetzen nicht zu übersehen sind.

Die allgemeinen Aufgaben in Vorbereitung auf eine militärische Spannungsperiode und den Verteidigungszustand

Die zur Vorbereitung auf eine militärische Spannungsperiode und den Verteidigungszustand gestellten Aufgaben betrafen alle gesellschaftlichen Bereiche. Sie waren entsprechend äußerst vielfältig.

In den vom Nationalen Verteidigungsrat beschlossenen zentralen Schulungsmaßnahmen »Meilenstein«, »Meisterschaft« und »Mosaikstein« wurde trainiert, wie die leitenden Kader unter Bedingungen eines Verteidigungszustandes wirksam und erfolgreich zum Schutze des Landes handeln sollten. Das war das Grundanliegen dieser Schulungsmaßnahmen, an denen die zuständigen leitenden Organe der SED, alle bewaffneten sowie die zuständigen staatlichen und Wirtschaftsorgane teilnahmen.

Übungen für die zentrale Führungsebene der Landesverteidigung liefen unter dem Namen »Meilenstein«, Übungen im territorialen Bereich der Landesverteidigung, also mit den Bezirkseinsatzleitungen, unter dem Namen »Meisterschaft«. »Mosaikstein« bezeichnete die Schulungsmaßnahme für die leitenden Kader der Parteien und Massenorganisationen.

Trainiert wurde das exakt abgestimmte Handeln der staatlichen und gesellschaftlichen Bereiche in einer solchen Lage. Dabei galt es auch, illusionäre Vorstellungen der Verantwortlichen über die Handlungsmöglichkeiten unter modernen Kriegsbedingungen abzubauen. Von einem »kriegsbezogenen Denken« waren die Teilnehmer bis zuletzt weit entfernt. Unter den Bedingungen atomarer Schläge auf die kleine DDR, so war anzunehmen, wäre die gesamte Führungsstruktur zusammengebrochen und die Realisierung der Vorbereitungsmaßnahmen nicht mehr möglich gewesen.

Die folgende Darstellung der Vorbereitungsmaßnahmen erhebt keinen Anspruch auf Vollständigkeit, sondern soll lediglich einen Einblick in deren Breite, Umfang und ihre Kompliziertheit geben.

Im einzelnen handelte es sich um folgende Aufgaben:

– Gewährleistung der militärischen Mobilmachung.

– Erarbeitung des Volkswirtschaftsplanes für das erste Kriegsjahr. Er enthielt alle volkswirtschaftlichen Aufgaben zur Sicherung des Bedarfs der Streitkräfte und der Bevölkerung im ersten Kriegsjahr.

– Planung und Sicherung aller Maßnahmen zur Vorbereitung und Durchführung der Umstellung der Volkswirtschaft für die Landesverteidigung. (So gab es z. B. seit 1979 zivile Spezialformationen in der Volkswirtschaft zur Aufrechterhaltung der Nutzungsfähigkeit bzw. der Wiederherstellung militärisch notwendiger Objekte und Einrichtungen im Territorium. Vorbereitet war der Schutz verteidigungswichtiger Einrichtungen und Anlagen, die Durchführung von Bergungs-, Rettungs- und unaufschiebbaren Instandsetzungsmaßnahmen, die Umgruppierung von Arbeitskräften, die Schaffung von »eisernen Reserven«, die Rationierung und Kontingentierung von Lebensmitteln und Gebrauchsgütern, die planmäßige Versorgung der bewaffneten Organe und der Bevölkerung.)

– Training der erhöhten Stufen zur Herstellung der Einsatz- und Gefechtsbereitschaft in allen bewaffneten Organen: Erhöhte Gefechts-/Einsatzbereitschaft (EG/EE) nach 180 Minuten. Gefechts-/Einsatzbereitschaft bei Kriegsgefahr (GK/EK) nach 120 Minuten. Volle Gefechts-/Einsatzbereitschaft (VG/VE) nach 90 Minuten.

– Unterstützung der Bewegungsfreiheit der handelnden Streitkräfte der Warschauer Vertragsstaaten. Dazu gehörten Maßnahmen zur Gewährleistung der Sicherheit des Verkehrs auf Straßen, Schienenwegen und Wasserstraßen genauso wie die Gewährleistung der staatlichen Sicherheit und öffentlichen Ordnung, die Bekämpfung subversiver Handlungen oder auch die Lenkung von Flüchtlingsströmen.

– Schutz der Bevölkerung, insbesondere vor der Wirkung von Massenvernichtungsmitteln.

– Sicherung eines funktionierenden Kommunikationssystems.

– Befähigung der »Kampfgruppen der Arbeiterklasse«, sowohl selbständig als auch im Zusammenwirken mit anderen bewaffneten Kräften in kürzester Zeit Luftlandegruppen und Rangergruppen des Gegners zu vernichten.

- Internierung von Bürgern aus Feindstaaten.
- Schutz des Kulturgutes.

Für diese und andere Aufgaben gab es Maßnahmepläne in den Bereichen der Volkswirtschaft, des Gesundheitswesen, der Kultur usw.

Die Führungsstruktur der DDR im Verteidigungszustand bestand aus sieben *Zentralen Führungsbereichen*, sieben Bereichen der Bevollmächtigten des Generalsekretärs des ZK der SED und Vorsitzenden des Nationalen Verteidigungsrates sowie den Bezirks- und Kreiseinsatzleitungen. Ein zentraler Führungsbereich war neben dem Ministerium für Nationale Verteidigung und dem Ministerium des Innern auch das MfS. In den Bezirken und Kreisen waren die jeweiligen Leiter der Bezirksverwaltungen bzw. Kreisdienststellen des MfS Mitglieder der Bezirks- bzw. Kreiseinsatzleitungen.

Arbeitsorgane waren die Wehrbezirks- und Wehrkreiskommandos, die Zivilverteidigung der DDR sowie die Mob.-Organe, die es in der Staatlichen Plankommission, in den Ministerien, in anderen staatlichen Einrichtungen und in den Bezirken gab.

Das alles geschah unter strengster Geheimhaltung gegenüber dem potentiellen Gegner. Aber auch die Bevölkerung sollte nicht beunruhigt werden.

Der ausschließliche Verteidigungscharakter dieser Maßnahmen war Motivation der beteiligten Mitarbeiter, engagiert und zuverlässig zu arbeiten.

Aggressionsabsichten oder Eroberungspläne hätten im unüberwindlichen Gegensatz zum Geist des Friedens und der Völkerverständigung in der DDR gestanden und wären mit den Bürgern nicht zu verwirklichen gewesen.

»Innere Spannungsperiode« – ein Phantasieprodukt

Verteidigungszustand bedeutete Krieg. Die militärische Spannungsperiode wäre dem Verteidigungszustand vorangegangen. Das heißt unmißverständlich: Die militärische Spannungsperiode wäre bei Erwartung einer militärischen Aggression von außen eingetreten. Von den »Aufbereitern« der Geschichte der DDR und des MfS wird dagegen wider besseren Wissens von einer »inneren Spannungsperiode« gesprochen. (Etwa in der von der BStU-Behörde herausgegebenen Schrift »Vorbereitung auf den Tag X« von Auerbach.)[6] Gemeint damit sind innere Unruhen oder ein innerer Notstand.

Im Zusammenhang mit den Vorbereitungsmaßnahmen in der DDR wird man diesen Begriff und die daraus abgeleitete Interpretation allerdings vergeblich suchen. Als angeblichen »Beweis« für seine Behauptung verweist Auerbach auf Ausführungen Erich Mielkes in der Dienstbesprechung am 26. Februar 1988, in der der Minister denkbare Varianten für den Beginn einer militärischen Spannungsperiode erläuterte. Dieser Beginn könne auch charakterisiert sein »durch sich verschärfende innere Lagebedingungen eines sozialistischen Landes, die durch innere wie auch äußere Feinde zur Herbeiführung von die staatliche Sicherheit erheblich gefährdende Entwicklungen mißbraucht werden können«.[7]

Es war auch dort keine Rede von einer inneren Spannungsperiode. Vielmehr betonte Erich Mielke, daß die Vorbereitung und Realisierung des spezifisch-operativen Vorbeugungskomplexes erst bei Eskalation aggressionsvorbereitender Maßnahmen des Gegners und der damit verbundenen Überführung des Landes in den Verteidigungszustand erfolgen sollte.[8]

Und an anderer Stelle dieses Referats präzisierte er, Aufgabe des MfS in der Zeit vor Beginn einer Aggression, vor allem in einer Spannungsperiode (womit also ausdrücklich der militärische Charakter betont war) und dieser unmittelbar vorgelagerten Zeit sei es, Maßnahmen zur Vorbereitung und Realisierung der spezifisch-operativen Vorbeugungsdokumente (für Verhaftungen, Internierungen, Isolierungen und Überwachungen) durchzuführen.[9]

Zum Abschluß seines Referates betonte Mielke noch einmal, daß die gesamte Vorbereitungsarbeit des MfS dazu diene, veränderten Lagebedingungen im Hinblick auf mögliche militärischer Konflikte oder einer direkten Aggression entsprechen zu können.[10]

Aus heutiger Sicht ließe sich also allenfalls als Ausdruck des Voluntarismus der SED-Führung und ihr ernsthaftes Versäumnis bemängeln, daß in der DDR keine gesetzlichen Grundlagen für die Bewältigung eines inneren Notstandes erlassen wurden.

Diesen Fehler machte die Führung der Bundesrepublik jedenfalls nicht, wie deren Notstandsgesetze beweisen.

Von erstrangiger Bedeutung ist die Tatsache, *daß die Militärdoktrin der DDR auf den Kampf gegen den Krieg orientierte und ausschließlich von der Verteidigung der DDR ausging. Alle vorbereitenden Maßnahmen zur Mobilmachung hatten also eindeutig Verteidigungscharakter.*

Auch die DDR hatte mit ihrer Mitgliedschaft im Vertrag über die Ächtung des Krieges (Briand-Kellogg-Pakt vom 27. August 1928) feierlich erklärt, daß sie den Krieg als Mittel zur Lösung internationaler Streitfälle verurteilt und auf ihn als Werkzeug nationaler Politik in ihren Beziehungen zu anderen Staaten verzichtet.

In krassem Gegensatz zu diesen Tatsachen stehen Behauptungen, die der Autor Wenzel in seinem Buch »Kriegsbereit – Der NVR der DDR 1960 bis 1989« aufstellt.[11]

Beschlüsse und Maßnahmen des Nationalen Verteidigungsrates auf politisch höchst eigenwillige Weise »deutend«, schlußfolgert Wenzel, »die Armeen des Warschauer Paktes wurden für den Angriff ausgebildet; Angriffsabsichten der NATO dagegen waren nicht zu belegen.«[12]

Des weiteren behauptet er, die DDR habe Pläne zur Eroberung Westberlins, Westdeutschlands und Westeuropas ausgearbeitet.[13] Und an anderer Stelle spricht Wenzel sogar von der Vorbereitung des »totalen Krieges« in der DDR.[14]

Als »Beweise« dafür nennt er: die umfangreichen und intensiven Vorbereitungsmaßnahmen der DDR auf einen Verteidigungszustand; das Fehlen eines tiefgestaffelten Verteidigungssystems in der DDR; die Aktion »Bordkante« – Übungen zur Einnahme Westberlins im Falle einer Aggression gegen die DDR; die immer wiederkehrende Forderung nach kriegsbezogenem Denken und Handeln, worauf bereits eingegangen wurde; die »Vorbereitung« von Kadern für den Einsatz in besetzten Gebieten des Kriegsgegners nach Zurückdrängung des Aggressors auf sein eigenes Territorium; die Nutzung des militärökonomischen Potentials des Kriegsgegners.

Würde die geheime Vorbereitungsarbeit in der Alt-BRD genauso offen und konzentriert dargelegt wie die der DDR, käme man zweifelsohne zwingend zu der Schlußfolgerung, daß die DDR unverantwortlich gehandelt hätte, wenn sie sich nicht umfassend auf den Verteidigungszustand vorbereitet hätte. Angesichts solcher Dokumente wie »DECO II« oder der bis 1989 durchgeführten großangelegten Manöver wie »Autumn Forge« in unmittelbarer Nähe zur Grenze BRD-DDR mußte die DDR Aggressionsabsichten der BRD in Rechnung stellen. Mit »Autumm Forge« war auf dem Territorium der BRD die Entfaltung von Streitkräftegruppierungen in voller Gefechtsbereitschaft erfolgt, die für eine überraschende Aggression aus der Übungslage heraus ausgereicht hätte. »DECO II« aus dem Jahre 1955 sah nicht nur die militärische Einverleibung der DDR in die BRD vor, sondern auch militärische Schläge gegen Polen und Ungarn unter Verletzung der Neutralität Österreichs.

Armeegeneral a. D. Heinz Keßler schrieb dazu in seinen Erinnerungen, daß die NATO durchaus offensiv orientierte Konzeptionen besaß. »Und besonders beunruhigend war, daß die NATO stets auch an der Konzeption des ›Erstschlages‹, also der Abschreckung einschließlich eines Ersteinsatzes von Kernwaffen, festgehalten hatte und selbst nach Beginn erster Abrüstungsmaßnahmen sofort dazu überging, diese rasch zu kompensieren und ›Nachfolgesysteme‹ zu entwickeln. So etwa die Rakete ›Lance‹ mit einer Reichweite sehr knapp unter der soeben vereinbarten 500-Kilometer Grenze« für die Mittelstreckenraketen.[15]

Mit aller Eindeutigkeit muß festgestellt werden: *Die Militärdoktrin der DDR ging immer von der Abwehr einer Aggression des Gegners aus. Eigene Aggressionsabsichten wird man vergebens in den Dokumenten der Verteidigungsvorbereitung der DDR suchen.* Sie wären auch auf totale Ablehnung der Angehörigen der bewaffneten Organe gestoßen.

Übungen der NVA gingen nie von der Konzeption »erster Schläge« aus, sondern immer von einer defensiven Position, schreibt Armeegeneral a. D. Heinz Keßler. Auch die sowjetischen Kommandeure im Gemeinsamen Kommando bestanden darauf, daß Präventivschläge nicht vorgesehen wurden.[16]

Nicht zuletzt sei darauf hingewiesen, daß die DDR aktiven Anteil am Zustandekommen des Stockholmer Dokuments »über Vertrauens- und Sicherheitsbildende Maßnahmen und Abrüstung in Europa« (VSBM) im Jahre 1986 hatte. Die Umsetzung dieses Beschlusses der Stockholmer Konferenz wurde in der DDR unverzüglich und konsequent in Angriff genommen. Bekanntlich beinhaltete dieses Dokument die umfassende internationale Kontrolle militärischer Aktivitäten aller Teilnehmerstaaten.

Bis 1987 gab es in der Militärdoktrin der Warschauer Vertragsstaaten die Illusion, den Aggressor auf das eigene Territorium zurückdrängen und dort zerschlagen zu können. Das war deshalb eine Illusion, weil es spätestens nach 100 Kilometern Eindringtiefe zum Einsatz taktischer Kernwaffen der NATO im Rahmen ihrer »Vorneverteidigung« gekommen wäre. Eine realistische Einschätzung gab Armeegeneral Heinz Keßler bereits 1975, als er feststellte, daß sich ein Krieg in Europa sehr schnell zu einem verheerenden Atomkrieg entwickelt hätte.[17]

Der Einsatz von Atomwaffen der NATO hätte unweigerlich zu einem alles vernichtenden Atomkrieg geführt.

In Zentraleuropa standen sich beide Militärblöcke mit der massivsten Konzentration an militärischer Macht unmittelbar gegenüber.

Über die militärische Kräftemassierung auf dem Territorium der DDR wurde in den letzten Jahren viel veröffentlicht. Nicht ganz so offen wird mit den Tatsachen umgegangen, daß sich Mitte der 80er Jahre in der BRD 108 Raketensysteme Pershing II, 96 Flügelraketen, 156 operativ-taktische Raketensysteme und einige Tausend Artilleriesysteme, die sich für den Verschuß von Kerngranaten eigneten, befanden. Von den 7.000 bis 8.000

Kernmitteln in Westeuropa lagerten ca 6.000 in der BRD. Das hätte gereicht, Europa mehrfach auszulöschen.

Zu diesem Zeitpunkt waren in der BRD 903.200 Soldaten disloziert.[18] Unter diesen Bedingungen war es wohl kaum verwunderlich, daß viele Menschen in der DDR Angstgefühle hatten, wenn bei Übungen in der BRD in unmittelbarer Nähe zur Staatsgrenze der DDR die Entfaltung der Streitkräfte in voller Gefechtsbereitschaft, die für eine überraschende Aggression ausreichend war, erfolgte.

Über die unvorstellbare Härte eines möglichen Krieges zwischen den damaligen Supermächten legen die Gefechtsfeldvorschrift der Landstreitkräfte der UdSSR-GV.LasK und die Felddienstvorschrift der US Army FM 100-5 beredtes Zeugnis ab. In beiden Vorschriften wurde davon ausgegangen, daß sich Kriege zu Weltkriegen mit unbegrenztem Einsatz von Kernwaffen ausweiten könnten.

In der GV-LasK heißt es: Solche Kriege würden von beiden Seiten »mit äußerst entschiedenen politischen und militärischen Zielsetzungen geführt.«[19]

In der 100-5: »Schlachten bisher nicht gekannten Ausmaßes und nicht gekannter Intensität«.[20]

»Angriffsfeldzüge«, so die amerikanische 100-5, seien »so unerbittlich vorzutragen, daß sich der Gegner nicht vom ersten Schlag erholen kann.«[21]

Die DDR wäre in einem solchen Krieg Frontgebiet gewesen. Bedrohungsängste, die es auf beiden Seiten gab, waren also keineswegs geheuchelt.

Die NATO ging davon aus, daß die Streitkräfte der Warschauer Vertragsstaaten Angriffsoperationen beginnen. Es gab also auf beiden Seiten ein gefährliches Mißtrauen.

Aus diesen Tatsachen erwuchs objektiv ein Sicherheitsbedürfnis. In der DDR wurde es zweifellos übersteigert durch eine dogmatische Innen- und Sicherheitspolitik, die zunehmend in Widerspruch zur Außenpolitik geriet. Auch waren die sowjetischen Einflüsse unübersehbar.

Die Sowjetunion hatte ihre besonderen Erfahrungen aus den Interventionskriegen 1918-1921 und aus dem »Großen Vaterländische Krieg« 1941-1945. Das Trauma von der Anfangsperiode gerade dieses letzten verheerenden Krieges beeinflußte nicht unerheblich die Vorgaben für die Vorbereitung des Verteidigungszustandes.

Auch in der BRD gab es umfangreiche und intensive Vorbereitungsmaßnahmen. Erinnert sei nur an die großangelegte Übung »Wintex/Cimex« 1989, die aus der verbunkerten Führungsstelle Neuenahr/Ahrweiler geführt wurde. Bei dieser Übung ging es um die Aufrechterhaltung der Staats-und Regierungsgewalt unter Kriegsbedingungen, um die Organisierung vielseitiger Leistungen des zivilen Bereiches für die NATO Streitkräfte, die Umstellung der Wirtschaft auf Kriegsproduktion, die Zwangsevakuierung von mehr als zwei Millionen Personen aus der Grenzzone und aus Einsatzräumen von Streitkräften sowie die Lenkung der erwarteten großen Flüchtlingsströme.[22]

Um ähnliche Aufgaben ging es auch bei den Übungen in der DDR. 1987 setzte sich – unter dem Einfluß von »Neuem Denken« (Perestroika und Glasnost) – mit der neuen Verteidigungsdoktrin der Warschauer Vertragsstaaten die Position durch, daß ein Krieg unter allen Umständen zu verhindern sei und Verteidigungshandlungen, die dennoch notwendig würden, auf das eigene Territorium beschränkt bleiben müßten.

Die Grundaussagen des 1987 vom Politisch Beratenden Ausschuß des Warschauer Vertrages in Berlin verabschiedeten Dokumentes waren:

1. Die Verteidigungsanstrengungen der Staaten des Warschauer Vertrages tragen ausschließlich defensiven Charakter.
2. Im nuklear-kosmischen Zeitalter sind militärische Gewalt und Gewaltandrohung durch politische Mittel zu bannen.
3. Reduzierung der Streitkräfte und Rüstungen mit dem Ziel, daß die Streitkräfte beider Bündnissysteme nicht mehr angriffsfähig sind.
4. Der Vorschlag, die Militärdoktrinen beider Bündnissysteme miteinander zu vergleichen, um gegenseitig Argwohn und beiderseitiges Mißtrauen abzubauen.

Die Hauptaufgaben des MfS in einer militärischen Spannungsperiode bzw. im Verteidigungszustand

Am 26. Januar 1967 hatte unter Leitung von Walter Ulbricht die 28. Sitzung des NVR der DDR stattgefunden. Im Protokoll dieser Sitzung heißt es: »Der Vorsitzende des Ministerrates der DDR, Genosse Willi Stoph, wird beauftragt, in Zusammenarbeit mit dem Minister für Nationale Verteidigung, Genossen Armeegeneral Heinz Hoffmann, und dem Minister für Staatssicherheit, Genossen Erich Mielke, bis Ende Juli 1967 die erforderlichen Direktiven über die Arbeit und die Aufgaben der zentralen staatlichen Organe und der Räte der Bezirke der DDR zur Vorbereitung auf den Verteidigungszustand und im Verteidigungszustand zu erlassen.«[23]

Entsprechend dieser Weisung erließ der Minister für Staatssicherheit für seinen Verantwortungsbereich im Juli 1967 die Direktive 1/67, *die aus-*

schließlich für militärische Spannungsperioden und den Verteidigungszustand galt.

Auf der Grundlage dieser Direktive erfolgte die Ausarbeitung der Mobilmachungsdokumente des MfS.

Die Hauptaufgabe des MfS in einer solchen Lage bestand in der ständigen Gewährleistung der staatlichen Sicherheit und der Handlungs- und Operationsfreiheit der Vereinten Streitkräfte sowie der Beseitigung begünstigender Umstände und Bedingungen, die die Verteidigungsfähigkeit der DDR beeinträchtigen konnten.

Die Mobilmachungsdokumente des MfS hatten die Fragen der Führung, der Operativstäbe, der Information, der personellen und materiellen Ergänzung, eines zuverlässigen Alarmierungs- und Benachrichtigungssystems, der rückwärtigen, medizinischen topografischen und nachrichtenmäßigen Sicherstellung usw. zum Inhalt.

Im einzelnen kann das hier nur angedeutet werden: Es ging um die Führung und operative Arbeit unter Kriegsbedingungen, also um die verstärkte Sicherung von verteidigungswichtigen- und lebensnotwendigen Betrieben und Einrichtungen, um die Umstellung der gesamten operativen Arbeit auf Kriegsbedingungen usw.

Ein Komplex betraf die Vorbeugungsdokumente.

Der Vorbeugungskomplex war auf eine vorbeugende Verhinderung des Wirksamwerdens »feindlich-negativer Kräfte« gerichtet.

Die Zielstellung für die Aufnahme in den Vorbeugungskomplex bestand darin,

– Personen festzunehmen, zu denen begründete operative Hinweise vorlagen, daß sie staatsfeindliche Handlungen oder andere politisch-operativ bedeutsame Straftaten begehen, die in militärischen Spannungsperioden oder im Verteidigungszustand geeignet sind, die Erfüllung verteidigungswichtiger und lebensnotwendiger Aufgaben zu gefährden oder zu beeinträchtigen;

– Personen zu isolieren, die eine verfestigte feindlich-negative Einstellung zu den gesellschaftlichen Verhältnissen in der DDR besaßen und bei denen aufgrund ihres bisherigen Gesamtverhaltens begründete Anhaltspunkte vorlagen, daß unter den Bedingungen militärischer Spannungsperioden oder des Verteidigungszustandes von ihnen akute Gefahren ausgehen könnten, die sich gegen die Interessen der Sicherheit der DDR und ihre Verteidigungsbereitschaft richteten.[24]

Unter der Kennziffer 4.1 wurden die spezifisch-operativen Vorbeugungsmaßnahmen angewiesen:

Verhaftung (4.1.1), Internierung (4.1.2), Isolierung (4.1.3) und Überwachung (4.1.4). Später erfolgte dann die karteimäßige »Erfassung feindlich-negativer Personen« mit der Kennziffer 4.1.5.

Für die Internierung von Ausländern entsprechend dem IV. Genfer Abkommen vom 12. August 1949 (4.1.2) war das Ministerium des Innern verantwortlich. Das MfS hätte in den Internierungslagern lediglich Abwehraufgaben wahrzunehmen gehabt.

Zur Festnahme gemäß Kennziffer 4.1.1 waren Personen aufzunehmen, die unter dem dringenden Verdacht standen, staatsfeindliche Handlungen gegen die DDR zu begehen, zu dulden bzw. davon Kenntnis zu haben, sowie Personen, die als mögliche Führungskräfte dabei in Erscheinung treten könnten. Nähme man diese Kriterien allein für sich, müßte die Breite des festzunehmenden Personenkreises als unzulässig gelten. Tatsächlich jedoch waren diese Kriterien nur in Einheit mit der erwähnten Zielstellung anzuwenden, d. h. die zu erwartenden strafbaren Handlungen mußten geeignet sein, die Erfüllung verteidigungswichtiger und lebensnotwendiger Aufgaben zu gefährden oder zu beeinträchtigen.

Zu beachten ist außerdem, daß entsprechend den geltenden Rechtsvorschriften auch unter den Bedingungen des Krieges oder der militärischen Spannungsperiode die Inhaftnahme über 24 Stunden hinaus nur vom Haftrichter angeordnet werden konnte.

Selbst unter derartigen Lagebedingungen war eine Haftdauer länger als 24 Stunden an die Anforderungen des gesetzlichen Tatbestandes gebunden.

Vorbeugungshaft bis zu 14 Tagen, wie das jetzt etwa in Sachsen unter Friedensbedingungen möglich ist, gab es in der DDR nicht; sie war nicht einmal für den Verteidigungszustand oder den Kriegsfall vorgesehen.[25]

Unter der Kennziffer 4.1.3 (Isolierung) waren aufzunehmen: Personen, von denen aufgrund ihrer verfestigten feindlich-negativen Grundhaltung gegenüber der sozialistischen Staats- und Gesellschaftsordnung und unter Berücksichtigung ihres bisherigen Auftretens, ihrer offiziell und inoffiziell bekannt gewordenen Äußerungen, ihrer Kontakte und Verbindungen sowie bestimmter Lebens- und Verhaltensweisen mit Wahrscheinlichkeit im Verteidigungszustand eine akute Gefährdung der staatlichen Sicherheit und Ordnung ausgehen konnte oder die solche Handlungen geduldet oder unterstützt hätten.[26]

Die Richtlinie legte fest, welche Personen dazu zählten:

– Personen, die Träger der »politisch-ideologischen Diversion« sind, bestimmte Bevölkerungskreise massiv beeinflussen und zu Handlungen gegen den Staat aufwiegeln können;

- vorbestrafte Personen, darunter speziell wegen Staatsverbrechen und anderen operativ wichtigen Straftaten verurteilte Personen;
- vorbestrafte Personen, bei denen aufgrund wiederholt begangener Straftaten, wie Rowdytum, Zusammenrottung, öffentliche Herabwürdigung und andere Störungen der öffentlichen Ordnung und Sicherheit, die Begehung erneuter derartiger Handlungen im Verteidigungszustand zu erwarten ist;
- Personen, die Ersuche auf Übersiedlung gestellt haben und mit Einrichtungen und Kräften im Operationsgebiet in Verbindung stehen, derartige Kontaktaufnahmen oder Demonstrativhandlungen angedroht haben bzw. zu spontanen und unkontrollierbaren Reaktionen neigen;
- Personen, die zu reaktionären klerikalen Kräften und anderen inneren Feinden in der DDR bzw. zu feindlich-negativen Einrichtungen und Kräften im Operationsgebiet und dem übrigen Ausland enge, operativ bedeutsame Kontakte unterhalten;
- Personen mit feindlich-negativer Grundeinstellung, die aufgrund früherer beruflicher Tätigkeit über Kenntnisse zu geheimzuhaltenden Tatsachen von Forschungs-, Entwicklungs- und Produktionsvorhaben der Landesverteidigung verfügen und einen Unsicherheitsfaktor darstellen;
- Untersuchungsgefangene, gegen die operative Beweise hinsichtlich der Begehung von Staatsverbrechen und anderer politisch-operativ bedeutsamer Straftaten sowie solcher Straftaten gegen die Persönlichkeit vorliegen, deren Ermittlungsverfahren jedoch wegen des Fehlens offizieller Beweismittel eingestellt werden mußten;
- Strafgefangene, die wegen Staatsverbrechen, anderer politisch-operativ bedeutsamer Straftaten und Straftaten der schweren allgemeinen Kriminalität verurteilt worden sind, deren Strafverbüßung gemäß Urteilsspruch abgelaufen ist, jedoch die Voraussetzungen für die gesellschaftliche Wiedereingliederung nicht gegeben sind.[27]

Auch wenn sicherlich nicht auszuschließen war, daß unter solchen Lagebedingungen von diesen Personenkreisen durchaus bestimmte Gefahren ausgehen könnten, stellte diese Orientierung eine ungerechtfertigte Ausweitung des Vorbeugungskomplexes dar und war deutlicher Ausdruck einer überzogenen Sicherheitspolitik.

Unter Kennziffer 4.1.4 waren aufzunehmen: Personen, die in Schlüsselpositionen der staatlichen Leitung, der Landesverteidigung, der Volkswirtschaft oder in anderen wichtigen Bereichen des gesellschaftlichen Lebens tätig waren und deren Zuverlässigkeit im Verteidigungszustand aufgrund ihres bisherigen Gesamtverhaltens anzuzweifeln war, deren rechtzeitige Herauslösung bzw. kadermäßige Veränderung jedoch nicht oder noch nicht möglich war; Personen, die aufgrund ihrer gesellschaftlichen Stellung, ihrer Tätigkeit, ihres Ansehens oder ihrer Verbindungen zu den Zielgruppen des Gegners gehörten und deren Mißbrauch, Ausnutzung oder Einbeziehung durch den Gegner nicht auszuschließen war, was zu bedeutenden Störungen und Schäden der gesellschaftlichen Entwicklung und damit zur erheblichen Gefährdung der inneren Sicherheit hätte führen können.

Grundsätzlich war die Aufgabenstellung der Vorbeugungsdokumente völkerrechtskonform und, abgesehen von den Überspitzungen, unter den Bedingungen der außergewöhnlichen Gefährdung der DDR auch notwendig.

Der internationale Pakt über bürgerliche und politische Rechte der Vereinten Nationen vom 16. Dezember 1966 erlaubt ausdrücklich im Art. 4 die Einschränkung von Rechten in Zeiten eines öffentlichen Notstandes, der das Leben der Nation bedroht und der offiziell verkündet worden ist. Und das wäre ohne Zweifel für eine militärische Spannungsperiode, mehr noch für einen Krieg zutreffend gewesen.

Bereits am 23. September 1950 erließen mehr als zwei Drittel beider Häuser des USA-Kongresses gegen das schwache Veto von Präsident Truman ein Gesetz, das die Behörden ermächtigte, im Falle einer »Kriegserklärung«, eines »feindlichen Überfalls« oder irgendeines »nationalen Notfalles« alle »Subversiven« ohne Gerichtsverfahren in Konzentrationslager zu stecken. Zu diesem Zweck richtete die Regierung auch eilig einige Lager ein.[28]

Die Gefangennahme potentieller Kollaborateure und gegnerischer Persönlichkeiten ist für den E.-Fall sogar in der Schweiz geplant.[29]

In Kanada war für den Fall eines bewaffneten Konfliktes mit den Staaten des Warschauer Vertrages die Festnahme und Internierung bekannter Kommunisten einschließlich ihrer Familienangehörigen vorgesehen. Die Aktion der kanadischen Geheimpolizei sollte den Decknamen »Profunc« tragen.[30]

Was die DDR angeht, gab es in der Praxis des MfS tatsächlich große Unterschiede im Herangehen einzelner Diensteinheiten an die Auswahl von Personen zur Erfassung im Vorbeugungskomplex.

Die Gründe dafür waren vielfältig. Um hier nur zwei von ihnen anzuführen:

1. Die Erfassungspraxis mit der real vorhandenen politisch-operativen Lage in Übereinstimmung zu bringen, erwies sich angesichts der ständigen raschen Veränderung der Situation als unmöglich. Das soll am Beispiel der Übersiedlungsersuchenden, der sicherlich größten Personengruppe, die in den 80er Jahren im Blickfeld des MfS stand, deutlich gemacht werden. Bekanntlich wuchs deren Zahl in den 80er Jahren sprunghaft an. Etwa

20 Prozent wären nach den Kriterien der Kennziffer 4.1.3 eventuell zu erfassen gewesen. In diesem Personenkreis gab es laufend erhebliche Veränderungen durch ständige Neuzugänge und Ausreisen aus der DDR. Allein in Berlin gab es Mitte der 80er Jahre ca. 10.000 Übersiedlungsersuchende. 1.000 bis 2.000 von ihnen wären wegen ihres provokatorischen Auftretens zu erfassen gewesen, und das bei täglichen Zu- und Abgängen.

2. Die Realisierung der Kennziffern 4.1.1 bis 4.1.4 wäre dem MfS kräftemäßig überhaupt nicht möglich gewesen, weil seine erforderlichen und verfügbaren Kräfte für die Aufgaben der Spannungsperiode und des Verteidigungszustandes nicht realistisch bilanziert waren. Zumal sich die Aufgaben des MfS in einer solchen Situation ja nicht nur - und nicht einmal in erster Linie - auf Festnahmen, Isolierungen und Überwachungen beschränkten.

Diese Probleme waren auch dem Minister für Staatssicherheit nicht unbekannt. Das alles - vor allem aber die eingetretenen Veränderungen in der internationalen Politik und Lage - führten zu der bereits erwähnten Dienstkonferenz vom 26. Februar 1988, in der Erich Mielke Veränderungen von strategischer Bedeutung für die gesamte Mobilmachungsarbeit des MfS einschließlich der Vorbeugungsdokumente anwies.

Vorangegangen war eine Überprüfung der für die Vorbereitungsarbeit federführenden Arbeitsgruppe des Ministers (AGM), bei der erhebliche Mängel aufgedeckt wurden. Die AGM wurde zum Umdenken und zur kritischen Prüfung bisheriger Positionen, Vorstellungen und Festlegungen sowie zur Entwicklung neuer effektiver Lösungen aufgefordert.[31]

Der Minister orientierte in Auswertung der 1987 beschlossenen Militärdoktrin der Warschauer Vertragsstaaten nachdrücklich auf das tatsächlich Notwendige, auf reale Vorstellungen und Maßnahmen. Er wies an, neue Dokumente zu erarbeiten, die realitätsbezogener und handhabbarer sein und die Überwindung nicht mehr zeitgemäßer Inhalte und Methoden zum Inhalt haben sollten.

Zu den Kategorien Festnahmen und Isolierungen bestimmte Mielke, »daß die richtigen Personen, d. h. die Personen zu erfassen sind, von denen die größten Gefahren unter veränderten Lagebedingungen ausgehen können«.[32]

Die Diensteinheiten hätten sich auf jene Personen zu konzentrieren, bei denen damit gerechnet werden müsse, daß sie besonders im Verteidigungszustand feindlich tätig würden. Dabei sei eine reale Kräfte-, Mittel- und Zeitberechnung zugrunde zu legen. Gegenwärtig bestünden zwischen den Diensteinheiten hinsichtlich Realitätsbezogenheit, Umfang und Qualität der Maßnahmen zu große Unterschiede.

Minister Mielke wies in diesem Zusammenhang an, die damit verbundenen Orientierungen – also auch die inhaltlichen Kriterien – zu überarbeiten bzw. zu präzisieren.

Wie Wilfriede Otto in ihrer Mielke-Biografie zu der Einschätzung kam, diese Konferenz sei von einer »intensiv gesteigerten Vorbereitung auf die Mobilmachung und den Verteidigungszustand« gekennzeichnet gewesen und zu einem »Horrorkonzept« geraten, bleibt ihr Geheimnis.[33] Der Autor dieser Zeilen muß auf einer anderen Veranstaltung gewesen sein. Denn ganz im Gegensatz dazu forderte Erich Mielke, sich konsequent von allem zu trennen, was nicht mehr den Erfordernissen und Anforderungen entspräche. Er orientierte darauf, gewissenhafter zu prüfen, was unbedingt notwendig ist.[34]

Konkret angewiesen wurde der Wegfall bzw. die Verringerung des Aufwandes für die Sicherstellung der Führung aus Ausweichräumen bzw. Objekten.

Die Führung sollte statt dessen grundsätzlich aus den gegenwärtigen Dienststellen der Organe des MfS erfolgen, also nicht mehr aus nur für den Verteidigungszustand vorgesehenen gesonderten Objekten. Die Verlegung von Diensteinheiten sollte demzufolge entfallen.

Zu den Schutzbauwerken wurde die Aufgabe gestellt, künftig mit geringstem, d. h. deutlich reduziertem personellen, materiellen und finanziellen Aufwand zu arbeiten.

Gründlich sollte die Notwendigkeit personeller Ergänzungen des MfS im Falle der Mobilmachung geprüft werden. Die geplanten Größenordnungen seien nicht mehr aufrechtzuerhalten und auch nicht erforderlich. Die personellen Ergänzungen seien auf ein Minimum zu reduzieren. Tatsächlich wurden sie bis zum Zusammenbruch der DDR fast auf Null zurückgefahren.

Spürbar zu reduzieren sei der gesamte Aufwand der materiellen Sicherstellung. Das müsse zu einer erheblichen Einsparung materieller und finanzieller Mittel führen. Mit der Realisierung dieser Aufgabe wurde in Größenordnungen sofort begonnen.Alle Maßnahmen auf nachrichtentechnischem Gebiet seien so durchzuführen, daß keine zusätzlichen Belastungen auf ökonomischem Gebiet auftreten.

Bei der Beurteilung der in den vorgenannten Kennziffern beschriebenen Maßnahmen zum Vorbeugungskomplex muß davon ausgegangen werden, daß dem MfS gesicherte Erkenntnisse vorlagen, wonach durch den potentiellen Kriegsgegner bereits im Vorfeld eines möglichen Krieges, also in der Spannungsperiode und im Krieg selbst, vorbereitete Aufklärungskräfte mit Führungsaufgaben auf dem Gebiet der DDR eingesetzt werden sollten.

Diese Kräfte sollten sowohl militärisch als auch nachrichtendienstlich gesteuert werden. Bekannt war auch, auf welche Personenkreise sich diese Kräfte zu stützen beabsichtigten.

Das war keineswegs eine bloße Unterstellung seitens des MfS, sondern belegbarer Fakt. (Übrigens wurden derartige Methoden bisher in fast allen Kriegen angewandt. Allgemein bekannt sind die sogenannten 5. Kolonnen.)

Nicht betont zu werden braucht die Geheimhaltung dieser Vorbeugungsmaßnahmen. Sie waren auch kein Gegenstand der Beratungen in den Bezirks- und Kreiseinsatzleitungen.

Kritisch muß die Formulierung »liquidieren« im Zusammenhang mit den Vorbeugungsdokumenten kommentiert werden. Nähere Ausführungen dazu erfolgten bereits im Beitrag zu den Hauptaufgaben und Methoden der Abwehr.

Ausdrücklich sei hier erklärt, daß in keinem Fall eine physische Vernichtung der Festzunehmenden bzw. zu Isolierenden geplant war. Hauptziel der Vorbeugungsmaßnahmen war die Verhinderung des feindlichen Wirksamwerdens derartiger Personen in einer besonders gefährlichen Lage. Die militärische Bekämpfung oder Vernichtung war ausschließlich gegen eingeschleuste bewaffnete subversive Kräfte vorgesehen.

Handelnde Kräfte wären die NVA, die VP und die »Kampfgruppen der Arbeiterklasse« gewesen.

Behauptungen, die Einrichtung von Isolierungsobjekten sei für »Andersdenkende« im Zusammenhang mit den Sicherungsmaßnahmen und den Ereignissen um den 40. Jahrestag der DDR vorgesehen gewesen, entsprechen nicht den Tatsachen. Im Rahmen möglicher Isolierungsmaßnahmen im Verteidigungszustand und in einer Spannungsperiode waren zu diesem Zweck Unterbringungsobjekte (keine Lager) geplant. Das waren FDGB-Ferienheime, Einrichtungen der Volksbildung und des Gesundheitswesens usw. Ihre Übergabe an das MfS und damit eine Nutzung durch das MfS wäre nur mittels Unterbringungsbescheides des zuständigen Wehrkommandos, das für die Planung und Verteilung von Objekten im Verteidigungszustand verantwortlich war, erfolgt. Es kann also keine Rede davon sein, daß das ganze Land von Isolierungslagern überzogen worden wäre, umgeben von Stacheldraht und Wachtürmen, wie das gleich einer Horrorvision in einer Studie der BStU-Behörde beschrieben wird.[35]

Mit Recht spricht der Autor dieser Studie jedoch im Einzelfall von penibel bürokratischer Reglementierung.[36] (Übrigens ist die für den Laien oft fast lächerliche Penibilität ein Merkmal militärischer Planung in vielen Staaten.) Im Herbst 1989 bestand weder eine militärische Spannungssituation, noch war die Verkündung des Verteidigungszustandes, d.h. eine kriegerische Auseinandersetzung von außen, zu erwarten. Es gab auch keinen Befehl des Ministers für Staatssicherheit, die Realisierung von Vorbeugungsmaßnahmen vorzubereiten, geschweige denn zu beginnen. Ein solcher Befehl wäre ohne Vorliegen eines entsprechenden Beschlusses der Volkskammer oder des Staatsrates der DDR auch nicht möglich gewesen.

Auch mündlich sind diesbezüglich keinerlei Weisungen ergangen.

In aller Klarheit kann festgestellt werden: Weder zentral noch in den Diensteinheiten des MfS wurden in jener Zeit Maßnahmen durchgeführt, um Isolierungsobjekte einzurichten oder andere Mobilisierungsmaßnahmen zu realisieren.

Das unterstreichen auch, obwohl genau das Gegenteil unterstellt wird, die Ausführungen in der erwähnten Studie der BStU-Behörde zur KD Rudolstadt, die demnach noch Ende Oktober 1989 Auskunftsberichte zur Erfassung im Vorbeugungskomplex fertigte und für Festnahmen »bestens vorbereitet« war.

Trotzdem erfolgte jedoch keine einzige Festnahme.

Die DDR-Führung hätte zudem solche Isolierungen im Frieden auch politisch, besonders außenpolitisch, nicht durchstehen können.

Erinnert sei nur an die Ermittlungsverfahren mit Haft gegen Rainer Eppelmann, Bärbel Bohley oder Wolfgang Rüddenklau, die auf ausdrückliche Weisung von Erich Honecker eingeleitet worden waren. Alle Betroffenen mußten nach wenigen Tagen, ebenfalls auf Weisung Honeckers, wieder entlassen werden. Zu peinlich und störend waren die sofort anlaufenden internationalen Proteste.

Und da sollten gar Tausende festgenommen oder isoliert werden?

Von Interesse ist sicherlich, daß in dieser Zeit auch keine Vorbereitungen zur Auslösung höherer Stufen der Einsatzbereitschaft getroffen wurden. Das geschah während der gesamten Zeit der Existenz des MfS nicht.

Die Angaben über die Vorbereitungsarbeit des MfS auf den Verteidigungsfall wären ohne ein Wort zu Westberlin unvollständig. Bekanntlich sorgte eine in der BV Berlin des MfS aufgefundene Akte Anfang 1992 für helle Aufregung und Betroffenheit in der Öffentlichkeit. Sie enthielt den Titel »Linienspezifische Aufgaben der BV Berlin« und trug das Datum 5. August 1985.

Auch dieser Plan mit Aufgaben und Struktur der Staatssicherheit in Westberlin galt ausschließlich für den Fall einer Aggression gegen die DDR.

Wie bereits dargelegt, wäre die DDR dann Hauptkampfgebiet mit unvorstellbaren zerstörerischen Folgen gewesen. Sicherlich braucht man kein

Militär zu sein, um zu begreifen, daß – ausschließlich in einer solchen Lage – Westberlin als Brückenkopf der NATO auf dem Territorium der DDR von den Streitkräften der Warschauer Vertragsstaaten militärisch zu besetzen gewesen wäre. Schließlich hatte Westberlin, wie von einigen seiner politischen Repräsentanten öffentlich bekundet, den Stellenwert als »billigste Atombombe« und galt als »Pfahl im Fleische der DDR«.

Die Veranlassung für die Ausarbeitung des Planes der BV Berlin gab die Arbeitsgruppe des Ministers für Staatssicherheit. Es ist zu vermuten, daß es sich um eine Planungsaufgabe des Hauptstabes der Vereinten Streitkräfte der Warschauer Vertragsstaaten gehandelt hat.

Die Verantwortlichen in der BV Berlin konnten 1985 kaum an eine bevorstehende Aggression glauben, hätte das doch die Gefahr eines atomaren Weltkrieges und die totale Verwüstung weiter Teile Europas bedeutet. Deshalb maßen sie dieser Planung auch keine aktuelle Bedeutung bei. Entsprechend den Vorgaben wurde der Plan militärisch diszipliniert ausgearbeitet. Kenntnis hatte nur ein sehr enger Personenkreis, für den das Ganze ein Sandkastenspiel war.

Wie hätten auch 600 Mitarbeiter die für Westberlin vorgesehenen Aufgaben, noch dazu unter den Bedingungen eines Krieges, lösen können?

Die Listen der in Westberlin einzusetzenden Mitarbeiter blieben überdies seit 1985 unvollständig. Die bereits benannten Mitarbeiter haben bis zur Veröffentlichung 1992 nie erfahren, wofür sie im Falle eines Krieges vorgesehen waren. Es blieb auch völlig offen, wer dann in Ostberlin deren Aufgaben übernommen hätte.

Wären die Verantwortlichen der Meinung gewesen, der Plan könne absehbar Realität werden, hätten die vorgesehenen Mitarbeiter gründlich für ihre Aufgaben in Westberlin vorbereitet werden müssen. Das geschah jedoch nicht, obwohl für die meisten von ihnen die konkreten Verhältnisse in Westberlin völlig unbekannt waren.

Nach der Unterschrift des Leiters der BV Berlin 1985 versank der Plan unbeachtet im Panzerschrank, wo ihn 1990 das Bürgerkomitee entdeckte.

Abschließend sei noch einmal betont, daß erst ein objektives Bild entstünde, wenn auch die geheimen Pläne der NATO offengelegt würden.

Noch im Februar 1989 hatte die NATO mit der Übung Wintex/Cimex den atomaren Erstschlag einkalkuliert. Ziele waren auf dem Territorium der BRD, der DDR, Polens und der ČSSR festgelegt. Ausgangslage war nicht etwa eine Aggression der Warschauer Vertragsstaaten gegen die NATO, sondern Unruhen in Jugoslawien, in die die Sowjetunion eingriff.

Bekannt ist auch die NATO-Planung »Live Oak« (Lebende Eiche). Sie galt für den Fall einer Blockade Westberlins und sah verschiedene Etappen des Reagierens vor. Vom Versuch, einen Truppentransport mit Gewalt nach Westberlin durchzuschleusen bis hin zu einer Eskalation, die auch selektive Nuklearschläge einschloß.

Die Notstandsmaßnahmen der BRD

Ende der 60er Jahre probte die Heimatschutztruppe in der BRD die Aufrechterhaltung der Operationsfreiheit für die NATO-Truppen, einschließlich der Bekämpfung des »inneren Feindes«. Sie trainierte den Kampf in dicht besiedelten Gebieten, so auch die sogenannte Bandenbekämpfung. Als Beispiel sei die Übung »Grüne Kurpfalz« im September 1968 angeführt.

Schon zuvor, im Mai 1967, hatte eine Bundeswehreinheit bei Hannover während eines »Aufstandes der Hanomag-Arbeiter« die Niederschlagung des Streiks geübt. Im März 1968 spielte die Heimatschutztruppe bei Dinslaken einen »Vergeltungsschlag« gegen die »Außerparlamentarische Opposition« durch.

Zwischen dem 12. und 19. Mai 1968 führte das Fernmeldebatallion 765 in Bergzabern bei angenommenen Studenten- und Arbeiterunruhen eine »Selbstschutzübung« durch. [37]

1968 beschloß der Deutsche Bundestag die Notstandsverfassung und neun einfache Notstandsgesetze. Dazu gibt es 60 Notverordnungen, u. a. für die Polizei, den Verfassungsschutz und für ein Kriegsstrafrecht.

Hauptaufgabe dieser Gesetze und Verordnungen ist die Sicherung und Aufrechterhaltung der gesellschaftlichen Herrschaftsstrukturen auch in Phasen eines inneren Notstandes, ökonomischer Krisen und sozialer Konflikte. Einige Beispiele aus dem 17. Gesetz zur Ergänzung des Grundgesetzes vom 24. Juni 1968 (Notstandsgesetze), die die Einschränkung bzw. Außerkraftsetzung grundlegender Verfassungsrechte charakterisieren:

1. Zur Beschränkung des Brief-, Post- und Fernmeldegeheimnisses nach Art. 10 GG:

Für die Post- und Telefonüberwachung eines Bürgers durch die Staatsschutzorgane genügen bereits »tatsächliche Anhaltspunkte«, also vage Verdachtsmomente. Die Voraussetzungen für entsprechende Überwachungsmaßnahmen sind so weit und unbestimmt gefaßt, daß jeder damit rechnen muß, bespitzelt zu werden.

Möglich sind über Jahre dauernde Überwachungsmaßnahmen, auch Eingriffe gegen völlig unbeteiligte Dritte. D. h. auch die Kontrolle von Firmen-

Anschlüssen und politischen Organisationen, in denen ein Verdächtiger beschäftigt ist.

Um militärische Überraschungen auszuschließen, erlaubt das G-10-Gesetz offiziell in Friedenszeiten die »strategische« Überwachung des Telefonverkehrs und die umfassende Richtfunkkontrolle durch den Bundesnachrichtendienst. Damit wurde und wird der gesamte grenzüberschreitende Telefonverkehr überwacht.

Bis zum Inkrafttreten dieses Gesetzes haben die drei Besatzungsmächte diese Kontrollen durchgeführt.

2. Dienstpflicht und Arbeitszwang:

Art. 12a Abs. 6 GG gibt die Möglichkeit der Beschränkung der Freiheit, den Beruf oder Arbeitsplatz aufzugeben, beinhaltet also die Arbeitsplatzbindung.

Im Verteidigungsfall kann fast die Gesamtheit der männlichen Bevölkerung im arbeitsfähigen Alter zu zivilen Dienstleistungen verpflichtet werden. Dabei handelt es sich also um eine Form des Arbeitszwanges.

Nach den vom Bundesarbeitsgericht entwickelten Grundsätzen ist das Streikrecht der Dienstverpflichteten in jedem Falle ausgeschlossen. Das »Notstandsarbeitsrecht« weicht in entscheidenden Punkten von den tragenden Prinzipien des geltenden Arbeitsrechts ab. Die Position der Arbeitgeber und ihrer Verbände wird erheblich gestärkt. Die Stellung der Arbeitnehmer und ihrer Gewerkschaften als soziale Vertretung wird dagegen erheblich geschwächt.

3. Zum Widerstandsrecht:

Art. 87a IV und 91 I GG erlauben den massierten Einsatz von koordinierten Polizeitruppen, Bundesgrenzschutz und Bundeswehr im Inneren »zur Abwehr einer drohenden Gefahr für … die freiheitliche demokratische Grundordnung«. Also Einsatz auch der Bundeswehr im Inneren gegen das eigene Volk als äußerstes Mittel, z. B. im Fall eines Bürgerkrieges.

4. Der Gemeinsame Ausschuß:

Art,. 53a des GG erlaubt dem Gemeinsamen Ausschuß gesetzgeberische Befugnisse auszuüben, die über das in normalen Zeiten dem Gesetzgeber Erlaubte hinausgehen. Faktisch bedeutet das die Ausschaltung des Parlaments und die Übertragung diktatorischer Vollmachten an ein »Notparlament«.

Der Gemeinsame Ausschuß nimmt Gesetzesbefugnisse des Bundestages und des Bundesrates einheitlich wahr. Da der Ausschuß aus je einem Vertreter der Landesregierungen und der doppelten Anzahl Bundestagsabgeordneter nach den Fraktionsstärken besteht, kann von einer Mitwirkung der Länder an der Bundesgesetzgebung nicht die Rede sein.

5. Nach Art. 115c Abs.2, Ziffer 2 GG ist die Freiheitsentziehung statt 24 Stunden vier Tage möglich, wenn ein Richter nicht innerhalb der für Normalzeiten geltenden Frist tätig werden konnte.

Jochen Zimmer schreibt in »Das Gauck-Lesebuch. Eine Behörde abseits der Verfassung« zu der »Notverordnung über Sicherheitsmaßnahmen«, sie gäbe der Polizei das Recht, ohne richterlichen Haftbefehl Staatsgefährder, politisch Unzuverlässige, Sabotage-, Hoch- oder Landesverratsverdächtige in »Gewahrsam« zu nehmen. Ist denn wirklich jemand so naiv zu glauben, die zuständigen Organe würden nicht rechtzeitig infrage kommende Personen, sicherlich in diesem Falle in erster Linie »linke« Kräfte und aktive Kriegsgegner, erfassen?

Zusammenfassend kann festgestellt werden: Freiheit des Einzelnen wird durch die »einfachen« Notstandsgesetze potentiell aufgehoben. Würde von allen in diesen Gesetzen vorgesehenen Befugnissen Gebrauch gemacht, so wäre jedermann in eine Vielzahl von Zwangsverhältnissen eingeordnet, die ihm keinen Raum mehr ließen zur freien, selbstbestimmten Entfaltung seiner Persönlichkeit. Die viel beschworene freiheitliche, demokratische Grundordnung wäre praktisch aufgehoben.

Fußnoten

1 Verfassung der DDR. Dokumente, Kommentar, Bd. II, Staatsverlag der DDR, Berlin 1969, S. 328.
2 Ebenda, S. 263.
3 Gesetzblatt der DDR, Teil I, 1960, Nr. 8, S. 89.
4 Gesetzblatt der DDR, Teil I, 1961, Nr. 18.
5 Gesetzblatt der DDR, Teil I, 1978, Nr. 35, S. 378.
6 Thomas Auerbach: Vorbereitung auf den Tag X. In: Analysen und Berichte des BStU. Reihe B, Nr. 1/1995, S. 3.
7 Referat Erich Mielkes auf der Dienstbesprechung zur Mobilmachungsarbeit im MfS am 26.2.1988 (BStU, ZA, DSt 102212, S.23).
8 Ebenda, S. 24, 31.
9 Ebenda, S. 12.
10 Ebenda, S. 140.
11 Otto Wenzel: Kriegsbereit – Der Nationale Verteidigungsrat der DDR 1960-1989. Verlag Wissenschaft und Politik, Köln 1995.
12 Ebenda, S. 231.
13 Ebenda, S. 12.
14 Ebenda, S. 172.
15 Heinz Keßler: Zur Sache und zur Person. edition ost, Berlin 1996, S. 227.

16 Ebenda, S. 228.
17 Otto Wenzel, a.a.O., S. 202.
18 Reinhard Brühl: Kalter Krieg auf deutschem Boden. In: Geschichte, Standpunkte, Dokumente, 1994, S. 17
19 Ebenda, S. 15.
20 Ebenda, S. 15.
21 Ebenda, S. 15.
22 Otto Wenzel, a.a.O., S. 209
23 Protokoll der 26. Sitzung des Nationalen Verteidigungsrates vom 26.1.1967, aus: Analysen und Berichte des BStU, Reihe B, Nr. 1/95, S.14.
24 »Ergänzung zu den instruktiv methodischen Hinweisen für die Präzisierung und Komplettierung der Dokumentation der spezifisch-operativen Vorbereitungsmaßnahmen vom 31.1.84 mit Anhalten für die Aufnahme von Personen in den Kennzifferkomplex vom 20.1.86«. Aus: Analysen und Berichte des BStU. Reihe B, Nr. 1/95, S. 18 f.
25 2. Gesetz zur Änderung des Sächsischen Polizeigesetzes vom 21.6.1999 (Sächs. GVBl., 1999, S. 330).
26 Beiträge zum Umgang mit der Staatssicherheitsvergangenheit. In: Zwiegespräch, Nr. 31, Dezember 1995, S. 20.
27 Ebenda, S. 21.
28 »Für 43 Jahre vertrieben«, Neues Deutschland vom 27.8.1996.
29 Schriftenreihe des Schweizerischen Unteroffiziersverbandes, Heft 4, S. 125, in: Neues Deutschland vom 1.4.1996.
30 »Rotfuchs«, Nr. 27, April 2000, S. 16.
31 Referat Erich Mielkes auf der Dienstbesprechung zur Mobilmachungsarbeit im MfS am 26.2.1988, (BStU, ZA, DSt. 102212, S. 36).
32 Ebenda, S. 23.
33 Wilfriede Otto: Erich Mielke. Biographie. Berlin 2000, S. 437.
34 Referat Erich Mielkes auf der Dienstbesprechung zur Mobilmachungsarbeit im MfS am 26. Februar 1988, (BStU, ZA, DSt. 102212, S. 17 und 34).
35 Thomas Auerbach: Vorbereitung auf den Tag X. In: Analysen und Berichte des BStU. Reihe B, Nr. 1/95, S. 3.
36 Ebenda, S. 89.
37 Militärgeschichte der BRD, Abriß. Militärverlag, Berlin 1989, S. 282 f.

Die Untersuchungsorgane des MfS (HA IX im MfS/ Abt. IX der BV)

Von Karli Coburger und Dieter Skiba

Die Rechtsstellung der Untersuchungsorgane des MfS. Grundlagen und wesentliche Merkmale ihrer Tätigkeit

Die Untersuchungsorgane des Ministeriums für Staatssicherheit waren – neben denen des Ministeriums des Innern und der Zollverwaltung – durch die Strafprozeßordnung der DDR (nachfolgend StPO/DDR) als staatliche Untersuchungsorgane der DDR bestimmt.[1] (Mit Beginn der antifaschistisch-demokratischen Umgestaltung im Osten Deutschlands und nach Gründung der DDR galt die von faschistischem Gedankengut bereinigte Reichsstrafprozeßordnung. Ab 1952 galt dann die erste Strafprozeßordnung der DDR. In dieser waren die damals bestehenden Untersuchungsorgane beim Chef der Deutschen Volkspolizei, bei der Zentralen Kommission für staatliche Kontrolle/Amt für Kontrolle des Warenverkehrs, der späteren Zollverwaltung der DDR, und beim MfS namentlich noch nicht angeführt. Das erfolgte erst mit der StPO der DDR 1968.)

Die Zuordnung eigener Untersuchungsorgane zum Ministerium für Staatssicherheit fußte auf der Einheitlichkeit der Staatsgewalt und gewährleistete hohe Kompetenz, Effektivität und Qualität der Arbeit.

Die Rechte und Pflichten strafprozessualer Untersuchungsorgane des MfS wurden durch die Hauptabteilung IX (HA IX) im MfS und in den Bezirksverwaltungen (BV) von den dortigen Abteilungen IX wahrgenommen. Gemäß den StPO/DDR führten sie unter der Leitung des zuständigen Staatsanwaltes offiziell Ermittlungsverfahren in Strafsachen durch.

Als Untersuchungsorgane hatten sie straftatverdächtige Handlungen und Vorkommnisse zu untersuchen, Anzeigen und Hinweise auf Straftaten zu prüfen, Straftaten aufzuklären, die Täter zu ermitteln sowie Ursachen und begünstigende Bedingungen für Straftaten aufzudecken und an ihrer Beseitigung bzw. Zurückdrängung mitzuwirken. Bei Vorliegen der strafprozessualen Voraussetzungen wurden alle nach der Strafprozeßordnung zulässigen Untersuchungshandlungen und -maßnahmen vorgenommen.

Im Ermittlungsverfahren hatten sie die gleichen Pflichten und Rechte wie die anderen Untersuchungsorgane der DDR. Selbst die BStU-Behörde kam angesichts der klaren Rechtslage nicht umhin festzustellen: »(Es) handelte sich bei der Untersuchungstätigkeit des Staatssicherheitsdienstes um eine durch die Strafprozeßordnung der DDR geregelte offizielle Tätigkeit, die den gleichen formalen Regelungen unterworfen war, wie die Ermittlungstätigkeit der Polizeiorgane und der Zollverwaltung …«[2]

Die Untersuchungsorgane waren operative Struktureinheiten des MfS. Sie unterschieden sich aber von den anderen operativen Diensteinheiten dadurch, daß ihnen als Rechtspflegeorgan Befugnisse, Rechte und Pflichten zur eigenverantwortlichen Einleitung und Bearbeitung sowie für den Abschluß von strafprozessualen Ermittlungsverfahren gemäß der StPO eingeräumt waren. Ihre Tätigkeit war also nicht nur durch die für das gesamte MfS verbindlichen Rechtsvorschriften, sondern in bezug auf die Untersuchungstätigkeit (und damit auch für die untersuchungsführenden Mitarbeiter – die »Untersuchungsführer«) durch die dafür geltenden strafprozessualen und strafrechtlichen Normen bestimmt. In der Richtlinie Nr. 1/76 des Ministers für Staatssicherheit zur Entwicklung und Bearbeitung Operativer Vorgänge hieß es dazu: »Die Durchführung von Ermittlungsverfahren obliegt der Untersuchungsabteilung und hat unter strikter Einhaltung der dafür geltenden gesetzlichen Bestimmungen, insbesondere der StPO zu erfolgen.«

Es gab für die Untersuchungsorgane des MfS zu keiner Zeit Sonderregelungen oder Ausnahmerechte. Zu keiner Zeit existierten im MfS interne Weisungen und Befehle, die im Widerspruch zu den geltenden Rechtsnormen gestanden hätten.

Die Ergebnisse der Untersuchungsarbeit wurden gegenüber Außenstehenden nicht geheimgehalten. Sie waren zur Weitergabe an die Justizorgane bestimmt und schufen Voraussetzungen, damit diese ihre Verantwortung und Aufgaben wahrnehmen konnten.

Die Untersuchungstätigkeit wie auch ihre Ergebnisse widerspiegelten somit wesentliche Seiten der Arbeit des MfS. Gerade auch deshalb waren die Untersuchungsorgane im MfS Berlin ununterbrochen direkt dem Minister für Staatssicherheit und in den Bezirksverwaltungen deren Leitern unterstellt.

Die Tätigkeit der Untersuchungsorgane unterlag damit der Kontrolle durch die zuständigen dienstlichen Vorgesetzten als auch der Aufsicht des Staatsanwaltes und der kritischen Prüfung durch Gericht, Verteidigung und Öffentlichkeit im Rahmen der Einleitung, Bearbeitung und des Abschlusses von Ermittlungsverfahren.

Als Dienstvorgesetzte der Hauptabteilung IX und der Abteilungen IX in den Bezirksverwaltungen konnten der Minister für Staatssicherheit bzw. die Leiter der Bezirksverwaltungen im Einzelfall Weisungen für die Tätigkeit der Untersuchungsorgane erteilen und sich Entscheidungen zur Bestätigung vorbehalten. Dabei waren sie ebenfalls an die für die Untersuchungstätigkeit geltenden gesetzlichen Vorschriften gebunden.

Sowohl der Minister als auch die Leiter der BV haben nachhaltig die Verantwortung der Untersuchungsorgane für die Durchsetzung der Gesetzlichkeit in der eigenen Arbeit, für eine wissenschaftliche, von Objektivität und Unvoreingenommenheit geprägte Untersuchungstätigkeit gefordert: »Wer Recht anwendet, muß selbst sauber sein.«

Die Ermittlungshandlungen waren gesetzlich vorgeschrieben und zu dokumentieren. Die Schriftstücke hatten den beweisrechtlichen Anforderungen der StPO zu entsprechen und waren für Dritte (Staatsanwalt, Gericht, Verteidiger, Beschuldigter) nachkontrollierbar zu fertigen.

Gemäß den StPO/DDR durften nur für das Strafverfahren zugelassene Beweise in das Ermittlungsverfahren eingeführt werden. Das hieß, daß durch Inoffizielle Mitarbeiter oder durch andere konspirative Quellen erlangte Fakten keinen Beweiswert für das Ermittlungsverfahren besaßen und folglich auch nicht eingeführt werden durften – und auch nicht wurden.

Als Leiter des Ermittlungsverfahrens konnte der Staatsanwalt jederzeit Einblick in die Ermittlungsakten nehmen. Schwere Eingriffe in Persönlichkeitsrechte (Haftbefehl, Durchsuchung, Beschlagnahme etc.) unterlagen der richterlichen Entscheidung bzw. Bestätigung.

Nach Abschluß des Verfahrens wurden die Ermittlungsakten mit einem Schlußbericht dem Staatsanwalt übergeben. Die Akten erhielten danach Gericht und Verteidiger – und soweit einbezogen – gesellschaftliche Ankläger bzw. Verteidiger (die es in der DDR auch gab). Ergebnisse der Untersuchungstätigkeit wurden der Öffentlichkeit bekannt durch die gerichtlichen Verfahren, insbesondere durch dazu erfolgende Veröffentlichungen in den Medien, oder durch andere Formen der öffentlichen Auswertung der Ergebnisse von Gerichtsverhandlungen.

Die Diensteinheiten der IX hatten zugleich zu gewährleisten, daß es durch den offiziellen Charakter der Untersuchungsarbeit nicht zur Weitergabe nur für den Gebrauch im MfS bestimmter Informationen an Außenstehende oder zur Dekonspiration Inoffizieller Mitarbeiter (IM) und konspirativer Arbeitsmethoden kommen konnte. Zur Gewährleistung der Konspiration war es deshalb strengstens untersagt, interne Dokumente des MfS, die Aufschluß über dessen Arbeitsmittel und Methoden, Dienstverhältnisse, Strukturen usw. gaben, nach außen gelangen zu lassen.

Diese aus dem Charakter des MfS (als ein auch mit geheimdienstlichen und nachrichtendienstlichen Mitteln und Methoden arbeitendes Schutz-, Sicherheits- und Rechtspflegeorgan) resultierenden Forderungen führten jedoch nicht zu Nachteilen für die Beschuldigten, zumal interne Schriftstücke keine Verwendung im Ermittlungsverfahren finden konnten.

Das schloß nicht aus, daß die Untersuchungsabteilungen gegenstandsbezogen mit den zuständigen operativen Diensteinheiten eng zusammenarbeiteten. Die Untersuchungsführer erhielten über diesen Weg konspirativ erarbeitete Verdachtshinweise, Angaben zu möglichen Tatumständen und -beteiligten bzw. andere operative Anregungen, die sie durch klärende Fragen an Beschuldigte oder Zeugen auf ihren Wahrheitsgehalt überprüften und die möglicherweise weitere be- oder entlastende Fakten/Beweise zutage fördern konnten.

Andererseits erhielten operative Diensteinheiten Erkenntnisse aus den Ermittlungsverfahren (neue gegnerische Angriffsrichtungen, geheimdienstliche Arbeitsmethoden, Hinweise auf mögliche weitere Agenten etc.), die der Qualifizierung der Abwehrtätigkeit dienten, sowie Hinweise auf weitere Beweise und zur Veranlassung vorbeugender Maßnahmen. Daraus ergab sich, daß bei den Untersuchungsführern eine getrennte Vorgangs- und damit Aktenführung existierte. Es gab den offiziellen Ermittlungsvorgang (üblicherweise »Ermittlungsakte« bzw. »Gerichtsakte« genannt), welcher alle durch strafprozessuale Entscheidungen und Maßnahmen erlangte Dokumente enthielt.

Und es gab den MfS-internen (und in der Abteilung XII nachweispflichtig registrierten) Untersuchungsvorgang, der – üblicherweise auch als »Handakte« bezeichnet – neben Kopien der in der Ermittlungs- bzw. Gerichtsakte enthaltenen Dokumente alle internen Unterlagen (Untersuchungsplan, Kontrollvermerke Vorgesetzter, Schriftverkehr mit operativen Diensteinheiten sowie Mitteilungen operativer Diensteinheiten über durchgeführte Überprüfungen und Ermittlungen) enthielt, die im Zusammenhang mit der Bearbeitung der Sache entstanden waren. (In einem Untersuchungsvorgang konnten mehrere Personen als Beschuldigte registriert sein, so daß die Anzahl der Untersuchungsvorgänge nicht identisch war mit der Zahl der in Ermittlungsverfahren bearbeiteten Personen.)

Neben ihrer Funktion als Untersuchungsorgane hatten die Diensteinheiten IX den zentralen MfS-Richtlinien und Weisungen entsprechende operative Aufgaben zu erfüllen, die ihrer Fachqualifikation entsprachen. So hatten sie die operativen Diensteinheiten bei der rechtlichen und kriminalistischen Bewertung dort erarbeiteter Verdachtsgründe zu unterstützen. Sie gaben Anregungen für weiteres Vorgehen bei der Suche und Sicherung von Beweisen. Ihre Bewertungen und Vorschläge zum vorgelegten operativen Material fanden in schriftlichen Einschätzungen ihren Niederschlag. Das war aber keinesfalls eine Entscheidung über die weitere Bearbeitung des betreffenden Operativen Vorgangs. Diese Entscheidung oblag immer allein dem zuständigen Leiter der vorgangsführenden operativen Diensteinheit bzw. dessen Vorgesetzten.

Zu strafrechtlichen Grundlagen und Hauptrichtungen der Untersuchungstätigkeit. Zur inneren Struktur

Die sachliche Zuständigkeit der Untersuchungsorgane des MfS ergab sich – ausgehend vom Gesetz über die Bildung des MfS und seiner Begründung vor der Volkskammer am 8. Februar 1950 – vor allem auch aus den Statuten von 1953 und 1969. (Vgl. Anlagen im Beitrag zur Sicherheitspolitik der SED im Bd. 1.)

Die Untersuchungsorgane des MfS waren zuständig für die Untersuchung von Straftaten nach Kapitel 1 und 2, Besonderer Teil des StGB/DDR. Das betraf im einzelnen:

- Vorbereitung und Durchführung von Aggressionskriegen, Anwerbung von DDR-Bürgern für kriegerische Handlungen, Kriegshetze, völkerrechtswidrige Verfolgung von DDR-Bürgern, Verbrechen gegen die Menschlichkeit, Kriegsverbrechen, faschistische Propaganda, Völker- und Rassenhetze;
- Hochverrat, Spionage, landesverräterische Agententätigkeit, Terror, Diversion, Sabotage, staatsfeindlicher Menschenhandel, staatsfeindliche Hetze und Militärstraftaten, soweit sie von sicherheitspolitischer Relevanz waren. (Militär- und Straftaten der allgemeinen Kriminalität klärten Untersuchungsführer der Militärstaatsanwaltschaft auf, die in Truppenteilen stationiert waren.)
- Straftaten der allgemeinen Kriminalität (wie Straftaten gegen die staatliche Ordnung gemäß 8. Kap., StGB/DDR), die durch ihre Umstände oder Auswirkungen Fragen der staatlichen Sicherheit tangierten. Mit Genehmigung des Staatsanwalts konnten Ermittlungsverfahren sol-

cher Art von Untersuchungsorganen des MdI oder von der Zollverwaltung der DDR übernommen bzw. an diese übergeben werden.

Und schließlich waren die Diensteinheiten der IX auch zuständig für Straftaten von hauptamtlichen Mitarbeitern des MfS und von IM, wenn diese der Begehung von Straftaten im Zusammenhang mit ihrer Tätigkeit für das MfS verdächtigt waren.

Hinsichtlich der den Ermittlungen zugrundeliegenden Vorschriften des materiellen Strafrechts sind im wesentlichen drei Zeitabschnitte zu unterscheiden:

In der Zeit bis 1958 dominierte Artikel 6 der Verfassung der DDR, der gemäß Entscheid des Obersten Gerichts der DDR vom 4. Oktober 1950 unmittelbar als Strafrechtsbestimmung anzuwenden war, vielfach in Verbindung mit der Kontrollratsdirektive 38, III A III. (Entstehungsgeschichte, rechtliche Qualität und Bedeutung des Art. 6 Abs. 2 der Verf. 1949 als materielle Strafbestimmung werden am Schluß des vorliegenden Beitrags ausführlich behandelt.) Bis zum 6. August 1954 galten daneben auch die Befehle und Anordnungen, die von der Sowjetischen Militäradministration und der Alliierten Kontrollkommission in Deutschland in den Jahren 1945 bis 1952 zu Fragen erlassen worden waren, die das politische, wirtschaftliche und kulturelle Leben in der DDR betrafen.

Dazu gehörten das Kontrollratsgesetz Nr. 10 sowie Strafrechtsnormen enthaltende Befehle der SMAD, wie z. B. Befehl 201, der die Bestrafung von Nazi- und Kriegsverbrechern betraf, Befehl Nr. 160, welcher Sabotage und Diversionshandlungen unter Strafe stellte.

In geringem Maße waren in diesem Zeitraum das Gesetz zum Schutze des Volkseigentums und anderen gesellschaftlichen Eigentums vom 2. Oktober 1952[3], die Verordnung der Deutschen Wirtschaftskommission über die Bestrafung von Verstößen gegen die Wirtschaftsordnung (WStVO) vom 23. September 1948 i. d. F. der Änderungs-Verordnung vom 29. Oktober 1953[4], das Gesetz zum Schutze des innerdeutschen Handels vom 21. April 1950[5] und das Paßgesetz der DDR vom 15. September 1954 (in Verbindung mit dem Änderungsgesetz vom 11. Dezember 1957[6] für die Tätigkeit der Untersuchungsorgane relevant.

Im Zeitraum von 1958 bis 1968 bildeten Straftatbestände des »Gesetzes zur Ergänzung des Strafgesetzbuches – Strafrechtsergänzungsgesetz – vom 11. Dezember 1957«[7] die Grundlage für die strafrechtliche Wertung der Mehrzahl der zu untersuchenden Straftaten. Mit diesem Gesetz wurden die Straftatbestände zur Bekämpfung von Staatsverbrechen sowie anderer Straftaten gegen die staatliche Ordnung neu gefaßt.

Ab 12. Januar 1968 galt das in der DDR neu geschaffene Strafgesetzbuch und bildete mit seinen fünf im Laufe der folgenden Jahre erlassenen Änderungs- bzw. Ergänzungsgesetzen die materiell-rechtliche Basis der Arbeit der Untersuchungsorgane des MfS. Als das 6. Strafrechtsänderungsgesetz der DDR am 1. Juli 1990 in Kraft trat, existierten das MfS/AfNS nicht mehr. Trotzdem enthielt dieses in der »Beitrittszeit« geänderte Strafrecht weiterhin solche strafrechtlichen Staatsschutzbestimmungen wie Hoch- und Landesverrat, Agententätigkeit, Terror und Sabotage, Verfassungsfeindlicher Zusammenschluß u. a.

Eine nicht unbeträchtliche Rolle spielten bei der Anwendung des StGB/DDR die Möglichkeiten, selbst bei solchen schweren Straftaten wie Staatsverbrechen von strafrechtlichen Maßnahmen unter bestimmten Bedingungen abzusehen. Darauf wurde in vorangegangenen Beiträgen bereits eingegangen.

Aus der Sicht der Untersuchungsorgane hatte bereits der Aufruf des Ministerpräsidenten der DDR, Otto Grotewohl, im Herbst 1953 (in die Geschichte der DDR auch als »Grotewohl-Erklärung« eingegangen) eine besondere Bedeutung. Mit ihr wurde sich selbst stellenden Spionen und Agenten Straffreiheit zugesichert – und das war sehr wirksam.

Die dann im Strafrechtsergänzungsgesetz von 1957 im § 9 erfolgte Festlegung (»Eine Bestrafung erfolgt nicht, … 2. wenn nach der Tat im gesamten Verhalten des Täters eine grundlegende Wandlung eingetreten ist, die erwarten läßt, daß er die sozialistische Gesetzlichkeit achten wird.«) wurde auch in der Tätigkeit der Untersuchungsorgane angewandt.

Das galt ebenso für die dann im StGB/DDR 1968 und seinen nachfolgenden Fassungen getroffenen Festlegungen: § 25 StGB, Ziffer 1: »Von Maßnahmen der strafrechtlichen Verantwortlichkeit ist abzusehen, 1. wenn der Täter durch ernsthafte, der Schwere der Straftat entsprechende Anstrengungen zur Beseitigung und Wiedergutmachung ihrer schädlichen Auswirkungen oder durch andere positive Leistungen beweist, daß er grundlegende Schlußfolgerungen für ein verantwortungsbewußtes Verhalten gezogen hat, und deshalb zu erwarten ist, daß er die sozialistische Gesetzlichkeit einhalten wird; …«

Für die im 2. Kapitel des StGB/DDR 1968 definierten Staatsverbrechen enthielt § 111 StGB die spezielle Regelung: »Bei den in diesem Kapitel genannten Verbrechen kann auf eine geringere als die angedrohte Mindeststrafe erkannt oder es kann von Strafe abgesehen werden, wenn sich der Täter den Sicherheitsorganen stellt und das Verbrechen und seine Kenntnis über die Zusammenhänge des Verbrechens offenbart.«

Die innere Struktur der Untersuchungsorgane hat sich in Abhängigkeit von inhaltlichen und quantitativen Schwerpunkten gegnerischer Angriffe und des Straftatenanfalls in der DDR im Laufe der Zeit verändert und ging mit einer Spezialisierung einher.

Anfangs bestanden in der HA IX nur zwei untersuchungsführende Abteilungen: die eine bearbeitete die geheimdienstliche Spionage, die andere alle anderen anfallenden Verbrechen.

Die zuletzt tätigen untersuchungsführenden Abteilungen in der HA IX hatten jeweils folgenden Hauptgruppen von Straftaten zu bearbeiten: Spionage und andere Landesverratsdelikte; Verbrechen gemäß 1. Kapitel des StGB/DDR 1968 sowie Straftaten gegen die verfassungsmäßigen politischen Grundlagen der DDR, einschließlich staatsfeindliche Hetze; Straftaten gegen die Volkswirtschaft; Straftaten gegen die Sicherheit der Nationalen Volksarmee und der Grenztruppen der DDR; staatsfeindlichen Menschenhandel, Angriffe gegen die Staatsgrenze und schwere Straftaten gegen die staatliche Ordnung, wie ungesetzliche Grenzübertritte; Straftaten von Angehörigen des MfS und von IM, wenn diese im Zusammenhang mit ihrer Tätigkeit für das MfS standen; Nazi- und Kriegsverbrechen sowie Verbrechen gegen die Menschlichkeit (diese 1966 geschaffene Abteilung wurde in der ersten Hälfte der 80er Jahre wegen nachlassender Anzahl der zu untersuchenden Straftaten wieder aufgelöst); Aufklärung von terror- und diversionsverdächtigen Handlungen oder anderer wegen ihrer Schwere und Auswirkungen (Morde Brandstiftungen, Havarien u. a.) bedeutsamer sicherheitsrelevanter Vorkommnisse, die von Spezialkommissionen untersucht wurden.

Eine weitere spezielle Abteilung (Abteilung 4, später Bereich Anleitung und Kontrolle der AKG) war für die Anleitung und Unterstützung der Untersuchungsabteilungen der Bezirksverwaltungen zuständig. Zu ihr gehörten außerdem die Bereiche Auswertung, Analyse und Grundsatzfragen.

Für die Zusammenarbeit mit den Untersuchungsorganen der anderen sozialistischen Staaten gab es ebenfalls eine Abteilung.

Darüber hinaus existierten Abteilungen und Gruppen, die im wesentlichen die Untersuchungstätigkeit und Versorgungsdienste zu unterstützen hatten.

In den Abteilungen IX der BV vollzog sich eine analoge Entwicklung, allerdings nicht bis zur gleichen Tiefe der strukturellen Gliederung wie in der Hauptabteilung.

1967 wurde nach längerer Vorbereitung auf Befehl des Ministers für Staatssicherheit die Abteilung 11 geschaffen. Ihre Aufgabe bestand in der

Aufklärung von Nazi- und Kriegsverbrechen durch Nutzung von Archivmaterial und Archivrecherchen.

Wegen der Spezifik ihrer Tätigkeit – diese Abteilung arbeitete *nicht* mit den Rechten eines Untersuchungsorgans – wird sie im vorliegenden Beitrag an späterer Stelle gesondert behandelt.

Zu strafprozessualen Grundlagen und Anforderungen

Auf einige wesentliche prozessuale Grundlagen der Untersuchungstätigkeit wurde bereits eingangs hingewiesen.

In den für alle Untersuchungsorgane der DDR geltenden gesetzlichen Vorschriften der Strafprozeßordnung waren deren Befugnisse, Rechte und Pflichten genau festgelegt, ebenso die Aufgaben des Staatsanwalts, der in der DDR nach dem Gesetz der Leiter des Ermittlungsverfahrens war. Er hatte die Aufsicht über alle Ermittlungen der Untersuchungsorgane. Die Leitung des Ermittlungsverfahrens regelten detailliert Richtlinien des Generalstaatsanwalts der DDR, zuletzt die Richtlinie Nr. 1/85 vom 1. Juni 1985.

In der Strafprozeßordnung der DDR war festgelegt, daß – im Unterschied zur bundesdeutschen StPO, die das nicht vorsieht – die Einleitung eines Ermittlungsverfahrens vom Staatsanwalt oder vom Leiter des Untersuchungsorgans schriftlich begründet sein mußte. Unüberprüfte Hinweise oder anonyme Anzeigen (wie in der BRD für die Einleitung zulässig) reichten dazu nicht aus.

Es war genau bestimmt, unter welchen Umständen Durchsuchungen, Beschlagnahmen und andere prozessuale Zwangsmaßnahmen durchgeführt werden durften. Diese bedurften der richterlichen Bestätigung.

Die *vorläufige Festnahme* war fast wortgleich geregelt wie in der bundesdeutschen StPO. Ähnlich waren auch die gesetzlichen Voraussetzungen für einen richterlichen Haftbefehl und die Vorführung eines Festgenommenen vor den Richter – nämlich unverzüglich, spätestens am Tage nach der Ergreifung. Auch die Bestimmungen über die Rechte des Beschuldigten im Ermittlungsverfahren waren vergleichbar.

Beschuldigte, Zeugen und Sachverständige konnten sich gegen jede sie betreffende Maßnahme eines Untersuchungsorgans (seit der StPO/DDR von 1968 auch des Staatsanwaltes) beschweren. Der Beschuldigte war aktenkundig über die Entscheidung zu informieren und erneut auf seine Rechte zur Beschwerde hinzuweisen.

Über jede Ermittlungshandlung, die für die Beweisführung Bedeutung haben konnte, war ein Protokoll anzufertigen, andere Ermittlungshandlungen waren aktenkundig zu machen. Das gewährleistete, die gesamte Ermittlungstätigkeit durch Gericht, Staatsanwalt und Verteidiger überprüfen zu können.

Das Recht auf Verteidigung und die Rechte der Verteidiger waren in den §§ 61 ff StPO/DDR 1968 geregelt. Der Beschuldigte konnte jederzeit einen in der DDR zugelassenen Rechtsanwalt als Verteidiger wählen. Wenn er darauf verzichtete, mußte (und wurde ihm auch) bei Verfahren vor dem Obersten Gericht und den Bezirksgerichten gemäß § 63 StPO/DDR ein Pflichtverteidiger bestellt. Die Kosten waren nach Maßgabe der gesetzlichen Bestimmungen aus dem Staatshaushalt zu zahlen. Ein Rückgriff gegen den Verurteilten - wie in der BRD auch - war zulässig.

Mit Beginn der ersten Vernehmung war der Beschuldigte aktenkundig über sein Recht auf Verteidigung zu belehren. Er konnte jederzeit Beweis- und andere Anträge stellen, über deren Ergebnis er schriftlich zu informieren war. Mit Übernahme der Verteidigung konnte der Verteidiger mit seinem Mandanten sprechen und schriftlich verkehren.

Der Verteidiger erhielt nach Abschluß der Ermittlungen und vor Erhebung der Anklage Einsicht in die Strafakten; davor konnte sie ihm gewährt werden, wenn keine Gefährdung der Untersuchungen gegeben war.

Im § 104 StPO/DDR 1968 war die gesetzliche Frist für die Bearbeitung von Ermittlungsverfahren auf drei Monate festgesetzt. Davon standen gemäß der Richtlinie 1/85 des Generalstaatsanwalts der DDR - frühere Richtlinien enthielten analoge Festlegungen - den Untersuchungsorganen des MfS acht Wochen zur Verfügung. War wegen des Umfangs eine Verlängerung erforderlich, mußte diese schriftlich begründet beim Staatsanwalt beantragt werden. In Haftsachen (d. h. von Ermittlungsverfahren mit Untersuchungshaft, was angesichts der Schwere des zu klärenden Strafverdachts durch die Untersuchungsorgane des MfS die Regel war; zur Untersuchungshaft ausführlicher im nachfolgenden Beitrag) waren gemäß § 131 StPO/DDR sowohl der Staatsanwalt als auch die Untersuchungsorgane verpflichtet, ständig die Notwendigkeit der Aufrechterhaltung des Haftbefehls zu prüfen.

Im Gegensatz zu den Fristenregelungen im Strafprozeßrecht der DDR gibt es im Recht der BRD keine derartigen strengen Festlegungen. Es sind zahlreiche Fälle der politischen Strafverfolgung durch Justizbehörden der BRD bekannt, in denen gegen frühere DDR-Bürger oft über Monate oder Jahre Ermittlungsverfahren durchgeführt wurden und noch werden, sie also Beschuldigte sind, nicht selten ohne davon überhaupt Kenntnis zu erhalten.

Beschuldigte waren über den Abschluß der Untersuchungen und die Beweismittel zu unterrichten und, soweit noch nicht entschieden, erneut auf die Möglichkeit der Wahl eines Verteidigers aktenkundig hinzuweisen.

Im § 146 StPO/DDR 1968 war bestimmt, daß dem Staatsanwalt ein Abschlußbericht, der das Ergebnis der Untersuchung zusammenfaßte, zu übergeben sei. Er diente mit den Ermittlungsakten der Untersuchung als Grundlage für seine Anklage bzw. andere Entscheidungen. Der Staatsanwalt war nicht an die Beurteilungen, Vorstellungen und Vorschläge des Untersuchungsorgans gebunden.

Die Ermittlungsakten der Untersuchungsabteilungen, die alle Originaldokumente und Fotografien von Beweisgegenständen enthielten, standen nach Anklageerhebung als Gerichtsakten dem Gericht zur Verfügung. Bei großem Umfang und kompliziertem Sachverhalt ordnete das Gericht zur Erleichterung der Arbeit von Staatsanwaltschaft und Verteidigung an, daß das Untersuchungsorgan für diese Duplikatakten anzufertigen hatte.

Eine im deutschen Rechtsraum wohl einmalige Haftfürsorgeregelung war entsprechend bereits vorher geübter Praxis im § 129 StPO/DDR 1968 geregelt.[8]

Staatsanwalt und Untersuchungsorgan hatten gemäß dieser Regelung dafür Sorge zu tragen, das minderjährige und pflegebedürftige Personen, die infolge einer Inhaftierung des Beschuldigten ohne Aufsicht gewesen wären, der Fürsorge von Verwandten oder anderen Personen oder geeigneten Einrichtungen übergeben wurden. War das erforderlich, wurden alle Maßnahmen mit dem Beschuldigten besprochen, und er wurde über die Ergebnisse unterrichtet. Die Haftfürsorge betraf auch arbeitsrechtliche, sozialversicherungsrechtliche und Wiedereingliederungsfragen. Sie waren darauf gerichtet, die Wiedereingliederung in die Gesellschaft soweit wie möglich zu erleichtern. Alle Maßnahmen und Informationen waren aktenkundig zu machen.

Zu weiteren Seiten der Rechtsverwirklichung in der Untersuchungstätigkeit

Zunächst hier eine prinzipielle Feststellung, die sowohl die bisherigen Darlegungen als auch im besonderen die nachfolgenden betrifft:

Zwischen dem normierten Recht, den fixierten rechtlichen Vorschriften und ihrer Verwirklichung, der Rechtsanwendung und Rechtspraxis, gibt es immer eine größere oder geringere Differenz. Das liegt in der Natur des Rechts: denn es besteht aus Soll-Vorschriften. Nirgends beschreiben die rechtlichen Vorschriften einen Ist-Zustand. (Deshalb gibt es übrigens auch – neben den rein juristischen Wissenschaften – auch das wissenschaftliche Gebiet der »Rechtstatsachenforschung«, die den Ist-Zustand des Rechtswesens untersucht.)

Es ist offensichtlich, daß die Verwirklichung der gesetzlichen und anderen Rechtsvorschriften maßgeblich mit davon abhängt, ob auch die realen Voraussetzungen für ihre Verwirklichung geschaffen werden bzw. vorhanden sind. Grundprinzip der Tätigkeit der Untersuchungsorgane des MfS war immer, auf der Grundlage und in Durchsetzung des DDR-Rechts ein hohes Maß an Übereinstimmung zwischen dem normierten Recht und der tatsächlichen Rechtspraxis herzustellen.

Die Untersuchungstätigkeit im MfS entwickelte und vollzog sich ebenfalls in Abhängigkeit von realen Umständen und Bedingungen:

1. Die Entwicklung der Rechtsverwirklichung in den Untersuchungsorganen der DDR war zunächst wesentlich bestimmt von den besatzungsrechtlichen Bestimmungen und Verhältnissen. Die aus der sowjetischen Besatzungszone hervorgegangene DDR war bei ihrer Gründung so eingeschränkt souverän wie die aus den drei westalliierten Zonen hervorgegangene Bundesrepublik.

Am 10. Oktober 1949 wurde aus der Sowjetischen Militäradministration in Deutschland (SMAD) die Sowjetische Kontrollkommission. Daraus ging am 28. Mai 1953 die sowjetische Hohe Kommission hervor. Beide Institutionen kontrollierten die Einhaltung und Umsetzung des Potsdamer Abkommens und anderer alliierter Beschlüsse. Sie sorgten dafür, daß es keine den sowjetischen Interessen entgegenstehende Politik und Entwicklung in ihrer Besatzungszone geben konnte.

Die Fortexistenz sowjetischer hoheitlicher Rechte und Funktionen in der DDR hatte für die Entwicklung und Tätigkeit der Staatsorgane der DDR (und damit selbstverständlich auch für das MfS und seine Untersuchungsorgane) eine durchaus praktische Bedeutung.

Unmittelbarer Ausdruck der sowjetischen Präsenz war die Tätigkeit sowjetischer Berater auch in den Untersuchungsorganen. Sie unterstützten die Qualifizierung der anfangs unerfahrenen Untersuchungsführer (Anleitung in untersuchungstaktischen Fragen, Erziehung zu Gründlichkeit, Exaktheit und Ausdauer, Durchsetzung einer den kriminalistischen Regeln entsprechenden Protokollierung). Sie hatten damit – auch wenn das heute je nach Standpunkt unterschiedlich bewertet wird – einen erheblichen Anteil an den in den ersten Jahren erzielten Ergebnissen.

Ihre Aufgabe bestand jedoch in erster Linie in der Durchsetzung sowjetischer Interessen und Standpunkte in der Tätigkeit der Untersuchungsorgane. Die Wahrnehmung hoheitlicher Funktionen zeigte sich auch darin, daß eingeleitete Strafverfahren gegen Bürger der DDR (abgesehen von der Vielzahl von ihnen selbst durchgeführter Strafverfahren) in einer Reihe von Fällen von sowjetischen Organen übernommen und die betroffenen Personen von sowjetischen Gerichten verurteilt wurden. Daß bereits die Einleitung von Verfahren auf maßgeblichen sowjetischen Einfluß hin erfolgte, liegt nahe.

Wenn derartige Vorgänge heute beurteilt werden, ist es unumgänglich, den tatsächlichen Bedingungen Rechnung zu tragen, daß hinter den Hinweisen und Forderungen von sowjetischer Seite auch sehr reale Machtmittel standen.

2. Die Entwicklung der Untersuchungstätigkeit war immer eng mit der Entwicklung des Rechts und der Rechtsauffassungen verbunden. Wesentliche Entwicklungslinien waren charakterisiert durch

- den Beschluß des Ministerrates der DDR vom 27. März 1952, mit dem dem Generalstaatsanwalt der DDR die Aufsicht über die Tätigkeit der Untersuchungsorgane in Strafsachen übertragen worden war;
- die erste Strafprozeßordnung der DDR von 1952 und die Überwindung einer (auf sowjetische Einflüsse zurückgehenden) Überbewertung der Rolle des Geständnisses in Strafverfahren und die nunmehr verstärkte Ausrichtung der Praxis auf die umfassende und allseitige Prüfung der Möglichkeiten zur Gewinnung von Beweisen;
- das Strafrechtsergänzungsgesetz von 1957;
- die in den 60er Jahren ergangenen Beschlüsse und Erlasse des Staatsrats der DDR zur Rechtspflege, die eine noch engere Zusammenarbeit der Justiz- und Sicherheitsorgane forderten und in deren Durchsetzung die vorbeugende Orientierung der Untersuchungsarbeit verstärkt, in breiterem Maße gesellschaftliche Kräfte einbezogen und nicht zuletzt auch die Rolle der Verteidiger im Strafverfahren weiter entwickelt wurden;
- die Neukodifizierung des Straf- und Strafprozeßrechts im Jahre 1968 entsprechend den veränderten gesellschaftlichen Erfordernissen und Bedingungen sowie der nachfolgenden Weiterführung der Rechtsentwicklung auf den vorgenannten Gebieten.

3. Wesentlich für die Untersuchungsarbeit war die Entwicklung des Personalbestandes der Untersuchungsabteilungen. Den Kern des Personalbe-

standes der Untersuchungsabteilungen bildeten – wie bereits im Beitrag zur Sicherheitspolitik der SED beschrieben – zunächst vom MdI übernommene Kriminalisten, die in den Dienststellen »K5« und »D« erste Erfahrungen bei der Bearbeitung von Ermittlungsverfahren gesammelt hatten. Fundierte rechtliche und kriminalistische Qualifikationen waren infolge des vollständigen Personalaustausches bei der Zerschlagung des faschistischen Staatsapparates nur vereinzelt vorhanden.

Obwohl von Anbeginn an eine intensive Kontrolle der Arbeit der Untersuchungsführer – auch von der Zentrale in den Ländern/Bezirken und durch entsprechende Anleitung seitens Vorgesetzter – zum durchgängigen Arbeitsstil gehörte, konnten Fehler und Unzulänglichkeiten besonders in der Beweisführung und in den taktischen Vorgehensweisen zunächst nicht vermieden und nur schrittweise reduziert werden. Gelegentlich profitierten Beschuldigte von diesen Schwächen.

Trotz dieser komplizierten Bedingungen galt für die Untersuchungsorgane, die Würde von Betroffenen in Strafverfahren uneingeschränkt zu wahren und Gestrauchelten möglichst zu helfen, den Weg in die Gesellschaft zurückzufinden. Das entsprach nicht nur der Kontrollratsdirektive Nr. 11 zum Aufbau einer demokratischen Rechtsordnung in Deutschland. Es entsprach vor allem auch den Schlußfolgerungen, die Antifaschisten aus ihrer Leidenszeit in faschistischen Konzentrationslagern und Zuchthäusern gezogen hatten. Diese Erfahrungen fanden Niederschlag in der Verfassung und in den Gesetzen der DDR.

Mit der Richtlinie Nr. 21/52 des Ministers für Staatssicherheit begann 1952 die ständige und systematische Breitenschulung im MfS, auf welcher auch fachspezifische Ausbildungsmaßnahmen für Untersuchungsführer aufbauten. Die juristische und fachliche Qualifizierung erfolgte kontinuierlich durch konkrete Anleitung und Kontrolle der Tätigkeit der Untersuchungsführer sowie durch Fachschulungen und Lehrgänge.

Zunehmend wurden auch Absolventen von Universitäten und Fachschulen eingestellt. Und Untersuchungsführer erlangten auch in Direkt- und Fernstudien ihren Hochschulabschluß. Die Untersuchungsorgane verfügten schließlich in den letzten 20 Jahren über einen hohen Anteil von Mitarbeitern mit Hochschulabschluß – vor allem als Juristen und Kriminalisten.

4. Schließlich wurde die Entwicklung der Untersuchungsarbeit wesentlich durch die Entwicklung der für sie bedeutsamen wissenschaftlichen Grundlagen und des entsprechenden wissenschaftlichen Vorlaufs bestimmt.

Besonders aus der Rechtswissenschaft und der kriminalistischen Wissenschaft in der DDR wurden Erkenntnisse übernommen. Zunehmend wurden auch durch spezielle Forschungsarbeiten an der Juristischen Hochschule Potsdam des MfS (JHP) wissenschaftliche Ergebnisse für die Qualifizierung der Untersuchungstätigkeit gewonnen. (Siehe dazu auch den Beitrag zur Juristischen Hochschule des MfS im Bd. 2)

Die Methoden der Anleitung und Kontrolle in den Untersuchungsorganen wurden differenzierter und qualifizierter. Gleichartige Entwicklungslinien in der Arbeit der operativen Diensteinheiten hoben die Zusammenarbeit mit diesen auf ein höheres Niveau.

Hält man sich die vorgenannten inneren Entwicklungsbedingungen vor Augen, die die Untersuchungstätigkeit wesentlich bestimmten, so darf das aber nicht ohne Sicht auf jene Bedingungen erfolgen, die sich aus der Härte des Kalten Krieges, aus den konkreten Angriffsrichtungen und Erscheinungsformen, Mitteln und Methoden der Geheimdienste und anderer gegnerischer Zentren, Einrichtungen und Kräfte und ihren Wirkungen auf Personengruppen und Personen in der DDR ergaben. Die Untersuchungsführer waren direkt mit haßerfüllten Feinden der DDR konfrontiert, die aus ihrer antikommunistischen Haltung keinen Hehl machten oder diese auch zu verbergen versuchten. Beschuldigte waren aber auch andere Personen, deren verdachtsbegründende Handlungen, Ziele und Motive oft erst nach intensiver Untersuchungstätigkeit den gesetzlichen Anforderungen entsprechend ermittelt werden konnten.

Das alles (und auf weiteres wird nachfolgend noch eingegangen) brachte es mit sich, daß sich in der Untersuchungsarbeit auch Irrtümer und Fehler einschlichen, die zwar korrigiert wurden, die aber auch ihre Ursachen in den Formen und zeitlichen Zusammenhängen des Kalten Krieges und im jeweiligen Entwicklungsstand der Untersuchungspraxis hatten.

Verdachtsprüfung und Einleitung des Ermittlungsverfahrens

Im 2. Abschnitt des 3. Kapitels der StPO/DDR war geregelt, daß der Staatsanwalt und die Untersuchungsorgane alle ihnen bekanntwerdende Hinweise auf mögliche Straftaten gründlich zu überprüfen hatten, damit eine begründete Entscheidung über die Ein- oder Nichteinleitung eines Ermittlungsverfahrens erfolgen konnte. Dadurch sollte gesichert werden, daß kein Hinweis verlorengeht. Andererseits wurde vom Gesetzgeber ausgeschlossen, daß die zuständigen staatlichen Organe leichtfertig und unbegründet Ermittlungsverfahren einleiteten.

Im Regelfall war es so, daß die dem Untersuchungsorgan vorgelegten Informationen noch keine begründeten Entscheidungen über die Einleitung eines Ermittlungsverfahrens zuließen und deshalb vorher strafprozessual zulässige Prüfungshandlungen auf der Grundlage des § 95 (2) StPO/DDR durchgeführt werden mußten. Hierbei wurden überwiegend gute Ergebnisse erzielt. Auch konnten dadurch Wege der Offizialisierung von inoffiziell erarbeiteten Beweismitteln eröffnet werden. Es konnte unverzüglich auf akute, Strafverdacht nahelegende Ereignisse, Gefahren und Störungen reagiert werden. Frühzeitig wurde somit eine begründete Differenzierung möglich – über die Einleitung eines Ermittlungsverfahrens oder gegebenfalls auch die Einleitung eines Ordnungsstrafverfahrens, von Disziplinarverfahren etc. oder das Absehen von Zwangs- und Ordnungsmaßnahmen.

Prüfungsmaßnahmen des Untersuchungsorgans wurden vorher sehr gründlich mit den zuständigen operativen Diensteinheiten abgeklärt, um z. B. zu verhindern, daß durch öffentlich bekannt werdende Befragungen Informationen an die Geheimdienstzentrale des Verdächtigten geraten und dadurch die gesamte operative Bearbeitung oder sogar Inoffizielle Mitarbeiter gefährdet werden. Andererseits sollten an Willkür grenzende leichfertige Befragungen an Hand nur unzureichenden Verdachtsmaterials ausgeschlossen werden.

Ermittlungsverfahren wurden im MfS mit einer schriftlichen Verfügung des Leiters des jeweiligen Untersuchungsorgans eingeleitet.

Für Außenstehende kann das zu dem Eindruck führen, dies sei der Beginn der Aufklärung eines Straftatverdachtes, wie das der Regelfall bei der Kriminalpolizei gewesen ist. Tatsächlich kennzeichnete die *Einleitung eines Ermittlungsverfahrens* meist den Abschluß eines operativen Prozesses der Prüfung, Verdichtung und Vervollständigung von Ersthinweisen oder Merkmalen auf Straftaten, für deren Aufdeckung das MfS zuständig war.

Die Erarbeitung ausreichender Verdachtsgründe war eines der Ziele der Bearbeitung Operativer Vorgänge (wie bereits ausführlich im entsprechenden Beitrag in Band 1 behandelt). Das entsprach dem Auftrag des MfS, Straftaten gegen den Staat aufzuklären und zu unterbinden, Täter festzustellen und der Bestrafung zuzuführen.

War die zuständige operative Diensteinheit in diesem Bearbeitungsprogramm zu der Einschätzung gelangt, daß die erarbeiteten Erkenntnisse für die Einleitung eines Ermittlungsverfahrens ausreichten, wurden die Dokumente (einschließlich eines Abschlußberichtes zu diesem Vorgang) der Hauptabteilung oder der Abteilung IX in der jeweiligen BV zur rechtlichen Prüfung und Einschätzung vorgelegt. Kamen diese zu dem Ergebnis, daß das vorgelegte Material für die Einleitung eines Ermittlungsverfahrens ausreichte, erhielt die operative Diensteinheit eine schriftliche Einschätzung.

Durch die operative Diensteinheit wurde dann unter Zugrundelegung dieser Einschätzung dem zuständigen Vorgesetzten (bei einem vorgesehenen Ermittlungsverfahren mit Untersuchungshaft) ein interner Haftbeschluß zur Bestätigung vorgelegt – im Ministerium dem Minister, in den Bezirksverwaltungen dem Leiter. Erst nach Genehmigung des Haftbeschlußes konnte der Leiter der Hauptabteilung IX bzw. der Leiter der Bezirksverwaltung dann die Einleitung eines Ermittlungsverfahrens verfügen.

Daß geheimdienstliche und andere mit hoher Konspiration vorgetragene rechtswidrige Aktivitäten zunächst mit inoffiziellen Mitteln und Methoden aufgeklärt werden und der inoffiziell festgestellte Sachverhalt erst bei Vorliegen ausreichender Voraussetzungen Gegenstand eines offiziellen Strafverfahrens wird, entsprach und entspricht der Praxis der Abwehrtätigkeit in vielen Ländern, auch in der Bundesrepublik.

Es ist absurd daraus abzuleiten, es habe sich bei den Operativen Vorgängen des MfS um »Geheimermittlungsverfahren«[9] gehandelt oder aber bei den Ermittlungsverfahren um die Fortsetzung eines Operativen Vorganges. Die beschriebene Praxis verhinderte vielmehr, daß rasch und leichtfertig offizielle Verdächtigungen ausgesprochen und damit Bürger belastet wurden. Das ist übrigens ein wesentlicher Grund für die geringe Anzahl von Verfahrenseinstellungen in durch das MfS geführten Ermittlungsverfahren

Von den nach dem »Beitritt« der DDR zur BRD von den Sonderstaatsanwaltschaften und anderen Polizei- und Justizorganen gegen ehemalige Bürger der DDR wegen angeblicher Regierungskriminalität eingeleiteten ca. 100.000 Ermittlungsverfahren mußten bis 2001 nach offiziellen Verlautbarungen weit über 90 Prozent eingestellt werden. Der Öffentlichkeit wird suggeriert, das liege an den begrenzten Möglichkeiten des Rechtsstaates. Tatsächlich konnten trotz bekannter extremer Rechtsauslegung und spezieller Regelungen für die neuen Bundesländer nicht die Verbrechen nachgewiesen werden, die sich mancher Fortsetzer des Kalten Krieges wünschte. Über die sozialen, finanziellen und psychischen Auswirkungen für die Betroffenen gelangt kaum ein Wort an die Öffentlichkeit – im Gegensatz zu den in der DDR rechtmäßig Verurteilten, die nach der »Wende« von der Bundesrepublik rehabilitiert und finanziell entschädigt wurden.

Grundfragen der Bearbeitung von Ermittlungsverfahren

Zu den grundlegenden Aufgaben des Untersuchungsführers im Ermittlungsverfahren gehörte die Beweisführung. Ihr Inhalt und Umfang wurde durch § 101 StPO/DDR bestimmt. Danach waren zur allseitigen und unvoreingenommenen Aufklärung des Verdachts einer strafbaren Handlung und zur Feststellung des Täters die erforderlichen Beweise zu ermitteln, zu überprüfen und zu sichern. Geprüft wurden Art und Weise der Straftat, ihre Ursachen und Bedingungen, der entstandene Schaden, die Persönlichkeit des Beschuldigten, seine Beweggründe, Art und Schwere seiner Schuld, sein Verhalten vor und nach der Tat – und das alles in be- und entlastender Hinsicht.

Die Aufklärung durfte nur auf gesetzlicher Weise und mit gesetzlich zugelassenen Beweisen wie Aussagen von Zeugen, Sachverständigen und Beschuldigten sowie von Beweisgegenständen und Aufzeichnungen erfolgen.

Für die Untersuchungsorgane des MfS war das insofern kompliziert, da – wie bereits hervorgehoben – durch inoffizielle Mittel und Methoden gewonnene Ergebnisse keine strafrechtlich zulässige Beweisqualität besaßen. Zudem mußten Quellenschutz und Konspiration der geheimdienstlichen Abwehrarbeit gewährleistet werden.

Dazu hatte der Minister für Staatssicherheit bereits am 20. März 1952 eine entsprechende Weisung erlassen. Später erging dazu eine Gemeinsame Weisung des Generalstaatsanwaltes der DDR und des Ministers für Staatssicherheit.[10]

Da keinem Beweismittel von vornherein (also unabhängig von seiner Beziehung zu einer möglichen Straftat) Beweiskraft innewohnt, mußte stets geprüft werden, ob es echt, von wem es aufgefunden, ob es nachträglich verändert oder anderweitig beeinträchtigt worden war.

Geprüft wurden die Beziehungen zur Tat, zum Täter, zu anderen Beweisen, welche Widersprüche es gab, welche Konsequenzen sich daraus ergaben etc.

Nicht selten waren Untersuchungsmethoden unterschiedlicher Fachbereiche nötig, um Beweise zu finden, zu sichern und zu bewerten.

Aussagen von Zeugen und Beschuldigten waren zu prüfen hinsichtlich der Beweggründe des Aussagenden bei der Aussage, gegenseitiger Beziehungen, Auswirkungen zeitlicher Abläufe, örtlicher Gegebenheiten, Sinnes- und Gedächtnisleistungen, Wiedergabefähigkeit, nachträglicher aussagebeeinflussender Einwirkungen usw.

Ermittlungsverfahren des MfS wurden erst an den Staatsanwalt übergeben, wenn die Möglichkeiten der Prüfung und Beweisführung ausgeschöpft waren, d. h. wenn die Einlassungen der Beschuldigten, Sachbeweise, Zeugenaussagen, Gutachten und andere Beweise eine zuverlässige Grundlage für die Entscheidung boten.

Das bestätigte auch der in der BRD bekannte Rechtsanwalt Dr. Friedrich Wolff. Zur Charakterisierung eines Ende 1953 vor dem Obersten Gericht geführten Prozesses gegen Spione des Gehlen-Geheimdienstes schrieb er in seinem Buch »Verlorene Prozesse 1953-1998« auf Seite 23: »Die Angeklagten waren geständig. Die Vernehmungsprotokolle des MfS minutiös und hölzern. Die Schilderung der Treffs, der Anlage der toten Briefkästen, der geheimdienstlichen Mittel wie Funkgeräte, Code, Geheimtinte und der Berichte über Kennzeichen von Militärfahrzeugen, Eisenbahntransporte, Flugplätze, Versorgungslücken und Personencharakteristiken war extrem ermüdend. Rechtsfragen gab es nicht.« Extrem ermüdend – aber eben auch extrem penibel.

Bei nicht ausreichender Beweislage stellte der Leiter des Uuntersuchungsorgans – soweit nach geltenden Weisungen des Generalstaatsanwalts die Einstellung nicht dem Staatsanwalt vorbehalten war – das Verfahren durch Verfügung ein, ohne die Sache Justizorganen zur Entscheidung anzutragen.

Von den Untersuchungsorganen des MfS erarbeitete Ermittlungsergebnisse fanden in der Regel Bestätigung durch die gerichtlichen Hauptverhandlungen. Auch ehemalige Verteidiger in solchen Verfahren zollten der Qualität der Untersuchungen Respekt. Das zeugte von einem hohen Grad der Wahrheitsfeststellung seitens der Untersuchungsorgane des MfS, zumal es die gesicherte Erkenntnis gibt, daß eine vollständige Rekonstruktion eines Tatgeschehens und aller relevanten Umstände faktisch nicht möglich ist, weil menschlicher Erkenntnis trotz modernster Methoden und Technik objektiv Grenzen gesetzt sind.

Das hat bekanntlich seine Ursachen z. B. in unvollständigen Erkenntnis-, Gedächtnis- und Wiedergabeleistungen der Betroffenen, von Zeugen und Sachverständigen oder auch in nachträglichen Einwirkungen auf den angeführten Personenkreis nach Erleben bzw. Wahrnehmung. Aber auch die Individualität der Motive für Aussagen und die mögliche Änderung dieser Motivlage können eine Rolle spielen. Hinzu kommen der Entwicklungsstand der Suche, Sicherung und Bewertung von Spuren und Gegenständen und deren Zuordnung zum Täter oder Tatgeschehen, der Entwicklungsstand der Wissenschaft zur mehr oder weniger exakten Beurteilung aufgeworfener Fragen in der Untersuchungstätigkeit sowie die Einflüsse und Auswirkungen von Zeitgeschehnissen und -abläufen. Daraus ergaben sich Irrtümer zu Gunsten oder zu Lasten von Beschuldigten. Wurden in der

DDR solche Fälle bekannt, erfolgte Korrektur. Kein Staat, keine Justiz ist vor solch bedauerlichen Vorkommnissen gefeit.

Auch die Anforderungen an die Vernehmungen von Beschuldigten waren in der StPO/DDR genau festgelegt und damit auch Maßgabe für die Vernehmungspraxis der Untersuchungsorgane. Zu Beginn der ersten Vernehmung waren die Beschuldigten über die Einleitung des Ermittlungsverfahrens und die erhobene Beschuldigung in Kenntnis zu setzen sowie über ihre Rechte und Verteidigungsmöglichkeiten zu belehren. Die Bestätigungen der Beschuldigten darüber finden sich in den Erstvernehmungsprotokollen. Ihnen war Gelegenheit zu geben, entlastende oder den Verdacht beseitigende Umstände vorzubringen und Anträge zu stellen. Auch das war im Protokoll niederzuschreiben und durch Unterschrift des Beschuldigten zu bestätigen.

Diese gesetzlichen Forderungen wurden ausnahmslos eingehalten und das auch staatsanwaltlich - durch eigene Vernehmungen - kontrolliert.

Zur Erlangung wahrer Aussagen konnte der Untersuchungsführer auf der Grundlage vorliegender Ermittlungsergebnisse nichts anderes einsetzen als seinen Verstand, seine Sachkenntnis, seine Fähigkeit zur Einstellung auf den Beschuldigten, sein Vermögen zu taktisch kluger Fragestellung, Beweisvorlage, Argumentation und nicht zuletzt auch sein menschliches Verhalten gegenüber Sorgen und Problemen des Beschuldigten. Das waren kriminalistisch-taktische, gesetzlich zulässige Methoden und Mittel der Einflußnahme auf Beschuldigte. Sie gewährleisteten zumeist, daß der Beschuldigte seine Aussagebereitschaft während des gesamten Strafverfahrens aufrechterhielt.

Die Beschuldigten waren oft schon während der ersten Vernehmungen zu wahrheitsgemäßen Aussagen bereit, weil sich für sie aus den Umständen der Tatbegehung und der Festnahme die Schlußfolgerung ergab, daß dem Untersuchungsorgan ausreichend Beweismittel vorlagen und ein Leugnen deshalb zwecklos war. Personen, die wegen des Verdachts der Begehung von Kriegsverbrechen oder Verbrechen gegen die Menschlichkeit inhaftiert wurden, legten fast ausnahmslos unmittelbar nach Beginn der ersten Vernehmung Geständnisse ab, weil ihnen klar war, daß in solchen Fällen erst eingegriffen wurde, wenn der Gesamtumfang der Straftat aufgeklärt und beweisrechtlich gesichert war.

So verhielt sich auch die Mehrzahl der Spione, Mitglieder von Menschenhändlerbanden oder anderer verdeckt arbeitender Gruppen, deren Festnahme nicht selten so gestaltet werden konnte, daß eine optimale Beweislage und damit günstige Voraussetzungen für ihre Vernehmung gegeben waren.

Für den Verlauf und das Ergebnis der Vernehmung unter Wahrung der gesetzlichen Vorschriften waren ferner folgende Umstände bedeutsam: Die Untersuchungsführer beherrschten die von der kriminalistischen Wissenschaft erarbeiteten Erkenntnisse zur Vernehmung, wodurch unter anderem die Detailliertheit und Überprüfbarkeit von Aussagen gesichert und dem Beschuldigten das Lügen erschwert werden konnte. Sie erwarben umfangreiche und detaillierte Kenntnisse über gegnerische Einrichtungen, ihre Arbeitsweise und die von ihnen einbezogenen Kräfte, wodurch sie befähigt wurden, zutreffende Versionen zu entwickeln, treffsichere Fragen zu stellen, Aussagen der Beschuldigten richtig zu bewerten und taktisch wirksam darauf zu reagieren.

Die Untersuchungsführer erarbeiteten sich Kenntnisse zum Untersuchungsgegenstand, wodurch sie in die Lage versetzt wurden, sachbezogene Fragestellungen abzuleiten sowie Lücken und Widersprüche in den Antworten der Beschuldigten besser zu erkennen und darauf vernehmungstaktisch wirksam zu reagieren. Sie stützten sich auf die Ergebnisse der vielfältigen Überprüfungs- und Beweisführungsmaßnahmen und setzten diese Erkenntnisse in konkrete Vorhalte und Fragestellungen um. Sie gingen planmäßig und besonnen vor, was es unter anderem ermöglichte, Ablenkungsmanövern und Provokationen seitens der Beschuldigten wirksam zu begegnen.

Durch die Untersuchungsführer wurden alle zur Persönlichkeit der Beschuldigten erlangten Angaben gründlich ausgewertet, ihr Aussageverhalten wurde analysiert, um Motive für Aussageverweigerungen oder Lügen zu erkennen, Ansätze für eine Aussagebereitschaft festzustellen und insgesamt eine solche Motivlage zu entwickeln, die die Bereitschaft zu wahren Aussagen hervorbrachte, stärkte und stabilisierte.

Nicht unwesentlich war, daß Beschuldigte ihren Untersuchungsführer als Menschen kennenlernten, der sachlich und objektiv sowie mit hoher fachlicher Qualifikation an der Aufklärung der Sache arbeitete, begangene Straftaten keineswegs billigte, aber sich zu den damit verbundenen Problemen des Beschuldigten aufmerksam und aufgeschlossen verhielt, sie nicht ignorierte und die menschliche Würde des Beschuldigten achtete.

In den ersten Jahren des Kalten Krieges waren Beschuldigte aus der BRD und Westberlin derart Opfer antikommunistischer Propaganda geworden, daß sie Schlimmstes befürchteten. Nachdem sich das nicht bewahrheitete, sie also in dieser Hinsicht »enttäuscht« wurden, entwickelte sich bei ihnen in der Regel sehr schnell die Bereitschaft, offen und gelöst zu sprechen.

Die Vernehmung eines Beschuldigten erfolgte ausschließlich durch den mit der Sache betrauten Untersuchungsführer. Die zeitweilige Anwesenheit von Vorgesetzten in der Vernehmung diente der Gewinnung von eigenen Informationen über den Beschuldigten, seine Reaktionen und den Vernehmungsablauf, intern natürlich auch der Anleitung und Qualifizierung der Untersuchungsführer. Eine *Taktik der Verwirrung* mittels Vernehmung durch mehrere Personen wurde in den Untersuchungsorganen des MfS nicht angewandt. Es gab auch keine sogenannten *Kettenvernehmungen*, bei denen sich die Untersuchungsführer ablösten, um den Beschuldigten zu ermüden und dadurch zu falschen Aussagen zu veranlassen.

Dem gesetzlichen Erfordernis Rechnung tragend, erfolgte die Vorführung des Inhaftierten zur Vernehmung auf der Grundlage einer schriftlichen Anordnung, die dem Vorgesetzten zur Bestätigung vorzulegen war. Sie verblieb in der Untersuchungshaftanstalt und diente dort als Nachweis, daß der Untersuchungsgefangene für eine exakt vermerkte Zeit außerhalb der Untersuchungshaftanstalt zur Vernehmung weilte, und zwar in einem genau bezeichneten Vernehmungszimmer.

Die tägliche Vernehmung dauerte etwa 4 bis 6 Stunden unter Einhaltung anstaltsüblicher Essenspausen. Zeitlich längere Vernehmungen oder Vernehmungen zur Nachtzeit erfolgten allenfalls bei Gefahr im Verzuge, insbesondere unmittelbar im Anschluß an Festnahmen auf frischer Tat, wenn weitere Beteiligte festzustellen oder Auswirkungen der Tat zu verhindern waren oder im Zuge von Aussagen, die zur Beseitigung akuter Gefahrenzustände wichtig sein konnten. Das ist international üblich und wird auch in der bundesdeutschen Rechtsliteratur befürwortet.

Behauptungen von ehemaligen Beschuldigten, sie seien *ständig* nachts vernommen worden, beruhen, sofern sie keine Verleumdungen sind, auf Unkenntnis der bis etwa 1954 geltenden Arbeitszeitregelungen für die Untersuchungsorgane des MfS. (Forderungen der in Deutschland stationierten sowjetischen Sicherheitsorgane folgend und an deren übliche Dienstzeiten angelehnt, lagen die für die Vernehmungen zu nutzenden Arbeitszeiten der Untersuchungsorgane täglich von 10 bis 17 Uhr und von 20 bis 24 Uhr, mittwochs und sonnabends von 8 bis 17 bzw. 8 bis 13.30 Uhr.)

Die Vernehmungszeiten wurden in den Vernehmungsprotokollen und den bereits genannten schriftlichen Vorführanordnungen mit Zeitangaben, Beginn und Ende der Vernehmung sowie zeitlichen Vernehmungsunterbrechungen festgehalten.

Die Dienststellen der Untersuchungsorgane befanden sich ausnahmslos in unmittelbarer Nähe zu den Untersuchungshaftanstalten des MfS, meist auch im gleichen Gebäudekomplex.

Die Räume, in denen Vernehmungen von inhaftierten Beschuldigten erfolgten, waren diesem Zweck entsprechend eingerichtet. Es befanden sich darin keine Gegenstände, die als Hilfsmittel für Angriffe auf die Untersuchungsführer oder zu möglicher Selbstbeibringung von Verletzungen hätten dienen können. Um Störungen zu minimieren, waren diese Räume zumeist mit schalldämmenden Doppeltüren versehen. Vor den Fenstern waren Gitter angebracht.

Gefahrensituationen konnten jederzeit elektrisch signalisiert werden. Bei der Durchführung von Beschuldigtenvernehmungen war das Tragen von Schuß- oder anderen Waffen untersagt.

Der Verlauf der Vernehmung war objektiv und möglichst ablaufgetreu im Protokoll festzuhalten. Das Recht des Beschuldigten, das Protokoll zu lesen, Streichungen, Veränderungen oder Zusätze zu machen und eigenhändige Stellungnahmen zu verfassen, trug dazu bei, die Untersuchungsergebnisse zu präzisieren und belegten dem Staatsanwalt, dem Verteidiger und den Richtern das ordnungsgemäße Zustandekommen der Aussagen und deren Fixierung. Seit den 70er Jahren wurden – in Auswertung des Eichmann-Prozesses in Israel – zusätzlich zu den Vernehmungsprotokollen Tonaufzeichnungen von Vernehmungen gefertigt, um Versuchen von Beschuldigten zu begegnen, Aussagen in Vernehmungsprotokollen als unrichtig anzugreifen.

Ein unkorrekt gefertigtes Protokoll hätte außerdem vom Beschuldigten in der im Regelfall vom Staatsanwalt nach Abschluß der Untersuchung geführten Vernehmung oder durch Zeugen und Angeklagte in der gerichtlichen Hauptverhandlung beanstandet werden können, so daß sich auch von daher ein wie immer motivierter Versuch zur Fertigung eines unrichtigen Protokolls von selbst verboten hätte. In gleicher Weise hätten übrigens beim Staatsanwalt und schließlich auch in der gerichtlichen Hauptverhandlung Beschwerden über ungesetzliche Vernehmungsmethoden, Mißhandlungen usw. zur Sprache gebracht werden können.

In diesem Zusammenhang sei auch daran erinnert, daß durch konsularische Mitarbeiter der Auslandsvertretungen in der DDR, ab 1974 auch der Ständigen Vertretung der BRD bei der DDR, ca. 3.400 Beschuldigte betreut und mit ihnen zahlreiche Gespräche geführt wurden. Rund 32.000 Personen wurden aus der Haft in die BRD entlassen und dort von Geheimdiensten und anderen staatlichen Stellen auch über ihre Haftzeit intensiv befragt. Wesentliche Beanstandungen der Untersuchungspraxis gab es nicht. Bestimmte subjektive Darstellungen Entlassener hielten einer ernsthaften Überprüfung selten stand.

Der Bundesnachrichtendienst stellte in einem für den internen Gebrauch bestimmten Dokument Ende der 50er Jahre fest, daß nach langjährigen gesicherten Erkenntnissen Vernehmungen durch MfS-Mitarbeiter korrekt geführt werden. Sie halten die gesetzlichen Bestimmungen ein, hieß es. Mißhandlungen oder Folterungen gibt es nicht. Die CIA kam zu gleichen Einschätzungen. Und bekanntlich konnten sie sich bei diesen Einschätzungen durchaus auf Angaben einer großen Anzahl vom MfS inhaftierter Spione stützen, die sich der Wahrheit offenkundig mehr verpflichtet fühlten.

Zu den wesentlichen Arbeiten des Untersuchungsorgans gehörten die Endfertigung der Ermittlungsakten und der Abschlußbericht für den Staatsanwalt.

Beim Abschluß hatte der Untersuchungsführer zu prüfen, ob die beschlagnahmten Gegenstände und Unterlagen exakt besichtigt (Besichtigungsprotokoll) und über ihre Verwendung als Beweismittel (oder über ihren Verbleib) entschieden worden war. Dabei war die Herausgabe an Dritte, die Übernahme zu den Effekten oder die Vernichtung vom Beschuldigten ausdrücklich schriftlich zu bestätigen. Festgestellt wurde, ob ein Gesundheitsbericht rechtzeitig angefordert worden und eine zusammenfassende Vernehmung, möglichst durch den Staatsanwalt erfolgt war, ob der Beschuldigte über den Abschluß informiert wurde und die Gelegenheit genutzt hatte, eine abschließende eigenhändige Niederschrift zu verfassen oder darauf verzichtete (§ 47 Abs. 2 StPO), wobei beides schriftlich zu vermerken und vom Beschuldigten gegenzuzeichnen war.

Geprüft wurde, ob der Beschuldigte – sofern nicht bereits geschehen – eine Entscheidung über die Wahl eines Verteidigers getroffen hat. Andernfalls wurde er nochmals ausdrücklich auf dieses Recht hingewiesen. Abhängig davon mußte ansonsten, soweit gesetzlich vorgeschrieben, ein Pflichtverteidiger bestellt werden.

Vermerkt wurden die Nachweise über die Korrespondenz des Beschuldigten, des Besucherverkehrs mit Verwandten/Bekannten oder diplomatischen Vertretern des Heimatlandes. Und schließlich wurde vor Abgabe geprüft, ob die Akten vollständig, gegebenfalls nach Straftatbeständen und im übrigen in chronologischer Reihenfolge vorlagen.

Der Schlußbericht gliederte sich in: Personalien; Straftenor (kurze Darstellung der festgestellten Sachverhalte unter besonderer Beachtung der Tatbestandmerkmale verletzter Straftatbestände); Angabe der nach Einschätzung des Untersuchungsorgans verletzten gesetzlichen Bestimmungen, wesentliches Ermittlungsergebnis (ein wesentliches Ermittlungsergebnis wurde dann eingefügt, wenn mehrere Beschuldigte gemeinsam der Anklage zugeführt werden sollten und nur dadurch die Gesamtzusammenhänge der Gruppe sichtbar wurden); Ermittlungsergebnisse zur Person, zu den strafbaren Handlungen (wobei die Darstellung mit Hinweisen auf die sie belegenden Beweismittel zu verknüpfen waren); die Aufstellung der Beweismittel.

Der gesetzlich vorgeschriebene Schlußbericht war vom Untersuchungsführer zu unterzeichnen und in der Regel eine Woche vor dem Abgabetermin des Ermittlungsverfahrens fertigzustellen, da er auch gründlicher Kontrolle der Vorgesetzten unterlag. Nach dieser Prüfung waren die Akten in vorgeschriebener Weise, die eine Veränderung ausschloß, zu binden und zu siegeln.

Der dem Staatsanwalt übergebene Schlußbericht erleichterte diesem sicherlich, die Anklagschrift zu fertigen. Der Umstand, daß Formulierungen aus dem Schlußbericht in der Anklage auftauchten, nahm mancher als Beleg dafür, daß die Staatsanwaltschaft vom Untersuchungsorgan, also vom MfS, gelenkt wurde. Das ist haltlos: Warum sollte ein Staatsanwalt sachlich richtige und treffende Formulierungen des Untersuchungsorgans nicht in seine Anklageschrift übernehmen?

Staatsanwälte und Gerichte hatten – im Vergleich zum Untersuchungsorgan – erheblich weniger Zeit für den Vorgang. Daraus entwickelte sich die Praxis, in einigen Fällen mit dem Schlußbericht Hinweise und Vorschläge für das weitere Verfahren zu verbinden – Anregungen, um zu verhindern, daß die darin aufgeworfenen Probleme bei den Entscheidungen von Staatsanwalt und Gericht übersehen werden, was mitunter vorkommen konnte.

Diese Vorschläge hatten keine rechtlich verbindliche Wirkung und brauchten nicht befolgt zu werden. Das konnten sein: Vorschläge zur Prüfung von Maßnahmen der Wiedereingliederung von Verurteilten; Vorschläge zur Aufrechterhaltung oder Aufhebung von Haftbefehlen oder zur Einziehung von Gegenständen (z. B. hatte ein Gericht in einem Spionageprozeß vergessen, Agentenfunkgeräte und Code einzuziehen); Vorschläge für Entscheidungen über die Öffentlichkeit des Gerichtsverfahrens oder zur teilweisen oder gänzlichen Ausschließung der Öffentlichkeit; Hinweise in bezug auf bestimmte Verhaltensweisen des Beschuldigten, z. B. seine Mitwirkung bei der Aufklärung der Straftat, seine Bereitschaft zur Wiedergutmachung, sein Verhalten nach der Tat usw.; Hinweise in bezug auf Schadenersatzanträge, zur momentanen Verhandlungsfähigkeit von Beschuldigten und Zeugen; Hinweise auf Abtrennung von Verfahren gegen Mitbeschuldigte usw.; Vorschläge zur Einbeziehung gesellschaftlicher Kräfte als Kollektivvertreter, gesellschaftliche Ankläger oder Verteidiger in das Strafverfahren.

Im 2. Abschnitt der StPO/DDR war die Mitwirkung von Kollektivvertretern, gesellschaftlichen Verteidigern und gesellschaftlichen Anklägern beschrieben. Diese Vorschriften zielten auf eine engere Verbindung der Strafverfolgungsorgane und Gerichte mit den Bürgern, insbesondere Arbeitskollektiven und Hausgemeinschaften. Dadurch sollte eine umfassende Bewertung der Straftat und des Täters ermöglicht, die wirksame Erziehung und Wiedereingliederung gefördert und Straftaten vorgebeugt werden. Nach Klärung der Voraussetzungen (Stellung des Betreffenden im Arbeitskollektiv, Interesse und Bereitschaft zur Mitwirkung, mögliche Erziehungs- und Vorbeugungseffekte, Geheimhaltungserfordernisse) traten Angehörige des Untersuchungsorgans mit den Kollektiven in Verbindung und berieten sie in der Wahrnehmung ihrer Rechte. Gesellschaftliche Ankläger und Verteidiger hatten das Recht, vom Gericht Einsicht in die Akten zur Vorbereitung ihres Auftretens in der Hauptverhandlung zu fordern.

Darüber hinaus wurden in einzelnen Verfahren auch Anhänge zum Schlußbericht geschrieben. Sie enthielten Informationen, welche Maßnahmen vom Untersuchungsorgan zur Beseitigung festgestellter Ursachen und Bedingungen der Straftat bereits eingeleitet worden waren (§146, Abs. 1 StPO/DDR). Es konnten darin auch über die Straftat hinausgehende Sachverhalte aufgezeigt werden, so Mißachtung von Arbeitsschutzbestimmungen und ähnliches.

Besonders solche Hinweise und Vorschläge, die ausschließlich der Erhöhung der Effizienz der Arbeit der Justizorgane und nicht zuletzt der Wahrung von Interessen Beschuldigter dienten, werden heute zur Stützung der These herangezogen, daß die Justizorgane vom MfS dominiert worden seien.

In wenigen Verfahren, vorwiegend in den 50er und in der ersten Hälfte der 60er Jahre wurden interne, für den Minister bestimmte Prozeßvorschläge verfaßt. Sie basierten auf der gemeinsam mit dem Staatsanwalt zuvor getroffenen Einschätzungen der Ermittlungsergebnisse, ohne daß der Staatsanwalt von dieser MfS-internen Berichterstattung erfuhr. Zumeist handelte es sich dabei um Verfahren, deren Gegenstand von hoher politischer Brisanz war, oder die andere außergewöhnliche Umstände aufwiesen. Prozeßvorschläge wurden geschrieben, wenn besondere internationale Aufmerksamkeit zu erwarten war. Mitunter stimmte der Minister sie intern mit dem Generalsekretär des ZK der SED ab. Die Justizorgane erhielten von den Dokumenten keine Kenntnis.

Ein Prozeßvorschlag enthielt dem Grundsatz nach: das wesentliche Untersuchungsergebnis, Angaben zur Beweislage und zum Aussageverhalten der Angeklagten, vorgesehener Ort und Zeit der Hauptverhandlung, verhandelndes Gericht, Anklagevertreter, Verteidiger, zu erwartendes Strafmaß, Vorschläge zum möglichen Zuhörerkreis, geplante weitere Auswertungsmaßnahmen oder, wenn erforderlich, besondere Maßnahmen zur Außen- und Innensicherung des Gerichtsgebäudes.

Besonders gründlich wurden solche Probleme durchdacht, wenn im Zusammenhang mit Straftaten größere Kreise der Bevölkerung verunsichert worden waren und mit dem Abschluß des Verfahrens Ruhe hergestellt werden sollte.

Staatsanwalt und Verteidiger im Ermittlungsverfahren

Wie bereits mehrfach betont und beschrieben, leitete der Staatsanwalt die Ermittlungen der Untersuchungsorgane, beaufsichtigte und kontrollierte sie. Er war berechtigt und verpflichtet, Weisungen zur Einleitung und Durchführung des Ermittlungsverfahrens oder einzelner Untersuchungshandlungen zu erteilen. Er nahm Einfluß auf die Qualität der Ermittlungen. Der Staatsanwalt konnte sich an Ermittlungshandlungen beteiligen, sie durch seine Rechtsstellung unterstützen oder überhaupt ermöglichen (z. B. im internationalen Rechtshilfeverkehr) sowie alle Ermittlungsmaßnahmen und -akten des Untersuchungsorgans kontrollieren und die Haftaufsicht führen. Zu diesem Zwecke konnte er Unterlagen oder andere Auskünfte aus dem Verfahren anfordern; Entscheidungen zu Fristen für die Bearbeitung des Ermittlungsverfahrens treffen und gegebenenfalls Verfügungen des Untersuchungsorgans aufheben oder abändern oder nach Abschluß der Untersuchungen die Sache zur Nachermittlung an das Untersuchungsorgan zurückgeben.

Darüber hinaus war der Staatsanwalt berechtigt und verpflichtet, bei Vorliegen der gesetzlichen Voraussetzungen den Antrag auf Erlaß eines Haftbefehls beim zuständigen Gericht/Haftrichter zu stellen und die erforderliche richterliche Bestätigung durchgeführter strafprozessualer Maßnahmen – wie die Durchsuchung und Beschlagnahme – zu beantragen. Er hatte Angehörige und Arbeitsstellen über Inhaftierungen zu unterrichten. Er gab Weisungen für die Durchführung der Ermittlungen oder auch zur sofortigen Freilassung eines vorläufig Festgenommenen. Entsprechend den rechtlichen Maßstäben hatte der Staatsanwalt das Recht auf Verteidigung zu gewährleisten.

In Zusammenarbeit mit dem Staatsanwalt wurde durch die Untersuchungsorgane die Einhaltung der dem Beschuldigten zustehenden Rechte (das Recht auf Verteidigung, die Benachrichtigung von Angehörigen, Unterbringung von Kindern, Sicherung von Vermögenswerten etc.) jederzeit gewährleistet. Der Einhaltung der Gesetzlichkeit und der Wahrung der Rechte der

Bürger diente schließlich auch die schon eingangs erwähnte Bestimmung im § 91 StPO/DDR, daß Beschuldigte, Verteidiger, Zeugen, Sachverständige, Geschädigte und andere Personen das Recht hatten, beim Staatsanwalt gegen sie betreffende Maßnahmen der Untersuchungsorgane Beschwerde einzulegen. Dieser hatte dann darüber zu entscheiden – soweit das überhaupt notwendig war, da in der Regel bei geringfügigen Anliegen bereits das Untersuchungsorgan oder der Untersuchungshaftvollzug im Rahmen der ihnen übertragenen Befugnisse selbst auf derartige Beschwerden reagierte.

Weisungen und Entscheidungen des Staatsanwaltes wurden von den Untersuchungsorganen des MfS korrekt ausgeführt. Es gab in ihrer Tätigkeit keine eigenmächtigen Eingriffe in Kompetenzen, die ausschließlich dem Staatsanwalt zustanden. Die Zusammenarbeit zwischen Untersuchungsorganen und Staatsanwaltschaft folgte in der Praxis den Erfordernissen der Einleitung, Durchführung und des Abschlusses der Ermittlungen und der dazu bzw. dabei zu treffenden Entscheidungen.

Der zuständige Staatsanwalt wurde unverzüglich unterrichtet über die Einleitung eines Ermittlungsverfahrens durch das Untersuchungsorgan, über vorläufige Festnahmen sowie über selbständig angeordnete strafprozessuale Zwangsmaßnahmen (Durchsuchungen, Beschlagnahmen), wenn Gefahr im Verzuge war. Es mußten Beweismittel und andere Informationen vorgelegt werden, die für strafverfahrensrechtliche Entscheidungen (freiheitsbeschränkende Maßnahmen) wichtig waren. Dazu gehörten der Nachweis von Fluchtverdacht und Verdunklungsgefahr bzw. Erkenntnisse darüber, daß ein Verbrechen Gegenstand des Verfahrens bildete, oder andere den Charakter des Ermittlungsverfahrens kennzeichnende Informationen. Für derartige Entscheidungen hatten die Untersuchungsorgane dem Staatsanwalt Vorschläge zu unterbreiten und zu begründen.

Das galt auch für den Abschluß der Untersuchung. Dem Staatsanwalt mußte ein Schlußbericht vorgelegt werden, welcher die getroffenen Feststellungen in be- und entlastender Hinsicht zusammenfassend ordnete, die dafür erarbeiteten Beweise angab, die Auffassung des Untersuchungsorgans zur strafrechtlichen Würdigung des festgelegten Sachverhalts wiedergab und Vorschläge zur weiteren Verfahrensweise enthielt.

Solche Vorschläge betrafen in der Regel Fragen der Haftfortdauer, der Berücksichtigung von Geheimhaltungsgründen im gerichtlichen Verfahren, des Einzuges von Beweismitteln oder der Rückgabe von Asservaten.

Es sei in diesem Zusammenhang darauf hingewiesen, daß die Untersuchungsorgane des MfS auch Ermittlungsverfahren *ohne Haft* durchgeführt haben. Das war aufgrund des Charakters der zu untersuchenden Handlungen aber nicht die Regel. Waren die Voraussetzungen für einen Haftbefehl nicht gegeben oder im Laufe der Untersuchung weggefallen, wurde von einer Inhaftierung Abstand genommen oder der Beschuldigte aus der Untersuchungshaft entlassen. Beispielsweise gehörte es zu den festen Grundsätzen in der DDR, keine Bürger im hohen Alter zu inhaftieren – auch wenn sie im dringenden Verdacht standen, Staatsverbrechen oder andere schwere Straftaten begangen zu haben.

Für die Objektivität der Untersuchungsorgane des MfS spricht die Tatsache, daß jährlich etwa 5 bis 7 Prozent der eingeleiteten Ermittlungsverfahren mit dem Vorschlag an den Staatsanwalt übergeben wurden, das Verfahren einzustellen, weil sich herausstellte, daß die Verdachtsgründe hinfällig waren, oder weil entsprechend den gesetzlichen Möglichkeiten auf Maßnahmen der Strafverfolgung im weiteren verzichtet werden konnte.

Von verschiedener Seite – nicht zuletzt durch die BStU-Behörde – wird behauptet, der Staatsanwalt sei in der DDR lediglich »Statist zur Durchführung der MfS-Linie« gewesen. Der Staatsanwalt war zu keiner Zeit – weder im Prüfungs- und Einleitungsstadium noch im Verlaufe des Ermittlungsverfahrens oder dessen Abschlusses – an die Auffassungen und Vorschläge des Untersuchungsorgans gebunden. Es gehörte allerdings zur Praxis der Zusammenarbeit zwischen Untersuchungsorgan und Staatsanwaltschaft, daß es einen Gedankenaustausch über mögliche Wertungen und Entscheidungen bereits während des Ganges der Ermittlungen und vor Fixierung von Vorschlägen gab.

Der Staatsanwalt strebte zumeist selbst den Meinungsaustausch mit dem Untersuchungsorgan an, wenn er von dessen Vorschlägen oder Entscheidungen abzuweichen gedachte, um dem Untersuchungsorgan Gelegenheit zur Verteidigung oder Präzisierung der Positionen zu geben und zugleich eigene Auffassungen zu überprüfen. Dabei hatte das Untersuchungsorgan – entgegen heute in der Öffentlichkeit verbreiteten Unterstellungen – keine anderen Mittel als seine auf Gesetzeskenntnis und detaillierter Sachkenntnis beruhenden Argumente.

Wenn es im Regelfall keine gravierenden Abweichungen zwischen den Positionen und Vorschlägen des Untersuchungsorgans und den Wertungen und Entscheidungen des Staatsanwalts gab, ist das vor allem darauf zurückzuführen, daß beide Organe sich von den einheitlich geltenden Prinzipien der Verfassung, des Strafgesetzbuches und der Strafprozeßordnung sowie anderen für das Strafverfahren geltenden rechtlichen Regelungen leiten ließen. Ihre Tätigkeit war durch gleiche politische Grundpositionen bestimmt.

Nicht Prestigedenken, sondern Sachlichkeit stand im Vordergrund der Zusammenarbeit. Im Wege des Meinungsaustauschs und des Meinungsstreits wurden auf der Grundlage der überzeugenderen Argumente gemeinsame Positionen zur Lösung der Aufgabe gesucht.

Kein Staatsanwalt und kein Richter der DDR konnte irgendwie gezwungen werden, eine Meinung des Untersuchungsorgans zu akzeptieren oder »Aufträge« desselben auszuführen. Auch nicht dadurch, daß – wie immer wieder behauptet wird – über inoffizielle oder offizielle Kanäle angeblich Einfluß auf sie genommen worden sei. Das gab es nicht.

In Strafverfahren konnten nur in der DDR zugelassene Verteidiger tätig werden. Der Partner des Verteidigers im Ermittlungsverfahren war der Staatsanwalt. Er war der allein entscheidungsbefugte Partner.

Die Untersuchungsführer hatten zu sichern, daß der Beschuldigte zu Beginn der Untersuchung über sein Recht auf Verteidigung belehrt wurde und diese Belehrung bestätigte. Falls der Beschuldigte über keinen Kontakt zu einem Anwalt verfügte, war ihm eine Liste der in der DDR zugelassenen Strafverteidiger zur Auswahl vorzulegen. Hatte er sich bis zum Ende des Ermittlungsverfahrens noch nicht entschieden, mußte er sich nach nochmaliger Aufforderung zur Entscheidung festlegen, ob er einen Verteidiger seiner Wahl oder einen Pflichtverteidiger bestellen lassen wollte. Seine Entscheidung wurde dem Staatsanwalt zugeleitet.

Bereits ein formloses Auftragsschreiben des Beschuldigten galt als Bevollmächtigung des Rechtsanwalts. Dieser konnte seinen Mandanten jederzeit, entsprechend den für die Untersuchungshaftanstalt geltenden Bedingungen sprechen und mit ihm korrespondieren. Dieses Recht konnte nur eingeschränkt werden, wenn Gründe vorlagen, die den Zweck der Untersuchung gefährdeten. Das verfügte der Staatsanwalt nach Konsultation des Untersuchungsführers schriftlich, und zwar mit konkreten Auflagen. Bei Verhinderung konnte er den Untersuchungsführer beauftragen, dem Besuch des Verteidigers bei einem Mandanten beizuwohnen, um die Einhaltung der festgelegten Bedingungen zu kontrollieren; auch die private Post des Beschuldigten konnte dieser – wenn dazu beauftragt – kontrollieren und bei Beanstandungen zur Entscheidung über die Weiterleitung oder Zurückweisung vorlegen.

Der keinen Bedingungen unterliegende Briefverkehr des Beschuldigten mit seinem Anwalt wurde nicht kontrolliert.

Für einen Verteidiger bedeutete die gesetzliche Beschränkung, erst nach Abschluß des Ermittlungsverfahrens volle Akteneinsicht zu erhalten und keine Kopien anfertigen zu können, zweifellos eine Beschränkung seiner Möglichkeiten. Es erschwerte seine Aufgaben. Das entsprach aber der Rechtslage und kann nicht dem MfS angelastet werden. Während der Existenz der DDR verfuhren die bundesdeutschen Strafverfolgungsbehörden gleichermaßen restriktiv und verweigerten Akteneinsicht bei Kundschaftern des MfS vor Abschluß der Ermittlungen.

Während des Ermittlungsverfahrens gab es in der DDR keine Indiskretionen oder Vorverurteilungen durch die Medien, wie jetzt gängige Praxis.

Zu einigen Schwerpunkten der Arbeit der Untersuchungsorgane

Jährlich wurden zwischen etwa 1500 und 3700 Ermittlungsverfahren bearbeitet. Die BStU-Behörde beziffert die Gesamtzahl der von 1952 bis 1988 bearbeiteten Ermittlungsverfahren mit etwa 89.000, was einem Jahresdurchschnitt von etwa 2400 entsprechen würde.

Die materiell-rechtlichen Gegenstände der Untersuchungsarbeit wurden durch Folgendes mit bestimmt:

1. In der Tätigkeit und in den Ergebnissen der Untersuchungsorgane widerspiegelten sich die Hauptrichtungen der gegen die DDR vorgetragenen Angriffe. Anfänglich stand die Verfolgung der zeitweise Massencharakter annehmenden Spionage gegnerischer Geheimdienste sowie der von anderen Zentren wie KgU, UfJ, diversen Ostbüros und ähnlichen Einrichtungen organisierten subversiven Angriffe im Mittelpunkt. Nach dem 13. August 1961 verlagerte sich der Schwerpunkt u. a. auch auf Schleuser- und Menschenhändlerorganisationen, auf Terrorakte an der Staatsgrenze und andere Straftaten gegen die politische und staatliche Ordnung in der DDR.

2. Entwicklungstendenzen und -richtungen ergaben sich aus den Orientierungen der Führungsorgane der SED und des Staates. Seit Ende der 70er Jahre erfolgten zunehmend Ermittlungsverfahren gegen Personen, die die DDR verlassen wollten und deshalb mit Vorsatz Gesetze brachen.

Seit den 60er Jahren wurden die Möglichkeiten der Untersuchungsorgane zunehmend mit aktiviert, um Havarien und Brände, Störungen volkswirtschaftlicher Abläufe, aber auch Verluste geheimzuhaltender Dokumente, Waffenverluste und ähnliches aufzuklären.

3. Umfang und Richtung der Tätigkeit der Untersuchungsorgane wurden nicht unwesentlich bestimmt durch zwischenstaatliche Vereinbarungen mit anderen sozialistischen Staaten. Die Hauptabteilung IX arbeitete mit Untersuchungsabteilungen der Sicherheitsorgane sozialistischer Länder zusammen. Das betraf z. B. Bürger der DDR, die in einem anderen sozialistischen Staat bei ungesetzlichem Grenzübertritt und auswärtige Bürger, die bei einem Grenzdelikt in der DDR festgenommen wurden. In den

80er Jahren betrug der Anteil solcher Ermittlungsverfahren an der Gesamtzahl der Bearbeitungsaufnahmen jährlich zwischen 25 und 30 Prozent.

Die beteiligten Sicherheitsorgane unterrichteten sich gegenseitig bei Festnahmen von Bürgern des jeweils anderen Staates und über eingeleitete Ermittlungen sowie deren Ergebnisse. Sie überstellten die betreffenden Personen und übergaben Unterlagen und Beweismittel.

Zu allen Zeiten bestand ein entscheidender Beitrag der Untersuchungsorgane zur Erfüllung der dem MfS übertragenen Gesamtaufgaben darin, Voraussetzungen für den gerichtlichen Nachweis (für die Entlarvung mittels Gerichtsverfahren) zu schaffen, welche Angriffe gegen die DDR und ihre Verbündeten vorgetragen wurden, wer die Organisatoren, Hintermänner und tragenden Kräfte dieser Angriffe waren, welche Ziele damit verfolgt und welche Schäden und Gefahren damit hervorgerufen wurden.

Wenn in der Zeit des Kalten Krieges bundesrepublikanische und Westberliner Medien auf Ergebnisse der in der DDR gegen Spione, Saboteure und andere Agenten durchgeführten Strafverfahren und ergangene Urteile der Gerichte der DDR reagierten, dann zumeist mit der verlogenen Behauptung, dies sei alles nur Propaganda, die Prozesse seien Ausdruck einer Schein- und Terrorjustiz, die gegen Unschuldige geführt wurden.

Seit der »Beitrittszeit« nimmt allerdings die Zahl jener in der DDR rechtmäßig Verurteilter zu, die sich ihrer Mittäterschaft am Untergang der DDR rühmen und in die Reihen der »Sieger« drängen. Sie rühmen sich in den Medien ihrer Verbrechen gegen die DDR. Einige wurden als Zeugen in Verfahren gegen DDR-Richter, Staatsanwälte und Untersuchungsführer aufgeboten. Sie bestätigten ihre gegen die DDR gerichtete Spionage- und Agententätigkeit, bagatellisierten mitunter ihre Gesetzesbrüche oder/und »entschuldigten« ihre damaligen Einlassungen und Erklärungen vor DDR-Justizorganen, daß sie angeblich keine andere Chance gehabt hätten, weil »die ja sowieso schon alles wußten«.

Im Mittelpunkt der Tätigkeit des MfS insgesamt und im besonderen seiner Untersuchungsorgane stand immer die Abwehr gegnerischer Geheimdienste. Dazu erfolgten bereits in den vorangegangenen Beiträgen, speziell auch im Beitrag zur Spionageabwehr des MfS im Bd. 1, umfassende und detaillierte Ausführungen. Deshalb soll hier nur noch einmal auf jene Ergebnisse hingewiesen werden, die im besonderen Maße auch die Arbeitsergebnisse der IX widerspiegeln.

Auf der Grundlage operativer Erkenntnisse der Spionageabwehr wurden 1954 über 350, im Jahr darauf 521 und 1956 noch einmal 130 Agenten verschiedener Geheimdienste festgenommen. Im Sommer 1954 wurde bei Bandelow, einem Spion der »Organisation Gehlen«, eine Anweisung an alle Agenten für die Periode der Vorbereitung eines Krieges beschlagnahmt, der »Generelle Auftrag für Alle«. Bei dieser Verhaftungsaktion wurden 26 Agentenfunkgeräte sichergestellt. 36 weitere Funker hatten bereits eine Agentenfunkausbildung erhalten. Die Auslieferung zugesicherter Funkausrüstungen konnte nicht mehr erfolgen.

In jener Zeit wie auch später richtete sich das Interesse der Geheimdienste nicht nur auf militärische Informationen. Schwerpunkte der Erkundungstätigkeit bildeten ebenso wirtschaftliche wie außenwirtschaftliche Vorhaben und Vorgänge. Sie interessierten sich für auftretende Schwierigkeiten im Ablauf wirtschaftlicher Prozesse, für »Stimmungen« in der Bevölkerung, für oppositionelle Gruppierungen und »Dissidenten«.

Unter den in den 50er Jahren verhafteten und entlarvten Spionen befand sich auch Elli Barczatis, die Sekretärin des Ministerpräsidenten der DDR.[11]

Die Festnahme von 521 Agenten verschiedener Geheimdienste im Jahre 1955 schloß auch erstmals eine Agentengruppe ein, die eine Funkverbindung nach Kopenhagen aufgebaut hatte. Sie sollte für den erwarteten Kriegsfall auf dem Territorium der DDR Funkmeldeköpfe einrichten (dafür waren vorzugsweise kriegsunfähige Personen geworben, um die Weiterarbeit unter Kriegsbedingungen zu sichern). Sie erkundete auch militärische Objekte in Polen und in der Tschechoslowakei.[12] Ein Mitangeklagter – der US-Geheimdienstagent Szuminski – war an der Grenze zu Polen gestellt worden. Er führte eine Pistole bei sich, Terpentin (zur Ablenkung von Hunden), Kartenmaterial, Kompaß und Fotoapparat. Er hatte im Gepäck Herren-Armbanduhren, Damenstrümpfe, Seidentücher und Geld. Er sollte eine Agentengruppe in der Volksrepublik Polen aufbauen und einen Bekannten dazu bewegen, ein Militärflugzeug IL-28 nach Westberlin zu entführen.

In Ermittlungsverfahren gegen Agenten des USA-Geheimdienstes Ende der 50er/Anfang der 60er Jahre wurde deutlich, daß der Westen an Plänen zur Kriegesvorbereitung festhielt. Es wurden Luftlandeplätze und Abwurfstellen für den Einsatz und die Versorgung von Agenten im Hinterland der Streitkräfte des Warschauer Paktes erkundet.

Im Mai 1956 wurden, wie an anderer Stelle erwähnt, alle Unterlagen der USA-Geheimdienststelle des MID in Würzburg in die DDR verbracht und in Folge über 130 Agenten inhaftiert. In zahlreichen vor Bezirksgerichten geführten Hauptverhandlungen wurden intensive Spionageaktivitäten dieser Dienststelle nachgewiesen. Zum anderen wurde festgestellt, daß dieser MID-Dienststelle von westdeutschen Postämtern stapelweise Fotokopien von Briefen sowie Streifen von Telegrammen aus der DDR an westdeutsche Bürger übergeben wurden, die sie als Informationen für Anwerbungsmaßnahmen nutzte.

Zeitweilig bildete die Massenwerbung von Jugendlichen der DDR als Spione einen Schwerpunkt in der Untersuchungsarbeit. Der Leiter der Westberliner Dienststelle des MID rechnete mit einer »Laufzeit« der Spione von vier Wochen. Dazu fand im Ergebnis von vielen Befragungen eine Pressekonferenz am 12. Juli 1956 im Haus des Nationalrates der Nationalen Front statt. Dort wurde nachgewiesen, daß der USA-Geheimdienst auf diese Weise von »Spitzenquellen« ablenken, die Abwehrorgane des MfS desorientieren und regelrecht zu Festnahmen provozieren und zugleich Unruhe unter Jugendlichen der DDR erzeugen wollte.

Im Januar 1956 fand gegen »Held und andere« vor dem Obersten Gericht der DDR ein Prozeß statt[13], der das nachhaltige Interesse des US-amerikanischen Geheimdienstes an der Anwerbung von Spezialisten und Wissenschaftlern bewies. Das Hauptaugenmerk richtete sich auf Wissenschaftler, die aus der UdSSR zurückkehrten, von denen man sich Erkenntnisse über die dortige Atomforschung versprach.

Mehrere Agenten US-amerikanischer und englischer Geheimdienste in medizinischen Bereichen mußten inhaftiert werden, die interne Informationen über hochrangige Patienten aus dem Staatsapparat der DDR an westliche Auftraggeber übermittelt hatten.

Im Jahr 1960 wurden gleichzeitig 147 Spione inhaftiert, darunter viele USA-Geheimdienstagenten. Unter den Festgenommenen befand sich ein BND-Spion, der als Technischer Direktor des VEB Entwicklungsbau Pirna an der Entwicklung eines Verkehrsflugzeuges beteiligt gewesen war. Er hatte dessen Fertigstellung zu sabotieren versucht. Kurz nach seiner Rückkehr als Spezialist aus der Sowjetunion war er vom BND als Spion angeworben worden.

Mit Beginn der 70er Jahre bis 1989 war die Verhaftung von Spionen und Agenten leicht rückläufig.

Die Störtätigkeit gegen die DDR nahm in der Zeit der offenen Grenzen Massencharakter an. Besonders die USA- und BRD-Geheimdienste nutzten nahezu alle Organisationen, Verbände, Vereine und Personengruppen, die in unterschiedlicher Form gegen die DDR wirkten, für ihre Spionagetätigkeit aus. Hierbei spielten auch Glücksritter und Geldhaie eine Rolle. Verwandte und Bekannte aus der DDR lieferten solchen Elementen Informationen militärischen Inhalts, die verkauften sie dann »marktgerecht« aufbereitet und »frisiert« – zumeist an mehrere Geheimdienste. Zeitweilig wurden sogar Kinder und Halbwüchsige zu begrenzten Spionagehandlungen mißbraucht. Sie wurden von den Untersuchungsorganen nach Klärung des Sachverhalts an ihre Eltern übergeben.

Den Diensteinheiten der IX wurden mitunter auch Personen zugeführt, die durch Fotografieren von Militärobjekten, Bahnhöfen oder Brücken aufgefallen waren. Zumeist konnte innerhalb kürzester Zeit festgestellt werden, ob es sich um Fotoamateure oder Spione handelte. Wie der »Modelleisenbahner« in der Ausgabe 4/1999 berichtete, gerieten damals solche »Eisenbahnfreaks« auch in der BRD ins Fadenkreuz des BND. Er verdächtigte z. B. jene Bundesbürger, die so oft auf Fotosafari in die DDR reisten, daß sie sich in Wirklichkeit mit MfS Mitarbeitern treffen, also für das MfS arbeiten würden.

Die Tätigkeit der Spezialkommissionen

In Jahr 1958 wurde auf Befehl des Ministers in der HA IX eine spezielle Kommission zur Untersuchung von Brand- und Mordfällen geschaffen: die »Spezialkommission«. 1967 wurden gleichartige Spezialkommissionen in einigen, später in allen Abteilungen IX der Bezirksverwaltungen gebildet. Sie hatten insbesondere Brände, Havarien, Gewaltakte und Todesfälle zu untersuchen, bei denen es sich um Terror- oder Diversionsakte handeln konnte, die einen möglicherweise staatssicherheitsspezifischen Hintergrund hatten oder die wegen beträchtlicher Unruhe in der Bevölkerung und anderen Auswirkungen die öffentliche Sicherheit und Ordnung erheblich beeinträchtigen oder berühren konnten. Kritisch anzumerken ist, daß mitunter diese Spezialkräfte des MfS auch zur Aufklärung und Untersuchung von Vorkommnissen eingesetzt wurden, obwohl dafür andere Staatsorgane zuständig und dazu auch in der Lage waren.

Die Kommissionen arbeiteten mit den kriminalistischen Mitteln und Methoden, wie sie auch von den entsprechenden Spezialkommissionen der Deutschen Volkspolizei zur Anwendung kamen. Sie konnten sich aber in ihrer Tätigkeit zugleich auf das gesamte operative Potential des MfS stützen. Mit den Untersuchungsorganen des Ministeriums des Innern wurde dabei eng zusammengearbeitet. Das war unter DDR-Bedingungen selbstverständlich. Dies entsprach der Rechtsordnung und auch den Erwartungen der Bevölkerung zum Schutz vor Straftaten und anderen schwerwiegenden Störungen ihrer Lebens- und Arbeitsbedingungen.

Unter aktiver Mitwirkung der Spezialkommissionen erfolgte die Aufklärung von Morden und Todesfällen, einer beträchtlichen Anzahl schwerer Anschläge gegen Grenzsicherungskräfte und Grenzsicherungsanlagen, die Aufklärung von Flugzeugunfällen und anderen Vorkommnissen im Flugbetrieb sowie von Großbränden, Havarien und anderen schweren Störungen in der Volkswirtschaft.

Beispielsweise wurden in den Jahren 1969 bis 1971 in den Kreisen Eberswalde und Oranienburg gemeinsam mit Angehörigen der Deutschen Volkspolizei Morde an Kindern aufgeklärt, die zu erheblicher Beunruhigung unter der Bevölkerung geführt hatten.

Straftaten im Transitverkehr zwischen der BRD und Westberlin aufzuklären, erwies sich als besonders schwierig, da es kein Rechtshilfeabkommen zwischen der DDR und der BRD gab. Erinnert sei an den spektakulären Mord an der BRD-Bürgerin Maria H. im Herbst 1966 auf einem Parkplatz bei Eisenberg (Thüringen), ihre Leiche war bei Leipzig abgelegt worden. Der Täter schleuste mit den Papieren der Ermordeten die minderjährige DDR-Bürgerin Elke K. aus. Die Übergabe der Beweise führte dazu, daß die Behörden der BRD dem Wunsch der Elke K. nach Rückführung in die DDR entsprechen mußten.

Wie dieses Vorkommnis, so wurde auch der tragische Todesfall eines Transitreisenden bei der Grenzpassage an der Grenzübergangsstelle Drewitz im April 1983 von der Westseite zu einem Politikum gemacht und führte zu einer erheblichen Verschärfung der Beziehungen zwischen der DDR und der BRD. Wie bereits an anderer Stelle geschildert, konnte gerichtsmedizinisch nachgewiesen werden, daß der Mann nicht mißhandelt worden war, sondern an Herzversagen starb. Beim Sturz vom Stuhl hatte sich der bereits Tote Verletzungen am Kopf zugezogen. Sie waren Folge, nicht Ursache seines Todes.

Nach 1989 wurde versucht, im Falle des angeblichen Honecker-Attentates bei Wandlitz die Untersuchungsergebnisse der Spezialkommission in Zweifel zu ziehen. Die Untersuchungen hatten seinerzeit zweifelsfrei ergeben, daß es sich bei dem Vorkommnis Sylvester 1982 nicht um einen Anschlag gehandelt hatte. Vielmehr hatte ein betrunkener Autofahrer, der durch verkehrswidriges Verhalten aufgefallen und deshalb von Sicherungskräften angehalten worden war, mit einer von ihm mitgeführten Pistole geschossen und sich dann selbst durch Kopfschuß getötet.

Dennoch wurde gegen einen Angehörigen der Sicherungskräfte ein Ermittlungsverfahren wegen Mordverdachts eingeleitet. Erst 1995 gestand die zuständige Staatsanwaltschaft ein, daß es weder einen Attentatsversuch auf Erich Honecker gegeben noch der beschuldigte Angehörige der Sicherungskräfte einen Mord begangen hatte.

Insgesamt haben die Untersuchungsorgane des MfS im Zusammenwirken mit anderen Untersuchungsorganen jährlich mehrere Hundert Havarien, Brände und Störungen in der Volkswirtschaft, Verluste von geheimen Dokumenten, Diebstähle und Verluste von Waffen und Militärtechnik und ähnliche schwerwiegende Vorkommnisse untersucht und aufgeklärt.

Vorbeugung und Schadensverhütung

Das MfS insgesamt und im besonderen seine Untersuchungsorgane ließen sich stets vom gesetzlichen Auftrag an die Organe der Rechtspflege in der DDR leiten, »mit ihren Erfahrungen (die) Staats- und Wirtschaftsorgane, Betriebe, Einrichtungen, Genossenschaften und Massenorganisationen und gesellschaftliche Kollektive bei der Verhütung von Straftaten und der gesellschaftlichen Erziehung wirksamer zu unterstützen und dabei auf die Vervollkommnung der Leitungstätigkeit und der Erziehungsarbeit hinzuwirken«. Das erfolgte auf vielfältige Art und Weise im Zusammenwirken mit anderen staatlichen Organen, wirtschaftsleitenden und gesellschaftlichen Einrichtungen. Dazu gehörten Aussprachen mit Arbeitskollektiven, Leitern und Funktionären, die Erarbeitung und Weiterleitung von Informationen zur Ausräumung von Mißständen und vieles andere mehr.

Die Erkenntnisse der Untersuchungsorgane des MfS wurden genutzt, um in Zusammenarbeit mit der Staatsanwaltschaft, den operativen Diensteinheiten des MfS und im Rahmen einer planmäßigen Öffentlichkeitsarbeit einen möglichst hohen vorbeugenden Effekt zu erzielen. Anliegen war, daran mitzuwirken, es gar nicht erst dazu kommen zu lassen, daß Personen straffällig wurden und im nachhinein Schadens- und Gefahrenzustände begrenzt oder beseitigt werden mußten. Sie sorgten mit für öffentliche Ordnung und Sicherheit und trugen insgesamt zu einem solchen gesellschaftlichen Klima bei, in dem jeder Bürger gewiß sein konnte, vor Kriminalität und anderen Rechtsverletzungen geschützt zu sein.

Mit diesem Ziel erhielten die Diensteinheiten IX auch offiziell verwendbare Unterlagen von anderen Diensteinheiten, um sie an den Staatsanwalt weiterzuleiten. Im Rahmen seiner Gesetzlichkeitsaufsicht konnte er offensiv auf die Beseitigung von Mängeln und Mißständen in der Industrie und anderen staatlichen oder gesellschaftlichen Bereichen Einfluß nehmen.

Die Diensteinheiten IX hatten keine staatlichen oder gesellschaftlichen Objekte zu sichern. Damit entfiel die Notwendigkeit der Zusammenarbeit mit IM und der Anwendung anderer konspirativer Mittel und Methoden zur vorbeugenden Sicherung von Bereichen, Objekten und Personen.

Nach 1989 wurde behauptet, Angehörige der Untersuchungsorgane hätten Staatsanwälte und andere Juristen inoffiziell überwacht. Das stimmt nicht. Selbstverständlich gehörte es zu den Aufgaben des MfS, die für den Gegner interessanten Justizorgane der DDR gegen Spionage u. a. Angriffe abzusichern. Das entsprach angesichts der subversiven Angriffe gegen diese Bereiche den Sicherheitserfordernissen der DDR. Für diese Sicherungsaufgaben waren jedoch die Diensteinheiten HA XX im MfS bzw. Abteilungen XX in den BV verantwortlich. Von deren diesbezüglichen Maßnahmen erhielten die Untersuchungsorgane weder Kenntnis, noch erhielten sie Hinweise über angewandte Sicherungsmittel und -methoden.

In den Diensteinheiten IX wurde – wie international und auch in der Bundesrepublik üblich – mit Zelleninformatoren gearbeitet, die Untersuchungshäftlinge waren. (Angehörige des MfS wurden dafür nicht eingesetzt.) Der staatliche Auftrag zur umfassenden Tataufklärung, die komplizierte Aufklärung des Wissens von zumeist professionell geschulten Beschuldigten, der Umfang der Straftaten, drohende Gefahren für die Öffentlichkeit u. a. m. waren dafür gewichtige Gründe, besonders wenn es Anhaltspunkte für das Zurückhalten von Informationen im offiziellen Untersuchungsprozeß gab.

Konnten während der Zeitdauer des Ermittlungs- bzw. des Gerichtsverfahrens nur jene Straftaten zweifelsfrei aufgeklärt werden, die zur rechtmäßigen Verurteilung führten, und lagen aber zugleich weitere Verdachtshinweise zu anderen Straftaten vor, wurde im Strafvollzug die operative inoffizielle Bearbeitung des Betreffenden fortgesetzt, was aber Sache der zuständigen operativen Diensteinheit war.

Ergebnisse solcher operativer Maßnahmen wurden in der Beweisführung nicht berücksichtigt. Zum einen erfüllten sie nicht die gesetzlichen Anforderungen zur Erlangung von strafprozessual verwertbaren Beweisinformationen, zum anderen war zu berücksichtigen, daß unter Haftbedingungen erlangte Informationen aus verschiedenen Gründen nur als bedingt glaubwürdig eingeschätzt werden konnten. Diese Umstände berührten auch ethische Werte und erforderten äußerste Vorsicht bei der Bewertung.

Beweisverwertungsverbote bestanden aus ähnlichen Gründen für Informationen, die durch konspirative Abhörmaßnahmen in Hafträumen und bei Verwandtenbesuchen zur Kenntnis gelangten. Diese streng konspirative Maßnahme erfolgte in Zusammenarbeit mit der zuständigen operativen Diensteinheit. (*Siehe dazu den Beitrag im Bd. 1 zu den Verantwortungs- und Aufgabenbereichen von Abwehrdiensteinheiten.*)

Es kam auch vor, daß Mithäftlinge aus eigenem Antrieb Informationen zu und von Mitinsassen meldeten. Ergebnisse solcher Bekundungen konnten in Ausnahmefällen mit deren Einverständnis als Zeugenbeweise in das Ermittlungsverfahren eingeführt werden.

Ermittlungs- und Untersuchungsverfahren gegen Personen, die von DDR-Gerichten wegen Nazi- und Kriegsverbrechen und/oder Verbrechen gegen die Menschlichkeit verurteilt wurden, sind zunächst (1950-1955) in geringem Umfang (in 50 von 674 Verfahren), danach (1956-1960) zunehmend (in 14 von 18 Verfahren) und ab Anfang der 60er Jahre ausschließlich von den Untersuchungsorganen des MfS bearbeitet worden.[14] Insgesamt wurden 165 Personen verurteilt, die zuvor durch die Untersuchungsorgane des MfS ermittelt worden waren.

1950 war zwischen MfS und MdI vereinbart und in der Dienstanweisung der Hauptverwaltung Deutsche Volkspolizei Nr. 13/50 sowie in der dazu erlassenen Richtlinie der Hauptabteilung K vom 27. Februar1950 bestimmt worden, daß alle Fälle gemäß Befehl 201 der SMAD weiter von der Kriminalpolizei bearbeitet werden. Die Organe des Ministeriums für Staatssicherheit hingegen sollten Verstöße gegen den Artikel III A III der Kontrollratsdirektive 38 (KD 38) – also Straftaten, die nach dem 8. Mai 1945 begangen wurden – bearbeiten, soweit im Einzelfall nicht anders entschieden wurde.[15]

Gemäß dieser Festlegung führten bis zur Aufhebung der alliierten Gesetze und Direktiven im Jahre 1955 vornehmlich die Diensteinheiten der Kriminalpolizei Untersuchungen zur Aufklärung von NS-Verbrechen.

Da westliche Geheimdienste, insbesondere CIC/CIA und die Gehlen-Organisation, jedoch in den ersten Nachkriegsjahren bevorzugt ehemalige Mitarbeiter der Gestapo und Angehörige des SD und der SS/Waffen-SS, Wehrmachtsoffiziere und andere Naziaktivisten rekrutierten, wurde dieser Personenkreis für die Aufklärungs- und Abwehrarbeit des MfS interessant. So erfolgten 1950 in Einzelfällen Übernahmen von Verdächtigen, die sich wegen geheimdienstlicher Zusammenhänge bereits in Haft befanden, durch das MfS-Untersuchungsorgan.

Darunter befanden sich die ehemaligen leitenden Gestapo-Mitarbeiter Hans Müller und Bruno Sattler. Müller war stellvertretender Leiter des Judenreferats der Gestapo Breslau gewesen und an der Deportation von über 8.000 Juden aus Breslau und Umgebung beteiligt. Sattler, der zu den ersten Gestapo-Leuten in Berlin gehörte, hatte 1934 den Häftlingstransport geleitet, bei dem Funktionäre der KPD-Führung (John Schehr und Genossen) »auf der Flucht« erschossen worden waren. Während seines Einsatzes in Jugoslawien koordinierte Sattler den Einsatz von Gaswagen zur Vernichtung von mindestens 4.000 Menschen. In Serbien war er an der Verschleppung von Bürgern zur

Zwangsarbeit sowie der Tötung von Geiseln maßgeblich beteiligt. Zu den Personen, die zunächst wegen aktiver geheimdienstlicher Tätigkeit in das Blickfeld gerieten, gehörte der ehemalige Hauptmann der Wehrmacht Kurt-Heinz Wallesch, der in den okkupierten Territorien der Sowjetunion an Erschießungen sowjetischer Kriegsgefangener beteiligt war. Für den Gehlen-Geheimdienst arbeitete als Agentenwerber auch Manfred Körber, der als Angehöriger des Reichssicherheitshauptamtes zur Partisanenbekämpfung eingesetzt war und an mindestens fünfzehn Massenerschießungen mit mehr als 700 Personen teilgenommen hatte. Später, als Abwehroffizier in der deutschen Rüstungsindustrie, lieferte er 60 bis 70 Personen der Gestapo aus, von denen 15 zum Tode verurteilt wurden.

Der ehemalige SS-Obersturmführer Friedrich Bauer, der als leitender Beamter der Gestapo in Prag maßgeblich an der Verfolgung von antifaschistischen Widerstandskämpfern beteiligt war, arbeitete nach 1945 als Leiter einer BND-Stelle und tat sich dabei insbesondere bei der Anwerbung von DDR-Bürgern zur Spionage hervor.

Vom MfS aufgespürt wurden die Gebrüder Wilhelm und Oskar Wolff, die als Angehörige des faschistischen »Selbstschutzes« im okkupierten Polen 1939/40 an der Ermordung von mehr als 1.000 polnischen Juden mitgewirkt hatten.

In der Bundesrepublik galten ab dem 8. Mai 1960 alle vor dem 8. Mai 1945 begangenen, nach dem BRD-Strafrecht als Totschlag, Körperverletzung mit Todesfolge, Freiheitsberaubung mit Todesfolge und Raub eingestuften NS-Verbrechen als verjährt. Da vorrangig gerade aber diese Straftatbestände der BRD-Justiz zur Einleitung von Ermittlungsverfahren gegen NS-Verbrecher dienten, mußten diese Täter folglich keine Verfolgung mehr fürchten.

Das stieß nicht nur in der DDR auf entschiedenen Protest, sondern führte auch international zu verstärkten publizistischen Aktivitäten und Untersuchungshandlungen zur Aufklärung von NS-Verbrechen und daran beteiligten Tätern. Die DDR als antifaschistischer Staat hatte nicht nur großes Interesse daran, das Personal der Bundesrepublik mit brauner Vergangenheit zu entlarven und bei Vorliegen zweifelsfreier Beweise für ihre Verbrechen in der Nazizeit juristisch zu belangen. Damit wurde zugleich auf die gefährliche politische Kontinuität hingewiesen. Die Bundesrepublik reagierte darauf u. a. in besonders schlimmen Fällen mit nachgewiesener NS-Vergangenheit und schwerster Verbrechen bei hochrangigen Staatsbediensteten mit der Lösung Rücktritt von ihren Funktionen »aus gesundheitlichen Gründen«. Das Aufspüren Adolf Eichmanns – einst Leiter des »Judenreferats IV B 4« im

RSHA – durch den israelischen Geheimdienst, Eichmanns Verbringung aus Argentinien nach Israel und seine dortige Verurteilung lenkte das Augenmerk der internationalen Öffentlichkeit auf die Notwendigkeit zielgerichteter Ermittlungen und verstärkter internationaler Zusammenarbeit zur Aufklärung und strafrechtlichen Verfolgung bislang nicht geahndeter NS-Verbrechen. Das war für die Ermittlungs- und Untersuchungstätigkeit bei derartigen Delikten auch für die DDR wichtig, führte zu einer intensiveren Zusammenarbeit mit anderen Staaten, insbesondere mit der UdSSR, Polen und der CSSR.

Im Gefolge des Kalten Krieges und der bekannten Haltung westdeutscher Behörden zur Verfolgung von NS-Verbrechen und -Verbrechern erlangten die entsprechenden Untersuchungen und die strafrechtliche Verfolgung von Verdächtigen auch sicherheitspolitische Bedeutung; sie gingen deshalb in die Verantwortung des MfS über.

Anlässe für die Einleitung von Ermittlungen ergaben sich sowohl aus operativen Arbeitsergebnissen zur Gewährleistung der Sicherheit der DDR wie auch aus den Recherchen zu Dokumentationen über die Wiederverwendung schwer belasteter Repräsentanten des Naziregimes und an NS-Verbrechen beteiligter Personen in der Bundesrepublik.

Im Zusammenhang mit Veröffentlichungen und offiziell an BRD-Behörden übergebenen Dokumenten zu dort lebenden Personen, die der Mitwirkung an NS-Verbrechen verdächtig waren, kam es in Einzelfällen auch zu eher zufälligen Entdeckungen von Tatverdächtigen in der DDR. Beispielsweise geriet ein Landgerichtsrat Breier in Verdacht, ein Blutrichter gewesen zu sein. Nach seiner Festnahme am 18. August 1960 erfolgte die abschließende Bearbeitung durch die zuständige Untersuchungsabteilung des MfS. Johannes Breier (Breyer) wurde am 14. April 1961 vom Bezirksgericht Schwerin wegen fortgesetzter Beihilfe und vollendetem Mord in mindestens 58 Fällen gemäß §§ 211, 49, 43 StGB verurteilt. Allein im Zuge dieses Verfahrens konnten 24 weitere ehemalige Richter und Staatsanwälte des Sondergerichts Posen namhaft gemacht werden, die in der BRD wieder in Amt und Würden waren. Darunter befanden sich auch die im »Braunbuch«, das vom Nationalrat der Nationalen Front der DDR Mitte der 60er Jahre herausgegeben worden war, genannten Juristen:

Dr. Bömmels, vor 1945 Senatspräsident am Sondergericht Posen (44 Todesurteile nachgewiesen), nach 1945 Senatspräsident beim Oberlandesgericht Saarbrücken; Dr. Hucklenbroich, vor 1945 Landgerichtsrat beim Sondergericht Posen (63 Todesurteile), nach 1945 Landgerichtsdirektor in Wuppertal; Dr. Jungmann, vor 1945 Staatsanwalt beim Sondergericht, nach 1945 Staatsanwalt in Essen und Vertreter Hessens in der großen Strafrechtskommission der BRD.

Die in der DDR durchgeführten Gerichtsverfahren gegen Nazi- und Kriegsverbrecher entlarvten in nicht wenigen Fällen die braune Vergangenheit von Personen, die inzwischen hochrangige Positionen in der BRD eingenommen hatten, so der Prozeß in Abwesenheit gegen Hans Joseph Maria Globke, den Chef des Bundeskanzleramtes der BRD. Globke wurde am 23. Juli 1963 durch den 1. Strafsenat des Obersten Gerichts der DDR wegen Mittäterschaft an Kriegsverbrechen und Verbrechen gegen die Menschlichkeit gemäß Art. 6 des Statuts für den Internationalen Gerichtshof und §§ 211, 47 bzw. 72 StGB/DDR verurteilt. Globke war nachweislich beteiligt an der Ausarbeitung und dem Kommentar der berüchtigten Nürnberger Gesetze, am Reichsbürgergesetz vom 15. September 1935, am Gesetz zum Schutze des deutschen Blutes und der deutschen Ehre vom 15. September 1935, am Gesetz zum Schutz der Erbgesundheit des deutschen Volkes vom 18. Oktober 1935 sowie dem Personenstandsgesetz vom 3. November 1937, am Gesetz zur Änderung von Familien- und Vornamen vom 1. Januar 1938 sowie an den nachfolgenden Verordnungen und Entscheidungen. Sie ermöglichten es, Juden zu registrieren, auszugrenzen, aus der Versorgung mit Lebensmitteln auszuschließen, zu enteignen, willkürlich zu inhaftieren und in KZ einzuweisen, sie zu deportieren und letztlich zu ermorden.

Bis zum Ende der DDR waren durch das MfS insgesamt 165 Personen aufgespürt und ihrer Teilnahme an völkerrechtswidrigen NS-Verbrechen überführt worden.

Alle seit Ende der 50er Jahre von den Untersuchungsorganen des MfS bearbeiteten Ermittlungsverfahren wegen solcher Delikte beruhten auf operativ erarbeiteten Ergebnissen (hauptsächlich der Diensteinheiten XX, ab 1967 in Zusammenarbeit mit der HA IX/11).

Ausgenommen der letzte derartige Fall: Am 25. September 1989 verurteilte das Bezirksgericht Rostock den ehemaligen Werkschutzangehörigen Jakob Holz, der an der Ermordung von mindestens 39 jüdischen Zwangsarbeitern mitgewirkt und 11 Opfer eigenhändig erschossen hatte. Das Material kam aus der Bundesrepublik im Zuge der Rechtshilfe. In den 40 Jahren DDR-Geschichte war dieser Vorgang einmalig, daß ein BRD-Justizorgan Material zu einem »in der DDR unerkannt lebenden NS-Tatverdächtigen« übergab. Nach Überprüfung der Identität und der Tatvorwürfe wurden die gesetzlichen Voraussetzungen für die Einleitung eines Ermittlungsverfahrens bestätigt und Holz am 15. Mai 1988 in Haft genommen.

Zu den Tätern, die nach Ermittlungen des MfS verurteilt wurden und deren Prozesse internationale Beachtung fanden, gehörten der stellvertretende Standortarzt im KZ-Auschwitz, Dr. med. Horst Paul Fischer. SS-Hauptsturmführer Fischer war nach umfangreichen MfS-Recherchen am 11. Juni 1965 verhaftet worden. Ihm wurde nachgewiesen, daß er mitschuldig war an der Ermordung von mindestens 70.000 jüdischen Menschen. Er hatte die Ermordung von mindestens 5.400 Opfern in den Gaskammern persönlich überwacht und in 71 Fällen »Ärztliche Unbedenklichkeitsbescheinigungen« für den Vollzug von Prügelstrafen ausgestellt.

Sein Mordkomplize Josef Mengele, der sogenannte »Todesengel von Auschwitz«, konnte sich zunächst jahrelang unbehelligt im Westen Deutschlands aufhalten und später mit Hilfe »alter Kameraden« nach Südamerika flüchten. Dort ist er, wie es heißt, vermutlich in den 90er Jahren verstorben.

Vom MfS aufgespürt und seiner Bestrafung zugeführt wurde der Arzt Dr. Kurt Heißmeier, der im KZ Neuengamme verbrecherische Versuche mit Tbc-Bazillen an jüdischen Kindern durchgeführt hatte. Zu seinen Opfern gehörten die unter dem Kommando des SS-Obersturmbannführers Strippel in der Nacht vom 20. zum 21. April 1945 in Hamburg zusammen mit ihren vier Pflegern und 24 sowjetischen Kriegsgefangenen ermordeten Kinder (bekannt als Kinder vom Bullenhuser Damm). Die Fotos der Kinder und Röntgenplatten über die Experimente hatten die Untersuchungsorgane des MfS sichergestellt. (Nicht nur nebenbei: 1967 hatte ein Oberstaatsanwalt Münzberg am Landgericht Hamburg das Verfahren gegen Strippel mit der zynischen Begründung eingestellt, den Kindern sei »über die Vernichtung ihres Lebens hinaus kein weiteres Übel zugefügt worden. Sie hatten insbesondere nicht besonders lange seelisch und körperlich zu leiden.« Dieser Dr. Münzberg wurde 1990 Stellvertretender Generalstaatsanwalt in Mecklenburg-Vorpommern.)

Unter den Verurteilten befand sich der SS-Hauptscharführer Kurt Wachholz, der im Gestapogefängnis Kleine Festung Theresienstadt an der Ermordung von 505 Häftlingen mitwirkte. (Einer seiner Komplizen war der BRD-Bürger Anton Malloth, gegen den erst am 25. Mai 2000 beim Amtsgericht München Haftbefehl erwirkt wurde.)

Am 30. April 1969 verurteilte das Bezirksgericht Erfurt den ehemaligen SS-Unterscharführer und Gestapo-Angehörigen Joseph Blösche. Als Angehöriger eines Einsatzkommandos im Raum Baranowitschi (UdSSR) hatte er an Massenexekutionen teilgenommen und sich 1943 im Warschauer Ghetto als »besonders einsatzfreudig« erwiesen. Im sogenannten »Stroop-Bericht« über die Liquidierung des Ghettos ist Blösche mehrfach abgebildet, darunter auf dem bekannten Foto eines jüdischen Jungen mit erhobenen Händen, auf den Blösche mit der Waffe zielt. Die Identifizierung Blösches bereitete ungewöhnliche Schwierigkeiten, weil sein Gesicht bei einem späteren Bergwerksunfall völlig verändert war.

Auch der ehemalige SS- und Gestapo-Angehörige Edmund Langer wurde ermittelt. Gemeinsam mit einem Gestapo-Angehörigen hatte er sich wegen der Ermordung von 118 polnischen Bürgern in Siedlice und der Deportation einer unbestimmten Anzahl polnischer Juden zu verantworten. In Warschau war er außerdem an Festnahmen polnischer Widerstandskämpfer beteiligt. In der DDR hatte er sich in den Justizdienst eingeschlichen und es bis zum Staatsanwalt gebracht.

Aufgespürt wurde der Leiter der Gestapodienststellen Kolin und Beneschau (CSR) Paul Feustel, der nach dem Heydrich-Attentat den Befehl zur Ermordung von 42 tschechischen Bürgern gab, die Verfolgung von 2.460 tschechischen Bürgern organisierte, sie festnehmen und erschießen oder ins KZ überführen ließ. Bereits 1934 war er an den Verfolgungen der Roten Bergsteiger in Dresden beteiligt. Er wurde am 11. Dezember 1972 vom Stadtgericht Berlin verurteilt.

Der SD-Angehörige und Gestapo-Mitarbeiter in Breslau, Wilhelm Lachmann, war in Schlesien an der Verfolgung von Antifaschisten und an der Deportation der Breslauer Juden aktiv beteiligt. In einem Einsatzkommando wirkte er im Kriegsgefangenenlager Neuhammer an der Selektion von sowjetischen Kriegsgefangenen nach dem berüchtigten »Kommissarbefehl« mit. Er gehörte zum Begleitkommando des Transportes, bei dem mehrere Hundert zur Exekution ausgesonderter Offiziere, Kommissare und Juden nach Auschwitz gebracht wurden. Dieser Gefangenentransport gehörte im September 1941 zu den ersten Opfern, die mit »Zyklon B« vergast wurden.

Mit Henry Schmidt und Heinz Barth standen in den 80er Jahren zwei NS-Täter vor Gericht, über die auch in ausländischen Medien ausführlich berichtet und zu denen gesonderte Dokumentationen veröffentlicht wurden.[16] SS-Obersturmführer Schmidt hatte als Leiter des »Judenreferats« der Gestapo-Leitstelle Dresden maßgeblich die Verfolgung und Deportation von 985 Juden aus Dresden und Umgebung mit 10 Transporten nach Theresienstadt organisiert, wo 311 der Deportierten zu Tode kamen. Auch an der Verschleppung von mindestens 300 Zwangsarbeitern zur Ermordung im KZ Auschwitz war er beteiligt.

SS-Obersturmführer Barth war 1942 nach dem Attentat auf Heydrich als Angehöriger der Schutzpolizei an der standrechtlichen Erschießung von 92 tschechischen Bürgern beteiligt und nahm 1944 als Offizier der Waffen-SS und Zugführer in der SS-Division »Das Reich« aktiv am Massaker im französischen Oradour-sur-Glane teil, dem 642 Männer, Frauen, Kinder und Greise zum Opfer fielen.

Über den Prozeß hinaus ist noch immer von aktueller Bedeutung, daß ein unmittelbar beteiligter Täter vor einem deutschen Gericht Aussagen über Umstände und Hergang dieses Verbrechens machte. Er widerlegte die noch immer umlaufende Legende, SS-Männer hätten unter Einsatz ihres Lebens in Oradour-sur-Glane Frauen und Kinder aus der brennenden Kirche gerettet.

Ermittelt und verurteilt wurden seit den 60er Jahren zahlreiche Offiziere und Unterführer von Einsatzkommandos und SS-Polizeieinheiten, die zumeist in der Anonymität von Gruppen an Drangsalierungen und Massenexekutionen von Zivilisten in besetzten Gebieten der Sowjetunion und in Polen beteiligt waren. Sie hatten durchweg eigenhändig getötet.

Die Abteilung 11 der Hauptabteilung IX

Mit Befehl Nr. 39/67 des Ministers für Staatssicherheit vom 23. Dezember1967[17] erfolgte zum 1. Februar 1968 die offizielle Gründung der HA IX/11 als eine der HA Untersuchung angegliederte Struktureinheit. Ausgangspunkt dafür war die sicherheitspolitische Prämisse, daß die »völkerrechtliche und nationale Verpflichtung der Deutschen Demokratischen Republik zur Verfolgung und Aufklärung von Nazi- und Kriegsverbrechen und Verbrechen gegen die Menschlichkeit sowie die zunehmende neonazistische Entwicklung in Westdeutschland und Westberlin … die zielgerichtete Entlarvung der dort in staatlichen, politischen, wirtschaftlichen und militärischen Schlüsselpositionen herrschenden Nazi- und Kriegsverbrecher, aktiven Faschisten und faschistischen Agenturen« erfordert und zugleich unerkannte NS-Verbrecher aufzuspüren und strafrechtlicher Verantwortung zu überführen seien.

Daraus ergaben sich (im Befehl Nr. 39/67 unter Punkt 1 fixiert) im wesentlichen zwei Hauptrichtungen für die Tätigkeit dieser spezifischen Struktureinheit:

a) die einheitliche, systematische Erfassung, Archivierung, politisch-operative Auswertung und Nutzbarmachung aller im Bereich des MfS vorhandenen und noch zu beschaffenden Materialien aus der Zeit bis 1945, um die im Staats-, Wirtschafts-, und Militärapparat sowie in Parteien und Organisationen tätigen und durch ihre faschistische Vergangenheit belasteten Personen in der Bundesrepublik und in Westberlin zu enttarnen.

b) Sammlung von Belastungsmaterial zur operativen Bearbeitung und zur Einleitung von Ermittlungsverfahren sowie Übergabe an Diensteinheiten des MfS zur operativen Nutzung; Aufklärung von NS-Verbrechen, eingeschlossen die Bearbeitung von an den Generalstaatsanwalt der DDR gerichteten Rechtshilfeersuchen anderer Staaten sowie von Anfragen von Einzelpersonen, Organisationen etc. aus dem Ausland.

Die außen- und innenpolitischen Aufgaben werden auch in den zum Befehl Nr. 39/67 erlassenen Durchführungsbestimmungen und anhand der Struktur der HA IX/11 deutlich. In diesen Hauptrichtungen war die HA IX/11 bis zu ihrer formellen Auflösung am 28. Februar 1990 und der Übernahme ihrer Archivalien durch das Zentrale Staatsarchiv der DDR als Außenstelle »Freienwalder Straße« tätig.

Die HA IX/11 stützte sich auf vorhandenes Archivgut innerhalb des MfS, das von der mit Befehl Nr. 1/50 vom 20. September 1950 im MfS gebildeten *Abteilung Erfassung und Statistik* (Abt. XII) im Zentralarchiv gesammelt und zu einem Großteil für die weitere Auswertung im Laufe der Jahre erschlossen worden war.

Dieses Archivgut mit sogenannten *Z-Signaturen* (Z= Zentralarchiv), wurde entsprechend dem Befehl Nr. 39/67, Punkt 3, zusammen mit Registrierunterlagen und Findhilfsmitteln, Nachschlagewerken etc. einschließlich der im Dienstgebäude Freienwalder Straße befindlichen Büro- und Archivräume von der Abt. XII/3 (Zentralarchiv) übernommen.

Bei den Akten handelte es sich vorwiegend um Originaldokumente, die Mitte der 50er Jahre aus der Sowjetunion in die DDR kamen und vom Zentralen Parteiarchiv der SED, von der Staatlichen Archivverwaltung der DDR sowie vom MfS übernommen wurden. Im Bestand befanden sich auch Unterlagen aus der Zeit und zu den Vorgängen zur Entnazifizierung, die dem MfS nach seiner Gründung von der damaligen Deutschen Justizverwaltung und von der Kriminalpolizei übergeben worden waren. Schließlich ergänzte die HA IX/11 mit hohem Arbeitsaufwand auch ihre Bestände durch planmäßige Sichtung von Archiven in anderen sozialistischen Staaten, durch Übernahme von Kopien aus dem Rechtshilfeverkehr sowie durch Eingliederung zufälliger Funde. Im Aktenbestand enthalten waren ca. 5.000 Einzelfallakten des faschistischen Volksgerichtshofes und von Nazi-Sondergerichten, Akten des Reichssicherheitshauptamtes, des faschistischen Sicherheitsdienstes, der Gestapo, des Innenministeriums, der NSDAP, der SS, Unterlagen zu KZ, Zuchthäusern und anderen Haftanstalten der Nazis, zu Ämtern und Wirtschaftsunternehmen Hitlerdeutschlands.

Dort befand sich ferner Mikrofilm-Material, das entsprechend zwischenstaatlicher Vereinbarungen mit sozialistischen Staaten (UdSSR, VR Polen, CSSR) im Zusammenhang mit der Sichtung von dort lagernden Archivmaterialien durch Arbeitsgruppen des MfS gefertigt bzw. die von den dortigen Sicherheits- und Justizorganen der DDR zur Verfügung gestellt worden waren. Der Bestand an Mikrofilmen wurde in der Folgezeit in der HA IX/11 beständig weiter ergänzt, u. a. mit gekauften Kopien von Mikrofilmen aus USA-Archiven und durch von der HA IX/11 selbst in ausländischen Archiven (VR Polen , UdSSR , CSSR) gesichtetes und verfilmtes Archivgut. Alles in allem mehrere Millionen Aufnahmen.

Archiviert waren ebenfalls Dokumentationen und Materialsammlungen anderer Diensteinheiten, insbesondere der Abt. Agitation (später ZAIG), vor allem aus den 50er und 60er Jahren. Sie dokumentierten die Mitwirkung des MfS an Publikationen und Pressekonferenzen des Ausschusses für Deutsche Einheit, des Nationalrates der Nationalen Front und des Generalstaatsanwaltes der DDR zur Entlarvung der in der BRD agierenden Alt-Nazis und strafrechtlich nicht verfolgten Naziverbrecher. Im Beitrag »Akten, Karteien und eine Behörde« am Ende des Bandes wird auf den Umgang der BStU-Behörde mit den beschriebenen »Aktenbergen« der HA IX/11 noch gesondert eingegangen. Das betrifft auch die Archivunterlagen und Erkenntnisse, die bereits vor der offiziellen Bildung der HA IX/11 für die operative Arbeit des MfS genutzt worden waren.

Zur Vorgeschichte gehört die seit 1950, etwa ab 1952 intensivierte umfangreiche Arbeit zur Erschließung von Archivgut aus der bzw. über die Zeit vor 1945 durch systematische karteimäßige Erfassung von darin genannten Personen mit faschistischer Vergangenheit, soweit zur Identifizierung geeignete Personaldaten (Name, Vorname, Geburtsdatum, Geburtsort als Mindestforderung) vorhanden waren. Diese Personendatei wuchs jährlich um Zehntausende Karteikarten (MfS-intern F 16). Zuletzt umfaßte sie mehrere Millionen derartiger Datenträger zu Personen mit faschistischer Vergangenheit. Diese wurden in den 90er Jahren, als die BStU-Behörde den Horror der »Stasi-Verfolgung« skizzierte, stets mitgezählt, um auf die »Millionen von der Stasi verfolgten Personen« zu kommen.

Bereits mit der Richtlinie 21/52 war für die MfS-interne Arbeit bestimmt worden, daß Personen mit faschistischer Vergangenheit in der gesamten politisch-operativen Arbeit zur Aufklärung und Abwehr feindlicher Aktivitäten mehr Berücksichtigung finden müßten, weil sich nachgewiesenermaßen imperialistische Geheimdienste und andere Feindorganisationen derartiger Kräfte sowohl als Personal als auch im Innern der DDR als Agenturbasis bedienten.

Die Behauptung, daß die Existenz von Archivgut aus der Zeit des Faschismus in Beständen des MfS bis 1989/90 »völlig unbekannt« war und erst durch ein »Bürger-Komitee« entdeckt worden sei, ist nachgewiesermaßen unrichtig.

Den in der DDR zuständigen Organen und Einrichtungen (Generalstaatsanwalt der DDR, Staatliche Archivverwaltung des MdI, Dokumentationszentrum der Staatlichen Archivverwaltung, Zentrales Staatsarchiv, Zentrales Parteiarchiv etc.) war sehr wohl bekannt, daß das MfS über einen bestimmten Bestand an Akten aus der Zeit vor 1945 verfügte und daß Informationen daraus bei Bedarf auch zur Verfügung gestellt wurden. Beispielsweise erhielt das Dokumentationszentrum der Staatlichen Archivverwaltung zu Benutzeranfragen und Forschungsprojekten aus der HA IX/11 regelmäßig Informationen über hier vorliegende Erkenntnisse und Kopien von Archivalien, die dort als Dok. P oder Dok. K mit Hinweis »911« in die Speicher aufgenommen wurden.

Dem Ausschuß für Deutsche Einheit und dem Nationalrat der Nationalen Front, die in den 50er und 60er Jahren mit Publikationen und Dokumentationen über Alt-Nazis in der BRD befaßt waren, wurden nicht unerhebliche Massen an Dokumenten (zum Teil durch gemeinsame Arbeitsgruppen auch direkt vor Ort im Lesesaal des MfS-Zentralarchivs gesichtet) für diese Veröffentlichungen (z. B. über Naziblutrichter, »Braunbuch« etc.) zur Verfügung gestellt.

Das in der DDR in den 60er Jahren erschienene »Braunbuch« führte etwa 1.700 belastete Personen in Politik, Wirtschaft, Justiz und Verwaltung an, die in der Bundesrepublik Verantwortung trugen. Diese Veröffentlichung wurde von der Westseite stets als »Propaganda« denunziert. Der ehemalige Kriminaldirektor Dieter Schenk vom Bundeskriminalamt (BKA), der sich später mit der Geschichte seiner Behörde befaßte, räumte im Herbst 2001, mehr als 35 Jahre später, vor der Fernseh-Kamera ein: Das »Braunbuch« hatte »sachlich nur einen Makel: Es untertreibt.« Von 57 Führungskräften des BKA hätten »nur zwei keine braune Weste« getragen.

Selbst Paul Dickopf, bis 1971 Chef des Amtes, war während der NS-Zeit SS-Offizier im Spionageeinsatz. Und BKA-Vizepräsident Bernhard Niggemeyer ließ als Chef von Kommandos der Geheimen Feldpolizei Hunderte von Erschießungn anordnen. »Selbst als sich schon das Ende des Naziwahns abzeichnete.«

Zur Vorgeschichte der Bildung der HA IX/11 gehören auch die Aktionen »Licht« und « Konzentration«, bei denen Anfang der 60er Jahre republikweit nach Dokumenten aus der Zeit vor 1945 und versteckten Wertgegenständen gesucht wurde. Sie dienten der Konzentration aller im MfS vorhandenen operativen Hinweise und Materialien über NS-Verbrechen und Tatverdächtige in einem speziellen Referat bei der Hauptabteilung XX (XX/2/III).

Als sich abzeichnete, daß in der BRD am 8. Mai 1965 nun auch noch die Verfolgung aller »NS-Gewaltverbrechen« eingestellt werden sollte und eine Verlängerung der Verjährungsfrist regierungsoffiziell abgelehnt wurde (Justizminister Dr. Bucher sprach sich am 2. März 1964 in Karlsruhe ausdrücklich gegen eine Verlängerung der Verjährung aus), sahen sich die DDR und andere sozialistische Staaten veranlaßt, ihre Anstrengungen auf diesem Feld weiter zu verstärken. Zunächst waren bereits vorhandene Materialien archivalisch weiter zu erschließen und den zuständigen staatlichen Organen zu übergeben sowie auch operativen Diensteinheiten des MfS zur Verfügung zu stellen. Damit sollte die internationale Öffentlichkeit gegen die bundesdeutschen Vorhaben mobilisiert werden.

Später ging man dazu über, NS-Verbrechenskomplexe systematisch aufzuarbeiten und intensiver nach untergetauchten Tätern zu suchen, die als Angehörige von Einsatzgruppen der Sicherheitspolizei und des SD oder von SS-Polizeieinheiten an Verbrechen beteiligt waren. Die in den letzten 20 Jahren der Existenz der DDR vor Gerichten der DDR wegen Kriegsverbrechen und/oder Verbrechen gegen die Menschlichkeit durchgeführten Verfahren waren Resultat der – gemäß Durchführungsbestimmung Nr. 1 zum Befehl 39/67 praktizierten – Zusammenarbeit der HA IX/11 mit anderen operativen Diensteinheiten des MfS (insbesondere HA XX, Kreisdienststellen, HA I, HA II sowie der HVA) und des Zusammenwirkens mit der Abt. IA beim Generalstaatsanwalt der DDR bzw. mit anderen Organen und Einrichtungen der DDR (z. B. Dokumentationszentrum der Staatlichen Archivverwaltung) sowie mit den Sicherheitsorganen sozialistischer Länder und Archiven im Ausland.

Bei der staatlich organisierten Kriminalität wie den NS-Verbrechen handelte es sich um politisch gewollte Verfolgung verbrecherischer Ziele mit der Maßgabe, jeglichen Widerstand zu brechen und Menschen zu vernichten (Holocaust, Massenexekutionen, massenhafte Todesurteile, Euthanasie, Kommissarbefehl u. a.). Da die Tatverdächtigen zumeist arbeitsteilig und oft in der Anonymität von Gruppen handelten, ergaben sich für die Aufspürung und Beweisführung zum zweifelsfreien Nachweis einer strafrechtlich relevanten Tatbeteiligung besonders hohe Anforderungen.

Neben dem Nachweis einer individuellen Tatbeteiligung mußte zugleich auch gesichert werden, daß Personen, gegen die ermittelt wurde, davon nicht vorzeitig Kenntnis erhielten. Eine Flucht in den Westen, z. B. mit Unterstützung »alter Kameraden« (etwa der von Heinrich Himmlers Tochter geführten Organisation für ehemalige SS-Angehörige »Stille Hilfe«) mußte aus bekannten Gründen (kein Rechtshilfeabkommen, keine Auslieferung, Ausschlachtung durch die Medien etc.) unter allen Umständen verhindert werden.

Die operative Bearbeitung hatte streng konspirativ in Operativen Vorgängen zu erfolgen. In der DDR gab es – im Unterschied zur Praxis der westdeutschen »Ludwigsburger Zentrale« –, also keine sogenannten Vorermittlungsverfahren, über die die Verdächtigten informiert und auch offiziell zum Sachverhalt gehört werden konnten.

Statistische Angaben über mehr als 100.000 solcher »Vorermittlungsverfahren« der »Ludwigsburger Zentrale« in der Bundesrepublik gelten als Ausweis für die Ernsthaftigkeit und systematisch betriebene Aufklärung und strafrechtliche Ahndung von NS-Gewaltverbrechen in der BRD.

Dem ist entgegenzuhalten: In der DDR wurde vermutlich in nicht weniger Fällen »vorermittelt«. Dies wurde aber nicht statistisch erfaßt. In der DDR zählten nur die tatsächlich eingeleiteten Ermittlungsverfahren, die zur Anklage gekommenen Strafsachen und ergangenen Urteile.

Allein aus dem Verfahren gegen den »Mörder von Oradour«, Heinz Barth, wären durchaus mehrere Hundert »Vorermittlungsverfahren« auszuweisen, wenn gegen jeden der namentlich bekannt gewordenen Angehörigen der SS-Division »Das Reich« vorermittelt worden wäre – unabhängig davon, ob die Personen überhaupt noch am Leben und strafrechtlich verfolgbar waren. Das aber war Praxis in der Bundesrepublik.

Die operative Aufklärung der Verdächtigen erfolgte durch die HA IX/11 – wie schon angeführt – streng konspirativ, eine Vorinformation über Tatverdacht oder Befragung zur Verdachtsprüfung kam in der Regel nicht in Frage. Nicht immer gelang es, den Anfangsverdacht zu verdichten oder zu bestätigen. Im Ergebnis der Recherchen waren entweder objektiv entlastende Beweismittel festgestellt worden oder es konnten weder in der DDR noch anderweitig ausreichend gerichtsverwertbare Beweise für eine Begründung des dringenden Tatverdachts erarbeitet werden, die eine gesetzlich zulässige Strafverfolgung ermöglicht hätten. Auch in solchen Fällen mußte gelten: in dubio pro reo – im Zweifel für den (potentiellen) Angeklagten.

Insofern ist es unsinnig zu behaupten, die DDR habe unzulässigen »Täterschutz« gewährt.

Beispielsweise wird der Fall Gust/Giese immer wieder als »Beweis« zitiert, um der DDR vorzuhalten, sie habe NS-Täter nicht verfolgt. Der ehemalige SS-Obersturmführer Gust, stellvertretender Lagerleiter im KZ Buchenwald, galt als berüchtigter Schläger. Nach ihm wurde nach 1945 international gefahndet. Er lebte bis zu seinem Tode 1992 als Bürger der BRD unter dem Namen Franz Erich Giese (der Geburtsname seiner Frau) unbehelligt im niedersächsischen Melle und betrieb dort ein Nobellokal. Dem MfS wurde Ende der 60er Jahre im Ergebnis konspirativer Erkundungen Identität und Aufenthalt bekannt. Allerdings eben nur inoffiziell und damit offiziell nicht verwendbar. Unter damaligen Gesichtspunkten waren diese Erkenntnisse für Rechtshilfeersuchen oder offizielle Verlautbarungen nicht ausreichend, so daß entsprechende Informationen an die BRD-Justiz unterblieben. Mit der Schuldzuweisung an die Adresse der DDR wird allerdings zu überdecken versucht, daß – wie der Antifaschist Fred Löwenberg glaubhaft bekundet – dem Verfassungsschutz seit 1952 sowohl Identität als auch Aufenthaltsort von Gust/Giese hinlänglich bekannt waren.

In der DDR galten überdies völkerrechtliche Grundsätze für die Aufklärung und Ahndung von NS-Verbrechen. In der BRD hingegen wurden NS-Verbrechen nach Tatbeständen der allgemeinen Kriminalität verfolgt. Damit verbunden war, daß das verbrecherische Tatgeschehen unter Umständen in Einzeltaten zerlegt und bewiesen werden mußte. Das bot den Angeklagten und ihren Verteidigern oft Gelegenheit, mit der Widerlegung einzelner Tatvorwürfe die gesamte Anklage in Frage zu stellen, was auch vielen Richtern entgegen kam.

Da der HA IX/11 – obwohl Struktureinheit der HA Untersuchung des MfS – keine Befugnisse und Rechte eines Untersuchungsorgans gemäß Strafprozeßordnung zustanden, mußten die Unterlagen zur Prüfung strafrechtlicher Relevanz an die zuständige Untersuchungsabteilung in der HA IX (HA IX/10, später Arbeitsgruppe VgM bzw. HA IX/2) übergeben werden. Wurde im Ergebnis der strafrechtlichen Einschätzung festgestellt, daß ausreichend Beweismittel vorlagen, wurden die notwendigen Maßnahmen durch die zuständige Untersuchungsabteilung eingeleitet und die Führung des Ermittlungsverfahrens unter die gesetzlich vorgeschriebene staatsanwaltschaftliche Aufsicht gestellt.

Die HA IX/11 wurde erforderlichenfalls auch danach noch in weitere notwendige Beweisführungsmaßnahmen in laufenden Ermittlungsverfahren/Untersuchungsvorgängen einbezogen, etwa zur Überprüfung von Aussagen Beschuldigter oder Zeugen, in weitergehende Recherchen zu Personen und Sachverhalten etc.

Innerhalb des MfS entwickelte sich die Abt. 11 in der HA IX zur zentralen Erfassungs- und Auskunftsstelle über Personen und Sachverhalte aus der Zeit von 1933 bis 1945. Sie verfügte zuletzt über rund 11.000 laufende Meter Akten, Tausende von Mikrodokumentenfilmen sowie über Literatur und Karteimittel zu über zwei Millionen in Archivalien genannten Personen und Sachverhalten.

Forschungsanfragen aus dem In- und Ausland, die an die Staatliche Archivverwaltung/Dokumentationszentrum oder das IML/Zentrales Parteiarchiv der SED gerichtet waren, wurden von der HA IX/11 im Rahmen des offiziellen Zusammenwirkens mit diesen Einrichtungen unterstützt. Wenn Dokumente vorlagen, wurden diese nach Prüfung zur Verfügung gestellt – allerdings nicht für alle und jeden.

Anfragen für Forschungszwecke aus dem westlichen Ausland wurden grundsätzlich – wie wohl auch umgekehrt – auf etwaige geheimdienstliche oder andere Interessen überprüft.

Zur Verantwortung der Abt. 11 in der HA IX gehörte – in Durchsetzung des Befehls Nr. 39/67 und seiner 2. Durchführungsbestimmung – die Realisierung von Aufgaben, die sich aus den internationalen Rechtshilfebeziehungen der DDR und aus Rechtshilfeersuchen an den Generalstaatsanwalt der DDR ergaben. In der Regel bat man vom Ausland um Unterstützung bei Recherchen nach möglichen Tätern, Zeugen und Beweismitteln. Dazu wurden jährlich bis zu 100 Dokumentationen und Materialien an den Generalstaatsanwalt der DDR übergeben, darunter Unterlagen zur Rechtshilfe gegenüber Justizorganen in den USA, Kanada, Australien, Frankreich, Belgien, der BRD und Westberlin. Bedient wurden zahlreiche Anfragen von staatlichen und gesellschaftlichen Organen anderer Staaten.

Allein für die in Westberlin laufenden Untersuchungen gegen ehemalige Juristen des Volksgerichtshofes wurden zwischen 1980 und 1986 über 6.000 Blatt Dokumente zur Verfügung gestellt. Das Ergebnis des Verfahrens war dennoch mager: Von den über 70 NS-Juristen, gegen die das Verfahren lief, wurde keiner verurteilt. Lediglich der bereits vorher angeklagte Beisitzer an Freislers Volksgerichtshof, Otto Rehse, war am 3. Juli 1967 zu fünf Jahren Freiheitsentzug verurteilt worden. Der BGH hob das Urteil auf. In der zweiten Verhandlung wurde Rehse sogar freigesprochen – weil er subjektiv von der Richtigkeit der faschistischen Ausnahmegesetze überzeugt gewesen sei, wie es in der Begründung des Urteils hieß. Vor der folgenden Revisionsverhandlung verstarb er.

Internationale Beachtung fand die 1985 erfolgte Übergabe einer umfangreichen Dokumentation über Todesurteile des Volksgerichtshofes mit zum Teil erstmaligen Hinweisen auf das Schicksal sogenannter NN-Gefangener (Gefangene im Ergebnis von Nacht- und Nebelaktionen der Faschisten) in Frankreich, Belgien, Luxemburg, Österreich und aus den Niederlanden. Diese ausschließlich vom MfS aufbereiteten Unterlagen wurden über den Generalstaatsanwalt und das Komitee der Antifaschistischen Widerstandskämpfer der DDR an die zuständigen Organe in diesen Ländern übergeben.

Auch den Behörden der BRD wurden in großem Umfange beweiskräftige Materialien zu Tatverdächtigen übergeben, ohne daß von den Empfängern – von Einzelfällen abgesehen – ernsthafte Maßnahmen erfolgten. Mehr noch: Zumeist wurde das Ansinnen der DDR-Verantwortlichen als politisch motivierte Verleumdungsversuche diffamiert. Die entsprechenden Dokumente und andere Beweismittel verschwanden in Schubladen bzw. dennoch eingeleitete Ermittlungen wurden nach kurzer Zeit eingestellt. Die Begünstigung von Tatverdächtigen ging zumindest in nachweisbaren Einzelfällen soweit, daß diese von bundesdeutschen Behörden vor eventuellen Reisen in die DDR gewarnt wurden. Man ließ sie wissen, daß sie dort wegen der ihnen angelasteten NS-Verbrechen festgenommen werden könnten. So geschah es im Falle eines ehemaligen Majors der Luftwaffe, zu dem die HA IX/11 Dokumente aufgefunden hatte, aus denen sich der Verdacht der Teilnahme an Kriegsverbrechen auf dem Territorium der ehemaligen UdSSR ergab. Über den Generalstaatsanwalt der DDR waren dem Generalstaatsanwalt beim Oberlandesgericht in Hamburg Unterlagen zugeleitet worden, der im Oktober 1979 ein Ermittlungsverfahren einleitete. Im Oktober 1981 wurde dieses Verfahren mit der Begründung eingestellt, daß Schuld nicht nachweisbar sei. Der Major war in den Dokumenten als Leiter einer sogenannten »Evakuierungsaktion« in der Stadt Kriwoi Rog ausgewiesen. Befehlsgemäß waren dabei alle wehrfähigen männlichen Zivilisten zu evakuieren (eine Umschreibung für exekutieren) und die übrige Bevölkerung zu deportieren.

Bei seiner Vernehmung hatte er die massenhafte Liquidierung nicht in Abrede gestellt, aber angegeben, daß er die Durchführung des Befehls einem nachgeordneten Kompanieführer übertragen habe. Vom Bundesminister für Innerdeutsche Beziehungen erhielt der Betreffende 1983 ein Rechtsgutachten des Gesamtdeutschen Instituts mit ausdrücklichem Hinweis auf den »letzten Absatz Seite 6«. Dort hieß es sinngemäß, daß von den vorstehenden Ausführungen her von einer Einreise in die DDR dringend abgeraten werden sollte, weil von einer Gefährdung für seine persönliche Sicherheit und Freiheit auszugehen sei.

Ähnlich verfuhren Mitte der 80er Jahre die Justizbehörden mit einem in Mainz wohnenden ehemaligen Gestapo-Mitarbeiter nach der Übergabe von Beweismitteln. Der Kriminaloberassistent bei der Gestapo Leipzig war am 12. April1945, unmittelbar vor dem Einmarsch der US-amerikanischen Truppen, zusammen mit anderen an der Massenerschießung von 57 politischen Häftlingen und ihrer »Entsorgung« in Bombentrichtern in Leipzig-Lindenthal beteiligt gewesen. Mit gefälschten Papieren flüchtete er in den Westen, ohne dort später jemals für seine Verbrechen belangt worden zu sein.

Nach dem Ende der DDR gab es Vorwürfe und Anschuldigungen gegen die HA IX/11 und andere operative Diensteinheiten des MfS. Sie hätten Unterlagen zur Erpressung von Personen inner- und außerhalb der DDR benutzt, NS-Verbrecher im Bedarfsfall gedeckt, Darstellungen über die Zeit des Faschismus und den antifaschistischen Widerstandkampf politisch verzerrt sowie Ergebnisse der operativen Aufklärung zu Kriegsverbrechen und Verbrechen gegen die Menschlichkeit im Bedarfsfall frisiert.

Alle kriminalistischen und juristischen Verifizierungsversuche blieben bisher ohne Ergebnis. Simon Wiesenthal (»Dokumentationszentrum des Bundes jüdischer Verfolgter des Naziregimes« in Wien), der sich nach 1989/90 über angeblich in der DDR vor Strafverfolgung geschützte NS-Täter beklagte, konnte nicht einen einzigen derartigen »Fall« für seine Behauptungen namhaft machen. In einem Schreiben an Prof. Detlef Joseph (Berlin) vom 20. Dezember 2000 reagierte er ausweichend auf eine entsprechende Nachfrage. Er habe »Informationen« bekommen, »wonach Nazis im allgemeinen von der DDR häufig benutzt wurden, um Nazis, die im Westen gelebt haben, auszuspionieren. Über Presseerklärungen wurde damit Westdeutschland diffamiert und als Land dargestellt, das Nazis gut behandelt und schützt«.

Wiesenthal hatte am 18. Dezember 1991 für den Januar 1992 ein Dossier angekündigt »mit den Namen von mehreren Hundert ehemaligen Nazis, die durch den Schutz des DDR-Regimes der Strafverfolgung entgehen konnten«, das er an den damaligen Justizminister Klaus Kinkel übergeben wollte. Prof. Detlef Joseph erkundigte sich zehn Jahre später nach diesem Dossier bei der Justizministerin Herta Däubler-Gmelin. Diese ließ ihn am 14. Juni 2001 wissen, daß sie ein solches Dossier »weder in den hiesigen noch in den Akten der Zentralen Stelle *(in Ludwigsburg - d. Verf.)* festgestellt« habe. »Auf eine daraufhin veranlaßte Anfrage beim Dokumentationszentrum des Bundes jüdischer Verfolgter des Naziregimes in Wien hat Herr Wiesenthal mitgeteilt, er habe die erwähnte Namensliste zwar seinerzeit geplant, sei jedoch in der Folge nicht dazu gekommen, sie auch tatsächlich zu erstellen.« (Dem interessierten Leser empfehlen wir nicht nur aus den vorgenannten Gründen Detlef Josephs Buch: »Nazis in der DDR«, edition ost, Berlin 2002)

Die Behauptung, es habe eine Kumpanei zwischen Nazis und Kommunisten in der DDR gegeben, wurde schon vor, aber besonders nach 1989 erhoben. Sie schien ein wirksames Instrument zur Diskreditierung der DDR und ihrer Institutionen zu sein. Seit den 60er Jahren erschienen, wohl als Reaktion auf das »Braunbuch«, im Westen verschiedene sogenannte »Dokumentationen« über »Nazis in der DDR« (z. B. »Nazis in Pankows Diensten«, »Braunbuch DDR«). Nach dem Erscheinen solcher Publikationen erfolgten durch die HA IX/11 stets umfassende Prüfungen zumeist im Rahmen speziell angelegter Vorgänge (SV 1/79, 3/82, 14/83 u. a.). Nicht selten resultierte die vermeintliche »Nazivergangenheit« aus einer nominellen Mitgliedschaft in der NSDAP, von der die Betroffenen oftmals nicht einmal Kenntnis hatten, wenn eine Überweisung aus anderen NS-Formationen erfolgte, als sie bereits bei der Wehrmacht waren. Exemplarisch soll hier auf den »Fall« von Gerhard Dengler verwiesen werden. Dieser hatte in seiner Eigenschaft als Vizepräsident des Nationalrates der Nationalen Front der DDR die Arbeitsgruppe geleitet, die damals das »Braunbuch« erarbeitete. Dengler wurde als Altnazi denunziert. Zutreffend war, daß er in seiner Heimatstadt Eberswalde dem Jungstahlhelm angehört hatte, der später in die SA überführt wurde. Aus der SA wurde er in die NSDAP überwiesen, was Dengler aber nicht erfuhr, da er bereits bei der Wehrmacht war. Nun schützt Unkenntnis keineswegs vor Verantwortung, aber: Hauptmann Dengler wechselte 1943 im Kessel von Stalingrad die Fronten, wurde Vizepräsident des Bundes der Offiziere (BDO) im Nationalkomitee »Freies Deutschland« und deshalb 1944 von einem NS-Gericht wegen Landes- und Hochverrats in Abwesenheit zum Tode verurteilt. Die Familie kam in Sippenhaft. Einen solchen Mann als »Nazi« zu bezeichnen, mutet schon reichlich widersinnig an.

Eine nicht weniger typische Behauptung war auch der »Fall« Gustav Just, der von 1990 bis 1992 für die SPD dem Landtag Brandenburg angehörte und dessen Alterspräsident war. Just wurde 1957 im Prozeß gegen Janka und Genossen als Angehöriger einer »partei- und staatsfeindlichen Gruppe« verurteilt. Bei der Hausdurchsuchung wurde ein Tagebuch gefunden, in welchem Just seine Teilnahme an einer am 15. Juli 1941 erfolgten Erschießung von sechs Juden in einem ukrainischen Dorf dokumentiert hatte. Er war dazu vom Untersuchungsorgan vernommen worden. Die Vernehmungsprotokolle wurden Bestandteil der Beweismittelakte zur Anklage und der Gerichtsakten. Da damals außer seinen Aufzeichnungen und Einlassungen keine weiteren objektiven Beweismittel zum Tatgeschehen ermittelt werden konnten, erfolgte keine gesonderte Anklage wegen Kriegsverbrechen und Verbrechen gegen die Menschlichkeit. Der Sachverhalt wurde jedoch im veröffentlichten Urteil zur Charakterisierung der Persönlichkeit mitgeteilt. Nach der Wende wurde jedoch behauptet, »die Stasi« habe das Tagebuch verschwinden lassen, um Just gegebenenfalls damit zu erpressen.

Von der HA IX/11 sind im November 1989 im Zusammenhang mit Rehabilitierungsmaßnahmen im Auftrage der Staatsanwaltschaft Überprüfungen zur Person und zum Sachverhalt eingeleitet worden, die allerdings mit der Auflösung der Diensteinheit eingestellt wurden. Über die gerichtsbekannten Tatsachen hinausgehende Beweise für das Tatgeschehen und zum Tatbeitrag von Just konnten auch 1989 nicht ermittelt werden und wurden auch in einem bis 1994 bei der Staatsanwaltschaft Frankfurt/Oder anhängigen Verfahren nicht erbracht.

Nicht in einem einzigen Falle konnte bei den namhaft gemachten »Nazis in der DDR« ein Tatverdacht der Beteiligung an NS-Verbrechen zweifelsfrei nachgewiesen werden.

Nach 1989/90 gab es nicht wenige Alt-Nazis und an NS-Verbrechen beteiligte Täter, aus denen »Opfer des Stalinismus« oder »Stasi-Opfer« wurden. Hinlänglich bekannt wurde durch die Medien der jahrelange Streit um die »Kriegsopferrente« für den in der DDR rechtskräftig verurteilten »Mörder von Oradour«, Heinz Barth.

Ansprüche auf Rückübertragung von »Alt-Eigentum« meldete z. B. auch der ehemalige SS-Obersturmbannführer, Chef der Gestapo-Dienststellen in Chemnitz und Kattowitz, Dr. Johannes Thümmler an. Der einstige Vorsitzende eines Standgerichtes im KZ Auschwitz forderte die Rückgabe von durch alliierte Behörden eingezogenem Eigentum, das augenscheinlich als requiriertes jüdisches Eigentum in seinen Besitz gelangt war. Trotz umfangreicher Beweise für seine Verbrechen, die aus Polen und zum Teil aus der DDR geliefert worden waren, blieb Thümmler in der Bundesrepublik straffrei.[18]

In die Schlagzeilen gerieten Politik und Praxis der Entschädigung für derartige »Opfer« auch mit dem »Fall« Margot Pietzner, die nach der »Wende« in der »Gedenkbibliothek zu Ehren der Opfer des Stalinismus« in Berlin über ihr Schicksal berichtete. Wegen Verbrechen an Häftlingen in Außenlagern der KZ Sachsenhausen und Ravensbrück war sie von einem sowjetischen Militärtribunal (SMT) zum Tode verurteilt worden. Dieses Urteil wurde später in 25 Jahre Haft umgewandelt. 1956 erfolgte in der DDR ihre Haftentlassung unter Aussetzung des weiteren Strafvollzuges. »Bürgerrechtler« wie Bärbel Bohley, Jürgen Fuchs, Siegmar Faust u. a. brachten mit Hilfe von Vorstandsmitgliedern der »Gedenkbibliothek« einen Rehabilitierungsantrag auf den Weg. Dadurch kam Frau Pietzner auf die sogenannte Sammelliste Nr. 1 und gehörte damit zu den ersten, die nach dem »Beitritt« Entschädigung für erlittenes Unrecht erhielten. Von den ihr zugestandenen 60.000 DM Haftentschädigung gingen 7.000 DM an Faust und 20.000 an die Leiterin der »Gedenkbibliothek«.

Als französische Zeugen die Richtigkeit der damals erhobenen Beschuldigungen bestätigten, wurde die Rückzahlung der 60.000 DM gefordert. Beweise für die Schuld von Margot Pietzner befanden sich allerdings auch in den MfS-Akten.[19]

Außer der zielgerichteten und systematischen Mitwirkung an der Aufklärung und strafrechtlichen Verfolgung von Nazi- und Kriegsverbrechen befaßte sich die HA IX/11 auch mit der Auswertung von Dokumenten und Archivalien zu Kommunisten, Sozialdemokraten, Gewerkschaftern und anderen Antifaschisten, die zwischen 1933 und 1945 verfolgt worden waren. Zur Verwirklichung des Beschlusses des Sekretariats des ZK der SED vom 25. Juli 1983 zur zentralen Erfassung von schriftlichen Materialien zu Personen und Sachverhalten sowie gegenständlichen Zeugnissen des antifaschistischen Widerstandskampfes sind Tausende diesbezügliche Informationen an das zuständige IML/Zentrales Parteiarchiv übergeben worden. Es wurden vor allem aus den in der HA IX/11 archivierten Beständen des ehemaligen faschistischen Volksgerichtshofs und der Sondergerichte Opfer der Nazi-Blutrichter und der Gestapo sowie in KZ und Haftanstalten Eingekerkerte und Ermordete erfaßt und namhaft gemacht.

Ein Schwerpunkt bei Recherchen zum antifaschistischen Widerstandskampf und zu Fragen der deutschen und internationalen Arbeiterbewegung betraf Personen, die der Kollaboration mit den Faschisten bezichtigt wurden bzw. in der UdSSR unter Stalin Opfer politischer Repressalien geworden waren. Im Ergebnis zumeist sehr umfangreicher Materialsichtungen, Ermittlungen und Überprüfungen wurden entsprechende Dokumentationen gefertigt und vielfach Vorschläge für die Rehabilitierung der Betroffenen unterbreitet. Das betraf z. B. eine Reihe von Mitarbeitern des Nachrichtendienstes der KPD mit Kippenberger an der Spitze,[20] oder den lange des Verrats von antifaschistischen Mitkämpfern an die Gestapo bezichtigten KPD-Funktionär Wilhelm Knöchel. Recherchen und Dokumentationen betrafen auch solche Persönlichkeiten wie den sowjetischen Marschall Tuchatschewski und den Genetiker Timoffejew-Ressovsky.

Zugleich konnten weitergehende Erkenntnisse oftmals zu einer differenzierteren Sicht auf Personen und Sachverhalte beitragen, was zur Korrektur bis dahin gültiger Bewertungen einzelner Persönlichkeiten führte. Der Geschichtsforschung konnten zunehmend Ergebnisse zum Wirken kommunistischer, sozialdemokratischer, pazifistischer, kirchlicher und anderer Widerstandskämpfer und -gruppen zur Verfügung gestellt werden (»Rote Kapelle«, Uhrig-Organisation, Baum-Gruppe, katholische Widerstandsgruppen etc.).

Spezielle Überprüfungen erfolgten zur Vita von Persönlichkeiten, die faschistische Verfolgung und Nazi-Terror überlebt hatten und nach 1945 in öffentlichem Ansehen standen. Das betraf etwa Herbert Wehner, der im Auftrag der Leitung der KPD während des 2. Weltkrieges über Schweden nach Deutschland geschickt werden sollte, um die Leitung der illegalen Widerstandsarbeit der noch existierenden KPD-Gruppen zu übernehmen. Zuvor in Schweden verhaftet, hatte er zahlreiche Namen von Kommunisten ausgesagt und galt Jahrzehnte lang als Verräter. Durch akribische Recherchen der HA IX/11 in Verbindung mit anderen Diensteinheiten konnte schließlich eindeutig nachgewiesen werden, daß die von Wehner genannten Personen außer Gefahr gewesen waren bzw. von den Faschisten nicht ergriffen werden konnten. Herbert Wehner rettete sich durch diese angebliche Aussagebereitschaft vor der Überstellung nach Deutschland.

In den 80er Jahren gewann die Nutzbarmachung der Archiv- und anderen Materialien für die Geschichtsforschung immer mehr an Bedeutung, zumal die Strafverfolgung von Verdächtigen infolge deren sehr hohen Alters und schwerer Erkrankungen sich dem Ende näherte.

Umfangreiches Material wurde z. B. für die Forschungsarbeiten des Dokumentationszentrums der Staatlichen Archivverwaltung zum faschistischen Okkupationsregime in den von Hitlerdeutschland überfallenen und ausgeplünderten Ländern Europas zur Verfügung gestellt.

In diesem Kontext soll nicht unerwähnt sein, daß es die BRD-Behörden bis in die 90er Jahre ablehnten, das US-Document-Center in Westberlin in den Archivfond der Bundesrepublik und damit auch Verantwortung für die Nutzung dieses umfangreichen Archivaktenbestandes zur Aufarbeitung der Nazi- und Kriegsverbrechen zu übernehmen.

Zur Rolle des Artikels 6 Abs. 2 der Verfassung der DDR (1949)

Dieser Artikel spielte als unmittelbar im Ermittlungsverfahren angewandte Strafbestimmung mehrere Jahre eine dominierende Rolle für die Untersuchungsorgane.

Der Artikel 6, Abs. 2, lautete: »Boykotthetze gegen demokratische Einrichtungen und Organisationen, Mordhetze gegen demokratische Politiker, Bekundung von Glaubens-, Rassen-, Völkerhaß, militaristische Propaganda sowie Kriegshetze und alle sonstigen Handlungen, die sich gegen die Gleichberechtigung richten, sind Verbrechen im Sinne des Strafgesetzbuches. Ausübung demokratischer Rechte im Sinne der Verfassung ist keine Boykotthetze.«

Zur Rolle dieses Artikels 6 Absatz 2 der Verfassung der DDR muß zunächst in Erinnerung gerufen werden, was auch schon im Beitrag zur Sicherheitspolitik der SED angeführt wurde. Die erste Verfassung der DDR war 1949 als Verfassung für Gesamtdeutschland ausgearbeitet, der Öffentlichkeit vorgelegt und in Ost und West diskutiert worden. Am 30. Mai 1949 hatte der Deutsche Volkskongreß, hervorgegangen aus allgemeinen, geheimen und direkten Wahlen, den bekannten Text des Entwurfs einer Verfassung für Gesamtdeutschland gebilligt.

Daß diese Verfassung einer (gesamtdeutschen) Deutschen Demokratischen Republik dann im Oktober zu einer Verfassung des östlichen deutschen Staates wurde, lag weder in der Absicht der Autoren dieses Verfassungstextes, noch an den maßgebenden politischen Kräfte in der sowjetischen Besatzungszone (SBZ).

Daß es dazu kam, war die Folge der Spaltung Deutschlands durch die westlichen Alliierten und ihre westdeutschen Gefolgsleute, voran Adenauer.

Nach der Bildung der Bizone und dann der Trizone in Westdeutschland war der alles entscheidende Schritt zur Spaltung Deutschlands die einseitige Währungsreform im Westen des Landes im August 1948. Die Notwendigkeit einer Währungsreform für ganz Deutschland nach dem Ende des Hitlerregimes war unzweifelhaft. Deshalb verhandelten die Außenminister der Besatzungsmächte. Die USA hatten jedoch schon längst ihre eigenen Pläne. Im Jahre 1947 wurden neue (äußerlich dem Dollar ähnliche) Banknoten gedruckt und in einer militärischen Geheimaktion nach Deutschland gebracht. Während die Außenminister noch über Inhalt und Modalität der Währungsreform verhandelten, landeten die USA den Coup einer einseitigen Währungsreform in ihrem Machtbereich. Über Nacht wurden Milliarden Reichsmark im Westen wertlos – während sie in der SBZ zunächst noch Gültigkeit behielten und daher unkontrolliert in den Osten gebracht werden konnten.

Diese Tatsache – wie auch im Beitrag zur Sicherung der Volkswirtschaft der DDR beschrieben – fügte der Wirtschaft und den Bürgern der SBZ einen gewaltigen Schaden zu. Die sowjetische Besatzungsmacht und die Behörden in der SBZ mußten gegen die drohende Gefahr eine Notlösung finden: auf die Reichsbanknoten wurden »Coupons« geklebt, was wahrlich weder eine übliche noch zuverlässige Art der Emission von Banknoten darstellte.

Ebenso einseitig wie die gegen die SBZ gerichtete Währungsreform war die Anordnung der westlichen Besatzungsmächte, aus den drei Westzonen einen westdeutschen Staat zu machen, der die fünf Länder der SBZ ausdrücklich ausnahm.

Mit der Bildung dieses westdeutschen Staates geriet die sowjetische Besatzungsmacht mit ihrer Besatzungszone erneut in Zugzwang.

Ebenso verlangten die neuen antifaschistisch-demokratischen Kräfte in der SBZ als Antwort auf die separate Staatsbildung einen eigenen Staat, der am 7. Oktober 1949 nach Umwandlung des deutschen Volksrates in die Volkskammer der DDR ausgerufen wurde. Der in ganz Deutschland lange diskutierte und vom Deutschen Volksrat gebilligte Entwurf der Verfassung einer gesamtdeutschen Deutschen Demokratischen Republik wurde schließlich als Verfassung des ostdeutschen Staates in Kraft gesetzt

Ganz gewiß dachte im Jahre 1949 niemand daran, daß damit die Verfassungsbestimmung des Art. 6, Abs. 2 bis 1957/58 als grundlegende Staatsschutzbestimmung der DDR große Bedeutung haben würde. Als jedoch die DDR gegründet war und sich – als von westlicher Seite gehaßter und als feindlich angesehener Staat – massiven kriminellen Anschlägen aller Art ausgesetzt sah, hatte die DDR-Justiz zu prüfen, welche strafrechtlichen Mittel zu deren Abwehr und strafrechtlicher Verfolgung zur Verfügung standen.

Die Staatsschutzbestimmungen des Hitlerstaates waren durch die Alliierten, nämlich durch Gesetz Nr. 11 des Kontrollrates vom 30. Januar 1946 (Amtsbl. des Kontrollrats, S. 55) aufgehoben worden. Deshalb entstand »mit der Einleitung des Prozesses der Wiederherstellung deutscher Souveränität« – wie auch vom Bundesgerichtshof im Urteil vom 16. November 1995 (StR 747/94) zugestanden – ein »in West und Ost empfundenes Bedürfnis nach Staatsschutznormen«. Im Westen Deutschlands hatte man in Hinblick auf die geplante separate Staatsbildung in Gestalt des Art. 143 Grundgesetz ausdrücklich eine Staatsschutzbestimmung geschaffen.

Am 30. August 1951 verabschiedete der Bundestag das 1. Strafrechtsänderungsgesetz mit Strafbestimmungen gegen Hoch- und Landesverrat und – diese stark erweiternd – neu entwickelte Strafbestimmungen der sogenannten Staatsgefährdung, die man als »gewaltlosen Hochverrat« bezeichnen könnte.

Die Präsidentin des Bundesverfassungsgerichts Jutta Limbach schrieb dazu, daß es »ein politisches Strafrecht« gewesen sei, »mit weit gefaßten Tatbeständen«. »Dieses vorverlegte die Schwelle der Strafbarkeit sehr weit in den Bereich bloßer Vorbereitungshandlungen. Mit der subjektiven Struktur der Staatsgefährdungsdelikte, die erst durch die staatsgefährdende Absicht zum Straftatsbestand erhoben wurden, eröffnete man ein Einfallstor für richterliche Gesinnungsforschung.« Dann haben »die Gerichte, vornean der 3. Strafsenat des BGH, jene Normen extensiv ausgelegt«.

Jutta Limbach weiter: Wer sich als Kommunist betätigte, konnte bestraft werden.

Ziel dieser politischen Strafjustiz war es, jeden Versuch eines politischen Kontakts mit Organen oder Institutionen der DDR im Keim zu ersticken. Ob der raschen Durchsetzung dieses Gesetzes erhielt es, wie schon erwähnt, die Bezeichnung »Blitzgesetz«. Diese Staatsschutzbestimmungen und besonders die darauf gestützte Strafverfolgungspraxis gerieten wegen ihrer rechtsstaatlichen Bedenklichkeit in der bundesdeutschen Öffentlichkeit zunehmend unter Druck, wie Jutta Limbach meinte: »Die vorerwähnten strafrechtlichen Exzesse sind zunehmend Gegenstand öffentlicher Kritik geworden.«

Es dauerte bis 1968, bis nicht nur die kritikwürdige Strafverfolgungspraxis, sondern auch Gesetze geändert wurden.

Die DDR zeigte sich zögerlich mit der Schaffung neuer Staatsschutzbestimmungen. Es fehlten nicht nur die theoretischen Grundlagen für die Erarbeitung von Staatsschutzstrafvorschriften in einer antifaschistisch-demokratischen Gesellschaft; zudem war zu Beginn des Bestehens der DDR noch nicht absehbar, welche Formen die Staatsverbrechen unter den ungewöhnlichen Bedingungen in Deutschland annehmen würden.

Andererseits wurden die Untersuchungsorgane und die Staatsanwälte der DDR, wie beschrieben, mit höchst gefährlichen feindlichen Aktivitäten konfrontiert, deren strafrechtliche Beurteilung neu durchdacht und geprüft werden mußte. Dazu gehörten Spionage, Sabotage, Anschläge auf Vertreter der Staatsmacht und engagierte Politiker der DDR, die nicht lediglich als gewöhnliche Körperverletzung, Totschlag oder Mord zu beurteilen waren. Dazu gehörten auch verschiedene Formen staatsfeindlicher Hetze.

Alle derartigen Anschläge waren erkennbar darauf gerichtet, die DDR ökonomisch und politisch zu schwächen und letztlich zu beseitigen, das heißt die von Adenauer geforderte »Befreiung der Ostzone« herbeizuführen.

Die sich aus derartigen Staatsverbrechen ergebenden Rechtsfragen waren – bis entsprechende Strafgesetze erlassen waren – von dem gemäß Art. 126 Verf./DDR (1949) neu geschaffenen Obersten Gericht der DDR zu prüfen, zu beurteilen und letztlich zu entscheiden, und zwar unverzüglich, um die soeben ausgerufene DDR nicht schutz- und wehrlos zu lassen.

Dieses Gericht war – wie seinerzeit auch der BGH – in erster und auch in letzter Instanz zuständig für Staatsverbrechen.

Im Unterschied zur westdeutschen Gerichtsbarkeit setzte sich das Oberste Gericht der DDR aus Juristen »alter Schule« zusammen, und zwar aus solchen, deren antifaschistische Haltung ausgewiesen war; darunter auch eine Reihe von Juristen, die während der Zeit des Faschismus vor allem in westlicher Emigration, besonders auch im angelsächsischen Rechtskreis, lebten.

Diese Richter wandten in entsprechenden Strafverfahren bei Staatsverbrechen auf wirtschaftlichem Gebiet die Strafbestimmung des SMAD-Befehls 160, z. T. auch Art. III A III der Kontrollrats-Direktive 38 an, so im DCCG-, im Moog- und im Solvay-Prozeß, auf die im Beitrag zur Sicherung der Volkswirtschaft eingegangen wurde.

Nach gründlicher Erörterung und vielen Diskussionen im Kreis der Juristen, wie Beteiligte berichten, erklärte der 1. Strafsenat des Obersten Gerichts der DDR in seiner Entscheidung vom 4. Oktober 1950 (1Zst (I) 3/50), daß auch der Art. 6 Abs. 2 der DDR-Verfassung eine unmittelbar anwendbare Strafbestimmung sei.

Diese juristische Erkenntnis stützte sich zum einen darauf, daß nach Art. 144 der Verfassung »alle« ihre Bestimmungen »unmittelbar geltendes Recht« waren, und die in dieser Strafvorschrift beschriebenen Handlungen »Verbrechen im Sinne des Strafgesetzbuches« sind.

Art. 6 Abs. 2 enthielt somit nicht lediglich einen an die Volkskammer adressierten Gesetzgebungsauftrag, die Volkskammer hatte mit der Annahme der Verfassung die Strafbestimmung des Art. 6 Abs. 2 selbst als solche unmittelbar in Kraft gesetzt. Auch genügte diese Strafbestimmung den an ein Strafgesetz zu stellenden Anforderungen.

Durch ausdrückliche Verweisung auf das Strafgesetz (»Verbrechen im Sinne des Strafgesetzbuches«) war nicht nur die juristische Qualität solcher Handlungen als Verbrechen definiert; es war auch der Strafrahmen genau bestimmt, denn nach § 1, Abs. 1 Reichsstrafgesetzbuch (RStGB) waren Verbrechen solche Handlungen, die mit dem Tode oder mit Zuchthaus bedroht waren. Die Zuchthausstrafe war ihrerseits durch § 14 RStGB als lebenslängliche oder als zeitige, von einem bis fünfzehn Jahren bestimmt.

Des weiteren enthielt Art. 6 Abs. 2 eine Beschreibung des nach dieser Vorschrift strafbaren Handelns, z. T. unter Verwendung geläufiger Begriffe, im übrigen in der Form unbestimmter auslegungsfähiger Rechtsbegriffe. Insoweit enthielt auch Art. 6 Abs. 2 – wie andere Straftatbestände mit unbestimmten Rechtsbegriffen auch – einen Auftrag an die Gerichte, diese im Gesetz allgemein gehaltenen Rechtsbegriffe im Wege der Rechtsprechung auszufüllen.

Der »Ostrechts«-Experte Reinhard Maurach stellte fest, daß die Strafbestimmung des Art 6 Abs. 2 Verfassung/DDR (1949) zum einen durch die Verweisung auf § 1, Abs. 1 RStGB hinsichtlich der Strafandrohung den Anforderungen an ein Strafgesetz genüge, zum anderen, was die tatbestandliche Beschreibung der strafbaren Handlungen betreffe, diesen Anforderungen, wenn gleich nur teilweise, genüge, so noch durch die Verwendung der Begriffe »Mordhetze gegen demokratische Politiker«, »Bekundung von Glaubens-, Rassen- und Völkerhaß« und »militaristische Propaganda«.

Nach seiner Meinung erfüllten lediglich die Tatbestandsmerkmale »alle sonstigen Handlungen, die sich gegen die Gleichberechtigung richten« (dieses Merkmal hat ohnehin in der Strafrechtssprechung der DDR keine Rolle gespielt) und »Boykotthetze gegen demokratische Einrichtungen und Organisationen« diese Anforderungen nicht. (Warum Maurach diese in ihrer Ausdrucksweise deutliche und anschauliche Beschreibung von strafbarem Handeln als für ein Strafgesetz nicht genügend ansieht, ist schwer nachzuvollziehen.) Wesentlich aber ist, daß selbst Maurach, wahrlich kein Freund der DDR, im Grundsatz an der Strafvorschrift des Art. 6 Abs. 2 Verfassung/DDR (1949) nicht viel auszusetzen hatte.

Dem erwähnten Auftrag, die im Art. 6 Abs. 2 Verf./DDR (1949) allgemein bzw. unbestimmt gefaßten Tatbestandsmerkmale auszufüllen, stellte sich das dafür vor allem zuständige Oberste Gericht der DDR.

Bei seiner personellen Zusammensetzung waren die Richter des Obersten Gerichts bemüht, den Verfassungsauftrag des Schutzes der DDR auf juristisch zulässige und einwandfreie Weise zu erfüllen.

Erstmals wurde Art. 6, Abs. 2 Verf./DDR (1949) im Verfahren gegen Funktionäre der Organisation »Zeugen Jehovas« angewandt, die in einer zentralistisch straff geleiteten Organisation mit Sitz in Brooklyn (USA) und einem Sitz in Wiesbaden (BRD) Spionage und Kriegshetze betrieben hatten.

Das Oberste Gericht stellte in seiner Entscheidung klar, daß die Angeklagten nicht wegen ihrer Religionsausübung, sondern – abgesehen davon, daß sie die Gesetze der DDR nicht anerkannten – wegen ihrer verbrecherischen Boykott- und Kriegshetze zur Verantwortung gezogen wurden.

Von besonderer und weitreichender Bedeutung war in dieser Entscheidung, daß der Strafsenat des Obersten Gerichts auch die an sich der Sache nach unzweifelhafte Spionagetätigkeit der »Zeugen Jehovas« unter den Art. 6 Abs. 2 Verf./DDR (1949) subsumierte.

Die Richter dieses Strafsenats argumentierten, ohne daß dies so im einzelnen den Urteilsgründen zu entnehmen ist, wie folgt: Kriegshetze ist ein Verbrechen nach Art. 6 Abs. 2 Verf./DDR (1949), ein Staatsverbrechen; die festgestellte Spionage in der Form der Informationsbeschaffung dient der Kriegsvorbereitung. Wenn schon die bloße verbale Kriegshetze ein Staatsverbrechen ist, muß die tätige Kriegsvorbereitung in Gestalt der Spionage als ein viel schwererwiegendes staatsverbrecherisches Tun erst recht ein Staatsverbrechen nach Art. 6, Abs. 2 Verf./DDR (1949) sein. Juristisch nennt man diese geläufige Argumentation das »argumentum a minori ad majus« – Auslegung/Schluß vom Niederen zum Höheren, vom Kleineren zum Größeren.

Es sei kurz auf die Frage der Abgrenzung der von Art. 6 Abs. 2 Verf./DDR (1949) erfaßten Verbrechen zur straflosen Meinungsäußerung eingegangen, zumal in dieser Vorschrift ausdrücklich festgelegt wurde, daß die »Ausübung demokratischer Rechte im Sinne der Verfassung … keine Boykotthetze« sei.

Nicht zufällig bezieht sich diese Abgrenzung nur auf Boykotthetze; denn Mord- und Kriegshetze, Glaubens- oder Völkerhaß bzw. militaristische Propaganda können niemals Ausübung demokratischer Rechte sein.

In keinem Staat gilt die Meinungsfreiheit unbeschränkt. Art. 9 der Verfassung der DDR von 1949 gewährte dieses Grundrecht allen Bürgern »innerhalb der Schranken der für alle geltenden Gesetze« (fast gleichlautend heißt es in Art. 5 Abs. 2 Grundgesetz der BRD: Die Meinungsfreiheit »findet ihre Schranke in den Vorschriften der allgemeinen Gesetze«).

Das Recht auf Meinungsfreiheit erlaubt – auch in der Bundesrepublik – weder Beleidigung noch üble Nachrede oder Verleumdung, keine Verunglimpfung von Verfassungsorganen oder staatlichen Symbolen, und schon gar nicht Volksverhetzung oder »Anreizen zum Klassenkampf«, Billigung, Leugnung oder Verharmlosung der Verbrechen des Nationalsozialismus, Anleitung zu Straftaten usw.

Auch in der DDR war die Grenze der Ausübung des Grundrechts der freien Meinungsäußerung überschritten, wenn der Betreffende in Wort und Schrift gegen die verfassungsmäßige Ordnung vorging.

Sicher kann im Einzelfall immer streitig sein, *wann* diese Grenze überschritten war, und kein Staat ist davor sicher, daß es bei dieser überall gebotenen und legitimen Grenzziehung nicht aufgrund der jeweiligen Situation zu Fehlbeurteilungen durch verschiedene Behörden kommt. Davor waren auch die betreffenden Organe der DDR nicht frei – zumal die noch ungefestigte DDR sich damals – wie beschrieben – in einer sehr komplizierten sicherheitspolitischen Lage befand.

Man mag heute darüber streiten, ob seinerzeit der Staatsschutz der DDR nicht durch eine andere, bessere rechtliche Gestaltung hätte bewältigt werden sollen und können – hinterher ist jeder klüger.

Allerdings muß gegenüber verschiedenen Kritikern der strafrechtlichen Verfolgung von Staatsverbrechen, auch auf der Grundlage des Art. 6 Abs. 2 Verf./DDR (1949), deutlich gesagt werden: Eine Kritik, die darauf hinausläuft, der DDR jeden strafrechtlichen Staatsschutz zu versagen, und von ihr zu erwarten, sie hätte sich gegenüber allen Anschlägen auf ihre Existenz schutz- und wehrlos zeigen sollen, ist absolut nicht hinnehmbar.

Schließlich soll in diesem Zusammenhang nicht unerwähnt bleiben, daß selbst der 5. Strafsenat des BGH bei aller Kritik am Art. 6 Abs. 2 Verf./DDR (1949) zu der Erkenntnis gelangte, daß »die bloße Anwendung« dieser Strafbestimmung noch keine Rechtsbeugung ausmache.

Nachdem dann im Laufe der Zeit in der DDR hinreichende Voraussetzungen geschaffen und strafjustizielle Erfahrungen gesammelt worden waren, wurde, wie schon erwähnt, mit dem Strafrechtsergänzungsgesetz (StEG/DDR) von 1957 ein neues, geschlossenes Staatsschutzstrafrecht der DDR geschaffen.

Nicht unerwähnt soll bleiben, daß die politische Führung der DDR im Jahre 1952 Mut bewies, wie das von Rechtsexperten nicht nur der DDR eingeschätzt wurde, als sie einen sehr stark an das sowjetische Strafrecht angelehnten Entwurf eines sozialistischen Strafgesetzbuches der DDR in die Archive verbannte.

Zur Verleumdung und Verfolgung von Angehörigen der Untersuchungsorgane des MfS seit 1990

Mit Bezug auf Artikel 17 des Einigungsvertrages vom 31. August 1990 beschloß der Bundestag am 29. Oktober 1992 das 1. Gesetz zur Bereinigung von SED-Unrecht (BGBL I S. 1814). Es hob alle Gerichtsentscheidungen der

DDR über Staatsverbrechen (Spionage und andere Landesverratsdelikte, Staatsfeindlicher Menschenhandel, Terror, Diversion, Sabotage, Ungesetzliche Verbindungsaufnahme, Ungesetzlicher Grenzübertritt, Boykotthetze, Wehrdienstverweigerung usw.) auf. Die Betroffenen wurden auf Antrag rehabilitiert und erhielten Kapitalentschädigung, Unterstützungsleistungen, Beschädigtenversorgung, Hinterbliebenenversorgung und Anrechnung ihrer Haftzeiten in der Rentenversicherung.

Eingeschlossen in die strafrechtliche Verfolgung von über 100.000 »staatsnahen« DDR-Bürgern waren SED- und Staatsfunktionäre, Angehörige der NVA und der Grenztruppen, Richter, Staatsanwälte und Angehörige des MfS.

Es wurden umfangreiche Untersuchungen geführt und viele Ermittlungsverfahren eingeleitet, die allesamt zu dem Ergebnis führten, daß die erhobenen Anschuldigungen nicht zu beweisen waren. Die dem MfS unterstellten Handlungen hat es faktisch nicht gegeben. Der letzte Innenminister der DDR, Rechtsanwalt Dr. Peter-Michael Diestel stellte in seinem Interview für die Zeitung »junge Welt« am 28. April 2001 fest: »Das MfS ist juristisch rehabilitiert.« Seine im »Plädoyer« eingangs getroffenen Wertungen und Sichten sollen hier nicht noch einmal wiederholt werden.

Haltlos sind alle Anwürfe, das MfS habe über seine Untersuchungsorgane politisch mißliebige Personen »in Irrenanstalten verschwinden lassen«. Umfangreiche Untersuchungen und eingeleitete Ermittlungsverfahren erbrachten keinerlei Beweise. Die Aussagen von vermeintlichen Opfern stellten sich als nicht begründet heraus.

Am 27. Oktober 1994 veröffentlichte die Illustrierte »Tango« unter den Überschriften »Die Giftakte der Stasi« und »Die perfekte Anleitung zum Giftmord« solche schwachsinnigen, aber an Verleumdung kaum zu überbietenden Behauptungen:

»Der Sexmord«, »Der Babymord« und »Der Saunamord«.

Es folgten der Drogenmord, der Terrormord, der Atommord, der Regenschirmmord und andere bizarre Formen des »Hinrichtens«, wie sie angeblich vom MfS praktiziert worden seien. Andere Regenbogenblätter nahmen diese Veröffentlichungen auf und sorgten so für eine flächendeckende Verbreitung.

Was war der Ausgangspunkt?

Im Jahre 1987 hatte das Ministerium für Staatssicherheit der Sektion für Kriminalistik der Humboldt Universität zu Berlin einen Forschungsauftrag erteilt. Angeregt durch die Spezialkommission der HA IX sollten für die wirksame Aufklärung von unnatürlichen Todesfällen toxikologische Erkenntnisse erarbeitet werden, um solche besser erkennen und nachweisen zu können. In der Praxis hatte es wiederholt Unsicherheiten bei der Suche und Sicherung von Spuren gegeben. Da jährlich etwa 5.000 Selbsttötungsfälle in der DDR bearbeitet wurden, darunter an Transitstrecken, schien es angezeigt, in dieser Richtung zu forschen. Zwei Aufgaben wurden formuliert:

a) internationale Literaturrecherche über Vergiftungsfälle aus der gerichtsmedizinischen und kriminalistischen Praxis;

b) Aufbereitung der Ergebnisse für ein zentrales Datensystem.

Mehrere Tausend Titel nationaler und internationaler Veröffentlichungen wurden durchforstet und so Erkenntnisse von Fällen aus der ganzen Welt erfaßt. Sie wurden in einem Datenspeicher zur Abfrage aufgenommen und mit einem angemessen niedrigen Geheimhaltungsgrad »Nur für den Dienstgebrauch« versehen. Damit sollten alle Kriminalisten des MfS und des MdI in die Lage versetzt werden, diesen Speicher für ihre Arbeit zu nutzen. Andererseits sollte Mißbrauch durch potentielle Täter verhindert werden.

Das in Abstimmung mit dem Leiter der Hauptabteilung Kriminalpolizei und dem Leiter des Kriminalistischen Instituts der Deutschen Volkspolizei vergebene Vorhaben wurde im Herbst 1988 abgeschlossen. Die Hauptabteilung Untersuchung des MfS und die HA Kriminalpolizei des MdI erhielten je ein Exemplar der fertigen Arbeit.

Es handelte sich keinesfalls, auch wenn das immer wieder neu serviert wird, um »eine detaillierte Anleitung zum Töten«, sondern um eine detaillierte Anleitung zur kriminalistischen Feststellung derartiger Tötungen. Diese Arbeit, auf den aktuellen Stand gebracht, wäre auch heute eine Ergänzung der einschlägigen Lehr- und Handbücher der Rechtsmedizin, der Kriminalistik und der Forensischen Toxikologie. (Welche Blüten die damals gewonnenen Erkenntnisse trieben, zeigt der »Fall« des deutschen Langlaufsportlers B. Durch zwei Proben des Dopings überführt, verdächtigte er Unbekannte, sie hätten ihm Dopingmittel in seine Zahnpastatube lanciert und sich dabei auf MfS-Erkenntnisse gestützt.)

1997 wurde in Schwerin versucht, der Bevölkerung einen »teuflischen Plan des MfS, politische Gegner mit Tollwutviren umzubringen«, aufzutischen. Der Leiter der Bezirksverwaltung des MfS in Schwerin hatte den dortigen Leiter der gerichtsmedizinischen Einrichtung beauftragt, gutachterlich auszuweisen, ob und wie Menschen mit Tollwutviren zu Tode kommen könnten und wie das nachweisbar sei. Anlaß seiner Frage war ein ungeklärter Todesfall, bei dem die kriminalistische Version – mögliche Todesursache durch die Infizierung oder Beibringung von solchen Viren – in Betracht gezogen worden war.

Gegen Gerichtsmediziner und Angehörige des MfS wurde daraufhin wegen versuchten Mordes ein Strafverfahren eingeleitet. Es mußte wegen Nichtfeststellung von Verdachtsgründen eingestellt werden.

Die Mehrzahl der Ermittlungsverfahren und der in einigen Fällen sogar erfolgten Anklagen und Verurteilungen bezogen sich auf angebliche Aussageerpressung mit Drohungen und Schlägen oder mittels Medikamenten. Häufig wurde den »Opfern« geglaubt, auch wenn deren Angaben erkennbar falsch waren. Tatsachen, die die geschilderten Handlungsabläufe als objektiv unmöglich widerlegten, blieben von Gerichten meist ungewürdigt, da Untersuchungsführern von vornherein nicht geglaubt wurde. (»Wir wissen, daß im MfS nicht gefoltert wurde, aber Ausnahmen bestätigen die Regel.«)

Angeklagten wurde mitunter nahegelegt, gegen sie erhobene Anschuldigungen zu bestätigen, um mit Geldbußen davonzukommen. Um den Arbeitsplatz nicht zu verlieren und einer Ausgrenzung zu entgehen, nahmen einige Angeklagte solche unsittlichen Angebote an.

In juristischer Folgerung für weitere Prozesse wurde als gerichtsnotorische »Wahrheit« festgestellt, daß die Untersuchungsorgane des MfS grundsätzlich derartige Straftaten begangen hätten. Jegliche Zurückweisung verpuffte wirkungslos. Nur in Fällen, in denen die Opferschilderungen als erfunden erkennbar waren, folgten auch hier – zumeist erst in der zweiten Instanz – Freisprüche. Es ist bezeichnend, daß in den Jahren der Strafverfolgung von Untersuchungsführern und Leitern der Untersuchungsorgane des MfS die Kläger sich sträubten, Untersuchungsakten sowie Haft- und Gesundheitsakten beizuziehen. Diese belegen nämlich akribisch das korrekte Vorgehen.

Da mittlerweile offensichtlich geworden ist, daß es bei den Untersuchungsorganen des MfS weder Folter noch Wahrheitsdrogen noch Psychiatrie-Mißbrauch oder sonstige Verstöße gegen die Gesetze der DDR gab noch solche geduldet wurden, konzentrierten sich zunehmend Psychologen auf etwaige *Folgeschäden infolge politischer Haft* in der DDR.

Unverändert werden jedoch von Medien bestimmten politischen Zuschnitts alle Schritte in Richtung Normalisierung torpediert. Als im Bundestag die berechtigten Rentenansprüche der Angehörigen des MfS/AfNS behandelt wurden, meldete am 25. März 2001 die »Berliner Morgenpost« unter Bezugnahme auf nicht näher bezeichnete Recherchen des NDR, in den Gefängnissen des MfS seien 2.500 Häftlinge ermordet worden.

Die Anfrage an die Redaktion, wie es denn zu erklären sei, daß bislang nicht ein einziger »Mord-Fall« zur Anklage gebracht worden sei, blieb unbeantwortet.

Fußnoten

1 Vgl. § 88 der Strafprozeßordnung der DDR – StPO – vom 12. Januar 1968 i. d. Neufassung vom 19. Dezember 1974 (GBl./DDR I 1975, Nr. 4, S. 62).

2 Roger Engelmann: Zu Struktur, Charakter und Bedeutung der Unterlagen des Ministeriums für Staatssicherheit. In: BStU, Abteilung Bildung und Forschung informiert, Heft 3/1994, S. 19/20.

3 GBl./DDR Jahrgang 1952, Nr. 140, S. 982.

4 GBl./DDR Jahrgang 1953, Nr. 115, S. 1077.

5 GBl./DDR Jahrgang 1950, Nr. 43, S. 327.

6 GBl./DDR I 1954, Nr. 81, S. 786 und GBl./DDR I 1957, Nr. 78, S. 650.

7 Gesetz zur Ergänzung des Strafgesetzbuches – Strafrechtsergänzungsgesetz – vom 11. Dezember 1957 (GBl./DDR I 1957, Nr. 78, S. 643 ff) sowie Zweites Gesetz zur Ergänzung des Strafgesetzbuches – Militärstrafgesetz – vom 24. Januar 1962 (GBl./DDR I 1962, Nr. 2, S. 25 ff).

8 Vgl.: Gesetz über den Vollzug der Strafen mit Freiheitsentzug (Strafvollzugsgesetz) – StVG – vom 7. April 1977 (GBl./DDR I 1977, Nr. 11, S. 109) sowie Verordnung über die Fürsorge für Personen und den Schutz der Wohnung und des Vermögens bei Inhaftierungen (Haftfürsorgeverordnung) vom 8. November 1979 (GBl./DDR I 1979, Nr. 45, S. 470).

9 Roger Engelmann/Clemens Vollnhals: Justiz im Dienste der Parteiherrschaft. Ch.Links Verlag, Berlin 1999, S. 241.

10 SAPMO-B-Archiv 5/2/13/103.

11 Urteil des Obersten Gerichts der DDR vom 23. September 1955 (1 Zst (1) 7/55).

12 Urteil des Obersten Gerichts der DDR vom 13. Juni 1955 (1 Zst (1) 3/55).

13 Urteil des Obersten Gerichts der DDR vom 27. Januar 1956 (1 Zst (1) 1/56).

14 D. Skiba: Der Beitrag der Organe des Ministeriums für Staatssicherheit zur konsequenten Verfolgung von Nazi- und Kriegsverbrechen und Verbrechen gegen die Menschlichkeit. Diplomarbeit des Autors. (BStU, JHS VVS 84/80, S. 298-321, Anlagen 13 – 15.)

15 Ebenda, S. 34 ff., und Anlage 12, S. 295-297.

16 Horst Busse/Udo Krause: Lebenslänglich für den Gestapokommissar. Staatsverlag der DDR, Berlin 1988. Peter Przybylski/Horst Busse: Mörder von Oradour. Militärverlag der DDR, Berlin 1984.

17 Befehl Nr. 39/67 (BStU MfS BdL Dok. 001172 –74 bzw. BStU ZA Dst. 1000534). Ein Faksimile zum Befehl ist veröffentlicht bei Dagmar Unverhau: Das »NS-Archiv« des Ministeriums für Staatssicherheit. Stationen einer Entwicklung. LIT Verlag, Münster 1988.

18 Vgl. Adolf Diamant: Gestapochef Thümmler. Verlag Heimatland Sachsen GmbH, Chemnitz 1999.

19 Vgl. Thomas Moser: Geschichts-Prozesse. Der Fall einer als Stalinismusopfer entschädigten KZ-Aufseherin und weitere Verfahren. In: Kritische Justiz, Heft 2/2001, S. 222 ff.

20 Kaufmann/Reisner/Schwips/Walther: Der Nachrichtendienst der KPD 1919-1937. Dietz Verlag, Berlin 1993.

Der Untersuchungs-haftvollzug im MfS (Abt. XIV im MfS und in den BV)

Von Siegfried Rataizik

Dichtung

»Das ist das berüchtigte Stasigefängnis, die Leitanstalt sozusagen. Die Folterkeller sind direkt von den Nazis über die Sowjets an die Stasi übergeben worden. … Knöcheltief im Wasser haben die Häftlinge dort im berüchtigten U-Boottrakt gestanden … Und da drüben in der Betonfabrik sollen sie die Leichen eingegossen haben.«[1]

Wahrheit

Die ehemalige Untersuchungshaftanstalt (UHA) des MfS in Berlin-Hohenschönhausen ist als bundesdeutsche Gedenkstätte zur Kronzeugin gegen das MfS, seine Untersuchungsorgane und den Untersuchungshaftvollzug gemacht worden. Und weil nicht sein kann, was nicht sein darf, werden Greuelmärchen erfunden, werden falsche Behauptungen in die Welt gesetzt, wird eine infame Hetze gegen diese Untersuchungshaftanstalt und die anderen UHA des MfS sowie die dort tätig gewesenen Mitarbeiter des Untersuchungshaftvollzugs, der Abteilung XIV im MfS Berlin und in den BV betrieben, um den angestrebten politischen Zweck zu erfüllen. Objektive Darstellungen und Bewertungen zum Untersuchungshaftvollzug (UHV) finden kein Gehör und werden einfach ignoriert.

Die Untersuchungshaft in der DDR war – wie in der Bundesrepublik und in anderen Staaten auch – eine strafprozessuale Zwangsmaßnahme, die die ordnungsgemäße Durchführung des Strafverfahrens zu sichern hatte. Sie durfte nur angeordnet werden, wenn die gesetzlichen Voraussetzungen gemäß der Strafprozeßordnung der DDR gegeben waren. Nach § 122 StPO/DDR mußte ein dringender Tatverdacht bestehen und mindestens ein gesetzlicher Haftgrund vorliegen (Fluchtverdacht; Verdunklungsgefahr; Wiederholungsgefahr; oder ein Verbrechen oder eine andere im § 122 Abs. 1 StPO/DDR genannte Straftat) und die Verhaftung unumgänglich sein.[2]

Abgesehen von der bis zu 24 Stunden befristeten Unterbringung eines zunächst vorläufig Festgenommenen war der Untersuchungshaftvollzug an das Vorliegen eines richterlichen Haftbefehls gebunden. Im Stadium des Ermittlungsverfahrens unterlag die Untersuchungshaft der Aufsicht durch den Staatsanwalt und den zuständigen Haftrichter, im Stadium des gerichtlichen Verfahrens dem Gericht. Weisungen über die Durchführung des Vollzugs im jeweiligen Verfahren oblagen dem Staatsanwalt, dem Untersuchungsorgan und nach Anhängigkeit dem Gericht. Nur in Fällen der unmittelbaren Verletzung der Hausordnung der UHA durfte der Leiter der jeweiligen Haftanstalt selbst entsprechende Weisungen erteilen, jedoch mit dem Erfordernis des unverzüglichen Einholens der Bestätigung durch Staatsanwalt, Untersuchungsorgan oder Gericht.

Der Vollzug der Untersuchungshaft an Personen, gegen die von den Untersuchungsorganen des MfS Ermittlungsverfahren mit Haft durchgeführt wurden, oblag der Abteilung XIV des MfS Berlin bzw. den Abteilungen XIV der Bezirksverwaltungen des MfS.

Die UHA waren Struktureinheiten des MfS und unterstanden als Abt. XIV des MfS Berlin dem Minister für Staatssicherheit und in den BV als Abt. XIV dem jeweiligen Leiter der Bezirksverwaltung.

In Berlin existierten zwei Untersuchungshaftanstalten des MfS – die UHA in Lichtenberg (Magdalenenstraße) und die UHA in Hohenschönhausen (Freienwalder Straße).

In den Bezirksverwaltungen für Staatssicherheit, einschließlich der BV in Berlin, gab es je eine UHA.

Da die UHA des MfS in Berlin-Hohenschönhausen von anderen Dienststellen des MfS umgeben und dieses Areal deshalb als militärisches Sperrgebiet ausgewiesen und zivilen Personen ohne ausdrückliche Berechtigung nicht zugänglich war, konnte dort kein Besucherverkehr erfolgen.

Deshalb gab es noch eine zweite UHA des MfS in Berlin-Lichtenberg, in der Magdalenenstraße. Dort konnten Besuche von Beschuldigten durch ihre Angehörigen, Vertreter von Arbeitskollektiven und Institutionen sowie durch Rechtsanwälte und Vertreter diplomatischer Einrichtungen erfolgen. In der Haftanstalt Magdalenenstraße wurden auch Vernehmungen vorläufig Festgenommener oder zur Klärung von Sachverhalten zugeführter Personen vorgenommen. Außerdem wurden dort zeugenschaftlich vorgeladene Personen vernommen.

Ein Teil dieser UHA wurde auch für den Vollzug der Untersuchungshaft straftatverdächtiger Militärpersonen der DDR genutzt.

»Stasi-Sondergefängnisse«

Eine notwendige Klarstellung: Strafvollzugsanstalten gehörten nicht zum Bestand des MfS. Für diese war das Ministerium des Innern, Hauptverwaltung Strafvollzug, zuständig. Auch die Strafvollzugsanstalt Bautzen II, häufig als »Stasi-Gefängnis« bezeichnet, war zu keiner Zeit eine Strafvollzugsanstalt des MfS, sondern des Ministerium des Innern und diesem auch unterstellt. Das mußte auch der damalige »Landesbeauftragte der Behörde des Bundesbeauftragten für die Unterlagen des Staatssicherheitsdienstes im Freistaat Sachsen«, Siegmar Faust, in einem Interview für »Neues Deutschland« am 20. Januar 1999 einräumen. Und er fügte hinzu, daß sich daran auch nichts ändere, nur weil »sich manche Leute einbilden, in Mielkes Privatknast gesessen zu haben«.

Rechtsvorschriften zur Regelung des Vollzugs der Untersuchungshaft

Der Vollzug der Untersuchungshaft in den Untersuchungshaftanstalten des MfS basierte auf den dafür geltenden Rechtsgrundlagen der DDR. Für den Vollzug der Untersuchungshaft in den Einrichtungen des MfS galten die gleichen gesetzlichen Vorschriften, staatsanwaltschaftlichen Weisungen und sonstigen Bestimmungen wie für den gesamten Untersuchungshaftvollzug der DDR.

Gesetzliche und andere Rechtsgrundlagen der Untersuchungshaft waren:

- Artikel 136 der Verfassung der DDR vom 7. Oktober 1949;
- Artikel 90 und 100 der Verfassung der DDR vom 7. Oktober 1974;
- die einschlägigen Bestimmungen in den StPO/DDR, zuletzt in den §§ 130 ff. der Strafprozeßordnung vom 19. Dezember 1974 i. d. F. der nachfolgenden Strafrechtsänderungsgesetze;
- die Gesetze über die Staatsanwaltschaft der DDR vom 23. Mai 1952, vom 17. April 1963 und vom 7. April 1977[3];
- die Ordnungen des Ministers des Innern und Chefs der Deutschen Volkspolizei über die Durchführung des Untersuchungshaftvollzugs – Untersuchungshaftvollzugsverordnungen – vom 4. Juli 1980 und vom 15. Februar 1989;
- die Gemeinsamen Anweisungen des Generalstaatsanwalts, des Ministers des Innern und Chefs der Deutschen Volkspolizei sowie des Ministers für Staatssicherheit der DDR über die Durchführung der Untersuchungshaft,

wie die Gemeinsame Anweisung vom 8. November 1960 mit Präzisierungen in den Jahren 1973, 1974 und 1978 und die Gemeinsame Anweisung vom 22. Mai 1980;
- die Richtlinien des Obersten Gerichts (OG) der DDR, wie die Richtlinie Nr. 15 des Plenums des OG über den Erlaß von Haftbefehlen und die Haftprüfung vom 17. Oktober 1962 und den Beschluß des Präsidiums des OG vom 20. Oktober 1977 zu Fragen der Untersuchungshaft;
- die Anweisungen des Generalstaatsanwalts der DDR zur Leitung des Ermittlungsverfahrens durch den Staatsanwalt, zuletzt die Anweisung Nr. 1/85 vom 1. Juli 1985.

Dienstliche Bestimmungen des MfS zum Vollzug der Untersuchungshaft waren vor allem:
- die Dienstanweisung des Stellvertreters des Staatssekretärs für den Dienst und die Ordnung in den Untersuchungshaftanstalten des Staatssekretariats für Staatssicherheit vom 27. August 1955;
- die Dienstanweisung Nr. 1/85 des Leiters der Abt. XIV und dazugehörige Anweisungen über Aufnahme, Unterbringung und Versorgung von Beschuldigten und Strafgefangenen;
- die Anweisung des Leiters der Abt. XIV über die Durchführung von Transporten und Überführungen von Beschuldigten in stationäre Einrichtungen des staatlichen Gesundheitswesens;
- die Anweisung des Leiters der Abt. XIV zur Erfassung und Aufbewahrung des privaten Eigentums von Verhafteten;
- die Ordnung über Rechte und Verhaltensregeln für die im Untersuchungshaftvollzug des MfS aufgenommenen Personen (Hausordnung), zuletzt vom 29. November 1986;
- die Verpflegungsordnung für Verhaftete und Strafgefangene in den UHA des MfS (die zuletzt gültige war vom 30. Oktober 1987).

Völkerrechtliche Bestimmungen in bezug auf die Durchsetzung des Untersuchungshaftvollzugs waren:
- Allgemeine Erklärung der Menschenrechte vom 10. Dezember 1948;
- Europäische Konvention zum Schutze der Menschenrechte und Grundfreiheiten vom 4. November 1950, Abschnitt I (Menschenrechte und Grundfreiheiten);
- Internationale Konvention über bürgerliche und politische Rechte vom 19. Dezember 1966 und
- Grundsatzkatalog für den Schutz aller irgend einer Form von Haft oder Strafgefangenschaft unterworfenen Personen (Resolution 43/173 der Generalversammlung der Vereinten Nationen) vom 9. Dezember 1988.

Mit dem Ziel der weiteren Entwicklung und Festigung der Gesetzlichkeit der DDR unter Berücksichtigung des Völkerrechts und der weltweiten diplomatischen Anerkennung der DDR wurden die Rechtsgrundlagen für den Vollzug der Untersuchungshaft des MfS (in Übereinstimmung mit den entsprechenden Regelungen des MdI und in Abstimmung mit der Staatsanwaltschaft) ständig verbessert und humanisiert. Das ging einher mit einer planmäßigen Ausbildung und Befähigung der Mitarbeiter des Untersuchungshaftvollzugs. Ihre Dienstdurchführung war charakterisiert durch fundierte einschlägige Rechtskenntnisse, konsequente Anwendung der strafprozessualen Bestimmungen, ständige Erweiterung der Kenntnisse und Erfahrungen in der Psychologie, gute Allgemeinbildung und Befähigung zu einer den Vorschriften entsprechenden Einflußnahme auf die Beschuldigten. Ein nicht geringer Teil der Mitarbeiter hatte eine juristische Fachschule absolviert, die Leiter waren in der Regel Hochschulabsolventen.

Die in einschlägigen UNO-Dokumenten festgelegten Mindestregeln für Gefangene und die völkerrechtlich verbindliche Bestimmung »Niemand darf der Folter oder grausamer unmenschlicher oder erniedrigender Behandlung oder Strafe unterworfen werden«[4] wurden durch die Angehörigen des UHV des MfS im Umgang mit den Beschuldigten eingehalten.

Der Vollzug der Untersuchungshaft in UHA des MfS stand zu keinem Zeitpunkt im Widerspruch zur internationalen Praxis. Niemals gab es Anlaß für offizielle Interventionen der UNO oder anderer zwischenstaatlicher Organisationen oder Gremien. Dies festzustellen scheint geboten, denn solche Interventionen gab es in bezug auf die Bundesrepublik. Das Anti-Folterkomitee des Europa-Rates monierte zwischen 1987 und 1989 Gewalttaten und unzumutbare Verhältnisse in den Justizvollzugsanstalten Bremen-Oeslebenhausen, Berlin-Moabit und Berlin-Tegel.

Materielle Entwicklung und Ausgestaltung des Untersuchungshaftvollzugs des MfS

Zur objektiven Beurteilung und Wertung der Bedingungen der Untersuchungshaft gehören auch die materiellen Bedingungen des Untersuchungshaftvollzugs. Diese waren maßgeblich an den Stand der wirtschaftlichen Entwicklung der DDR gebunden und von ihren Möglichkeiten abhängig. Hinzu kam: Die als Haftanstalten des MfS genutzten Objekte mußten durchweg in ihrer überalterten Bausubstanz und meistens auch für den vorgesehenen Zweck kaum oder völlig unzureichend geeignet übernommen werden. Mehrheitlich stammten sie noch aus den frühen 20er Jahren. Das ließ sich nur schrittweise ändern.

Bis 1989 wurden fünf Untersuchungshaftanstalten des MfS (in Berlin und in den Bezirken Frankfurt/Oder, Rostock, Neubrandenburg und Suhl) sowie ein Haftkrankenhaus des MfS in Berlin neu errichtet. Für diese Neubauten und die Rekonstruktion der anderen Objekte wurden etwa 240 bis 260 Millionen Mark aufgewendet. Nach den Rekonstruktionsmaßnahmen waren in den UHA alle Verwahrräume mit Warm- und Kaltwasser sowie Sanitäreinrichtungen ausgerüstet.

Der Neubau der UHA Berlin-Hohenschönhausen erfolgte von 1956 bis 1959 und kostete 14,5 Millionen Mark. Für 200 Untersuchungshäftlinge standen in drei Etagen insgesamt 87 Verwahrräume zur Verfügung, die sich aufgliederten in 20 Verwahrräume für vier Beschuldigte, 58 Verwahrräume für zwei Beschuldigte, acht Verwahrräume für Einzelbelegung und einen Beruhigungsverwahrraum.

1960 saßen durchschnittlich 120 Beschuldigte ein, 1970 waren es 80, 1980 waren es 70, und schließlich 1989 waren es 50 Beschuldigte.

Diese Zahlen über die Entwicklung des Untersuchungshaftvollzugs in der UHA Berlin-Hohenschönhausen über mehrere Jahrzehnte lassen die verleumderische Absicht offen zutage treten, die räumlichen Bedingungen und Zustände aus der Zeit der Übernahme der ursprünglich fremdbestimmten und teilweise überalterten Gebäude und Einrichtungen dieser UHA so darzustellen, als ob sie nicht bereits 1989 beendet worden seien, sondern vierzig Jahre überdauert hätten. Damit soll entgegen den Tatsachen, also fälschlicherweise, der Eindruck vermittelt werden, als seien die anfänglich vorgefundenen Haftbedingungen auch für die nachfolgenden Jahrzehnte zutreffend gewesen. Der langjährige Bundesbeauftragte für die Unterlagen der Staatssicherheit der DDR (BStU), Joachim Gauck, erklärte dazu selbst bei einer öffentlichen Veranstaltung des Bezirksamtes Berlin-Hohenschönhausen am 17. April 1994, daß die Haftbedingungen in der dortigen UHA des MfS in den letzten 10 bis 20 Jahren *(genauer in den letzten 30 Jahren – der Verf.)* deutlich besser gewesen wären als im Durchschnitt in den Untersuchungshaft- und Strafvollzugseinrichtungen der DDR.

Nicht die Aufklärung von Straftaten, sondern die Erlangung von »Geheimnissen« habe die Unterbringung von Beschuldigten in den UHA des MfS bestimmt, meinte Johannes Beleites, bis 1998 freier Mitarbeiter der »Gedenkstätte Berlin-Hohenschönhausen«. Was das angeblich war, erklärte er auch: »Naturgemäß hatte das Ministerium für Staatssicherheit größtes Interesse an Untersuchungshäftlingen. Ihnen waren möglicherweise tatsächlich noch

Geheimnisse zu entlocken, sie konnten mit der Drohung der bevc den Verurteilung am besten beeinflußt werden. Daher war es nicht derlich, daß das MfS vor allem Untersuchungsgefängnisse betrieb, d urteilte waren noch selten so interessant, daß sich ein totaler Zugriff lohnte.«[5] Ein beeindruckendes Beispiel unter vielen für die Wahrheit á la Zeitgeist.

Natürlich schloß die Aufklärung von Straftaten auch die Untersuchung der Hintergründe und möglicher Auftraggeber, beispielsweise der westlichen Geheimdienste, der von ihnen angewandten Mittel und Methoden und der begünstigenden Bedingungen und Umstände ein. Was dies allerdings mit der vorgenannten Erklärung über »Geheimnisse«, »Verurteilte« in »Untersuchungsgefängnissen«, »totalen Zugriff«, »Drohung mit bevorstehender Verurteilung« zu tun haben soll, das dürfte wahrlich ein Geheimnis bleiben.

Deshalb im Interesse der Wahrheit einige weitere Angaben zur UHA Berlin-Hohenschönhausen:

Der betreffende Gebäudetrakt (eine ehemaligen Fabrik) war 1951 durch das MfS von den sowjetischen Besatzungsbehörden leer übernommen worden. Dabei erfolgte weder eine Übergabe von Dokumenten über die Tätigkeit der vorherigen Nutzer noch von dort vorher Inhaftierten. Im Gebäude existierten zum Zeitpunkt der Übernahme in den Kellerräumen – aus der baulichen Lage abgeleitet entstand offenkundig der ständig strapazierte Begriff »U-Boot« – 55 Verwahrräume für 50 bis 60 Inhaftierte. Unmittelbar nach der Übernahme wurden durch das MfS erste bauliche Veränderungen vorgenommen, um eine Verbesserung der absolut unzureichenden Haftbedingungen zu bewirken. Die Verwahrräume, Fenster und Türen wurden vergrößert, medizinische Einrichtungen und ein Küchentrakt geschaffen.

Ab 1954 wurden Verwahrräume ohne Fenster nicht mehr genutzt.

Eine grundsätzliche Veränderung erfolgte mit dem Neubau der Untersuchungshaftanstalt. Von 1959 bis 1990 wurden in den Verwahrräumen des alten Gebäudes keine Inhaftierten mehr untergebracht. Diese Räume dienten in dieser Zeit ausschließlich als Lager.

Gegenteilige Behauptungen sind so unwahr wie die unverschämte Behauptung, Häftlinge seien dort vom MfS ermordet und ihre Leichen auf dem Gelände beseitigt worden.

Mit aller Entschiedenheit werden die in diesem Zusammenhang verbreiteten Lügen zurückgewiesen! Im übrigen müßte es doch einen Aufschrei der westdeutschen Staatsanwälte und Richter geben, die sich ansonsten so intensiv der Verfolgung der sogenannten Regierungskriminalität widmen. Es gibt keinen einzigen Fall der Anklage geschweige denn der Verurteilung wegen Ermordung eines Häftlings im Untersuchungshaftvollzug des MfS. Nicht etwa, weil hier die Strafverfolgung versagte, sondern weil es so etwas – bei allem Suchen – nicht gegeben hat.

In dem Gespinst von Unterstellungen und Unwahrheiten wird häufig der Städtische Friedhof in der Hohenschönhausener Gärtnerstraße mit angeführt. Auf diesem als »Denkort« gestalteten Friedhof wurden im Dezember 1999 die sterblichen Überreste von 132 Verstorbenen bestattet, die angeblich auf dem Gelände der ehemaligen Untersuchungshaftanstalt und in dessen Umgebung gefunden worden seien. Auf dem Friedhof in der Gärtnerstraße hatten bereits vorher Personen ihre letzte Ruhe gefunden, die nach offiziellen Verlautbarungen im damaligen sowjetischen Internierungslager ums Leben gekommen sein sollen. Es bleibt aber offenbar unklar, um wen es sich bei den Bestatteten tatsächlich handelt und wodurch ihr Tod verursacht wurde.

Zweifellos hat es in den Internierungslagern eine ganze Anzahl von Menschen gegeben, die infolge von Krankheiten und Hunger verstorben sind. Hinzuzufügen ist, daß sich auf dem angrenzenden Gelände vor 1945 ein Außenlager des KZ Sachsenhausen befunden hatte, so daß es also auch Opfer aus der Zeit des faschistischen Deutschlands sein könnten. Es können aber auch Tote von Bombenangriffen und von Kämpfen der letzten Kriegstage sein.

Wer aber suggeriert oder gar behauptet, darunter seien auch die sterblichen Überreste von »ermordeten Untersuchungshäftlingen des MfS«, tut dies wider besseren Wissens – aber mit einer erkennbaren politischen Absicht.

Eine weitere Lüge: In der UHA Berlin-Hohenschönhausen habe es »Wasserzellen« gegeben – Verwahrräume, die mit Wasser geflutet worden seien und in denen die Häftlinge im Wasser hätten stehen müssen. Wie das funktioniert haben soll, bleibt selbstverständlich unbeantwortet.

Derartige Verwahrräume hat es nicht gegeben. Die »Gedenkstättenführer« können selbst mit den wunderlichsten Erklärungen die Frage nicht beantworten, wie denn in die zur Schau gestellten Haftzellen das Wasser gelangt und der Einstieg der Betroffenen erfolgt sein soll und wie dann noch das Wasser (Volumen und Druck) vom Austritt durch die Tür zurückgehalten werden konnte. Selbst elementare physikalische Gesetze außer Kraft zu setzen fällt offensichtlich den erfindungsreichen Mitarbeitern der »Gedenkstätte« nicht schwer.

Zwei Abstellräume, in denen damals Abfallbehälter aufbewahrt wurden, die also nicht als Verwahrräume für Beschuldigte genutzt wurden, werden nach »Rekonstruktion« derzeit den schaudernden Besuchern als »Folterzellen« vorgeführt. Die »Rekonstruktion« erfolgte anhand von Aussagen eines »Zeugen«. Dieser Karl-Heinz R. war laut eigenen Angaben von den sowjetischen Organen nach 1945 in Hohenschönhausen wegen Wehrwolf-Verdachts interniert. Er will diese »Folterzellen« 1947 im damaligen zentralen Untersuchungsgefängnis des NKWD mit eingebaut haben. Die von ihm gefertigten Skizzen hat er mit seinem eigenen Stempel vom 28. März 1990 »beglaubigt«. Abgesehen von diesem merkwürdigen Zertifikat: Was hat das später gegründete MfS damit zu tun?

In den Untersuchungshaftanstalten des MfS hat es zu keiner Zeit so etwas gegeben. Das erklärt, weshalb sich bis heute auch niemand gefunden hat, und auch niemand finden kann, wenn er bei der Wahrheit bleibt, der die Benutzung solcher »Folterzellen« bestätigt. Obwohl selbst die frühere Leiterin der »Gedenkstätte Hohenschönhausen« Zweifel an der Existenz von »Folterzellen« anmeldete, sahen weder sie noch ihr Nachfolger bisher Anlaß, diese offenkundige Geschichtsfälschung zu beseitigen.

In das Fach Dichtung gehören auch Behauptungen von »Zeitzeugen«, es sei mit Heißluft und blendenden Scheinwerfern »gefoltert« worden. Derartige Technik stand nicht zur Verfügung – und selbst wenn: Damit hätte niemand operiert. Andere wollen in der U-Haft mit »Karabinern« traktiert worden sein. Aber: Weder das Aufsichtspersonal noch die Untersuchungsführer in den UHA durften überhaupt Waffen tragen – und das galt für alle UHA der DDR. Mit etwas nicht Vorhandenem konnten sie wohl schwerlich »traktiert« worden sein.

Auch Politiker und Journalisten sowie Vertreter von »Opferverbänden« werden nicht müde zu behaupten, das MfS habe Inhaftierte gefoltert und mißhandelt. Lügen werden aber selbst durch stete Wiederholung nicht zu Wahrheiten. Wohl aber bleiben sie »hängen«. Und das scheint auch die Absicht.

Mitarbeiter von Auslandsvertretungen, ab 1974 auch der Ständigen Vertretung der BRD in der DDR, führten eine Vielzahl von Gesprächen mit von ihnen konsularisch betreuten Beschuldigten in den UHA des MfS. Von 1974 bis 1989 erfolgten allein durch Mitarbeiter der Ständigen Vertretung der BRD etwa 3.400 Besuche bei inhaftierten Beschuldigten. In der gesamten Zeit gab es keine nennenswerten Beanstandungen.

Auch von den rund 32.000 Inhaftierten, die auf der Grundlage der getroffenen Vereinbarungen in die BRD entlassen wurden, sind keine erwähnenswerten Beschwerden in dieser Richtung bekannt geworden.

Wie bekannt, sind in der Regel alle jemals beim MfS Inhaftierten, die danach in die BRD ausreisten, über ihre Haftzeit und Haftbedingungen auch von Geheimdiensten und anderen staatlichen Stellen intensiv befragt worden. Einzelne Greuelgeschichten erwiesen sich stets als Lügen. Auch die umfangreichen Akten der Zentralen Erfassungsstelle Salzgitter sind offenkundig im Zusammenhang mit dem MfS wenig aussagefähig.

Vollzugsbedingungen in den Untersuchungshaftanstalten

Wie bereits angeführt, konnten Weisungen über die Art und Weise des Vollzugs der Untersuchungshaft im Ermittlungsverfahren nur der Staatsanwalt und im gerichtlichen Verfahren das Gericht erteilen. In dringen Fällen konnte – gemäß der Strafprozeßordnung der DDR – auch der Leiter der Untersuchungshaftanstalt vorläufige Anordnungen treffen. Sie bedurften danach aber der Bestätigung des Staatsanwalts oder des Gerichts.

In der Anweisung Nr. 1/85 des Generalstaatsanwalts der DDR hieß es zur Durchsetzung des § 130 StPO/DDR (Vollzug der Untersuchungshaft), daß der Staatsanwalt unverzüglich nach Erlaß des Haftbefehls Festlegungen über die Art und Weise des Vollzugs der Untersuchungshaft zu treffen (u. a. auch über Einzelhaft, wenn es die Ermittlungen erforderten) und den Leiter der UHA davon in Kenntnis zu setzen hat. Diese Anweisung des Generalstaatsanwaltes in Verbindung mit den gemeinsamen Anweisungen des Generalstaatsanwalts, des Ministers des Innern und des Ministers für Staatssicherheit der DDR über den Untersuchungshaftvollzug sowie die zu deren unmittelbaren Durchsetzung in den UHA des MfS erlassenen dienstlichen Bestimmungen waren Grundlage für die Aufnahme, Unterbringung, Versorgung und medizinische Betreuung von Beschuldigten.

Regelvollzug war auch in den UHA des MfS die Gemeinschaftsunterbringung von zwei und mehreren Beschuldigten in einem Verwahrraum unter Einhaltung der gesetzlich festgelegten Trennungsgrundsätze.

Durch den aufsichtsführenden Staatsanwalt erfolgten vierteljährlich – gemeinsam mit dem Leiter der UHA – Begehungen der Untersuchungshaft-Vollzugseinrichtungen. Dabei führte der Staatsanwalt mit Beschuldigten Aussprachen und kontrollierte die Einhaltung der für den Vollzug der Untersuchungshaft festgelegten Vorschriften und Weisungen. Die dabei getroffenen Feststellungen und die sich daraus ergebenden Maßnahmen zum Untersuchungshaftvollzug wurden in einem Abschlußprotokoll dokumentiert und mußten – wenn erforderlich – unverzüglich durch den Leiter der UHA realisiert werden.

In den ersten Jahren der DDR waren zweifellos die Rechte der Beschuldigten, insbesondere was ihre Verbindungen zur Außenwelt betraf, wesentlich eingeengter und geringer entwickelt. Erst im Zuge der Vervollkommnung der Rechtsordnung der DDR vollzogen sich dann auch spürbare positive Veränderungen. Nach den zuletzt geltenden Regelungen des Untersuchungshaftvollzugs konnten die Beschuldigten bis zu viermal monatlich Briefwechsel haben und zwei- bis dreimal Besuch empfangen. Von diesen Rechten machten die Beschuldigten regelmäßig Gebrauch.

Zur Sicherung des Verfahrenszwecks und zur Gewährleistung der Sicherheit und Ordnung im Vollzug der Untersuchungshaft konnte der Brief- und Besucherverkehr aber auch eingeschränkt werden. Die entsprechenden Bedingungen und Festlegungen waren durch die Ermittlungsorgane bzw. das Gericht zu treffen. Jeder Beschuldigte konnte einen Anwalt seiner Wahl mit seiner Verteidigung beauftragen. Der Verteidiger konnte nach Terminabstimmung seinen Mandanten sprechen und mit ihm ohne Einschränkungen korrespondieren. Der Verkehr mit dem Verteidiger unterlag nur in Einzelfällen Beschränkungen, wenn diese aus den in § 130 StPO/DDR genannten Gründen notwendig waren.

Zur Illustration eine Passage aus den Erinnerungen von dem in der DDR und in der BRD bekannten Rechtsanwalt Friedrich Wolf: »Einen Tag nach der Akteneinsicht suchte ich meinen Mandanten in der UHA des MfS in der Magdalenenstraße in Berlin-Lichtenberg auf. Das Regime war äußerst diszipliniert und disziplinierend. Von der Atmosphäre des einstigen Amtsgerichtsgefängnisses war nichts mehr zu spüren. Alles verlief ruhig, höflich und distanziert – auch wenn man sich über Jahr und Tag kannte. Die äußeren Bedingungen bei Mandantengesprächen waren Weltspitze. In keinem anderen ausländischen Gefängnis, das ich kannte, wurde Gleiches geboten. Zeitliche Beschränkungen gab es für die Unterredungen *(mit Beschuldigten – der Verf.)* nicht.«[6]

Jeder Beschuldigte hatte das Recht und auch die Möglichkeit, sich ausreichend mit den ihm zur Kenntnis zu gebenden Dokumenten des Strafverfahrens zu beschäftigen und dazu die relevanten gesetzlichen Bestimmungen einzusehen, die das Recht auf Verteidigung berührten. Von diesem Recht machten sie auch Gebrauch, z. B. durch Einsichtnahme in das Strafgesetzbuch, die Strafprozeßordnung, die Anklageschrift, den Eröffnungsbeschluß, die Ladung zur Hauptverhandlung und andere Prozeßdokumente.

Soweit es sich um ausländische Bürger handelte und mit ihrem Heimatstaat entsprechende Abkommen bestanden oder Gegenseitigkeit geübt wurde, war jederzeit eine konsularische Betreuung des Beschuldigten gewährleistet.

Die Beschuldigten konnten Rechtsmittel entsprechend der Strafprozeßordnung einlegen und sich über Disziplinar- und Sicherungsmaßnahmen beschweren. Sie konnten ihre Rechte in Zivil-, Arbeits- und Familienrechtssachen wahrnehmen. Beantragte der Beschuldigte zur Wahrung seiner persönlichen Interessen seine Vorführung zu Gerichten, war dem zu entsprechen. Die Entscheidung darüber traf der Staatsanwalt bzw. das Gericht;

Die Untersuchungshäftlinge hatten das Recht auf eine ordnungsgemäße, den allgemeinen Grundsätzen der Förderung und Erhaltung der Gesundheit entsprechende Unterbringung, auf materielle Versorgung, Ernährung, medizinische Betreuung und Hygiene. Bei Zugehörigkeit zu einer Religionsgemeinschaft konnten sie sich auf Wunsch in einer den Haftbedingungen angemessenen Form betätigen. Und sie konnten in der Anstaltsbibliothek Literatur – einschließlich der Bibel – ausleihen, sich mit eigener Fachliteratur beschäftigen und Tageszeitungen lesen. (Der Buchbestand der UHA Berlin-Hohenschönhausen betrug beispielsweise 1990 ca. 1.150 Bücher und Fachliteratur.)

Die Hausordnung legte für die Untersuchungshäftlinge in allen UHA des MfS die Ordnungs- und Verhaltensregeln verbindlich fest. Sie war durch den Beschuldigten zur Kenntnis zu nehmen, die Kenntnisnahme war schriftlich zu bestätigen. Die Untersuchungshäftlinge waren demgemäß verpflichtet, das Eigentum der Untersuchungshaftanstalt vor Beschädigung, Mißbrauch und Verlust zu schützen, an Arbeiten zur Erhaltung von Sauberkeit und Ordnung in der UHA teilzunehmen, die Gesundheits-, Arbeits- und Brandschutzbestimmungen einzuhalten sowie Gefahren für Personen unverzüglich zu melden und – soweit wie möglich – abzuwenden.

Bei schuldhaften Verstößen gegen die Pflichten und Verhaltensregeln konnten Disziplinarmaßnahmen angewendet werden. Der Sachverhalt war gründlich zu untersuchen und zu klären. Von einer Disziplinarmaßnahme konnte abgesehen werden, wenn die Untersuchung ergab, daß der Verstoß im Widerspruch zum sonstigen Verhalten des Beschuldigten stand. Gegen einen Beschuldigten waren folgende Disziplinarmaßnahmen möglich: Mißbilligung bei geringen Verstößen gegen die Hausordnung, im wiederholten Falle Verwarnung mit Androhung einer strengeren Disziplinarmaßnahme, Einschränkung des persönlichen Einkaufs, »Arrest« bis zu 14 Tagen.

Bei Verletzung der Pflichten war der Beschuldigte anzuhören. Das Protokoll war dem Staatsanwalt vorzulegen. In jedem Fall bedurfte die Anwendung einer Disziplinarmaßnahme gegenüber Beschuldigten der Zustimmung des aufsichtsführenden Staatsanwaltes, des diensthabenden Arztes und des Untersuchungsorgans.

»Arrest« konnte nur nach ärztlicher Bestätigung der Arrestfähigkeit verhängt werden. Er war verbunden mit dem Entzug der Lektüre, der Raucherlaubnis und der Einkaufsberechtigung sowie mit der Unterbindung persönlicher Kontakte für die Dauer des Arrestes. Aufenthalt im Freien war in dieser Zeit nur unter strikter Trennung von anderen Beschuldigten gestattet. Da es keine spezielle Arrestzelle gab, wurde der Arrest in einem normalen Verwahrraum vollzogen, jedoch mit den genannten Einschränkungen.

1974 wurde auch in Hohenschönhausen – wie in allen UHA üblich – ein Beruhigungsverwahrraum eingerichtet (in der Kriminalliteratur als »Gummizelle« bezeichnet). Er wies weder hinsichtlich Gestaltung noch Lage Besonderheiten gegenüber derartigen Räumen in anderen UHA auf.

Zwischen 1974 und 1990 erfolgten insgesamt elf kurzzeitige Einweisungen (etwa eine Stunde). Drei Einweisungen erfolgten, weil Beschuldigte Untersuchungsführer und Angehörige des Haftvollzugs angegriffen hatten. In vier Fällen hatten Beschuldigte das Zelleninventar zerschlagen. In vier anderen Fällen hatten Drogenabhängige auf Entzug Personal angegriffen.[7] Die Anzahl der Disziplinarverstöße von Inhaftierten in den UHA des MfS und ihre Ahndung sind, wie vielfach durch »Feststellungen vor Ort« bestätigt, in keiner Weise vergleichbar mit den heutigen Erscheinungen der Verletzung der Ordnungs- und Verhaltensregeln von Inhaftierten in den Untersuchungs- und Strafvollzugseinrichtungen der BRD.

Maßnahmen des unmittelbaren Zwangs gegen Beschuldigte waren in der DDR entsprechend den rechtlichen Vorschriften nur in Ausnahmefällen zulässig – wenn es zur Abwehr eines körperlichen Angriffs auf Angehörige der UHA oder sonstige Personen, zur Verhinderung einer Flucht oder eines Angriffs auf das eigene Leben eines Beschuldigten notwendig war und die Gefahr nicht auf andere Weise abgewehrt werden konnte. Die Abwehr solcher Angriffe mittels Zwangsmaßnahmen mußte dem Grad der Gefährlichkeit angemessen sein, durfte demzufolge nur mit verhältnismäßigen Mitteln erfolgen und nur so lange andauern, bis der Zweck der Maßnahme erreicht war. Die Akten des Untersuchungshaftvollzugs des MfS belegen, daß bei der Anwendung derartiger Maßnahmen in keinem Fall der Grundsatz der Verhältnismäßigkeit verletzt wurde.

Materielle Versorgung von Beschuldigten

Die Beschuldigten erhielten eine auf ernährungswissenschaftlichen und medizinischen Erkenntnissen beruhende – den Normen entsprechende – Gemeinschaftsverpflegung. Aus gesundheitlichen Gründen erfolgte auf Anordnung des Arztes eine speziell zubereitete oder zusätzliche Verpflegung. Die Zusammensetzung und Zubereitung der Verpflegung wurde täglich durch Abnahme von Essenproben durch das medizinische Personal überwacht.

Die Grundnorm der Gemeinschaftsverpflegung hatte zuletzt einen Wert von 3,40 Mark/DDR pro Tag.

Darüber hinaus gab es sogenannte Beschuldigten-Zulagen, z. B. 0,45 Mark beim Einsatz von Untersuchungshäftlingen für Dienstleistungs- und Versorgungsaufgaben; 0,50 Mark pro Tag bei stationärer Unterbringung in einer medizinischen Einrichtung; 0,80 Mark je Tag bei Erkrankungen an Diabetes und 0,20 Mark je Tag bei extremen Witterungsbedingungen.[8]

Den Beschuldigten war es gestattet, auf eigene Kosten aus dem Angebot der Untersuchungshaftanstalt Waren des persönlichen Bedarfs (Nahrungsmittel, Tabakwaren, Kaffee, Tee) zur eigenen Verwendung zu erwerben. Bis 1971 durften bis zu 50 Mark, ab 1980 bis zu 100 Mark monatlich ausgegeben werden. Mittellosen Beschuldigten wurde Geld zum Erwerb von Tabakwaren, Kaffee und Presseerzeugnissen zur Verfügung gestellt. Der persönliche Einkauf war einmal wöchentlich gestattet. Vom Warenangebot waren alkoholische Getränke sowie Nahrungs- und Genußmittel, die einer weiteren Zubereitung bedurften, ausgeschlossen.

Eine sicher unfreiwillige Darstellung der Lage in den UHA des MfS fand sich 1999 in einem Brief der »Opferverbände« an den damaligen Berliner Kultursenator Peter Radunski. Dieser Brief wurde in der »Welt« zitiert. Die Autoren führten darin Klage, daß bei einer Veranstaltung in der »Gedenkstätte Hohenschönhausen« ehemalige Inhaftierte erklären durften, sie hätten dort zehn bis fünfzehn Kilo zugenommen und wären erst durch die »Wende« auf schlechtere Verpflegung heruntergesetzt worden. Mithin: Sie seien bis dahin gut verpflegt worden.

Nebenbei wurde in diesem Protestbrief auch noch die damalige Leiterin der »Gedenkstätte« scharf attackiert, weil sie erklärt hatte, daß das sogenannte U-Boot nur bis 1951, also nur unter sowjetischer Regie, genutzt worden sei.[9]

Zur medizinischen Betreuung von Beschuldigten

Jede UHA des MfS verfügte über Einrichtungen zur ambulanten medizinischen Versorgung. Bei Aufnahme in die UHA erfolgte grundsätzlich eine ärztliche Untersuchung. Für jeden Inhaftierten wurde eine Gesundheitsakte angelegt und geführt. Sie dokumentierte den Gesundheitszustand zum Zeitpunkt der Aufnahme in die Untersuchungshaftanstalt; die vor der Inhaftierung in Anspruch genommene sowie die während des Vollzugs der Untersuchungshaft erfolgte medizinische Betreuung; den Gesundheitszustand zum Zeitpunkt der Entlassung oder der Verlegung in eine andere Vollzugseinrichtung.

In allen UHA des MfS war eine ständige medizinische Betreuung durch Fachpersonal gewährleistet, und es bestanden Möglichkeiten zur regelmäßigen Inanspruchnahme eines Arztes. So konnten sich Beschuldigte täglich für die regulären Sprechstunden des Arztes/Zahnarztes melden bzw. verordnete Behandlungen durch das medizinische Personal in Anspruch nehmen. In Notfällen stand jederzeit ein diensthabender Arzt zur Verfügung. Bei Erfordernis konnte der behandelnde Arzt entsprechende Fachärzte – auch aus dem staatlichen Gesundheitswesen – hinzuziehen. Die Versorgung mit erforderlichen Heil- und Hilfsmitteln, Zahnersatz und Medikamenten entsprach den sozialversicherungsrechtlichen Bestimmungen und war DDR-üblich kostenlos. Die Verabreichung der vom zuständigen Arzt verordneten Medikamente oder Behandlungen erfolgte entsprechend den getroffenen Festlegungen durch das medizinische Personal.

Zum Haftkrankenhaus des Zentralen Medizinischen Dienstes

Für den gesamten Untersuchungshaftvollzug des MfS wurden seit 1960 in mehreren Etappen medizinische Einrichtungen und ein zentrales Haftkrankenhaus im Objekt Berlin-Hohenschönhausen aufgebaut. Das Haftkrankenhaus war für alle Beschuldigten im Verantwortungsbereich des MfS, einschließlich der Bezirksverwaltungen, für die stationäre medizinische Versorgung zuständig.

Die Ersteinrichtung des Haftkrankenhauses, zu dem auch eine Bettenstation mit zehn Krankenzimmern und entsprechender Technik gehörte, erfolgte 1960 bis 1962. Von 1971 bis 1974 wurde es für 2,2 Millionen Mark erweitert. Danach verfügte das Haftkrankenhaus über zwei Stationen mit 21 Betten, sieben Notbetten sowie modernen Ausrüstungen für Diagnose und Therapie (Röntgen, EKG, EEG, klinisch-chemisches Labor). Es gab Untersuchungs- und Behandlungsräume für Gynäkologie, Urologie, Physiotherapie sowie einen OP-Bereich. Zum ständigen Personal gehörten Fachärzte für Allgemeinmedizin, Innere Medizin sowie Psychiatrie/Neurologie, ein Zahnarzt, ein Physiotherapeut sowie eine entsprechende Anzahl von examinierten Krankenschwestern, Pflegern und medizinisch-technischen Assistentinnen.

Im Jahre 1989 waren im Haftkrankenhaus Hohenschönhausen 62 Mitarbeiter tätig, davon 34 Angehörige des Medizinischen Dienstes und 28 Angehörige des Untersuchungshaftvollzugs als Sicherungs- und Kontrollposten. In Fällen, in denen die medizinischen Möglichkeiten im UHV nicht ausreichten, erfolgte die unverzügliche Verlegung in eine Einrichtung des staatlichen Gesundheitswesens.

Alle medizinischen Maßnahmen dienten der Gewährleistung des auch für inhaftierte Personen in der DDR uneingeschränkt geltenden Rechts auf medizinische Versorgung. Ihre exakte Dokumentation in der Gesundheitsakte des jeweiligen Untersuchungshäftlings war zugleich auch eine Absicherung vor Versuchen, die Zeit der Untersuchungshaft nachfolgend als Ursache für Erkrankungen oder andere Körperschäden anzuführen.

Den Besuchern der »Gedenkstätte Hohenschönhausen« wird das Haftkrankenhaus nicht gezeigt. Es wurde nach 1990 demontiert und die Einrichtung veräußert. Es wird so getan, als hätte es diese moderne medizinische Einrichtung und eine dementsprechende medizinische Versorgung in der UHA nicht gegeben. Warum das geschah und weshalb man darüber kein Wort verliert, läßt sich offensichtlich denken.

In diesen Rahmen der »Aufarbeitung« paßt auch die Anklage gegen einen Arzt dieses Krankenhauses, der beschuldigt wurde, er habe psychisch kranke Personen während der Untersuchungshaft zur Einnahme von Medikamenten genötigt, die unter anderem ihre Aussagewilligkeit herbeigeführt hätten. Der Arzt mußte vom Landgericht Berlin freigesprochen werden.

Als völlig aus der Luft gegriffen, unwahr und verleumderisch haben sich auch Anwürfe erwiesen, das MfS habe Inhaftierte oder politisch mißliebige Personen in Irrenanstalten »verschwinden« lassen. Nach langjähriger Tätigkeit von Untersuchungskommissionen, durchgeführten Ermittlungsverfahren und nach Überprüfung der Aussagen von in solchen Fällen immer auffindbaren »Opfern« mußte offiziell eingestanden werden, daß es keinen Mißbrauch der Psychiatrie in der DDR gegeben hat.

Die Nervenärztin Sonja Süß beispielsweise studierte die psychologische Fachliteratur der DDR, arbeitete Dokumente der Abteilung Gesundheitswesen des ZK der SED und des Ministeriums für Gesundheitswesen durch, studierte fünf Jahre lang Akten der BStU-Behörde und führte eine Vielzahl von Gesprächen mit angeblichen »Opfern« sowie mit Ärzten und Juristen. Das Hauptergebnis auch ihrer Untersuchungen: »Es wurde kein Fall gefunden, in dem eine psychisch nichtkranke Person auf Betreiben von Sicherheitskräften in eine psychiatrische Einrichtung der DDR gebracht und dort längere Zeit zwangsweise festgehalten sowie mit Psychopharmaka oder anderen Mitteln behandelt worden wäre.«[10]

Selbst die Behörde des BStU räumte 1997 ein, »die auf langwierigen Recherchen fußende Studie zeigt, daß es in der DDR anders, als gemutmaßt wurde, eine Psychiatrierung politischer Dissidenten nicht gegeben hat«.[11]

»Strahlungsgeräte« und der Tod von Jürgen Fuchs

Unter dem Titel »In Kopfhöhe ausgerichtet« veröffentlichte der »Spiegel« in seiner Ausgabe vom 17. Mai 1999 die Behauptung sogenannter ehemaliger Regimegegner: »Mehrere Krebsfälle bei ehemaligen DDR-Dissidenten haben den Verdacht aufkommen lassen, die Staatssicherheit habe Oppositionelle in der Haft strahlenverseucht.«[12] Auch der jetzige Leiter der »Gedenkstätte-Höhenschönhausen« griff das gierig auf und veröffentlichte dazu im »Deutschland-Archiv« 4/1999 einen Beitrag zur sogenannten Röntgenkanone, mit der die »Stasi« angeblich Untersuchungshäftlinge bestrahlt haben soll.

Als »Beweise« für diese kühne These führte man an: Bei der Auflösung der Bezirksverwaltung Gera des MfS im Jahre 1989 wurde im Fotoraum der dortigen Untersuchungshaftanstalt ein Durchleuchtungsgerät vorgefunden, über das eine »öffentlich nicht bekannte Begutachtung eines Physikers« vorliege.

In einigen anderen UHA des MfS, auch in Berlin-Hohenschönhausen, wurden an die Beauftragten für die Auflösung des MfS gleichartige Geräte übergeben. Jürgen Fuchs, der ebenso wie Rudolf Bahro zeitweilig in der UHA Berlin-Hohenschönhausen untergebracht war, hatte im Kreise von Gleichgesinnten die Vermutung ausgesprochen, daß sein Krebsleiden ursächlich mit einer »Verstrahlung« mittels eines solchen Gerätes während seiner Inhaftierung zusammenhänge. Von ehemaligen »Bürgerrechtlern« wurde mehrfach der Verdacht geäußert, daß Rudolf Bahro und Gerulf Pannach ebenfalls solchen »Verstrahlungen« ausgesetzt waren und deshalb verstorben seien.

Einige Personen meldeten sich wie üblich in der Öffentlichkeit als »Zeitzeugen«, nachdem sie Bilder und Publikationen über Strahlungsgeräte in den Medien gesehen hatten, und erklärten, auch sie seien mehrere Stunden einer Verstrahlung ausgesetzt gewesen.

Nachdem ehemalige leitende Offiziere der Abt. XIV und der HA IX des MfS diese Anschuldigungen öffentlich entschieden zurückgewiesen und sich der Staatsanwaltschaft als Zeugen angeboten hatten, wurden die Urheber der Unterstellungen und die kolportierenden Medien in dieser Sache merklich ruhiger.

Zur Sache selbst ist zu sagen: Anfang der 80er Jahre entstand bei verantwortlichen Mitarbeitern des Untersuchungshaftvollzugs und des Untersuchungsorgans des MfS – gestützt auf Erfahrungen der Zollverwaltung der DDR und der Strafvollzugsanstalten des Ministeriums des Innern – der Gedanke, »Durchleuchtungsgeräte« zur intensiven Kontrolle von Effekten inhaftierter Personen einzusetzen. Festgenommene versteckten zumeist Beweismittel in Bekleidungsgegenständen, in Taschen und Schuhen. Spione verbargen nachrichtendienstliche Hilfsmittel. Die UHA Hohenschönhausen und einige weitere in Bezirksverwaltungen des MfS wurden deshalb mit entsprechenden Durchleuchtungsgeräten ausgestattet.

Die Anschaffung und die Vorbereitung des Einsatzes geschah in enger Zusammenarbeit und ständiger Konsultation mit wissenschaftlich ausgebildeten Experten des zuständigen Operativ-Technischen Sektors (OTS) des MfS. Von Spezialisten dieses Bereiches wurden auch – ähnlich wie bei den Zollorganen an den Grenzübergangsstellen – die Angehörigen des Untersuchungshaftvollzuges, die mit solchen Geräten zur Kontrolle von Gegenständen Inhaftierter, zum Auffinden und zur Sicherung von Beweismitteln zu arbeiten hatten, ausgebildet und geschult. Diese Geräte bewährten sich jedoch nicht, so daß die Arbeit damit 1987/88 wieder eingestellt wurde.

Diese Geräte waren von ihrer Konstruktion und Wirkungsweise her objektiv nicht geeignet, gegen Menschen eingesetzt zu werden, und sie wurden auch in keinem Fall dazu eingesetzt. Überdies war nach übereinstimmender Experteneinschätzung die Strahlendosis viel zu gering, um Schäden bei Menschen herbeizuführen.

Die Durchleuchtungsgeräte waren mit jenen identisch, die beispielsweise auf den Flughäfen zur Gepäckkontrolle eingesetzt werden. Das Bundesamt für Strahlenschutz, das zweifellos dafür keine Erkenntnisse und Argumente des MfS nutzte, hielt die Behauptungen über den Einsatz der Röntgengeräte gegen Festgenommene und Inhaftierte für »unwahrscheinlich« und ließ mitteilen, daß es keine Hinweise auf den Einsatz dieser Geräte gegen Menschen besitze und daß Diskussionen darüber unseriös seien.

Übrigens: Die Untersuchungshaft von Jürgen Fuchs erfolgte 1976 und die von Rudolf Bahro 1978. Damals gab es in der UHA Berlin-Hohenschönhausen überhaupt noch kein derartiges Gerät.

Die »junge Welt« fragte am 25. Mai 1999 nicht grundlos: »Aber warum ist die These vom Fuchsmord als Variante real existierenden Irrsinns überhaupt in den öffentlichen Umlauf gekommen? Autoren und Redakteure hätten sich zum Zwecke des Vergleichs über die Praxis in westlichen Haftanstalten erkundigen können, zum Beispiel über die in Berlin-Moabit. Dort war es in den 70er und 80er Jahren gang und gäbe, die Habe einer speziellen Gruppe von Gefangenen regelmäßig zu durchleuchten.«[13]

Das alles wird aber sicherlich, wie bisher auch, die Erfinder derartiger Verleumdungskampagnen kaum daran hindern, heute oder morgen mit neuen Enthüllungsstorys von sich reden zu machen – auch wenn sie sich wiederum als Lügen oder Enten erweisen.

Zum Einsatz von Strafgefangenen-Arbeitskommandos in Untersuchungshaftanstalten des MfS

Auf der Grundlage der für den Strafvollzug in der DDR geltenden Rechtsvorschriften, einschließlich der Richtlinien und Weisungen der Verwaltung Strafvollzug des Ministeriums des Innern, bestand die Möglichkeit, auch in den UHA des MfS »Strafgefangenen-Arbeitskommandos« zu Werterhaltungs- und Instandsetzungsarbeiten einzusetzen.

Diese Arbeitskommandos hatten in der Regel eine Stärke von 10 bis 20 Strafgefangenen.

Da es sich also um Strafgefangene, um bereits verurteilte Straftäter (und damit keine Beschuldigten) handelte, erfolgte ihr Einsatz, ihre materielle Versorgung, medizinische Betreuung, verwaltungsmäßige Erfassung und ihre Wiedereingliederung in das gesellschaftliche Leben nach den für den Strafvollzug und die Wiedereingliederung geltenden Gesetzen sowie den Durchführungsbestimmungen der Verwaltung Strafvollzug des MdI.[14]

Ihnen standen alle Rechte als Strafgefangene zu, einschließlich des Rechts der Selbstverwaltung ihres Strafvollzugskommandos durch einen Kommandorat. Die Aufgaben des Kommandorates bestanden im wesentlichen in der Organisierung der Arbeit, der geistig-kulturellen Bildung und Qualifizierung und der Durchsetzung der Rechte und Pflichten der Strafgefangenen.

Die Strafgefangenen waren nach geltendem Recht der DDR räumlich getrennt von Beschuldigten in den UHA des MfS untergebracht. Sie erhielten auch keine Kontaktmöglichkeiten zu Untersuchungshäftlingen.

Zum Zuständigkeitsbereich der Abteilung XIV im MfS Berlin gehörte bereits in den Jahren 1952 bis 1960 ein größeres Strafgefangenen-Arbeitskommando mit im Durchschnitt 500 Strafgefangenen. Der Einsatz dieser Strafgefangenen erfolgte zu Errichtung von Wohnungs- und Gesellschaftsbauten, zu Werterhaltungs- und Instandsetzungsarbeiten und in Kraftfahrzeug-Reparaturwerkstätten des MfS. Ab Januar 1960 ging dieses Kommando in den Verantwortungsbereich der Rückwärtigen Dienste des MfS über. 1974 wurde es – zuletzt in einer Stärke von ca. 40 Strafgefangenen – endgültig aufgelöst.

Von Strafgefangenen gab es übrigens zahlreiche Ersuchen an die Verwaltung Strafvollzug des MdI, in Arbeitskommandos aufgenommen zu werden, die im MfS zum Einsatz kamen. Diese Strafgefangenen-Arbeitskommandos galten unter Strafgefangenen als »gute Adresse«. Warum das so war, kann man vermuten. Nachgefragt hat niemand.

Warum wohl nicht?!

Die Realität der Untersuchungshaftanstalt und deren Widerspiegelung in der »Gedenkstätte Berlin-Hohenschönhausen«

Eine vom Berliner Senat (Kulturverwaltung) beauftragte Fachkommission legte im Januar 1995 einen »Abschlußbericht« dazu vor, ausgehend von den Ergebnissen der Enquete-Kommission des Deutschen Bundestages »Aufarbeitung von Geschichte und Folgen der SED-Diktatur in Deutschland«, die UHA des MfS Berlin-Hohenschönhausen zu einer »Zentralen Gedenkstätte für die Opfer politischer Verfolgung von 1945 bis 1989« zu gestalten. Dort solle das »System der politischen Verfolgung in der SBZ/DDR« dokumentiert und der Öffentlichkeit vermittelt werden. In der Konzeption der Kommission und dem sie ergänzenden Nutzungs- und Gestaltungskonzept werden – in Vollzug der politischen Vorgaben – folgende ideologische Prämissen fixiert (die sich auch in anderen »Gedenkstätten für die Opfer des Stalinismus« widerspiegeln):

– Die wichtigste, immer wieder als Leitgedanke vorgetragene und das Gesamtkonzept prägende konzeptionelle Aussage ist der Vergleich der DDR mit dem Naziregime (»Erblast zweier Diktaturen«). Demonstrativ werden »nationalsozialistisches« und »SED-Regime« miteinander verkoppelt. Bemerkenswert ist die Verbindung der »nationalsozialistischen Zeit« mit »vierzig Jahren DDR-Sozialismus«. Diese vorgegebene Betrachtungsweise läuft erkennbar darauf hinaus, die Verbrechen der Nazi-Diktatur zu bagatellisieren und dafür der DDR solche zu unterstellen.

– Ein zweites ideologisches Raster ist die Konstruktion von den angeblich »beiden Phasen« der »kommunistischen Gewaltherrschaft« Einerseits gab es das sowjetische Internierungslager und das NKWD-Untersuchungsgefängnis, andererseits die Untersuchungshaftanstalten des MfS der DDR als »Fortführung des sowjetischen Repressionsstils«. Beides wird miteinander verknüpft. Ein Hauptanliegen besteht offenkundig darin, die Vorstellung zu suggerieren, daß das »GULag-System« auf dem Territorium der Sowjetunion sowie die sowjetischen Hafteinrichtungen einerseits und die Untersuchungs- und Strafvollzugseinrichtungen der DDR Teile eines einheitlichen Systems waren. Der GULag-Begriff firmiert gewissermaßen als gemeinsamer Nenner. Dieser Lesart entspricht auch eine ausgestellte Karte der DDR in der »Gedenkstätte«, auf der etwa ein halbes Hundert Orte markiert ist. Die Karte trägt den bezeichnenden Titel »Archipel GULag in der DDR«.

– Grundsätzlich wird die sowjetische Besatzungspolitik verfälschend ihres antifaschistischen Inhalts beraubt. Mit erstaunlich konfusen Darlegungen zum Inhalt der Beschlüsse und Direktiven der Alliierten über den von den Besatzungsmächten zu inhaftierenden bzw. zu internierenden Personenkreis und über den Charakter dieser Maßnahmen wird der Eindruck zu erwecken versucht, daß die sowjetische Besatzungsmacht sich nicht von den vereinbarten Kriterien habe leiten lassen. Maßnahmen der sowjetischen Besatzungsmacht zur Realisierung der Festlegungen der Alliierten werden als »Terror der sowjetischen Geheimpolizei« und als Verfolgung von »Gegnern der Sowjetisierung« dargestellt.

– Wie selbstverständlich werden die historischen Realitäten, die aus der Politik der BRD gegenüber der DDR resultierten, komplett verschwiegen. Daß die Sicherheitspolitik der DDR über weite Teile ein Reflex auf die Bonner Politik war, wird ausgeblendet. Es gab demnach keinen Kalten Krieg, keine Spione, keine Sabotage, keine Einwirkungsversuche von außen. Jegliche Angaben zu den in den Untersuchungshaftanstalten des MfS tatsächlich Inhaftierten werden wohlweislich verschwiegen. Müßte dann doch eingeräumt werden, daß der Hauptteil der Beschuldigten solche Straftaten begangen hatte wie Spionage- und Agententätigkeit, Diversion und Sabotage, Menschenhandel, Schleusertätigkeit und andere Bandenkriminalität; Kriegsverbrechen und Verbrechen gegen die Menschlichkeit; terroristische Handlungen u. a. m. Stattdessen wird der Eindruck vermittelt, vom MfS seien ausschließlich Personen inhaftiert worden, die für die Sicherung der Macht des SED-Politbüros gefährlich waren oder gefährlich erschienen. Um nicht völlig unglaubwürdig zu erscheinen, wird lediglich erklärt: Agenten westlicher Geheimdienste habe es auch gegeben, vermutlich aber nur eine Minderheit. Zahlen und Fakten dazu werden nicht genannt. Sicherlich wird davon ausgegangen, wer die Definitionsmacht besitzt, kann sowieso Zahlen und Fakten nach seinen Vorstellungen interpretieren oder auch – eine andere Methode – gleich gänzlich unterschlagen und weggelassen.

– Die politisch-psychologisch wichtigste ideologische Schablone ist die ständig mit absolutem Gültigkeitsanspruch wiederholte Behauptung, bei den Inhaftierten und Internierten habe es sich um »Opfer politischer Verfolgung von 1945 bis 1989« gehandelt. Das »Opfer«-Klischee findet seine psychologische und politische Ergänzung in dem »Opfer-Täter-Schema«. Entsprechend den politischen Vorgaben gelte es, über die »Leiden der Opfer« und die »Schuld der Täter« zu informieren. Es wird versucht, den Eindruck zu erwecken, daß es keine »richtigen« Ermittlungsverfahren gegeben habe. Die Rollenverteilung ist auch hier festgelegt: Ohne jede Ermittlung und Prüfung von Tatsachen und Umständen sind die Internierten und Beschuldigten, unabhängig von Rechtslagen und Tatbeständen, »Opfer«. Die Angehörigen des Untersuchungshaftvollzuges und die Untersuchungsführer sind

»Täter«, die ohne geringste Prüfung und rechtliche Wertung mit einer von vornherein feststehenden »Schuld« beladen sind.

– Schließlich wird das Schlagwort »Justizunrecht« bemüht. Direktiven des Alliierten Kontrollrates, Gesetze und Verordnungen haben demnach nur formale Bedeutung gehabt und wären in der Praxis nicht beachtet worden. Die Rechtsordnung der DDR wird als »Gegenbegriff« zu Rechtsstaat und Rechtssicherheit interpretiert. Die »Gedenkstätten« werden vom Schema der amtlichen Geschichtsdoktrin geprägt: Im Westen 40 Jahre Freiheit, Demokratie und Recht – im Osten dagegen 40 Jahre Unfreiheit und Unrecht.

Diese politischen Vorgaben, ideologischen Leitbilder und Raster bestimmen das Anliegen, die Gestaltung und Tätigkeit, die informatorischen Materialien, den gesamten Charakter der »Gedenkstätten«, anderer gleichgelagerter Einrichtungen und Publikationen.

Wie der Vergleich von offiziellen Verlautbarungen und konzeptionellen Materialien, Präsentationen, Führungen und Publikationen zeigt, handelt es sich dabei vor allem um Propaganda, die politisch-ideologisch motiviert ist.

Wenn die Ausstellung zu den Verbrechen der faschistischen Wehrmacht überarbeitet werden mußte, weil sich manche Bildunterschriften als nicht korrekt erwiesen, so ist bezogen auf die »Gedenkstätte Berlin-Hohenschönhausen« zu konstatieren, hier sind nicht nur einzelne Bildunterschriften falsch, sondern die gesamte Ausstellung hat mit der Wahrheit über die DDR, das MfS, den Untersuchungshaftvollzug und die Untersuchungsorgane des MfS kaum etwas gemein.

Bei den Besuchern der »Gedenkstätte Berlin-Hohenschönhausen« wird außerordentlich viel Mühe darauf verwendet, die Vorstellungen zu erwecken, daß es sich bei den UHA des MfS nicht um »normale« Untersuchungshaftanstalten gehandelt habe. Das Besondere dieser UHA läge in dem ausgefeilten System von Desorientierung, Isolation und Ohnmacht, das die Staatssicherheit gegenüber ihren Häftlingen praktiziert habe. Der Rundgang ist voll auf dieses Ziel abgestimmt. Das Ausgeliefertsein der Inhaftierten an den allmächtigen Staatsapparat in der Person des »Stasi-Wachpersonals und -Vernehmers« sei die prägende Erfahrung für das Leben in der UHA gewesen.

Geschickt wird der Umstand genutzt, daß die meisten Besucher in der Regel keine Vergleichsmöglichkeiten haben. Sie haben weder jemals »gesessen« noch eine bundesdeutsche Haftanstalt besuchsweise von innen gesehen.

Haftanstalten sind nirgendwo auf der Welt Sanatorien. Es sind Orte, an denen ermittelt oder Strafe verbüßt wird. Die vorgeblichen »Schrecken der MfS-Hölle« werden in Schlagworte gefaßt: »Leben unter ständiger Beobachtung«, »erdrückende Wiederholung ewig gleicher Abläufe«, »Langeweile-Leerlauf«, »Türspion«, »Türklappe« …

Die Wahrheit wäre: Derartige Abläufe, Vorgänge, Bedingungen und Eindrücke gibt es überall in Untersuchungshaftanstalten.

Untersuchungshäftlinge sind besonders zu Beginn einer Inhaftierung solchen Belastungsfaktoren ausgesetzt wie Depression nach Festnahmestreß, Desorientierung, Perspektivlosigkeit, Anpassungsschwierigkeiten, Unsicherheit, besonders über die Verfahrenslage, die Reaktion in der Familie, im Arbeits- und Freundeskreis usw.

Die Durchsetzung einer »Schlafhaltung« während der Nachtruhe, bei der die Hände sich auf der Bettdecke befinden sollten, hatte vor allem den Sinn, Suizid-Handlungen vorzubeugen. (In der UHA Berlin-Hohenschönhausen nahmen sich zwischen 1951 und 1989, also in fast vier Jahrzehnten, sechs Menschen das Leben. Zum Vergleich: In der Untersuchungshaft bei erwachsenen Männern in der Justizvollzugsanstalt Berlin-Moabit sind seit 1991 bis zum 16. November 2000 allein 28 Suizide zu verzeichnen gewesen. 15 von ihnen innerhalb der ersten vier Tage der Inhaftierung.[15])

Ein Vergleich wäre auch dahingehend angebracht: Nach Angaben des Fernsehsenders ORB gelang im Land Brandenburg seit 1990 mehr als 100 Häftlingen der Ausbruch aus Vollzugseinrichtungen, in einer Reihe von Fällen bekanntlich mit schwerwiegenden Folgen. Aus der UHA Hohenschönhausen gelang das in vier Jahrzehnten einem Beschuldigten …

Aus Gründen der Sicherheit und der Minimierung der Verletzungsgefahr für Inhaftierte wurden beim Neubau der Untersuchungshaftanstalten an Stelle vergitterter Fenster Glasbausteine eingesetzt. Diese Bauweise stimmt übrigens mit modernsten Erkenntnissen des Untersuchungshaftvollzugs in den USA und der BRD überein.

Als »Beweis«, daß es sich bei UHA des MfS nicht um »normale« UHA gehandelt habe, werden gleichermaßen auch andere Regelungen beim Vollzug der Untersuchungshaft angeführt, die von Beschuldigten als »Schikane« betrachtet wurden. So wurde z. B. durch die getrennte Zuführung von Beschuldigten zur Vernehmung verhindert, daß sich Beschuldigte begegnen konnten. Damit wurden eventuelle Verständigungsmöglichkeiten und damit Verdunklungsaktivitäten ausgeschlossen.

In das Konzept der systematischen Täuschung und Manipulierung der »Gedenkstätten«-Besucher paßt auch, daß man sich über »psychologische Vernehmungsmethoden« und oft »stundenlange Verhöre« entrüstet und letzteres als unmenschlich charakterisiert. Und das, obwohl es wohl kein Untersuchungsorgan geben dürfte, das auf die Anwendung psychologischer

Erkenntnisse bei der Vernehmung von Beschuldigten verzichten kann. Und wenn die Aufklärung von Straftaten ernsthaft betrieben wird, was normalerweise auch dazu beiträgt, die Zeit der Untersuchungshaft so kurz als möglich zu halten, erfordert das eben nicht selten auch längere Verhöre. (Vergleiche mit den heutigen Zeiten der Untersuchungshaft verbieten sich normalerweise von selbst, da sie unter DDR-Bedingungen zu den Ausnahmen gehörten.)

Insgesamt ist festzustellen, und das ließe sich auch durch weitere Beispiele erhärten, die UHA des MfS in Berlin-Hohenschönhausen wird in der »Gedenkstätte« bewußt isoliert betrachtet, so daß hinsichtlich allgemeiner Haftumstände, der konkreten Haftbedingungen und -vorschriften keinerlei sachbezogene Vergleiche vorgenommen werden – weder mit internationalen Normen, den anderen UHA in der DDR, noch mit den entsprechenden Bedingungen in der BRD. Dabei ist nicht unbedingt an Stammheim gedacht, sondern naheliegender beispielsweise an die Justizvollzugsanstalten im Westteil Berlins, die zugleich auch Untersuchungshaftanstalten sind, wie z. B. die JVA Berlin-Moabit.

Nirgendwo in der »Gedenkstätte« wird übrigens der Unterschied zwischen Untersuchungshaft und Strafvollzug erläutert, selbst vielen Mitarbeitern, die Führungen machen, ist dieser nach wiederholt getroffenen Feststellungen nicht bekannt.

Unter diesen Bedingungen, die durch viele weitere Fakten ergänzt werden könnten, ist kaum zu erwarten, daß damit ein Beitrag zur historischen »Aufarbeitung« der deutsch-deutschen Geschichte in ihren Zusammenhängen und Wechselbeziehungen geleistet wird.

Der Leiter der »Zentralen Gedenkstätte Berlin-Hohenschönhausen«, Hubertus Knabe, erklärte 2001 bei seinem Amtsantritt, Hohenschönhausen sei »das Dachau des Kommunismus«.[16] In kaum überbietbarer Infamie wurde damit ausgedrückt, welchen politischen Zielen diese Art von »Vergangenheitsbewältigung« dienen soll.

Fußnoten

1 Süddeutsche Zeitung, 18. Juni 1994.
2 Siehe: Fünfter Abschnitt, §§ 122 ff. (Voraussetzungen für die Anordnung der Untersuchungshaft) der Strafprozeßordnung der DDR - StPO - vom 12. Januar 1968 i. d. F. vom 19. Dezember 1974 (GBl./DDR I 1975, Nr. 4, S. 62 ff.) sowie der nachfolgenden einschlägigen Strafrechtsänderungsgesetze. Soweit nicht ausdrücklich auf eine andere Quelle Bezug genommen wird, beziehen sich die nachfolgenden Verweise auf strafprozessuale Grundlagen stets auf diese StPO/DDR.
3 Gesetz über die Staatsanwaltschaft der DDR vom 23. Mai 1952 (GBl./DDR I 1952, Nr. 66, S. 408 ff), vom. 17. April 1963 (GBl./DDR I 1963, Nr. 4, S. 57 ff.) und vom 7. April 1977 (GBl./DDR I 1977, Nr. 10, S. 93 ff.).
4 Vgl. Artikel 5 der Allgemeinen Erklärung der Menschenrechte vom 10. Dezember 1948; Artikel 3 der Europäischen Menschenrechtskonvention - Konvention zum Schutze der Menschenrechte und Grundfreiheiten - vom 4. November 1950 sowie Artikel 7 des Internationalen Pakts über bürgerliche und politische Rechte vom 19. Dezember 1966.
5 Vgl.: Deutschland-Archiv Nr. 5/1999, S. 798.
6 Friedrich Wolf: Verlorene Prozesse 1953-1998. Meine Verteidigungen in politischen Verfahren. NOMOS-Verlagsgesellschaft, Baden- Baden 1999, S. 122.
7 Diese Angaben beruhen auf Erinnerungen leitender Mitarbeiter der UHA Berlin des MfS.
8 Dienstanweisung des Leiters der Abteilung XIV zur Regelung der Verpflegungsversorgung für Verhaftete und Strafgefangene in den Untersuchungshaftanstalten und Strafgefangenenkommandos des MfS vom 1. Januar 1988.
9 Vgl. Arnim Fuhrer: Stasi-Opfer sehen ihr Schicksal verharmlost. In: Die Welt, 23. März 1999.
10 Sonja Süß: Politisch mißbraucht? Psychiatrie und Staatssicherheit in der DDR. Ch. Links Verlag, Berlin 1998, S. 582.
11 BStU: Dritter Tätigkeitsbericht (1997), S. 67.
12 Der Spiegel, Nr. 20/1999.
13 Legende vom Ende. Der Dissident, der Krebs und die Stasi. In: junge Welt, 25. Mai 1999.
14 Vgl. dazu die Verordnung vom 16. November 1950 zur Übertragung der Geschäfte des Strafvollzugs auf das Ministerium des Innern der DDR (GBl./DDR Jahrgang 1950, S. 1165) sowie die dazu erlassene 1. Durchführungsbestimmung vom 23. Dezember 1950 (MinBl. S. 215) und 2. Durchführungsbestimmung vom 5. Mai 1952 (MinBl. S. 47); das Gesetz über den Vollzug der Strafen mit Freiheitsentzug und über die Wiedereingliederung Strafentlassener in das gesellschaftliche Leben (Strafvollzugs- und Wiedereingliederungsgesetz) - SVWG - vom 12. Januar 1968 (GBl./DDR I 1968, S. 109) i. d. F. der Bekanntmachung der Neufassung des Gesetzes vom 19. Dezember 1974 (GBl./DDR I 1975, S. 109); das Gesetz über den Vollzug der Strafen mit Freiheitsentzug (Strafvollzugsgesetz) - StVG - vom 7. April 1977 (GBl./DDR I 1977, Nr. 11, S. 109).
15 Kleine Anfrage Nr. 14/1240 des Abgeordneten Bernhard Weinschütz (Bündnis 90/Die Grünen) an den Berliner Senat über: Tod im Knast. Diese Anfrage und die Antwort des Regierenden Bürgermeisters von Berlin, Eberhard Diepgen, vom 1. Dezember 2000 sind veröffentlicht in: Deutscher Richterbund, Nr. 1/2001, S. 4-6.
16 Vgl. Rainer Balcerowiak: Ein westdeutscher Schreibtischtäter. Wie Hubertus Knabe sich selbst gegauckt hat. In: junge Welt, 31. Januar 2001.

Die Juristische Hochschule Potsdam (JHP) des MfS

Von Willi Opitz

Nach der Bildung des MfS nahmen Mitarbeiter mit sehr unterschiedlichen Erfahrungen, Kenntnissen und persönlichen Voraussetzungen ihre Tätigkeit im neugeschaffenen Schutz-, Sicherheits- und Rechtspflegeorgan der DDR auf. Den Kern der Gründergeneration bildeten Kommunisten, die durch die Schule des Klassenkampfes gegangen waren, die an verschiedenen Abschnitten gegen die militaristische und faschistische Diktatur vor und nach 1933 gekämpft hatten bzw. sich an der Seite des spanischen Volkes und der Sowjetarmee als Internationalisten bewährten. Die meisten hatten viele Jahre in Zuchthäusern und Konzentrationslagern geschmachtet. Sie verfügten über gewisse Erfahrungen in der konspirativen Arbeit.

Die Erfüllung der dem MfS übertragenen Aufgaben, die Zunahme der subversiven Angriffe nach Gründung der DDR machten es objektiv erforderlich, eine große Anzahl neuer Mitarbeiter für die Arbeit in den Organen des MfS zu gewinnen. Dieser Teil der Mitarbeiter hatte, vorwiegend aus der Arbeiterklasse kommend, Erkenntnisse über die Lage der Ausgebeuteten und Entrechteten. Lehren ziehend und in der festen Überzeugung, daß es nie wieder Krieg und Faschismus geben darf, hatten sie sich in der SED, in der Antifa-Jugend und in der FDJ organisiert, waren als Aktivisten in Industrie und Landwirtschaft bzw. in den demokratischen Staatsorganen tätig. Ein nicht unwesentlicher Teil war in der Deutschen Volkspolizei, in der Abt. K5 der Kriminalpolizei sowie in der früheren Hauptverwaltung zum Schutze der Volkswirtschaft tätig. Sie waren in ihrer übergroßen Mehrzahl in der konspirativen, in der geheimdienstlichen Tätigkeit unerfahren.

Die Ausbildung und Qualifizierung dieser Kader, ihre Befähigung und Formung zur Erfüllung der Aufgaben im Kampf gegen einen gut organisierten und erfahrenen Gegner, der mit raffinierten und brutalen Mitteln und Methoden gegen die DDR vorging, wurde zu einer sehr wichtigen Aufgabe. Wie in der DDR insgesamt so gewannen danach auch im MfS Aus- und Weiterbildung, die ständige Qualifizierung im Prozeß der Arbeit und spezielle Schulungsmaßnahmen ständig an Bedeutung. Die Erhöhung des Bildungsniveaus der Angehörigen war und blieb eine zentrale Aufgabe der Kaderarbeit im MfS über die 40 Jahre seiner Existenz.

Am 16. Mai 1950 wurde in einer ehemaligen Kaserne in Eiche-Golm bei Potsdam durch den Generalsekretär des ZK der SED, Walter Ulbricht, in Anwesenheit des Ministers für Staatssicherheit, Wilhelm Zaisser, sowie der Leiter der Diensteinheiten die Schule des MfS eröffnet.

Walter Ulbricht nahm in seiner Rede eine Auswertung der 6. Tagung des ZK der SED vor und verwies auf die Gefahren für die junge Republik, die sich besonders aus dem Wiedererstehen des deutschen Imperialismus in der BRD ergaben.

Minister Zaisser stellte der Schule des MfS folgende Grundaufgaben der Ausbildung und Erziehung:

- Studium des Marxismus-Leninismus und der Geschichte der Arbeiterbewegung;
- Hebung der Allgemeinbildung;
- Vermittlung der notwendigen Rechtskenntnisse;
- Aneignung der geheimdienstlichen Mittel und Methoden zum rechtzeitigen Erkennen feindlicher Pläne, Absichten und Maßnahmen sowie zur wirksamen Aufdeckung konspirativ vorgetragener Angriffe, insbesondere durch den Einsatz geheimer Informatoren und Geheimer Mitarbeiter (GI/GM).

Die Mtarbeiter des MfS hatten - geschuldet ihrer sozialen Herkunft und ihrem Lebensweg während der Nazi-Diktatur- nur einen Volksschulabschluß. In den Jahren von 1950 bis 1955 erfolgte in mehrmonatigen bzw. einjährigen Lehrgängen die Ausbildung von Angehörigen (für leitende Dienststellen) vorwiegend in den Fächern Marxismus-Leninismus, Deutsch, Recht und Allgemeinwissen. Daran schloß sich eine MfS-spezifische Fachausbildung an, insbesondere zu Grundfragen der Zusammenarbeit mit GI und GM. Es wurden Lehrstühle für Polit-, Fach- und Allgemeinbildung geschaffen. Die Teilnehmer wurden damals Kursanten genannt. Der Abschluß des jeweiligen Lehrgangs wurde mit einem Zeugnis beurkundet.

Mit der Richtlinie Nr. 21/52 des Ministers wurde die Breitenschulung eingeführt. Sie war unter persönlicher Verantwortung der Leiter in allen

Diensteinheiten auf der Grundlage von Unterrichtsmaterialien der Schule des MfS wöchentlich durchzuführen.

Ab Mitte der 50er Jahre nahm das Erfordernis und der Anspruch an die wissenschaftliche Ausbildung der Mitarbeiter in den staatlichen Organen und Einrichtungen der DDR einen neuen Stellenwert ein. Dem wurde auch im MfS Rechnung getragen. Der bis dahin vorrangig beschrittene Weg, Absolventen der Universitäten und Hochschulen für einen Dienst im MfS zu gewinnen, konnte in diesem Umfang nicht weiter praktiziert werden. Die Absolventen dieser Bildungseinrichtungen wurden in den anderen staatlichen Organen, in der Volkswirtschaft, in wissenschaftlichen Einrichtungen und gesellschaftlichen Organisationen selbst dringend benötigt.

1955 wurden erstmals Abiturienten zum Studium an die Schule delegiert. Sie schlossen ihr zweijähriges Studium ohne akademischen Grad mit dem Dienstgrad »Unterleutnant« ab. Angehörige des MfS wurden aber auch in den Folgejahren zum Studium an andere Bildungseinrichtungen delegiert. Das bezog sich vor allem auf solche Gebiete wie Gesellschaftswissenschaft, Militärwesen und Medizin.

Den Hauptteil der Aus- und Weiterbildung der Angehörigen des MfS hatte jedoch seit dieser Zeit die Schule, die spätere Juristische Hochschule Potsdam, zu tragen.

Das MfS sah sich im Interesse der Erhöhung des Bildungsstandes seiner Mitarbeiter sowie in Umsetzung zentraler Vorgaben veranlaßt, eine eigene Bildungs- und Forschungseinrichtung zu schaffen, wie das auch die anderen Schutz- und Sicherheitsorgane sowie die Zollverwaltung der DDR taten. Beginnend mit 1955 kam es in den Folgejahren zu einer inhaltlichen Erweiterung der Ausbildung. Ausgebaut wurden die juristische und die kriminalistische Ausbildung. In diesem Prozeß wurden die Institute Marxismus-Leninismus, Recht und Spezialdisziplin, einschließlich Psychologie, gegründet.

Eine wesentliche Etappe der Entwicklung der Schule des MfS zu einer staatlich anerkannten Hochschule begann 1959.

Bei der Eröffnung der Schule besaßen nur wenige Lehrkräfte eine abgeschlossene Hochschulausbildung. Daher wurde der wissenschaftlichen Ausbildung der Lehrkräfte von Beginn an besonderes Augenmerk geschenkt. Es galt, die mit dem anzustrebenden Hochschulstatus erforderlichen wissenschaftlichen Grade, besonders auf dem Gebiet der Rechtsausbildung, zu erwerben. Eine größere Anzahl der Lehrkräfte nahm das Hochschulstudium an der Humboldt-Universität zu Berlin, der Karl-Marx-Universität Leipzig, der Akademie für Staats- und Rechtswissenschaft Potsdam-Babelsberg, der Hochschule für Ökonomie Berlin-Karlshorst sowie an anderen Hochschulen auf. Lehrer mit Hochschulabschluß begannen ihre Forschungsarbeiten an wissenschaftlichen Einrichtungen der DDR und promovierten dort in den Jahren zwischen 1960 und 1965. Eine Gruppe von Lehrern erhielt eine einjährige Ausbildung an der Hochschule des Komitees für Staatssicherheit in Moskau.

Anfang der 60er Jahre kam es im Interesse der Einheit von Theorie und Praxis verstärkt zu Versetzungen von Leitern von Diensteinheiten zur Schule des MfS. Sie begannen sofort ein Hochschulstudium, vorwiegend in den Richtungen Rechtswissenschaft und Kriminalistik. In dieser Zeit kam es auch zur Einstellung von wissenschaftlichen Kräften aus anderer Bildungseinrichtungen sowie von Mitarbeitern der Justizorgane und Kriminalpolizei. Die Angehörigen der Schule des MfS bauten die Verbindung zu Universitäten und Hochschulen der DDR auf und nahmen an deren Unterrichtsveranstaltungen teil. Lehrkräfte dieser Bildungseinrichtungen wiederum wurden Gastlektoren an der Schule des MfS. Mit diesen Maßnahmen bereitete sich die Schule auf ihre staatliche Anerkennung als Hochschule vor.

1965 zeigte der Lehrkörper folgendes Qualifizierungsprofil: 45 Prozent waren Diplomjuristen, 36 Prozent Diplomgesellschaftswissenschaftler, Diplomphilosophen und Diplomökonomen, 19 Prozent waren Diplomkriminalisten. 1966 verfügten alle Lehrkräfte der JHP über eine abgeschlossenen wissenschaftliche Ausbildung.

Im Auftrag des Staatssekretärs für das Hoch- und Fachschulwesen der DDR legte Dr. Gerhard Stiller, Mitglied des Wissenschaftlichen Rates des Institutes für staats- und rechtswissenschaftliche Ausbildung der Deutschen Akademie für Staats- und Rechtswissenschaft, am 28. Januar 1964 ein Gutachten vor, indem er befand, »daß die Voraussetzungen für die Zuerkennung des Status einer Hochschule des MfS in Potsdam-Eiche in vollem Umfang vorliegen«.[1] Das war die positive Antwort auf den entsprechenden Antrag der Fachschule des MfS.

Die Juristische Hochschule Potsdam (JHP)

Am 16. Februar 1965 beschloß das Präsidium des Ministerrates der DDR: »Der Fachschule des Ministeriums für Staatssicherheit in Potsdam-Eiche wird mit Wirkung vom 1. März 1965 der Status einer Hochschule für die juristische Ausbildung verliehen.«[2]

Die Konstituierung erfolgte im Rahmen eines Staatsaktes am 29. Juni 1965 durch den Staatssekretär für das Hoch- und Fachschulwesen der DDR,

Prof. Dr. Gießmann. Daran nahmen der Minister für Staatssicherheit Erich Mielke, Leiter von Diensteinheiten, Rektoren und Prorektoren anderer Bildungseinrichtungen der DDR teil.

Die offizielle Bezeichnung der JHP lautete:

Ministerrat der DDR
Ministerium für Staatssicherheit
Juristische Hochschule Potsdam (JHP)

Es kam zur Bildung von Prorektoraten für Marxismus-Leninismus, Rechtswissenschaft und Spezialdisziplin sowie zur Einrichtung des Instituts Psychologie und Leitungswissenschaft.

Die Studenten der JHP schlossen ihr Studium mit dem wissenschaftlichen Grad Diplomjurist ab. Er wurde vom Rektor verliehen.

Durch Beschlüsse des Ministerrates der DDR erhielt die JHP am 1. Mai 1968 das Promotionsrecht A (Dr. jur.), am 1. Juni 1981 das Promotionsrecht B (doctor scientia juris – Dr. sc. jur.), am 1. Februar 1989 das Promotionsrecht A (Dr. rer. pol.)

Das Recht der Verleihung des akademischen Grades Dr. jur. und Dr. sc. wurde dem wissenschaftlichen Rat der JHP übertragen. Die Urkunden wurden vom Rektor der JHP unterzeichnet.

Die JHP hatte das Recht zur Verleihung des Dr. jur. h. c. in Anerkennung besonderer Verdienste um die Sicherung des Friedens.

Die JHP entwickelte sich im Rahmen des im MfS geltenden Systems der Aus- und Weiterbildung zur zentralen Bildungs- und Forschungsstätte des des Staatssicherheitsorgans.

Die JHP war fest in das Hochschulwesen der DDR integriert. Sie erhielt ihren Status einschließlich des Promotionsrechts durch Beschlüsse des Ministerrates der DDR. Die JHP war an die grundsätzlichen Bestimmungen des Hoch- und Fachschulwesens der DDR gebunden. Die für die JHP vom Minister oder vom Rektor erlassenen Regelungen basierten prinzipiell auf diesen Bestimmungen. Das Statut der JHP von 1965 wurde vom Staatssekretär für Hoch- und Fachschulwesen der DDR bestätigt. Dieses Statut sowie das Statut der JHP von 1981[3] basierten auf den hochschulrechtlichen Bestimmungen der DDR, wie der »Verordnung über die Aufgaben der Universitäten, Hochschulen und wissenschaftlichen Einrichtungen mit Hochschulcharakter« vom 25. Februar 1970.[4]

Solche Dokumente der JHP wie »Zulassungsordnung«, »Prüfungsordnung«, »Diplomverfahrensordnung«, »Promotionsordnung« sowie die Themen- und Studienpläne dienten der Um- und Durchsetzung der Bestimmungen der Hochschulgesetzgebung der DDR. Die Ausbildung in den Sektionen Marxismus-Leninismus und Rechtswissenschaft erfolgte entsprechend der inhaltlichen Vorgaben des Ministeriums für Hoch- und Fachschulwesen.

Die Berufung von Professoren und Dozenten erfolgte durch den Minister für Hoch- und Fachschulwesen. Der Rektor nahm an den jährlich stattfindenden Rektorenkonferenzen des Ministers für Hoch- und Fachschulwesen teil. Die ständigen Arbeitskontakte zu diesem Ministerium wurden vom Leiter der Abteilung Schulung der Hauptabteilung Kader und Schulung des MfS gehalten.

Professoren, Dozenten und andere Angehörige der JHP unterhielten enge wissenschaftliche Arbeitsbeziehungen zu Universitäten und Hochschulen der DDR, insbesondere zur Humboldt-Universität zu Berlin, zur Akademie für Staats- und Rechtswissenschaft »Walter Ulbricht« Potsdam-Babelsberg, zur Militärakademie »Friedrich Engels« in Dresden, zur Hochschule der Deutschen Volkspolizei in Berlin-Biesdorf, zur Pädagogischen Hochschule in Potsdam, zur Hochschule für Ökonomie »Bruno Leuschner« in Berlin-Karlshorst, zur Hochschule der Grenztruppen der DDR in Suhl sowie zum Institut der Zollverwaltung der DDR in Plessow bei Potsdam.

Wissenschaftler der JHP traten in Lehr- und Wissenschaftsveranstaltungen dieser und anderer Einrichtungen auf und nahmen an einer Vielzahl von wissenschaftlichen Tagungen aktiv teil, u. a. auch mit Vorträgen und Diskussionsbeiträgen. Sie waren Mitglieder in Gremien der Akademie der Wissenschaften der DDR, der Akademie für Gesellschaftswissenschaften beim ZK der SED, der Akademie für Staats- und Rechtswissenschaft, der Humboldt-Universität zu Berlin, der Hochschule für Ökonomie. Sie arbeiteten in Institutionen und Wisschenschaftsvereinigungen mit wie der »Gesellschaft für Völkerrecht in der DDR« und dem »Komitee für Menschenrechte«. Wissenschaftler, besonders der Sektion Rechtswissenschaft der JHP, waren tätig in der Arbeitsgruppe Beweisrecht zur Neufassung der Strafprozeßordnung der DDR beim Obersten Gericht der DDR bzw. in der Arbeitsgruppe zur Überarbeitung der Beweisrichtlinie des Obersten Gericht.

Seit Gründung wirkten an der JHP als Gastlektoren leitende Funktionäre der SED, der Ministerien, des Obersten Gerichts, der Generalstaatsanwaltschaft, der Räte von Bezirken, Wissenschaftler von Universitäten und Hochschulen, bekannte Vertreter von Forschungseinrichtungen, Generaldirektoren von Kombinaten sowie Kulturschaffende. Dieser Stamm von etwa 100 Personen war fest in das Ausbildungsprogramm der JHP eingebunden. »Die Juristische Hochschule des MfS erwarb sich die wissenschaftliche Qualifikation und Bestätigung als Juristische Hochschule. Insbesondere durch die Verpflichtung von Gastprofessoren und Dozenten von allen namhaften Universitäten und Hochschulen des SED-Regimes wurde der wissenschaftliche Standard maßgeblich geprägt. Das Ausbildungsprofil war umfassend und lag zum Teil über dem Niveau der Rechtsausbildung anderer Universitäten.«[5]

Die JHP war in Durchsetzung der »Ordnung 15/84 des Ministers über die Aus- und Weiterbildung der Angehörigen des MfS vom 28. Dezember 1984«[6] die Zentrale Bildungs- und Forschungsstätte des MfS. Der Rektor, seine Stellvertreter sowie die Leiter und Stellvertreter der Sektionen wurden durch Befehl des Ministers – nach vorheriger Zustimmung des Ministers für Hoch- und Fachschulwesen – eingesetzt. Gemäß ihrem Statut war die JHP dem Minister für Staatssicherheit direkt unterstellt. Die gesamte Ausbildung erfolgte in Durchsetzung der vom Minster bestätigten Lehrprogramme und Studienpläne. Mit der unmittelbaren Anleitung waren sein 1. Stellvertreter, später der Leiter der ZAIG, und seit 1986 der Leiter der Hauptabteilung Kader und Schulung beauftragt.

Der Rektor war im Interesse der Erfüllung der gemeinsamen Ziele, besonders zur Wahrung der Einheit von Theorie und Praxis, verpflichtet, die prinzipiellen Aufgaben der JHP, die Dokumente für die Forschung und die Aus- und Weiterbildung mit den Stellvertretern des Ministers, den Leitern von Hauptabteilungen und von Bezirksverwaltungen abzustimmen.

Besonders enge Arbeitskontakte bestanden zum Leiter der Hauptabteilung Kader und Schulung. Mit diesem wurden grundsätzliche Fragen der Delegierung von Angehörigen des MfS zum Studium, ihrer Exmatrikulation sowie der Ausbildung und Erziehung beraten. Der Leiter der Hauptabteilung war Mitglied des Wissenschaftlichen Rates der JHP. In Vorbereitung von Studienplänen sowie der Forschungsprogramme, aber auch bezogen auf eine praxisbezogene Ausbildung und Forschung bestanden sehr enge Arbeitskontakte zu den Leitern aller Diensteinheiten im MfS einschließlich der Bezirksverwaltungen, Kreis- und Objektdienststellen.

Leiter bzw. Stellvertreter von Diensteinheiten waren Mitglieder der Wissenschaftlichen Beiräte der Lehrstühle, nahmen an Prüfungen teil und waren als Betreuer und Gutachter bei Diplomarbeiten und Dissertationen tätig. Die Stellvertreter des Ministers, die Leiter der Hauptabteilungen und deren Stellvertreter, die Leiter der Bezirksverwaltungen und deren Stellvertreter sowie die Leiter von Abteilungen und von Kreis- und Objektdienststellen traten – eingebunden in die Unterrichtsprogramme – als Gastlektoren an der JHP auf.

»Im Gegensatz zu anderen Bereichen der früheren DDR, wie etwa der KVP/NVA, wurde im MfS auf die Zuhilfenahme von ›bürgerlichen‹ Spezialisten zur Vermittlung von geheimpolizeilichen Fachkenntnissen verzichtet. Es hat nach heutigem Erkenntnisstand keine organisierte Schulung von MfS-Mitarbeitern durch sowjetische Geheimdienstspezialisten gegeben.«[7] Lehrer und Studenten waren unter strikter Beachtung des Grundsatzes der Einheit von Theorie und Praxis immer vom Auftrag beseelt, sich mehr und besseres Wissen für ihre Tätigkeit anzueignen. Zwischen ihnen herrschte eine feste Partnerschaft und prinzipielle Interessenübereinstimmung zu den Zielen, Inhalten und Anforderungen von Lehre, Ausbildung, Erziehung und Forschung. Auch unter den speziellen Bedingungen eines »militärischen Organs« gab es ein kameradschaftliches Miteinander, gegenseitige Achtung und Unterstützung.

Die Angehörigen der Wissenschaftsbereiche der JHP haben stets an ihrer Weiterbildung gearbeitet, insbesondere durch das Studium von sachbezogenen Grundlagenmaterialien sowie die Teilnahme an wissenschaftlichen Veranstaltungen anderer Bildungseinrichtungen der DDR. Einen wichtigen Platz in ihrer Weiterbildung nahmen die intensiven und umfangreichen Beziehungen zu den Diensteinheiten des MfS ein. Sie dienten nicht nur der ständigen Vervollkommnung der Ausbildungsinhalte anhand neuester Erkenntnisse und Erfahrungen der politisch-operativen Arbeit. Planmäßig durchgeführte Praxiseinsätze in operativen Diensteinheiten, die Einbeziehung in die Realisierung dort anstehender Schwerpunktaufgaben und die Teilnahme an Dienstkonferenzen verhinderten auch, daß Angehörige der JHP in »wissenschaftliche Selbstbeschäftigung« abgleiteten und ihre Beziehungen zur Praxis verloren.

Die JHP insgesamt und die Angehörigen der Wissenschaftsbereiche hatten in den Diensteinheiten einen guten Ruf. Auch und gerade deshalb, weil die Leiter und Angehörigen dieser Diensteinheiten von der Notwendigkeit der ständigen Qualifizierung, von den konkreten Ausbildungs- und Forschungsergebnissen der JHP sowie der Wissenschaftsbereiche überzeugt waren. Diese Wertungen nahmen auch die an der JHP tätigen Gastlektoren sowie leitende Funktionäre des Ministeriums für Hoch- und Fachschulwesen vor.

1989 waren an der Hochschule insgesamt 726 Berufsoffiziere, Fähnriche, Berufsunteroffiziere und Unteroffiziere auf Zeit (UaZ) tätig.

Die Wissenschaftsbereiche zählten 298 Beschäftigte.

Die Hochschullehrer (Professoren und Dozenten) wurden auf der Grundlage der Hochschullehrerberufungsverordnung der allgemeinen Hochschulgesetzgebung der DDR vom Minister für Hoch- und Fachschulwesen berufen. Voraussetzung war die vom Rektor der JHP erteilte »Facultas docendi« sowie der Abschluß der Promotion B.

Insgesamt wurden 29 ordentliche Professoren, drei außerordentliche Professoren und 68 Hochschuldozenten berufen.

262 Beschäftigte der Wissenschaftsbereiche, einschließlich der Sektion A, waren Dr. jur., 98 Angehörige Dr. sc. jur. und zwei Dr. jur. habil.

Die wissenschaftlichen Mitarbeiter (Assistenten, Oberassistenten, Lehrer im Hochschuldienst und Wissenschaftssekretäre) wurden vom Rektor der JHP ernannt.[8]

In Realisierung der der JHP gestellten Aufgaben als Zentrale Bildungs- und Forschungsstätte des MfS erfolgte nach der 3. Hochschulreform in der DDR 1969/70 eine Neuorganisation der Ausbildung und damit der an der Hochschule bestehenden Bereiche. Es wurden Sektionen und Lehrstühle eingerichtet. Seit dieser Zeit bestand folgende Grundstruktur:

Rektor der JHP

- 1. Stellvertreter des Rektors für Forschung,
- Stellv. des Rektors für Ausbildung und Erziehung,
- Leiter der Sektion Marxismus-Leninismus, Rechtswissenschaft und Spezialdisziplin,
- Leiter des Instituts Internationale Beziehungen,
- Sekretariat des Rektors und Abteilung Wissenschaftsorganisation,
- Abteilung Kader,
- Abteilung Medizinischer Dienst,
- Büro der Leitung mit den Bereichen: Kurierdienst, Verschlußwesen, Druckerei, Nachrichtenwesen, Militärische Ausbildung/Sport, Wach- und Sicherungseinheit.

1. Stellvertreter des Rektors/Forschung

- Abteilung Information und Dokumentation mit den Arbeitsbereichen Information und Analyse, Auswertung, Hochschulbibliothek, Datenspeicher und Recherche,
- Arbeitsgruppe Sicherheit und Ordnung,
- Lehrstuhl Informatik,
- Abteilung Rückwärtige Dienste mit den Referaten Kfz.-Wesen, Betreuung, Bauwesen, Verpflegung, Ferienwesen.

Stellvertreter des Rektors für Ausbildung und Erziehung

- Abteilung Hochschuldirektstudium einschließlich Lehrgangsleiter,
- Abteilung Hochschulfernstudium einschließlich Außenstellenleiter,
- Abteilung Weiterbildung,
- Referat Methodik und Unterrichtsmittel, einschließlich Interdisziplinäres Lehr- und Studienkabinett,
- Referat Planung und Organisation,
- Schule für Wach und Sicherungseinheiten (bis Juni 1989).

Der Stellvertreter des Rektors für Ausbildung und Erziehung war bis 1988 zugleich Leiter der Juristischen Fachschule Potsdam (JFP). Danach wurde sie der HA Kader und Schulung unterstellt.

Sektion Marxismus-Leninismus

- Lehrstuhl Marxistisch-Leninistische Philosophie,
- Lehrstuhl Geschichte der Deutschen Arbeiterbewegung und des MfS,
- Lehrstuhl Wissenschaftlicher Sozialismus/Kommunismus,
- Lehrstuhl Probleme des Imperialismus und seine Bekämpfung,
- Lehrstuhl Politische Ökonomie,
- Lehrstuhl Sprachausbildung/Russisch,
- Zentrale Traditionsstätte des MfS. (Sie wurde 1988 an das MfS Berlin übergeben und in die neue Zentrale Traditionsstätte des MfS integriert.)

Sektion Rechtswissenschaft

- Lehrstuhl Staats- und Rechtstheorie/Staatsrecht/Verwaltungsrecht,
- Lehrstuhl Strafrecht/sozialistische Kriminologie,
- Lehrstuhl Strafprozeßrecht/Untersuchungsarbeit im MfS,
- Lehrstuhl Völkerrecht, internationale Rechtsbeziehungen,
- Lehrstuhl Rechtsfragen Volkswirtschaft/Vertragsrecht/Arbeitsrecht/Bilanzen/Forschung und Entwicklung.

Sektion Spezialdisziplin

Lehrstuhl I

- Aufgabenbezogene Suche, Auswahl, Gewinnung von und Zusammenarbeit mit IM;
- Durchführung von Sicherheitsüberprüfungen (SÜ);
- Durchführung von Personenkontrollen (OPK);
- Bearbeitung von Operativen Vorgängen (OV);
- Vorbereitung, Durchführung und Auswertung von Ermittlungen, Beob-

achtungen, Fahndungen, Durchsuchungen, Festnahmen und Verhaftungen;
- Grundfragen der Aufklärung und Bearbeitung feindlicher Stellen und Kräfte im Operationsgebiet;
- Arbeit mit Versionen, Legenden und Kombinationen.

Lehrstuhl II – Operative Psychologie
- Grundfragen der Handlungspsychologie, der allgemeinen und forensischen Psychologie und der Psychodiagnostik;
- Motivations- und Emotionsprozesse;
- Einstellungsdiagnostik;
- Wahrnehmungs-, Gedächtnis- und Denkprozesse sowie Tätigkeitsdiagnostik;
- Sozial-, jugend- und militärpsychologische Grundfragen; Probleme psychologischerStörungen.

(In Dokumenten der BStU sowie in anderen Veröffentlichungen wird gern der Eindruck vermittelt, als habe das Fach Psychologie einen herausragenden Platz in der Ausbildung von MfS-Angehörigen eingenommen – man ahnt warum. In aller Bescheidenheit: Der Studienplan – bestätigt 1984 – weist insgesamt 7.400 Stunden aus, davon entfielen ganze 131 auf dieses Fach.)[9]

Lehrstuhl III – Leitungswissenschaft
- Arbeit mit den Angehörigen des MfS;
- Die Organisierung und Leitung der vorbeugenden schadensverhütenden Arbeit;
- Das Zusammenwirken mit anderen Organen und Einrichtungen;
- Auswertungs- und Informationstätigkeit, insbesondere Gewinnung, Einschätzung, Verarbeitung und Speicherung bedeutsamer Informationen sowie deren Verdichtung und Überprüfung;
- Analysetätigkeit und Lageeinschätzung;
- Planung der politisch-operativen Arbeit und deren Kontrolle;
- Arbeits- und organisationswissenschaftliche Aufgaben, wie Durchsetzung des Schwerpunktprinzips.

Lehrstuhl IV – Kriminalistik
- Nutzung naturwissenschaftlich-technischer Mittel und Methoden, insbesondere Technik und Kriminaltechnik;
- Anwendung kriminalistischer Mittel und Methoden zur Fahndung,

Ermittlung und zweifelsfreien Identifizierung von Personen; Überprüfung von Bewegungsabläufen;
- Suche und Sicherung von Spuren und deren Auswertung;
- Tatort-, Dokumenten- und Handschriftenuntersuchungen;
- Anwendung kriminalistischer Mittel und Methoden bei der Aufklärung bedeutsamer Vorkommnisse, wie Brände, Katastrophen, Havarien und Störungen.

Lehrstuhl V
- Rolle, Struktur und Arbeitsweisen der Geheimdienste (GD), besonders BND, MAD, Verfassungsschutz und der GD anderer westlicher Länder;
- Grundaufgaben der Arbeit im und nach dem Operationsgebiet zum rechtzeitigen Erkennen der Pläne, Absichten, Mittel und Methoden der Spionagetätigkeit gegen die DDR;
- Grundlagenarbeit zur Sicherung bedeutsamer Bereiche, Objekte und Territorien sowie Personenkreise bezogen auf das rechtzeitige Erkennen von Spionage;
- Vorbeugende Verhinderung/Aufdeckung der Spionage von sich in der DDR befindlichen legalen Basen westlicher Staaten;
- Bearbeitung von Operativen Vorgängen mit Verdacht der Spionage, der Sammlung von Nachrichten und von staatsfeindlichen Verbindungen.

Lehrstuhl VI
- Aufdeckung und Bearbeitung von Verbrechen gegen die Souveränität der DDR, den Frieden und die Menschlichkeit, Kriegshetze und -propaganda sowie von Verbrechen gegen die DDR, insbesondere staatsfeindliche Hetze und staatsfeindliche Gruppenbildung, Terror und andere bedeutsame Gewaltakte sowie Straftaten gegen die staatliche und öffentliche Ordnung;
- Vorbeugende Sicherung bedeutsamer gesellschaftlicher und staatlicher Bereiche und Objekte sowie von Kultur, Körperkultur/Sport, Gesundheitswesen, gesellschaftlichen Organisationen; Verhinderung des Mißbrauchs der Kirchen.

Lehrstuhl VII
- Vorbeugende Sicherung bedeutsamer Bereiche und Objekte in der Industrie, der Land- und Forstwirtschaft und im Verkehrswesen; Vorbeu-

gende Sicherung von wichtigen Personenkreisen, wie Geheimnisträger, Reise- und Auslandskader;
- Vorbeugende Sicherung der aus kommerziellen oder wissenschaftlich-technischen Gründen aus dem nichtsozialistischen Ausland einreisenden Personen;
- Bearbeitung Operativer Vorgänge zu Straftaten gegen die Volkswirtschaft, insbesondere Diversion, Sabotage sowie angrenzende bedeutsame Straftaten;
- Grundlagenarbeit zur Verhinderung bzw. operativen Untersuchung/Aufklärung von Störungen/Schäden, Bränden, Havarien.

Lehrstuhl VIII
- Vorbeugende Sicherung bedeutsamer Bereiche in den bewaffneten Organen – NVA, Grenztruppen, Deutsche Volkspolizei, Kampfgruppen und Zivilverteidigung;
- Vorbeugende Sicherung des Einreise-, Transit- und Ausreiseverkehrs sowie von Reisen in dringenden Familienangelegenheiten einschließlich der Grenzübergangsstellen (GÜST) und Staatsgrenze;
- Vorbeugung und Bearbeitung von Militärstraftaten, insbesondere Fahnenflucht, Verrat militärischer Geheimnisse, Beeinträchtigung der Einsatzbereitschaft der Kampftechnik;
- Aufdeckung und Bearbeitung des staatsfeindlichen Menschenhandels, ungesetzlicher Grenzübertritte und von Straftaten im Zusammenhang mit Übersiedlungsersuchen;
- Bekämpfung krimineller Menschenhändlerbanden und Ausschleusungen.

Institut Internationale Beziehungen
- Lehrstuhl Marxismus-Leninismus;
- Lehrstuhl Spezialdisziplin;
- Referat Information und Dokumentation;
- Abteilung Sonderobjekte.

Dieses Institut war unter Federführung der HVA und in Zusammenarbeit mit anderen Diensteinheiten des MfS, vor allem der Arbeitsgruppe des Ministers (AGM), zuständig für die geheimdienstliche Ausbildung von Angehörigen der Sicherheitsorgane junger Nationalstaaten mit sozialistisch orientierter Entwicklung, vor allem auf dem afrikanischen Kontinent. Diese Ausbildung fand in mehrmonatigen Grund- und Speziallehrgängen sowie in sechs- bis achtwöchigen Einführungskursen in Sonderobjekten des Instituts und der HVA statt. Zu den Aufgaben des Instituts gehörte auch die Ausbildung von Führungskadern der Sicherheitsorgane direkt in den jeweiligen Staaten.

Zur Struktur der JHP gehörten des weiteren die Leitung der SED-Parteiorganisation und die Leitung der FDJ-Organisation sowie der Kulturoffizier.

Seit Gründung der Schule gab es unter Anleitung eines qualifizierten Kulturoffiziers eine umfang- und inhaltsreiche kulturelle, künstlerische und ästhetische Bildung und Erziehung. Regelmäßig fanden Vortragszyklen statt, die das Kulturerbe vermittelten. Künstler unterschiedlicher Genre einschließlich Schriftsteller waren häufig zu Gast. Das Hans-Otto-Theater Potsdam, das Orchester der Deutschen Volkspolizei des Bezirkes Potsdam, Kulturensemble der NVA und der GSSD, Tanzorchester und bekannte Unterhaltungskünstler gastierten häufig an der JHP, zumeist auf der Basis langfristiger Verträge. Wöchentlich fand eine Filmveranstaltung statt. Darüber hinaus nutzten die Studenten und die Angehörigen der JHP das vielseitige kulturelle Angebot Potsdams und Berlins. Im Rahmen des Unterrichts erfolgten Exkursionen in Betriebe und andere Einrichtungen.

An der Hochschule gab es Arbeitsgruppen für Malerei, Grafik und Fotografie, eine Tanzkappelle, ein Kabarett, einen Soldatenchor sowie den Pionier- und FDJ-Chor »Dr. Richard Sorge«, der aus der Patenschaft mit Schulen in Eiche und Golm hervorgegangen war. Die JHP unterstützte den Dorfclub in Golm. Und nicht zuletzt: Sie verfügte über eine gut ausgestattete Bibliothek sowie über einen Studentenclub.

Die Schule der HVA

Dem Rektor der JHP unterstand die Schule der HVA als Sektion A. Diese Schule wurde 1965 als Fachschule gebildet. 1986 wurde ihr die bis zu diesem Zeitpunkt in Dammsmühle bestandene Fremdsprachenschule des MfS zugeordnet. In jenem Jahr wurde die Schule der HVA von Belzig nach Gosen, Kreis Fürstenwalde, verlegt.[10]

Am 1. Juni 1983 wurden ihr – mit Zustimmung des Ministers für Hoch- und Fachschulwesen – durch Befehl des Ministers für Staatssicherheit die Rechte und Pflichten einer Sektion der JHP übertragen.[11]

An dieser Schule studierten hauptamtliche Angehörige der HVA in Dreijahreslehrgängen. Sie schlossen ihr Studium mit dem akademischen Grad Diplomjurist ab. Sie war darüber hinaus zuständig für die Durchführung von Lehrgängen zur Qualifizierung der Angehörigen der HVA, einschließlich der Abteilungen XV der BV.

Die Inhalte der Ausbildung sowie Fragen der Zusammenarbeit mit der JHP waren in der Weisung »Über die Aufgaben der Schule der HVA bei der Ausbildung und Qualifizierung der Kader und die Zusammenarbeit mit der JHP« vom 7. Juli 1965 geregelt. Für die unmittelbare Anleitung dieser Schule war ein Stellvertreter des Leiters der HVA zuständig.
Diese Bildungseinrichtung war wie folgt strukturiert:

Lehrbereich A
- Politisch-operative Ausbildung;
- Sozialismustheorie;
- Imperialismus/Regimeanalyse;
- Internationale Politik;
- Geschichte und Traditionspflege.

Lehrbereich B
- Operative Spezialdisziplin und Methodik der nachrichtendienstlichen Arbeit;
- Objekt- und Personenbearbeitung;
- Sicherheit der inoffiziellen Kräfte, legale Residenturen;
- Leitungswissenschaft und Psychologie;
- Operative Methodik.

Lehrbereich F
- Fremdsprachenschule des MfS

Die Schule für Wach- und Sicherungseinheiten (WSE) des MfS

Sie unterstand bis 1983 dem Leiter der Hauptabteilung Kader und Schulung. In der Zeit von 1984 bis Juli 1989 gehörte sie als Diensteinheit zur JHP und wurde vom Stellvertreter des Rektors für Ausbildung und Erziehung angeleitet. Bis zu diesem Zeitpunkt war die WSE-Schule in Großschönebeck, Kreis Eberswalde, stationiert.

Dort erfolgte in Zweijahreslehrgängen die politische, rechtliche, operative und militärische Grundausbildung von Zug- und Kompanieführern der Wach- und Sicherungseinheiten des MfS – außer Wachregiment »Feliks Edmundowitsch Dzierzynski«.

Auf Befehl des Ministers für Staatssicherheit wurde die Schule am 14. Juli 1989 nach Berlin-Ahrensfelde verlegt und als Schule zur Ausbildung von Offizieren für den militärisch-operativen Wach- und Sicherungsdienst mit Fachschulabschluß sowie zur Weiterbildung von Angehörigen in militärisch-operativen Dienststellungen dem Kommandeur des Wachregiments unterstellt.

Der Vollständigkeit halber sei darauf verwiesen, daß das MfS eine weitere Schule in Gransee unterhielt. Sie war von 1954 bis 1955 in Eberswalde und von 1956 bis 1957 in Teterow stationiert. Sie unterstand dem Leiter der Hauptabteilung Kader und Schulung. Von 1954 bis 1957 wurden an dieser Schule Grundlehrgänge für Leiter von Diensteinheiten, vorwiegend von Kreisdienststellen durchgeführt.

Später fanden dort Lehrgänge für neu eingestellte Angehörige des MfS statt. Der Schwerpunkt der Ausbildung lag auf dem Gebiet des Strafrechts der DDR und in der Vermittlung von Grundkenntnissen über die Tätigkeit des MfS. Die Lehrgänge wurden durch eine Prüfung auf der Grundlage der vom Minister für Staatssicherheit bestätigten Prüfungsordnung abgeschlossen. In den 80er Jahren fanden dort im Rahmen der Fachschule des MfS Schulungen für Angehörige der Rückwärtigen Dienste des Ministeriums statt.

Die Organisationsformen und -strukturen der Aus- und Weiterbildung an der JHP

Das Studium, die Aus- und Weiterbildung an der JHP erfolgte in der übergroßen Mehrzahl in Direkt- bzw. in Fernstudienlehrgängen und in geringer Anzahl in anderen speziellen Studienformen. Das jeweilige Studienjahr betrug elf Monate, da Urlaub nur gemäß der Urlaubsordnung des MfS gewährt wurde.

Entgegen anderslautenden Veröffentlichungen in Medien wurden an der JHP sowie den anderen Schulen keine IM. sondern ausschließlich hauptamtliche Angehörige aus- und weitergebildet.

Ab 1960, verstärkt aber ab 1965 gab es nachfolgende Ausbildungsstrukturen und -richtungen:

Vierjährige Hochschulfernstudiumlehrgänge

Sie begannen 1960 und wurden bis 1975 vorwiegend durch die Leiter der Hauptabteilungen, selbständigen Abteilungen, Bezirksverwaltungen sowie von Abteilungs- und Kreisdienststellenleitern belegt. Nachdem fast alle Leiter dieser Ebenen den akademischen Grad eines Diplomjuristen erworben hatten, wurde ab 1976/77 die Hochschulausbildung im Rahmen des Fernstudiums für stellv. Leiter und Referatsleiter aller Diensteinheiten aufgenommen. Dieses Studium wurde in Durchsetzung der »Ordnung Nr. 15/84 – Aus- und Weiterbildungsordnung« des Ministers für Staatssicherheit dahingehend umgestaltet, daß es sich als unmittelbare und direkte

Fortsetzung der Fachschul-Ausbildung (Fachschuljurist) anschloß. Die Teilnahme an dieser Ausbildungsrichtung setzte somit den erfolgreichen Abschluß eines Studiums an der Fachschule des MfS voraus und baute inhaltlich auf diesem Studium auf.

Bis 1989 wurden 25 Hochschulfernstudiumlehrgänge durchgeführt. Unterrichtsveranstaltungen (vorwiegend Vorlesungen und Prüfungen) fanden direkt an der Hochschule statt, aber auch in den Außenstellen der JHP, z. B. Seminare, Übungen und Konsultationen.

Derartige Außenstellen der JHP bestanden in: Berlin I (Diensteinheiten des MfS Berlin); Berlin II (Bezirksverwaltungen Berlin, Potsdam und Frankfurt/Oder); Rostock (Bezirksverwaltungen Rostock, Schwerin und Neubrandenburg); Erfurt (Bezirksverwaltungen Erfurt, Gera und Suhl); Leipzig (Bezirksverwaltungen Leipzig, Halle und Magdeburg); Dresden (Bezirksverwaltungen Dresden, Cottbus und Karl-Marx-Stadt). Bis 1963 bestanden Außenstellen auch in Cottbus und in Karl-Marx-Stadt.

Die Außenstellenleiter arbeiteten auf der Grundlage der Ordnung des Rektors. Sie waren für die Organisation des Studiums verantwortlich und führten im Auftrag und unter Anleitung von Lehrstühlen selbst Unterricht durch. In den Außenstellen wurde teilweise auch das *Politisch-operative Ergänzungsstudium* durchgeführt.

Vierjähriges Hochschuldirektstudium (HDL)

1961 wurde das Hochschuldirektstudium in Vierjahreslehrgängen eröffnet. Insgesamt wurden 25 derartige Hochschullehrgänge durchgeführt. An ihnen nahmen vorwiegend Angehörige teil, die bereits mehrere Jahre in Diensteinheiten des MfS tätig waren. Das Ziel ihrer Ausbildung bestand darin, sie zu Leitungskadern zu entwickeln. Diese Ausbildungsrichtung wurde 1984 beendet.

Vierjähriges Hochschuldirektstudium für Offiziersschüler (OSL-Lehrgänge)

Die Studenten des 1984 begonnenen vierjährigen Hochschulstudiums wurden nach erfolgreichem Ablegen des Abiturs und der anschließenden Absolvierung einer einjährigen Studienvorbereitung in Diensteinheiten des MfS sowie nach bestandener Aufnahmeprüfung zu diesem Studium delegiert. Damit wurde die Möglichkeit geschaffen, an der JHP – wie an anderen Universitäten und Hochschulen der DDR – unmittelbar nach dem Abitur ein Hochschulstudium zu absolvieren. In Durchsetzung des vom Minister für Staatssicherheit bestätigten Studienplanes und der vom Rektor der JHP bestätigten Grundsätze zur

Durchführung der Praktika bestand das Hochschuldirektstudium für Offiziersschüler in einem dreijährigen Grundstudium mit jährlich einem achtwöchigem Praktikum sowie einer einjährigen Spezialausbildung entsprechend der späteren Haupteinsatzrichtung der Absolventen. Im 4. Studienjahr fertigten sie zugleich ihre Diplomarbeit an und verteidigten sie.[12]

Die Spezialausbildung, welche in Zusammenarbeit zwischen Lehrkräften der JHP und Vertretern der Diensteinheiten durchgeführt wurde, umfaßte folgende Gebiete:

- Aufgaben, Strukturen, Pläne, Mittel und Methoden der imperialistischen Geheimdienste sowie spezifische Aufgaben des Erkennens und der Bearbeitung von im Verdacht der Spionage stehenden Personen;
- Sicherung bedeutsamer staatlicher und gesellschaftlicher Bereiche und Objekte sowie von Kultur, Körperkultur/Sport;
- Sicherung von wichtigen Bereichen und Prozessen der Volkswirtschaft und der ökonomischen Zusammenarbeit sozialistischer Länder (RGW);
- Sicherung der Staatsgrenze der DDR und des grenzüberschreitenden Verkehrs sowie Bekämpfung von gegnerischen Organisationen und Kräften, die Straftaten im Zusammenhang mit dem Verlassen der DDR organisieren und begehen;
- Grundfragen der Tätigkeit der Untersuchungsorgane des MfS;
- Grundfragen der Leitungstätigkeit, Aufgaben zur weiteren Qualifizierung der Arbeit mit den Angehörigen des MfS.

Die Spezialausbildung wurde vor allem durch die Sektionen Rechtswissenschaft und Spezialdisziplin getragen.

Insgesamt wurden drei Lehrgänge mit der Verleihung des akademischen Grades Diplomjurist und der Ernennung zum Leutnant abgeschlossen. Beststudenten wurden zum Oberleutnant ernannt.

Die Spezialisierung der für einen Dienst in der HVA vorgesehenen Studenten erfolgte im 4. Studienjahr durch die HVA an deren Schule.

Externer Erwerb des Hochschulabschlusses

Diese Form der Ausbildung und des Hochschulabschlusses an der JHP basierte auf dem Befehl Nr. 28/66 des Ministers für Staatssicherheit »Kurzfristiges externes Studium für die Ablegung des juristischen Staatsexamens an der Juristischen Hochschule des MfS« vom 15. September 1966 sowie der »Anordnung über die Zulassung und das Verfahren zum externen Erwerb des Hoch- und Fachschulabschlusses – Externordnung« des Ministers für Hoch- und Fachschulwesen der DDR.[13]

Nach den hochschulrechtlichen Bestimmungen der DDR waren Voraussetzung für die Zulassung zu diesem Studium die Hochschulreife sowie nachgewiesene theoretische und praktische Kenntnisse und Fähigkeiten, die den Anforderungen des Hochschulstudiums entsprachen. Bei dieser Ausbildungsrichtung, die nur auf begründete Einzelfälle beschränkt blieb, handelte es sich insbesondere um ein organisiertes Selbststudium, welches durch Konsultationen unterstützt und mit der Diplomarbeit abgeschlossen wurde. Die Dauer des Studiums betrug 18 Monate.

Für die Inhalte des Selbststudiums und für die abzulegenden Prüfungen in den Fächern Marxismus-Leninismus, Staats- und Rechtstheorie/Staatsrecht, Wirtschaftsrecht, Völkerrecht, Strafrecht, Strafverfahrensrecht, Kriminalistik, Psychologie und Spezialdisziplin galten die Studienpläne für das Hochschulfernstudium. Für das Diplomverfahren galt die Diplomverfahrensordnung der JHP. Die Absolventen erhielten eine vom Rektor der JHP unterzeichnete Urkunde über die Verleihung des akademischen Grades eines Diplomjuristen, ein Zeugnis über den Hochschulabschluß und einen Leistungsnachweis.

Postgraduales Hochschulstudium

Dieses Mitte der 70er Jahre eingeführte Studium erfolgte auf folgenden hochschulrechtlichen Bestimmungen der DDR:

- »Anordnung des Ministers für Hoch- und Fachschulwesen der DDR über das postgraduale Studium an den Hoch- und Fachschulen« vom 1. Juli 1973;
- »Anordnung des Ministers für Hoch- und Fachschulwesen der DDR über das postgraduale Studium« vom 4. März 1988.[14]

Ab 1981 wurde diese Studienform systematisch in die Weiterbildung von Angehörigen des MfS einbezogen (vor allem Absolventen von längerfristigen Lehrgängen der JHP bzw. der Fachschule des MfS sowie anderer Bildungseinrichtungen der DDR), die eine mittlere leitende bzw. leitende Dienststellung im MfS innehatten. Die Delegierung erfolgte durch den Leiter der Hauptabteilung Kader und Schulung im MfS, die Immatrikulation nahm der Rektor der JHP vor.

In der vom Rektor der JHP im April 1981 erlassenen »Ordnung Nr. 2/81 der Juristischen Hochschule zur Weiterbildung der Absolventen der Hochschule des MfS und anderer Universitäten und Hochschulen« waren exakte Festlegungen über den Inhalt und die Organisation dieses Studiums enthalten. Das Studium umfaßte einen Zeitraum von zwei Jahren.

Es bot den Teilnehmern die Möglichkeit, ihre Kenntnisse insbesondere auf den Gebieten Marxismus-Leninismus, Spezialdisziplin, Psychologie und

Rechtswissenschaft zu aktualisieren und zu vertiefen. Das Studium wurde als Fernstudium, in Form eines organisierten Selbststudiums durchgeführt. Es wurde unterstützt durch Unterrichtsveranstaltungen an der JHP. Da es sich bei den Teilnehmern zumeist um Hochschulabsolventen handelte, war in diesen Fällen die Verleihung eines weiteren wissenschaftlichen Grades nicht vorgesehen. Das Studium wurde mit einer Abschlußarbeit beendet.

Politisch-operatives Ergänzungsstudium

Insgesamt 782 Angehörige des MfS studierten an anderen Universitäten und Hochschulen der DDR. Das erfolgte vor allem an der Humboldt-Universität zu Berlin, der Karl-Marx-Universität Leipzig, der Akademie für Staats- und Rechtswissenschaft »Walter Ulbricht« in Potsdam-Babelsberg, der Hochschule für Ökonomie »Bruno Leuschner« in Berlin-Karlshorst, der Technischen Universität Dresden und der Martin-Luther-Universität Halle Wittenberg. Für die Aufnahme des dortigen Studiums galten die hochschulrechtlichen Bestimmungen der DDR, besonders die »Anordnung über das Aufnahmeverfahren zum Direkt- , Fern- und Abendstudium an Universitäten, Hoch- und Fachschulen« vom 20. Februar 1963 sowie die »Zulassungsordnung« vom 1. Juli 1971.[15] Voraussetzung für die Aufnahme des Studiums an einer Universität oder Hochschule außerhalb des MfS war der Nachweis der Hochschulreife sowie für bestimmte Fachrichtungen eine dieser Ausbildungsrichtung entsprechende Berufsausbildung. Die Diplomarbeit wurde an der entsprechenden Bildungseinrichtung verfaßt.

Diesem Studium schloß sich in der Regel unmittelbar das Politisch-operatives Ergänzungsstudium an der JHP an. An diesem Ergänzungsstudium nahmen auch jene Angehörigen des MfS teil, die an Bildungseinrichtungen der Nationalen Volksarmee und der Deutschen Volkspolizei ihren Hochschulabschluß erworben hatten. Dieses Ergänzungsstudium dauerte ein Jahr und wurde vor allem auf die spezielle sicherheitspolitische, rechtliche und MfS-spezifische operative Ausbildung konzentriert.[16]

Weiterbildungslehrgänge für Hochschulabsolventen

Auf der Grundlage der »Ordnung über die Aus- und Weiterbildung der Angehörigen des MfS – Aus- und Weiterbildungsordnung« des Ministers sowie der Ordnung des Rektors der JHP aus dem Jahre 1984 »Über die Weiterbildung der Absolventen der Juristischen Hochschule Potsdam und anderer Universitäten und Hochschulen« fanden an der JHP regelmäßig mehrwöchige Lehrgänge zur Weiterbildung der Hochschulabsolventen statt. Sie konzentrierten sich vor allem auf neue sicherheitspolitische, rechtliche und MfS-spezifische operative Probleme sowie auf Fragen der weiteren Qualifizierung der Leitungstätigkeit.

Speziallehrgänge für Leiter und mittlere leitende Kader (Referats- und Arbeitsgruppenleiter)

Diese Lehrgänge erstreckten sich auf eine Zeitdauer von drei Wochen bis zu drei Monaten.

In diesen Lehrgängen kam es durch Lehrkräfte der JHP und Vertreter der Diensteinheiten zur Behandlung von neuen rechtlichen und operativen Aufgabenstellungen, vor allem bezogen auf die Bekämpfung von Spionage, Sabotage und politischer Untergrundtätigkeit sowie zur Sicherung der Volkswirtschaft bzw. der Staatsgrenze der DDR.

Fachschulfernstudiumlehrgänge an der Juristischen Fachschule Potsdam

Die Juristische Fachschule Potsdam wurde am 19. Juni 1970 vom Minister für Hoch- und Fachschulwesen gegründet und am 4. November 1970 vom Minister für Staatssicherheit eröffnet.

Sie war integrierter Bestandteil der JHP und wurde vom Leiter der Juristischen Fachschule des MfS geleitet.

Voraussetzung für die Zulassung zum Fachschuldirekt- sowie zum Fachschulfernstudium war entsprechend der Ordnung JHS 3/81 über die Zulassung zum Fachschuldirektstudium – Zulassungsordnung – Mai 1981, der Abschluß der Polytechnischen Oberschule, die Offiziersausbildung im MfS sowie der Nachweis von Kenntnissen auf dem Gebiet des Marxismus-Leninismus entsprechend dem Niveau der Kreisparteischule der SED.

Die Studenten beendeten ihr Studium mit einer Prüfung und einer Abschlußarbeit.

Bis Anfang der 80er Jahre wurde dieses Studium über Außenstellen der Juristischen Fachschule organisiert. Die Leiter dieser Außenstellen führten selbst Unterrichtsveranstaltungen durch. Sie wurden von Lehrbeauftragten der Diensteinheiten unterstützt, die durch den Leiter der Juristischen Fachschule Potsdam bestätigt werden mußten. Diese Lehrbeauftragten waren diplomierte Angehörige.

Die Außenstellen der Juristischen Fachschule Potsdam wurden 1984 aufgelöst. Ihre Aufgaben übernahmen die Leiter der Außenstellen für das Hochschulfernstudium.

Im Interesse einer weiteren spezialisierten Qualifizierung der Angehörigen wurden auf der Grundlage der Aus- und Weiterbildungsordnung des Ministers für Staatssicherheit in verschiedenen Diensteinheiten des MfS Berlin, so in den Hauptabteilungen PS, II, III, VI und VIII, in der Verwaltung Rückwärtige Dienste und in der Abteilung Finanzen Nebenstellen der Juristischen Fachschule Potsdam gebildet. Die Fachschulausbildung auch dieser Diensteinheiten erfolgte – in Kombination von Direkt- und Fernstudium – auf der Grundlage der vom Leiter der Juristischen Fachschule bestätigten Unterrichtsprogramme und Lehrpläne. Die Lehrbeauftragten wurden ebenfalls durch diesen bestätigt. Diese Schulen waren keine eigenständigen Schulen der Diensteinheiten, sondern Nebenstellen der Juristischen Fachschule Potsdam.

Die JHP war weiterhin zuständig für die Erarbeitung von Unterrichtsmaterialien für die in den Diensteinheiten durchgeführte *Breitenschulung* mit allen Angehörigen im Rahmen der Aus- und Weiterbildung im MfS.

»Die Entwicklung der Bildungsstruktur durchlief mehrere Phasen und zwar von der Schaffung elementarer Bildungsvoraussetzungen in den 50er Jahren bis zu einem – gemessen an den DDR-Verhältnissen – weit überdurchschnittlichen Qualifikationsniveau in den 80er Jahren« vermerkte die BStU-Behörde. Und weiter: »Im Jahre 1988 hatten 61,6 Prozent der Angehörigen einen 10-Klassenabschluß. 20,5 waren Abiturienten. 15,1 Prozent der Angehörigen absolvierten eine Fachschule und 11,9 Prozent waren Hochschulabsolventen.«[17]

Von 1951 bis 1989 nahmen an Hochschul- bzw. Fachschullehrgängen, am postgradualen Studium, an externen Lehrgängen, am Politisch-operativen Ergänzungsstudium, an Weiterbildungs- und Speziallehrgängen der JHP insgesamt etwa 30.000 Angehörige des MfS teil. Wobei in diesen Zahlen eine mehrmalige Teilnahme einbegriffen ist. Davon schlossen 4.492 Angehörige mit dem akademischen Grad Diplomjurist ab. Hinzu kommen 782 Angehörige, die ihr Studium an anderen Universitäten und Hochschulen erfolgreich absolvierten. Eine beträchtliche Zahl der Angehörigen des MfS absolvierte eine Offiziershochschule der NVA. Ein Teil der leitenden Angehörigen studierte an der Militärakademie in Dresden bzw. in Moskau. Den Abschluß als Fachschuljurist erwarben rund 9.500 Angehörige.

1986 zeigte sich folgendes Bild über die Ausbildungsrichtungen der Hochschulabsolventen des MfS:

- 35,7 Prozent = Rechtswissenschaften,
- 13,2 Prozent = Technische Wissenschaften,
- 11,8 Prozent = Militärwesen,
- 9,9 Prozent = Wirtschaftswissenschaften,
- 8,2 Prozent = Kriminalistik,

- 4,8 Prozent = Pädagogik,
- 4,6 Prozent = Philosophie,
- 4,4 Prozent = Mathematik/Naturwissenschaften,
- 7,4 Prozent = Medizin, Psychologie[18]

**Die Zulassung für das Studium an der JHP.
Die Leitung und Organisation des Studiums**

In Übereinstimmung mit der »Anordnung über das Aufnahmeverfahren zum Direkt-, Fern- und Abendstudium an Universitäten und Hochschulen« vom 20. Februar 1963[19] sowie der »Anordnung über die Bewerbung, die Auswahl und Zulassung zum Direktstudium an Universitäten und Hochschulen - Zulassungsordnung - vom 1. Juli 1971[20] wurde die »Zulassungsordnung der JHP« erlassen. Im Januar 1980 wurde das Zulassungsverfahren in der »Ordnung über die Zulassung zum Hochschuldirekt- und -fernstudium an der Hochschule des MfS - Zulassungsordnung«[21] aktualisiert. Eine weitere Präzisierung des Zulassungsverfahrens erfolgte 1987 auf der Grundlage der schon genannten »Ordnung Nr. 15/84« des Ministers für Staatssicherheit.

Für die Aufnahme des Hochschulstudiums an der JHP galten folgende Voraussetzungen:
- Nachweis der Hochschulreife, die durch das Abitur, ein erfolgreich abgeschlossenes Fachschulstudium oder die Absolvierung der Offiziersausbildung in den Diensteinheiten des MfS erworben werden konnte. In den ersten Jahren des Bestehens des MfS konnte die Sonderreife in einem einjährigen Sonderstudium erworben werden;
- fünfjährige Tätigkeit in einer Diensteinheit des MfS;
- Alter zwischen 25 und 30 Jahren;
- Ablegen einer Eignungsprüfung;
- Delegierungsvorschlag durch den Leiter der jeweiligen Diensteinheit.

Der Delegierungsvorschlag erfolgte in der Regel ein Jahr vor Aufnahme des Studiums in Zusammenarbeit mit der Hauptabteilung Kader und Schulung und wurde der JHP übergeben. Der Vorschlag mußte - neben einer ausführlichen Beurteilung des jeweiligen Angehörigen - eine Begründung der Notwendigkeit des Studiums, den vorgesehenen Einsatz des Mitarbeiters nach erfolgtem Studium, den Nachweis seiner Zeugnisse sowie weitere Einschätzungen zu den Leistungs- und Verhaltenseigenschaften enthalten. (Auf das spezielle Zulassungsverfahren bei Offiziersschülern wurde bereits eingegangen.)

Das Zulassungsverfahren erfolgte auf der Grundlage der Zulassungsordnung des Rektors der JHP. Mit der praktischen Durchführung war eine Zulassungskommission unter Leitung des Stellv. des Rektors für Ausbildung und Erziehung betraut. Dieser gehörten in der Regel die Stellvertreter der Leiter der Sektionen, der Abteilungsleiter Hochschulstudium, Vertreter der Hauptabteilung Kader und Schulung und der jeweiligen der Diensteinheit des Studienbewerbers an. Diese Kommission führte individuelle Eignungsgespräche mit den Bewerbern durch. Zu ihrer Unterstützung waren Arbeitsgruppen tätig. Die Zulassungskommission erarbeitete auf Empfehlung der Arbeitsgruppen einen Vorschlag über die Zulassung, gegebenenfalls auch Zurückstellung der Zulassung oder Ablehnung und legte diesen dem Rektor zur Entscheidung vor. Im Falle der Zurückstellung oder Ablehnung wurde die Möglichkeit eingeräumt, daß Bewerber nach Erfüllung erteilter Auflagen sich erneut um ein Studium bewerben konnten.

Bei Vorliegen aller Voraussetzungen für ein Hochschulstudium wurden die Bewerber vom Leiter der Hauptabteilung Kader und Schulung zum Studium delegiert und vom Rektor der JHP immatrikuliert. Die Studenten der Hochschuldirektlehrgänge, ab 1984 der Offiziersschülerlehrgänge, gehörten zum Stellenplan der JHP, die der Hochschulfernstudiumlehrgänge waren weiterhin Angehörige der delegierenden Diensteinheiten.

Wie im gesamten MfS verlief der Dienst an der JHP nach einem militärischen Reglement. Die Studenten und das Lehrpersonal waren Uniformträger. Die jeweiligen Lehrgänge wurden von einem Offizier des Bereichs Ausbildung und Erziehung geleitet (Lehrgangsleiter). Die Seminargruppen galten als Züge – Zugführer waren Studenten der jeweiligen Seminargruppe. Hochschulfernstudiumlehrgänge standen unter Leitung des jeweiligen Außenstellenleiters.

Wie auch an anderen Bildungseinrichtungen der DDR üblich, kamen an der JHP solche Unterrichtsformen zur Anwendung wie Selbststudium, Lektionen/Vorträge, Seminare, praktische Übungen, Konsultationen, Kabinettsarbeit, Praktikum unter Leitung von Betreuern der Diensteinheiten, Prüfungen in mündlicher und schriftlicher Form, Belegarbeiten sowie Diplomarbeiten.

Große Bedeutung wurde der selbständigen wissenschaftlichen Arbeit der Studenten beigemessen. Die Studenten waren in thematischen Studien- und Forschungsgruppen organisiert, welche unter Leitung von Professoren/Dozenten standen. Die Ergebnisse der Arbeit dieser Gruppen wurden anläßlich der jährlich durchgeführten Studententage zur Prüfung und Einschätzung vorgelegt. Sie wurden danach Diensteinheiten des MfS übergeben bzw. fanden Verwendung als Unterrichtsmaterialien.

Das Hochschulstudium gliederte sich im Interesse einer komplexen Behandlung des Stoffes, der weiteren Ausprägung der interdisziplinären Arbeit der Sektionen und Lehrstühle sowie der aufeinander abgestimmten Ausbildungsinhalte in *Lehrgebiete*. Im Direktstudium gab es zwölf, im Fernstudium sieben Lehrgebiete, die unter der Leitung eines Professors standen. Die Lehrgebiete beinhalteten auf folgende Themenkomplexe:

Lehrgebiet 1 – Grundlagen des Marxismus-Leninismus, Grundfragen der marxistisch-leninistischen Philosophie und Ökonomie sowie des Wissenschaftlichen Sozialismus.

Lehrgebiet 2 – Zusammenarbeit mit IM sowie Anwendung ausgewählter operativer und kriminalistischer Mittel und Methoden.

Lehrgebiet 3 – Grundfragen der Theorie des sozialistischen Staates und des sozialistischen Rechts, des Staatsrechts der DDR und des Völkerrechts.

Lehrgebiet 4 – Geschichte der deutschen Arbeiterbewegung und des MfS.

Lehrgebiet 5 – Imperialismusanalyse und der vom Imperialismus ausgehenden Subversion gegen die DDR.

Lehrgebiet 6 – Operative Psychologie.

Lehrgebiet 7 – Politisch-operative Grundlagenarbeit zur Sicherung von gesellschaftlichen Bereichen, Territorien und Personenkreisen.

Lehrgebiet 8 – Grundfragen des Rechts im Kampf gegen die subversiven Angriffe des Gegners (Sozialistische Kriminologie, Staats- und Verwaltungsrecht, Rechtsfragen der Leitung und Sicherung der Volkswirtschaft, Völkerrecht, Strafrecht und Strafverfahrensrecht).

Lehrgebiet 9 – Die Bearbeitung von Operativen Vorgängen (OV).

Lehrgebiet 10 – Grundfragen der Leitung der politisch-operativen Arbeit und der Anwendung moderner Datenverarbeitung (EDV/Informatik).

Lehrgebiet 11 – Ausbildung in der russischen Sprache.

Lehrgebiet 12 – militärische Ausbildung und Sport.

Dem Studium lagen solche Dokumente, Lehrbücher und Lehrmaterialien zu Grunde: Werke der Klassiker des Marxismus-Leninismus; Beschlüsse und weitere Materialien der SED; dienstliche Bestimmungen und Weisungen des Ministers für Staatssicherheit; Gesetzeswerke, wie Strafgesetzbuch, Strafprozeßordnung, Zivilgesetzbuch und andere bedeutsame Rechtsvorschriften; Beschlüsse, Verordnungen, Richtlinien des Staatsrates, des Ministerrates, des Nationalen Verteidigungsrates, des Obersten Gerichts, der Generalstaatsanwaltschaft; Fachbücher der Rechtswissenschaften und der Kriminalistik; aus Forschungsarbeiten und Dissertationen hervorgegangene Lehrbücher der JHP (Wörterbuch der politisch-operativen Arbeit des MfS; Recht in der Volkswirtschaft; Untersuchung von Bränden, Havarien und anderen Vorkommnissen; die imperialistischen Geheimdienste in der Gegenwart; die Arbeitsweise der imperialistischen Geheimdienste; Strafrecht – Allgemeiner Teil, Grundfragen der Kriminalistik/Kriminologie; Die politisch-ideologische Diversion (PID); Geschichte des MfS, Band I und II) sowie eine Vielzahl komplexer und spezieller Studienmaterialien (auf der Grundlage von Dissertationen und Diplomarbeiten), Übungsmaterialien bzw. Fallbeispiele (in Zusammenarbeit mit den operativen Diensteinheiten).

Ablegung von Prüfungen

Die Prüfungen erfolgten entsprechend der in der »Anordnung des Ministers für Hoch- und Fachschulwesen der DDR über die Durchführung von Prüfungen an Hoch- und Fachschulen« vom 3. Januar 1975 enthaltenen Grundsätze und Verfahrensweisen.[22] Zur Um- und Durchsetzung dieser Anordnung erließ der Rektor insgesamt drei Prüfungsordnungen der JHP – die vom Januar 1967, Mai 1971 und die bis zuletzt gültige vom Oktober 1986[23].

Die Studenten hatten folgende Prüfungen abzulegen:

Zwischenprüfungen zu Teilen eines Lehrgebietes:

1. bis 4. Semester: Marxismus-Leninismus (Philosophie), Politische Ökonomie des Kapitalismus und des Sozialismus.

Abschlußprüfung nach Abschluß eines Lehrgebietes:

2. Semester: Staats- und Rechtstheorie, Staats- und Rechtsgeschichte, Fremdsprache Russisch.
3. Semester: Grundfragen der Zusammenarbeit mit IM, Grundfragen der staatlichen Leitung, Imperialismusanalyse, Staatsrecht bürgerlicher Staaten.
4. Semester: Kriminalistik, Kriminologie.
5. Semester: Völkerrecht, Wirtschaftsrecht.
6. Semester: Sicherung gesellschaftlicher Bereiche, Organisation der staatlichen Leitung, Verwaltungsrecht, EDV/Informatik.

Hauptprüfungen:

4. Semester: Staats- und Verwaltungsrecht der DDR.
5. Semester: Marxismus-Leninismus.
6. Semester: Strafrecht und Strafprozeßrecht, System der Rechtspflege der DDR, Bearbeitung von Operativen Vorgängen (OV).

Die Zwischen- und Abschlußprüfungen fanden in schriftlicher und mündlicher Form, die Hauptprüfungen in der Regel in mündlicher Form statt.

Das Diplomverfahren

Den Abschluß des Hochschulstudiums bildete die Anfertigung der Diplomarbeit. Das gesamte Diplomverfahren entsprach der »Diplomandenordnung des Ministeriums für Hoch- und Fachschulwesen der DDR«.

Auf dieser und anderen hochschulrechtlichen Bestimmungen beruhten folgende Ordnungen des Rektors der JHP:

- »Ordnung über die Themenauswahl, Ausarbeitung, Erfassung und Ausleihe von Diplomarbeiten – Diplomarbeitsordnung« vom September 1965[24];
- Diplomverfahrensordnung vom 15. Juni 1971;
- Ordnung der JHS Nr. 1/81 zur Durchführung des Diplomverfahrens – Diplomverfahrensordnung – vom Januar 1981[25];
- Ordnung der JHS Nr. 4/86 zur Durchführung des Diplomverfahrens – Diplomverfahrensordnung – vom Juni 1986[26].

Nach Anordnung des Ministers für Hoch- und Fachschulwesen der DDR vom 15. Juli 1986 konnte das Diplom durch ein postgraduales Direktstudium oder in einem externen Verfahren erworben werden.[27]

Die genannten Ordnungen enthielten folgende Grundsätze:

- Die jeweiligen Themen wurden entsprechend dem vom Minister für Staatssicherheit bestätigten Forschungsplan der JHP vergeben.
- Die Diplomanden hatten den Nachweis zu erbringen, daß sie mit hoher Wissenschaftlichkeit den Anforderungen ihrer künftigen Tätigkeit gerecht werden können.
- Die Diplomarbeiten waren durch Gutachter der JHP und von Diensteinheiten des MfS einzuschätzen und zu benoten. Die Diplomarbeiten waren jeweils vor einer Kommission, die sich aus den betreuenden Gutachtern und weiteren Vertretern der JHP und von Diensteinheiten des MfS zusammensetzte, zu verteidigen.

  Die Diplomanden hatten Autorenreferate zu halten. Und vor allem Vorschläge zur praktischen Anwendung und zur Auswertung ihrer Forschungsergebnisse in der Arbeit des MfS und darüber hinaus zu unterbreiten.

In einigen Publikationen über oder zur JHP wird der Eindruck suggeriert, als wäre die Hochschule des MfS die einzige Einrichtung dieser Art gewesen, mithin: die Geheimdienste der Bundesrepublik besäßen keine speziellen Ausbildungseinrichtungen. Das ist falsch.

In einem Schreiben vom 10. Mai 1992 (dieses liegt dem Autor vor) teilte Prof. Dr. habil Manfred Naundorf, ein bis 1989 anerkannter Kenner der Geheimdienstmaterie, speziell auch des Verfassungsschutzes, der Berliner »Wochenpost« folgendes zur Richtigstellung mit:

»Die zentrale Ausbildungseinrichtung dieser Behörde *(Bundesamt für Verfassungsschutz - d. Verf.)* besteht bereits seit 1955. Sie wurde 1979 durch ein Abkommen zwischen Bund und Ländern in eine offizielle ›Schule des Verfassungsschutzes‹ umgewandelt. Sie ist einerseits dem Bundesamt für Verfassungsschutz zugeordnet und ist andererseits eine Abteilung der ›Fachschule des Bundes für öffentliche Verwaltung‹. An der Schule wirken acht Fachbereiche: Spionageabewehr, Geheimnisschutz, Rechts-, Links- und Ausländerextremismus, Terrorabwehr, nachrichtendienstliche Methodik, Taktik und Technik sowie Politikwissenschaften.«

In einem der ›Frankfurter Rundschau‹ (8. Januar1988) gewährten Interview haben P. Semmt und Hans-Gert Lange, Pressesprecher des BfV, mit Nachdruck darauf hingewiesen, daß die Gewinnung von V-Leuten und die Arbeit mit ihnen »noch immer als das wichtigste in der Arbeit der Geheimdienste« angesehen werden müsse. Darum würde besonderer Wert darauf gelegt, den Studenten Erfahrungen und Fähigkeiten auf dem Gebiet der Gewinnung von V-Leuten zu vermitteln. Diesem Anliegen dienen u. a. Themen und Übungen zur Gesprächstechnik, die durch spezielle »Gesprächsführungslehrer« und viel Technik vermittelt werden.

Die Ausbildungskapazität umfaßt jährlich ca. 2.000 Beamte des Bundes und der Länder. Davon entfallen auf die regulären Hochschullehrgänge jährlich 80 bis 100 Studenten. Die Absolventen der Dreijahreslehrgänge erhalten nach Abschluß den akademischen Grad eines Diplomverwaltungswirts sowie die Dienstbezeichnung Inspektor.

In Weiterbildungslehrgängen werden jährlich 1.800 Praktiker auf den neuesten Stand ihres Spezialgebietes gebracht.

Auf der Grundlage der »Verordnung über die Laufbahn, Ausbildung und Prüfung für den gehobenen Dienst im Verfassungsschutz des Bundes« vom 11. Oktober 2001[28] werden Anwärterinnen und Anwärter nach drei Jahren »Vorbereitungsdienst« ausgebildet. Das Lehrprogramm sieht so aus:

1. Studienabschnitt I (Grundstudium von 6 Monaten)
Staatsrechtliche und politische Grundlagen
2. Praktikum I im BfV (6 Monate)
Hier werden Aufgaben des Verfassungsschutzes insbesondere im Bereich des politischen Extremismus abgearbeitet.
3. Studienabschnitt II + III (Hauptstudium, 12 Monate)

Rechtslehre, Politische Ideengeschichte, Rechts- und Linksextremismus, Ausländerxtremismus und Ausländerrecht, Spanionageabwehr, Geheimnisschutz, nationale Sicherheitspolitik, nachrichtendienstliche Arbeitstechniken.

4. Praktikum IIa im BfV (9 Monate)

Selbständige und eigenverantwortliche Anwendung des im Grundstudium und im Hauptstudium erworbenen Wissens.

5. Praktikum IIb im LfV (3 Monate)

Kennenlernen der besonderen Belange des Verfassungsschutzes der Länder.

Im Rahmen der Ausbildung wurden des weiteren »praxisbezogene Lehrveranstaltungen« (etwa 300 Stunden) durchgeführt. Dabei erfolgt die Konzentration auf: Gesprächsführung, Observation, nachrichtendienstliche Einsatztechnik und Textverarbeitung. Zum Abschluß des Grundstudiums ist eine Zwischenprüfung nachzuweisen. Nach Beendigung der Ausbildung ist eine Laufbahnprüfung abzulegen, die aus der Diplomarbeit sowie einem schriftlichen und einem mündlichen Teil besteht.

Soweit Prof. Naundorf zur Ausbildung von Verfassungsschutzleuten zu Inspektoren mit dem akademischen Grad Diplomverwaltungswirt.

Der Autor des vorliegenden Beitrags hält an dieser Stelle einen Nachsatz für geboten, um beim Leser ob des von ihm vorgenommenen Vergleichs mit der Hochschule des MfS keine Verwunderung auszulösen. Zwischen der JHP des MfS und der »Schule des Verfassungsschutzes« der BRD hat es zu keiner Zeit Erfahrungsaustausche zum Inhalt des Studiums und auch keine zur Rangfolge der Ausbildungskomplexe gegeben.

Die Forschungsarbeit der JHP

Eine Hauptaufgabe der JHP bestand darin, für das MfS Forschungsarbeit zu leisten. Wesentlicher Bestandteil dieser Arbeit war – neben der Erarbeitung der Diplomarbeiten, wissenschaftlicher Jahres- und Belegarbeiten, und anderer Formen der wissenschaftlich-produktiven Lehre und des Studiums – die Promotion.

Das Münchner Nachrichtenmagazin FOCUS 42/93 behauptete: »Fast 100 mal wurde an der Uni Mielkes für Spitzel und Spione der Dr. jur. für besonders Linientreue vergeben. Der Student Schalck war ein Musterknabe.«

Abgesehen davon, daß Schalck zu keiner Zeit an der JHP Student, wohl aber, wie allgemein bekannt, an einer Promotion an der JHP beteiligt war, ist im Interesse der Wahrheit festzustellen: Die Wissenschaftsgrade »Dr. jur.« und andere wurden weder für »besonders linientreue« Angehörige vergeben, noch trugen sie »elitären« Charakter. Sie galten auch nicht »als besondere Auszeichnung für höhere Offiziere«, wie das von der BStU-Behörde wider besseren Wissens behauptet wurde. Diese wissenschaftlichen Grade mußten immer - wie beschrieben - in Promotionsverfahren erarbeitet werden.

Für die Verleihung des Grades »Doktor eines Wissenschaftszweiges« (Dr. jur. - A-Promotion) und »Doktor der Wissenschaften« (Dr. sc. - B-Promotion) durch die JHP des MfS galten uneingeschränkt die Regelungen des Ministeriums für Hoch- und Fachschulwesen der DDR wie:

- die Anordnung zur Verleihung des akademischen Grades »Doktor eines Wissenschaftsbereiches« - Promotionsordnung A - vom 21. Januar 1969[29];
- die Anordnung zur Verleihung des akademischen Grades »Doktor der Wissenschaften« - Promotionsordnung B - vom 21. Januar 1969[30].

Diese Anordnungen wurden 1988 durch neue Regelegungen abgelöst (Promotionsordnungen vom 12. Juli 1988).[31]

Zur Um- und Durchsetzung dieser promotionsrechtlichen Bestimmungen gab es an der JHP folgende, vom Minister bestätigte Regelungen:

- Verfahrensordnung für die Verleihung des akademischen Grades Doktor jur. - Promotion A - und Dr. sc. jur. - Promotion B - durch die Hochschule des MfS (Promotionsverfahrensordnung)[32];
- Ordnung JHS über die Planung, Leitung und Organisation der Forschung an der Hochschule des MfS (Forschungsordnung) vom 1. September 1987[33].

Die biographischen Daten der A-Promovenden der JHP zeigen, daß 157 über einen Abschluß als Diplomjurist verfügten. (Voraussetzung für die Verleihung des Grades »Doktor eines Wissenschaftszweiges« [Dr. jur.] war der Besitz des akademischen Grades »Diplom eines Wissenschaftszweiges«.) 124 waren als Angehörige des MfS zum Studium an andere Bildungseinrichtungen delegiert worden und hatten dort ihren Hochschulabschluß erworben. So 61 an der Humboldt Universität zu Berlin, 15 an der Akademie für Staats- und Rechtswissenschaften Potsdam-Babelsberg und 13 an der Karl-Marx-Universität Leipzig.

Andere Promovenden absolvierten ihr Studium an der Hochschule für Ökonomie »Bruno Leuschner« Berlin und der Friedrich-Schiller-Universität Jena. 81 Promovenden waren bereits vor ihrer Einstellung im MfS Hochschulabsolventen. Weitere Voraussetzungen für die Zulassung zum Promotionsverfahren waren:

- Die positive Beurteilung der wissenschaftlichen Arbeit (Dissertation)
- Der Nachweis der marxistisch-leninistischen Kenntnisse

- Der Nachweis der Fremdsprachenkenntnisse russisch oder einer anderen Fremdsprache auf dem Niveau der Sprachkundigenprüfung II b.
- Die erforderliche Verteidigung der Forschungsergebnisse.

Eine Prüfung »Theoretische Grundlagen« war erforderlich, wenn der zu erreichende Doktorgrad nicht der Fachrichtung des vorausgegangenen Studienabschlusses entsprach.

Der akademische Grad »Doktor der Wissenschaften« (doctor scientia – Dr. sc. jur). wurde in der DDR nur verliehen, wenn vorher der Doktor eines Wissenschaftszweiges – Promotion A – erworben wurde. Der Dr. sc. trat an die Stelle der früheren Habilitation. Er war vor allem für Hochschullehrer vorgesehen. Grundlage für die Verleihung war die positive Bewertung der Dissertation und die erfolgreiche Verteidigung der Forschungsergebnisse. Im Unterschied zur Promotion A war eine Bewertung nicht vorgeschrieben. Es wurde nur über Bestehen oder Nichtbestehen der Verteidigung entschieden.

Die Planung, Leitung und Organisation des Promotionsverfahrens an der JHP

Die akademischen Grade Dr. jur. und Dr. sc. wurden, wie an anderen wissenschaftlichen Einrichtungen der DDR, von einer Kommission des Wissenschaftlichen Rates der JHP verliehen. Dieser Kommission gehörten in der Regel der Rektor, seine Stellvertreter, die Leiter der Sektionen, Vertreter der Hauptabteilung Kader und Schulung sowie weitere Angehörige des Wissenschaftsbereiches der JHP an. Der Wissenschaftliche Rat war ein kollektives Beratungsorgan des Rektors. Diesem Gremium gehörten – laut Statut der JHP – der Rektor, der Leiter der Hauptabteilung Kader und Schulung sowie Leiter anderer Diensteinheiten, die Stellvertreter des Rektors, der Leiter der Abteilung Weiterbildung, die Leiter der Sektionen, der Leiter des Instituts Internationale Beziehungen und der Leiter der Abteilung Wissenschaftsorganisation an.

Für beide Promotionen – A und B – war gefordert, daß die vorgelegten Forschungsergebnisse einen Neuwert für die politisch-operative Arbeit und ihre Führung und Leitung bzw. für die weitere Qualifizierung der Ausbildungsprozesse an der JHP zu erbringen hatten. Die Promotion B verlangte des Weiteren den Nachweis, daß der Kandidat in der Lage ist, erfolgreich wissenschaftliche Kollektive zu leiten und zu hohen Ergebnissen in der Ausbildung und Forschung zu führen.

Alle Promotionsarbeiten waren Bestandteil eines 5-Jahres- bzw. eines präzisierten 1 Jahres-Forschungsplanes. Darin waren die Hauptrichtungen der Forschung, die Ziele und Themen der Promotionen, die Namen der an der Promotion beteiligten Angehörigen, die Namen der Themenleiter, der Betreuer und die Termine für die Etappen der Promotion festgeschrieben. Diese Pläne wurden in Zusammenarbeit zwischen den Leitern der Sektionen und Lehrstühle der JHP, der Stellvertreter des Ministers, der Leiter der Hauptabteilungen, selbständigen Abteilungen und Leitern von Bezirksverwaltungen erarbeitet. Die Bestätigung des 5-Jahresforschungsplanes erfolgte durch den Minister.[34]

Die weiteren Etappen des Promotionsprozesses bestanden im wesentlichen darin:

Auf der Grundlage einer Konzeption, die Schwerpunkte der Forschung und erste empirische Untersuchungsergebnisse zu enthalten hatte, mußte der Nachweis erbracht werden, welcher Neuwert mit den Forschungsergebnissen erbracht werden soll. Es erfolgte eine Projektverteidigung sowie eine Beratung aber die Annahme des Projektes beim 1. Stellvertreter des Rektors. An dieser Projektverteidigung nahmen Leiter von Sektionen und Lehrstühlen, der Themenleiter – ein Professor der JHP – die Praxisbetreuer sowie Bearbeiter des Themas teil.

Nach Prüfung der Voraussetzungen und Annahme des Projektes erfolgte in der Regel eine zweijährige Forschungsarbeit, ohne daß die daran beteiligten Angehörigen vom Dienst befreit waren. Während dieser Zeit erfolgte eine Beratung und Betreuung durch von Rektor bestimmte Betreuer. (Umgangssprachlich an Universitäten und Hochschulen auch Doktorvater genannt.)

Nach Abschluß der Forschung erfolgte die Einschätzung der vorliegenden Ergebnisse durch den Rektor bzw. den 1. Stellvertreter des Rektors. An dieser waren die Leiter der Sektionen, die Betreuer und der Themenleiter beteiligt. Leiter von HA, selbst. Abt. und von BV erarbeiteten für die Entscheidungsfindung schriftliche Stellungnahmen. Es wurde geprüft, worin der wissenschaftliche Neuwert der Ergebnisse liegt und ob alle Voraussetzungen für eine Verteidigung als Dissertation A oder B gegeben waren. Lagen diese vor, kam es zur Erarbeitung eines Planes der Verteidigung und zum Antrag auf ihre Einleitung. Gleichlaufend stellten die Kandidaten an den Rektor einen diesbezüglichen Antrag. Diesen mußten bei Kollektivarbeiten Erklärungen beigelegt werden, aus denen exakt der persönliche Anteil der Verfasser an der Arbeit mit Angabe der verfaßten Abschnitte ersichtlich war.

Nachdem vom Rektor festgestellt war, daß alle Voraussetzungen für die

Verteidigung vorliegen, setzte dieser den Termin und den Ort der Verteidigung fest, bestimmte die Mitglieder der Kommission des Wissenschaftlichen Rates zur Durchführung der Verteidigung und bestellte die Gutachter. Die Promotionsarbeit wurde von drei Gutachtern beurteilt. Zwei Gutachter waren Professoren der JHP und ein Gutachter war ein promovierter leitender Angehöriger des MfS, zumindest aber einer mit Hochschulabschluß.

Die Verteidigungen fanden bis auf wenige Ausnahmen an der JHP statt. Sie waren öffentlich. An ihnen nahmen die Kandidaten, die Betreuer und Gutachter, Vertreter der Sektionen und Diensteinheiten des MfS sowie Studenten teil. Der gesamte Ablauf der Verteidigung wurde protokolliert. Nach Vortrag der Gutachten und der Autorenreferate kam es zu mehrstündigen Diskussionen und Fragestellungen an die Kandidaten

In der Verteidigung hatten die Kandidaten zu beweisen, daß sie in der Lage sind, die Forschungsergebnisse zu begründen und zu verteidigen sowie im wissenschaftlichen Meinungsstreit sich mit gegenteiligen Auffassungen fundiert auseinanderzusetzen.

Im Anschluß daran kam es zur Beratung der mit der Leitung der Verteidigung eingesetzten Kommission des Wissenschaftlichen Rates der JHP. Sie beurteilte die vorgelegten Forschungsergebnisse, die abgelegten Prüfungen, die bei der Verteidigung erbrachten individuellen Leistungen und traf eine Entscheidung über die wissenschaftliche Befähigung des jeweiligen Doktoranden. Sie legte bei Nachweis der wissenschaftlichen Befähigung das Gesamturteil fest und verlieh den wissenschaftlichen Grad eines Dr. jur. oder Dr. sc. Das Promotionsverfahren endete mit der Bekanntgabe des Beschlusses der Kommission sowie der Übergabe der vom Rektor unterzeichneten Promotionsurkunde.

Die Leistungen in den Teilgebieten (Promotionsarbeit, Marxismus-Leninismus, Verteidigung) sowie deren Zusammenfassung zu einer Gesamtleistung wurden, wie an anderen Universitäten und Hochschulen üblich, mit »sehr gut« (magna cum laude), »gut« (cum laude), »genügend« (rite) bewertet. Wurden alle Teilgebiete mit »magna cum laude« bewertet so konnte das Prädikat »ausgezeichnet« (summa cum laude) erteilt werden.

Insgesamt wurden an der JHP 174 Promotionsverfahren durchgeführt. Daran waren 485 Promovenden beteiligt, davon 262 Angehörige der JHP und 205 Angehörige anderer Diensteinheiten des MfS. Die weiteren Promovenden gliedern sich wie folgt:

- Zollverwaltung der DDR: 3
- Ministerium für Außenwirtschaft der DDR: 3

- Presseamt Ministerrat der DDR: 2
- Ministerium des Innern der DDR: 2
- Ministerium für Finanzen der DDR: 2
- Akademie für Militärmedizin der DDR: 1
- Komitee für Staatssicherheit der UdSSR: 2
- Ministerium des Inneren der Republik Cuba: 3

Die Forschungsarbeiten mit der Promotion A zum Dr. jur. (378) wurden wie folgt bewertet: summa cum laude: 15 Prozent, magna cum laude: 64 Prozent, cum laude: 21 Prozent, und mit rite wurde eine Arbeit bewertet.

Zum Zeitpunkt der Promotion A hatten die Promovenden des MfS folgende Dienstgrade: Es promovierten 9 Oberleutnante, 57 Hauptleute, 103 Majore, 150 Oberstleutnante, 40 Oberste und 5 Generalmajore.

Von den 100 Doktoranden, die mit der Promotion B zum Dr. sc. jur. (zwei davon zum Dr. jur. habil.) abschlossen, hatten 71 an der JHP und 29 an anderen Universitäten bzw. Hochschulen bereits den Grad eines Doktor eines Wissenschaftszweiges erworben. (Nach der Promotionsordnung der DDR war im Promotionsverfahen B eine Bewertung nicht vorgesehen. Es wurde nur über Bestehen oder Nichtbestehen der Verteidigung entschieden. Die Promotion B war die Voraussetzung für die Berufung zum Professor oder Dozenten.)

In Anerkennung besonderer Verdienste um die Sicherung des Friedens wurde dem sowjetischen Kundschafter Dr. Rudolf Iwanowitsch Abel und dem Kundschafter der DDR Günter Guillaume der Titel »Dr. jur. h.c. verliehen.[35]

An sieben Beteiligte von Forschungsarbeiten wurde kein Doktortitel vergeben. Ihr Anteil an den verteidigten Forschungsergebnissen wurde mit Medaillen oder Prämien gewürdigt. Diese Form des Abschlusses kam zur Anwendung, wenn die vorgelegten Forschungsergebnisse bzw. der individuelle Anteil des Kandidaten bei Kollektivarbeiten nicht den wissenschaftlichen Anforderungen an eine Dissertation entsprach.

Übliche Praxis an den Hochschulen und Universitäten der DDR war es, bei komplexen Themen Gemeinschaftsdissertationen zuzulassen. Ursula und Detlef Joseph schrieben im Neuen Deutschland vom 2. September 1994 dazu, daß »nicht wenige altbundesdeutsche Universitäten in ihren promotionsrechtlichen Bestimmungen die Möglichkeit von Gemeinschaftsdissertationen, Gruppendissertationen oder von Teamarbeiten vorsehen«. Und dem sei hinzugefügt: Auch selbstverständlich praktizieren.

Entsprechend der in der DDR gültigen promotionsrechtlichen Bestimmungen wurden auch an der JHP Dissertationen realisiert, die aus einer kollektiven Arbeit hervorgingen. Dabei wurde im Rahmen des gesamten Promotionsverfahrens exakt geprüft, ob und inwieweit der jeweilige Doktorand die Voraussetzungen für die Verleihung des Doktor-Grades erfüllt hat. Die Promovenden mußten schriftliche Erklärungen darüber abgeben, worin ihr persönlicher Anteil an den Forschungsergebnissen besteht, welchen Abschnitt der vorgelegten kollektiven Dissertation sie persönlich erarbeitet haben. Diese Erklärung bedurfte der Bestätigung durch die jeweiligen Betreuer.

21 Prozent der Promotionsarbeiten erfolgten von einem Doktoranden, 28 Prozent von zwei Doktoranden, 24 Prozent von drei Doktoranden, 13 Prozent von 4 Doktoranden, 9 Prozent von fünf Doktoranden, 5 Prozent von sechs Doktoranden. Lediglich 3 Promotionsarbeiten wurden von acht bzw. von zehn Doktoranden verfaßt.

Im Rahmen dieses Beitrages ist es nicht möglich, auf die einzelnen Dissertationsthemen einzugehen. Sie wurden im »Deutschland-Archiv« 42/93 veröffentlicht. Eine Übersicht erfolgte auch durch den Bundesbeauftragten für die Unterlagen des Staatssicherheitsdienstes der ehemaligen DDR: »Dokumente – Die Dissertationen an der JHS des MfS – eine annotierte Bibliographie«, Nr. 2/1994. Hier nur soviel. Die Dissertationen konzentrierten sich vor allem auf folgende Komplexe:

- Leitung und Organisierung der vorbeugenden, schadensverhütenden Tätigkeit;
- Zusammenwirken mit anderen Schutz- und Sicherheitsorganen sowie anderen staatlichen Organen und gesellschaftlichen Organisationen;
- Arbeitsweise, Strukturen und Aufgaben der Geheimdienste der BRD und anderer westlicher Staaten;
- Tätigkeit westlicher Untersuchungs- und Strafvollzugsorgane;
- Regimefragen der BRD und Westberlins sowie ausgewählte Rechtsfragen der BRD;
- Aufgaben zur rechtzeitigen Erkennung und Aufdeckung von gegen die DDR gerichteter Tätigkeit, insbesondere Spionage, Diversion, Schädlingstätigkeit, politisch-ideologische Diversion, staatsfeindlicher Menschenhandel, terroristische und andere schwerwiegende Gewaltakte, politische Untergrundtätigkeit;
- Geschichte des MfS;
- Sicherung von sicherheitspolitisch wichtigen Objekten der Landesverteidigung, der Staatsgrenze, der Volkswirtschaft, der Forschung und Entwicklung;

- Leitungstätigkeit, Informations- und Auswertungstätigkeit im MfS wie analytische Arbeit, Planung und Kontrolle, Öffentlichkeitsarbeit u. a.;
- Zusammenarbeit mit Inoffiziellen Mitarbeitern;
- Bearbeitung von Operativen Vorgängen (OV);
- Kontrolle von Personen (OPK);
- Durchführung von Sicherheitsüberprüfungen (SÜ);
- Erarbeitung von Grundlagen und Dokumenten für die Leitung und Organisation der politisch-operativen Arbeit, für die Arbeit mit den Angehörigen des MfS, einschließlich der Aus- und Weiterbildung an der JHP.

Ergebnisse der Forschung fanden ihre Verwertung vor allem als Grundlagen für dienstliche Bestimmungen und Weisungen sowie für Dienstkonferenzen des Ministers, seiner Stellvertreter, für die Arbeitsprozesse in den Diensteinheiten des MfS und an der JHP und für Schulungsmaterialien der Fachschule des MfS bzw. für die in den Diensteinheiten durchzuführenden Breitenschulungen.

Forschungsergebnisse fanden auch Verwertung in Entwürfen neuer rechtlicher Bestimmungen des Ministers für Justiz und der Generalstaatsanwaltschaft sowie für die Ausbildung an Universitäten und Hochschulen der DDR, besonders bezogen auf den Geheimnisschutz und das rechtzeitige Erkennen von Spionageangriffen.

Über die Forschungsergebnisse wurden »Ergebniszusammenfassungen« angefertigt, die den Leitern von Diensteinheiten des MfS zur Verfügung gestell wurden.

Nun bedarf es hinsichtlich der Qualität der Dissertationen der JHP nicht im nachhinein der ausdrücklichen Wertung der BStU-Behörde. Wenn aber Günter Förster (auf der am 28. bis 31. März 1994 an der Akademie für Politische Bildung, Tutzing, durchgeführten 6. Tagung) verlauten ließ, daß man »im Prinzip der MfS-Hochschule den wissenschaftlichen Charakter nicht abschreiben kann« und daß dort das »Promotionsverfahren in Anlehnung an die Promotionsvorschriften des allgemeinen Hochschulwesens durchgeführt wurde« – und Jens Giesecke in einer von der BStU-Behörde herausgegebenen Dokumentation nicht umhin kam festzustellen, daß »an der Juristischen Hochschule Forschungsarbeiten entstanden sind, die dem üblichen Standard der DDR entsprachen …, daß mit der Forschungsarbeit, die an der JHS geleistet wurde, das Niveau der analytischen Durchdringung … aller Aspekte der geheimpolizeilichen und geheimdienstlichen Tätigkeit des MfS … außerordentlich gesteigert wurde«,[36] dann verbleibt dem Autor nur volle Zustimmung.

Die Außenbeziehungen der JHP

Aus den Darlegungen geht hervor, über welche Verbindungen und Arbeitskontakte die JHP zum Ministerium für Hoch- und Fachschulwesen, zu den anderen Bildungs- und Forschungseinrichtungen, zu den Ministerien und bewaffneten Organen sowie zu Einrichtungen von Kunst und Kultur in der DDR verfügte. Die JHP war eine wissenschaftliche Einrichtung, die als Hochschule des MfS in der Öffentlichkeit nicht nur be-, sondern anerkannt war.

In Medien werden immer wieder Behauptungen aufgestellt, als habe die JHP von der Außenwelt völlig abgeschirmt existiert. So hieß es in »Deutschland-Archiv« 2/93: »Die Hochschule war eine konspirativ abgedeckte Ausbildungseinrichtung des MfS.« Und Inge Bennewitz stellt in »Parlament« Nr. 49/90 vom 3. Dezember 1993 wider besseren Wissens fest: »Weder die Lehrer noch die Studenten der im Park Sanssouci gelegenen Pädagogischen Hochschule haben zu DDR-Zeiten gewußt, daß es ganz in der Nähe die Juristische Hochschule des MfS gegeben hat. Nur Insidern und einigen Spezialisten im Westen war die Existenz der MfS-eigenen Lehranstalt in Potsdam-Eiche bekannt. Der Lehrbetrieb verlief in völliger Abgeschiedenheit.« Frau Bennewitz wiederholt diese falsche Behauptung in mehreren Artikeln über die JHP.

Die Juristische Hochschule Potsdam lag weder im tiefsten Wald noch in einem militärischen Sperrgebiet. Sie war keine konspirativ abgedeckte Ausbildungsstätte. Sie befand sich auf den Gemarkungen der Gemeinden Eiche und Golm. Sie grenzte an einer Seite an eine Kaserne der NVA. Unmittelbar an der Begrenzung des Schulobjektes befanden sich des weiteren zivile Wohnsiedlungen und -häuser. Gegenüber dem Haupteingang der JHP befand sich der Bahnhof der Deutschen Reichsbahn Golm. Von dem im übrigen nicht wenige Studenten an Wochenenden nach Hause fuhren. An der JHP führte eine öffentliche Straße und ein befahrbarer Weg vorbei. (Nachdem die JHP des MfS – im Zuge der Zerschlagung und Auflösung des MfS/AfNS Ende Januar 1990 die Arbeit einstellen mußte, ging die Rechtsträgerschaft der Liegenschaft »Juristische Hochschule Potsdam« im März 1990 an die Pädagogische Hochschule »Karl Liebknecht« in Potsdam und danach an die Universität Potsdam über.

Die JHP pflegte sehr umfangreiche Außenbeziehungen.

Die Studenten und Angehörigen der JHP waren seit 1950 an Arbeitseinsätzen, vor allem in den Landwirtschaftlichen Produktionsgenossenschaften (LPG) des Kreises Potsdam, so auch in der Gemeinde Golm beteiligt. Im Rahmen des Nationalen Aufbauwerkes (NAW) wurden zigtausende freiwillige Aufbaustunden in den Gemeinden Eiche und Golm sowie in der Stadt Potsdam geleistet.

Die Offiziersschüler unterhielten sehr enge freundschaftliche Beziehungen besonders zu den Studierenden der Pädagogischen Hochschule in Potsdam. Sie besuchten dortige Veranstaltungen. An den studentischen Veranstaltungen der JHP nahmen Studierende aus Potsdam teil.

Der Hochschule gehörte eine Sporthalle und ein Sportplatz. Die Sportgemeinschaft der Hochschule, die »HSG Dynamo«, betreute in den verschiedenen Sparten ständig bis zu 100 Kinder und Jugendliche vor allem aus den Gemeinden Golm, Eiche, Grube, Bornstedt, Leest und Bornim. Mannschaften der JHP nahmen als Vertreter der Sportorganisation »Dynamo« offiziell am Sportbetrieb des Kreises Potsdam sowie an Turnieren in der DDR teil.

Die Angehörigen der JHP (mit ihren Familien) wohnten vorwiegend in den Gemeinden Eiche und Golm sowie in der Stadt Potsdam. Sie waren nicht nur durch ihre Uniformen als Angehörige des MfS erkennbar, sondern sie beteiligten sich auch aktiv am gesellschaftlichen Leben. Nicht wenige waren Abgeordnete in Volksvertretungen auf Kreis- und Gemeindeebene, waren Mitglieder in Elternbeiräten an Schulen und Kindertagesstätten sowie Leitungsmitglieder in gesellschaftlichen Organisationen.

Im Objekt der JHP hielten sich in der Regel monatlich – außer den am Sportbetrieb teilnehmenden Kindern und Jugendlichen – rund 150 Personen auf, die nicht Angehörige des MfS waren. Das bezieht sich nicht nur auf Gastlektoren und Angehörige von Kulturensembles, sondern auch auf Vertreter des Rates des Kreises Potsdam, auf in der LPG Golm tätige Personen sowie auf weitere Personen, welche in Realisierung von Verträgen Dienstleistungen im Objekt der JHP verrichteten.

Die JHP war also zu keiner Zeit eine mit dem Nimbus des Elfenbeinturmes behaftete Potsdamer Lehranstalt und auch keine Eliteschule des MfS, wie das zeitgeistbeflissene »Aufarbeiter« zu verkünden wissen.

Die Juristische Hochschule Potsdam des MfS war vielmehr – wie beschrieben – die Zentrale Bildungs- und Forschungsstätte des MfS zur immer besseren Erfüllung der den Diensteinheiten übertragenen Aufgaben.

Fußnoten

1 Gerhard Stiller: Gutachten. (BStU, ZA, HA Nr. 757, Bl. 71).

2 Gründungsurkunde der JHP des MfS (BStU, ZA, JHS 391).

3 Statut der JHP des MfS von 1965 (BStU, ZA, JHS 55, Bl. 29 ff.); Statut der JHP von 1981 (BStU, ZA, JHS 89, Bl. 26 ff.).

4 GBl./DDR II 1970, Nr. 26, S. 189 ff.
5 Manfred Schell/Werner Kalinka: Stasi und kein Ende. Die Personen und Fakten. Die Welt – Ullstein Verlag, Berlin 1991, S. 40.
6 BStU, Außenstelle Berlin, Karton C 366.
7 Henke, Sukott, Vollnhals, Süß, Engelmann: Anatomie der Staatssicherheit. Geschichte – Struktur – Methoden. MfS-Handbuch. Der BStU, Abt. Bildung und Forschung, Berlin 1995, S. 30.
8 Verordnung über die Berufung und Stellung der Hochschullehrer an den wissenschaftlichen Hochschulen – Hochschullehrerberufungsverordnung (HBVO) – vom 6. November 1968 (GBl./DDR II 1968, Nr. 127, S. 997 ff.; Anordnung über die Erteilung und den Entzug der Facultas docendi (Lehrbefähigung) vom 1. Dezember 1968 (GBl./DDR II, Nr. 127, S. 1004 ff.); Verordnung über die wissenschaftlichen Mitarbeiter an den wissenschaftlichen Hochschulen – Mitarbeiterverordnung (MVO) – vom 6. November 1968 (GBl./DDR II 1968, Nr. 127, S. 1007 ff.).
9 Bibliographie der Diplomarbeiten und Abschlußarbeiten an der Hochschule des MfS. Der BStU, Dokumente, Reihe A, Nr. 1/1998, S. 6.
10 Direktive des Stellvertreters des Ministers für Staatssicherheit und Leiter der HVA über die Aufgaben der Schule der HVA vom 28. Juni 1965 (BStU, ZA, SdM 959, Bl. 54 ff.).
11 Befehl Nr. 7/83 des Ministers für Staatssicherheit über die Übertragung der Rechte und Pflichten einer Sektion der Hochschule des MfS an die Schule der Hauptverwaltung A vom 1. Januar 1983 (BStU, ZA, DSt. 102940).
12 Studienplan für das Direktstudium der Offiziersschüler an der Hochschule des MfS – September 1986 (BStU, ZA, JHS 23280, Bl. 5 ff.).
13 Befehl Nr. 28/66 (BStU, Außenstelle Berlin, Karton 366, Mappe 1/14).
14 GBl./DDR I 1973, Nr. 31, S. 308 ff. bzw. GBl./DDR I 1988, Nr. 7, S. 72 ff.
15 GBl./DDR II 1963, Nr. 21, S. 40 ff. bzw. GBl./DDR II 1971, Nr. 55, S. 32 ff.
16 Vgl.: Studienplan – Ergänzungsstudium – vom Oktober 1985 (BStU, ZA, JHS 23198).
17 BStU: MfS-Handbuch – Die hauptamtlichen Mitarbeiter des MfS. ..., a. a. O., S. 48 - 58.
18 Ebenda, S. 49.
19 GBl./DDR II 1963, Nr. 21, S. 143 ff.
20 GBl./DDR II 1971, Nr. 55, S. 486 ff.
21 BStU, ZA, JHS, Rc 35 – 40.
22 GBl./DDR I 1975, Nr. 10, S. 183 ff.
23 Prüfungsordnung der JHP vom Januar 1967 (BStU, ZA, JHS 39, Bl. 1 ff.), vom Mai 1971 (BStU, ZA, JHS 42, Bl. 10 ff.) und vom Oktober 1986 (BStU, ZA, JHS 52, Bl 166 ff.).
24 BStU, ZA, JHS 42, Bl. 1 ff.
25 BStU, ZA, JHS 48, Bl. 1 ff.
26 BStU, ZA, JHS 52, Bl. 109 ff.
27 GBl./DDR 1986, Nr. 26, S. 380 ff.
28 BGBl. Teil II, Nr. 52, S. 2652.
29 GBl./DDR 1969, Nr. 14, S. 107 ff.
30 GBl./DDR 1969, Nr. 14, S. 110 ff.
31 GBl./DDR 1988, Nr. 17, S. 193 ff.
32 BStU, ZA, JHS 52, Bl. 39 ff.
33 BStU, ZA, JHS 53, Bl. 14 ff.
34 Forschungsplan der JHP 1986 – 1990 (BStU, ZA, JHS 23065 bzw. BStU, ZA, JHS 23069).
35 Doktoren der Tschekistik - Die Promovenden der »Juristischen Hochschule« des MfS. Der BStU – BF informiert - 6/1994, S. 9.
36 Ebenda, S. 5 und 23.

Akten, Karteien und eine Behörde

Von Willi Opitz

Die Ergebnisse der über 40jährigen Tätigkeit aller Diensteinheiten des MfS wurden, wie das einer ordentlichen Nachweisführung entsprach, in Akten- und Dokumentenablagen sowie in Karteien erfaßt, gespeichert und archiviert.

Im Archivbestand des MfS enthalten waren außerdem Unterlagen anderer Institutionen der DDR sowie aus der Zeit des Faschismus, die zentralen Festlegungen gemäß dort zu archivieren waren. Sie betrafen zu einem beträchtlichen Teil historische Vorgänge.

Die Erfassung und Speicherung erfolgte auf der Grundlage dienstlicher Bestimmungen auf herkömmliche Art und Weise, d. h. in manuell verwalteten Karteien und Aktensystemen, wie auch unter Nutzung moderner Datenverarbeitungstechnik.

Die Akten, Dokumente und Karteien des MfS werden seit dem 16. Oktober 1990 von einer Bundesbehörde mit der Bezeichnung »Der Bundesbeauftragte für die Unterlagen des Staatssicherheitsdienstes der ehemaligen Deutschen Demokratischen Republik [BStU] »erfaßt, verwahrt, verwaltet und verwendet«. Rechtsgrundlage dafür bildete (und bildet) das »Gesetz über die Unterlagen des Staatssicherheitsdienstes der ehemaligen Deutschen Demokratischen Republik - StUG -vom 20. Dezember 1991«.[1]

Erster »Bundesbeauftragter« war der Rostocker Pfarrer Joachim Gauck. Im Oktober 2000 wurde die Theologin Marianne Birthler von Bundesinnenminister Otto Schily als neue Chefin berufen und vereidigt - mit der Eidesformel: »So wahr mir Gott helfe«. Die Behörde des Bundesbeauftragten, landläufig auch als Gauck-Behörde bezeichnet, beschäftigt etwa 3.000 Personen. Sie verbrauchte allein vom 16. Oktober 1990 bis zum 31. Dezember 2000 nach offiziellen Angaben über zwei Milliarden DM Steuergelder.[2]

Zum Vergleich: In der Ende der 50er Jahre gegründeten »Zentralen Stelle der Länderjustizverwaltungen« in Ludwigsburg, die sich mit der Aufklärung von NS-Verbrechen beschäftigte und Naziakten aufbewahrte und auswertete, waren in den 60er Jahren etwa 125 Mitarbeiter beschäftigt. 1994 arbeiteten dort nur noch 26.[3]

Nachdem die Gauck-Behörde die Akten, Dokumente und Karteien in der Zentrale des MfS (43 Diensteinheiten) und in 15 Außenstellen (15 Bezirksverwaltungen des MfS mit insgesamt 432 Dienststellen sowie 210 Kreisdienststellen und 7 Objektdienststellen), also die Materialien von 692 Diensteinheiten, »vermessen« hatte, meldete sie ohne jegliche inhaltliche Wertung, daß »eine 1992 durchgeführte sorgfältige Bestandsaufnahme« folgendes Gesamtresultat gebracht habe.[4]

Schriftgut: 120.100 m

Sicherheitsrelevantes Schriftgut: 2.000 m

Karteien: 9.300 m

Schriftgut auf Sicherungs- und Arbeitsfilmen umgerechnet auf Papier: 46.550 m.

(Mit Sicherheit enthalten diese 46.550 laufenden Meter mehrfache Kopien: nämlich Sicherheitskopien und Kopien der für die Benutzung bestimmten Arbeitsfilme sowie Sicherheitskopien zum verfilmten Originalmaterial. Das wird jedoch nicht ausgewiesen.)

Insgesamt befanden sich demnach 79.260 m im Zentralarchiv, 98.690 m in den Archiven der Außenstellen, insgesamt also 177.950 m Schriftgut.

Akten und Dokumente spielen seit Jahren eine Kronzeugenrolle bei der Verteufelung des MfS. In grobschlächtiger Argumentation wurde und wird nachhaltig der Eindruck vermittelt, es handele sich ausschließlich um Unterlagen von »Opfern des SED-Regimes und der Stasi«. Weil man die – erhofften? – Leichenberge nicht fand, mußten die Aktenberge diese Funktion übernehmen. Einer der »Bürgerbewegten« prägte dafür den Begriff vom »Auschwitz der Seelen«.

1993 waren in der Zentrale des MfS Berlin ganze 11,4 Prozent und in den Außenstellen gerade mal ein reichliches Viertel der Unterlagen erschlossen. Dennoch meinte man zu wissen, was die Akten enthielten und wie sie zu werten waren. Der 5. Tätigkeitsbericht über »Archivisch erschlossene Unterlagen – Stand August 2001« der BStU bot folgende Übersicht:[5]

Unterlagen der MfS-Diensteinheiten Berlin – Zentralstelle –		**Erschließungsstand**	
	lfd. M	lfd. M	in Prozent
Erster Tätigkeitsbericht (1991-1993	28.120	3.193	11,4

Zweiter Tätigkeitsbericht (1993-1995)	22.509,2	9.196,1	40,9
Dritter Tätigkeitsbericht (1995-1997)	24.756,1	9.948,5	40,2
Vierter Tätigkeitsbericht (1997-1999	24.679,1	11.479,1	46,5
Fünfter Tätigkeitsbericht (1999-2001)	24.591,2	12.822,8	52,1

Soweit die Angaben für die Zentralstelle. In den Außenstellen sah es so aus:

Unterlagen der Diensteinheiten		**Erschließungsstand**	
	lfd. M	lfd. M	in Prozent
Erster Tätigkeitsbericht (1991-1993	40.545	10.691	26,4
Zweiter Tätigkeitsbericht (1993-1995)	34.060,8	20.614,6	60,5
Dritter Tätigkeitsbericht (1995-1997)	37.766,6	24.555,9	65,0
Vierter Tätigkeitsbericht (1997-1999	39.006,1	27.372,1	70,2
Fünfter Tätigkeitsbericht (1999-2001)	39.645,6	29.900,3	75,4

Nachhaltig wurde (und wird) der Eindruck vermittelt, das MfS habe über jeden Bürger der DDR eine Akte geführt.

Die Tätigkeitsberichte der BStU-Behörde enthalten zwar die Zahlen über neue Anträge von Bürgern der DDR auf Akteneinsicht. Nicht mitgeteilt wurde hingegen, wie vielen Antragstellern mitgeteilt werden mußte, daß über sie keine Akte in den Archiven existiert.

Erst 1999, im 4. Tätigkeitsbericht, findet sich auf Seite 11 die Feststellung: »Erfahrungswerte zeigen, daß zu etwa einem Drittel der Antragsteller tatsächlich Akten vorhanden sind«. Dabei blieb aber auch unbeantwortet, was in den vorhandenen Akten tatsächlich enthalten ist.

Hans-Joachim Vogel, Studentenpfarrer von Chemnitz, meinte bereits 1993 zum fragwürdigen Umgang mit den Akten : »Vor allem die politische Instrumentalisierung der Akten und der Behörde ist ein Trauerspiel: Verdächtigungen, Rufmord, Ausgrenzung, Diffamierung und Geschichtsfälschung werden unter Nutzung der Akten betrieben.«[6]

Rechtsanwalt Peter-Michael Diestel, stellvertretender Ministerpräsident und letzter Innenminister der DDR, erklärte in einem Interview mit der

Tageszeitung »junge Welt« am 28. April 2001 auf die Frage, ob »das Gesetz über die Unterlagen der Staatssicherheit verfassungswidrig« sei: »Die juristische Bilanz des Wirkens der Staatssicherheit kommt einer Rehabilitierung des MfS nahe … Das Wirken der Gauck-Behörde hat in den vergangenen zehn Jahren nicht in einem Fall zu einer den Vorwürfen entsprechenden Verurteilung geführt, d. h. die Gauck-Behörde hat ohne Effizienz, ohne einen gesellschaftlichen Nutzen Milliarden verschlungen … Das Unterlagengesetz halte ich für verfassungswidrig. Bezogen auf die Grundrechte einzelner Menschen ist es direkt verfassungswidrig. In jedem Falle, da die Akten des MfS irgend jemanden zur Kenntnis gegeben werden, hätte eine differenzierte Prüfung aller Umstände nach den Grundsätzen der Zivilprozeß- und Strafprozeßordnung erfolgen müssen. Das ist in keinem Fall geschehen.

Man kann nur wiederholen: Hier gibt es eine massive politische Absicht der Kriminalisierung ostdeutscher Lebensläufe, und deswegen lehne ich das Gesetz ab. Ich garantiere: In zehn oder fünfzehn Jahren werden sich die Rechtswissenschaftler an den Kopf fassen. Ich stehe mit dieser Auffassung nicht allein … Heute sieht jeder ernsthafte Jurist diese Widersprüche. Eines ist klar: Hier werden alte Rechnungen beglichen, hier rächt man sich an dem Geheimdienst, der jahrzehntelang ganz, ganz weit vorn gelegen hat.«[7]

Der Pressesprecher der Gauck-Behörde indes wurde nicht müde, ihre Sicht auf die Unterlagen in die Öffentlichkeit zu tragen. So meinte er 1994, »die DDR habe zwar nicht wie das Dritte Reich Berge von Leichen hinterlassen, statt dessen aber nicht minder schreckliche Berge von Akten, die ganz schöne Hügel von Leichen und ein ganzes Gebirge von Entbürgerlichten enthalten. In 180 km Akten des MfS seien Opfer in preußischer Manier verzeichnet der Nachwelt überlassen.«[8]

Sein Chef meinte ergänzen zu müssen, »daß die Akten Ausdruck der ungeheuren Dimension der Überwachungstätigkeit des MfS seien«.[9]

Seit 1993 legt die Behörde alle zwei Jahre der Bundesregierung einen Tätigkeitsbericht vor. Diese zielen wohl mehr darauf ab, die vermeintliche Notwendigkeit ihrer Arbeit zu unterstreichen und sie perspektivisch zu sichern, als im gutbürgerlichen Sinne aufzuklären: Die Berichte bleiben der Öffentlichkeit weitgehend unbekannt.

Im 3. Tätigkeitsbericht 1997 hieß es, »daß der 1991 bis 1993 festgestellte Gesamtumfang der Unterlagen von 177.950,00 m auf 168.735,40 m zurückging.« Bemängelt wurde ferner die Tatsache »eines geringen Standes der archivisch erschlossenen Unterlagen und eines nur langsam verlaufenden Erschließungsstandes der Unterlagen«.

Dieser Tätigkeitsbericht verwies auf die »augenfällige Verlangsamung der Erschließungsarbeiten, besonders in bezug zum Ersten und Zweiten Tätigkeitsbericht« und gibt an, »daß in den ersten Jahren des Bestehens der Behörde vorwiegend Unterlagen und Karteien geordnet wurden« und daß dabei »auch abgeordnete Bundeswehr- und Bundesgrenzschutzangehörige Unterstützung leisteten«.

Was unter dieser »Unterstützung« zu verstehen ist, das haben auch die notgedrungen erfolgten Veröffentlichungen über die selektive Auswahl, Entnahme und Vernichtung von sensiblen Materialien über die BRD aus den Archivbeständen des MfS verdeutlicht. Und salomonisch wird in diesem Tätigkeitsbericht noch hinzugefügt: »Eine archivische Erschließung von Inhalten fand bei diesen Ordnungsarbeiten grundsätzlich nicht statt.«[10]

Obwohl der Aktenbestand sich auf wundersame Weise verringerte und die Erschließung der Akten und Dokumente, d. h. ihre inhaltliche Aufbereitung »äußerst schleppend verlief«, wird weiter mit der 1990 in der Öffentlichkeit verbreiteten Zahl von 180 Kilometer Akten operiert. Die Akten und Dokumente werden unverändert als »Opferbestände« gehandelt, beurteilt und verurteilt.

»Die ständig wiederholte Lieblingszahl der Behörde sind die 180 Kilometer hinterlassener Stasi-Akten«, bemerkte die Schriftstellerin Daniela Dahn. »Die einzig wirklich interessante Zahl ist bis heute aus der Behörde partout nicht zu erfahren. Schon im Sommer 1995 rief ich den damaligen Pressesprecher Rogalla an und fragte, wie viele DDR-Bürger denn nun tatsächlich Opfer gewesen seien, also in einem operativen Vorgang bespitzelt wurden. ›So genau hat noch keiner gefragt‹, sagte er überrascht. ›Das Archiv sei noch nicht genügend aufgeräumt, und es sei auch sehr schwierig diese Zahl herauszufiltern.‹ Ich wies darauf hin, daß bei dem Geheimdienstskandal 1989 in der Schweiz die dortige parlamentarische Untersuchungskommission sehr schnell herausgefunden hatte, daß es zu 900.000 Personen Akten gab. Nunmehr zu meiner Überraschung meinte Rogalla da: ›Die Stasi hat den Eindruck erweckt, daß sie millionenfach gewirkt hat. Das hat sie gar nicht.‹ Obwohl inzwischen ›die sogenannten Opferakten fast vollständig zugriffsbereit sind‹, sieht auch der Pressesprecher Legner auf meine wiederholte Frage nach der Zahl der bespitzelten Bürger ›überhaupt kein Land in Sicht. Das ist für uns auch relativ unwichtig‹.«[11]

Sehen wir uns also im Interesse der Wahrheit die sich in Archiven des MfS befindlichen Unterlagen genauer an. (Die Bezeichnungen der Archivbestände entsprechen dem Ordnungsprinzip der BStU-Behörde.)

Archivbestand 1 (Operative Hauptablage)

Darin sind vor allem enthalten: Operative Vorgänge (OV); Untersuchungsvorgänge (UV); IM-Vorgänge.

Die dazu in den Tätigkeitsberichten gemachten Angaben sind offensichtlich bewußt sehr pauschal gehalten. Sie geben vorwiegend quantitative Werte wieder. Es wird keinerlei Auskunft über den Inhalt der unterschiedlichen Vorgangskategorien und deren Differenziertheit gegeben. Operative Vorgänge und Untersuchungsvorgänge werden mit den IM-Vorgängen im Archivbestand 1 vermischt. So werden die gesamten IM-Vorgänge dem von der BStU-Behörde erfundenen »Opferberg« zugeordnet.

Operative Vorgänge (OV)

OV wurden, wie bereits an anderer Stelle erläutert, angelegt und bearbeitet, um einen vorliegenden Verdacht auf strafbare Handlungen (Staatsverbrechen oder für das MfS bedeutsame Straftaten der allgemeinen Kriminalität) zu überprüfen und aufzuklären.

Die Akten des OV enthielten vor allem folgende Unterlagen:

- Überprüfte Ausgangsmaterialien, d. h. in der Regel verdichtete Informationen über eine mögliche Straftat;
- Beschluß über das Anlegen und den Beginn des OV durch den dafür berechtigten Leiter auf der Grundlage der operativen und rechtlichen Einschätzung des Ausgangsmaterials;
- Operativpläne für die Bearbeitung des OV, Berichte von IM sowie anderer zum Einsatz kommender Mittel und Methoden, Sachstandsberichte, d. h. zusammengefaßte, beweismäßig gesicherte schriftliche Analysen über den jeweiligen Stand der Bearbeitung des OV;
- Abschlußbericht als Grundlage für die Entscheidung des zuständigen Leiters über den Abschluß des OV. Darin waren die wesentlichen Ergebnisse der Bearbeitung des OV objektiv und unter Bezugnahme auf die erarbeiteten Informationen und Beweise zu belegen und rechtlich zu bewerten.

Erbrachte die Prüfung der Verdachtsgründe, die zum Anlegen des OV führten, eindeutig und nachweisbar keine Bestätigung des Vorliegens einer Straftat oder anderer Rechtsverletzungen, bzw. waren aus anderen Gründen die Voraussetzungen für eine Strafverfolgung nicht gegeben (wie z. B. Verjährung, Zurechungsunfähigkeit u. ä.) oder gab es objektiv keine Möglichkeit, die Verdachtsgründe abschließend zu klären, wurde die Bearbeitung des OV eingestellt. Der OV wurde archiviert.

Eine von der BStU-Behörde im Zweiten Tätigkeitsbericht (1995) auf Seite 64 veröffentlichte »Übersicht der von der Abt. XII des MfS in den Jahren 1950-1989 archivierten OV (Auswertung der Archivregistrierbücher)« weist per 31. Mai 1995 eine Gesamtzahl von »20.520 archivierten OV« aus.

1950-1959 wurden 5.307 OV;

1960-1969 wurden 7.808 OV;

1970-1979 wurden 4.772 OV;

1980-1989 wurden 2.633 OV archiviert.

Es ist zu vermerken, daß die von den operativen Abteilungen der BV sowie von den Kreis- und Objektdienststellen in diesem Zeitraum archivierten OV vom BStU nicht ausgewiesen wurden. Kenner der Materie schätzen ein, daß sich in den von den Außenstellen der BStU-Behörde verwalteten Archiven der BV ca. 45.000 archivierte OV der genannten operativen Diensteinheiten befinden.

In OV konnten sowohl einzelne Personen als auch Gruppen von Personen erfaßt werden. Wie bereits im Beitrag zu den Verantwortungs- und Aufgabenbereichen von Abwehrdiensteinheiten im Band 1 erwähnt, war die Abt. XII des MfS zuständig für die Erfassung und karteimäßige Überprüfung von Personen und Objekten, für die Registrierung und Archivierung von operativen Unterlagen wie OV, OPK und Sicherheitsüberprüfungen und von Aktenbeständen anderer Institutionen der DDR sowie für die MfS-interne Recherche und Auskunfterteilung über erfaßte Personen und Objekte.

Die Tätigkeitsberichte der BStU-Behörde geben keine Auskunft über die Gründe der Bearbeitung der OV. So firmieren auch weiterhin Spione, Saboteure, Terroristen, kriminelle Menschenhändler, Wirtschaftsverbrecher, Gewalttäter, Friedhofsschänder, Schmierer faschistischer oder antisemitischer Losungen und Symbole als »Opfer«.

Es fehlt auch jeglicher Hinweis, wie viele OV wegen Nichtbestätigung des Verdachts einer Straftat oder aus anderen Gründen eingestellt und archiviert wurden. Das betraf jährlich rund 60 Prozent der OV. Und nur etwa 30 Prozent der von den Untersuchungsorganen des MfS bearbeiteten Ermittlungsverfahren (EV) beruhten auf vorangegangenen OV. 1987 wurden z. B. 1.686 OV abgeschlossen, davon nur 642 OV durch Einleitung eines EV mit oder ohne Haft.

Untersuchungsvorgänge (UV)

Diese Vorgangsart erfaßt alle Unterlagen und Dokumente im Zusammenhang mit der Einleitung, Bearbeitung und dem Abschluß von Ermittlungsverfahren (EV) mit oder ohne Haft.

UV beinhalteten insbesondere:
- Die strafrechtliche Einschätzung des vorliegenden Materials;
- Untersuchungspläne;
- Den Haftbeschluß;
- Zweitschriften von Leitungsdokumenten des EV, wie Einlieferungsanzeige, Haftbefehl, staatsanwaltliche Anordnungen und richterliche Bestätigungen sowie Anklageschrift des Staatsanwaltes;
- Durchschriften der Protokolle über die Beschuldigten- und Zeugenvernehmungen;
- Duplikate der Beweismittel.

Nach der Übersicht der BStU-Behörde wurden von 1950 bis 1989 (bezogen auf die HA IX) insgesamt 17.544 UV archiviert.

1950-1960: 6.277 UV
1961-1970: 4.335 UV
1971-1980: 3.045 UV
1981-1989: 3.887 UV

Nach Kenntnis ehemals leitender Mitarbeiter der Untersuchungsabteilungen sind in den Archiven der BV ca. 43.000 UV der Abteilungen IX der BV archiviert. Bei den UV ist zu bedenken, daß in einem UV mehrere Personen als Beschuldigte registriert sein konnten, so daß die Zahl der UV nicht identisch ist mit der Zahl der in Ermittlungsverfahren (EV) bearbeiteten Personen.

Analog zu den OV schweigt sich die BStU-Behörde natürlich auch über die Gründe der Einleitung und Bearbeitung der UV aus, obwohl gerade diese Gründe präzise Feststellungen zu strafrechtlich relevanten Verantwortlichkeiten und Sachverhalten beinhalten.

IM-Vorgänge/Akten

Im Archivbestand 1 wurden die seit 1950 vom MfS archivierten IM-Akten eingegliedert. Das bezieht sich auf die Akten solcher IM, mit denen aus unterschiedlichen Gründen die konspirative Zusammenarbeit beendet wurde, wie auch auf IM-Vorlaufakten. Letztere sind Akten zu Personen, die für eine konspirative Zusammenarbeit vorgesehen waren, dafür wegen mangelnder Eignung bzw. aus anderen Gründen jedoch nicht gewonnen wurden.

Die Gründe dafür wurden im Beitrag zur Zusammenarbeit mit IM im Band 1 bereits erläutert. Um die Größenordnung der archivierten IM-Akten zu verdeutlichen sei darauf verwiesen, daß die bereits angeführte Übersicht der BStU-Behörde über die archivierten Akten der operativen Diensteinheiten des MfS Berlin für die Zeit von 1950 bis 1989 insgesamt 228.030 IM-Akten ausweist.

Zu jedem IM, dessen Akten archiviert wurden, gab es mindestens drei Aktenteile:

Teil I (Personalakte), darin enthalten:

- Plan zur aufgabenbezogenen Suche und Gewinnung des IM-Kandidaten für eine konspirative Zusammenarbeit,
- Auskunftsbericht zur Person des IM-Kandidaten, insbesondere Angaben über seine berufliche und gesellschaftliche Entwicklung sowie die Möglichkeiten und Voraussetzungen für eine konspirative Zusammenarbeit,
- Vorschlag zur Werbung und Bericht über die durchgeführte Werbung, einschließlich Verpflichtungserklärung des IM,
- längerfristige Einsatz- und Entwicklungskonzeptionen und periodische Einschätzungen des Führungsoffiziers über den IM,
- Bericht über die Beendigung der konspirativen Zusammenarbeit sowie die diesbezügliche Entscheidung des zuständigen Leiters.

Teil II (Arbeitsakte), darin enthalten:

- Aufträge an den IM, einschließlich Instruktionen über die Durchführung,
- Berichte des IM,
- Treffberichte des Führungsoffiziers.

Teil III (Beiakte zur Personalakte), darin waren vor allem die Nachweise über die an den IM ausgehändigten operativen Dokumente und Mittel sowie Quittungen über an den IM gezahlte Beträge bzw. übergebene Sachwerte enthalten.

Im Archivbestand 1 befinden sich weiterhin Akten über durchgeführte *Operative Personenkontrollen (OPK)*.

Diese Akten enthalten insbesondere:

- Operativ und rechtlich bewertete Informationen zu konkreten Anhaltspunkten, die noch keinen Verdacht einer strafbaren Handlung oder für das Wirken gegnerischer Kräfte begründeten, aber Indizien dafür sein konnten.
- Maßnahmepläne mit der Zielstellung der Bestätigung oder Entkräftung des Verdachts der Begehung von Straftaten sowie der vorbeugenden Sicherung von Personen in wichtigen Positionen oder Bereichen, d.h. der zuverlässigen Verhinderung ihres Mißbrauchs durch feindliche Stellen und Kräfte.
- Abschlußbericht über die Beendigung der Operativen Personenkontrolle.

Nach Übersicht der BStU-Behörde wurden von 1972 (dem Beginn der Arbeit mit OPK im MfS) bis 1989 durch die operativen Diensteinheiten des MfS Berlin insgesamt 21.287 OPK-Akten archiviert.

1972-1979: 7.998 OPK

1980-1989: 13.289 OPK.

In den OPK-Akten waren nur Einzelpersonen registriert. In den von den Außenstellen der BStU verwalteten Archiven der BV befinden sich ca. 110.000 archivierte OPK-Akten, einschließlich der Kreis- und Objektdienststellen.

Auch die OPK-Akten werden unabhängig von Charakter und Inhalt dem »Opferberg« zugeordnet. In den Tätigkeitsberichten wird unterschlagen, daß die Einleitung von OPK eine primär vorbeugende Maßnahme war, 70 Prozent aller OPK die vorbeugende Sicherung von Personen zum Gegenstand hatten. Bei Nichtbestätigung von Anhaltspunkten für verdachtsbegründende Handlungen wurden die OPK ohne irgendwelche negative Auswirkungen für die kontrollierten Personen eingestellt und archiviert. Und das betraf, wie bereits andererorts festgestellt, weit über 80 Prozent aller OPK. Lediglich ca. 9 Prozent der OPK wurden in Operativ-Vorgänge umregistriert, und nur in Einzelfällen wurden im Ergebnis von OPK Ermittlungsverfahren eingeleitet.

Im Archivbestand 1 befinden sich weiterhin einige hunderttausend Karteikarten und Akten über durchgeführte Sicherheitsüberprüfungen (SÜ). (In der Mehrzahl der SÜ erfolgten lediglich Vermerke auf Karteikarten.) Die Akten enthalten vor allem:

- Informationen zur Einschätzung der sicherheitspolitischen Eignung von solchen Personen, denen bedeutsame Aufgaben, Funktionen, Befugnisse oder Vollmachten bzw. Erlaubnisse und Genehmigungen übertragen oder erteilt werden sollten.
- Entscheidungen des zuständigen Leiters über die Empfehlung zur Zustimmung oder Ablehnung des Einsatzes bzw. der zu erteilenden Erlaubnis oder Genehmigung gegenüber den jeweils verantwortlichen staatlichen Organen.

Immer wieder wird, gerade auch bezogen auf Sicherheitsüberprüfungen, der Eindruck vermittelt, daß sich in diesen Akten ausschließlich Angaben befinden würden, die sich gegen überprüfte Personen richten. Ungeachtet der Tatsache, daß ca. 99 Prozent dieser Überprüfungen positiv ausgingen, d. h. keine Einwände aus sicherheitspolitischen Gründen erhoben wurden, werden auch diese Akten dem »Opferberg« zugeschlagen. Aber auch in jenen

Fällen, in denen staatliche Leiter den Empfehlungen des MfS folgten und ablehnende Entscheidungen trafen, ist der »Opfer«-Begriff mehr als fragwürdig. Demnach wären z. B. auch Wehrpflichtige, die nicht an der Staatsgrenze eingesetzt wurden, oder alle Personen, denen z. B. der Besitz einer Jagdwaffe versagt wurden, »Opfer des SED-Regimes«.

Daniela Dahn machte noch auf einen anderen Aspekt aufmerksam. »Die Behörde ist längst zur personenbezogenen Beauskunftung übergegangen und damit zum Austausch von Eliten geworden. Bislang sind etwa zwei Millionen Ersuchen vom Öffentlichen Dienst, von Parteien, Justiz, Kirche und Wirtschaft zu Sicherheitsüberprüfungen in der Behörde eingegangen, außerdem fast 400.000 Anfragen von Rentenversorgungsträgern, mit der Maßgabe, eventuell zahlungsmindernde Daten herauszubekommen.

Es gibt also schätzungsweise schon zehnmal mehr Ostdeutsche, die bösgläubig durchleuchtet wurden, als je bei der Stasi gearbeitet haben können. Die personenbezogene Suche nach einstigen Verstrickungen ist der eigentliche Schwerpunkt in der Tätigkeit der rund 3.000 Mitarbeiter der Behörde.«[12]

Dazu einige Angaben aus den Tätigkleitsberichten des BStU:[13]

– Seit 1991 gingen insgesamt 1.593.603 Ersuchen zur Überprüfung von Beschäftigten des öffentlichen Dienstes ein.

– Bis einschließlich September 2001 wurden von den jeweils zuständigen Sonder- und Zusatzversorgungsträgern ca. 769.000 Ersuchen zu Rentenangelegenheiten gestellt.

– Bis 1999 lagen 241.103 Ersuchen zu Sicherheitsüberprüfungen vor. In der Zeit von Ende 1999 bis einschließlich September 2001 gingen weitere 23.440 Erst- bzw. Wiederholungsersuche von Obersten Bundes- und Landesbehörden ein. (»Sicherheitsüberprüfungen … sind notwendige Voraussetzungen für die Ermächtigung einer Person sowohl zum Zugang zu im staatlichen Interesse geheimzuhaltenden Informationen [Verschlußsachen] als auch zur Ausübung von Tätigkeiten in sicherheitsempfindlichen Bereichen«, heißt es im Fünften Tätigkeitsbericht 2001, S. 46)

– Seit Inkrafttreten des Staatssicherheitsunterlagen-Gesetzes sind von Presse, Rundfunk und Film zu allen erdenklichen Lebensbereichen und Sachthemen insgesamt 9.693 Anträge gestellt worden.

– Zur Überprüfung von Personen, die als Notar, Rechtsanwalt oder ehrenamtliche Richter tätig sind oder sich um die Zulassung hierzu bewerben, gingen allein von 1993 bis 1995 ca. 4.800 Anträge ein. In der Zeit von Juli 1999 bis September 2001 kamen weitere 206 Anträge hinzu.

– Im Zeitraum von Ende 1999 bis September 2001 wurden 1.005 Überprüfungen von Personen zu deren »Ordenswürdigkeit« vorgenommen.

– Von Mai 1991 bis Mai 1999 beantragten Parteien, Verbände und die Privatwirtschaft 27.834mal die Überprüfung von Personen.

– Die Evangelische Kirche beantragte zwischen 1991 und 1995 die Überprüfung von 21.000 Mitarbeitern, die Katholische Kirche von 850.

– Des weiteren erledigte die Behörde des BStU Ersuchen zur Überprüfung von Parlamentariern sowie in Vermögensangelegenheiten und in bezug auf die Erteilung (oder Verweigerung) einer Erlaubnis nach dem Waffengesetz und dem Bundesjagdgesetz.

– Von Ende 1999 bis September 2001 gingen von den Geheimdiensten der BRD 1.850 Ersuchen ein; in diesem Zeitraum wurden rund 2.200 Personen- sowie 18 Sachanfragen »erledigt«. »Die Anfragen der Nachrichtendienste«, so heißt es im Fünften Tätigkeitsbericht auf Seite 49, »werden die Behörde auch weiterhin beschäftigten«.

Archivbestand 2

Dort befinden sich archivierte Objektakten zu Geheimdiensten und anderen gegnerischen Stellen sowie Sachakten und Vorgangshefte.

Darunter befinden sich ca. 50.000 Akten über Objekte und Personen gegnerischer Geheimdienste und anderer gegen die DDR tätig gewesener Zentralen und Einrichtungen.[14]

Weiterhin erfaßt sind eine beträchtliche Zahl von nachrichtendienstlich interessanten Personen aus der BRD und Westberlin sowie anderer Staaten, vorwiegend der NATO. Dabei handelt es sich vor allem um Mitarbeiter von Geheimdiensten und Agentenzentralen, im Bereich der psychologischen Kriegsführung tätige Personen sowie um westliche Kontaktpartner von DDR-Institutionen in Politik, Wirtschaft, Kultur und Wissenschaft.

Ob diese Unterlagen noch von der BStU-Behörde verwaltet werden oder sich – im Gegensatz zum sogenannten Stasi-Unterlagengesetz – unter Verschluß der bundesdeutschen Geheimdienste oder anderer Einrichtungen befinden, vermag zweifelsfrei offensichtlich nicht einmal der/die Bundesbeauftragte selbst zu beantworten. Die Tätigkeitsberichte lüften dieses Geheimnis nicht, denn für diese Akten gelten im Gegensatz zu den Akten über die hauptamtlichen und Inoffiziellen Mitarbeiter des MfS ja bekanntlich die strengsten Geheimhaltungsprinzipien, und das für einen Zeitraum von 30 Jahren, wenn sie überhaupt jemals das Licht der Öffentlichkeit erblicken werden.

Jüngste Vorgänge legen Zeugnis davon ab, was alles so auf Nimmerwiedersehen verschwinden kann.

Archivbestand 3 (Personalaktenablage)

Dort befinden sich unter der Bezeichnung KS II ausschließlich die Personalakten, Disziplinarakten, Gesundheitsunterlagen und eventuell Gerichtsakten zu allen seit 1950 im MfS tätig gewesenen hauptamtlichen Angehörigen sowie zu Zivilbeschäftigten und Unteroffizieren auf Zeit (UaZ), die ihren Dienst im MfS - außer Wachregiment - geleistet haben.

Dieser Aktenbestand beträgt etwa 12.500 Meter.

Dazu kommen unter der Bezeichnung KS III die Personalunterlagen aller Unteroffiziere auf Zeit (UaZ), die im MfS-Wachregiment »Feliks Edmundowitsch Dzierzynski« gedient haben. Das sind ca. 4.500 Meter Aktenbestand.

Zum gleichen Archivbestand gehören darüber hinaus die abgelehnten Vorschläge für eine Einstellung in das MfS sowie weitere Akten kaderpolitischen Inhalts mit einem Umfang von etwa 1.555 laufenden Metern.

Rechnet man das Schriftgut der HA Kader und Schulung und der entsprechenden Abteilungen der BV sowie die dort geführten Karteien, Bild- und Tonträger hinzu, so ergibt sich eine Zahl von über 22.000 Metern.

Auch diese Akten und Materialien werden pauschal dem »Opferberg« von 180 km zugeschlagen.

Archivbestand 4

Dort sind Unterlagen anderer staatlicher Organe und Einrichtungen der DDR, die das MfS gemäß zentraler Weisungen aufbewahrt hatte, archiviert. Dazu gehören Gerichtsakten und Sachakten der Abteilung IA der Generalstaatsanwaltschaft/Staatsanwaltschaften. Dieser Bestand umfasst 12.454 Vorgänge in 15.453 Bänden.[15]

Archivbestand 5

Er besteht aus Unterlagen der Arbeitsrichtung I der Kriminalpolizei. (Kriminalpolizeilich-operative Kontrollen und Bearbeitung von im Verdacht der Bandentätigkeit stehender und anderer der schweren Kriminalität verdächtigter Personen).

Es existiert desweiteren ein Speicher für bestimmte Akten der sogenannten allgemeinen Kriminalität. Er umfaßt im Zentralarchiv Berlin 4.821 lfm. Akten, etwa 23.000 Mikrofiches verfilmter Akten und 700.000 Originalstrafnachrichten zu Straftaten nach den Strafgesetzen der DDR. Diese

Unterlagen stammen von den Staatsanwaltschaften der DDR. Sie wurden von dort dem MfS zur Archivierung übergeben.[16]

Im Archiv erfaßt waren ab 1975 auch 15.460 Vorgänge (15.463 Bände) der Verwaltung Aufklärung des Ministeriums für Nationale Verteidigung der DDR.[17]

Unterlagen aus der Zeit des Faschismus

Im Archiv des MfS befinden sich über eine Million Unterlagen und Beweisdokumente über Nazi- und Kriegsverbrechen, über Naziaktivisten, hochrangige Funktionäre der SS, der Gestapo, der Geheimen Feldpolizei und über Blutrichter aus dem Freislerschen Volksgerichtshof. Hinzu kommen Unterlagen über faschistische Zuchthäuser und Konzentrationslager. Dazu gehören Dokumente, Literatur, Mikrofiches und Karteikarten über zwei Millionen Personen und Sachverhalte, die im Zusammenhang mit Nazi- und Kriegsverbrechen stehen. Der Aktenbestand beträgt insgesamt rund 11.000 Meter.[18]

Auch diese Unterlagen und Dokumente gehören zu dem bewußten »Opferberg«.

Diese Dokumente und Unterlagen wurden vom MfS insbesondere für strafrechtliche, aber auch für Forschungszwecke ausgewertet. Sie waren z.B. Grundlage für die vom Bundesarchiv in Koblenz nach 1990 herausgegebene Dokumentation zur faschistischen Okkupationspolitik mit dem Titel »Europa unterm Hakenkreuz«. Die von den Archiven der DDR, darunter auch durch das MfS, geleistete Auswertungstätigkeit bleibt von grundlegender Bedeutung für die Geschichtsforschung über den Faschismus.

Zum »Opferberg« werden auch die Unterlagen der ausschließlich *administrativ tätig gewesenen Diensteinheiten* gezählt wie:

- Verwaltung Rückwärtige Dienste des MfS Berlin und Abteilungen Rückwärtige Dienste der BV: 2.916,4 Meter
- Abteilung Finanzen des MfS Berlin und Abteilungen Finanzen der Bezirksverwaltungen: 2.531,2 Meter
- Büro der Leitung des MfS Berlin und der BV: 1.274,9 Meter
- Zentraler Medizinischer Dienst des MfS Berlin und Abteilungen Medizinischer Dienst der BV: 1.861,0 Meter

Insgesamt also 8.583,5 laufende Meter.

Zählt man die Unterlagen und Dokumente der nicht IM-führenden Diensteinheiten wie Auswertungs- und Informationsgruppen, Bewaffnung/Chemischer Dienst, Operativ-Technischer Sektor, Nachrichten/Chiffrierdienste, der

Juristischen Hochschule, des Wachregiments, der Wach- und Sicherungseinheiten der BV und anderer nicht IM-führender Diensteinheiten zu dieser Zahl hinzu, so ergibt sich ein Gesamtumfang dieser Unterlagen und Dokumente von ca. 14.000 Meter.[19]

Bei objektiver Betrachtung zeigt sich also, daß allein weit über 100 Kilometer der vermeintlichen 180 Kilometer Akten wahrlich keine »Opfer-Akten« sind.

Weitere Aktenbestände, die ebenfalls keinen »Opfern« zugeordnet werden können, ließen sich aufführen.

In diesem Zusammenhang ist es angebracht, einen Blick auf die in der Bundesrepublik angelegten Aktendepots zu werfen. Der Blick muß flüchtig bleiben, da die übergroße Mehrzahl der Akten, nicht nur die der Geheimdienste, nach wie vor als geheime Kommandosache in Tresoren verschlossen sind.

Heinz Kühne, ehemals Chefkurier der Zentrale des Ostbüros der SPD in Hannover (später Leiter der Berliner Filiale des Ostbüros), berichtete 1949: »Im Bereich Auswertung/Kartei wurde eine Spezialkartei für Sonderaufgaben auf dem Gebiet der Wirtschaftssabotage geführt. Sie umfaßte alle Agenten, die aufgrund ihrer Stellung in der Sowjetischen Besatzungszone/DDR Einfluß auf die Ausführung der Befehle der Sowjetischen Militäradministration oder auf die Durchführung der Wirtschaftspläne der DDR hatten … Im Auftrag der Engländer gab es eine Kartei über nazistische Offiziere, die als jetzige Agenten des Ostbüros später zu Sonderaufgaben verwandt werden sollten … Es existierte ein Berichtsarchiv, in dem jeder Bericht der Agenten gesammelt wurde. Darin befindet sich auch ein Nachweis über die den jeweiligen alliierten und deutschen Stellen übergebenen Zusammenfassungen der Agentenberichte … Der Bereich Kartei führte die Agentenkartei …, in welcher die Fragebogen, alle persönlichen Angaben der Agenten, das Verbindungswesen über Kuriere sowie die Anzahl und die wesentlichen Inhalte der vom jeweiligen Agenten gelieferten Berichte vermerkt sind.«[20]

Auch Helmut Bärwald, seit 1949 leitender Mitarbeiter und von 1966 bis 1971 Leiter des Ostbüros der SPD, machte auf das Anlegen von Dossiers aufmerksam:

»Das bis zum Ende des Ostbüros ständig erweiterte und vervollständigte Archiv wurde im Laufe der Jahre in etwa 450 Sachgebiete gegliedert. Der 44seitige Archivplan liest sich wie ein Leitfaden durch die Geschichte der SBZ/DDR.

Da gibt es zum Beispiel zum Teil mehrfach untergliedert Sachgebiete über die Entwicklung deutscher Behörden in der SBZ sowie über die Sowjetische Militäradministration in Deutschland (SMAD). So z. B. zu Länderregierungen, Polizei, Nationale Volksarmee mit Vorläufern, Justiz, Wirtschaft, Industrie, Handel, Land- und Forstwirtschaft, Versorgung, Kultur, Verkehr.

Es gab fast keinen Bereich, über den im Archiv des Ostbüros nichts zu finden war. In etwa 40 Sachgebieten wurden Informationen über die SED (einschließlich ihrer Entwicklung) einsortiert; in zahlreichen Sachgebieten wurden Informationen über die anderen Parteien und ….Massenorganisationen in der SBZ/DDR (FDGB, FDJ u.a.) gesammelt …

Etwa 50 Sachbereiche enthielten Informationen über den staatlichen Aufbau der DDR; zum Beispiel über die Volkskammer, den Staats- und Ministerrat und über die Ministerien, selbstverständlich auch über das Ministerium für Staatssicherheit und das Ministerium für Justiz. Ein in 20 Bereiche untergliedertes Sachgebiet trägt die Bezeichnung ›Infiltration, Aufweichung, Verdeckter Kampf‹ etc. …

Das Ostbüro unterhielt außerdem ein umfangreiches Personenarchiv mit Hunderten, wenn nicht Tausenden Akten … sowie ein umfängliches Publikationsarchiv, zumeist mit Primärliteratur (Zeitungen, Zeitschriften, Bücher und andere Publikationen) aus der SBZ/DDR, aus der Sowjetunion und anderen Ostblockländern.

Parallel zum Aufbau und zur ständigen Weiterentwicklung des Archivs wurde eine Personenkartei eingerichtet und bis zum Ende des Ostbüros im Januar 1971 ständig mit neuen Daten und Archivhinweisen ›gefüttert‹. Von Anfang an galt das Prinzip: Erfaßt und mit Archivhinweisen versehen wird jede Person, die in den beim Ostbüro hereingekommenen, überprüften und als zuverlässig befundenen Informationsmaterial namentlich genannt wird. Auf diese Weise konnte das Ostbüro zum Beispiel über viele Jahre hinweg etliche ›Karrieren‹ im Apparat der SED, des Staatssicherheitsdienstes, in Justiz, Wirtschaft, im Militärapparat oder in anderen Bereichen der SBZ/DDR kontinuierlich verfolgen …

Am Ende des Ostbüros enthielt die Kartei mehrere hunderttausend Namen und ein Mehrfaches an Archivhinweisen.«[21]

Die »Berliner Zeitung« meldete am 11. April 2000: »Die Akten der DDR liegen offen. Als Siegerin der Geschichte pflegt die Alt-BRD ihre Geheimnisse«. Und sie legte den Finger auf die offensichtlich politisch gewollte Ungleichbehandlung: »Während die Stasiunterlagen seit 10 Jahren … zur Verfügung stehen, haben die Geheimdienste des alten Westens noch nicht einmal begonnen, ihre in mehr als 50 Jahren aufgehäuften Akten, Dateien und Tonträger an das nach dem Gesetz zuständige Bundesarchiv in Koblenz abzugeben. Nach Auskunft des für die Bestände der Bundesrepublik zuständigen Abteilungsleiters, Wolfram Werner, hat der Bundesnachrichtendienst in München-Pullach in seiner Registratur einige Archivfachleute eingestellt, die das Material abgeschirmt von der Öffentlichkeit nach ›archivarischen Gesichtspunkten‹ in den Gebäuden des BND selbst verwalten sollen. Der Öffentlichkeit zugänglich gemacht wurden unter der Bestandsbezeichnung ›B-206‹ (Bundesnachrichtendienst) bislang lächerliche 116 Aktennummern aus der Hinterlassenschaft der Vorgängerbehörde, der ›Organisation Gehlen‹.

Das Bundesamt für Verfassungsschutz in Köln soll, so wird in Koblenz nicht übertrieben konkret mitgeteilt, ›demnächst‹ einige Bestände abgeben, aber wie viele und wann, das ist noch offen. Über die entscheidende Frage, wann sie benutzt werden können, wird nicht gesprochen.«[22]

Der Verfassungsschutz, nur einer der in der BRD existierenden Geheimdienste, betreibt unter der Bezeichnung »Nachrichtendienstliches Informationssystem« (NADIS) ein eigenes Informationssystem. In diesem waren, wie der Verfassungsschutzbericht 1995 gewissermaßen beiläufig bemerkt, zu diesem Zeitpunkt Daten von 947.501 Personen gespeichert. 470.000 Speicherungen betrafen Personen, die Sicherheitsüberprüfungen unterworfen wurden. In diesem Verfassungsschutzbericht wurde auch eine Zahl von 35.000 organisierten Linksextremisten genannt. Anderen Angaben zufolge enthält »NADIS« sogar die Daten von insgesamt 18 Millionen Personen.[23]

Zu diesem »Informationssystem« äußerte sich 1998 der frühere Abteilungsleiter des Bundesverfassungsschutzes, Hansjoachim Tiedge (er trat 1985 in die DDR über), in seinen Erinnerungen. »Denn anders als bei den Angehörigen der Sicherheitsbehörden und den Angehörigen der Ministerialbürokratie handelt es sich bei der Mehrzahl der Verkarteten um Personen, die wegen eines tatsächlichen oder vermuteten verfassungsfeindlichen Zusammenhangs in das Blickfeld der Sicherheitsbehörden gerieten und deswegen verkartet wurden.

Es sind aber nicht nur Agenten und politische Gewalttäter, Kommunisten und Faschisten verkartet worden, sondern eben auch eine große Zahl von Bürgern, die alles andere als Verfassungsfeinde sind …

Das sind einmal die schon genannten Personen aus dem Umfeld der echten Verfassungsfeinde, selbst meist anständige und jedem Extremismus abholde Staatsbürger …

Aber es gibt auch die große Gruppe von Personen, die wegen ihres eigenen, für den Verfassungsschutz auffälligen Verhaltens in NADIS geraten sind. Das ist der junge Linke, der schon lange vor Tschernobyl, ja, noch vor der Entstehung der Grünen als politische Kraft einen Aufkleber mit Antiatomkraftparolen am Auto hatte; da ist der politisch interessierte Staatsbürger, der aus Neugier oder aus echtem politischen Interesse eine Wahlveranstaltung einer vom Verfassungsschutz beobachteten Partei besuchte. Da ist der junge Mann, der am Wochenende auf dem Luftweg seine Tante in Ostberlin zu deren fünfzigsten Geburtstag besucht und das Pech hatte, in Tegel ›getippt‹ worden zu sein. Da ist, da ist und da ist.«[24]

Es ist davon auszugehen, daß die Verfassungsschutzzentrale in Köln zwischenzeitlich nicht nur die personenbezogenen Daten der ehemaligen Mitarbeiter des MfS und anderer Schutz- und Sicherheitsorgane der DDR gespeichert hat, sondern auch anderer »Belasteter« aus weiteren Organen und Einrichtungen der DDR.

In der vom selben Geheimdienst angelegten sogenannten »Verbunddatei« seien zudem etwa 1,5 Millionen Bundesbürger (Abgeordnete, Richter, Betriebsräte und Studenten) nachrichtendienstlich erfaßt. Das wird in einem Gesetzentwurf festgestellt, der von der dem 12. Deutschen Bundestag angehörenden Abgeordneten Köppe eingebracht worden war.

Darin wird zugleich nachgewiesen, daß der BND als geheimer Auslandsnachrichtendienst der BRD trotz des für ihn geltenden Verbots jeglicher Inlandsaufklärung systematisch Bundesbürger ausspäht. So führt er demnach eine umfangreiche Datensammlung, die sogenannte »54er Kartei«, über das Intimleben von Politikern.[25]

Im seinem Buch »Schnüffler ohne Nase. Der BND – die unheimliche Macht im Staat«[26] belegt der Autor Erich Schmidt-Eenboom, daß der BND zumindest bis 1990 eine flächendeckende Post- und Telefonkontrolle der Verbindungen sowohl nach wie auch aus der DDR durchführte. Er bezifferte die Zahl der Postsendungen, die dazu vom BND heimlich gelesen wurden, auf jährlich 2,1 Millionen. Die persönlichen Beziehungen Hundertausender Bundesbürger zu DDR-Bürgern wurden so erforscht und in Westberlin dokumentiert. Beim Verdacht auf »enge Beziehungen zur DDR« wurden die Erkenntnisse an den Bundesverfassungsschutz weitergereicht.

Der Militärische Abschirmdienst der BRD (MAD) führt z. B. die »Basis-Datei Zersetzung«, in der bereits Anfang der 80er Jahre mindestens 50.000 Bürger der BRD erfaßt waren, die sich gegen die Wehrpflicht und Aufrüstung ausgesprochen hatten. Der frühere Datenschutzbeauftragte des Bundes, R. Baumann, stellte in seinem Jahresbericht 1986 fest, daß »gut die Hälfte aller Wehrpflichtigen« sicherheitsüberprüft worden seien.[27]

Der Bundesbeauftragte für Datenschutz prangerte 1999 »alarmierende Verstöße gegen den Datenschutz«[28] sowie ausufernde Videoüberwachung von unbescholtenen Personen an. »Schon jetzt ist jeder erwachsene Deutsche 52mal in Unternehmensdatenbänken registriert.« Die Berliner Zeitung meldete 1999, daß »nach Mitteilung der Bundesregierung im polizeilichen Informationssystem »INPOL« 4.266.783 Personendatensätze erfaßt« seien. »Darunter mehr als eine Million Datensätze zur Personenfahndung.«

Daß es sich bei alledem keinesfalls allein um eine »deutsch-deutsche« Spezifik handele, ergebe, wenn denn die Akten geöffnet würden, ein Vergleich mit »Ausforschungs- und Speicherpraktiken« eines jeden Geheimdienstes auf der Welt. Die nämlich ähnelten einander im Prinzip wie ein Ei dem anderen, schlußfolgerte das Blatt.[29]

Wohl wahr: Die Schweiz, trotz zahlreicher nachgewiesener Verstrickungen mit Nazideutschland als Musterland der Demokratie gerühmt, verfügt ebenfalls über einen durchaus ansehnlichen »Datenberg«, den ihre Geheimdienste angelegt haben. Wie ein parlamentarischer Untersuchungsausschuß dieses Landes enthüllte, brachten es die Staatsschutzbehörden der Schweiz, wie bereits an anderer Stelle angeführt, bei einer Bevölkerungszahl von 6,5 Millionen auf immerhin 900.000 Erfassungen.

Der feine Unterschied zwischen diesen Aktenbergen und Datenspeichern und den Unterlagen, die sich in den Archiven des MfS befinden, besteht nur darin, daß es sich bei bei denen in der BRD um »demokratisch« und »rechtsstaatlich« erlangte und gespeicherte Angaben handelt – beim MfS dagegen aber um »unrechtsmäßig« erworbene und damit um »Opfer-Akten« oder sinnigerweise um »Opferberge«.

So kann Geschichte auch geschrieben und »bewältigt« werden. Der Wahrheit ist damit nicht gedient.

Fußnoten

1 Gesetz über die Unterlagen des Staatssicherheitsdienstes der ehemaligen Deutschen Demokratischen Republik vom 20. Dezember 1991, (BGBl., Jahrgang 1991, S. 2273).

2 BStU: Erster Tätigkeitsbericht (1993), S. 11-15; Zweiter Tätigkeitsbericht (1995), S. 92- 94; Dritter Tätigkeitsbericht (1997), S. 99-100; Vierter Tätigkeitsbericht (1999), S. 89-90; Fünfter Tätigkeitsbericht (2001), S. 23.

3 Heinz Odermann: Fragen nach dem rechtsstaatlichen Charakter der Gauck-Behörde. In: Neues Deutschland, 1. Januar 1994.

4 BStU: Erster Tätigkeitsbericht (1993), S. 25.

5 BStU: Fünfter Tätigkeitsbericht (2001), S. 117.

6 Hans-Jochen Vogel: Große Koalition gegen Gauck. In: Neues Deutschland, 6. Dezember 1993.

7 Peter-Michael Diestel: Das MfS ist juristisch rehablitiert. In: Interview für junge Welt, 28./29. April 2001.
8 BStU: Verlautbarung des Pressesprechers des BStU. In: Neues Deutschland, 9. Januar 1994.
9 Joachim Gauck: Die Stasi-Akten – Das unheimliche Erbe der DDR. Rowohlt-Verlag, 1991.
10 BStU: Dritter Tätigkeitsbericht (1997), S. 33.
11 Daniela Dahn: Der Waschzwang des Staates oder Wem gehört die Gauck-Behörde?. In: Das Gauck-Lesebuch. Eine Behörde abseits der Verfassung. (Hrsg: Jochen Zimmer), Eichborn-Verlag, Frankfurt am Main, 1998, S. 26.
12 Ebenda, S. 20.
13 BStU: Vierter Tätigkeitsbericht (1999), S. 105; Fünfter Tätigkeitsbericht (2001), S. 40 ff.
14 BStU: Erster Tätigkeitsbericht (1993), S. 31.
15 BStU: Dritter Tätigkeitsbericht (1997), S. 174.
16 BStU: Erster Tätigkeitsbericht (1993), S. 32.
17 BStU: Dritter Tätigkeitsbericht (1997), S. 173.
18 Dieter Skiba (letzter Leiter der HA IX/11 des MfS): Die Staatssicherheit der DDR und ihr Archiv über die Nazizeit -Nachfragen zu einem geheimnisumwitterten Thema - Erpresserzentrale, Aktenhort oder was? In: Exklusivinterview für Neues Deutschland, 18./19. Mai 1991.
19 BStU: Zweiter Tätigkeitsbericht (1995), S. 114 ff.
20 Heinz Kühne: Kurier – Spitzel – Spione. Dietz Verlag, Berlin 1949, S. 15-18.
21 Helmut Bärwald: Das Ostbüro der SPD 1946 – 1971. Kampf und Niedergang. Sinus-Verlag, Krefeld 1991, S. 48-50.
22 Götz Aly: Die Erben des totalitären Dauerfrohsinns. Die Akten der DDR liegen offen. Als Siegerin der Geschichte pflegt die Alt-BRD ihre Geheimnisse. In: Berliner Zeitung, 11. April 2000.
23 Horst Bethke: Unrecht von Anfang an. In: Neues Deutschland, 28. Januar 1997. Siehe auch Horst Bethke: Verfassungsschutz gibt PDS die Ehre. In: Neues Deutschland, 25./26. Mai 1996.
24 Hansjoachim Tiedge: Der Überläufer – Eine Lebensbeichte. Verlag Das Neue Berlin, Berlin 1998, S. 232-233.
25 Gesetzentwurf und Antrag der Abg. Frau Köppe und der Gruppe Bündnis 90/Die Grünen zur Aufhebung der Geheimdienstgesetze. In: Deutscher Bundestag, 12. Wahlperiode, Drucksache 12/4402 vom 9. Februar 1993.
26 Erich Schmidt-Eenboom: Schnüffler ohne Nase. Der BND – die unheimliche Macht im Staat. ECON-Verlag 1993.
27 Die Angaben wurden dem Autor freundlichst zur Verfügung gestellt von Prof. Dr. habil. Manfred Naundorf (Potsdam).
28 Vgl.: Alarmierende Verstöße – Mißbrauch bei Videoüberwachungen und im Internet. In: Neues Deutschland, 5. Mai 1999.
29 Antwort der Bundesregierung auf eine Kleine Anfrage der PDS im Bundestag. In: Berliner Zeitung, 13. April 1999.

In jeder Revolution
geschehen unvermeidlich
eine Menge Dummheiten,
gerade wie zu jeder
andern Zeit,
und wenn man sich end-
lich wieder Ruhe genug
gesammelt hat,
um kritikfähig zu sein,
so kommt man notwendig
zum Schluß: Wir haben
viel getan, was wir bes-
ser unterlassen hätten,
und wir haben viel
unterlassen, was wir
besser getan hätten,
und deswegen ging die
Sache schief.

Friedrich Engels

Die Autoren

Anders, Hardi, Diplomjurist, Jahrgang 1930, Oberst a. D., MfS/AfNS 1951 bis 1990, Stellvertreter Operativ der Bezirksverwaltung Dresden

Coburger, Karli, Diplomkriminalist, Dr. jur., Jahrgang 1929, Generalmajor a. D., MfS/AfNS 1952-1990, Leiter der HA VIII

Dietze, Manfred, Diplomjurist, Diplomgesellschaftswissenschaftler, Jahrgang 1928, Generalleutnant a. D., MfS/AfNS 1951-1990, Leiter der HA I

Grimmer, Reinhard, Diplomjurist, Diplomgesellschaftswissenschaftler, Dr. jur., Jahrgang 1942, Oberst a. D., MfS/AfNS 1960-1990, Offizier für Grundsatzdokumente (ZAIG)

Hähnel, Siegfried, Diplomkriminalist, Dr. jur., Jahrgang 1934, Generalmajor a. D., MfS/AfNS 1952-1990, Leiter der Bezirksverwaltung Berlin

Irmler, Werner, Diplomjurist, Dr. jur., Jahrgang 1930, Generalleutnant a. D., MfS/AfNS 1952-1990, Leiter der Zentralen Auswertungs- und Informationsgruppe (ZAIG)

Kleine, Alfred, Diplomwirtschafter, Dr. jur., Jahrgang 1930, Generalleutnant a. D., MfS/AfNS 1953-1990, Leiter der HA XVIII

Männchen, Horst, Diplomjurist, Dr. jur., Jahrgang 1935, Generalmajor a. D., MfS/AfNS 1953-1990, Leiter der HA III

Möller, Günter, Dr. jur., Jahrgang 1934, Generalleutnant a. D., MfS/AfNS 1952-1990, Leiter der HA Kader und Schulung

Neiber, Gerhard, Diplomjurist, Dr. jur., Jahrgang 1929, Generalleutnant a. D., MfS/AfNS 1950-1990, Stellvertreter des Ministers

Niebling, Gerhard, Diplomkriminalist, Dr. jur., Jahrgang 1932, Generalmajor a. D., MfS/AfNS 1952-1990, Leiter der Zentralen Koordinierungsgruppe

Opitz, Willi, Diplomjurist, Dr. sc., Prof., Jahrgang 1928, Generalmajor a. D., MfS/AfNS 1951-1990, Rektor der Juristischen Hochschule Potsdam

Plomann, Gerhard, Diplomjurist, Jahrgang 1935, Oberstleutnant a. D., MfS/AfNS 1962-1990, Offizier für Grundsatzdokumente (Sekretariat Stellv. Minister)

Rataizik, Siegfried, Diplomkriminalist, Dr. jur., Jahrgang 1931, Oberst a. D., MfS/AfNS 1951-1990, Leiter der Abt. XIV

Rauscher, Peter, Diplomjurist, Dr. jur., Jahrgang 1938, Oberst a. D., MfS/AfNS 1956-1990, Leiter der Auswertungs- und Kontrollgruppe der HA VIII

Riebe, Bernhard, Diplomjurist, Jahrgang 1930, Oberst a. D., MfS/AfNS 1952-1990, Leiter der Auswertungs- und Kontrollgruppe der HA I

Schmidt, Wolfgang, Diplomkriminalist, Jahrgang 1939, Oberstleutnant a. D., MfS/AfNS 1957-1990, Leiter der Auswertungs- und Kontrollgruppe der HA XX

Schwanitz, Wolfgang, Diplomjurist, Dr. jur., Jahrgang 1930, Generalleutnant a. D. MfS/AfNS 1951-1990, Stellvertreter des Ministers/Leiter des Amtes für Nationale Sicherheit

Skiba, Dieter, Diplomjurist, Jahrgang 1938, Oberstleutnant a. D., MfS/AfNS, 1958-1990, Leiter der HA IX/11

Stuchly, Wolfgang, Diplomjurist, Dr. jur., Jahrgang 1934, Oberstleutnant a. D., MfS/AfNS 1955-1990, Leiter der HA II/5